中国人事科学研究院
·学术文库·

当代中国人事制度

Personnel Systems of Contemporary China

（上　册）

余兴安　主编

中国社会科学出版社

图书在版编目（CIP）数据

当代中国人事制度：全2册/余兴安主编．—北京：中国社会科学出版社，2022.1
（中国人事科学研究院学术文库）
ISBN 978-7-5203-9692-9

Ⅰ.①当… Ⅱ.①余… Ⅲ.①人事制度—研究—中国 Ⅳ.①D630.3

中国版本图书馆 CIP 数据核字（2022）第 019559 号

出 版 人	赵剑英
责任编辑	孔继萍
责任校对	冯英爽
责任印制	郝美娜
出　　版	中国社会科学出版社
社　　址	北京鼓楼西大街甲158号
邮　　编	100720
网　　址	http://www.csspw.cn
发 行 部	010-84083685
门 市 部	010-84029450
经　　销	新华书店及其他书店
印刷装订	北京君升印刷有限公司
版　　次	2022年1月第1版
印　　次	2022年1月第1次印刷
开　　本	710×1000　1/16
印　　张	78.25
字　　数	1242千字
定　　价	458.00元（全2册）

凡购买中国社会科学出版社图书，如有质量问题请与本社营销中心联系调换
电话：010-84083683
版权所有　侵权必究

主　　编　余兴安
副 主 编　苗月霞
撰 著 者　(按姓氏笔画排序)
　　　　　丁晶晶　王芳霞　刘文彬　刘军仪
　　　　　孙一平　李学明　杨　梅　余兴安
　　　　　奉　莹　苗月霞　郝玉明　徐　维
　　　　　葛　婧　谢　晶　熊　亮
编　　务　乔立娜　黄　梅　柏玉林

前　言

中华人民共和国人事制度，是中国共产党和中国政府根据中国的政治体制及经济社会发展需要，在革命战争年代党的干部人事工作的基础上，借鉴古今中外人事管理的有益经验，逐步建立和发展起来的。认真回顾中华人民共和国人事制度的发展历程，系统整理70年来人事制度的历史资料，全面总结中国特色社会主义人事制度的特质、成就和经验，既能弥补目前我国人事制度研究领域的一些不足，也能为未来人事制度的改革与发展提供参考借鉴。

为庆祝中华人民共和国成立70周年，自2019年初始，中国人事科学研究院即专门成立课题组，开展中华人民共和国人事制度史即当代中国人事制度的研究工作。课题组全体成员根据研究工作需要，广泛搜集整理相关历史文献，包括法令规章、政策文件及已有的相关研究论著，多次就相关专题进行深入探讨，认真听取多位资深专家的意见建议，在分工执笔撰写出初稿后，进行了反复讨论及修改打磨，历经三年时光，最终形成这部约120万字的著作。

本书全面梳理了自中华人民共和国成立至2019年七十年间人事制度的发展历程，按照人事制度的事理逻辑和工作实际建构框架体系，以国家人事管理的制度规范、政策措施及具体实施为描述和分析对象，系统阐述了党政机关、国有企业和事业单位工作人员的管理体制、编制员额、职位体系、选拔任用、教育培训、考核奖惩、工资福利、辞职辞退、离休退休、权益保障、档案管理等基本人事制度，以及专业技术人员管理、大中专毕业生分配就业等特定管理制度的历史沿革与主要内容，并在此基础上对中华人民共和国成立70年来人事制度的核心特质、主要成就与基本经验进行了归纳与评价，力图在存史与资政两方面均能产生应有的价值。

本书分为17章，各章执笔人分别为：苗月霞（第一章）、刘文彬（第二章）、李学明（第三章、第十七章）、郝玉明（第四章）、丁晶晶（第五章）、孙一平（第六章）、谢晶（第七章）、奉莹（第八章）、葛婧（第九章）、徐维（第十章、第十一章）、熊亮（第十二章、第十三章）、杨梅（第十四章、第十五章）、刘军仪（第十六章）。余兴安主持该项研究工作，确定研究思路、章节纲目、写作体例及基本观点认识，通审全稿；苗月霞协助主持人做了组织协调与稿件审改工作；王芳霞参加了稿件撰写；黄梅、乔立娜参与了讨论；柏玉林协助开展了文献整理、书稿审校等工作。

在写作过程中，人事制度研究领域的资深学者苏玉堂、侯建良、林弋惠予指导，诸多人事制度研究方面的论著成为我们的重要参考文献，在此一并表示诚挚感谢！

由于我们相关学术积累有限，书中难免存在不当之处，恳请广大读者批评指正，以便将相关研究不断引向深入。

编著者
2021 年 12 月

总 目 录

上 册

第一章　历史沿革 …………………………………………（1）
第二章　人事管理体制 ……………………………………（67）
第三章　人员编制管理制度 ………………………………（135）
第四章　机关干部选拔任用制度 …………………………（189）
第五章　事业单位人员选拔任用制度 ……………………（287）
第六章　国有企业干部选拔任用制度 ……………………（361）
第七章　专业技术人员管理制度 …………………………（429）
第八章　大中专毕业生分配与就业促进制度 ……………（493）
第九章　教育培训制度 ……………………………………（549）

下 册

第十章　考核制度 …………………………………………（641）
第十一章　奖惩制度 ………………………………………（697）
第十二章　工资制度 ………………………………………（751）
第十三章　福利保障制度 …………………………………（839）
第十四章　辞退与辞职制度 ………………………………（905）
第十五章　退休制度 ………………………………………（975）
第十六章　权益保障制度 …………………………………（1077）
第十七章　人事档案管理制度 ……………………………（1169）
参考文献 ……………………………………………………（1220）

上册目录

第一章 历史沿革 (1)

第一节 中华人民共和国人事制度的渊源 (3)
一 革命战争年代中国共产党的干部制度 (3)
二 中国古代人事制度 (11)
三 苏联干部管理制度 (17)

第二节 人事制度的初创与曲折发展（1949—1978年）(20)
一 确立党委集中统一领导下的干部分部分级管理体制 (20)
二 加强政府人事管理制度建设 (23)
三 人事制度的曲折发展 (25)

第三节 人事制度的重建与改革探索（1978—1987年）(26)
一 重建政府人事管理机构 (26)
二 改革干部管理体制 (28)
三 加强干部队伍建设 (32)

第四节 人事制度分类改革的持续推进（1987—2012年）(35)
一 建立和推行国家公务员制度 (36)
二 深化国有企业人事制度改革 (38)
三 推进事业单位人事制度分类改革 (42)

第五节 人事制度改革的全面深化（2012—2019年）(44)
一 完善人事管理制度体系 (45)
二 加强和改进干部管理工作 (49)
三 优化党对干部人事工作的领导体制 (50)

第六节 中华人民共和国人事制度的特质、成就与经验 (52)
一 人事制度的核心特质 (53)

— 1 —

二　人事制度发展的主要成就 …………………………… (57)
　　三　人事制度建构的基本经验 …………………………… (60)

第二章　人事管理体制 ……………………………………… (67)
　第一节　中华人民共和国成立初期的人事管理体制
　　　　　（1949—1959年） ………………………………… (70)
　　一　政府的人事管理体制 ………………………………… (70)
　　二　党委组织部门对干部的管理体制 …………………… (77)
　　三　人员编制管理体制 …………………………………… (83)
　　四　人事监察体制 ………………………………………… (87)
　第二节　曲折发展中的人事管理体制（1959—1980年） … (88)
　　一　政府的人事管理体制 ………………………………… (89)
　　二　党委组织部门对干部的管理体制 …………………… (92)
　　三　人员编制管理体制 …………………………………… (96)
　　四　人事监察体制 ………………………………………… (98)
　第三节　改革开放初期的人事管理体制（1980—1987年） … (100)
　　一　政府的人事管理体制 ………………………………… (100)
　　二　党委组织部门对干部的管理体制 …………………… (105)
　　三　人员编制管理体制 …………………………………… (107)
　　四　人事监察体制 ………………………………………… (108)
　第四节　深化改革时期的人事管理体制（1988—2007年） … (109)
　　一　政府的人事管理体制 ………………………………… (109)
　　二　党委组织部门对干部的管理体制 …………………… (117)
　　三　人员编制管理体制 …………………………………… (119)
　　四　人事监察体制 ………………………………………… (120)
　第五节　全面深化改革时期的人事管理体制
　　　　　（2008—2019年） ………………………………… (121)
　　一　政府的人事管理体制 ………………………………… (121)
　　二　党委组织部门对干部的管理体制 …………………… (127)
　　三　人员编制管理体制 …………………………………… (128)
　　四　人事监察体制 ………………………………………… (129)

五　干部人事管理层级间的权责划分 ……………………（130）
　　六　干部人事管理中的政府部门间关系 ………………（132）

第三章　人员编制管理制度 ……………………………………（135）
第一节　机关人员编制管理制度 ……………………………（138）
　　一　建立机关人员编制管理制度（1949—1978年）………（139）
　　二　实行人员编制员额统一逐级核定（1978—1990年）…（142）
　　三　建立适应行政体制的人员编制管理制度
　　　　（1990—2008年）………………………………………（145）
　　四　加强机关人员编制管理法制建设（2008—2019年）…（149）
第二节　事业单位人员编制管理制度 ………………………（152）
　　一　建立事业单位编制管理制度（1949—1978年）………（154）
　　二　实行统一领导和分级管理体制（1978—1996年）……（157）
　　三　建立符合自身特点的编制管理制度
　　　　（1996—2011年）………………………………………（173）
　　四　分类实行事业编制管理制度改革（2011—2019年）…（176）

第四章　机关干部选拔任用制度 ………………………………（189）
第一节　计划管理体制下的选拔任用制度
　　　　（1949—1980年）………………………………………（192）
　　一　实行人事计划管理制度 ………………………………（192）
　　二　建立机关干部录用制度 ………………………………（194）
　　三　建立机关干部任免制度 ………………………………（197）
　　四　实行机关干部调配制度 ………………………………（203）
第二节　改革开放初期的选拔任用制度（1980—1992年）…（209）
　　一　强化人事计划管理制度 ………………………………（210）
　　二　规范机关干部录用制度 ………………………………（212）
　　三　改革机关干部任免制度 ………………………………（217）
　　四　规范机关干部调配制度 ………………………………（223）
第三节　深化改革时期的选拔任用制度（1992—2012年）…（228）
　　一　建立机关职位管理制度 ………………………………（229）

二　改革机关干部录用制度 ·················· (234)
　　三　规范机关干部任免制度 ·················· (240)
　　四　实行机关干部交流回避制度 ·············· (248)

第四节　新时期的选拔任用制度（2012—2019年）········ (256)
　　一　完善机关职位管理制度 ·················· (257)
　　二　完善机关干部录用制度 ·················· (264)
　　三　创新机关干部任免制度 ·················· (271)
　　四　创新机关干部交流回避制度 ·············· (282)

第五章　事业单位人员选拔任用制度 ················ (287)

第一节　事业单位人员选拔任用制度的建立
　　　　（1949—1977年）···················· (289)
　　一　构建集中统一的事业单位人员选拔任用体制 ······ (289)
　　二　确立事业单位人员选拔标准 ·············· (293)
　　三　参照机关确定事业单位干部录用方式 ········ (295)
　　四　初步建立事业单位人员的岗位等级 ·········· (295)
　　五　探索事业单位人员选拔任用方式 ············ (300)

第二节　事业单位人员选拔任用制度的改革
　　　　（1977—1992年）···················· (302)
　　一　调整事业单位选拔任用体制 ·············· (302)
　　二　规范事业单位录用与招聘方式 ············ (304)
　　三　恢复与确立事业单位职务等级制度 ·········· (307)
　　四　构建事业单位人员选拔任用方式 ············ (315)
　　五　细化事业单位人员的任职条件 ············ (318)

第三节　事业单位人员选拔任用制度改革的深化
　　　　（1992—2000年）···················· (321)
　　一　事业单位人员选拔任用体制的改革 ·········· (322)
　　二　建立更具竞争性的选拔任用方式 ············ (325)
　　三　探索事业单位职员制 ···················· (326)

第四节　事业单位人员选拔任用制度的基本完备
　　　　（2000—2011年）···················· (328)

一　建立事业单位聘用制度 ……………………………………（328）
　　　二　建立事业单位公开招聘制度 ………………………………（330）
　　　三　建立事业单位岗位设置管理制度 …………………………（332）
　第五节　事业单位人员选拔任用制度的法制化
　　　　　（2011—2019年）………………………………………（339）
　　　一　出台事业单位人事管理的专门行政法规 …………………（340）
　　　二　完善事业单位公开招聘制度 ………………………………（342）
　　　三　构建事业单位领导人员管理的基本制度体系 ……………（349）
　　　四　推进专业技术人员职称评定工作 …………………………（356）
　　　五　建立事业单位人事管理回避制度 …………………………（357）
　　　六　统一事业单位人员培训制度 ………………………………（358）

第六章　国有企业干部选拔任用制度 …………………………………（361）
　第一节　国有企业干部选拔任用制度的建立与曲折发展
　　　　　（1949—1976年）………………………………………（363）
　　　一　关于国营企业厂长负责制与党委负责制的探索 …………（364）
　　　二　建立厂矿企业的技术干部选拔机制 ………………………（373）
　　　三　国有企业干部任免权的下放和回收 ………………………（374）
　　　四　培养选拔新生力量 …………………………………………（375）
　第二节　国有企业干部选拔任用制度的改革与探索
　　　　　（1977—1992年）………………………………………（375）
　　　一　扩大国有企业用人自主权 …………………………………（376）
　　　二　实行多种形式的国有企业干部聘任制 ……………………（378）
　　　三　引入竞争机制 ………………………………………………（379）
　第三节　国有企业干部选拔任用制度的突破与发展
　　　　　（1992—2012年）………………………………………（384）
　　　一　加强内部管理与进一步大规模放权 ………………………（384）
　　　二　建立中央企业选拔任用新机制 ……………………………（395）
　　　三　完善治理结构中的企业负责人选拔任命 …………………（403）
　第四节　国有企业领导干部选拔任用制度的整体推进与系统规划
　　　　　（2012—2019年）………………………………………（411）

一　混合所有制改革中探索职业经理人制度 …………… (412)
　　二　推进市场化选聘 …………………………………… (415)
　　三　试点探索干部选聘新机制 ………………………… (416)
　　四　完善国有企业选拔任用制度体系 ………………… (421)

第七章　专业技术人员管理制度 …………………………… (429)
第一节　技术职务任命制的建立和发展（1949—1978 年）… (432)
　　一　建立"大一统"的职务任命制和职务等级工资制 …… (432)
　　二　实行分部分级的职务任命制和职务等级工资制的
　　　　改革 ……………………………………………… (434)
　　三　尝试将"职务"改革为"称号" …………………… (436)
　　四　实行"统一管理"的职务任命制 ………………… (438)
第二节　技术职称评定制的恢复与发展（1978—1983 年）… (439)
　　一　提出恢复职称制度 ………………………………… (439)
　　二　逐步恢复各行业的职称评定 ……………………… (440)
　　三　明确职称评定不与工资挂钩 ……………………… (444)
　　四　暂停整顿职称评定工作 …………………………… (445)
第三节　专业技术聘任制的建立与发展（1986—2016 年） … (446)
　　一　建立并试行专业技术职务聘任制 ………………… (446)
　　二　形成职称制度框架体系 …………………………… (449)
　　三　实现专业技术职务聘任工作经常化 ……………… (454)
　　四　改革专业技术职务聘任制 ………………………… (456)
　　五　进一步探索深化职称制度改革 …………………… (458)
第四节　新一轮职称制度改革（2016—2019 年） ………… (462)
　　一　中央提出新一轮职称制度改革的主要任务 ……… (462)
　　二　各地制定深化职称制度改革意见 ………………… (464)
　　三　分系列开展职称制度改革 ………………………… (466)
　　四　确立职称评审的法律地位 ………………………… (472)
第五节　专家管理制度 ……………………………………… (473)
　　一　博士后制度 ………………………………………… (473)
　　二　国务院政府特殊津贴制度 ………………………… (477)

三　国家有突出贡献中青年专家制度 ……………………… (482)
　　四　百千万人才工程 …………………………………………… (484)
　　五　专业技术人才表彰奖励制度 ……………………………… (486)

第八章　大中专毕业生分配与就业促进制度 ……………… (493)
第一节　集中统一分配时期的大中专毕业生分配制度
　　　　　（1949—1958年）……………………………………… (495)
　　一　实行统筹分配为主、地区调剂相结合的分配制度 ……… (496)
　　二　强调学用一致的分配原则 ………………………………… (498)
　　三　确立以教学科研为主的毕业研究生分配方向 …………… (501)
　　四　采取以地方分配为主的中专毕业生分配制度 …………… (502)

第二节　计划调剂时期的大中专毕业生分配制度
　　　　　（1958—1985年）……………………………………… (503)
　　一　实施分成分配制度 ………………………………………… (504)
　　二　采取统一计划、分级安排 ………………………………… (505)
　　三　将毕业生充实到基层就业 ………………………………… (506)
　　四　实行见习期和劳动实习制度 ……………………………… (507)
　　五　坚持"四个面向"的分配方向 …………………………… (508)
　　六　进行调剂分配 ……………………………………………… (510)
　　七　毕业研究生的分配制度 …………………………………… (513)
　　八　中专毕业生的分配制度 …………………………………… (515)

第三节　向市场化过渡时期的大中专毕业生就业促进制度
　　　　　（1985—2000年）……………………………………… (518)
　　一　通过"供需见面"落实分配 ……………………………… (519)
　　二　面向基层，充实生产第一线 ……………………………… (520)
　　三　以社会需求调节毕业生供需关系 ………………………… (520)
　　四　普及推广自主择业 ………………………………………… (522)
　　五　毕业研究生的分配制度 …………………………………… (525)
　　六　中专毕业生的分配制度 …………………………………… (527)

第四节　自主择业时期的大中专毕业生就业促进制度
　　　　　（2000—2019年）……………………………………… (528)

— 7 —

一　实施双向选择的就业制度 …………………………… (528)
　　二　建立高校毕业生就业见习制度 …………………… (531)
　　三　把促进高校毕业生就业放到重要位置 …………… (533)
　　四　加强高校毕业生就业服务 ………………………… (535)
　　五　引导高校毕业生到基层就业的制度 ……………… (535)
　　六　鼓励高校毕业生自主创业 ………………………… (542)

第九章　教育培训制度 …………………………………… (549)
第一节　干部教育培训制度的初建（1949—1978 年）……… (552)
　　一　明确干部的在职学习和自修制度 ………………… (552)
　　二　建立干部轮训制度 ………………………………… (554)
　　三　开展文化教育 ……………………………………… (556)
　　四　加强理论教育 ……………………………………… (557)
　　五　开展业务训练 ……………………………………… (561)
　　六　加强教育培训机构建设 …………………………… (562)
第二节　干部教育培训的正规化（1978—1989 年）………… (567)
　　一　确立干部教育培训方针和领导体制 ……………… (567)
　　二　明确培训内容 ……………………………………… (569)
　　三　推进培训保障体系建设 …………………………… (573)
　　四　加强教材和师资队伍建设 ………………………… (577)
　　五　严格考试考核和经费管理 ………………………… (578)
第三节　中国特色干部教育培训体系初步形成
　　　　　（1989—2002 年）…………………………………… (581)
　　一　加强干部教育培训管理 …………………………… (581)
　　二　加强重点群体教育培训 …………………………… (585)
　　三　推进教育培训内容建设 …………………………… (590)
　　四　推进教育培训制度创新 …………………………… (595)
　　五　推进培训保障体系建设 …………………………… (599)
第四节　中国特色干部教育培训体系的创新发展
　　　　　（2002—2012 年）…………………………………… (605)
　　一　立法和制度建设取得突破性进展 ………………… (605)

二　深化政治理论学习 …………………………………（607）
　　三　统筹重点群体教育培训 ……………………………（611）
　　四　创新培训制度 ………………………………………（614）
　　五　加强保障体系建设 …………………………………（619）
第五节　干部教育培训制度的发展与完善
　　（2012—2019年）………………………………………（623）
　　一　加强干部教育培训工作的法制化建设 ……………（624）
　　二　深化干部教育培训管理改革 ………………………（626）
　　三　强化理论教育和党性教育 …………………………（627）
　　四　建强培训保障体系 …………………………………（630）
　　五　完善培训制度建设 …………………………………（635）

第一章 历史沿革

中华人民共和国成立后，中国共产党和中国政府在吸收古今中外人事制度有益经验的基础上，创建了有中国特色人事制度的基础框架，适应中华人民共和国成立初期国家经济社会发展和政府行政管理的需要，制定了相应的干部人事管理法令规章。20世纪50年代后期至70年代后期，由于受到经济困难和政治运动的影响，干部人事制度经历了曲折发展。"文化大革命"结束后，党和国家着手恢复干部人事管理部门，重建各项人事制度。党的十一届三中全会开启了人事制度发展新的历史时期，中央以党和国家领导制度改革为突破口，推进干部人事制度改革不断深化，确立实行国家公务员制度，持续推进国有企业和事业单位人事制度改革。党的十八大以来，中央进一步加强和改进干部人事管理工作，调整党和国家人事管理机构的设置，进一步提升人事管理的科学化、民主化和制度化水平。经过中华人民共和国成立70年来的不断调整与改革，中华人民共和国人事工作在构建制度体系、完善运行机制、提升管理水平等方面取得了显著成就，积累了宝贵经验，为加强干部队伍建设，推进社会主义现代化建设提供了重要的制度保障和核心力量。

第一节　中华人民共和国人事制度的渊源

中华人民共和国人事制度的发端可以追溯至中国共产党建党初期的干部管理制度。在长期的革命战争年代，中国共产党在革命根据地政府确立实行的干部管理制度，随着中国革命的形势需要而不断发展，到中华人民共和国成立前夕，多项人事管理制度已经初步形成。中华人民共和国人事制度在形成和发展的过程中，还吸收了中国古代人事制度的科学合理成分，学习了苏联的干部管理制度和方法，借鉴了古今中外有益的人事管理经验。

一　革命战争年代中国共产党的干部制度

中国共产党自建党伊始就非常重视干部工作。经过革命战争年代的长期艰苦探索，以及革命根据地政府的管理实践，中国共产党确立了正确的干部路线，制定出台了一系列干部人事管理法令规章，干部培养、选拔、使用等方面的制度建设不断加强，逐渐建立起了一套与传统官吏管理制度根本不同的人事制度，奠定了中华人民共和国人事制度的基础。

（一）中国共产党建党初期的干部制度（1921—1927年）

中国共产党最早的一批干部，是五四运动后宣传马克思主义的共产主义知识分子，他们既是党的创始人，又是党的第一批干部，大部分受过良好的教育，文化程度较高。中国共产党建党伊始，就十分注意干部队伍建设，注意干部的培养和教育，逐步建立起党的干部管理制度。

1921年召开的中国共产党的一大规定了关于干部管理的两条原则性纪律：一是保密原则，规定在党处于秘密状态时，党的重要主张和党员身份应保守秘密；二是非任职原则，规定党员如果不是由于法律的迫使和没有得到党的特别允许，不能担任政府的委员或国会议员。1922年7月召开的中国共产党的二大，发布了《中国共产党第二次全国大会宣言》，明确提出了反帝反封建的革命纲领，并提出党内"必须有适应于革命的组织与训练"；[①] 大会还通过了党的第一个章程，其中对党的干部标准和纪律有了更为详细的规定，如第二章明确各级组织为本党组织系统训练党员及党员活动之基本单位，还规定了中央执委会干部的组成和产生方式。

建党初期，党的干部培养工作需求迫切。1921年8月，中国共产党在湖南长沙创办了湖南自修大学，1922年春创办了上海大学，传播马克思主义和培养党的干部。同时，在推动工农运动发展的过程中，中国共产党加强了对工运农运干部的培养，在北京、上海等地建立劳动学院，培养工运干部；在广州开办农民运动讲习所，培养农运干部。1925年1月，党的四大规定要设立党校，有系统地教育党员，之后各地区党组织开始创办党校。北方区委在1925年夏创办了北京党校；同年年底，上海区委也办了党校；1926年2月，上海区委分别办了高级党校和初级党校。

随着党的干部队伍的快速发展，党的组织建设逐步加强。根据中国共产党三大制定的关于中国共产党中央执行委员会的相关规定，中共中央由党的全国代表大会选出中央执行委员会，由9人组成；9人中选出5

[①] 胡绳：《中国共产党的七十年》，中共党史出版社1991年版，第29页。

人组织中央局，其余4人分派各地，协助该地方委员会一同工作，每星期将所在地情形向中央局报告一次。党的三大后，为适应党员数量的增加和革命形势发展的需要，中国共产党的中央机构扩大，干部扩编，先后建立了中央组织部、中央宣传部、中央工农部、中央妇女部、中央教育宣传委员会、中央工会运动委员会、中央出版部等部门，各部、会设有部长或书记10人。

1925年，党的四大召开后，中央又增设了中央农民运动委员会、中央军事部（后改为中央军事委员会）等机构。但是随着革命运动的发展和中国共产党在国民党中力量的增强，国民党中右派势力开始采取秘密的或公开的措施，对中国共产党在国民党中的力量进行排斥和打击，直到1927年"四一二"反革命政变发生后，中共中央于1927年9月19日作出决议，宣布完全退出国民党，独立领导工农劳苦群众开展革命斗争。[1]

（二）土地革命时期革命根据地的干部制度（1927—1937年）

1927年大革命失败后，中国共产党召开了"八七"会议，确定了土地革命和武装斗争的方针。此后，党在各地发动和组织了一系列武装暴动，在农村建立起了革命根据地。

各根据地政权机构的建立，基本上采取自下而上的方法。首先建立起乡村政权，其次建立县级政权，最后才建立省级政权。随着各根据地的开辟和不断扩大，中共中央开始着手建立全国性的苏维埃政权机构。1930年5月，中共中央召集了第一次全国苏维埃区域代表大会，此后又成立了全国苏维埃代表大会中央准备委员会，专门负责建立苏维埃中央政府的准备工作。

1931年8月，中共中央作出了《关于干部问题的决议》，明确指出，"目前革命高潮进一步的向前发展，更明显地反映着现时干部问题的严重性，万分迫切的要求全党加以最高限度的注意，采取最有利的办法求得解决"；"苏维埃区域最近更需要特别去做提拔与训练干部的工作"。[2]

---

[1] 林代昭：《中国近现代人事制度》，劳动人事出版社1989年版，第328、339、343页。

[2] 《建党以来重要文献选编（1921—1949）》第8册，中央文献出版社2011年版，第534、536页。

1931年11月，中华苏维埃第一次全国代表大会在江西瑞金召开，宣布成立中华苏维埃共和国临时政府。随后，选出毛泽东为临时中央政府主席。① 会议通过了《中华苏维埃共和国宪法大纲》，规定"中国苏维埃政权所建设的是工人和农民的民主专政的国家。苏维埃全政权是属于工人、农民、红军兵士及一切劳苦民众的。在苏维埃政权下，所有工人、农民、红军兵士及一切劳苦民众都有权选派代表掌握政权的管理；只有军阀、官僚、地主、豪绅、资本家、富农、僧侣及一切剥削人的人和反革命分子是没有选派代表参加政权和政治上自由的权利的"。②

由于根据地处于经济十分落后的农村地区，再加上国民党军队的"围剿"和封锁，以及党内"左"倾错误的影响，中华苏维埃第一次全国代表大会成立的中央政府选出的中央委员只有62名，人民委员会主席和人民委员仅12人。③

尽管如此，中国共产党仍非常重视干部工作，根据革命战争形势发展的实际需要，通过办党校等方式大力开展干部培养选拔工作。1933年1月，中华苏维埃临时中央政府委员会决定与中共中央局及全总执行局合办苏维埃党校；同年3月，中央苏区创办了马克思共产主义学校；8月，川陕根据地创办了省委党校。1933年8月，苏维埃人民委员会决定开办苏维埃大学；一些地方苏维埃开办了学校培训政府工作人员。

在几年艰苦的斗争中，苏维埃运动接二连三地粉碎国民党所组织的"围剿"；苏维埃运动取得的胜利与成功，成为革命形势存在的最好的最明显的标志。1934年1月22日，第二次全国苏维埃代表大会召开，中华苏维埃共和国临时中央政府执行委员会于2月27日制定公布了《中华苏维埃共和国中央苏维埃组织法》，规定中央执行委员会是全国苏维埃代表大会闭幕期间的最高政权机关；人民委员会为中央执行委员会的行政机关，负指挥全国政务的责任；人民委员会以人民委员会主席、外交人民委员、劳动人民委员、土地人民委员、军事人民委员、财政人民委员、

---

① 胡绳：《中国共产党的七十年》，中共党史出版社1991年版，第104—105页。
② 《建党以来重要文献选编（1921—1949）》第8册，中央文献出版社2011年版，第649—650页。
③ 林代昭：《中国近现代人事制度》，劳动人事出版社1989年版，第362、366页。

国民经济人民委员、粮食人民委员、教育人民委员、内务人民委员、司法人民委员和工农检察委员会主席组成；同时，在中央执行委员会之下还设立最高法院和审计委员会。①

土地革命战争时期，中国共产党和苏维埃政府在建立干部制度方面取得了很大成绩，但是由于党内"左"倾错误及其对干部政策的影响，党和苏维埃政府在干部制度上也出现了许多失误，给革命事业造成了重大损失。直到1935年1月，中共中央在长征途中召开了遵义会议，决定改组中央领导机构，选举毛泽东为政治局常委，确定了以毛泽东为代表的新的中央的正确领导，结束了王明"左"倾冒险主义在党内的统治。遵义会议是党的组织路线和干部政策的重大转折，为之后中国共产党迎接抗日战争在组织上做好了准备。②

（三）抗日民主政府的干部制度（1937—1946年）

1937年7月7日，日本侵略者发动了卢沟桥事变，开始了全面的侵华战争。在民族危机十分严重的关头，中国共产党积极努力组织抗日民族统一战线，经过系列谈判和斗争，迫使国民党接受了关于国共合作、团结抗日的主张，并承认了中国共产党的合法地位，第二次国共合作和抗日民族统一战线正式形成。同年8月，中国共产党在陕北洛川召开了中央政治局扩大会议，确定了在敌人后方放手发动独立自主的游击战争，开辟敌后战场和建立敌后抗日根据地的战略方针和任务。

制定正确的干部政策，颁布适宜的人事法规法令，是党和抗日民主政府为争取抗战胜利所采取的一项重要措施，也是加强党和抗日民主政府干部人事管理的具体做法。1938年10月，毛泽东主席在中共中央六届六中全会上论述党的干部政策时说："在使用干部的问题上，我们民族历史中从来就有两个对立的路线：一个是'任人唯贤'的路线，一个是任人唯亲的路线。前者是正派的路线，后者是不正派的路线。""共产党的干部政策，应是以能否坚决地执行党的路线，服从党的纪律，和群众有密切的联系，有独立的工作能力，积极肯干，不谋私利为标准，这就是

---

① 《建党以来重要文献选编（1921—1949）》第11册，中央文献出版社2011年版，第207、223页。

② 林代昭：《中国近现代人事制度》，劳动人事出版社1989年版，第379、411页。

'任人唯贤'的路线。"毛泽东主席还告诫全党要吸取张国焘的干部政策的教训,指出,"过去张国焘的干部政策与此相反,实行"任人唯亲",拉拢私党,组织小派别,结果叛党而去,这是一个大教训。""鉴于张国焘的和类似张国焘的历史教训,在干部政策问题上坚持正派的公道的作风,反对不正派的不公道的作风,借以巩固党的统一团结,这是中央和各级领导者的重要的责任。"① 在正确的干部路线指引下,党和抗日民主政府在选拔干部时注重德才标准,实行"任人唯贤"的干部路线,能从坚持抗战和民主的积极分子中选出一批优秀的干部,满足了抗战和其他各项工作的需要,同时也壮大充实了党和抗日民主政府的干部队伍。

党和抗日民主政府纠正了土地革命时期曾发生过的排挤和打击知识分子干部的错误倾向,制定了正确对待知识分子的政策,放手大胆地吸收和任用知识分子,对干部队伍素质的提高和数量的扩大起到了极为重要的作用。1939年1月,八路军延安留守兵团召开了第一次党代表大会,会议的总结报告中提出了吸收、帮助和信任知识分子干部的问题;同年6月,总政治部发布了《关于大量吸收知识分子和培养新干部问题的训令》,要求教育老干部抛弃对知识分子的歧视和偏见,大胆地吸收和耐心地带领知识分子干部;② 同年12月,毛泽东主席为中共中央起草了《大量吸收知识分子》的决定,向全党阐明了大量吸收知识分子的重要性,指出"应该大量吸收知识分子加入我们的军队,加入我们的学校,加入政府工作"。③

抗日战争时期,根据地政府还对干部的管理、选拔、任用、考核、奖惩、待遇等方面都以法规法令的形式作了较为详细较为全面的规定,推进抗日根据地人事管理向正规化迈出了新步伐。当然也要看到,各抗日根据地处在艰苦的战争环境中,根据地政府的分散性特征明显,当时还没条件制定出一套统一的完整的人事管理法规。④

---

① 《毛泽东选集》第二卷,人民出版社1991年版,第527页。
② 《建党以来重要文献选编(1921—1949)》第16册,中央文献出版社2011年版,第403页。
③ 《毛泽东选集》第二卷,人民出版社1991年版,第619页。
④ 林代昭:《中国近现代人事制度》,劳动人事出版社1989年版,第417页。

(四) 解放战争时期解放区的干部制度（1946—1949年）

解放战争时期，随着革命战争的顺利发展和解放区的迅速扩大，以及党的工作重心的逐渐转移，党和人民政府的干部人事管理工作呈现出以下几个方面的特点。

第一，干部的需求量急剧增加，干部的已有量和需求量发生了矛盾，供不应求的情况十分严重。随着解放战争的节节胜利，人民解放军解放了广阔的国土，广大的新解放区迫切需要一大批政治、经济、文化、宣传、教育、群工、公安、司法等方面的干部从事管理工作，这个时期干部的需求量，是以前任何时期都不可相比的。为满足新解放区对干部的大量需要，党和人民政府采取了很多措施，其中包括大量吸收和培养工人干部及知识分子，大批地把老解放区的干部调往新解放区，把人民解放军由战斗队转为地方工作队等，基本上解决了干部供应的困难，保证了党和人民政府各项工作的正常开展和顺利完成。

第二，干部原有的知识结构和工作能力与现实的需要发生了矛盾。随着解放战争的顺利发展，人民解放军相继攻占了一批大、中城市，党的工作重心开始从农村转入城市，需要一大批善于管理城市、领导经济工作的干部；而原有的干部一般只熟悉农村环境，善于领导农村工作和军事工作，不熟悉城市，不善于领导经济工作。为解决这个矛盾，党和人民政府采取的办法有：从城市工人中提拔一批干部调往新解放区管理企业和其他经济部门；让从农村进入城市的干部尽快学会管理城市和领导经济工作；创办一些专门学校培养技术干部；对原为国民党服务的一大批旧职员（除罪大恶极的反动分子外）加以利用和改造，让他们为人民政权服务等。这些措施基本上满足新占领城市对经济工作干部的需求，保证了城市管理工作的顺利进行和城市功能的正常发挥。

随着解放战争的节节胜利，中共中央高度重视并加强了接管城市党政军干部的配备工作，重点选配书记、市长、军管会主任等负责人。1948年4月，毛泽东主席在《再克洛阳后给洛阳前线指挥部的电报》中明确要求，"市委书记和市长必须委派懂政策有能力的人担任"。[①] 只有具有较高政策水平、综合能力强的领导干部，才能在接管城市的过程中处

---

① 《毛泽东选集》第四卷，人民出版社1991年版，第1324页。

理好各种复杂问题。由于解放战争形势发展十分迅速，党政军民各方面的工作对干部数量的需求进一步增大，中央于是下发了《关于大量提拔培养产业工人干部的指示》，要求在一切可能的地方，大批地培养、训练和提拔产业工人和职员干部，指出"这已成为目前全党性的迫切的中心任务之一"。①

第三，干部管理工作逐渐走向集中和统一。在土地革命时期和抗日战争时期，各革命根据地被分割在各地区，虽然根据地都实行党管干部原则，但由于各地情况不一，党和根据地政府的干部管理工作不可能统筹规划和领导。到解放战争时期，由于各解放区逐渐连成一片大行政区，各地方政权相继建立，原来分散领导的干部管理工作也逐渐走向了集中和统一的领导，对统一安排和调配干部、从组织上保证党和人民政府各项工作的完成发挥了积极作用。

解放战争后期，为加强党对军队干部的领导，中共中央于1947年2月发出了《关于在军队中组织党委会的指示》，要求根据古田会议决议的原则，组织军队中各级党委会。②

在干部管理的程序方面，党中央在解放战争时期建立了干部的工作报告制度。1948年1月，毛泽东主席为中共中央起草了《关于建立报告制度》的党内指示，要求各中央局和分局的书记，每两个月向中央、中央主席进行一次综合情况的报告。1948年9月，毛泽东主席为中共中央起草了《关于健全党委制》的决定，指出"党委制是保证集体领导、防止个人包办的党的重要制度"，自中央至地委，以及政府、民众团体的党组，都必须建立健全党委会议制度。③ 这些措施有力推动了党的干部制度建设，也为中华人民共和国人事制度奠定了基础、积累了经验。

---

① 《建党以来重要文献选编（1921—1949）》第25册，中央文献出版社2011年版，第741页。

② 《建党以来重要文献选编（1921—1949）》第24册，中央文献出版社2011年版，第95页。

③ 《建党以来重要文献选编（1921—1949）》第25册，中央文献出版社2011年版，第497页。

二　中国古代人事制度

中国古代人事制度即指中国古代的官吏管理制度，主要包括中国历代王朝的设官分职制度、官吏的选拔任用制度、官吏的培养训练与教育制度、官吏的等级与待遇制度、官吏的考核与升降奖惩制度、官吏的监察、致仕（退休）等一系列规章制度。① 自秦始皇统一中国之后，中央集权的政权体制统治一个多民族的大国达两千多年，其中有些强大的王朝，如汉、唐、明、清，在维持国家机器的正常运转方面，积累了丰富的经验，建立了系统而严密的人事制度。② 同时，由于受到时代及统治者立场的局限，中国古代人事制度也存在很多不足和糟粕。

（一）中国古代人事制度的成功之处

中国古代官吏管理制度一般认为经历了商周的世卿世禄制、战国秦汉的察举征辟制、魏晋南北朝的九品中正制及隋唐至明清的科举取士制四个阶段。隋唐至明清时代是古代人事制度的成熟时期。我们平常所谈的古代人事制度即往往指这一时期而言，本节所论亦主要针对这1300余年的制度及其运作。

当然，这一历史时期的人事管理也并不是前后完全一致的，大体隋唐为其奠基时期，宋为完备时期，元为一个断层，明清时代在继续发展的同时又不免失之僵化。不过，尽管如此，其基本精神及各种制度规范千余年间却是基本相同的，其成功之处主要体现在以下七个方面：

一是相对稳定成熟的管理机构。自中央六部体制确立以后，我国古代一向把官吏管理部门——吏部列为六部之首，吏部尚书实质上是六部首长的领班，吏部下设文选、考功等四个职能司，在尚书、侍郎的领导下，秉承皇帝意旨及宰相的统筹安排，担负从中央到地方各级官员的选拔、任用、考核、奖惩、升黜、授勋、袭封、俸禄、退休等工作。吏部作为多个朝代的官吏管理机构，其职能经过长期发展也不断成熟。

二是德才兼备的用人标准。中国古代对官吏"德"的要求主要是指

---

① 许坚：《简论中国古代人事制度的成功之处》，《历史教学问题》1992年第3期，第1页。

② 王汉昌：《中国古代人事制度》，劳动人事出版社1986年版，第1页。

对最高统治者及国家的忠诚，但同时也包括对官吏品行修养、敬业精神的要求，如为政清廉、不畏强暴及对工作兢兢业业，等等；对官吏"才"的要求则因应不同时代统治者的需要各有侧重，例如唐代便确定有"身""言""书""判"四项标准，铨选机关按照规定先考察候选人的这四项标准，这四项合格，先看"德"如何，若德相当再看"才"。① 总体而言，中国古代官吏选用标准注重德才兼备、以德为先。

三是平等考试的录用办法。科举考试，从招考对象来看，除极少数罪犯家庭及倡、优、隶、皂之家出身者，在某些朝代如唐、明还曾禁止皇室成员应试外，基本是对全社会开放的。这种开放性使专制政府可以在较大范围内选用人才，将社会中的优秀分子吸引到官吏队伍中来。同时，又为社会各阶层间的流动创造了条件，特别是中小地主，乃至贫寒之家出身者通过应试可跻身统治阶层之中，无疑对保持官吏队伍的活力及社会的稳定起到积极作用。科举考试的办法在当时的物质条件和技术手段下也达到了极为严格的程度，如试进士中的锁院之制、弥封、誊录之制等。事实上，敢于在考试上做手脚的极少，一旦某种违法情节被披露，往往会引起朝野轩然大波，违法者将会受到特别严厉的处罚。

四是理性化的任用规章。科举取士，中试者多为十年寒窗、埋首书案，不问世事者，要他们马上去担任国家公职的确勉为其难。为此，许多朝代曾实行过一种补救措施，这就是任用中的试职制。官员初仕，被分配担任某一职务，先不实授，待试职一年左右，逐渐熟悉各项政务后，合格者再实授，不合格则改授其他责任较轻的工作。另外，如明清时代，还将进士中的特别优秀者，先选入翰林院做一些文翰工作，同时让他们常到各衙门里去了解各方面的情况，学习行政经验，然后再分配到较重要的工作岗位。

五是完备的考核制度。对官吏的考核西周时已形成制度，汉代就颇为完备，至唐代已趋于成熟，唐代的官员考核以针对流内官考课的"四善二十七最"为著名；宋代考核官吏为转迁磨勘法，在北宋前期甚至专门设有独立行使文官考核职能的审官院和考课院；明为考满与考察；清

---

① 侯建良：《中国古代文官制度》，党建读物出版社、中国人事出版社 2010 年版，第 67 页。

为京察与大计。官吏的考核包括政绩表现、道德品质、治事才能、社会评价等多方面,对政绩的考核一般有明确的项目规定,甚至是量化的标准。

六是严密的监督防范。加强人事监察是中国古代行政中具有特色的一个方面,这项工作由一个地位独立且具有相当权威的组织——御史台(明清称都察院)来担负,御史台的监察御史为专职监察官,上至宰辅,下到令丞,随时可以进行纠举弹劾,请求皇帝及有关部门对其违法失职行为予以处罚。此外,监察官往往还担负各级行政机关的巡回监察工作,这种巡察工作多配合官吏的考核而定期进行,使事前的防范与事后的处罚有机地结合起来。

七是具体明确的处罚条例。在人事管理的激励机制中,升转与奖励固然重要,而相反的处罚也具有重要意义。对官吏违法失职的处罚,根据情节的轻重,有罚俸(罚金)、杖责、降职、斥职为民等项,这就使执法者有法可依,加强了对官吏的管理。

以上七个方面为我国古代人事制度的成功之处,即所谓"得"的一面。正是由于这一系列制度规范和组织设计,才使我国古代人事制度在千余年中有过积极的表现,为国家的稳定与繁荣做出过积极的贡献,同时也受到了世界的瞩目与珍视,其中合理的部分对今天的人事制度建设仍有借鉴意义。

(二)中国古代人事制度的积弊

在看到中国古代人事制度积极有益一面的同时,还应看到古代人事制度中存在许多弊病,在长期的历史发展过程中,尽管统治阶层中的有识之士力图予以诊治,但一直未能办到。这些积弊主要表现为以下六个方面。

一是官吏的人员编制管理上有一个极大的漏洞。古代对官的编制管理是有办法的,这主要通过职位分析,将每个职位的名称、品级、职数规定下来,明定于法典之中。所以,在有明确职位核定的官员范围内的超编很少。但是如果翻阅历代的行政法典就会看到,一个州、一个县在编的官员人数极其有限,多则十来人,少则三四人,单凭这样有限的人才当然是不可能推动一州、一县政务的,因此,事实上还需要有大批的吏员。这个吏的队伍相当庞大,往往是官的几十倍乃至上百倍。对这样庞大的队伍，虽然在某些朝代也有过员额的规定，但实际上执行得极不严格。如清朝江南地方一些县的吏员就膨胀到1500员之巨。对于吏员，大部分朝代均未建立起严格的管理制度，吏员的素质一般不高，而且往往没有升迁的机会（元朝是一个例外），所以，吏员往往朋比为奸，成为政治腐败的重要因素。

二是人事权过分集中，严重影响地方行政的主动性。唐朝以前人事任免权尚未全部收归中央，如唐代的许多地方长官尚保有自辟僚属权，中央对这些僚属的任免是管不到的。但宋以后所有官员的任免权都集中到中央，各级官员，不论大小，都是朝廷命官，各级长官对其下级没有丝毫的任免权，甚至对僚属的考核也不尽由长官所掌，致使行政首长的指挥调度往往受到一些抵制，难以和衷共济。此固然防止了各级官员勾结起来，对抗朝廷，形成地方割据势力；但同时也扼杀了地方行政的积极性和主动性，影响了行政效率的提高。

三是官吏的俸给一直是个未能很好解决的问题。古代官吏的俸禄，基本为实物、土地、货币三种形式，大抵历史时代越前，实物在俸禄中的比例越大；宋以后，货币在俸禄中渐居主要地位；给予一定数量的土地作为俸禄为隋、唐、宋、元的制度。总之是比较混乱。从俸给数量来看，元以前不论，明清时代官吏的俸额都是偏低的。清代的总督，作为封疆大吏，年薪才180两俸银和90石禄米；知县只有45两俸银和22.5石禄米。不要说维护作为官宦之家的体面，就是要维持他一家老小、仆从的日常生活也不免拮据。明时海瑞在浙江任知县，平常粗茶淡饭，只有母亲过生日，才买了两斤猪肉，以致被人笑话。清雍正时有鉴于此，进行官俸改革，在官吏正俸之外加养廉银，如总督，养廉银高达18000两之巨，相当于在正俸之外加了一项庞大的生活补贴，薪俸内部结构失衡，新的问题又产生了。

四是许多片面的官吏管理制度在当时未能得到认真的补救。比如回避制度中的地区回避，官是需要回避原籍及曾任职地区的，但吏却不必。官如流水一样到处迁调，一至任所，不但政务不熟、民情风俗不知，甚至语言都可能不通，如何开展工作呢？而吏则不会调动，长期占据衙门中的某一职位，这就难免将主官架空起来。再如对官员的弹劾，监察御史对违法失职的官员有随时举劾的权力，无须征得任何人的同意，甚至监察部门的长官也无权过问。这固能保持监察权的相对独立,便于随时查处不良分子,但也容易造成监察权的扩张。苏东坡就对这种现象提出过严厉的批评,但在当时,似乎想不出更好的办法来弥补这一制度缺陷。

五是人事制度的各项规章具有日益僵化的趋向。任何制度规范不论其设计得多么高妙,发展既久,终难免日趋僵化,失去活力,此可以借用物理学的熵变理论来加以说明,并不独中国古代人事制度为然。问题在于要不断进行改革和更新,以适应变化着的事物。但中国古代的统治者几乎都未能做到这一点。这当然不只是人事管理一个方面的问题,整个专制统治制度都是这样一种僵化的模式。

六是深受专制君主的干扰与影响。中国古代人事制度作为古代政治制度的组成部分,是从属于整个专制政治的,由专制政治指引其方向,由专制政治决定其性质。所以,无论这一制度设计得如何巧妙,选拔出来的官吏只能是专制统治者的忠臣和奴才,而且其中一些制度如任子制、恩荫制实质上也只是为了维护统治阶层的特殊利益而设置的,并无丝毫科学性可言。此外,古代人事管理尽管法典俱在,在许多制度规范上已近科学化和理性化,但在这一切之外还有一个不受法律约束,而权力又无所不在的皇帝。专制君主的昏聩多疑、喜怒无常影响人事管理的正常运作,以至于即使有严格的制度也难以发挥积极的效能。

中国古代以科举取士为代表的人事制度,其得其失,论者从不同的角度尽可以有不同的评判,尽管这制度中存在着这样或那样的缺陷,有些因时代使然,有些也的确是该制度本身的问题。但从管理学的角度来看,仍不失为一项包含有丰富内容的制度,事实上,它是我国古代无数政治家心血的凝结,反映出了我们的民族智慧,是一笔十分珍贵的文化遗产,它将在传统与现代的接榫中发挥积极的作用。可以说,我们曾是一个在人事管理上最为得法的国家。[①]

(三) 中国古代人事制度的借鉴与启示

毛泽东主席在《新民主主义论》中指出:"中国现时的新政治新经济是从古代的旧政治旧经济发展而来的,中国现时的新文化也是从古代的

[①] 余兴安:《中国古代人事制度得失谈》,《中国人事管理》1990年第10期,第29—30页。

旧文化发展而来，因此，我们必须尊重自己的历史，决不能割断历史。"①同样，虽然中华人民共和国人事制度是中国特色社会主义制度的重要组成部分，是不同于古代官吏管理制度的有中国特色的人事制度，但是我们同样也不能隔断历史，不能否认中国古代人事制度是中华人民共和国人事制度的重要渊源。

毛泽东主席还指出，中国的长期封建社会中，创造了灿烂的古代文化。清理古代文化的发展过程，剔除其封建性的糟粕，吸收其民主性的精华，是发展民族新文化提高民族自信心的必要条件；但是决不能无批判地兼收并蓄。必须将古代封建统治阶级的一切腐朽的东西和古代优秀的人民文化即多少带有民主性和革命性的东西区别开来。②对于中国古代人事制度，我们也应该采取这样的扬弃态度。

一方面，我们应看到中国古代人事制度的合理性。尤其是选拔官员的科举制度，包含有一定程度的公平性、科学性等人事管理的普遍原则，相对于之前以门第、血统选用官员的九品中正制，相对于以帝王、州、郡官员主观意志选拔官员的征辟制来说，无疑是巨大的进步。③科举制不仅对中国皇权政府选拔官员发挥了重要作用，维持了封建王朝的统治，而且对近现代西方文官制度也产生了深远的影响。

另一方面，我们也应看到中国古代人事制度中的封建糟粕，例如科举制发展至明清采取八股文取士的方式，其禁锢文人思想的负面作用日益显现。同样，中国古代对官员的监察制度发展到明代也空前繁复，不仅设置有芜杂的中央监察机构，地方监察体制也是错综重叠，对官员的考核效能不断萎缩和消极，最终导致控制官员的重心转移到了更为繁密和严厉的监察上，从而使当时的全部政治生活和行政管理过程，弥漫着一种森严冷酷，乃至盛行刺探告密的气氛。④

习近平总书记非常重视吸收借鉴我国古代吏治的有益经验，同时也提醒我们要注意剔除中国古代人事制度的糟粕。2018 年 11 月 26 日，

---

① 《毛泽东选集》第二卷，人民出版社 1991 年版，第 708 页。
② 《毛泽东选集》第二卷，人民出版社 1991 年版，第 707—708 页。
③ 祝晏君、叶怀生：《中国古代人事制度》，甘肃人民出版社 1992 年版，第 6 页。
④ 楼劲、刘光华：《中国古代文官制度》，中华书局 2009 年版，第 403 页。

习近平总书记专门就学习中国古代吏治的主题主持了十九届中央政治局第十次集体学习，并发表了题为《努力造就一支忠诚干净担当的高素质干部队伍》的重要讲话，明确指出，我国历朝历代都重视官吏选拔和管理，中国历史上凡是有作为的政治家都懂得，"为政之要，惟在得人""育材造士，为国之本"的道理，在吏治方面留下了很多思想和做法，其中不乏真知灼见。历史是最好的教科书，历史是人类最好的老师。历史记述了前人的成功和失败，重视、研究、借鉴历史，了解历史上治乱兴衰规律，可以给我们带来很多了解昨天、把握今天、开创明天的启示。重视吸取历史经验是我们党的一个好传统。一方面，我们学习中国历史上的吏治，目的是了解我国历史上吏治的得失，为建设高素质干部队伍提供一些借鉴。另一方面，我们也要认识到中国古代人事制度的历史局限性，中国古代官吏选拔和管理制度有着深深的封建社会统治阶级的印记。正如习近平总书记所指出的，我国古代吏治思想和做法既积累了丰富的治吏经验，也带有明显的历史和阶级局限，其中有不少封建糟粕，这是我们必须注意的。①

三　苏联干部管理制度

1917年10月，在以列宁为首的布尔什维克党和人民委员会的领导下，俄国无产阶级夺取了政权，建立了世界上第一个无产阶级专政的社会主义国家。苏联建国后，列宁把马克思主义的基本原理同俄国建设实践相结合，探索建立了社会主义国家的干部制度，加强党对干部工作的领导，确立实行了干部职务名录制。苏联的干部管理制度对中国共产党领导中国革命时期以及中华人民共和国成立后的干部人事制度产生了深远影响。

（一）俄共（布）集中领导的干部管理体制

苏联建国初期处于帝国主义的包围之中，列宁强调，为了战胜资产阶级，无产阶级政党要实行铁的纪律和集中制。同时，由于党已经成为执政党，面对新的形势和任务，为了巩固党的领导，俄共（布）从各个

---

① 习近平：《努力造就一支忠诚干净担当的高素质干部队伍》，《前线》2019年第2期，第6页。

方面加强党的制度建设。

1919年3月,俄共(布)召开了八大,提出要加强党的集体领导,党的最高机关是党的代表大会,党要实现对苏维埃的领导,必须选拔大量优秀的党员进入苏维埃机构任职。同时,大会还决定实行党的干部任命制,由中央组织局负责干部工作。俄共(布)九大宣布组建负责干部工作的组织指导部和登记分配部,组织指导部(组织局)在政治局领导下,任命和撤换干部;登记分配部从事提拔、调动和登记干部工作,直接从属于俄共(布)中央委员会。1923年,俄共(布)中央组织局通过了《关于任命制的决议》,党的干部任命制最终确立下来,[①] 形成了党集中领导的干部管理体制。

(二)干部职务名录制

苏联将干部定义为,"工作在国家的行政机构中,担任所任命的具体职务,行使国家赋予的相应权力的苏联公民",[②] 把国家权力机关、党政军事机关、公有制企业、工会、共青团、科学、文化、教育、卫生等社会事业单位的工作人员,以及依法从事公职的人员,统称为干部。

苏联建立的一系列干部管理制度中,比较重要的是干部职务名录制,这是一项和干部任命制密切相关的管理制度。干部职务名录是包括苏联党和国家机构、各级政权机关、各类社会团体重要领导职务及领导干部的名录清单,其中也包括由各级党委预先进行审查、选拔和推荐,以及批准任命的重要职务的候选人,规范了苏联领导干部的一系列有关任命、行使职权等方面的内容。[③] 1925年,俄共(布)中央组织局通过了《关于选拔、任命工作人员的程序》《关于同意任命和调动地方机关领导工作人员的方式的细则》,并重新修订了《职务名册》。[④]

20世纪30年代,联共(布)基本建立了干部职务名录制,对职务名录内的干部要不断审核并更新名单。斯大林在执政早期也很重视干部队

---

① 吴光明:《苏联共产党制度建设的理论和实践(1898—1991)》,博士学位论文,中共中央党校,2017年,第46页。
② [苏]马诺辛:《苏维埃行政法》,群众出版社1983年版,第111—112页。
③ Issaev Abilkhan:《俄罗斯公务员制度研究》,博士学位论文,华东师范大学,2015年,第23页。
④ 李永忠等:《苏共亡党之谜》,商务印书馆2015年版,第265页。

伍建设，提出要坚持列宁提出的德才兼备的选拔干部原则。但是随着党的集体领导体制的削弱破坏，斯大林个人完全掌握了干部系统内领导职务的任免权，各级干部选用中也产生了任人唯亲的现象。1937年，联共（布）提出了建立后备干部的决定，斯大林本人也曾多次提出从党政领导岗位退休。但是，在联共（布）党内事实上实行了干部职务终身制，干部职务名录制一直没有根本改变。

（三）苏联干部制度对中国共产党干部制度的影响

十月革命的胜利，使苏联共产党成为国际共产主义运动的领头羊，也使苏联模式成为世界社会主义国家的学习榜样。中国共产党把苏联的社会主义建设经验视为榜样，在党的首个纲领中宣布，"我党采取苏维埃的形式，把工农劳动者和士兵组织起来，宣传共产主义，承认社会革命为我党的首要政策"。① 1922年，中国共产党加入共产国际，苏联共产党通过共产国际的特派员帮助和指导中国革命，中国共产党也通过这种方式加深了对苏联革命和建设的了解。

苏联的干部制度对中国共产党革命根据地时期和中华人民共和国成立初期的干部人事工作影响至深。毛泽东主席赞成斯大林提出的"干部决定一切"的思想，1937年5月，毛泽东主席强调，指导伟大的革命，需要有伟大的党，需要有许多很好的、符合条件的干部，第一次提出了"任人唯贤"的干部路线，"才德兼备"的干部标准，善于识别干部、使用干部、关心爱护干部的干部政策。1938年10月，毛泽东主席在党的六届六中全会上作了《论新阶段》的政治报告，提出了"政治路线确定之后，干部就是决定的因素"② 这一著名论断。

在长期的中国革命战争年代直至中华人民共和国成立初期，中国共产党主要是运用马列主义理论和苏联经验分析、探索解决中国问题之道。③ 革命战争时期，毛泽东主席曾多次表示，将来要以苏联为榜样建设社会主义国家。1940年1月，毛泽东主席指出，苏联式的社会主义共和

---

① 中国社会科学院现代史研究室、中国革命博物馆党史研究室编：《"一大"前后：中国共产党第一次代表大会前后资料选编》，人民出版社1980年版，第9页。
② 《毛泽东选集》第二卷，人民出版社1991年版，第526页。
③ 张淑珍：《从学习苏联模式到建设中国特色社会主义——中国共产党对社会主义道路的探索》，博士学位论文，山东师范大学，2016年，第24页。

国"已经在苏联兴盛起来,并且还要在各资本主义国家建立起来,无疑将成为一切工业先进国家的国家构成和政权构成的统治形式"。[1]

1949年,毛泽东主席在纪念中国共产党成立28周年的讲话中强调,为了建设好新中国,中国共产党人必须向所有人尤其是苏联人学习,指出:"他们已经建设起来了一个伟大的光辉灿烂的社会主义国家。苏联共产党就是我们的最好的先生,我们必须向他们学习。"[2] 干部制度也不例外,对中国而言,从革命战争年代开始,中国共产党的干部工作就深受苏联影响,中华人民共和国成立初期也学习和借鉴了苏联干部工作的有关经验。[3]

第二节 人事制度的初创与曲折发展(1949—1978年)

中华人民共和国成立后,中国共产党沿袭了革命根据地时期的党管干部原则,借鉴苏联的干部职务名录制,确立了党委集中统一管理的干部人事体制。为适应中华人民共和国成立后干部人事管理正规化的要求,中央同时设立了政府系统的人事管理机构,协助组织部门开展人事管理工作。随着国家经济社会管理发展形势的需要,中央实行了党委集中领导、党委组织部统一管理的分部分级管理干部的体制,奠定了中国特色人事制度的基础。但是由于中华人民共和国成立伊始,各项制度还处在初创时期,再加之受1957年及其之后几次大的政治运动的影响,干部人事制度经历了一个时期的曲折发展,1966年至1976年"文化大革命"期间,干部人事制度遭受严重破坏。

一 确立党委集中统一领导下的干部分部分级管理体制

党管干部是党的领导在干部人事工作中的体现,是干部管理过程中必须遵循的根本原则,其实质是坚持党对干部人事工作的领导,保证党

---

[1] 《毛泽东选集》第二卷,人民出版社1991年版,第675页。
[2] 《毛泽东选集》第四卷,人民出版社1991年版,第1481页。
[3] 蒋天策:《1949—1956:建国初期干部队伍建设转型的历史考察——以北京市为例》,博士学位论文,中共中央党校,2012年,第70页。

对干部人事工作的领导权和对重要干部的管理权，也就是党组织引导、支持人民选拔、管理、监督干部。① 党的十九届四中全会通过的《中共中央关于坚持和完善中国特色社会主义制度推进国家治理体系和治理能力现代化若干重大问题的决定》指出，中国共产党领导是中国特色社会主义最本质的特征，是中国特色社会主义制度的最大优势。中国特色人事制度的核心原则是"党管干部"，坚持党的集中统一领导是中国特色人事制度的显著优势。中华人民共和国成立初期，我国借鉴苏联的干部管理方式，逐步确立了党委集中统一领导下的干部分部分级管理体制。

（一）确立党委集中统一领导的干部管理体制

在革命战争时期，干部主要是指党的干部。刘少奇在《论党》中指出，干部，就是党的领导骨干，中国革命的领导骨干。② 在长期的革命战争中，党的干部除军队系统是单独管理外，多年来一向是由中央及各级党委的组织部来统一管理的。③ 党管干部是中国共产党在领导中国革命和建设的过程中形成并经过实践证明的一项正确原则。④ 中华人民共和国成立后，革命战争时期党的干部管理制度得以沿袭下来。也是因此，我国的人事制度通常也称为干部人事制度。

中华人民共和国成立后，干部不仅指党的领导骨干，也包括所有以从事脑力劳动为主的国家工作人员，指在国家权力机关、行政机关、司法机关、军事机关、党的工作机关、群众团体以及国家企业、事业单位中任职，并从事公务的人员。⑤ 随着社会主义建设事业的发展和各领域干部数量的快速增加，革命战争时期军事化的干部管理模式不再适用，迫切需要建立一套能够适应新形势的干部管理体制。

为此，1950年12月，中央组织部副部长安子文就干部管理问题向中

---

① 林学启：《党管干部90年：模式演变与价值追求》，《理论学刊》2001年第4期，第44页。
② 刘少奇：《论党》，人民出版社1980年版，第71—72页。
③ 中共中央文献研究室：《建国以来重要文献选编（第4册）》，中央文献出版社1993年版，第572页。
④ 张志坚、苏玉堂：《当代中国的人事管理》（上册），当代中国出版社1994年版，第23页。
⑤ 张志坚、苏玉堂：《当代中国的人事管理》（上册），当代中国出版社1994年版，第4页。

央写了报告,提出了拟仿效苏联制定干部职务名称表的办法管理干部的意见,并在这个报告中初步拟就了中央管理干部的职务名单和各级党委管理干部的范围,同时还提出了管理的方法和实施的步骤。1951年3月,刘少奇在中国共产党第一次全国组织工作会议的报告中指出,从原则上来说,担负最重要职务的干部,应集中由中央管理,地方组织加以协助;担负次要职务的干部,由各中央局、分局和省委、区党委分别管理,下级组织加以协助;担负初级组织职务的干部(乡村和基层组织的干部),则由县委和市委管理。① 根据上述原则,仿照苏联共产党的办法,中央组织部拟定了中央管理干部的职务名单及各级党委管理干部的职务范围和办法,确立了在中共中央及各级党委的统一领导下,中央及各级党委的组织部集中管理,中央和各级党委"下管三级"干部的集中统一的干部管理体制。②

(二) 实行干部分部分级管理制度

1953年,第一个五年计划的实施开启了大规模的社会主义建设,随之而来的经济发展任务和政府管理工作的变化,使得中华人民共和国成立后实行的高度集中统一的干部管理体制已明显不能适应新的形势需要。正如中共中央于1953年11月作出的《关于加强干部管理工作的决定》指出的那样:由于近几年来工作的分工日益精密,组织机构日益增多,干部队伍迅速扩大,而且多数干部已逐渐并必须进一步在专业的工作中固定下来,现行的管理干部的方法已不能完全适合于当前的需要。为此,中央认为应逐步建立在中央及各级党委统一领导下,在中央及各级党委的组织部统一管理下的分部分级管理干部的制度。

《关于加强干部管理工作的决定》明确要求,按照工作需要将全体干部划分为九类,在中央及各级党委的组织部的统一管理下,由中央及各级党委的各部分别进行管理;中央及各级党委的各部除各自原有的业务外,还要承担管理干部的任务;中央及各级党委的组织部直接管理干部

---

① 中共中央文献研究室:《建国以来重要文献选编》(第2册),中央文献出版社1992年版,第147页。

② 张志坚、苏玉堂:《当代中国的人事管理》(上册),当代中国出版社1994年版,第4页。

的范围从负责管理全部干部缩小为负责管理党、群工作干部及其他暂时还无专门部门管理的干部;此外,组织部要帮助其他部门创造分管干部的条件,以便逐步建立各行管理干部的机构。

《关于加强干部管理工作的决定》要求,除建立在统一管理下分部管理干部的制度外,还应在中央及各级党委之间建立分工管理各级干部的制度,即分级管理干部的制度;明确凡属担负全国各个方面重要职务的干部均应由中央加以管理,其他干部则由中央局、分局及各级党委分工加以管理。

根据中央决定精神,从 1954 年起,中央和各级党委陆续设立了工交、财贸、文教、农村等工作部,这些工作部和原有的宣传部、统战部也都担负了管理本系统干部的任务。组织部仍负责干部工作中一些需要统一管理和综合协调等方面的任务。经过两年多时间的逐步推行,到 1956 年,在中央统一领导下分部分级管理干部的制度在全国各级党委基本建立起来了。[①]

二 加强政府人事管理制度建设

中华人民共和国成立初期,为适应国家经济社会发展和政府行政管理新的形势需要,中央在加强党的干部管理制度建设的同时,在政府系统设立了人事管理机构,以协助党委落实干部管理政策,并陆续制定了一系列法律法规和政策,大力推进各领域干部人事管理制度逐步走上正轨。

(一)设立政府人事管理机构

中华人民共和国中央人民政府成立时,政务院设立了人事局,作为政务院的直属机构,协助中央组织部管理政府机关的干部工作。之后随着党政机构调整,中央政府人事管理部门的名称和职能也多次变更:1950 年 11 月,经中央人民政府委员会批准,撤销了政务院人事局以及内务部、财委、文委和政法委的人事管理机构,合并成立中央人民政府人事部,统称中央人事部;1954 年 12 月,根据全国人民代表大会第一次会

[①] 张志坚、苏玉堂:《当代中国的人事管理》(上册),当代中国出版社 1994 年版,第 34—35 页。

议通过的《中华人民共和国国务院组织法》，国务院机构调整中撤销了中央人事部，成立了国务院人事局。

与此同时，国家机关各部委、各人民团体以及地方的各级政府、各部门也相继建立了人事管理机构，到1954年，就基本形成了政府系统的人事管理架构。政府系统的人事管理机构都接受各级党委组织部的指导，负责在本地区、本部门、本单位贯彻执行党的干部路线和方针、政策，承担干部人事综合管理职责，主要有：干部队伍总体数量和结构的规划；干部编制的计划、调控和监督；军队转业干部的安置和大中专毕业生的分配、调剂、派遣；干部吸收录用工作的管理；跨区域的干部调动或跨部门的干部结构性调整；干部工资福利的宏观计划和控制；干部奖惩、晋升的宏观计划和审核；干部的调查统计工作；等等。①

（二）制定人事管理法规政策

随着人事工作的进展，政府系统主要的人事管理环节基本上都建立了单项的制度，有些已形成了法规。1957年，国务院人事局制定了《人事工作方法三十条（草案）》，明确了政府人事部门的性质、任务和要求；同年9月，国务院根据《中华人民共和国国务院组织法》的有关规定，制定颁发了《国务院任免行政人员办法》；同年11月，经全国人民代表大会常务委员会通过，国务院颁发了《县级以上人民委员会任免国家机关工作人员条例》，国家机关工作人员的任免制度初步形成。此后，为适应工作发展的需要，国务院还陆续颁发了有关任免工作的程序和手续等规定。

1957年，国务院公布了《关于国家行政机关工作人员奖惩暂行规定》，标志着国家行政机关工作人员奖惩制度的初步形成。1958年2月，国务院颁布了《关于工人、职员退休处理的暂行规定》，使退休制度进一步得到了充实和发展。这一时期，国务院还颁发了《关于高等学校毕业生由国家统一分配的制度》《高等学校毕业生调配、派遣暂行办法》《科学技术干部管理条例试行草案》《国家机关工作人员调动中各项待遇的规定》等人事法规和政策文件，使政府人事工作的开展有了法律保障和政

---

① 张志坚、苏玉堂：《当代中国的人事管理》（上册），当代中国出版社1994年版，第36、70页。

策依据。

三　人事制度的曲折发展

中华人民共和国成立初期确立的党委集中统一领导下的分部分级干部管理制度，适应了当时计划经济体制的需要，在促进国家经济社会发展方面发挥了积极作用。不过，中华人民共和国成立初期的干部人事制度还存在很多不完善的地方，出现了党委组织部门干部管理权限下放和上收的反复，政府人事管理机构频繁调整的变动，以及受政治运动影响导致的干部人事制度的曲折发展。

1956年12月，中央组织部召开了各省、自治区、直辖市党委组织部长会议，会议根据党的八大精神讨论了今后干部工作的方针，并于1957年2月发出了《关于今后干部工作方法的通知》，提出干部工作方法必须从过去大批迅速地提升干部职务的方法，改变为稳定干部职务、提高干部能力。《通知》指出，根据建设事业发展的需要，今后还是要提升或调整一些干部的职务的，但是无论如何，不能再像过去那样大批地迅速地提升干部的职务了。而稳定干部的职务，提高干部的思想水平、政治领导水平和业务工作能力，应该成为今后干部工作的基本方法。但是1957年以后，政治运动频繁开展，《通知》提出的稳定提高干部的方针，在贯彻执行中出现了许多曲折。

1958年开始的"大跃进"运动，一方面反映了广大人民要求迅速改变经济文化落后面貌的普遍期望，新建、扩建了大批工厂、矿山、学校、科研院所等企业、事业单位，经济文化和各条战线的建设有了巨大发展；另一方面也体现出急躁冒进、急于求成的心理，和对社会主义发展规律缺乏认识、缺乏经验的状况。这种形势反映在人事工作上，导致从1958年到1960年，稳定提高干部水平与能力的方针事实上难以坚持，不得不为新建、扩建项目大规模调配干部，相应地，各条战线也大量提拔干部。据1959年年底统计，共提拔、调整吸收干部200多万人，约占当年干部总数的12%；到1960年，工业系统干部已达250万人，比1952年增加近4倍。[①]

[①] 张志坚、苏玉堂：《当代中国的人事管理》（上册），当代中国出版社1994年版，第47—48页。

1957年至1966年，政治运动比较频繁，一大批干部被错划成了右派分子，撤销了工作；一大批坚持实事求是的好干部错误地受到了审查、批判和处分；一大批基层干部和文化、教育、学术界的干部、知识分子受到了不应有的打击。1966年5月，中央政治局扩大会议后，"文化大革命"爆发，从中央到地方的各级党政机关都遭受到严重冲击，中央组织部和各级党委组织部也未能幸免，协助党委进行干部人事管理工作的政府人事机构则被解散。从1968年年底起，中央及地方各级人事部门陆续被撤销，各项人事制度的正常运行和发展遭到破坏。1970年6月，国务院主管全国人事工作的内务部政府机关人事局被撤销，同时被撤销的人事管理机构还有国家编制委员会和国务院科学技术干部局；① 地方各级组织、人事部门也大部分被陆续撤销，干部人事工作陷入瘫痪或混乱局面。

第三节 人事制度的重建与改革探索（1978—1987年）

"文化大革命"结束后，党和政府的各项工作进入了拨乱反正的阶段，干部人事制度也得以恢复和重建。1978年召开的党的十一届三中全会，明确了全党工作的着重点转移到社会主义现代化建设上来，为适应经济体制改革和社会发展形势的需要，中央要求改变一切不适应的管理方式、活动方式和思想方式，改革干部管理体制，下放干部管理权限，扩大国有企业和事业单位的用人自主权；加强干部队伍建设，提出并实行干部"四化"方针，以机关工作人员管理制度改革为突破口，逐步推进包括专业技术人员、大中专毕业生在内的人事管理制度改革。

一 重建政府人事管理机构

"文化大革命"结束后，中央着手恢复重建政府系统的干部人事管理部门，并随着政府机构改革的推进加强其人事管理职能，使其能够担负起推进国家干部人事制度改革的历史重任。

---

① 苏尚尧：《中华人民共和国中央政府机构（1949—1990）》，经济科学出版社1993年版，第504、508、509页。

（一）恢复重建政府人事管理机构

"文化大革命"期间，内务部被撤销，内务部政府机关人事局有关人事管理方面的工作移交中央组织部办理。1978年3月，国家成立了民政部政府机关人事局，这在很大程度上是对"文化大革命"前政府人事管理机构的恢复，其职能与原内务部政府机关人事局相同，我国中央政府人事主管机构空缺9年（1969—1978年）之后得以重建。

1978年9月，外国专家局经国务院批准得以恢复，作为国务院直属机构，暂由外交部代管。[①] 同年10月，国务院办公室发布的《关于恢复国家编制委员会的通知》称，1970年撤销国家编制委员会以后，至今中央还没有一个管理行政编制的机构；11年来，全国行政编制增加很多，目前扩大编制的趋势还在发展，急需加强管理，以利贯彻执行抓纲治国的战略决策和精兵简政的方针，使各级党政机关的编制适应新时期总任务的要求；建议恢复国家编制委员会，对全国行政编制情况进行调查研究，提出方案，加以整顿，把行政编制严格管理起来。[②]

1979年1月，《国务院关于恢复国务院科技干部局的通知》称，经党中央批准，恢复国务院科学技术干部局，由国家科委代管，其主要任务是：督促检查有关科学技术干部的方针政策的贯彻执行情况；调查了解全国科学技术干部的状况；根据国民经济建设规划和科学技术发展规划的要求，向中央和国务院提出合理配备科学技术力量的建议；会同有关部门制订科学技术干部培养计划，检查督促贯彻实施；合理解决用非所学科学技术干部的调整归队，充分发挥现有科学技术干部的特长；制订派遣和分配留学生计划，争取尚在国外的科学技术专家回国并安排他们的工作；协助中央组织部统一管理科学技术干部。[③] 1981年4月，中共中央办公厅和国务院办公厅联合颁发了《科学技术干部管理试行条例》，科学技术干部管理体制在改革开放初期得以较早恢复并制度化。

[①] 苏尚尧：《中华人民共和国中央政府机构（1949—1990）》，经济科学出版社1993年版，第60、66页。

[②] 苏尚尧：《中华人民共和国中央政府机构（1949—1990）》，经济科学出版社1993年版，第61页。

[③] 苏尚尧：《中华人民共和国中央政府机构（1949—1990）》，经济科学出版社1993年版，第62—63页。

（二）改革政府人事管理机构以强化其人事管理职能

为加强政府机关人事管理工作，使人事工作更好地为"四化"建设服务，1980年7月，国务院决定成立国家人事局。国务院发布的《关于成立国家人事局的通知》指出，决定将民政部政府机关人事局与国务院军队转业干部安置工作小组办公室合并，成立国家人事局，直属国务院领导，其职权范围有所扩大：负责干部的管理、调配、调整、培训、考核和晋升工作；承办依照法律规定任免干部的工作；吸收录用干部；负责军队转业干部安置工作；承办国家行政机关工作人员奖惩工作；国家机关、事业单位工作人员的工资福利工作；干部的退休退职工作；对各地区和各部门的人事工作进行业务指导工作。

为实施推进人事制度和领导制度改革，1982年5月，国家劳动总局、国家人事局、国家机构编制委员会和国务院科学技术干部局合并成立劳动人事部，其主要任务之一是搞好三项改革，即人事制度改革、领导制度改革和工资制度改革，在人事管理方面的主要任务和职责是：贯彻党和国家有关人事工作的方针、政策，研究拟定有关工资、福利、机构编制、干部和科技人员管理工作的具体方针、政策和规章制度；对政府系统干部的计划录用、调配、任免、培训、考核、奖惩、统计等实行综合管理；综合管理军转干部安置和老干部离休安置服务工作；负责机构编制的综合管理工作；指导、督促地方、部门的人事管理工作。[①] 劳动人事部成立后，在推进人事制度改革方面发挥了重要的积极作用。

二 改革干部管理体制

1980年8月，邓小平同志发表了《党和国家领导制度的改革》的重要讲话，明确提出要着手解决权力过分集中等问题，要勇于改革不合时宜的组织制度、人事制度，大力培养发现和破格使用优秀人才；干部人事制度改革"关键是要健全干部的选举、招考、任免、考核、弹劾、轮换制度，对各级各类领导干部职务的任期以及离休制度，要按照不同情

[①] 中华人民共和国人事部：《国家公务员制度全书》，吉林文史出版社1994年版，第236页。

况，作出适当的明确的规定"①。根据中央精神，中央组织部于1983年印发了《关于改革干部管理体制若干问题的规定》，要求下放干部管理权限，从下管两级改为下管一级干部，逐步扩大国有企业和事业单位的用人自主权。

（一）下放干部管理权限

1979年，中央组织部着手对干部管理体制问题进行调查研究。1980年5月，经中共中央批准后重新颁发了《中共中央管理的干部职务名称表》，同时为此发出专门通知，重申了党管干部的原则，指出党管干部是党的一贯传统，是党的干部管理制度的根本原则；要求在中央一级恢复分部管理干部的体制，在地方，鉴于各地情况有很大差异，是采取由组织部统一管理干部，还是实行分部管理干部，由各省、区、市党委自行确定；在干部管理范围上，明确规定了各级党委实行"下管两级"的原则，中共中央大体上管到中央一级机关的正副司局长和省一级机关的正副部长、正副厅局长及地、市委正副书记、正副专员（市长）。职务名称表的颁发与实行，对恢复和加强干部管理体制起了极为重要的作用。②

1983年7月，中央组织部召开了全国组织工作座谈会，着重讨论了干部管理体制改革等议题。同年10月，中央组织部印发的《关于改革干部管理体制若干问题的规定》指出，党的十一届三中全会以来，中央和各级党委在干部管理方面做了大量拨乱反正的工作，恢复了一些行之有效的制度，针对当时的历史情况，采取下管两级干部的办法。这对于当时加强干部管理工作，保证党的干部路线和政策的贯彻执行，克服派性干扰，起了积极作用。但是由于社会主义现代化建设事业的发展，现行的干部管理体制有许多方面已不能适应新形势的需要，主要表现在：中央及各级党委管理的干部数量过多，不利于发挥下面的积极性，又使自己忙于日常事务，不能集中更多的时间和力量，加强方针政策问题的研究，深入考察了解干部，广泛发现人才；企业事业单位缺乏必要的管理干部的自主权，不能适应经济工作的特点和经济改革的需要；等等。随

---

① 《邓小平文选》第二卷，人民出版社1994年版，第327页。
② 张志坚、苏玉堂：《当代中国的人事管理》（上册），当代中国出版社1994年版，第83—84页。

着经济体制和各方面的改革，上述矛盾日益尖锐，必须尽快加以解决。为此，要改革干部管理体制，本着管少、管活、管好的精神，在党委统一领导下，实行组织部门统一管理和分部分级管理相结合的原则。各级党委要适当缩小管理干部的范围，下放管理干部的权限。

按照"下管一级"的原则，中央组织部于1984年7月修订了中共中央管理的干部职务名称表，中央对省、区、市一级，只管党委和纪委的常委及政府、人大常委会、政协和顾问委员会的正副职负责人；对中央一级机关，则只管正副部长和党组成员。干部管理权限的下放，增强了各级党委和干部管理部门管好干部的责任感，推动了干部制度的改革。①

（二）扩大国有企业用人自主权

改革开放前，国有企业单位的领导干部和专业技术人员都是作为国家干部统一管理的，企业没有用人自主权。为了激发国有企业的活力，1978年9月，邓小平同志在《用先进技术和管理方法改造企业》的讲话中提出，要"加大地方的权力，特别是企业的权力。企业要有主动权、机动权，如用人多少，要增加点什么，减少点什么，应该有权处理"②。

1978年年底召开的党的十一届三中全会开启了我国改革开放的历史新时期，会议针对当时经济管理权力过分集中的体制弊端，提出必须加以改革，要有领导地大胆下放权力，让地方和工农业企业在国家统一计划的指导下，有更多的经营管理自主权；要着手大力精简各级经济行政机构，把其大部分职权转交给企业性的专业公司或联合公司，实行按经济规律办事，重视价值规律的作用，注意把思想政治工作和经济手段结合起来，充分调动干部和劳动者的生产积极性；要认真解决党政企不分、以党代政、以政代企的现象，实行分级分工分人负责，要"加强管理机构和管理人员的权限和责任"，提高工作效率，"认真实行考核、奖惩、升降等制度"。③

为落实中央改革精神，1979年7月，国务院发布了《关于扩大国营

---

① 张志坚、苏玉堂：《当代中国的人事管理》（上册），当代中国出版社1994年版，第85—86页。
② 《邓小平文选》第二卷，人民出版社1994年版，第131页。
③ 尹蔚民：《人力资源和社会保障事业改革开放30年文集》，中国人事出版社2009年版，第115页。

企业经营管理自主权的若干规定》，提出在定员定额内，企业有权决定自己的机构设置，有权任免中下层干部。中央组织部于1983年出台的《关于改革干部管理体制若干问题的规定》也提出，对企事业单位干部的管理，应当实行灵活的办法，给企事业单位以更多的干部管理自主权，企事业单位的中层领导干部，一般由企事业单位的党委自行管理。1984年，国务院颁发了《关于进一步扩大国营工业企业自主权的暂行规定》，进一步明确企业拥有机构设置、干部人事任免、工资奖金分配等十项自主权。随后，国务院又于1986年发布了《国营企业实行劳动合同制暂行规定》《国营企业招用工人暂行规定》《全民所有制工业企业厂长工作条例》等政策，从根本上动摇了国有企业固定用人制度和企业干部终身制，国有企业进入了厂长（经理）负责制时期。[1]

（三）扩大事业单位用人自主权

中央组织部1983年发布的《关于改革干部管理体制若干问题的规定》要求，为适应经济体制和各项制度的改革需要，应当给企业事业单位以更多的管理干部的自主权，使他们把管干部同管业务结合起来。当前，许多企业事业单位正在进行招聘、自荐、承包等改革，各级党委应当积极支持，加强领导，鼓励他们大胆试验，允许他们在某些方面突破现行的干部管理体制和制度。

根据中央关于干部管理体制改革的精神，在事业单位人事制度改革方面，《关于科学技术体制改革的决定》（1985年3月）、《关于教育体制改革的决定》（1985年5月）等政策先后出台，针对科教领域事业单位管理存在的问题提出了相应的改革要求，并明确了事业单位人事管理制度改革的主要任务。

《关于科学技术体制改革的决定》指出，长期以来逐步形成的科学技术体制存在严重的弊病，不利于科学技术工作面向经济建设，不利于科学技术成果迅速转化为生产能力，束缚了科学技术人员的智慧和创造才能的发挥，使科学技术的发展难以适应客观形势的需要。在人事制度方面，要克服"左"的影响，扭转对科学技术人员限制过多、人才不能合理流动、智力劳动得不到应有尊重的局面，造成人才辈出、人尽其才的

---

[1] 徐颂陶、孙建立：《中国人事制度改革三十年》，中国人事出版社2008年版，第103页。

良好环境。

《关于教育体制改革的决定》指出,在教育事业管理权限的划分上,政府有关部门对学校主要是对高等学校统得过死,使学校缺乏应有的活力;而政府应该加以管理的事情,又没有很好地管起来。为此,中央认为,要从根本上改变这种状况,必须从教育体制入手,有系统地进行改革。改革管理体制,在加强宏观管理的同时,坚决实行简政放权,扩大学校的办学自主权;调整教育结构,相应地改革劳动人事制度。学校逐步实行校长负责制,有条件的学校要设立由校长主持的、人数不多的、有威信的校务委员会,作为审议机构。

针对科研和教育领域存在的问题,中央提出了明确的改革要求,推进科研教育领域事业单位人事制度改革的探索:改革过死的科技人员管理制度,放活科技人员,促进人员交流,允许业余兼职;按照政事分开的原则,扩大事业单位自主权,制定下发符合事业单位特点的医疗、卫生、档案管理、气象台站等人员编制标准;根据管少、管好、管活的原则,适当下放了事业单位人事管理权限。[1]

根据这一时期中央提出的人事制度改革方向,相关部门按照扩大事业单位自主管理权的改革原则,进一步下放事业单位的人事管理权限,事业单位的管理人员,原则上由所在组织或单位依照各自的章程或条例进行管理,事业单位人事管理自主权不断扩大。

三 加强干部队伍建设

党的十一届三中全会后,中央着手推进干部人事制度改革,提出并实行干部"四化"方针,大力加强党政干部队伍建设;改革专业技术干部管理体制,激励科研技术人员发挥工作积极性;逐步推进大中专毕业生分配就业等相关制度改革,激发各支干部队伍的活力,服务推进改革开放事业的发展。

(一)加强党政干部队伍建设

1979年9月,中央组织部召开全国组织工作座谈会,会议研究制定

---

[1] 徐颂陶、孙建立:《中国人事制度改革三十年》,中国人事出版社2008年版,第71—72页。

了《关于加强领导班子建设的几点意见》《关于干部教育工作的通知》《关于干部制度改革的意见》等重要文件。1980年10月,党的十一届五中全会提出,要废止实际存在的干部领导职务终身制,这是对党和国家领导制度和干部制度所作的一项重要改革,也是关系到完善国家基本政治制度的一个重要问题。[①]

为适应改革开放和经济社会发展的需要,在落实知识分子政策的基础上,中央提出了干部队伍的"四化"方针,大力加强干部队伍建设。在干部"四化"方针的指导下,中央结合历次人民代表大会、党代表大会的改选,对各级各方面的领导班子先后进行了多次调整和加强,一大批优秀中青年干部进入领导班子,一大批年龄大的老干部随着退休制度的建立退出了领导岗位。同时,中央还对领导班子的职数进行严格控制,从中央到基层的各级党政领导班子的年龄、文化和专业结构逐步有了显著改善。

1983年9月,中共中央批转发布了《中央组织部在全国组织工作座谈会上的工作报告》,要求将建设好第三梯队,挑选好后备干部,作为当前干部工作中最重要的一项基本建设;各级党委都应根据自己的需要,选定必要数量的具有不同专业和特长的后备干部,并且要有一定数量的妇女干部、非党干部和少数民族干部;选定后备干部,一定要严格掌握选拔条件,坚持走群众路线,用群众推荐和组织考核相结合的办法进行认真考察,精心挑选;对选定的后备干部,要定向培养,大胆使用,为他们尽快锻炼提高创造条件;各地、各部门应挑选一批优秀的应届大学毕业生,按照他们的专长,分配到基层锻炼,几年后,可择优逐级选拔到适当的领导岗位上来;在领导机关工作的具有大专文化程度、没有基层工作经验的年轻干部,应分期分批放到基层任职锻炼,确实优秀的要及时提任一定的领导职务;今后,每年要对建设第三梯队的工作检查几次,对做得好的要肯定,及时总结推广他们的经验,对做得不好的要提出批评,并限期改进。

随着干部人事制度改革的推进,加强干部人事管理工作的制度化建设提上了改革的议事日程。1984年,中央组织部和劳动人事部组织有关

---

① 赵东宛:《论人事制度改革》,中国人事出版社1995年版,第103页。

单位的工作人员及一部分专家、学者着手起草《国家工作人员法》。1985年，中央书记处讨论《国家工作人员法》草案，会议讨论决定改名为《国家行政机关工作人员条例》。同年12月，根据中央政治体制改革研讨小组的统一部署，成立了干部人事制度改革专题研讨小组，研讨小组在多次调查研究的基础上逐步形成了建立国家公务员制度的思路，并在《国家行政机关工作人员条例》第十稿的基础上修改形成了《国家公务员条例》的第一稿，此稿对第十稿主要进行了六个方面的修改，包括总则中关于立法目的、公务员范围、公务员分类的表述，增加了一项公务员权利的保障，修改了考试录用的具体规定，强化调任转任回避的操作规定，增加了工资保险福利中对定期开展工资水平调查和适时调整的规定，增加了关于人事机构的规定。此外，还对考核和奖惩制度、功绩晋升制度、培训制度等内容进行了一些文字上的修改。[①]

经过一个阶段的研究论证，到党的十三大召开前夕，实行国家公务员制度的思路得到了中央认可。1987年5月，中央政治体制改革研讨小组听取了干部人事制度改革专题组汇报，认为在我国建立国家公务员制度的考虑基本可行，并经中央同意将《国家行政机关工作人员条例》修改为《国家公务员暂行条例》，对政府机关干部从"进、管、出"各环节的相关管理制度作出明确规定，为后续建立干部人事管理体系提供了制度保障。

(二) 改革专业技术人员管理制度

1978年3月，全国科学大会在北京召开，大会审议通过的《1978—1985年全国科学技术发展规划纲要（草案）》提出，全国科学研究机构的科学技术人员现有36万人，1985年专业科学研究人员要达到80万人；逐步提高科学技术人员和业务辅助人员在科学研究机构总人数中的比重，1980年前普遍要求达到80%以上；对全国的科学研究机构实行分级管理；科学研究机构要实行党委领导下的所长分工负责制；建立科学技术人员的职称、岗位责任制和进修、考核等制度。同年10月，中央正式转发了《1978—1985年全国科学技术发展规划纲要》。

中央组织部1983年10月下发的《关于改革干部管理体制若干问题

---

① 侯建良：《公务员制度发展纪实》，中国人事出版社2007年版，第38—41页。

的规定》指出,专业技术干部的管理体制也必须进行改革,要改变用管理党政干部的办法管理专业技术干部,要对专业技术干部的分配、流动、培训、使用、报酬、奖励和职称评定等制度加以改革和完善。

1985年上半年,中央先后发布《关于科学技术体制改革的决定》和《关于教育体制改革的决定》,教育、科研事业单位开始了人事制度改革的探索,包括:按照政事分开的原则,扩大事业单位自主权,制定下发符合事业单位特点的人员编制标准;根据管少、管好、管活的原则,适当下放了事业单位人事管理权限;①改革限制过多的科学技术人员管理制度,促使科技人员合理流动,允许业余兼职;研究、设计机构和高等学校,可以逐步试行聘任制;研究所实行所长负责制;选拔有组织管理能力和开拓精神的科学技术人员担任各级领导职务;等等。1986年2月,国务院印发《关于实行专业技术职务聘任制度的规定》,在全国全面实行专业技术职务聘任制度,专业技术人员管理制度逐步走上正轨。

(三) 改革大中专毕业生分配制度

中华人民共和国成立后,大中专毕业生一直采取国家统一计划分配和安置的政策;改革开放后,随着干部人事制度改革的推进,中央对相关制度进行了改革。

自1985年起,根据经济体制改革和教育体制改革的要求,国务院批转了国家计委、国家教委《关于一九八五年全国高等学校毕业生分配问题的报告》,提出了扩大办学部门、地方和学校分配毕业生的自主权,缩小国家计划分配的范围,实行多渠道的分配办法。之后,随着经济体制改革的深入发展,大中专毕业生分配也相应地逐步加大了市场选择的范围,由国家计划分配过渡到自主择业和双向选择的就业方式。②

第四节 人事制度分类改革的持续推进(1987—2012年)

经济体制改革和其他各项改革事业的深入发展,对人事制度改革提

---

① 徐颂陶、孙建立:《中国人事制度改革三十年》,中国人事出版社2008年版,第72页。
② 张志坚、苏玉堂:《当代中国的人事管理》(上册),当代中国出版社1994年版,第177—178页。

出了更高的要求。针对中华人民共和国成立后形成的"大一统"干部人事管理制度存在的主要缺陷,1987年召开的党的十三大明确提出,要"改革干部人事制度",建立科学的分类管理体制;明确当前干部人事制度改革的重点,是建立国家公务员制度,同时还要对各类人员实行分类管理。在中央改革精神的指导推动下,《国家公务员暂行条例》于1993年发布实施,标志着国家公务员制度的确立和实行,同时,国有企业和事业单位人事制度改革统筹推进,干部人事制度改革逐步深化并取得明显成效。

一 建立和推行国家公务员制度

党的十三大明确提出,干部人事制度改革的重点是建立国家公务员制度。在中央的大力推进下,国家公务员制度建设顺利开展,在总结各地试点经验的基础上,《国家公务员暂行条例》于1993年发布实施,标志着公务员制度的正式确立。在制度实施过程中,公务员管理的配套法规政策陆续出台,制度体系不断完善。2006年,《中华人民共和国公务员法》(以下简称《公务员法》)颁布实施,表明我国公务员管理的制度化水平进入了新阶段。

(一) 明确建立国家公务员制度的任务

随着经济体制改革的深化发展,计划经济体制下形成的干部人事管理制度的弊端日益凸显。一是管理对象笼统庞杂。无论是党和国家机关的工作人员,还是群众团体的工作人员;无论是企事业单位的管理人员,还是各类专业技术人员,都统统作为"国家干部"进行管理,忽视了各类人员的工作性质、社会责任和职业特点的不同。二是缺乏科学的分类。全国干部没有严格的规范的分类,只有粗略的划分。这些划分不能准确反映工作人员工作岗位的性质,不便于有针对性地进行人事管理。对科研事业单位工作人员和国有企业干部也以行政级别划线,形成了较为严重的"官本位"现象,不利于专业技术人员队伍的稳定和发展,不利于人才的平等竞争和合理流动,影响和阻碍优秀人才脱颖而出。[①] 为此,党

---

① 张志坚、苏玉堂:《当代中国的人事管理》(上册),当代中国出版社1994年版,第90—91页。

的十三大明确提出，要建立国家公务员制度，并对各类人员进行分类管理。

为落实中央关于干部人事制度改革的精神，建立和推行国家公务员制度，推动人事制度分类改革，1988年召开的第七届全国人民代表大会第一次会议决定，撤销劳动人事部，分设国家劳动部和国家人事部，人事部的主要职责是建立和推行国家公务员制度，加强对国家人事行政和政府机构、编制的法制管理，综合协调各行业专业技术人员的分类管理，并承担有关国家机关工作人员的管理职能和原由国家科学技术委员会管理科技干部的职能等。

（二）公务员管理制度体系逐步形成

国家人事部成立之后，大力推进公务员制度建设，在多地进行试点，制定相关政策法规，逐步构建公务员管理的制度体系。经过几年的征求意见和试点工作，《国家公务员暂行条例》于1993年8月正式发布，标志着公务员制度的正式建立。《国家公务员暂行条例》的出台，推进了公务员制度的落实和发展。随后，人事部出台了多个与《国家公务员暂行条例》相配套的规定和实施办法，包括公务员录用、考核、晋升、工资保险福利、交流、辞职辞退、退休等内容。这些文件的出台，为《国家公务员暂行条例》各项内容的实施提供了具体的操作基础。

《国家公务员暂行条例》颁布实施后，中国共产党机关、人大机关、政协机关、民主党派机关都明确参照《国家公务员暂行条例》进行管理。1995年，《法官法》《检察官法》出台，这两部法律除体现法官和检察官的一些职业特点外，其基本管理原则和管理环节与《国家公务员暂行条例》完全一致。这些情况说明，公务员制度对政府行政机关以外的其他党政机关也都是适用的。1997年召开的党的十五大提出了"完善"国家公务员制度的要求，进一步推动了公务员制度的发展。

2000年6月，中共中央办公厅印发《深化干部人事制度改革纲要》，提出了2010年深化干部人事制度改革的基本目标，要求逐步健全党政机关干部人事管理的法规体系，抓紧研究制定公务员法。2005年4月，十届全国人大常委会第十五次会议审议通过了《公务员法》。2006年1月，《公务员法》开始实施，这是我国干部人事管理第一部具有总章程性质的法律，在我国干部人事制度发展史上具有里程碑意义。①

为保障《公务员法》的顺利实施，中央组织部和人事部加快了公务员管理的相关配套制度建设。2007—2008 年，中央组织部和人事部陆续印发了关于公务员考核、处分、录用、奖励、职务任免与升降、申诉等管理规定（试行），公务员管理的相关制度逐步形成体系。2008 年，中央在国务院机构改革中设立了公务员局，作为专门管理公务员的政府部门，凸显了对公务员管理的高度重视。

在我国人事制度改革发展过程中，关于公务员管理的法律法规最为健全，不仅有《公务员法》这一总法规，还有相应配套法规和各个环节的规范性文件，② 形成了覆盖所有管理环节的法律法规和政策体系。公务员制度的推行，增强了机关的生机与活力，提高了公务员队伍素质，促进了机关勤政廉政建设，树立了党和政府在人民群众中的良好形象；同时促进了干部人事制度改革的深化，对国有企业和事业单位人事制度改革起到了良好的带动作用，给社会生活带来了深刻的影响，使公开、公平、公正的选人用人观念日益深入人心，受到了广大群众的支持和欢迎。

二　深化国有企业人事制度改革

党的十三大确定了经济体制和干部人事制度改革的目标方向，加快了改革的步伐，推进国有企业人事制度改革进入新的阶段。党的十三大报告指出，活力、效率、积极性的提高，离不开干部人事制度的改革；要改变用党政干部的单一模式管理所有人员的现状，形成各具特色的管理制度；要"按照党政分开、政企分开和管人与管事既紧密结合又合理制约的原则，对企事业单位的管理人员，原则上由所在组织或单位依照各自的章程或条例进行管理"。由此，中央深入推进国有企业人事制度改革，将竞争机制引入企业人事管理，赋予国有企业用人自主权，并加强了对国有企业领导人员的管理。

---

① 侯建良：《公务员制度发展纪实》，中国人事出版社 2007 年版，第 185 页。
② 薛立强、林弋：《干部人事制度改革研究——分类管理与"三化"目标》，天津人民出版社 2017 年版，第 221 页。

（一）将竞争机制引入国有企业人事管理

为贯彻中央关于国有企业人事制度改革的相关精神，中央组织部、人事部于1988年5月发布了《关于全民所有制工业企业引入竞争机制改革人事制度的若干意见》，提出要把竞争机制引入企业人事管理，对企业经营者实行公开招聘选聘，并实行合同制管理；对不适合公开招聘的企业，也应在确定国家与企业之间、企业所有者与经营者之间的契约关系的同时，采用其他办法竞争产生企业经营者。《意见》指出，许多实行各种形式经营责任制的企业，积极引入竞争机制，通过公开招标、差额选举、直接聘任等方式产生企业经营者，并逐级聘用内部各级管理人员，使企业人事制度发生了一场深刻的变革，有力地冲破了长期沿用管理党政机关干部的办法管理企业干部的传统模式，有利于克服干部能上不能下的弊端和用人上的不正之风，为大批精明强干、勇于开拓的企业经营人才在市场竞争的风浪中脱颖而出创造了前所未有的条件；竞争机制的引入，使企业经营者和职工的利益同企业的兴衰紧紧联系在一起，调动了他们振兴企业的主动性、积极性和创造性，进一步增强了企业的活力，促进了社会主义商品经济的发展；各有关部门要密切配合，深入调查研究，大胆探索，总结经验，及时发现和解决出现的新问题，逐步建立起新型的、充满生机与活力的社会主义企业人事制度。

随着竞争机制引入企业人事管理，国有企业干部来源出现了多样化。1991年10月，中央组织部和人事部制定了《全民所有制企业聘用制干部管理暂行规定》，明确聘用制干部是指从全民所有制企业的工人（包括合同制工人）中聘用到干部岗位上任职工作的人员，国家对企业聘用制干部实行计划管理，企业必须在定员、定编、定岗的基础上，根据需要聘用干部；企业实行聘用制，必须严格按照党的干部路线和政策，坚持德才兼备标准，贯彻公开、择优的原则；聘用制干部在聘期内享受所在企业同岗位、同职务企业录用制干部的工资保险福利待遇；聘用制干部与所在企业录用制干部在工作、学习、获得政治荣誉、物质奖励，以及晋职升级、评定职称等方面享有同等的权利。

1992年2月，劳动部发出《关于扩大试行全员劳动合同制的通知》，明确要求各省、自治区、直辖市以及计划单列市应选择一两个市县试行全员劳动合同制，国务院各产业部门也应选择若干个直属国有大中型企业试行；国有企业试行全员劳动合同制的范围，包括企业干部、固定工人、劳动合同制工人和其他工人；试点企业中新进的职工，包括按国家规定统一分配的大中专毕业生，城镇复员退伍军人，军队转业干部以及外单位流动进入企业的原固定职工均试行全员劳动合同制。

（二）国有企业自主行使人事管理权

1992年年初，邓小平同志南方谈话之后，中国经济体制改革进入新阶段，建设社会主义市场经济体制对国有企业改革提出了新要求，深化人事制度改革是其中的重要内容。

1992年7月，国务院发布《全民所有制工业企业转换经营机制条例》，明确了企业在劳动用工、人事管理、工资奖金分配等方面的自主权，进一步强调企业有劳动用工权、人事管理权、工资奖金分配权、内部机构设置权。《条例》第18条明确规定，企业享有人事管理权：企业按照德才兼备、任人唯贤的原则和责任与权利相统一的要求，自主行使人事管理权。《条例》规定，企业对管理人员和技术人员可以实行聘用制、考核制，对解聘和未聘的管理人员和技术人员，可以安排其他工作，包括工人岗位的工作；企业可以从优秀工人中选拔聘用管理人员和技术人员，企业有权根据实际需要在企业内部设置有效的专业技术职务。《条例》明确赋予企业用人自主权，规定国家不再下达国有企业用人计划，真正确立了企业的用人主体地位，为深入推进国有企业人事制度改革提供了法律依据。

1993年2月，劳动部发布《关于实施〈全民所有制工业企业转换经营机制条例〉的意见》，针对《条例》关于企业劳动用人自主权提出了十项具体的实施意见；同年4月，国务院颁发《国有企业职工待业保险》《国有企业富余职工安置规定》等配套政策，为推进国有企业人事制度改革提供了相应的保障措施。

同年11月，党的十四届三中全会通过的《中共中央关于建立社会主义市场经济体制若干问题的决定》提出，要进一步转换国有企业经营机制，建立现代企业制度；要改革和完善企业领导体制和组织管理制度，坚持和完善厂长（经理）负责制，保证厂长（经理）依法行使职权；企业中的党组织要发挥政治核心作用，保证监督党和国家方针政策的贯彻执行。之后，国有企业在建立现代企业制度的改革方向下逐步向公司制转型，各项配套改革措施也逐步出台。1995年3月，国务院发布《关于深化企业职工养老保险制度改革的通知》，促进企业职工的养老保险、医疗保险、失业保险和工伤保险等社会保障制度建设不断加强。

（三）加强国有企业领导人员管理

随着国有企业人事制度改革的不断推进，中央对国有企业领导人员的监督管理不断加强。1996年，中央企业工委成立，负责中央企业党政领导人员的管理工作。1999年9月召开的党的十五届四中全会明确提出，要建设高素质的经营管理者队伍，深化国有企业人事制度改革；坚持党管干部原则，改进管理方法；中央和地方党委对关系国家安全和国民经济命脉的重要骨干企业领导班子要加强管理，要按照企业的特点建立对经营管理者培养、选拔、管理、考核、监督的办法，并逐步实现制度化、规范化；积极探索适应现代企业制度要求的选人用人新机制，把组织考核推荐和引入市场机制、公开向社会招聘结合起来，把党管干部原则和董事会依法选择经营管理者以及经营管理者依法行使用人权结合起来；进一步完善对国有企业领导人员管理的具体办法，努力创造条件，营造经营管理者和企业家队伍健康成长的社会环境。

进入21世纪，为应对国际国内形势对干部人事制度的新要求，2000年6月，中共中央办公厅印发了《深化干部人事制度改革纲要》，针对国有企业改革任务，明确了重点完善国有企业领导人员管理体制和内部用人机制等人事制度改革的阶段性目标，要求以加强企业领导人员管理为重点，深化国有企业人事制度改革，把党管干部原则和董事会依法选择经营管理者以及经营管理者依法行使用人权结合起来，完善体制，健全制度，改进方法，建立与社会主义市场经济体制和现代企业制度相适应的国有企业领导人员管理制度。

2009年，中共中央办公厅印发的《2010—2020年深化干部人事制度改革规划纲要》进一步指出，深化国有企业人事制度改革，要坚持党管干部原则，以改革和完善企业领导人员管理制度为重点，逐步完善与公司治理结构相适应的企业领导人员管理体制，健全符合中国特色现代国有企业制度要求的企业人事制度。为落实中央关于深化国有企业人事制度改革、加强国有企业领导人员管理的相关要求，2009年11月，中共中央办公厅、国务院办公厅印发《中央企业领导人员管理暂行规定》，这是第一次以中央文件的形式对中央企业领导人员管理工作予以系统规范，有力提升了中央企业领导人员管理工作的科学化、制度化、规范化水平，对加强中央企业领导人员队伍建设发挥了十分重要的作用。

三 推进事业单位人事制度分类改革

1992年10月召开的党的十四大提出，按照机关、企业和事业单位的不同特点，逐步建立健全分类管理的人事制度。在中央的大力推动下，事业单位人事制度改革不断深入发展，人员聘用、岗位管理等符合事业单位特点的人事管理制度逐步推行。

（一）推进事业单位工作人员工资制度改革

随着《国家公务员暂行条例》的颁布实施，机关和事业单位的相关管理制度也开始进行分类改革，首先推进的是机关和事业单位工作人员的工资制度改革。1993年11月15日，国务院印发《关于机关和事业单位工作人员工资制度改革问题的通知》，决定从1993年10月1日起，对机关和事业单位工作人员现行工资制度进行改革，根据改革开放和建立社会主义市场经济体制的要求，进一步贯彻按劳分配原则，克服平均主义，建立起符合机关和事业单位各自特点的工资制度与正常的工资增长机制。

随该《通知》发放的《事业单位工作人员工资制度改革方案》提出，根据党的十三届七中全会和十四大关于事业单位要逐步建立符合自身特点的工资制度的要求，在调查研究和总结以往工资制度改革经验的基础上，制订事业单位工作人员工资制度改革方案。《方案》提出的第一条改革原则就是：在科学分类的基础上，依据按劳分配原则建立体现事业单位不同类型、不同行业特点的工资制度，与机关的工资制度脱钩。为此，《方案》明确要求，根据事业单位特点和经费来源的不同，对全额拨款、差额拨款、自收自支三种不同类型的事业单位，实行不同的管理办法；同时，《方案》根据事业单位工作特点的不同，对专业技术人员分别实行五种不同类型的工资制度，即专业技术职务等级工资制、专业技术职务岗位工资制、艺术结构工资制、体育津贴奖金制、行员等级工资制。自此次工资制度改革开始，事业单位建立了和国家机关不同的工资制度，进一步推动了事业单位人事制度改革的进程。①

（二）推进事业单位工作人员管理制度改革

中央通过开展试点和召开专题会议等多种形式，大力推动事业单位工作人员管理制度改革。1995年5月，人事部选择了一些地区、部门和单位作为事业单位改革试点的联系点，试点实施人事制度改革的相关任务。在首批试点名单中，中国科学院和江苏省盐城市为事业单位人事制度综合配套改革试点，进行管理体制、人事制度、职员制等试点工作。同年11月，人事部和中编办在郑州召开了全国事业单位机构与人事制度改革工作会议，确立了事业单位改革的思路和"脱钩、放权、分类、搞活"的改革原则，讨论起草了《关于事业单位人事制度综合配套改革意见》和《事业单位聘用制暂行办法》，为事业单位人事制度改革指明了方向。

1995年年底，人事部先后制定了《事业单位职员管理暂行办法》《事业单位工作人员考核暂行规定》和《事业单位工作人员奖惩暂行规定》。之后，各地扩大和加快了事业单位人事制度改革试点工作，一些地区和部门进行了全员聘用合同制改革试点。到1996年，全国大部分地区的事业单位都推行了程度不同、形式各异的人员聘用制度。②

进入21世纪，事业单位人事制度改革快速推进。2000年，中央下发的《深化干部人事制度改革纲要》提出了以推行聘用制度和岗位管理制度为重点、深化事业单位人事制度改革的总体要求；同年7月，中央组织部和人事部联合发出《关于加快推进事业单位人事制度改革的意见》，对事业单位人事制度改革进行了具体部署，明确了事业单位人事制度改革的基本思路。之后，《关于在事业单位试行人员聘用制度的意见》（2002年）、《事业单位公开招聘人员暂行规定》（2005年）、《事业单位岗位设置管理试行办法》（2006年）及其实施意见陆续发布并实施，为推进事业单位人事制度改革提供了政策基础。

（三）推进事业单位人事制度分类改革

为贯彻落实中央关于事业单位人事制度改革的总体要求，人事部会

---

① 何宪：《公平与激励——中国公务员工资制度探析》，中国人事出版社2017年版，第252页。

② 刘晓苏：《事业单位人事制度改革研究》，上海交通大学出版社2011年版，第97页。

同国务院有关部门，先后发布了不同行业事业单位人事制度改革的具体实施意见，在各行业领域全面推动事业单位人事制度改革工作，主要有：《关于深化高等学校人事制度改革的实施意见》（2000年）、《关于深化卫生事业单位人事制度改革的实施意见》（2000年）、《关于深化广播影视事业单位人事制度改革的实施意见》（2003年）、《关于深化文化事业单位人事制度改革的实施意见》（2003年）、《关于深化中小学人事制度改革的实施意见》（2003年）、《关于深化新闻出版事业单位人事制度改革的实施意见》（2006年）等，为科教文卫等不同领域事业单位人事制度改革指明了方向。

2009年发布的《2010—2020年深化干部人事制度改革规划纲要》进一步提出，深化事业单位人事制度改革，要按照加快推进事业单位分类改革的总体要求，以健全聘用制度和岗位管理制度为重点，创新管理体制，转换用人机制，形成权责清晰、分类科学、机制灵活、监管有力，符合事业单位特点的人事制度。

2011年3月，中共中央、国务院颁布的《关于分类推进事业单位改革的指导意见》规定，按照社会功能将事业单位划分为承担行政职能、从事生产经营和从事公益服务三个类别，并明确了不同类型事业单位的改革方向。同年8月，中共中央办公厅、国务院办公厅印发《关于进一步深化事业单位人事制度改革的意见》，提出要分类推进事业单位人事制度改革，根据事业单位分类实行不同的人事管理制度；对从事公益服务的事业单位实行分类管理，积极探索完善不同类型公益类事业单位在聘用合同、岗位设置、公开招聘、竞聘上岗等方面的不同管理办法，事业单位人事制度分类改革加快推进并深化发展。

第五节　人事制度改革的全面深化（2012—2019年）

党的十八大报告提出，要深化干部人事制度改革，建设高素质执政骨干队伍；党的十八届三中全会通过的《中共中央关于全面深化改革若干重大问题的决定》明确要求，要坚持党管干部原则，深化干部人事制度改革，构建有效管用、简便易行的选人用人机制，使各方面优秀干部充分涌现；党的十九大报告进一步强调，要建设高素质专业化干部队伍。

党的十八大以来，中央继续完善公务员制度、国有企业和事业单位人事管理制度，努力加强适应新时代需要的干部队伍建设，坚持完善党对干部人事工作的领导，推进干部人事制度改革全面深化。

一　完善人事管理制度体系

党的十八大以来，中央更加重视人事管理的制度化，制定和修改完善了关于机关、国有企业、事业单位人事管理的一系列法律法规和政策，公务员制度、国有企业和事业单位的人事管理制度更加完善。

（一）完善公务员制度

党的十八大报告提出了"完善公务员制度"的总体任务，党的十八届三中全会通过的《中共中央关于全面深化改革若干重大问题的决定》进一步明确要求，深化公务员分类改革，推行公务员职务与职级并行、职级与待遇挂钩制度，加快建立专业技术类、行政执法类公务员和聘任人员管理制度；完善基层公务员录用制度，在艰苦边远地区适当降低进入门槛。根据党中央关于完善公务员制度的相关要求，党的十八大以来，相关部门陆续出台了多项公务员管理的相关制度，涵盖公务员管理的诸多方面和环节。

一是出台政策，继续加强公务员的日常管理。2013年1月，中央组织部、人力资源和社会保障部出台《公务员公开遴选办法（试行）》；2014年9月，中央组织部、人力资源和社会保障部、国家公务员局联合印发《关于深入开展公务员平时考核试点工作的通知》，发布《关于做好艰苦边远地区基层公务员考试录用工作的意见》；2015年11月，中央组织部、人力资源和社会保障部、国家公务员局印发《公务员录用面试组织管理办法（试行）》；2016年，中央组织部、人力资源和社会保障部、国家公务员局联合发布《关于推进公务员职业道德建设工程的意见》，财政部、中央组织部和国家公务员局联合发布《中央和国家机关培训费管理办法》，人力资源和社会保障部发布《公务员考试录用违纪违规行为处理办法》；2017年，中共中央办公厅、国务院办公厅印发《聘任制公务员管理规定（试行）》，中央组织部、人力资源和社会保障部、国家工商总局、国家公务员局联合印发《关于规范公务员辞去公职后从业行为的意见》。上述政策文件的发布实施，进一步提升了公务员日常管理工作的规范性。

二是针对中央提出的推进公务员分类管理等主要任务出台相关规定。2015年1月,《关于县以下机关建立公务员职务与职级并行制度的意见》实施；9月，中央深改组通过了《法官、检察官单独职务序列改革试点方案》；12月,《公安机关执法勤务警员职务序列改革试点方案》和《公安机关警务技术职务序列改革试点方案》实施，以促进法官、检察官和警察队伍的专业化。2016年7月,《行政执法类公务员管理规定（试行）》和《专业技术类公务员管理规定（试行）》正式印发，为实行行政执法类公务员和专业技术类公务员的分类管理提供了依据。

三是进一步修订完善《公务员法》。2017年7月，中央组织部、人力资源和社会保障部、国家公务员局开展专题调研、广泛征求意见，邀请立法部门有关专家和部分省级公务员主管部门的业务骨干组成修法工作小组进行深入研讨，研究起草《公务员法》修订草案初稿。2018年12月29日，修订后的《公务员法》经第十三届全国人民代表大会常务委员会第七次会议审议通过，并于2019年6月1日开始实施。修订后的《公务员法》突出了政治要求，把习近平新时代中国特色社会主义思想作为公务员制度必须长期坚持的指导思想，调整了公务员职务、职级等有关规定，进一步推进公务员分类改革，充实了从严管理干部的有关规定，健全了公务员激励保障机制，为建设高素质专业化的公务员队伍提供了法律保障。

（二）完善国有企业人事管理制度

党的十八届三中全会指出，"国有企业要合理增加市场化选聘比例，合理确定并严格规范国有企业管理人员的薪酬水平、职务待遇、职务消费、业务消费"。2014年8月召开的中央深改组第四次会议审议通过了《中央管理企业主要负责人薪酬制度改革方案》，对行政任命的、履行国有资本监管者职责的企业负责人不合理的偏高、过高收入进行调整，规范国有企业收入分配秩序，实现薪酬水平适当、结构合理、管理规范、监督有效；同年11月，中共中央、国务院印发《关于深化中央管理企业负责人薪酬制度改革的意见》，对国有企业特别是中央企业负责人薪酬制度改革进行了全面部署。2015年1月,《中央管理企业负责人薪酬制度改革方案》正式实施，规定国企高管薪酬不得超过在岗职工平均工资的7.8

倍,央企高管薪酬迎来了"限薪令"。

为贯彻落实党的十八大提出的推进国有企业人事制度改革的要求,以及党的十八届三中全通过的《关于全面深化改革若干重大问题的决定》关于深化国有企业改革的相关精神,中共中央、国务院于2015年8月印发《关于深化国有企业改革的指导意见》,全面提出了新时期国有企业改革的目标任务和重大举措:要建立国有企业领导人员分类分层管理制度,坚持党管干部原则与董事会依法产生、董事会依法选择经营管理者、经营管理者依法行使用人权相结合,不断创新有效实现形式。根据不同企业类别和层级,实行选任制、委任制、聘任制等不同选人用人方式;要加强和改进党对国有企业的领导,进一步加强国有企业领导班子建设和人才队伍建设。根据企业改革发展需要,明确选人用人标准和程序,创新选人用人方式。2016年,国务院国有企业改革领导小组审议通过了《关于开展市场化选聘和管理国有企业经营管理者试点工作的意见》,要求深化国有企业人事制度改革,进一步扩大企业领导人员的市场化选聘。

为进一步加强对国有企业领导人员的管理,2018年5月,中共中央办公厅、国务院办公厅印发《中央企业领导人员管理规定》,明确了中央企业领导人员管理的基本原则和主要内容,覆盖了中央企业领导人员的职位设置、任职条件、选拔任用、考核评价、薪酬与激励、管理监督、培养锻炼、退出等人事管理的全过程和各环节,从进一步激励中央企业领导人员新时代新担当新作为出发,完善了有别于党政领导干部、充分体现中央企业特点的领导人员管理制度。《中央企业领导人员管理规定》是推进中央企业人事制度改革的重要成果,是新时期做好中央企业领导人员管理工作的基本遵循,对于坚持和加强党对中央企业的全面领导,提高中央企业领导人员管理工作质量,打造对党忠诚、勇于创新、治企有方、兴企有为、清正廉洁的高素质专业化中央企业领导人员队伍,激发和保护企业家精神,更好发挥企业家作用,培育具有全球竞争力的世界一流企业,具有十分重要的意义。

(三)完善事业单位人事管理制度

党的十八大报告提出,要推进事业单位人事制度改革;党的十八届三中全会通过的《中共中央关于全面深化改革若干重大问题的决定》进一步明确,加快事业单位分类改革,推动公办事业单位与主管部门理顺关系和去行政化，创造条件，逐步取消学校、科研院所、医院等单位的行政级别；建立事业单位法人治理结构，推进有条件的事业单位转为企业或社会组织。

为进一步规范事业单位人事管理，保障事业单位工作人员的合法权益，建设高素质的事业单位工作人员队伍，促进公共服务发展，国务院于 2014 年 4 月发布了《事业单位人事管理条例》，要求事业单位人事管理坚持党管干部、党管人才原则，全面准确贯彻民主、公开、竞争、择优方针，明确国家对事业单位工作人员实行分级分类管理，并对事业单位岗位管理、公开招聘和竞聘上岗、聘用合同、考核和培训、奖励和处分、工资福利和社会保险、人事争议处理等人事管理的各环节都作出了规定，为事业单位人事管理提供了明确的法规依据。《事业单位人事管理条例》是我国第一部系统规范事业单位人事管理的行政法规，改变了事业单位人事制度改革无法可依的状况，填补了事业单位人事管理的法律空白，提升了事业单位人事管理的制度化水平。

为推进事业单位人事制度改革进一步深化，中央加快了相关配套制度改革。2015 年 1 月，国务院下发《关于机关事业单位工作人员养老保险制度改革的决定》，对事业单位工作人员养老保险制度改革问题作出全面规定；同年 3 月，国务院办公厅发布《关于印发机关事业单位职业年金办法的通知》，对事业单位职业年金基金管理进行了具体规定。这些配套政策的出台，对顺利推进事业单位人事制度改革具有重要意义。

此外，中央和相关部门还联合制定了加强事业单位领导人员管理的一系列政策文件。2015 年 6 月，中共中央办公厅印发《事业单位领导人员管理暂行规定》，对事业单位领导人员管理的基本原则和主要制度作出规定，为做好事业单位领导人员管理工作提供了基本遵循。2016 年 2 月，《教育部直属事业单位领导人员管理暂行办法》发布；2017 年 1 月，《高等学校领导人员管理暂行办法》《中小学校领导人员管理暂行办法》《公立医院领导人员管理暂行办法》《科研事业单位领导人员管理暂行办法》和《宣传思想文化系统事业单位领导人员管理暂行办法》五项政策集中发布，推进了不同类型事业单位领导人员管理工作。

二　加强和改进干部管理工作

2013年6月，习近平总书记在全国组织工作会议上的讲话中指出，实现党的十八大确定的各项目标任务，关键在党，关键在人；关键在党，就要确保党在发展中国特色社会主义历史进程中始终成为坚强领导核心；关键在人，就要建设一支宏大的高素质干部队伍。为此，习近平总书记提出了新时期的"好干部"标准；同时，中央陆续修改完善了干部选拔任用管理制度，从多个方面不断加强干部管理工作，大力加强干部队伍建设。

（一）提出新时期"好干部"标准

习近平总书记在2013年全国组织工作会议上明确提出了"信念坚定、为民服务、勤政务实、敢于担当、清正廉洁"的好干部标准，并要求"各级党委及组织部门要坚持党管干部原则，坚持正确用人导向，坚持德才兼备、以德为先，努力做到选贤任能、用当其时，知人善任、人尽其才，把好干部及时发现出来、合理使用起来"。[①] 党的十九大报告也明确提出，要建设高素质专业化干部队伍，坚持党管干部原则，坚持德才兼备、以德为先，坚持五湖四海、任人唯贤，坚持事业为上、公道正派，把好干部标准落到实处。

（二）加强干部选拔任用制度建设

落实好干部标准，选人用人是关键。为此，2014年1月，中央颁发了新修订的《党政领导干部选拔任用工作条例》，进一步明确了贯彻执行党的干部路线方针政策，落实从严治党、从严管理干部的要求，对进一步探索建立党政领导干部选拔任用制度，形成有效管用、简便易行、有利于优秀人才脱颖而出的选人用人机制作出了探索。

同时，中央还发布了《关于加强干部选拔任用工作监督的意见》，要求严格按照制度规定选人用人，进一步加大对相关工作的监督检查力度，及时发现和纠正存在的问题。一方面要求规范干部选拔任用工作，严格按制度规定选人用人；另一方面着力加强对干部选拔任用工作的监督，坚决防止"带病提拔"等干部选用中的突出问题。

[①]《习近平谈治国理政》，外文出版社2014年版，第411页。

为加强和改进新时代干部管理工作，习近平总书记还提出要"严把德才标准""拓宽用人视野""激励干部积极性"，要用科学办法进行管理，切实管到位、管到点子上；干部管理是一门科学，要敢抓善管、精准施策，体现组织的力度；也是一门艺术，要撑腰鼓劲、关爱宽容，体现组织的温度；要在强化责任约束的同时鼓励创新、宽容失误，切实保护干部干事创业的积极性。

（三）努力造就高素质干部队伍

党的十八大以来，习近平总书记多次发表关于加强干部管理工作的重要讲话，对干部队伍建设提出明确要求。2018年11月26日，在十九届中央政治局第十次集体学习时，习近平总书记发表了题为《努力造就一支忠诚干净担当的高素质干部队伍》的讲话，再次强调指出，我们党要团结带领人民实现"两个一百年"奋斗目标、实现中华民族伟大复兴的中国梦，必须贯彻新时代党的组织路线，努力造就一支忠诚干净担当的高素质干部队伍。[①]

针对选人用人问题，习近平总书记指出，虽然经过党的十八大以来的不断整治，选人用人风气有了明显好转，但是选人用人上的不正之风依然存在，还有人变着法子拉关系、走门子，也还有人在搞个人说了算，征求意见、集体讨论有名无实，组织程序只是走走过场，等等；对此，我们要采取有效措施，遏制住选人用人上的不正之风；不能让群众公认的优秀干部长期被冷落、受排挤，而一些投机钻营的人却屡屡得势、顺风顺水；要使干部有全身谋事之心而无侧身谋人之虞；公正用人是我们党立党为公、执政为民在组织路线上的体现，应该成为我们选人用人的根本要求。习近平总书记的重要论述，对新时代坚持和完善党对干部人事工作的领导提出了具体要求，是进一步改革完善人事制度体系、更好发挥人事制度效能的努力方向。

三　优化党对干部人事工作的领导体制

为适应新时代全面深化改革任务的新要求，2018年2月召开的党的

[①] 习近平：《努力造就一支忠诚干净担当的高素质干部队伍》，《前线》2019年第2期，第6页。

十九届三中全会通过了《中共中央关于深化党和国家机构改革的决定》，针对新时代新任务提出的新要求，提出党和国家机构设置和职能配置要同实现国家治理体系和治理能力现代化的要求相适应；随后，中央发布了《深化党和国家机构改革方案》，对深化党中央、全国人大、国务院和全国政协的机构改革，以及行政执法体制、跨军地、群团组织和地方机构改革等方面作出了全面系统的具体安排。其中，党和国家干部人事管理部门的机构改革和职能调整主要体现在以下两个方面：

（一）加强和完善党对干部人事管理工作的领导

《中共中央关于深化党和国家机构改革的决定》提出，深化党和国家机构改革首先要遵循坚持党的全面领导的原则。《深化党和国家机构改革方案》进一步明确，深化党中央机构改革，要着眼于健全加强党的全面领导的制度，优化党的组织机构，建立健全党对重大工作的领导体制机制，更好发挥党的职能部门作用，推进职责相近的党政机关合并设立或合署办公，优化部门职责，提高党把方向、谋大局、定政策、促改革的能力和定力，确保党的领导全覆盖，确保党的领导更加坚强有力。

根据上述改革原则和相关要求，《深化党和国家机构改革方案》指出，为更好落实党管干部原则，加强党对公务员队伍的集中统一领导，更好统筹干部管理，建立健全统一规范高效的公务员管理体制，将国家公务员局并入中央组织部。调整后，中央组织部在公务员管理方面的主要职责是，统一管理公务员录用调配、考核奖惩、培训和工资福利等事务，研究拟定公务员管理政策和法律法规草案并组织实施，指导全国公务员队伍建设和绩效管理，负责国家公务员管理国际交流合作等。

《深化党和国家机构改革方案》还将中央机构编制委员会办公室归口中央组织部管理，作为党中央决策议事协调机构，统筹负责党和国家机构职能编制工作，以加强党对机构编制和机构改革的集中统一领导，理顺机构编制管理和干部管理的体制机制。

同时，《深化党和国家机构改革方案》将中央党校和国家行政学院的职责整合，组建新的中央党校（国家行政学院），实行一个机构两块牌子，作为党中央直属事业单位，在干部人事工作方面承担全国高中级领导干部和中青年后备干部培训，全面加强党对干部培训工作的集中统一领导，统筹谋划干部培训工作。

(二) 改革优化政府部门干部人事管理机构设置

《深化党和国家机构改革方案》指出，在新的历史起点上深化党和国家机构改革，要以加强党的全面领导为统领，以国家治理体系和治理能力现代化为导向，以推进党和国家机构职能优化协同高效为着力点，改革机构设置，优化职能配置，深化转职能、转方式、转作风，提高效率效能，积极构建系统完备、科学规范、运行高效的党和国家机构职能体系。

根据《中共中央关于深化党和国家机构改革的决定》提出的深化党和国家机构改革要遵循"坚持优化协同高效"的原则，"一类事项原则上由一个部门统筹、一件事情原则上由一个部门负责"的要求，《深化党和国家机构改革方案》对政府系统的干部人事管理的部分机构职能进行了调整：将国家外国专家局的职责整合到科学技术部，不再保留单设的国家外国专家局，科学技术部对外保留国家外国专家局牌子，负责引进国外智力工作等，以更好实施科教兴国战略、人才强国战略、创新驱动发展战略，加强国家创新体系建设，优化配置科技资源，推动建设高端科技创新人才队伍，健全技术创新激励机制，加快建设创新型国家。

上述关于党和国家的干部人事管理机构调整和职能优化的改革措施，对于解决干部人事管理领域党的机构设置和职能配置还不够健全有力，党和国家干部人事管理方面存在的机构重叠、职责交叉、权责脱节等问题具有很强的针对性，为进一步完善保障党对干部人事管理工作全面领导的体制机制，优化政府人事管理的机构设置，科学划分和明确政府部门的人事管理职责，促进政府人事管理部门尽快转变职能和提高效能提供了制度保障。

第六节 中华人民共和国人事制度的特质、成就与经验

中华人民共和国人事制度是中国特色社会主义制度的重要组成部分，是中国共产党和中国政府在沿袭革命战争年代干部制度的基础上，借鉴古今中外人事管理制度和实践的有益经验，结合中国国情实际逐步建立，并根据经济社会形势需要不断改革发展起来的。回顾中华人民共和国人事制度70年来的发展历程，总结其核心特质、主要成就和基本经验，对

不断完善有中国特色的人事制度具有重要意义。

一 人事制度的核心特质

人事制度是国家政治制度的重要组成部分，不同国家的人事制度，其核心特质也相应不同。中华人民共和国人事制度的核心特质，可以总结为以下六个主要方面：坚持党管干部的基本原则，实行统分结合的管理体制，贯彻任人唯贤的干部路线，秉持群众路线的根本方法，注重实践锻炼的培养路径，落实严管厚爱的激励机制。

（一）坚持党管干部的基本原则

中国共产党的领导是中国特色社会主义最本质的特征，是中国特色社会主义制度的最大优势。这一本质特征和制度优势在人事制度方面的集中体现，就是中华人民共和国人事制度始终坚持党管干部原则，并根据不同历史时期国家经济社会发展的需要，不断加强和改进党对干部人事工作的全面领导。

党管干部是中国共产党在革命战争时期形成的基本原则，中华人民共和国成立后，党管干部原则得到一以贯之的坚持。中华人民共和国成立初期，中央确立了党委集中统一管理的干部人事制度，之后根据国家经济社会发展形势的变化，中央对党委组织部门的干部管理权限进行了相应调整。进入 21 世纪，我国干部队伍结构发生了重大变化，中央适时提出了党管人才原则，充分体现了党管干部原则和社会现实需要相结合的改革创新。

党的十八大以来，习近平总书记多次就加强和改进干部管理工作发表重要论述，为新时代更好地落实党管干部原则提供了基本遵循，党对干部人事工作的全面领导不断加强和改进，为坚持和完善中国特色社会主义制度、推进国家治理体系和治理能力现代化提供了坚实保障。

（二）实行统分结合的管理体制

中华人民共和国成立初期，中央实行了"大一统"的干部管理体制，对干部进行集中管理和统一调配，保障了国民经济的迅速恢复和各项建设事业的顺利开展。之后，因应国家经济社会发展和政府行政管理的实际需要，中央逐步确立了党委统一领导下的分部分级干部管理体制，奠定了统分结合的干部管理体制基础，并根据社会发展形势变化多次调整干部管理权限。

改革开放后,随着经济体制改革的不断深化,政府机构改革和职能转变的任务日益迫切,中央相应开展了党政领导体制改革,加强党政机关工作人员管理,向国有企业,推进事业单位放权,赋予其用人自主权,同时加强对其领导人员的管理。

党的十八大以来,在中央的统筹推进下,党政领导干部、公务员、国有企业领导人员和事业单位工作人员的分类管理改革不断深化,完善党政领导干部选拔任用制度和国有企业领导人员管理制度,进一步细化公务员分类管理,推进事业单位人事管理分类改革,调整优化党和国家干部人事管理的机构职能,统分结合的干部人事管理体制更加完善。实行统分结合的人事管理体制,既有利于发挥中央、地方和部门的积极性,也有利于提升人事管理的科学化水平。

(三)贯彻任人唯贤的干部路线

1938年,毛泽东主席在党的六届六中全会上明确指出,共产党的干部政策,应该以能否坚决地执行党的路线、服从党的纪律、和群众有密切的联系、有独立的工作能力、积极肯干、不谋私利为标准,这就是"任人唯贤"的路线。1982年召开的党的十二大,正式在党的文献中明确了要实行任人唯贤的干部路线;中央于2002年印发,并于2014年和2019年两次修订的《党政领导干部选拔任用工作条例》,都明确规定任人唯贤是选任党政干部的原则之一。[①]

随着历史的发展以及党和国家战略任务的变化,任人唯贤也不断被赋予新的内涵。例如,中华人民共和国成立初期要求"又红又专";改革开放初期实行干部"四化"方针;党的十八大以后,习近平总书记提出新时代"好干部"标准;等等。这些都是任人唯贤干部路线、德才兼备的选拔标准在不同历史阶段的具体要求。

在2018年全国组织工作会议上,习近平总书记明确指出,要坚持德才兼备、以德为先、任人唯贤的方针。习近平总书记的要求,为新时代贯彻正确的干部路线,保证选人用人上的风清气正,选拔任用一批批符合时代要求的"好干部",建设高素质专业化的干部队伍指明了方向。

---

① 王毅:《"任人唯贤"规定的由来》,《光明日报》2016年6月14日第16版。

（四）秉持群众路线的根本方法

群众路线是毛泽东思想的活的灵魂的三个基本方面之一，坚持群众路线是我们党的优良传统。2013年12月26日，习近平总书记在纪念毛泽东同志诞辰120周年座谈会上的讲话中指出，群众路线是我们党的生命线和根本工作路线，是我们党永葆青春活力和战斗力的重要传家宝，不论过去、现在和将来，我们都要坚持一切为了群众，一切依靠群众，从群众中来，到群众中去，把党的正确主张变为群众的自觉行动，把群众路线贯彻到治国理政全部活动之中。①

将群众路线贯彻到干部人事管理工作中，一方面，要保证干部从群众中来，具有广泛的群众基础和代表性；另一方面，干部人事工作要广泛听取群众意见。正如邓小平同志所指出的，"我们工人阶级的杰出人才，是来自人民的，又是为人民服务的"；②选拔干部需要"大胆而谨慎的工作，经过周密的调查研究，广泛听取群众意见"，③要把"人民公认是坚持改革开放路线并有政绩的人"大胆地放进新的领导机构里。④

习近平总书记强调指出："知屋漏者在宇下，知政失者在草野。"让群众满意是我们党做好一切工作的价值取向和根本标准，群众意见是一把最好的尺子；各级党组织和党员、干部的表现都要交给群众评判。⑤始终秉持群众路线的根本工作方法，保证了我国人事制度能够得到广大人民群众的认可，各项人事管理工作能够得到群众支持并取得显著成效。

（五）注重实践锻炼的培养路径

实践的观点是中国共产党带领中国人民取得民主革命胜利和社会主义建设成就的指导方针，也是中华人民共和国建构和改进人事制度的基本原则。回顾中华人民共和国人事制度的发展历程，可以发现，中国共产党和中国政府始终注重采取实践锻炼的干部培养路径，着力将实践的

---

① 习近平：《在纪念毛泽东同志诞辰120周年座谈会上的讲话》，《人民日报》2013年12月26日第2版。
② 《邓小平文选》第二卷，人民出版社1994年版，第96页。
③ 《邓小平文选》第二卷，人民出版社1994年版，第326页。
④ 《邓小平文选》第三卷，人民出版社1993年版，第380页。
⑤ 习近平：《在党的群众路线教育实践活动总结大会上的讲话》，《人民日报》2014年10月9日第2版。

观点贯穿于干部人事工作的各环节和全过程。

早在土地革命战争时期的 1933 年 8 月,毛泽东主席就在《必须注意经济工作》的讲话中强调指出,经济建设运动的开展,需要有很大数量的工作干部;要把他们组织起来,训练起来,送到经济建设的阵地上去;从土地斗争、经济斗争、革命战争中锻炼出来的群众,涌出来了无数的干部;丢掉错误的观点,干部就站在面前了。[1]

中华人民共和国成立后,随着人事制度的不断发展和日益完备,通过实践锻炼培养、选拔任用干部的相关规定也逐步丰富。特别是改革开放以来,党政干部选拔任用制度、公务员管理制度、国有企业和事业单位人事管理制度,都突出强调了实践锻炼和实绩检验的干部培养路径。

例如,1995 年制定的《党政领导干部选拔任用工作暂行条例》要求,党政领导干部应当具备"在社会主义建设中艰苦创业,开拓创新,做出实绩"等基本条件;提任县(处)级领导职务的,还应当具有"两年以上基层工作经历"。该条例在 2014 年修订时,强调破格提拔的特别优秀的干部,要有"在关键时刻或者承担急难险重任务中经受住考验、表现突出、作出重大贡献"等显著实绩。2006 年施行的《公务员法》规定,"公务员的任用,坚持任人唯贤、德才兼备的原则,注重工作实绩。"2014 年的《事业单位人事管理条例》和 2018 年的《中央企业领导人员管理规定》,也都充分体现了实践锻炼和实绩检验的基本制度要求。

注重实践锻炼的培养路径,是实践的观点在我国干部人事工作方面的集中体现,也是党和国家干部人事制度的核心特质,为在社会主义建设实践中培养选拔一批批优秀干部提供了坚实保证。

(六)落实严管厚爱的激励机制

对干部严格管理和关心爱护,是党的干部队伍建设的优良传统,也是国家人事制度的核心特质。1957 年,国务院制定了《关于国家行政机关工作人员的奖惩暂行规定》,奠定了干部激励约束机制的基础;改革开放后,中央先后出台了一系列相关制度,干部的激励约束机制日益健全;党的十八大以来,习近平总书记多次强调要坚持严管和厚爱结合、激励

---

[1] 《毛泽东选集》第一卷,人民出版社 1991 年版,第 125 页。

和约束并重，以进一步激励广大干部新时代新担当新作为。

在"严管"方面，党内监督条例、行政纪律处分、党政领导干部选拔任用工作责任追究办法、党员领导干部报告个人有关事项的规定等制度先后实施，实现了对干部的党内监督、社会监督和群众监督相结合。党的十八大以来，在全面从严治党的新形势下，中央严格执行干部管理的各项规定，进一步加强对党员干部的约束机制。2020年6月，《中华人民共和国公职人员政务处分法》出台，全面加强了对所有行使公权力的公职人员的监督。

在"厚爱"方面，中央先后制定了行政机关工作人员升级奖励、公务员奖励规定等制度，激励党员干部忠于职守，充分调动党员干部的工作积极性。党的十八大以来，习近平总书记多次强调要切实为敢于担当的干部撑腰鼓劲。2018年5月，中央印发《关于进一步激励广大干部新时代新担当新作为的意见》，对建立激励机制和容错纠错机制作出明确规定，为更好地落实严管厚爱的激励机制提供了制度保障。

二 人事制度发展的主要成就

中华人民共和国成立70年来，有中国特色的社会主义人事制度发挥选贤任能、聚天下英才而用之、培养造就更多更优秀人才的显著优势，培养、选拔、任用了一批批党政干部和各类优秀人才为社会主义现代化建设贡献智慧和力量，为实现"两个一百年"奋斗目标和中华民族伟大复兴中国梦提供了有力的制度保障和干部人才支撑。

（一）有中国特色的人事制度逐步形成并不断完善

中华人民共和国成立后，中国共产党根据中国国情的实际需要，在借鉴古今中外人事管理有益经验的基础上，经过长期的实践探索，逐步形成了包括党政领导干部管理制度、公务员制度、国有企业领导人员管理制度和事业单位工作人员管理制度在内的有中国特色的社会主义人事制度体系，制定了《公务员法》《党政领导干部选拔任用工作条例》《事业单位人事管理条例》等干部人事管理法律法规，人事管理各环节的相关配套制度也不断发展完善。其中，尤其以公务员管理制度体系最为完备。《公务员法》实施以来，涵盖公务员录用、考核、职务任免与升降、奖励、惩戒、回避、培训、调任、辞职、辞退、申诉、聘任等各方面的

30多个配套政策法规先后出台，公务员管理制度渐成体系。党的十八大以来，中央和有关部门对公务员管理的相关制度进行了修改完善，公务员管理的规范化和制度化水平进一步提升。

党政领导干部选拔任用是我国干部人事管理工作的核心环节，中央为此制定了相关法规，并根据制度实施效果不断修改完善。1995年，中央颁布了《党政领导干部选拔任用工作暂行条例》，对党政领导干部选拔任用工作作出规范，第一次以党内法规的形式将党政领导干部管理加以制度化。2002年，中央在总结各地党政领导干部选拔任用工作经验的基础上，修订发布了《党政领导干部选拔任用工作条例》，将公开选拔、竞争上岗作为一种选拔方式写进了条例。党的十八大以后，中央进一步深化推进党政领导干部制度改革，于2014年再次修订了《党政领导干部选拔任用工作条例》，针对制度实施过程中出现的简单以票取人的现象及相关问题，将民主推荐由"重要依据"重新定位为"重要参考"，针对竞争性选拔中出现的"以分取人""高分低能""考试专业户"现象，重新界定了竞争性选拔的适用情形，防止把竞争性选拔作为主要乃至唯一的方式，严格规定人选的条件和资格，强调改进测试方法，突出实绩竞争，树立实干导向。

在事业单位人事制度建设方面，2014年，国务院颁布了《事业单位人事管理条例》，在总结事业单位人事制度改革经验的基础上，将聘用制、岗位管理、公开招聘作为事业单位人事管理的基本制度，还对事业单位的竞聘上岗、考核、培训、奖励、处分、工资福利、社会保险、交流、退休、人事争议等人事管理环节进行了规范，使事业单位有了一整套不同于党政机关和国有企业的人事管理制度，事业单位的人事管理有了基本遵循。该条例的实施深化了事业单位人事制度改革，同时通过配套制度的制定和完备，进一步完善健全事业单位人事制度。[①]

（二）培养造就了一批批优秀干部和专业人才

人事制度的发展完善，为培养造就高素质专业化干部队伍提供了制度保障。中华人民共和国成立70年来，党和国家培养造就了一批批优秀

---

① 林弋：《干部人事制度改革四十年》，《中国人事科学》2018年第9期，第6、10—11页。

党政领导干部和各领域各行业的专业技术人才。

例如，公务员制度为广泛选拔和吸引各方面优秀人才进入公务员队伍提供了保障。公务员录用实行"凡进必考"制度以来，公务员考试逐步成为参考人员数量最多、影响最广泛的"国考"。近年来，公务员队伍建设取得明显成就，公务员受教育水平和年龄结构显著优化。据中央组织部负责人就《公务员法》修订答记者问时披露的数据，与2006年相比，2017年具有大学本科以上学历人员占公务员总数的比例由43%提高到71.9%；35岁以下的比例由25.6%提高到27.8%；女性的比例由22.8%提高到26.5%。公务员制度建立以来，持续开展公务员初任培训、任职培训、专门业务培训、在职培训，突出加强政治理论培训和专业能力培训，组织公务员深入学习贯彻习近平新时代中国特色社会主义思想、中央重大战略决策部署和重要法规制度；大力开展政策理论、业务知识、科技人文知识等方面培训；持续推进公务员交流工作，积极选派公务员到基层一线培养锻炼，加大对口援派干部工作力度，公务员队伍的政治素质和专业能力不断提高。[①]

又如，长期以来，在坚持党管人才原则，聚天下英才而用之，加快建设人才强国的战略方针指导下，在更加积极、更加开放、更加有效的人才政策支持下，各类优秀人才队伍迅速成长壮大。2019年度人力资源和社会保障事业发展统计公报数据显示，到2019年年末，全国享受政府特殊津贴人员累计达18.2万人，国家"百千万人才工程"入选者6100多人；全国累计共有3234.4万人取得各类专业技术人员资格证书；全国共有博士后科研工作站3719个，博士后科研流动站3332个，累计招收培养博士后23.3万人。

（三）为开展社会主义现代化建设提供了坚实保障

有中国特色的社会主义人事制度不断发展完善，为培养选拔一批批优秀干部和专业人才提供了制度保障；一批批党政领导干部和各领域各行业专业人才不断涌现，为服务国家经济社会发展和推进社会主义现代化建设事业做出了巨大贡献。

---

① 盛若蔚、吴储岐：《中国公务员制度的重大改革和完善——中共中央组织部负责人就修订公务员法答记者问》，《人民日报》2018年12月30日第7版。

中华人民共和国成立初期，为迅速恢复和发展国民经济，国家开始了第一个五年计划的经济建设。中央抽调大批干部转入经济战线，以保证第一个五年计划的顺利实施。据1952—1954年的不完全统计，三年之内全国约抽调了16.3万多名干部到工业部门工作，这些干部绝大多数是文化程度较高，年纪较轻，身体健康，有培养前途的优秀干部，他们为建立我国现代化工业基础发挥了重大的作用。[①]

改革开放后，党和国家的工作重点转移至经济建设，各领域急需大批人才落实改革发展任务。邓小平同志提出要"尊重知识、尊重人才"，并提出实行干部"四化"方针。国家设立了行政学院培养党政干部，实行专业技术职务聘任制激励专业技术人才发挥积极作用，一大批德才兼备的党政干部和专业技术人才成长起来，为推进改革开放事业做出了重要贡献。

党的十八大以来，习近平总书记高度重视干部队伍建设和人才工作，多次强调要加强干部队伍建设，做好新时代人才工作。党的十九大报告明确要求，要建设高素质专业化干部队伍，坚持党管干部原则，坚持德才兼备、以德为先，坚持五湖四海、任人唯贤，坚持事业为上、公道正派，把好干部标准落到实处；坚持党管人才原则，聚天下英才而用之，加快建设人才强国。党的十九届四中全会强调，要把提高治理能力作为新时代干部队伍建设的重大任务。这既为新时代干部人事工作指明了方向，也必将为实现国家治理体系和治理能力现代化提供更加坚实的干部和人才基础。

三　人事制度建构的基本经验

中华人民共和国成立以来，在中央的正确领导和大力推动下，国家人事制度建设始终坚持以马克思主义为理论指导，立足中国国情，努力构建体现中国特色的社会主义人事制度，并随着国家建设和经济社会发展需要与时俱进持续改革完善。在此过程中，试点先行、持续稳妥推进的渐进式人事制度改革积累了宝贵经验，为发挥中国特色人事制度的优

[①] 张志坚、苏玉堂：《当代中国的人事管理》（上册），当代中国出版社1994年版，第300页。

势奠定了坚实基础。

（一）坚持以马克思主义理论为指导

人事制度是国家政治制度的重要组成部分，不同政治体制的国家，其人事制度也相应不同。中华人民共和国人事制度是中国特色社会主义制度的有机组成部分，是中国共产党在马克思主义理论指导下，坚持和改进党管干部原则，全心全意为人民服务的社会主义人事制度。

中华人民共和国人事制度坚持以马克思列宁主义、毛泽东思想、邓小平理论、"三个代表"重要思想、科学发展观、习近平新时代中国特色社会主义思想为指导，始终坚持正确的理论指导和政治方向不动摇。

中国共产党领导是中国特色社会主义最本质的特征，是中国特色社会主义制度的最大优势。这一本质特征和制度优势在人事制度方面的体现，就是我国的人事制度始终坚持党管干部原则，并根据不同历史时期经济社会发展需要，不断加强和改进党的全面领导。

中华人民共和国人事制度不同于中国以往任何历史时期的官吏管理制度，也不同于西方资本主义国家的文官制度，是中国共产党全心全意为人民服务的根本宗旨在人事管理工作方面的贯彻和落实，党和国家的干部来自人民群众，服务于人民群众。

中华人民共和国成立70年来，人事制度建设始终以马克思主义为理论指导，坚持和改进党管干部原则，遵循践行全心全意为人民服务的根本宗旨，有中国特色的社会主义人事制度不断发展完善。正如习近平总书记指出的那样，"随着中国特色社会主义不断发展，我们的制度必将越来越成熟，我国社会主义制度的优越性必将进一步显现，我们的道路必将越走越宽广。我们就是要有这样的道路自信、理论自信、制度自信"。[①]

回顾中华人民共和国人事制度70年的发展历程，在不同的历史时期和发展阶段，人事制度建设始终坚持党的领导和党管干部原则，人事管理工作与制度建设始终围绕党的中心工作、服务国家建设事业，为社会主义国家建设和发展提供了有力保障。特别是党的十八大以来，中央确立了新时代中国特色社会主义发展路线和发展战略，相应确立了新时期的组织路线，实行全面从严治党和从严管理监督干部，为新时代人事管

---

① 《习近平谈治国理政》，外文出版社2014年版，第22页。

理工作提供了制度遵循。

（二）坚持立足中国国情、体现中国特色

人事制度是政治制度的重要组成部分，中华人民共和国人事制度自确立以来，始终坚持立足中国国情和经济社会发展实际，充分体现中国特色人事制度的特点和优势。

中华人民共和国成立初期，虽然中国共产党仿照苏联的做法实行了干部职务名录制的管理方式，但是却没有发展成苏联共产党对干部的集中严格控制，而是根据国家经济社会发展需要适当下放了干部管理权限，同时党委组织部门还很好地发挥了培养后备干部等积极作用，保障了干部队伍的活力。

在人事制度的重大改革方面，中央也始终从中国国情出发，从不盲目照抄照搬别国制度。例如，公务员制度作为上层建筑的一部分，总是同一个国家的经济基础和政治制度相联系的。在西方资本主义国家，人事制度一般仅指文官制度，即政府中所谓政治中立的行政官员。而实际上，政治和行政从来不可能清晰地二分，人为地割裂政府治理体系只能导致不同部门之间的扯皮和低效。改革开放初期，中央在研究确立实行公务员制度的过程中，虽然借鉴了西方文官制度的一些做法，但是没有照搬其制度。在研究如何实行国家公务员制度时，中央干部人事制度改革专题组专门撰写了《关于国家公务员的称谓》《关于国家公务员制度的特点》和《关于国家公务员的范围》等"说明材料"。其中，《关于国家公务员制度的特点》从中国国情出发阐述了我国公务员制度的特点，主要包括不实行两官分途，不搞"政治中立"，不实行职务常任；《关于国家公务员的称谓》将公务员范围界定为"中央和地方国家行政机关中除选举产生和人大决定任命的政府组成人员和工勤人员以外的、依据法律行使国家行政权力、执行国家公务的在编人员"。[1] 我国公务员制度继承和发扬了党和国家干部人事管理的优良传统，坚持实行党管干部原则、干部"四化"方针、德才兼备的用人标准等，充分体现了中国特色人事制度的优越性。

回顾中华人民共和国成立 70 年来的发展历程，可以发现，党和国家

---

[1] 侯建良：《公务员制度发展纪实》，中国人事出版社 2007 年版，第 43 页。

领导人一方面坚持制度自信，在建设中国特色社会主义的过程中，努力建构有中国特色社会主义的人事制度；另一方面注意吸收借鉴古今中外人事制度和人事管理实践的有益经验，根据中国国情需要建设并不断改革各项人事制度，推进有中国特色的人事制度体系逐步完善，人事制度的优越性日益体现。

（三）积极吸收古今中外人事制度的有益经验

中华人民共和国人事制度是中国共产党根据中国国情需要，在民主革命时期形成的干部制度基础上，吸收借鉴古今中外人事制度的有益经验，逐步确立并发展起来的。分析其制度渊源，回顾其发展历程，可以发现，在中华人民共和国人事制度的建构和发展过程中，党和国家领导人积极吸收古今中外人事制度的成熟经验，借鉴其他国家人事管理的有益实践，根据中国国情需要博采众长，确立适合自身需要的制度体系，并随着经济社会发展形势的变化而不断改革完善。

中华人民共和国人事制度吸收了中国古代人事制度的合理成分。中国古代官吏管理制度有着长期的发展历史，其中的科学合理成分值得吸收借鉴。特别是以科举制为代表的中国古代官员选拔制度，不仅对维护封建皇权政治发挥了重要作用，而且对欧美文官制度产生了深远影响。毛泽东主席早在革命战争时期论及干部政策时就指出，我们民族历史中从来就有任人唯贤和任人唯亲两个对立的路线，共产党的干部政策应是任人唯贤的路线。习近平总书记也多次强调，我国历史上有为的政治家在吏治方面的真知灼见值得我们学习，同时也要注意剔除其糟粕，借鉴其得失。

中华人民共和国人事制度在发展过程中也借鉴了外国人事管理制度的某些内容。例如，中华人民共和国成立初期，中央仿照苏联实行了干部职务名录制；改革开放后，中央在探索推行公务员制度的过程中，对英美等西方国家的文官制度进行了系统研究和分析借鉴。这种博采众长的制度建构方式，保证了人事制度确立和发展过程中能够吸收各国的有益经验，保持制度的开放式发展，使其不至于因抱残守缺或故步自封而滞后僵化。

正如习近平总书记指出的那样，中华民族是一个兼容并蓄、海纳百川的民族，在漫长的历史进程中，不断学习他人的好东西，把他人的好东西转化成我们自己的东西,这才形成我们的民族特色。① 中华人民共和国人事制度正是中国共产党吸收借鉴古今中外人事管理有益经验,根据中国国情实际和经济社会发展需要,逐步吸收转化并形成有中国特色人事制度的很好体现。

(四)与时俱进,推进人事制度改革不断深化

人事制度是国家政治制度和政府行政体制的有机组成部分,服务于国家的政治、经济和社会管理,为落实国家发展战略任务提供重要的组织保障和人事基础。中华人民共和国人事制度自确立以来,始终围绕国家政治经济发展任务和政府行政管理的实际需要,不断改革完善相关制度,以更好地服务国家不同历史时期的发展改革任务;同时,其改革发展过程也从一个侧面反映了国家政治经济体制改革发展、政府机构职能调整优化以及国家治理体系和治理能力现代化的进程。

中华人民共和国成立初期,中央确立了党委集中统一管理的干部人事制度体制,为迅速恢复和发展国民经济提供了组织保障和干部队伍支撑。之后,随着国民经济发展的需要,中央逐步推行了党委统一领导下的分部分级管理体制,加强了不同行业主管部门对相应领域干部人事工作的管理。改革开放后,中央适当下放了干部管理权限,扩大了国有企业和事业单位的用人自主权,提出了干部"四化"方针,大力加强干部队伍建设,保障了改革开放历史任务的落实和国家各项建设事业的发展。

改革开放以来,为适应国家经济社会发展新形势的需要,中央多次改革党和政府的干部人事管理机构,调整优化其人事管理职能。以公务员管理机构为例。1987年,党的十三大提出要实行公务员制度,1988年,国务院机构改革时成立了人事部,负责落实推行公务员制度的改革任务;2008年,中央组建了国家公务员局,专门负责公务员管理的相关职能;2018年,中央进一步深化党和国家机构改革,对干部人事管理机构职能进行了调整优化,将公务员局并入中央组织部,党对干部人事工作的领导全面加强。

在干部人事管理工作的重点对象和关键环节方面,中央陆续制定了相关法规政策,不断改进管理方式,并针对人事管理实践中出现的新情

---

① 《习近平谈治国理政》,外文出版社2014年版,第105—106页。

况新问题，多次修订完善相关制度。例如，为建立科学规范的党政领导干部选拔任用制度，形成富有生机与活力的用人机制，中央于1995年制定了《党政领导干部选拔任用工作暂行条例》，经过几年暂行实践后，《党政领导干部选拔任用工作条例》于2002年颁布实施，在规范干部选拔任用工作，建立健全科学的选拔任用机制，防止和纠正选人用人上的不正之风，推进干部工作科学化、民主化、制度化等方面，发挥了十分重要的作用。但是随着改革开放进程的不断深入，干部工作面临的形势任务、干部队伍状况等都发生了很大变化，干部选拔任用工作中出现了一些新情况新问题，需要从制度层面加以改进。为此，本着与时俱进、改革创新的精神，中央于2014年和2019年先后两次修订了《党政领导干部选拔任用工作条例》，以吸收党的十八大以来选人用人工作中探索形成的实践成果，回应干部工作中出现的一些新情况新问题，进一步推进干部选拔任用工作制度化、规范化、科学化。《党政领导干部选拔任用工作条例》的修订完善，对于提高选人用人质量，建设忠诚干净担当的高素质专业化干部队伍，为新时代中国特色社会主义事业顺利发展提供坚强组织保证，具有重要意义。

（五）采取"先试点后推广"的渐进改革方式

人事制度改革是政治体制改革的重要内容，政治性强，涉及方方面面，需要审慎稳步推进，才能真正取得实效。为此，改革开放以来，我国人事制度改革也采取了渐进式改革的模式，各项改革措施大多先行试点，在试点取得成功经验的基础上再加以推广。

例如，为探索建立国家公务员制度的经验，国家人事部于1989年组织审计署、海关总署、国家统计局、国家环保局、国家建材局和国家税务总局开展了公务员制度的试点工作，六个试点单位做了大量工作，为建立公务员制度进行了有益探索，取得了良好效果。[①] 为推进公务员分类管理改革，国家公务员局选择深圳、上海等地进行行政执法类公务员分类管理改革试点。在事业单位人事制度改革过程中，人事部引导和鼓励各地普遍开展试点工作，在各地试点的基础上选定了30个试点联系点，

[①] 中华人民共和国人事部：《国家公务员制度全书》，吉林文史出版社1994年版，第135页。

通过典型引路，带动面上改革，推进事业单位改革不断深化发展。①

"先试点后推广"是我国推进人事制度改革的成功做法，一项改革特别是重大改革，先在局部试点探索，取得经验、达成共识后，再把试点的经验和做法推广开来，这样的改革方式比较稳妥，容易取得实效。我国人事制度改革把试点推广的要求贯穿到人事制度改革的全过程，以坚实的实践基础保障人事制度改革的可行性和有效性，保障各项人事制度改革不断推进并取得实效。

2016年7月1日，习近平总书记在庆祝中国共产党成立95周年大会上的讲话中指出："明镜所以照形，古事所以知今。"今天，我们回顾历史，不是为了从成功中寻求慰藉，更不是为了躺在功劳簿上、为回避今天面临的困难和问题寻找借口，而是为了总结历史经验、把握历史规律，开拓前进的勇气和力量。② 在中华人民共和国成立70周年之际，我们回顾干部人事制度70年来的发展历程，是为了总结有中国特色人事制度的建设经验，为实现党的十九大提出的建设高素质专业化干部队伍的目标提供制度保障，同时也为实现坚持和完善中国特色社会主义制度、推进国家治理体系和治理能力现代化的总体目标提供人事工作领域的有益经验。

---

① 尹蔚民：《人力资源和社会保障事业改革开放30年文集》，中国人事出版社2009年版，第87页。

② 《习近平谈治国理政》第二卷，外文出版社2017年版，第32页。

第二章 人事管理体制

第二章　人事管理体制

体制是体系和制度的统称。体系是指相互依存的各部分构成的有机整体，涉及结构、功能和内部关系等要素；制度是规则，包括规范体系的制度和规范其他事务的制度。[①] 人事管理体制的内涵主要体现在机构、职能、权责关系三个方面。有的论者把运行机制、制度规范也包含在体制中，本书采用狭义的体制内涵。

改革开放前，我国实行计划经济，人员分类简单，身份相对固化，我国的人事管理就是对具有干部身份的人员的管理。改革开放后，社会组织与市场主体日益多元、复杂，人员流动的广度、跨度大，干部身份与党和政府干部人事管理已经难以建立完全对应的关系，党和政府干部人事管理的对象逐渐聚焦于机关事业单位工作人员和国有企业领导人员。

我国的人事管理体制，是指对机关事业单位工作人员和国有企业领导人员进行管理的机构设置、职能配置和权责关系的有机整体。从七十年发展历程来看，我国对机关事业单位工作人员和国有企业领导人员进行管理的机构包括综合管理人事工作的政府人事部门、管理各级各类领导干部的党委组织部门、管理人员编制的编制管理部门、管理专业技术人员和科技干部的专家管理部门、管理国有企业领导人员的各级国有资产监督管理部门、管理部门或行业人事工作的各级政府组成部门和直属机构内设的人事管理部门、负责党外人士干部工作的党委统战部门、负责干部纪检监察工作的党委纪律检查委员会和国家监察部门等，当然，在不同的历史时期，其机构设置与职能配置是不完全相同的。

由于政府人事部门是综合管理人事工作的机构，其管理的人员数量占机关事业单位工作人员和国有企业领导人员的大多数，其出台的政策法规涉及所有干部职工的权益，因此，人事管理体制的沿革和阶段划分，可以政府人事部门为主轴，同时兼顾其他部门的机构和职能变化情况。中华人民共和国成立以来，政府人事管理部门机构的设立、职能的划分，经历了一个不断变化的过程。中华人民共和国成立初期，中央人民政府

---

① 张志坚：《行政管理体制改革新思路》，中国人民大学出版社 2008 年版，第 13 页。

设立了专门的人事管理部门,负责管理政府人事工作,地方各级政府也设立了相应的人事管理机构。1959年之后的20年里,政府专门人事管理机构不再设立,政府人事管理工作由部委的内设机构负责。改革开放后,国务院整合有关机构,成立了专门的人事管理机构,开始集中统一行使政府人事管理职能。此后,国家进行重大机构改革时,都会根据经济和社会发展的需要,根据干部人事制度改革的目标任务,对政府人事管理机构及其职能进行调整。相应地,我国的人事管理体制也形成了五个发展阶段。

第一节 中华人民共和国成立初期的人事管理体制(1949—1959年)

中华人民共和国成立初期,党和国家对政府系统管理干部人事工作的政府机构设置和职能配置尚处于探索期。当时的中央政府人事部门干部人事管理权限较大,下管三级政府工作人员和企事业单位领导人员。随着各类机关工作人员急剧增加、财政压力加大,编制管理部门的职能得到加强,编制管理的范围也从机关扩展到了对事业单位人员编制的管理。此一时期,百废待兴,专业技术人才奇缺,科技干部管理成为人事工作的重要内容,为此,国务院成立专家局,贯彻执行国家对于专家和其他知识分子的政策、法令。

一 政府的人事管理体制

成立初期政府的人事管理体制,经历了政务院人事局、中央人民政府人事部和国务院人事局三个时期。

(一)政府的综合人事管理体制

1. 政务院人事局

解放战争后期,人民革命的胜利局势已基本确定。中共中央发出的"各民主党派、各人民团体、各社会贤达迅速召开政治协商会议,讨论并实现召集人民代表大会,成立民主联合政府"的号召,[①] 很快得到全国的

---

① 何沁:《中华人民共和国史》,高等教育出版社1997年版,第13页。

响应。1949年9月21日，中国人民政治协商会议第一届全体会议在北平召开。会议通过了《中国人民政治协商会议共同纲领》《中国人民政治协商会议组织法》和《中华人民共和国中央人民政府组织法》等文件。《中华人民共和国中央人民政府组织法》第三条规定：在普选的全国人民代表大会召开前，由中国人民政治协商会议的全体会议执行全国人民代表大会的职权，制定《中华人民共和国中央人民政府组织法》，选举中央人民政府委员会，并付之以行使国家权力的职权；中央人民政府委员会对外代表中华人民共和国，对内领导国家政权；中央人民政府委员会组织政务院，以为国家政务的最高执行机关；中央人民政府委员会，由中国人民政治协商会议的全体会议选举中央人民政府主席1人，副主席6人，委员56人，并由中央人民政府委员会互选秘书长1人组成之；中央人民政府主席，主持中央人民政府委员会的会议，并领导中央人民政府委员会的工作。[①]

根据《中华人民共和国中央人民政府组织法》的规定，在人事任免权限方面，中央人民政府委员会任免下列各项政府人员：任免政务院的总理、副总理，政务委员和秘书长、副秘书长，各委员会的主任委员、副主任委员、委员，各部的部长、副部长，科学院的院长、副院长，各署的署长（或审计长）、副署长（或副审计长）及银行的行长、副行长；依据政务院的提议，任免或批准任免各大行政区和各省市人民政府的主席、副主席和主要的行政人员；任免驻外国的大使、公使和全权代表；任免人民革命军事委员会的主席、副主席、委员，人民解放军的总司令、副总司令，总参谋长、副参谋长，总政治部主任和副主任；任免最高人民法院的院长、副院长和委员，最高人民检察署的检察长、副检察长和委员。[②]

政务院由中央人民政府委员会任命总理一人，副总理若干人，秘书长一人，政务委员若干人组成之，政务委员得兼任各委员会的主任委员和各部的部长；政务院对中央人民政府委员会负责，并报告工作，在中

---

① 劳动人事部编制局：《中华人民共和国组织法规选编》，经济科学出版社1985年版，第49—51页。

② 劳动人事部编制局：《中华人民共和国组织法规选编》，经济科学出版社1985年版，第50—51页。

央人民政府委员会休会期间,对中央人民政府的主席负责,并报告工作;政务院设政治法律委员会、财政经济委员会、文化教育委员会、人民监察委员会和30个部、会、院、署、行,主持各该部门的国家行政事宜。在人事管理权限方面,政务院还负责任免或批准任免《中华人民共和国中央人民政府组织法》第7条第9款乙项规定以外的各县市以上的主要行政人员。[①] 从《中华人民共和国中央人民政府组织法》来看,政务院在政府系统的干部管理权限较大、管理范围较广,实行的是"下管三级"的干部管理体制。

1949年10月,政务院设置政务院人事局。政务院人事局承政务院总理之命,办理以下事项:政务院的人事处理事项;政务院及所属各机关组织机构和人员编制的初步审核事项;由政务院任免的各级工作人员之任免、调查、审核、配备、统计等事项;政务院及所属各机关人事行政的联系事项;总理交办的人事处理事项;其他政务院之人事行政事项。政务院人事局下设一处、二处,职责分别是:一处负责由政务院任免的各级工作人员之任免、调查、审核、配备、统计及人事处理事项;二处负责政务院直属工作人员之工资、福利、教育事项。从政务院人事局的机构设置与职能配置可见,该局级别不高、内设机构少,其主要职能是执行政务院的人事处理事项,执行、办事性质较强,干部人事管理的政策研究、制度与法规建设职能较弱。因此,政务院人事局属于新中国成立后过渡性的机构与职能安排。

2. 中央人民政府人事部

经过近一年的实践,政务院人事局、各委员会人事局(处)、内务部干部司以及一些部的人事局(司)等,出现了人事管理机构重叠、人事制度混乱、人事政策不统一等问题,导致工作分散、互相牵制、手续烦琐、效率低下,难以适应人事管理工作的需要。此外,政府机关中非党员干部占比较大,情况复杂,党的组织部门无法全面了解、掌握,干部教育工作难以统一进行。成立一个层级更高的专门干部管理机构,统一管理全国在职、在野、在学、党与非党干部,成为迫切需要。为更好协

---

① 劳动人事部编制局:《中华人民共和国组织法规选编》,经济科学出版社1985年版,第52页。

调中央人民政府内的人事管理工作，1950年9月5日，中央人民政府委员会第九次会议决定，撤销政务院人事局，成立中央人民政府人事部，政务院人事局与内务部、财委、文委、政法委的人事管理机构合并，有关职能由中央人民政府人事部负责。

中央人民政府人事部在政务院领导下，主管除军事系统外的国家机关人事事宜，负责统一管理全国在职、在野、在学、在党和非党干部，保证人事政策和人事制度的统一，避免人事管理机构重叠、工作分散的现象出现。在业务上，人事部指导中央人民政府政务院及所属各委、部、会、院、署、行，最高人民法院，最高人民检察署及各大行政区人民政府（军政委员会），内蒙古自治区人民政府，中央直辖省、市人民政府的人事部门的工作。

人事部下设办公厅和第一、第二、第三、第四局，办公厅负责部内工作、人事政策法规、相关任免事项等，第一局负责中央各机关的人事工作，第二局负责政法系统、各地方人民政府县长以上不属于财经或文教系统的主要行政人员的任免调配等事项，第三局负责中央及地方财经系统主要行政人员的任免与人事调配等事项，第四局负责中央和地方文教系统主要行政人员的任免与人事调配事项以及全国专科学校以上毕业生分配工作等。1951年5月，人事部内设机构调整为一厅三局，三局分别为干部局、工资福利局和教育局。12月，根据政务院第114次政务会议作出的《关于调整机构紧缩编制的决定》的要求，全国编制委员会的日常工作，由财政部划归人事部办理，全国编制委员会负责研究决定有关编制的重大方针政策。

从人事部的职能来看，具有以下三大特征：一是干部人事管理的范围大，除军事系统外的国家机关人事事宜均由人事部主管，包括全国在职、在野、在学、在党和非党干部，均由人事部统一管理；二是管理层级多，下管三级干部，各地方人民政府县长以上的主要行政人员均由人事部任免调配；三是人事管理与编制管理工作相结合，在全国编制委员会的日常工作由财政部划归人事部后，人事部统一管理人事与编制工作，既有利于精简机构，也有利于科学管理。

3. 国务院人事局

1954年9月20日，第一届全国人民代表大会第一次会议通过《中华人民共和国宪法》，规定：中华人民共和国国务院，即中央人民政府，是最高国家权力机关的执行机关，是最高国家行政机关；国务院由总理、副总理若干人、各部部长、各委员会主任和秘书长组成；国务院依照法律的规定任免行政人员。会议同时通过了《中华人民共和国国务院组织法》，中央人民政府人事部被撤销。该法规定，国务院任免下列行政人员：国务院副秘书长，各部副部长和部长助理，各委员会副主任和委员，各部门的司长、副司长、局长、副局长；各省、各直辖市人民委员会的厅长、副厅长、局长、副局长；各专员公署专员；各自治区相当于上列第二、第三两项职位的人员；驻外使馆参赞和驻外总领事；高等学校校长、副校长、院长、副院长；其他相当于上列各项职位的人员。[1]

1954年11月10日，国务院发布的《关于设立、调整中央和地方国家行政机关及其有关事项的通知》指出，依照《中华人民共和国国务院组织法》第六条的规定，并根据工作需要，国务院设立国务院人事局、国务院专家工作局等20个直属机构，主办各项专门业务。文件要求，依照《国务院组织法》第二条的规定，国务院不设立人事部、法制委员会、扫除文盲工作委员会、出版总署，中央人民政府人事部改为国务院人事局，并将其工作移交给国务院人事局，相关单位应在1954年11月结束交接工作。国务院人事局下设如下工作部门：工资科、福利科、干部任免科、干部调配科、干部管理科、军队干部转业办公室、统计科、办公室。[2]

根据次年11月国务院常务会议批准的《国务院人事局组织简则》，国务院人事局的职责任务是：管理国家机关工作人员工资福利工作；办理国务院任免国家行政人员手续；掌管各级国家机关及所属企业、事业单位的干部统计工作；办理国务院所属各部门调动县长级以上干部的手续，办理国务院秘书厅及各直属机构处级干部的考察、调动、任免事项；管理全国军队转业干部的调拨和安置的工作；草拟国家机关人事工

---

[1] 劳动人事部编制局：《中华人民共和国组织法规选编》，经济科学出版社1985年版，第75页。

[2] 劳动人事部编制局：《中华人民共和国组织法规选编》，经济科学出版社1985年版，第196—197页。

作方面的法规性文件；联系中央国家机关和各省、自治区、直辖市人民委员会的人事工作部门，并检查有关工作和制度的执行情况，等等。[①]

从调整后国务院人事局的职责任务可以看到，与中央人民政府人事部的职能相较，国务院人事局的职能发生了如下变化：一是干部人事管理权限大为收缩，不再负责各地方人民政府县长以上的主要行政人员的任免与人事调配事项，只是负责办理国务院任免国家行政人员手续、国务院所属各部门调动县长级以上干部的手续和国务院秘书厅及各直属机构处级干部的考察、调动、任免事项；二是制度与法规建设职能得到加强，工作重心不再是干部任免、人事调配，而是技术性、程序性工作，如管理国家机关工作人员工资福利工作、干部统计工作、任免手续办理、检查制度执行情况等；三是新增了全国军队转业干部的调拨和安置职能；四是不再承担机构编制管理工作和全国专科学校以上毕业生分配工作，编制工资委员会办公室由国务院直接领导。

此后，根据1957年9月国务院全体会议第57次会议通过的《国务院任免行政人员办法》，国务院人事局办理下列行政人员的任免手续：国务院副秘书长和秘书长助理，各办公室主任、副主任，秘书厅主任、副主任，各直属机构局长、副局长、行长、副行长、社长、副社长、主任、副主任、委员，国务院参事；各部副部长和部长助理，各委员会副主任和委员，各部门的司长、副司长、局长、副局长、委员会主任、副主任、办公厅主任、副主任、参事室主任、副主任，设计院院长、副院长、研究所所长、副所长，各部门所属局的总工程师，海关总署署长、副署长；各省、各自治区、各直辖市人民委员会的秘书长、副秘书长、各办公室主任、副主任、厅长、副厅长、局长、副局长、委员会主任、副主任、办公厅主任、副主任、参事室主任、副主任；各专员公署专员；驻外代办，驻外使馆参赞、武官和驻外总领事；重要的国营企业和重要的中央公私合营企业的厂长、副厂长、经理、副经理、场长、副场长、局长、副局长、总工程师；高等学校校长、副校长、院长、副院长；中央直属

---

① 劳动人事部编制局：《中华人民共和国组织法规选编》，经济科学出版社1985年版，第196页。

的重要医院院长、副院长；其他相当于上列各项职位的人员。[①] 国务院对行政人员的任免权限由"下管三级"调整为"下管两级"。

（二）企业干部社会保险管理体制

中华人民共和国成立后，国家机关、党派、人民团体和事业单位干部的社会保险由政务院主管政府人事工作的部门负责，企业干部的社会保险则实行不同的管理体制。根据中国人民政治协商会议第一届全体会议通过的《中央人民政府组织法》，1949年11月成立的中央人民政府劳动部，是企业干部社会保险的主管部门。1950年10月，中央人民政府政务院批准《中央人民政府劳动部试行组织条例》，规定劳动部的具体工作任务包括领导和监督全国各级地方政府劳动部门工作、计划并领导逐步实行劳动保险制度、领导培养各种技术干部等。劳动部自成立至结束，中间还设立过劳动保险局，1954年5月，劳动部劳动保险局撤销，相关工作移交给全国总工会。1953年6月，劳动部还设立了失业工人处理司，负责包括失业救济工作在内的失业工人工作，该司于次年5月撤销，其失业救济工作并入劳动力调配司。

1951年，中华全国总工会成为全国劳动保险事业的最高领导机关。1951年2月，政务院颁布的《中华人民共和国劳动保险条例》规定：劳动保险工作由各级工会委员会负责管理和实施，中华全国总工会是全国劳动保险事业的最高领导机关，统筹全国劳动保险事业的发展，督导所属各地方工会组织、各产业工会组织有关劳动保险事业的执行；中央人民政府劳动部为全国劳动保险业务的最高监督机关，负责贯彻劳动保险条例的实施，检查全国劳动保险业务的执行；各级人民政府劳动行政机关监督劳动保险基金的缴纳，检查劳动保险业务的执行，处理有关劳动保险事件的申诉。1954年5月，劳动部的劳动保险工作也移交给全国总工会。此后，国务院根据第一届全国人民代表大会第一次会议决议设立的劳动部，不再具有劳动保险工作职能。

（三）科技干部管理体制

1956年，党对农业、手工业和资本主义工商业的社会主义改造基本

[①] 劳动人事部政策研究室：《劳动人事法规规章文件汇编》，劳动人事出版社1987年版，第6—7页。

完成，社会主义工业化初具规模。为了加强专家工作，充分发挥各类专家和知识分子的力量，满足国家建设与发展的需要，1956年5月，经第一届全国人大常委会第40次会议批准，国务院设立专家局，负责统一检查、督促政府各部贯彻执行国家对于专家和其他知识分子的政策、法令，解决需要统一处理的有关专家和其他高级知识分子的问题。根据1956年10月国务院常务会议批准的《国务院专家局组织简则》[①]，国务院专家局主要负责以下工作：

一是调查研究各部门对于专家和其他高级知识分子的工作安排、使用、工作条件和政治、物质待遇等情况，及时向国务院和主管部门反映，并提出改进工作的意见，建议有关部门采纳执行，或拟订方案报国务院批准施行。

二是调查研究各部门有关培养专家和其他高级知识分子的情况和存在的问题，并提出改进工作的意见，建议有关部门采纳执行。

三是协助有关部门制订关于建交国家留学生回国和参加工作的计划，并检查各部门对于归国留学生安排和使用的情况。

四是协同有关部门对社会上失业的高级知识分子进行调查研究，提出安排意见，协助有关部门进行安置。

国务院专家局内设了四个组，分别负责科教、文化卫生、农业和工交、争取在资本主义国家留学生回国的工作。1957年又增设了一个组，负责派遣留学生计划和分配工作。国务院专家局成立后，开展了大量专家和其他高级知识分子的相关工作，对于发挥他们的积极性，促进社会主义建设，发挥了重要作用。

1959年6月，第二届全国人大常委会第四次会议批准国务院调整直属机构的议案，国务院专家局撤销，其业务交由科学技术委员会管理。

二 党委组织部门对干部的管理体制

在我国，党管干部是干部管理制度的根本原则。中华人民共和国成立后，中国共产党各级党委组织部始终是我国干部管理的核心机构，除

[①] 《国务院专家局组织简则》，《中华人民共和国国务院公报》1956年第39期，第2页、第4—5页。

了在1966年至1976年中央组织部工作一度陷入瘫痪、地方各级党委组织部机构被撤销，其他阶段，中国共产党各级党委组织部在干部管理工作中一直发挥核心作用。党委组织部门对干部的管理体制的变化，更多体现在干部管理权限和管理方式的变化上。因此，对党委组织部门干部管理体制发展阶段的划分，主要依据的是干部管理权限和管理方式的变化。这一时期，党委组织部门对干部的管理体制经历了三个发展阶段。

（一）各级党委组织部高度集中统一的干部管理

中华人民共和国成立初期，各方面的干部统一由组织部门管理，但是，党的各级组织部门机构设置与职能配置都不完整，难以适应政治、经济形势发展的需要。1951年3月，刘少奇在第一次全国组织工作会议的报告中，对中共各级党委组织部的人事管理机构设置和职责作了重要论述。他指出，为了管理除开军队外的全国党的与非党的干部，需要建立正规的、固定的管理干部的一套机构和制度；从最初到最高级的每一个干部，都要有党的一定的机关来管理。党对于非党干部也需要间接或直接予以管理；县委以上的各级党委的组织部，都应设立管理干部的机构。根据中共中央相应的决定，中共中央及各级党委组织部都逐步健全和加强了干部管理机构和职能。1951年11月，中共中央还决定县党委所辖的区委也必须设立组织部。当时的中央组织部只设组织处、干部处和秘书处共三个处，包括行政人员在内，仅有180多名工作人员。

根据中央组织部1951年拟定的中央管理干部职务名单及各级党委管理干部的职务范围和办法，中央管理的干部职务范围有党的系统、政府系统、群团系统、全国较重要的工矿系统等四个系统；中央局管理相当县主要干部以上的职务，省、直辖市委管理区主要干部以上的职务，县管理乡村主要干部；干部管理的具体业务由各级党委组织部统一管理。[①] 这一干部管理体制具有三个基本特点：中共中央及各级党委统一领导、中央及各级党委组织部集中管理干部、中央和各级党委"下管三级"干部。这一高度集中统一的干部管理体制，符合当时政治工作与经济工作的需要，有利于统一使用干部力量，保证党的政治任务的实现。

---

① 张志坚、苏玉堂：《当代中国的人事管理》（上册），当代中国出版社1994年版，第74页。

在党外干部的管理方面，1950年7月，中央组织部、中央统战部关于党内外干部审查、分配的规定中决定，一般党外干部由政府人事部门负责；各民主党派干部、民主人士及旧社会上层人物（如开明士绅、学者）的审查、分配，由各级党委的统战部（无统战部门之地区由党委指定专人）提出意见，与政府党组商量后交人事部门处理，或由政府党组征求统战部意见后交人事部门处理。中华人民共和国成立后，中央统战部设有3个处，分别负责统战业务工作、兄弟党联络工作以及干部、机要和总务等工作。1951年12月，经中共中央批准，中央统战部调整了内部职能和机构，设立9个处和1个办公室，其职能分别是：第一处负责文教界统战工作；第二处负责工商界统战工作；第三处负责少数民族、宗教方面统战工作；第四处负责华侨统战工作；第五处负责民主党派统战工作；第六处负责政权、协商机关统战工作；第七处负责联络工作；第八处负责统战系统党内外干部管理工作；第九处负责总务工作；办公室负责机要、秘书工作。

（二）中央及各级党委组织部统一管理下的分部分级干部管理

新中国成立后，党和国家的形势与任务发生了巨大变化，组织机构日益增多，干部队伍迅速扩大，而且多数干部不再像战争年代那样频繁调动，需要在专业工作中相对稳定下来，因此，统一管理干部的办法，已不能完全适应新形势的需要。1953年11月，中共中央《关于加强干部管理工作的决定》指出，继续采用统一管理干部的办法，已经不能完全适应当前的需要，这一干部管理体制存在的主要问题是：干部工作的机构与所担负的任务不相适应；干部工作部门忙于办理日常事务，不能集中主要力量对干部进行系统、深入的了解，对于数量最大的财经工作干部尤其了解不够；有计划、有系统地培养、训练各种专业干部的工作一般还做得很差；特别是由于党委的组织部直接管理的干部范围过宽，不可能与各个管理业务的部门取得经常的密切联系，从干部的实际工作中来考察他们的政治品质和业务能力。为此，中央决定：改变现行的干部管理办法，逐步建立在中央及各级党委统一领导下、在中央及各级党委组织部统一管理下的分部分级管理干部的制度。

中共中央《关于加强干部管理工作的决定》规定：

一是建立在中央和各级党委组织部统一管理下，中央及各级党委的各部分管干部的制度。按照工作需要,将全体干部划分为九类,在中央及各级党委的组织部的统一管理下,由中央及各级党委的各部分别进行管理:第一,军队干部,由军委的总干部部、总政治部和军队中的各级干部部、政治部负责管理;第二,文教工作干部,由党委的宣传部负责管理;第三,计划、工业工作干部,由党委的计划、工业部负责管理;第四,财政、贸易工作干部,由党委的财政、贸易工作部负责管理;第五,交通、运输工作干部,由党委的交通、运输部负责管理;第六,农、林、水利工作干部,由党委的农村工作部负责管理;第七,少数民族的党外上层代表人物,宗教界的党外上层代表人物,各民主党派和无党派的民主人士,华侨民主人士,工商界代表性人物,协商机关、民主党派机关、工商联、佛教协会、伊斯兰协会和回民文化协会的机关干部,由党委的统战工作部负责管理;第八,政法工作干部,由党委的政法工作部负责管理;第九,党、群工作干部和未包括在上述八类之内的其他工作干部,由党委的组织部负责管理。

二是党委分管干部的各部要负责考察、了解所管干部的政治品质和业务能力,并以此为依据来正确地挑选和提拔干部。

三是中央和各级党委的组织部,除直接管理党、群工作干部及其他暂时还无专门部门管理的干部外,还要在中央及各级党委的领导下,负责拟订统一审查、调配干部的计划和党校培养、训练干部的计划,检查各部门培养、训练干部计划的执行情况,并负责建立统一的干部档案制度与统计制度。

四是健全中央及各级党委之间分工管理各级干部的制度。中央及各级党委管理的干部,有很多同时由两级或三级党委管理。凡属此种情形均应由最上级党委主管,下级党委协助管理。下级党委从监督、了解、教育、鉴定等方面协助上级党委管理,并可对这些干部的任免、调动提出建议,但决定权属于最上级党委。

五是逐步建立"后备干部名单"制度,将发现、培养和提拔后备干部的工作,作为各级党委和一切管理干部部门的经常任务之一,等等。

实行中共中央及各级党委统一领导下、中央及各级党委组织部统一管理下的分部分级干部管理体制后,党中央和各级地方党委组织部直接管理的干部相对缩小,统一管理、综合管理的职能进一步加强。根据各级党委组织部职能的上述变化，同时考虑到1954年2月各大行政区撤销的实际情况，中央组织部内部机构扩大，人员增加。根据中共中央1954年5月对中央组织部的机构和业务作出的规定，中央组织部是党中央在党的组织工作方面的办事机关，是党中央在组织工作方面的助手和参谋部。中央组织部内设干部管理处、工业干部管理处、财政贸易干部管理处、交通运输干部管理处、政法干部管理处、外交外贸出国干部管理处、群众工作干部管理处、干部行政处、干部训练处等干部管理部门，加上办公厅、组织指导处和党员管理处，共有干部500多人。中央组织部设置工业、财政贸易、交通运输、政法等干部管理处，是因为中共中央各分管干部的部门，有的管理干部的条件暂时还不具备，有的机构尚未建立，先由中央组织部设立相关干部管理处，对这些领域的干部进行管理，然后再逐步向分部管理过渡。

为了建立健全分部分级干部管理体制，1955年1月，《中共中央管理的干部职务名称表》颁布，对干部管理中的条块关系作了原则性规定。9月，中央组织部对该文件进行了完善和修改，强调两个重要的管理原则：第一，中央管理的干部范围为中央、国家机关司、局长，省（市）正副厅局长，地委正、副书记、专员以上干部；第二，考察一个干部职务是否列入中央管理范围时，应根据这一职务的重要性来确定，而不应根据干部的工资级别或其他条件来确定。随后，中央各部、国家机关各部门、各级地方党委制定了一系列配套的干部管理制度。

1956年2月，由于中央宣传、统战部、农村工作部分管了干部，中共中央工业交通运输部、财政贸易部成立，并分管了工交、财贸系统的干部，中央组织部的干部管理机构也作了相应调整。调整后的内设干部管理部门有干部管理一处、干部管理二处、政法干部管理处、外交外贸出国干部管理处、群众工作干部管理处和干部训练处，同时，由于政治形势的需要，增设了审干办公室。各级地方党委组织部在所辖范围内干部管理的职能与中央组织部相似，其机构设置也是大致仿照中央组织部的建制，但规模小一些，机构数量少一些。

这一时期，中华人民共和国的干部管理体制基本形成。此后，由于机构调整和形势的发展变化，对干部管理体制与管理办法，虽然作过一些调整与改进，但分部分级管理干部的原则与体制基本没有大的变化。

(三) 干部管理权限下放后的干部管理

1956年4月，毛泽东主席作了《论十大关系》的讲话，其中强调要发挥中央和地方两个积极性。根据这个讲话精神，为了更好地发挥地方党委的主动性、积极性，并加强地方党委对国营工业企业的领导，1957年2月，中共中央决定适当扩大地方党委管理干部的责任和权力，把省、自治区、直辖市党委的各部副部长、人民委员会的各厅（局）长、副厅（局）长和工会、妇联的副主席、青年团委员会副书记；沈阳、武汉等十大城市的市委各部正、副部长，人民委员会的副市长、正、副局长，市工会、妇联的正、副主席，共青团委员会的正、副书记和市辖区的区委书记、区长；太原、杭州等15个中等城市的市委部长、市人民委员会副市长、市工会主席、青年团委员会书记；地（市）委书记、副书记（第一书记除外）、专员、市长，委托各省、自治区、直辖市党委代管上述干部的任免，由各省、自治区、直辖市党委决定，但任免后，要向中央备案。

为了进一步下放干部管理权限，1957年5月，中央批准《中央工业工作部关于改进工业系统干部管理的报告》，对中央管理的、国务院工业各部管理的和工业企业管理的干部范围重新作了调整，主要包括：

一是中央管理干部的范围：对于国务院工业各部，仍管理司（局）长和副司（局）长以上职务。对省区市有关工业厅、局，按中央最近关于中央管理的一部分干部委托各省区市党委代管的通知执行。原由中央管理的而此次未列入新的职务名称表中的工业企业和事业单位的干部，属于行政系统的，由有关工业各部管理，地方党委加以监督管理；党群干部，由地方党委管理，不采取委托代管的办法。

二是国务院工业各部，对企业干部只管理不属中央管理的厂矿长、副厂矿长、经理、副经理和相当于这些职务的干部和主要技术干部。工业企业的科（处）长、车间主任一级干部，一般应由企业管理。国务院工业各部所属的专业局和地区管理局，是否需要代管一部分属于部管理范围内的干部，由各部自行决定。

三是工业企业管理干部的职责范围，由企业党委根据本部提出的"关于改进工业企业干部管理工作的意见"和省委、市委、自治区党委的指示，自行拟定执行。

四是省委、市委、自治区党委，除协助中央和监督国务院工业各部管理干部外，自己直接管理的工业干部的范围，可以自行决定。

根据下放干部管理权限的精神，1958 年，中共中央又决定把地方的大、中专院校的干部和教师，全部归地方管理。这些学校的干部和教师，中央如有需要，可以与地方协商抽调。中央各部学校的干部和教师，地方如有需要，商得主管部门的同意，也可调用。随着部分中央部属企业、事业单位、大中专学校和技术力量的下放，一大批干部的管理权限也相应下放给地方党委。

实践证明，这次干部管理权限下放，不仅有利于改变干部管理权力过于集中、管理效率低、不易细致的状况，而且对于加强地方工作、推进地方各项建设事业的发展也起了好的作用，充分调动了地方干部管理的积极性。但是，在干部管理权限下放的过程中，有些不该放的也下放了，造成了一些干部工作和业务工作宏观失控。

三　人员编制管理体制

我国的机构编制管理体制采取委员会制，编制委员会通常为非常设机构，成员由党中央、国务院及其有关部委的相关领导组成，委员会下设办公室，为常设机构。成立初期，编制委员会办公室很少以独立机构存在，往往设在业务相关性较强的政府财政或人事部门，并经历了较为频繁的变动过程。虽然编制管理机构形态不断发生变化，但其职能相对简单，总体而言没有发生大的变化。从 1949 年到 1959 年，中央编制管理机构经历了五个阶段，分别为政务院及所属单位机构编制审查委员会、全国编制委员会、国务院编制审查委员会、国务院编制工资委员会和国务院编制委员会阶段。

（一）政务院及所属单位机构编制审查委员会

中华人民共和国成立后，为了统筹管理政务院的机构设置和人员编制工作，1949 年 12 月，政务院成立政务院及所属单位机构编制审查委员会，委员会办事机构设在政务院人事局，负责审查政务院各部门的机构设置和人员编制。根据《政务院人事局组织条例（草案）》的规定，"政务院人事局承总理之命，办理政务院及所属各机关组织机构和人员编制的初步审核事项"①。

（二）全国编制委员会

中华人民共和国成立初期，国家财政比较困难。为了争取财政收支平衡，节约行政开支，紧缩军政公教人员编制，1950年3月，政务院第22次政务会议决定，成立全国编制委员会，办事机构设在财政部。同年9月，政务院颁发了《关于统一全国各级人民政府、党派、群众团体员额暂行编制草案》。全国编制委员会主任由财政部部长担任。

中央人民政府人事部成立后，政务院及所属单位编制审查委员会的日常工作，也随着政务院人事局并入人事部。1951年12月，政务院第114次政务会议作出的《关于调整机构紧缩编制的决定》要求，省（市）以上均设编制委员会，具体工作由人事部门办理；全国编制委员会的日常工作，由财政部划归人事部办理。根据《关于调整机构紧缩编制的决定》，全国编制委员会管理全国行政编制；会同人事部和财政部审查事业部门的编制和开支标准，报经政务院批准实施；审定大行政区以下各级人民政府的机构调整和行政编制总额，并报政务院批准；大行政区以下各级人民政府在编制总额内的调剂，由上一级人民政府掌握，但上级不得挤占下级机构的编制。各级机构有关内部行政编制的调整，必须经同级编制委员会的批准。

（三）国务院编制审查委员会

一届全国人大一次会议后，中央人民政府人事部撤销，国务院人事局成立。1954年12月22日，国务院决定成立国务院编制审查委员会，委员会以国务院人事局为其办事机构。国务院人事局设编制一科（中央编制科）和编制二科（地方编制科）。② 国务院编制审查委员会主任由国务院副总理兼任。

（四）国务院编制工资委员会

国务院编制审查委员会成立一个月后，即1955年1月，国务院决定

---

① 苏尚尧：《中华人民共和国中央政府机构（1949—1990年）》，经济科学出版社1994年版，第137页。

② 苏尚尧：《中华人民共和国中央政府机构（1949—1990年）》，经济科学出版社1994年版，第139页。

将委员会扩大,改名为国务院编制工资委员会。国务院副总理兼任国务院编制工资委员会主任,国务院秘书长兼任副主任,委员会委员17人,包括中央办公厅主任、中央组织部部长、劳动部部长等。委员会的主要职责是:管理国家机关和地方各级机关的机构设置和人员编制,也包括事业编制;制定国家机关工作人员的工资标准,特别是供给制改行薪金制,改工资分制为货币工资制后的各种制度办法。

国务院编制工资委员会在国务院人事局设办公室,作为其办事机构。办公室下设编制组、工资组、房管组、检查组四个组。其中,编制组以国务院人事局管理编制的人员为主,并抽调国务院各办公室(第八办公室除外)一名处级以上干部组成工作班子;工资、房管、检查三个组的日常工作由国务院有关部门承担。[①] 委员会日常工作由国务院一名副秘书长、国务院人事局局长及一名副局长主持。

1955年以前,国家关于事业单位的主要工作是接收、改造国民政府遗留下来的学校、医院和文化机构等事业单位,并根据事业单位的具体情况,交由各级人民政府有关部门直接管理。这一时期,还没有提出事业单位机构编制或事业编制的概念,没有开展事业单位机构编制的管理工作。1955年,对遗留的各类事业单位的接收、改造工作基本完成。国家在开展大规模经济建设的同时,根据国民经济和社会发展的需要,开始有计划地兴办大学、科研院所等一批新的事业单位,事业单位的种类和数量有所增加,规模逐渐扩大,相应地,国家用于事业单位的财政支出也显著加大。如何在确保经济和社会发展需要的同时,加强对事业单位机构与人员编制的管理,确保事业单位与国民经济协调发展,提高其社会经济效益,成为重要课题。国务院编制审查委员会更名为国务院编制工资委员会后,委员会第一次会议提出"管行政编制,也管事业编制",第一次正式提出了"事业编制"的概念,第一次把事业编制纳入管理轨道。

随后,中央一级机关开始精简机构、编制,国务院编制工资委员会办公室负责研究拟定编制工作的方针、原则和精简的初步方案,并进行

---

① 苏尚尧:《中华人民共和国中央政府机构(1949—1990年)》,经济科学出版社1994年版,第139页。

定机构、定编制试点工作。办公室下设秘书组、农林文教组、工业交通组、政法财贸组和地方组（1956年曾分设出城市组），人员编制50余人。

1955年3月11日，《国务院关于成立省、自治区、直辖市编制委员会问题（电）》提出："为了紧缩国家工作人员编制，国务院已成立编制工资委员会。省、自治区和直辖市亦应成立编制委员会，统一管理省、自治区和直辖市以下各级行政、事业和企业机关的编制工作。省、自治区和直辖市人民委员会编制委员会应以省（市）长或副省（市）长1人为主任，并选任各有关部门负责同志为委员，委员会下应建立适当的办事机构，有计划地进行工作。"要求各省、自治区和直辖市成立编制委员会，统一管理编制工作。随后，各省、自治区和直辖市陆续成立编制委员会，管理本行政区域内各级行政机关、事业单位和企业机关的编制工作。

《国务院人事局组织简则》1955年11月在国务院常务会议通过后，编制工资委员会办公室由国务院直接领导，国务院人事局不再承担机构编制管理工作，正式撤销编制一科和编制二科。

（五）国务院编制委员会

1955年12月底，国务院常务会议决定，将国务院编制工资委员会改称国务院编制委员会，其主要职责是：（1）掌管全国行政编制。（2）划分行政、事业、企业编制彼此之间的界限。（3）对事业经费的编制问题，只是过问，发现问题提出意见；纯企业的编制，主要是经济核算问题，由国家经济委员会和劳动部负责。[①]次年9月，国务院编制委员会办公室迁到国务院机关办公，国务院设专管编制工作的副秘书长。随后，国务院将各省、自治区、直辖市人民委员会工作部门的设立、增减或者合并的职责，由内务部移交国务院编制委员会统一负责办理。

根据下放经济管理权限、精简机构与人员、减少官僚主义、提高工作效率的精神，1958年12月，国务院编制委员会办公室的内设机构由五个组减为两个组，即中央组和地方组，人员减为14人，并从国务院机关迁出，与国务院人事局合署办公。编委办公室在国务院秘书长和主管副

[①] 苏尚尧：《中华人民共和国中央政府机构（1949—1990年）》，经济科学出版社1994年版，第140页。

秘书长领导下，由国务院人事局（国务院人事局撤销后，改由内务部政府机关人事局）局长主持处理日常事务。

四 人事监察体制

我国的人事监察包括行政监察和执政党对干部的纪律检查，并形成了中国特色的人事监察体制。行政监察，主要是指对国家行政机关及其工作人员和国家行政机关任命的其他人员执行国家法律、法规、政策和决定、命令的情况以及违法违纪行为的监察。执政党对干部的纪律检查，则是中国共产党纪律检查机关依照有关法律法规和规定，对中国共产党、国家机关、事业单位、国有企业和群众团体的领导成员及党员干部，在从事党务、政务和其他业务活动中，贯彻党的路线、方针、政策，执行公务的工作效率，履行国家法律、法令，执行纪律的情况以及遵守公共道德等情况进行的监督检查。从干部人事管理的角度，本书的人事监察体制主要研究对干部个人的监察，不包括对机关、事业单位、国有企业和群众团体等机构的监察。

在行政监察方面，1949年9月，中国人民政治协商会议第一届全体会议通过了《中国人民政治协商会议共同纲领》和《中华人民共和国中央人民政府组织法》等法规文件。《共同纲领》规定，在县、市以上的各级人民政府内设人民监察机关，以监察各级机关和各种公务人员是否履行其职责，并纠举其中之违法失职的机关和人员。会后，政务院设人民监察委员会。1950年10月，政务院批准了《政务院人民监察委员会试行组织条例》，规定政务院人民监察委员会的任务为：监察全国各级国家机关和各种公务人员是否违反国家政策、法律、法令或损害人民及国家之利益，并纠举其中之违法失职的机关和人员；指导全国各级监察机关的监察工作，颁发决议和命令，并审查其执行；接受及处理人民和人民团体对各级国家机关和各种公务人员违法失职行为的控告。1951年7月，政务院颁布《各级人民政府人民监察委员会设置监察通讯员试行通则》，在中央直属各机关、各国营企业及全国性人民团体内，聘请热心工作的公务人员，担任监察通讯员。省、地、县人民监察机关和监察通讯员制度陆续建立，全国范围内的人民监察体系基本形成。

1954年9月，第一届全国人大一次会议通过《中华人民共和国国务院组织法》，政务院改为国务院，政务院人民监察委员会改为国务院监察部，其基本任务未变。根据地方各级人民代表大会和地方各级人民委员会组织法的规定，在省、直辖市、设区的市的人民委员会中设置监察机关。[①]

在执政党对干部的监督检查方面，中华人民共和国成立后，为了适应执政的新形势和国家政权建设的需要，加强对各级各类干部的监督工作，健全监察机制，1949年11月，中共中央政治局通过并下达了《中共中央关于成立中央及各级党的纪律检查委员会的决定》。文件规定，中央及各级党的纪律检查委员会的任务与职权是：检查中央直属各部门及各级党的组织、党的干部及党员违犯党的纪律的行为；受理、审查并决定中央直属各部门、各级党的组织及党员违犯纪律的处分，或取消其处分；在党内加强纪律教育，使党员干部严格地遵守党纪、实行党的决议与政府法令，以实现全党的统一与集中。对中共党员干部，尤其是各级领导干部的监督，是中共各级纪律检查委员会的主要职责之一。1950年1月，中纪委工作细则获中共中央政治局批准。随后，全国县以上中共党委均建立起党的纪律检查委员会，纪律检查体制在全党范围内建立起来。

1955年3月，中共全国代表会议决定把党的纪律检查委员会改为监察委员会。会议通过了《中国共产党全国代表会议关于成立党的中央和地方监察委员会的决议》，选举产生了中央监察委员会。中央监察委员会有委员15人、候补委员6人。会议要求党的中央和各级地方组织迅速建立健全各种检查和巡视制度，把管理干部和检查干部的实际工作情况的任务统一起来，以便更有力地对党员中违反党章党纪和国家法律法令的行为做经常的、坚决的斗争。相比原来的纪律检查委员会，监察委员会的职权扩大、任务更重，对干部监督的成分明显加大。

第二节 曲折发展中的人事管理体制（1959—1980年）

国务院人事局1959年撤销后，政府人事管理职能不再由国务院专门

[①]《监察部关于调整地方各级监察机构及其有关事项的指示》，《中华人民共和国国务院公报》1954年第3期，第120页。

机构承担，而是在中央部委内设立人事管理机构，行使政府的人事管理职能。

一　政府的人事管理体制

这一时期，政府的人事管理体制经历了内务部政府机关人事局、国务院政工小组和民政部政府机关人事局三个阶段。

（一）政府的综合人事管理体制

1. 内务部政府机关人事局

为适应工作发展的需要，1959年6月，第二届全国人大常委会第四次会议批准调整国务院直属机构，具体包括：撤销国务院人事局，业务改由内务部管理；撤销国务院专家局，业务改由科学技术委员会管理；国务院仍设置外国专家局、机关事务管理局、总理办公室等直属机构，等等。本次调整后，在经历了政务院人事局、中央人民政府人事部、国务院人事局的人事管理机构设置历程后，政府人事管理机构不再单独设立，管理职能由部委内设的司局负责；专家和其他高级知识分子的管理机构——国务院专家局也被撤销，相关职能也交由科学技术委员会行使。7月，内务部下设政府机关人事局，负责办理国务院人事局的全部工作。之后至1965年，中央政府机构变动较多的主要是经济部门和政法部门，人事管理机构及其职能没有发生显著变化。

1968年9月，全国各省区市全部成立了革命委员会。革命委员会由群众组织负责人代表、人民解放军当地驻军代表和革命领导干部代表共同组成，实行"军、干、群"三结合，集党政军和立法、司法大权于一身，不仅党政合一，而且权力机关和行政、司法机关合一。1970年，国务院大幅度精简机构和人员，中共中央批准的《国务院关于国务院各部门建立党的核心小组和革命委员会的请示报告》要求：在落实国家计划的工作中，国务院各部、委要正确处理中央各部门和地方的关系；要注意发挥地方的积极性和群众的首创精神，各部、委所属各企业、事业单位，除极少数一时不宜下放外，一般都应下放；要继续精简机构，下放工作人员，办好"五七"干校，改革一切不合理的规章制度。经过调出、精简、合并，国务院共设立23个部、委，2个组（文化组、科教组）和国务院办公室。精简后，国家编制委员会并入国务院办公室，内务部并入公安部，国务院外国专家局并入外交部，国务院科学技术干部局并入外文出版发行事业局。

2. 国务院政工小组

为了把国务院系统的机关政治工作抓起来，1971年8月，党中央批准国务院业务组《关于国务院建立政工小组的请示报告》，在国务院下面建立一个政工小组，作为国务院部级事务性的办公机构。内务部撤销后，内务部政府机关人事局的工作一部分交中央组织部，一部分交国务院政工小组。

3. 民政部政府机关人事局

1977年，国务院的工作部门相继恢复。8月31日，财政部向国务院提交《关于建议成立民政工作管理机构的请示报告》，报告提出，1968年内务部撤销后，内务部主管的复员退伍军人和退职退休人员的安置、社会福利事业管理等工作没有明确管理部门，部分工作处于没人管的状态，建议国务院恢复内务部，把民政工作统一管起来。次年3月，第五届全国人大第一次会议后，国务院设立民政部，民政部内设政府机关人事局，负责政府机关人事工作。

根据民政部向国务院提交的《关于民政部政府机关人事局的工作任务和机构设置意见的报告》，民政部政府机关人事局下设办公室和五个处，基本上延续内务部政府机关人事局的工作任务，并根据新的形势进行了适当调整。民政部政府机关人事局不再负责干部任免工作，主要负责国家机关、事业、企业单位处以下干部的调配工作，专业、技术干部工作，以及军队专业干部安置工作。具体职能主要有：干部调配工作，包括办理国家机关、事业、企业单位处以下干部的调配工作，办理国务院各部门处以下干部调京的审批工作，调查了解吸收干部的情况和存在的问题，研究拟定吸收干部的办法；干部奖惩工作，包括调查了解国务院各部门、各地区对《国家机关工作人员的奖惩暂行规定》贯彻执行情况，研究提出对《国家机关工作人员的奖惩暂行规定》的修改意见，受理国家机关干部的申诉、控告；干部统计工作，调查统计国家机关、事业、企业单位干部；专业、技术干部工作，调查了解国务院各部门、各地区对专业、技术干部的管理和分配使用情况，参与国家计委、教育部进行高等学校毕业生的分配工作，协助有关部门研究拟订科技干部的管理办法,协助有关部门研究拟订专业、技术干部的学衔、学位和技术职称等;外语干部工作,包括办理外语干部的调配工作和对使用不当的外语干部组织调整,对外语干部进行调查、登记、统计等;工资福利工作,包括管理国家机关、事业单位工作人员的工资工作,管理军队转业干部、高等学校和中等专业学校毕业生分配工作后的工资工作,管理国家机关、事业单位工作人员的福利待遇工作,管理国家机关、事业单位老弱病残干部的退职、退休工作;军队转业干部的安置工作,负责团职以下军队转业干部的安置,等等。

(二) 企业干部社会保险管理体制

1966—1976 年期间,我国的劳动保险事业受到严重冲击,向国有企业提取社会保险费的制度被取消,中华全国总工会停止了活动,其所属各级劳动保险管理机构也停止了劳动保险金的征集、管理和调节工作,劳动保险逐渐演变为企业保险、企业经办,企业自行筹集和支付各项劳动保险费用,并承担相关管理服务工作。

1970 年 6 月,劳动部并入国家计划委员会。1975 年 9 月,国务院调整直属机构,增设国家劳动总局。国家劳动总局在国家计划委员会劳动局的基础上组建,负责工资政策的研究制定和工资制度的制定、执行,负责劳动保险、职工生活福利等工作。国家劳动总局内设工资司、保险福利司等 13 个司局。[①] 至此,企业干部社会保险工作重新启动。

(三) 科技干部管理体制

为了克服管理科学技术干部工作中的本位主义和分散主义,更加有效地组织全国各方面的科学技术力量,尽快赶上世界先进科学技术水平,加速实现我国农业、工业、国防和科学技术的现代化,中央组织部曾于 1964 年制定了《科学技术干部管理工作条例试行草案》,对科学技术干部的管理问题专门作了规定。这个《试行草案》指出,对科学技术干部的管理,应当同整个干部管理工作一样,依据他们的科学技术水平、职称和级别,实行在中央及各级党委领导下、在中央及各级党委组织部统一管理下的分部分级管理制度。1964 年 7 月,经第二届全国人大常委会第

[①] 苏尚尧:《中华人民共和国中央政府机构(1949—1990 年)》,经济科学出版社 1994 年版,第 499—500 页。

124次会议同意,国务院设立科学技术干部局,作为国务院的直属机构,以利于有效贯彻执行党和国家有关科学技术干部的方针政策,加强对全国科学技术干部集中统一的管理工作。国务院科学技术干部局设立了分别管理文教、工交、农林、地方和留学生工作的处室,负责相关领域的科技干部管理工作。①

1967年后,各级党政机关基本陷入瘫痪、半瘫痪状态,中央组织部制定的《科学技术干部管理工作条例试行草案》难以执行。1970年,国务院大幅精简机构和人员,国务院科学技术干部局并入外文出版发行事业局,科技干部管理工作名存实亡。

1977年年初,部分机关、事业单位纷纷恢复。9月,为了加强全国科学技术工作的领导,中央决定成立国家科学技术委员会,委员会内设科技干部局,负责科技队伍的培养提高和管理使用,争取尚在国外的专家回国和安排他们的工作。1979年1月,国务院发出《国务院关于恢复国务院科技干部局的通知》,恢复国务院科技干部局,由国家科学技术委员会代管。国务院科技干部局的主要职责是:督促检查有关科学技术干部的方针政策的贯彻执行情况;调查了解全国科学技术干部的状况;根据国民经济建设规划和科学技术发展规划的要求,向中央和国务院提出合理配备科学技术力量的建议;会同有关部门制订科学技术干部培养计划,检查督促贯彻实施;合理解决用非所学科学技术干部的调整归队,充分发挥现有科学技术干部的特长;制订派遣和分配留学生计划,争取尚在国外的科学技术专家回国并安排他们的工作;协助中央组织部统一管理科学技术干部。② 从国务院科技干部局的职责任务可以看到,其核心目的是做好科技干部的培养、配备和合理使用工作,落实好科技干部政策,充分发挥科技干部的积极性。

二 党委组织部门对干部的管理体制

在收回前期被大规模下放的干部管理权限之后不久,1966—1976年,

---

① 苏尚尧:《中华人民共和国中央政府机构(1949—1990年)》,经济科学出版社1994年版,第509页。
② 苏尚尧:《中华人民共和国中央政府机构(1949—1990年)》,经济科学出版社1994年版,第510页。

党委组织部门出现了中央组织部几近瘫痪、地方各级党委组织部被撤销的情形，干部管理体制遭到严重破坏。

（一）收回干部管理权限、强调统一管理中的干部管理体制

"大跃进"后，中央开始调整国民经济的工作，逐步收回部分下放了的干部管理权限，适当集中干部管理的权力。1960年2月，中央批准了煤炭工业部党组关于将九省区的31个矿务局和筹备处、2个机械厂实行以中央为主的双重领导的管理体制的报告，决定把这些省、区煤炭系统的管理局、地质局、基建局、矿务局、大型煤矿、科学研究院、设计院、大专院校的主要行政领导、主要技术负责干部的管理权从地方收回，统一由煤炭工业部管理。同年5月，又决定对于中央直属工业企业、设计、研究等单位的干部和技术力量，地方应尽量少调或不调，必须抽调少量干部时，由地方和中央主管部协商，取得一致意见后再调。1961年1月，中共中央八届九次全会决定成立华北、东北、华东、中南、西南、西北六个中央局，作为中央的代表机构。随后，中央在关于调整管理体制的若干暂行规定中又决定，自1958年以来，各省、自治区、直辖市和中央下放给专区、县、公社和企业的人权、财权、商权和工权，放得不适当的一律收回；中央直属企业的行政管理、生产指挥、物资调度、干部安排的权力，统归中央主管各部。

1962年10月，中央组织部召开全国组织工作会议，会议制定了《关于改进干部管理制度的九点意见》。该文件肯定了1953年以来，中央《关于加强干部管理工作的决定》《关于颁发中共中央管理的干部职务名称表的决定》和以后陆续所作的一些具体管理规定，对加强干部管理起了重要作用。文件根据当时情况和中央指示，对干部管理体制提出了改进意见，包括：收回中央各部门和各级地方党委下放了的干部管理权力，并且中央和各级党委不再采取层层委托下级党委代管干部的办法；强调采取分部管理干部的体制时，各级党委提请任免干部，统一由组织部汇总上报；各中央局除协助中央管好中央管理的干部外，把中央委托省、自治区、直辖市代管的干部（收归中央管理的除外）收中央局管理；中央只对人口在100万人以上的天津、沈阳等13个城市和鞍山、抚顺、包头3个重要工业城市，比一般省辖市多管一部分干部，对其他省辖市的干部，按照中央对地委一级管理的范围进行管理；中央直属工业、交通、

财贸、企事业单位中的党委正、副书记，监委正、副书记，党委各部部长，工会正、副主席，共青团书记，除中央管理的以外，由中央组织部负责管理（不包括铁道系统的干部），中央工业、交通、财贸部门党组和地方党委协助管理，这些单位中的党委和群团的其他干部，由企业单位的党委负责管理；各个系统著名的科学技术、文化教育干部由中央管理，其他工程师以上的各种技术干部，由有关部门负责管理；对干部管理三种类型的具体单位作了一些调整，属于第一类型的单位有了增加。

为了加强对高等学校的领导，1963 年，中共中央决定对高等学校的正、副校长和正、副院长实行中央统一领导，中央和各省、自治区、直辖市两级管理的体制。对于高教部直接管理的高等学校正、副校长、院长，由高教部提出任免建议，国务院批准；中央各部、地方政府管理的高等学校正、副校长和正、副院长，由中央各业务部，省、区、市人民政府提出任免建议，经中央教育部转报国务院批准；高等学校的教授、副教授名单由高教部统一审批。

随着地方轻工业和国营农场采取更为集中的管理体制后，这些系统的干部也实行了更为集中的管理。

1964 年 3 月，中共中央批发了中央组织部关于科学技术干部管理工作条例试行草案的报告和条例试行草案，决定对科学技术干部同其他干部一样，实行在中央及各级党委统一领导下，中央及各级党委组织部统一管理下，分部分级管理的制度。中央还决定设立国务院科学技术干部局，协助各级党委统一管理科学技术干部。为了有利于统筹安排，重点配备和合理地使用科学技术干部，中央、各级党委和国家机关各部门还适当地扩大了科技干部的管理范围，加强集中统一。

(二) 遭受严重破坏的干部管理体制

1967 年 5 月，中共中央决定抽调部队干部成立中央组织部业务组，负责日常的干部管理业务。1969 年，中央组织部机关除留下几十人外，大多数干部下放"五七"干校劳动，部机关主要集中力量搞"运动"。1971 年到 1976 年，中央组织部业务组设置的内部机构有办事组、调查研究写作组、干部组、组织组、政工组。1967 年后，中共各级地方党委组织部机构被撤销，干部下放，业务停顿。在 1969 年党的九大以后，地方陆续在"革命委员会"内设立组织组，承办干部管理的某些事宜。

（三）拨乱反正与恢复加强的干部管理体制

1977年后，特别是党的十一届三中全会后，干部管理体制方面的拨乱反正和恢复加强，成为人事管理工作的一项重要任务。中央组织部及各级地方党委组织部作为综合性的干部管理机构，也发挥着日益重要的作用。

随着全党工作重心的转移，为了从组织上保证四个现代化的实现，在就干部管理体制问题调查研究的基础上，1980年5月，经中共中央批准，中央组织部重新颁发了《中共中央管理的干部职务名称表》。该文件的主要内容包括：重申了党管干部的原则，指出党管干部是党的一贯传统，是党的干部管理制度的根本原则；在中央一级恢复分部管理干部的体制，在地方，鉴于各地情况有很大差异，是采取由组织部统一管理干部，还是实行分部管理干部，由各省、区、市党委自行确定；关于干部管理上的条块关系，恢复1955年"三种类型"的分工办法，取消在干部任免调动时主管一方可单独决定的规定，要求条块双方必须协商一致后再办；在干部管理范围上，明确规定了各级党委实行"下管两级"的原则，中共中央大体上管到中央一级机关的正副司局长和省一级机关的正副部长、正副厅局长及地、市委正副书记、正副专员（市长）；强调了管好科学技术干部的重要意义。该文件的颁发与实行，对于恢复和加强干部管理体制起了极为重要的作用。[①]

中央组织部及各级地方党委组织部除了恢复干部管理职能，还加强了下述职能：组织和指导干部制度改革；加强干部的宏观管理；选拔优秀的中青年干部，干部审查，落实干部政策；干部教育；知识分子的工作；老干部的工作；等等。

为了加强政府系统的人事管理工作，国务院成立了国家科技干部局，负责科技干部的管理事宜。1980年7月国务院决定成立国家人事局。至此，1966—1976年遭到严重破坏的干部人事管理体制重新恢复起来，逐步走上了正轨。

[①] 张志坚、苏玉堂：《当代中国的人事管理》（上册），当代中国出版社1994年版，第84页。

三 人员编制管理体制

这一时期，中央编制管理机构经历了国家编制委员会、国务院办公室、机构编制审查小组和国家编制委员会四个阶段。

（一）国家编制委员会

在下放经济管理权限、精简机构与人员的过程中，中央精简小组要求各级编制委员会不仅要管好行政编制，也要把事业编制管起来，以便统一管理、严格控制，同时，各级国家机关及其所属事业单位增设机构、增加编制，必须经过编制委员会审核，专报党委和政府批准。为了加强对全国编制工作的领导，国务院决定将国务院编制委员会改称国家编制委员会。1963年5月，经第二届全国人大常委会第97次会议批准，国务院成立国家编制委员会，作为国务院直属机构。国务院秘书长兼任国家编制委员会主任，下设副主任2人，委员17人。国家编制委员会的成立，进一步明确了机构编制管理在政府工作中的地位和作用。

根据1963年7月拟定的《国务院关于编制管理的暂行办法（草案）》，国家编制委员会的职责任务是：根据中央和国务院的指示、决议，拟定编制工作原则、计划和编制管理的规章制度；拟定全国行政编制总数的分配和调整平衡的意见，审查中央各部门和各省、自治区、直辖市国家机关与中央各部门直属事业单位的编制方案；拟定和审查中央各业务主管部门在全国范围实行的编制定员、比例；检查中央各部门和各省、自治区、直辖市对于中央和国务院有关编制工作的方针、指示、决定的贯彻执行情况；总结、交流编制工作的经验，指导各省、自治区、直辖市编制委员会和中央各部的编制业务。

国家编制委员会下设办公室、中央编制处、地方编制处、事业编制处。国家编制委员会事业编制处的设立，使我国事业单位的机构编制管理工作第一次有了组织保证。

国家编制委员会成立以后，大力进行机构编制管理的法规建设和业务建设，推动完善机构与人员编制管理体制，包括：（1）对行政机关全部实行定编，办理各部门司局机构设置和行政编制总额的审批工作。（2）草拟《关于机构、编制管理的暂行办法》《关于划分国家行政、事业、企业编制的意见》和《国家编制委员会工作条例》。（3）与国家计委、劳动部、财政部联合发出《关于一九六五年的劳动工资计划和编制管理的通知》;与劳动部联合发出《关于中央各部门报送直属事业单位的机构编制方案和工资总额计划的通知》,建立事业编制管理制度。(4)为研究国务院机构设置与国家行政体制的关系,收集整理中华人民共和国成立以来,中央国家机关机构演变和司局机构演变以及编制增减情况的资料。(5)调查研究以试办工业交通托拉斯为内容的管理体制改革与国家行政机关职能、机构、编制变化的趋势。①

在1955年后的七八年间,由于编制工作的中心任务是精简党政机关,国家对事业单位的编制管理工作实际上并没有抓起来,事业单位在机构设置与人员配备方面逐渐出现了许多问题。因此,国家编制委员会成立后,建立事业编制管理制度被确定为一项重要职能。

(二) 国务院办公室

1966年后,国家机关被冲击,各条战线受到严重干扰,国家编制委员会无法开展正常工作。1969年4月,国家编制委员会全体干部被下放到"五七"干校劳动。次年6月,中央决定撤销国家编制委员会,工作交由国务院办公室负责。

(三) 机构编制审查小组

1966年后各地成立的革命委员会,在机构设置上曾特别强调"革命化"和精兵简政的原则,省级机构的工作人员曾经削减到原来人数的1/20甚至1/30,但随后又走上了机构膨胀的老路。1970年,国务院大幅度精简机构和人员。1973年2月和12月,国务院总理、副总理先后指定成立三人小组和批准成立机构编制审查小组。国务院机构编制审查小组成员包括财政部、国务院办公室、国家建委、国家计委、外经贸部、国防工业办和国务院科教组等单位的有关领导,其任务是协助国务院审查各部委关于机构编制的请示报告,提出处理意见。机构编制审查小组仅在1974年1月召开了第一次会议,随后因不断的政治运动,相关工作停止。1975年9月,国务院办公室决定设立编制小组,具体承办编制管理的日常工作,开展调查研究,反映情况。两个月后,"反击右倾翻案风"

---

① 苏尚尧:《中华人民共和国中央政府机构(1949—1990年)》,经济科学出版社1994年版,第142—143页。

运动开始，编制小组未能开展工作。

（四）国家编制委员会

1977年后，国家面临拨乱反正的艰巨任务，需要时间重建国家政治生活的正常秩序，恢复各级各类机关的正常运转。同时，全国行政、事业单位与人员编制大幅增加，机构与人员呈膨胀之势，急需恢复国家编制委员会，加强机构与编制管理。1978年10月，中共中央、国务院批准国务院办公室党组《关于恢复国家编制委员会的建议》，恢复国家编制委员会，作为国务院直属机构，管理全国行政编制。国家编制委员会由国务院秘书长领导，一名副秘书长分管，由专职副主任主持日常工作。国家编制委员会设办公室，下设综合处、中央处、地方处，机关编制30人。[①] 国家编制委员会的主要职责是：根据党中央和国务院的指示、决议拟定编制管理的规章制度；拟定全国行政编制总数的分配和调整意见；审核中央各部门和省、自治区、直辖市与中央各部门直属事业单位的编制方案；拟定和审核中央各业务主管部门在全国范围实行的编制定员比例；承办国务院各部门和省、自治区、直辖市有关机构编制的请示报告；检查有关编制工作的方针、政策执行情况；指导地方各级编制部门和中央各部门的编制业务。1980年4月，中共中央直属机关编制委员会也恢复设立。

从1980年下半年开始，国家编制委员会在国务院秘书长直接领导下，调查研究并起草国务院机构改革方案；搜集整理中华人民共和国成立以来，中央政府机构设置资料和苏联、东欧以及部分资本主义国家的中央政府机构设置资料；根据国务院秘书长办公会议和国务院常务会议讨论的意见，修改国务院机构改革方案。[②]

四 人事监察体制

1959年4月，二届全国人大一次会议召开。国务院提出，根据几年

[①] 中共中央组织部、中共中央党史研究室、中央档案馆：《中国共产党组织史资料》第九卷，中共党史出版社2000年版，第929页。

[②] 苏尚尧：《中华人民共和国中央政府机构（1949—1990年）》，经济科学出版社1994年版，第144页。

来的经验，监察工作必须在中共各级党委的领导下，由国家机关负责并且依靠人民群众，才能做好，因此监察部已无单独设立之必要。人大决定撤销监察部，对国家行政机关工作人员的监督工作，一律由各有关国家机关负责。地方各级国家行政监察机关也随之撤销。国家监察机关撤销以后，干部监察工作一方面由中国共产党的监察机关直接掌管，另一方面在国家机关内部则主要采取各自负责的方式。6月，二届全国人大常委会第四次会议批准国务院关于撤销国务院人事局的决定，人事监察工作进一步削弱。政府系统无专门机构负责行政监察工作，机关内部的监督工作职责不清。

国家行政监察机关撤销以后，中国共产党的监察机关在干部监督工作中的地位和作用愈显重要，任务也日益繁重。为了适应干部监督工作的需要，1962年9月，党的八届十中全会作出了《关于加强党的监察机关的决定》。《决定》指出，为了加强对党员首先是党员干部的监督，严格党的纪律，同一切违反党的纪律、违反共产主义道德和违反国家法律法令的现象进行斗争，要加强中央和地方各级的监察委员会，扩大各级监察委员会委员的名额；中央和地方各级监察委员会的委员和候补委员，应当多数是专职的；中央和地方各级监察委员会的办事机构，应当予以加强。决定要求，党的各级监察委员会，应当加强对同级国家机关的党员的监督工作，包括：中央监察委员会可以派出监察组常驻国务院所属各部门，监察组由中央监察委员会直接领导。监察组的任务是：经常了解并向中央委员会和中央监察委员会报告所在部门及其直属单位的党员首先是党员干部遵守党章、党纪，共产主义道德，国家法律、法令，执行中央的政策、决议的情况；并且根据中央监察委员会的指示，直接检查或者协助所在部门的党组织检查所属党员违反党的纪律、共产主义道德和国家法律法令的案件。在职权上，地方各级监察委员会，有权不通过同级党委，向上级党委、上级监察委员会直到党的中央，直接反映情况，检举党员的违法乱纪行为。

1966年后，党的干部监察工作遭到破坏。1969年1月，中央监察委员会被撤销，随后，中共各级监察委员会也全部被撤销，监察队伍被解散。

1978年12月，党的十一届三中全会召开，大会决定恢复成立中共中央纪律检查委员会。中纪委恢复成立后，采取一系列措施，恢复建立各级党的纪检机关。1979 年 3 月，中纪委和中央组织部联合印发《关于设立纪律检查委员会有关问题的通知》和《关于中央国务院各部、委、局成立纪检机构的通知》。文件下发后，政府各部委和全国县以上地方党委与县级以上企事业单位，很快建立和健全了党的纪律检查机构，纪检相关职能得到恢复，纪检队伍建设成绩显著。中共的各级纪委成立后，不断恢复和健全被破坏的各项人事纪律、法规，复查处理积案，查处各级干部中的违法乱纪案件，纠正各种不正之风，加强对干部遵章守纪的教育。

第三节 改革开放初期的人事管理体制（1980—1987 年）

从前面的分析可见，1980 年之前的政府人事与编制管理机构和职能呈现多个特点。一是机构设置及其名称变化较大，有的机构及其名称只维持存在了几个月。二是机构隶属关系变化大。人事管理机构或为国务院组成部门，或为国务院直属机构，或为部属内设机构。编制委员会办公室的情况更复杂。三是职能配置变化大。从中华人民共和国成立初期的政务院人事局、中央人民政府人事部，到内务部政府机关人事局，人事管理职能差异较大。四是机构性质和作用稳定。虽然机构设置变化较大，但人事管理机构始终属于国务院负责政府人事工作的机构。五是以"国家干部"为管理对象。由于"国家干部"这个概念过于笼统，缺乏科学分类，人事管理机构的管理对象在不同时期有不同表述。六是干部管理权限和范围是划分各级政府人事部门权限和职责的依据。从 1953 年开始，我国按照"干部职务名称表"划分各级党委管理干部的权限，各级政府人事部门根据本级党委的干部管理权限履行行政职能。

1980 年之后，政府人事与编制管理的机构和职能逐渐有效整合并稳定了较长时间。

一 政府的人事管理体制

1980 年之前的 20 年里，政府的人事管理职能由部委内设机构行使，管理层级偏低，政策效力不高，制度建设乏力，行政效率不佳。1980 年之后，随着国家人事局的成立和改革开放的快速推进，政府的人事管理机构设置与职能配置逐渐走上科学化、法制化的轨道。这一时期，政府的人事管理体制以机构与职能的整合为主要特点，经历了国家人事局和劳动人事部两个阶段。

（一）政府的综合人事管理体制

1. 国家人事局

为了进一步加强人事工作，使人事工作更好地为社会主义四个现代化建设服务，1980年7月14日，国务院发出《关于成立国家人事局的通知》，决定将民政部政府机关人事局和国务院军队转业干部安置工作小组办公室合并成立国家人事局。国家人事局是国务院的直属机构，负责综合管理政府系统的人事工作。在经过21年部委内设人事管理机构管理时期后，政府系统人事工作终于有了一个独立设置的专门管理机构。

根据国务院通知，国家人事局的主要职责是：按照干部管理的权限和范围，负责干部的管理、调配、调整、培训、考核和晋升工作；承办国务院依照法律规定任免干部的工作；吸收录用干部工作；军队转业干部的安置工作；协同有关部门办理高等院校毕业生分配、调配、派遣工作，负责中等专业学校毕业生的统一调剂、调配、派遣工作；承办国家行政机关人员的奖惩工作；国家机关、事业单位工作人员的工资福利工作；干部的退休、退职工作；干部的调查统计工作；对各地区和国务院各部门的人事部门进行业务指导工作；等等。[1]

国家人事局设五个处三个室，包括干部调配处、干部任免奖惩统计处、专业技术干部处、老干部处、工资福利处、办公室、政策研究室、军队转业干部安置办公室。后来随着政治经济形势的发展，国家人事局的工作任务也发生了一些变化，内设机构有所增加和变动。1982年4月，国家人事局的内设机构为：办公室、政策研究室、干部调配司、干部任免统计司、老干部司、工资福利司、专业技术干部司、监察司、军队转

---

[1] 苏尚尧：《中华人民共和国中央政府机构（1949—1990年）》，经济科学出版社1994年版，第505页。

业干部安置办公室。[1]

2. 劳动人事部

1977年后，全国恢复、新建的机关、事业单位大幅增加，机构臃肿、层次重叠、职责不清、人浮于事、效率低下等问题日益突出。1982年1月13日，邓小平同志在中共中央政治局扩大会议上发表题为《精简机构是一场革命》的讲话，对机构改革的性质、任务和方针原则提出重要意见。他指出，目前党和国家的组织机构臃肿重叠、职责不清，许多人员不称职、不负责，工作效率不高，如不改革是得不到人民赞同的。他还指出，精简机构是对体制的革命。1982年3月，第五届全国人大常委会第22次会议审议通过了《关于国务院机构改革问题的报告》，根据重叠的机构撤销、业务相近的机构合并的原则，将现有的98个部、委、直属机构和办公机构，裁减、合并为52个左右，国务院和各部、委工作人员编制减少1/3左右。

1982年5月，第五届全国人大常委会第23次会议通过《关于国务院部委机构改革实施方案的决议》，将国家劳动总局、国家人事局、国务院科技干部局和国家编制委员会合并，组建劳动人事部。

根据1983年拟制的《国务院各部门主要任务和职责》规定，劳动人事部的主要任务是：在国务院领导下，综合管理劳动人事工作，结合体制改革，搞好劳动、工资、人事制度的改革，为社会主义物质文明和精神文明建设服务，为实现工业、农业、国防和科学技术现代化服务。

劳动人事部的主要职责是：研究拟定有关劳动、就业、工资、保险、福利、职业技术培训、劳动保护、行政事业编制、干部和科学技术人员管理工作的具体方针、政策和规章制度；研究改革劳动制度，拟定改革的规划和实施方案；研究改革工资制度和保险福利制度，拟定改革的规划和实施方案；研究改革人事制度，拟定改革的规划和实施方案；审核国务院各部门司局级机构与省（自治区、直辖市）人民政府厅局级机构的设置、合并、撤销，审核中央国家机关各部门与各省（自治区、直辖市）行政编制总数；核定国务院各部门直属事业单位编制总数；综合管

---

[1] 苏尚尧：《中华人民共和国中央政府机构（1949—1990年）》，经济科学出版社1994年版，第505页。

理劳动保护、矿山安全、锅炉和压力容器安全工作，等等。①

从劳动人事部的主要职责可以看到，研究相关工作、拟定改革和实施方案被反复强调，政策制定、制度建设、推进改革成为劳动人事部的中心任务。这一方面反映了人事管理工作面临拨乱反正的迫切需要，另一方面反映了党和国家推进劳动人事制度改革的决心。

党的十一届三中全会后，党和国家的工作重心转移到经济建设上来，充分发挥科技干部的作用成为重要课题。为了有效使用科技干部，1984年7月，国务院把劳动人事部所属科技干部局划归国家科委领导，规定今后凡属对科技人员（包括出国进修人员、留学毕业的研究生和大学生）积压浪费和使用不当的，由国家科委科技干部局及地方各级科技干部管理部门进行了解、干预，予以调整。

1984年、1986年，根据工作需要，劳动人事部分别增设了几个内设机构。到1987年12月，劳动人事部的内设机构是：办公厅、政策研究室（1986年6月设）、综合计划局（1986年11月设）、劳动力管理局（1986年11月设）、培训就业局、保险福利局、机关工改办、企业工改办、干部局、编制局、人事教育局（1984年11月批准设立，1986年10月设）、老干部服务局、军队转业干部安置办公室、劳动保护局、锅炉压力容器安全监察局、矿山安全监察局、科学技术委员会（1986年11月设）、外事局、中央纪律检查委员会派驻劳动人事部纪律检查组。

（二）企业干部社会保险管理体制

1977年后，企业劳动保险工作在国家劳动总局的领导下，有所恢复。1982年的国务院机构改革中，国家劳动总局并入新成立的劳动人事部，其相关职能也并入该部，企业干部社会保险工作也由新成立的劳动人事部负责。根据改革方案和劳动人事部的职责规定，劳动人事部负责研究改革保险福利制度，拟定改革的规划和实施方案，综合管理职工工资、奖励、津贴、保险、福利的工作，研究提出发展社会保险事业的办法，

---

① 苏尚尧：《中华人民共和国中央政府机构（1949—1990年）》，经济科学出版社1994年版，第500—501页。

指导和管理职工退休、退职的工作。①

这一时期，国家着手恢复在1966—1976年被破坏的养老保障制度，一些改革措施促进了"企业保险"向"社会保险"的转变。在计划经济体制下，劳动保险实行的是"企业自我管理"，即企业按照国家有关规定，自行筹集和支付各项劳动保险费用，管理服务工作也由企业承担。这一制度和体制在计划经济体制下，一定程度上减轻了企业职工的困难，为保证社会主义建设的顺利进行作出了贡献，但随着经济体制改革的推进，国家有计划商品经济的发展，越来越难以适应社会发展的需要。

（三）科技干部管理体制

1981年，中央组织部和国务院科技干部局重新制定了《科学技术干部管理工作试行条例》，再次强调必须加强对科技干部的管理，《试行条例》指出：对科技干部的管理，应当同国民经济管理体制和干部管理体制相适应，在中央及各级党委领导下，在中央及各级党委组织部统一管理下，按照科学技术干部的特点，依据他们的科学技术水平、技术职称和级别，实行由国务院、国务院各部委和省（自治区、直辖市）分级管理的制度；国务院科技干部局是国务院管理科技干部的职能机构，协助中央组织部统一管理科技干部；科技干部的培养、调动、考核、晋升、奖惩，由各级分管部门办理；属于上级主管的科技干部，下级应当协助管理，提出建议；国务院各部委和省（自治区、直辖市）双重管理的单位，科学技术干部的培养、调动、考核、晋升、奖惩等工作，以各部委管理为主的，由主管部委办理，省（自治区、直辖市）协助；以省（自治区、直辖市）管理为主的，由省（自治区、直辖市）办理，各部委协助；跨地区、跨行业科技干部的调动，则由主管的各级组织人事部门办理。

1982年，国务院进行大规模机构改革。国务院所属部、委、直属机构和办公机构减少近一半，工作人员减少约1/3，国务院科技干部局与国家劳动总局、国家人事局和国家编制委员会合并，组建劳动人事部。劳动人事部内设科学技术干部局，负责科学技术干部的管理工作。1984年7

---

① 苏尚尧：《中华人民共和国中央政府机构（1949—1990年）》，经济科学出版社1994年版，第501页。

月，为了有效使用科技干部，国务院办公厅发出《关于改变科技干部局隶属关系的通知》，把劳动人事部所属科技干部局划归国家科委领导，规定今后凡属对外科技人员（包括出国进修人员、留学毕业的研究生和大学生）积压浪费和使用不当的，由国家科委科技干部局及地方各级科技干部管理部门进行了解、干预，予以调整。

二　党委组织部门对干部的管理体制

随着全国性机构改革的展开，从1982年起，干部管理体制的改革也迈出了较大步伐。1983年7月，中央组织部召开全国组织工作座谈会，讨论了干部管理体制改革问题。会后，中央组织部、劳动人事部和全国各级组织、人事部门开始研究、改革干部管理体制。经过多年努力，逐步恢复了党委统一领导下，组织部门统一管理和分部分级管理相结合的干部管理体制。这一体制的主要内容如下。

（一）各级党委"下管一级"

随着改革开放的深入与社会主义现代化事业的发展，过于集中的干部管理体制已经越来越不适应新的形势和任务的要求。中央及各级党委管理的干部数量过多、管主要领导干部同管领导班子脱节、企业和事业单位缺少必要的干部管理自主权等问题日益突出。1983年10月，中央组织部作出了关于改革干部管理体制的若干规定，要求本着管少、管活、管好的精神，在党委统一领导下，实行组织部门统一管理与分部分级管理相结合的原则，各级各部门要明确职责、减少层次、提高效率。

1984年4月，中共中央书记处决定进一步下放干部管理权限，采取分层管理、层层负责的办法，各级党委实行"下管一级"的干部管理体制。7月，中央组织部重新修订了《中共中央管理的干部职务名称表》，采取分级负责的办法，适当下放人事管理权限，由原来的下管两级，改为下管一级，以减少中央管理的干部人数，增强省、自治区、直辖市党委和中央国家机关各部委管好干部的责任感，推动各项干部制度的改革，使组织工作更好地为党的新时期的总任务、总目标服务。改革后，中央对省、自治区、直辖市一级，只管党委和纪委的常委及政府、人大常委会、政协和顾问委员会的正副职负责人；对中央一级机关，则只管正副部长和党组成员。中央对干部的管理层级，由中华人民共和国成立初的下管三级，到之后的下管两级，再到下管一级，大大提高了地方各级党委和中央国家机关各部委管好干部的责任感和积极性，也大大增强了事业单位和企业的活力。

(二) 分权管理

中央组织部 1983 年作出的《关于改革干部管理体制的若干规定》要求，各级党委要适当缩小管理干部的范围，下放干部管理权限。中央管理的干部范围是：省、区、市党委常委，顾问委员会正、副主任，纪律检查委员会常委；省、区、市人民政府正、副省长，正、副市长，正、副主席；省、区、市人大常委会正、副主任；省、区、市政协正、副主席；省、区、市高级人民法院院长，人民检察院检察长；中央国家机关各部委正、副部长（主任），党组成员和正、副司局长；一部分大城市的市委正、副书记，市政府正、副市长；少数对国民经济有重大影响的骨干企业、事业单位，以及少数影响较大的重点高等院校的党政正、副职。下放给地方党委和国家机关有关部门党组、党委管理的干部是：省、区、市党政机关的正、副部长（厅长、局长、主任），以及相当这一级的干部；一部分大城市的党政正副职和所有大城市党政正副职以下的领导干部；部分原先由中央管理的企业、事业单位和高等院校的党政领导干部。企业、事业单位的中层领导干部，一般由企业、事业单位党组织自行管理。

《中共中央管理的干部职务名称表》修订后，原来属于中央管理的干部总数的 2/3 交给了下一级组织去管理。中央组织部管理的干部范围大大缩小。

中央组织部还对干部的管理办法进行了调整。一是对于在干部管理上实行双重领导、以部门为主管理的单位，改变过去行政领导干部以部门管理为主，党的领导干部以地方管理为主的体制，实行党政干部都以部门管理为主的体制。二是双重领导的干部，在协商干部时，以中央各部门为主管理的单位，中央各部门只征求被其党的关系所在的省、区、市党委或省辖市市委直接负责管理该干部的部门的意见；以省、区、市和省辖市市委为主管理的干部，省、区、市党委和省辖市市委也只征求中央有关部委干部管理部门的意见，避免层层协商，久拖不决。三是减少干部管理部门。中央实行在中央的统一领导下，在中央组织部统一管理下，中央宣传部、统战部分管干部的办法。省、区、市党委一般也应实行这一办法。四是改变专业技术干部管理机构重复设置、多头管理、互相扯皮的状况，建立强有力的专业技术干部专管机构；改变单纯按照级别确定专业技术干部管理范围的做法，把科研、生产、教学等各行各业有重要贡献的中青年技术骨干管理起来；改变用管理党政干部的办法管理专业技术干部的习惯。①

三　人员编制管理体制

党的十一届三中全会拉开了我国大规模经济体制改革的序幕。此后，邓小平同志多次就机构改革的重要性、紧迫性以及改革的方向、原则和重点等发表谈话。1980年8月，邓小平同志在中央政治局扩大会议上作了《党和国家领导制度改革》的重要讲话，对机构改革作了全面、深刻的论述，确立了我国党政机构改革和整个政治体制改革的战略。1982年1月，邓小平同志在中共中央政治局扩大会议上作了《精简机构是一场革命》的重要讲话，揭开了我国行政体制和机构改革新的一页。在经过国务院常务会议多次讨论和国务院各部委反复研究后，第五届全国人大常委会第22次会议通过了国务院机构改革的方案。根据该方案，国务院改进领导体制和领导方法，以加强集中统一领导，提高工作效率；根据重叠的机构撤销、业务相近的机构合并的原则，裁减合并部、委、直属机构和办公机构，撤销绝大部分临时性非常设机构，改革后的机构设置做到分工合理、职责清楚、机构精干。国务院这次机构改革从1982年3月开始，历时约1年。

在这次改革中，国务院于1982年5月将国家编制委员会与国家劳动总局、国家人事局、国务院科技干部局合并，组建劳动人事部。劳动人事部内设编制局，办理国务院各部门司、局级机构和省（自治区、直辖市）人民政府局级机构的设置、合并、撤销的审核工作；办理国务院各部门和各省、市、自治区行政编制总额的审核工作；核定国务院各部门

---

① 张志坚、苏玉堂：《当代中国的人事管理》（上册），当代中国出版社1994年版，第87—88页。

直属事业单位编制总额。[1]

四 人事监察体制

改革开放后，国家现代化、法制化建设迫切需要建立行政监察体制。1986年12月，第六届全国人民代表大会常务委员会第18次会议根据国务院的提请，决定重新恢复中断了27年的中国行政监察体制，设立中华人民共和国监察部。监察部的重新设立，对加强和完善国家干部监督体制具有重大意义。次年8月，国务院下发《关于在县以上地方各级人民政府设立行政监察机关的通知》，指出，国家行政监察工作是社会主义法制建设的重要组成部分，地方各级行政监察机关是各级人民政府负责监察工作的专门机构，受所在人民政府和上级行政监察机关双重领导；各级行政监察机关有权对本级政府各部门及其工作人员和下级政府的负责人，以及国家行政机关任命的企事业单位领导干部执行国家政策和法律法规的情况、违反政纪的行为进行监察；国家行政监察机关具有检查权、调查权、建议权和一定的行政处分权。

此后，监察部根据中共中央和国务院的决定，向国务院部分部委派出行政监察组，在国务院所属的46个部委和直属机构中，设立了派出监察局或监察专员办公室，逐步推进监察工作的制度化、法制化建设，保证了国家行政监察工作的正常有序开展。

在执政党对干部的监察方面，1982年9月，中国共产党第十二次全国代表大会通过的《中国共产党章程》，重新恢复了党的纪律检察机关的章节，并根据新的形势和任务，增加了一些新的内容和规定，包括：中共各级纪律检查委员会由各级党代表大会选举产生，向党代表大会报告工作；中共地方各级纪律检查委员会在同级党的委员会和上级纪律检查委员会的双重领导下进行工作；中纪委根据工作需要，可以向中央一级党和国家机关派驻党的纪律检查组或纪律检查员；中纪委发现中央委员会成员有违犯党的纪律的行为，可以向中央委员会检举，中央委员会应即受理；中共地方各级纪律检查委员会，如果对同级党的委员会处理案

---

[1] 苏尚尧：《中华人民共和国中央政府机构（1949—1990年）》，经济科学出版社1994年版，第144页。

件的决定有不同意见,可以请求上一级纪律检查委员会予以复查,如果发现同级党的委员会或它的成员有违反党的纪律和国家法律法令的情况,在同级党的委员会不给予解决或不给予正确解决的时候,有权向上级纪律检查委员会提出申诉,请求协助处理。这些新规定,强化了中共纪检机关独立行使监督职能的权力,尤其是加强了对中共中央委员会成员及地方各级委员会成员的监督。

经过不断的制度建设、体制完善,我国的干部人事监察体制基本确立。此后的多次机构改革中,行政监察和执政党对干部的监督检查相结合的人事监察体制,基本没有出现大的变化。

第四节 深化改革时期的人事管理体制(1988—2007年)

为了探索和建立公务员制度,1988年国务院机构改革时,撤销劳动人事部,设立国家人事部,成立国家机构编制委员会,其办公室设在人事部,另组建劳动部。1993年机构改革,在国家机构编制委员会办公室基础上,成立机构编制委员会办公室,不再设在人事部内。1998年机构改革,又对人事部的职能进行了调整。这一时期,党委组织部门的机构与职能有所调整,人事监察体制得到了强化。

一 政府的人事管理体制

这一时期,虽然经历了1993年、1998年和2003年三次国务院机构改革,但人事部的机构都没有发生变化,只是职能在1993年和1998年的国务院机构改革中进行了调整。

(一)政府的综合人事管理体制

1. 1988年机构改革后的人事部

党的十三大提出了全面改革的内容和目标,要求逐步建立起有计划商品经济新体制的基本框架,推动政治体制改革。党的十三大通过的《沿着有中国特色的社会主义道路前进》的报告指出,行政体制改革作为政治体制改革的重要组成部分,必须进一步转变政府职能,下放行政权力,改革政府工作机构,避免重走过去"精简—膨胀—再精简—再膨胀"的老路。党的十三大还要求改革干部人事制度,对"国家干部"进行合理分解，改变集中统一管理的现状，建立科学的分类管理体制；改变用党政干部的单一模式管理所有人员的现状，形成各具特色的管理制度；改变缺乏民主法制的现状，实现干部人事的依法管理和公开监督。大会指出，当前干部人事制度改革的重点，是建立国家公务员制度，即制定法律和规章，对政府中行使国家行政权力、执行国家公务的人员，依法进行科学管理。

1988年3月，七届全国人大一次会议批准了国务院机构改革方案并决定开始进行国务院机构改革。为了适应党政职能分开和干部人事制度改革的要求，推行国家公务员制度，强化政府的人事管理职能，改革方案规定：一是组建人事部，撤销劳动人事部，国家科学技术委员会科技干部局并入人事部；二是组建劳动部，其主要职能是，研究拟定全国劳动、就业、工资、保险、福利、工人技术培训、劳动保护以及安全监察工作的方针、政策和法规，指导和推动劳动制度、工资制度和保险福利制度的改革，并搞好综合管理、监督检查和协调服务等工作；三是成立国家机构编制委员会，作为国务院负责机构改革和管理机构编制的综合、协调、监督机构。国家机构编制委员会办公室设在人事部，具体工作由人事部中央机构编制管理司和地方机构编制管理司负责，同时保留"国务院机构改革办公室"的名称。国家机构编制委员会及其办公机构的职责，在原来主要管国家机关、事业单位的机构设置和人员编制的基础上，增加了管理各级机关、各部门职能配置的任务，机构、编制管理内容更为完整。

1988年机构改革后，人事部的主要任务是：建立和推行国家公务员制度，综合管理全国专业技术人员（承担国家科委科技干部局的职能），建立有利于人才成长、选拔和合理使用的人事管理制度，协调企业人事制度改革工作，负责政府机构改革的实施和职能调整、机构编制管理等工作。人事部的主要职能是：建立和推行国家公务员制度，研究拟定国家公务员的职位分类、考试录用、考核、职务升降、培训、奖惩、工资福利、退休退职、权利保障和工作纪律等各项法规，并负责组织实施；协调并代国务院管理国家行政学院；代国务院管理高级公务员、国务院所属企业、事业单位和大型骨干企业的负责人员，以及国务院指定管理的人员；拟定政府机构改革方案和国家行政机关职能调整意见，拟定国家机关机构编制管理的政策、制度,并负责组织实施和监督检查;研究改善政府系统行政管理的运行机制,拟定行政管理法规;承办国家机构编制委员会的日常工作;审核国务院各部门和省、自治区、直辖市政府的机构设置,负责管理中央各部门和各省、自治区、直辖市行政编制,管理中央国家机关直属事业单位机构编制,指导地方事业编制的管理工作;负责企业、事业单位人事制度改革的协调工作,拟定企业、事业单位人事管理的政策法规;负责知识分子政策方面的综合协调工作,综合管理全国专业技术人员,改革职称制度,管理专业技术职务聘任制工作,建立和管理著名高级专家信息库;负责拟定全国人才流动的政策、法规,组织各类人才流动,建立人才流动的社会调节机制,负责国家重点建设、科研项目所需少数骨干人员的调配工作;负责人事、行政管理和人才的国际交流与合作,负责派驻国际组织职员的考选及有关协调工作,审批和管理外籍华人专家来华定居及工作安置;负责编制非教育系统留学人员的派出计划,汇总全国公派出国留学人员计划;负责非教育系统回国人员的分配和跨系统跨行业的调整工作;推行博士后人员流动制度;负责各类人员增长的宏观调控,编制国家机关、事业单位工作人员计划和工资计划,负责有关统计工作;负责研究建立国家公务员工资制度,管理国家机关和事业单位人员的工资工作;负责研究建立国家公务员保险福利制度,管理国家机关和事业单位人员的离休、退休和退职制度;负责军队转业军官的安置工作,改革军官转业安置制度。

  人事部成立后,开始推动建立国家公务员、事业单位工作人员和国有企业工作人员的干部分类管理制度,人事管理工作开始朝着规范化、科学化和法制化的轨道迈进。

2. 1993年机构改革后的人事部

  1993年3月,时任国务院总理李鹏在八届全国人大一次会议所作的《政府工作报告》中指出,行政体制和机构改革,是建立社会主义市场经济体制和加快经济发展的重要条件,也是政治体制改革的紧迫任务。要解决政企不分、关系不顺、机构臃肿、效率低下等突出问题,就要围绕转变政府职能这个中心环节,进行政府机构改革。1993年国务院机构改革方案制订的基本原则是转变职能、理顺关系、精兵简政、提高效率,重点是加强宏观调控和监督部门,强化社会管理职能部门。改革后,国务院组成部门为 41 个，直属机构和办事机构为 18 个，部委和直属机构、办事机构共减少了 27 个。

在这次机构改革中，人事部机构改革的原则和指导思想是：转变职能，理顺关系，加强国家人事行政的宏观调控和综合管理及服务职能，精简机构编制，提高行政效率，加快人事制度改革，逐步建立健全符合机关、事业单位、企业不同特点的科学的分类管理制度和有效的激励机制，建立与社会主义市场经济体制相配套的人事管理体制。根据转变职能的原则，人事部强化的职能是：强化宏观管理、法制建设、协调指导、监督检查和信息服务职能，加强对国家公务员、专业技术人员、国有大中型企业领导人员的综合管理和服务工作；根据建立社会主义市场经济体制的需要，培育、发展人才市场，调整人员结构，加强人才开发，促进人才的合理流动，加强人事争议仲裁工作。人事部弱化的职能是管理具体事务的职能，包括：企业专业技术职务聘任的结构比例由企业自主决定，人事部不再进行计划控制；中央国家机关从京外调入人员和"农转非"人员，由逐人报人事部审批改为由人事部定政策、管备案，进行指标管理和监督检查。

人事部是国务院综合管理国家人事工作和推行人事制度改革的职能部门，改革后，人事部的主要职责包括：负责国家机关、事业单位工作人员的宏观规划、结构调整和宏观管理，研究制定国家人事管理政策、法规；研究制定人事制度改革的规划、方案，建立科学化、法制化的人事管理制度；推行国家公务员制度，制定和完善与《国家公务员暂行条例》相配套的政策、法规并组织实施；负责国务院授权人事部管理的领导人员的考核、任免、审批等人事管理工作；综合管理全国专业技术人员工作；制定全国人才流动政策、法规，培育、指导人才市场，负责全国高等学校毕业生分配工作；研究制定机关、事业单位和驻外使领馆工作人员的工资政策、法规和制度、标准；研究制定机关、事业单位工作人员养老、工伤、失业保险的改革方案和政策、法规并组织实施；负责制定军队转业干部安置政策、安置计划、培训计划并组织实施，等等。

从人事部的主要职责规定可以看到，对职责的描述更加全面、具体，说明改革开放后，我国政府人事管理体制建设取得了可喜成绩，人事管理的专业化、法制化水平有了显著提高。

根据上述职责，人事部设13个职能司和机关党委，具体职能司局包括：办公厅、综合计划司、政策法规司、考试录用司、考核培训司、工资福利司、流动调配司、专家管理司、专业技术人员职称司、国管人事司、社会保险与离退休管理司、军官转业安置司、国际交流与合作司。人事部机关行政编制为455名，其中，部长1名，副部长4名；司级领导职数45名（含机关党委专职副书记、纪委专职书记）。

3. 1998年机构改革后的人事部

为了贯彻、落实党的十五大精神，解决机构庞大、人员冗杂、政企不分、官僚主义严重等弊端，建立办事高效、运转协调、行为规范的行政管理体系，完善国家公务员制度，建设高素质的专业化国家行政管理干部队伍，逐步建立适应社会主义市场经济体制的有中国特色的行政体制，1998年3月，国务院进行新一轮机构改革。这次机构改革是改革开放以来，国务院机构变化较大、人员调整较多的一次。在这次机构改革中，国务院200多项职能交给企业、社会中介组织和地方，部门之间调整、转移的职能100多项；部门内设司局级机构减少200多个，精简25%，人员编制总数减少47.5%，成绩斐然。

人事部是主管人事工作和推行人事制度改革的国务院组成部门。按照职能转变和机构改革的原则，人事部的职能进行了相应调整：综合管理专业技术人员和国家公务员，承办国务院监管的国有大型企业领导人员的任免事宜，承办国务院向国有重点大型企业派出稽察特派员的管理工作，促进专业技术人员、国家公务员和企业经营管理人员三支队伍建设。人事部调整的职能主要分为三类，一是增加和划入的职能：承担国务院向国有重点大型企业和企业集团派出稽察特派员工作，负责稽察特派员及助理的日常管理；管理国务院监管的国有大型企业和企业集团的领导人员，承办中央大型企业工作委员会的日常工作。二是划出的职能：机关、事业单位社会保险管理职能，交给劳动和社会保障部承担；非教育系统出国留学人员的派出管理职能，交给教育部承担；国务院直属机构、部委管理的国家局和国务院直属事业单位领导人员的管理工作，移交中央组织部负责。三是转变的职能：不再下达专业技术职务岗位年度指标；国家公务员录用和职称考试事务、专家休假和博士后的有关服务事宜、各类培训教材的组织编写等工作,交给直属事业单位或委托社会中介组织承担。

调整后人事部的主要职责是:研究制定人事制度改革规划、方案,拟定人事管理政策法规;拟定国家机关和事业单位工作人员的总体规划、结构调整、工资分配的宏观政策;管理全国专业技术人员和专业技术队伍建设工作;研究拟订事业单位人事制度改革总体方案;完善国家公务员制度;承办国务院监管的国有大型企业和企业集团领导人员的任免事宜;负责国务院监管的国有大型企业和企业集团领导人员的选拔、考核、培训等管理工作;承办国务院向国有重点大型企业和企业集团派出稽察特派员的管理工作;负责人才资源规划、开发工作,拟定人才流动政策法规,参与高校毕业生就业制度改革和高校毕业生就业政策的拟定;研究拟定机关、事业单位和驻外使领馆工作人员的工资制度、政策和标准及调控措施;拟定军队转业干部安置政策,制订安置和培训计划并组织实施,等等。

根据以上职责,人事部设 11 个职能司(厅、局、室)和机关党委,职能司局具体是:办公厅、政策法规司、规划财务司、专业技术人员管理司、公务员管理司、企业领导人员管理局(人事司)、稽查特派员总署办公室、人才流动开发司、工资福利与离退休司、军官转业安置司(国务院军队转业干部安置工作小组办公室)、国际交流与合作司。人事部机关行政编制为 258 名(含国务院稽察特派员总署办公室编制 30 名),其中,部长 1 名,副部长 4 名,司局级领导职数 39 名(含机关党委专职副书记)。

2000 年 3 月,国务院颁布《国有企业监事会暂行条例》,1998 年 6 月 30 日国务院颁布的《国务院稽察特派员条例》同时废止,国有企业监事会制度取代稽察特派员制度。人事部企业领导人员管理局和稽察特派员总署办公室随即撤销,两个内设机构的原有职能,部分转移到中央大型企业工作委员会;部分随着稽察特派员制度的废止而终结。

(二)社会保险管理体制

党的十三大通过的《沿着有中国特色的社会主义道路前进》的报告指出,政治体制改革的长远目标是建立高度民主、法制完备、富有效率、充满活力的社会主义政治体制,改革的近期目标是建立有利于提高效率、增强活力和调动各方面积极性的领导体制,报告要求进一步下放权力,改革政府工作机构,改革干部人事制度。1988年4月,根据第七届全国人大一次会议审议批准的《国务院机构改革方案》,撤销劳动人事部,分别组建劳动部和人事部。劳动部的主要任务是:研究拟定全国劳动、就业、工资、保险、福利、工人技术培训、劳动保护以及安全监督工作的方针、政策和法规,汇总编制全国劳动工资计划,研究拟定企业和事业单位劳动工资计划管理政策和改革方案等。其主要职责包括:研究拟定全国职工工资、社会保险、职工福利等项工作的具体方针、政策和法规,并负责组织实施和监督检查;综合管理全国企业的工资工作,拟定企业工资制度和管理体制改革方案及实施办法,并组织实施;综合管理全国企业、事业单位的社会保险和职工福利工作,拟定企业、事业单位职工的社会保险制度和福利制度的改革方案及实施办法,并组织实施,组织指导职工退休费用社会统筹和职工待业保险工作。

从1988年国务院机构改革后人事部、劳动部的职责分工来看,机关、事业单位的工资工作由人事部负责,企业的工资工作由劳动部负责;国家公务员的保险福利制度建设由人事部负责,企业、事业单位的社会保险和职工福利工作由劳动部负责。两部在保险福利方面的职责进一步细化,机关、事业单位和企业社会保险制度的建设与改革工作进一步强化。

在1993年的国务院机构改革中,劳动部按照转变政府职能的要求,加强了社会保险综合性管理职能,其在社会保险方面的职责表述为:综合管理城镇社会保险工作和社会保险事业机构,社会保险包括养老、失业、医疗、工伤、生育等保险;管理企业职工福利工作;组织推动社会保险服务体系建设。

1993年11月,党的十四届三中全会通过了《中共中央关于建立社会主义市场经济体制若干问题的决定》,确定了我国社会保障体制改革实行政事分开的方向,要求建立统一的社会保障管理机构,社会保障行政管理和社会保险基金经营要分开。次年,劳动部社会保险事业管理局正式成立,我国的社会保险工作开始从"政事合一"走向"政事分开"。随后,地方各级社会保险经办机构相继成立。

1998年3月,根据第九届全国人大一次会议的决定,国务院在劳动部的基础上组建劳动和社会保障部，建立统一的社会保障行政机构。劳动部管理的城镇职工社会保险，人事部承担的机关、事业单位工作人员社会保险，民政部承担的农村社会保险职能，卫生部承担的公费医疗管理、国务院医疗保险制度改革领导小组办公室承担的医疗保险制度改革职能，统一由劳动和社会保障部承担。劳动和社会保障部在社会保险方面的主要职责为：一是拟定劳动和社会保险工作基本方针、政策及劳动和社会保险制度改革总体方案，编制劳动和社会保险事业发展规划和年度工作计划并组织实施。二是起草劳动和社会保险法律法规，制定行政规章和基本标准并组织实施和监督检查；制定劳动和社会保险政策服务咨询机构的管理规则；代表国家行使劳动和社会保险的监督检查职权，制定劳动和社会保险的监督检查规范，监督地方劳动和社会保险监督检查机构的工作。三是拟定养老、失业、医疗、工伤、生育社会保险的基本政策和基本标准并组织实施和监督检查。四是制定社会保险基金收缴、支付、管理、运营的政策；对社会保险基金预决算提出审核意见；对社会保险基金管理实施行政监督；制定社会保险经办机构的管理规则和基金运营机构的资格认定标准；制定社会保险服务体系建设规划并组织实施。五是制定机关、事业、企业单位补充养老保险、补充医疗保险的政策和补充保险承办机构资格认定标准；审查认定有关机构承办补充保险业务的资格。2000年，劳动部社会保险事业管理局与民政部农村社会养老保险管理中心、卫生部全国公费医疗管理中心、人事部中央国家机关及其在京事业单位社会保险管理中心合并，组建成立劳动和社会保障部社会保险事业管理中心。

从1998年《国务院机构改革方案》与劳动和社会保障部的主要职责可以看到，机关、事业单位、企业和城乡居民的社会保险工作统一由新组建的劳动和社会保障部负责，使真正现代意义上的社会保险体系建设工作第一次由一个部门统筹负责和管理，对推动和加快我国的社会保障体系建设具有重大意义；在劳动和社会保障部的主要职责表述中，社会保险制度建设领域进一步扩大，覆盖了机关、事业单位、企业的工作人员和城乡居民，涉及养老、失业、医疗、工伤、生育社会保险等五大险种；工作内容进一步细化，不但包括社会保险不同群体、不同险种的相关工作，而且包括保险基金、社会保险经办机构等方面的管理，社会保险工作的专业化程度明显提高。经过不断的体制改革与制度建设，我国的社会保险逐步实现从"企业保险"向"社会保险"的转变，社会保障管理体制也加快走上政事分开的轨道。

（三）科技干部管理体制

党的十三大召开后，作为政治体制改革的重要组成部分，行政体制改革加快推进。党的十三大提出，要进一步转变政府职能，改革干部人事制度，建立科学的分类管理体制。1988年3月，在国务院机构改革中，为了适应党政职能分开和干部人事制度改革的要求，推行国家公务员制度，强化政府的人事管理职能，国务院组建人事部，国家科学技术委员会科技干部局并入人事部。新组建的人事部负责综合管理全国专业技术人员，国家科委科技干部局的职能由人事部承担。

二　党委组织部门对干部的管理体制

这一阶段，为了适应经济体制和政治体制改革的需要，中共中央对直属机构进行了改革，对中央组织部的相关职能与中央干部管理权限进行了调整。

（一）改革和调整中央组织部的机构与职能

在国务院进行机构改革后，1988年8月，中央书记处制订了《党中央直属机构改革实施方案》，开始进行党中央直属机构的改革。改革后，中央组织部的职能是：了解、指导各级党组织的建设，检查督促党员的教育、管理、发展工作，进行新时期党的建设的理论研究；监督、检查党的干部路线、方针的执行情况，制定或参与制定干部、人事工作的重要政策和制度，研究选拔、考核干部的新方法，加强干部工作的宏观管理；研究、提出合理配备省部级领导班子的意见和建议，根据中央规定的权限，对中央管理干部进行考察，办理任免、调整的审批手续，审理中央管理干部的审查结论，承办部分干部的调动事宜，指导后备干部队伍的建设；负责退（离）休干部服务、管理工作的宏观指导，研究这方面的重大方针政策和制度改革；对各级党委有关干部培训工作进行指导和协调，规划、组织中央管理的干部和一定层次组织部门负责人的培训；参与并推动对社会人才（包括知识分子）成长规律的研究，人才开发、流动、待遇方面有关政策的研究和制度的制定，了解掌握各类有特殊贡献的专门人才，建立人才库；及时向中央反映党的组织、干部工作的情况等。调整后，中央组织部局级单位有办公厅、组织局、干部调配局、地方干部局、党政外事局、经济科教干部局、青年干部局、干部教育局、干部审查局、老干部局、研究室、机关事务管理局、机关党委；事业单位有组织干部培训中心，增设党建研究所。1990年，青年干部局被撤销。

1993年，国务院根据转变职能、理顺关系、精兵简政、提高效率的基本原则进行了大规模机构改革。随后，中央发出的《关于印发〈关于党政机构改革的方案〉和〈关于党政机构改革方案的实施意见〉的通知》指出，中央直属机构改革的主要任务是理顺关系、调整结构、精简内设机构和人员，进一步改善干部结构和提高干部素质，提高工作效率。在这次改革中，中央组织部的职能作了相应调整，包括：中央纪委、组织部、宣传部分别承担的党员教育职能，由组织部负责协调；加强组织工作和干部工作方针、政策的调查研究和宏观指导；恢复主管干部教育工作的职能。

（二）加强对部分干部任免的管理监督

为了适应新形势的需要，中央组织部于1990年印发《关于修订〈中共中央管理的干部职务名称表〉的通知》，修订了《中共中央管理的干部职务名称表》和《向中央备案的干部职务名单》，适当调整中央管理干部的范围，加强对干部任免的监督。文件规定：要加强对高等院校主要领导干部的管理；各省、自治区、直辖市党委组织部正副部长和中央、国家机关各部委的干部、人事司（局）正副司（局）长的任免，计划单列城市市委书记和市长、部分大型企事业单位领导的任免，事先要征得中央组织部的同意；遇有五种规定情形的省、自治区、直辖市所属厅（部、委、办、局，下同）、地市（党委和政府，下同）正副职领导干部和中央、国家机关司局（除干部、人事司局）正副司局长的任免，国务院管理的各直属机构、办事机构、各大公司和企事业单位行政领导职务的任免，均须先征求中央组织部的意见。

总体而言，这一阶段党委组织部门的机构、职能，组织部门各层级之间、组织部门与其他部门之间的权责关系，没有发生较大的变化。

三　人员编制管理体制

（一）国家机构编制委员会

党的十三大后，中共中央、国务院着手对政府工作机构进行自上而下的改革，以解决政府机构庞大臃肿、层次过多、职责不清、互相扯皮等问题。国务院制订了中央政府机构改革方案，并于1988年4月在七届全国人大一次会议上通过，开始了改革开放后的第二次大规模机构改革。同年6月，为加强对机构改革和机构编制工作的领导，国务院办公厅发出《关于成立国家机构编制委员会的通知》，成立国家机构编制委员会。国家机构编制委员会下设办公室，并保留国务院机构改革办公室的名义；办公室设在人事部，人事部下设中央国家机关机构编制管理司、地方机构编制管理司，负责编制管理工作。国务院总理兼任国家机构编制委员会主任，国务院秘书长、人事部部长兼任副主任，人事部一名副部长兼任国家机构编制委员会办公室主任。

国家机构编制委员会是国务院直属机构，是国务院负责机构改革和管理机构编制的综合、协调、监督机构，主要职责任务是：研究拟订各级机关机构改革的总体方案，指导地方机构改革工作；研究拟定机构编制管理的方针、政策和法规；对全国机构编制实行宏观控制，审核机构设置和人员编制总额；协调国务院各部门和职责分工等。国家机构编制委员会办公室的具体职责是：研究拟订机构改革的总体方案和机构、编制管理的方针、政策和法规；负责国务院机构改革方案的组织实施，指导地方政府机构改革工作；统一领导全国的行政机构与编制管理工作，审议或批准国务院各部门的司局级机构编制，控制国务院各部门直属事业单位的编制总额，审议或批准省级地方政府厅局级行政机构和地方政府编制；负责协调国务院各部门的职责分工，协调国务院各部门与地方政府的职权划分；审核全国人大、全国政协、最高人民法院、最高检院、民主党派和全国性群团工作机构的编制；审议县级以上因行政区划调整增加机构与编制的事项。

（二）中央机构编制委员会

为了加强中央对全国机构编制工作的领导，1991年，党中央、国务院决定成立中央机构编制委员会，由国务院总理兼任主任。中央编委在党中央、国务院领导下负责全国行政体制和机构改革以及机构编制工作，统一管理全国党政机关，人大、政协、法院、检察院机关，各民主党派、人民团体机关及事业单位的机构编制工作。中央机构编制委员会下设办公室，在中央机构编制委员会领导下负责全国行政体制和机构改革以及机构编制的日常管理工作，既是党中央的机构，又是国务院的机构。中央机构编制委员会的成立，有利于加强中央对全国机构编制工作的领导，理顺各方面的关系，加强集中统一管理，严格控制机构编制膨胀，推进机构改革和行政管理体制改革，推动事业单位管理体制改革。

四 人事监察体制

监察部重新设立后，各地先后成立了监察机构，到1988年年底，各县级监察部门基本已成立，我国行政监察制度的基本框架得以确立。

根据国家机构编制委员会1988年11月印发的《监察部"三定"方案》，监察部是国务院负责行政监察工作的职能部门，其主要职责是监督检查国家各级行政机关及其工作人员、企事业单位及由国家行政机关任命的领导干部执行国家政策、法律法规、国民经济和社会发展计划的情况，调查处理其违法违纪行为，以保证政府廉洁、防止腐败，改善和加强行政管理，提高行政效能，保证党在社会主义初级阶段的基本路线的贯彻执行。监察部在人事监察方面的具体职能有：按照分级管理原则，监督检查国务院各部门及其工作人员，省级人民政府及其主要负责人，中央直属企事业单位及其由国家行政机关任命的领导干部执行国家政策、法律法规、国民经济和社会发展计划，以及国务院颁发的决议和命令的情况；调查处理上述监察对象违反国家政策、法律法规以及违反政纪的行为，并根据所犯错误的情节轻重，可处以撤职及以下行政处分；受理个人和单位对监察对象违反国家政策和法律法规以及违纪行为的检举、控告，受理监察对象不服政纪处分的申诉，审议监察对象的纪律处分事项；调查研究国家行政机关及其工作人员、企事业单位及其由国家行政机关任命的领导干部遵纪守法的情况，等等。[①] 监察部在国务院46个部

---

① 苏尚尧：《中华人民共和国中央政府机构（1949—1990年）》，经济科学出版社1994年版，第493—494页。

门设立的派出监察局或监察专员办公室，负责监督检查驻在部（委、局）各职能部门及其工作人员，直属企事业单位及其行政领导干部执行国家政策、法律法规、国民经济和社会发展计划的情况，调查处理违纪案件。

监察部运行一段时间后，与中央纪委职能交叉重复严重的问题逐渐显现。1993年7月，中央发出《关于印发〈关于党政机构改革的方案〉和〈关于党政机构改革方案的实施意见〉的通知》，要求理顺关系、调整结构、精简内设机构和人员，进一步改善干部结构和提高干部素质，提高工作效率。文件决定，中央纪律检查委员会与监察部合署办公，实行一套工作机构、两个机关名称，履行党的纪律检查和政府行政监察两项职能。

为了加强预防腐败工作，2007年5月，中共中央、国务院决定设立国家预防腐败局。国家预防腐败局为国务院直属机构，在监察部加挂牌子，负责全国的预防腐败工作。该局的主要职责是：负责全国预防腐败工作的组织协调、综合规划、政策制定、检查指导；协调指导企业、事业单位、社会团体、中介机构和其他社会组织防治腐败工作；负责预防腐败的国际合作和国际援助。

第五节　全面深化改革时期的人事管理体制（2008—2019年）

在2008年的国务院机构改革中，推行大部制、精简机构、提高行政效率成为重要课题。根据这一精神，国务院对人力资源、社会保障职能进行了整合，相应合并了劳动和社会保障部、人事部，成立人力资源和社会保障部，开启了政府人事管理机构与职能整合的新时期。2018年的党和国家机构改革中，党和国家的干部人事管理机构与职能进行了更大的整合。改革后，中央机构编制委员会办公室由中央组织部负责管理，国家公务员局也划入中央组织部；组建国家监察委员会，同中央纪律检查委员会合署办公。

一　政府的人事管理体制

这一时期政府的人事管理体制主要经历了两个阶段，在保持了近十年的机构与职能相对稳定状态后,2018年的党和国家机构改革中,人力资源和社会保障的机构与职能发生了较大调整。

(一) 2008年机构改革后的人力资源和社会保障部

2007年召开的党的十七大,要求加快行政管理体制改革,建设服务型政府,要求着力转变职能、理顺关系、优化结构、提高效能,形成权责一致、分工合理、决策科学、执行顺畅、监督有力的行政体制;要求加快推进政企分开、政资分开、政事分开、政府与市场中介组织分开,规范行政行为,加强行政执法部门建设,减少和规范行政审批,减少政府对微观经济运行的干预;要求加大机构整合力度,探索实行职能有机统一的大部门体制,健全部门间协调配合机制,精简和规范各类议事协调机构及其办事机构,减少行政层次,降低行政成本,着力解决机构重叠、职责交叉、政出多门问题。2008年2月,党的十七届二中全会审议通过《关于深化行政管理体制改革的意见》,系统提出了改革的指导思想、基本原则、总体目标和主要任务。《意见》指出,国务院机构改革要从促进经济社会又好又快发展的需要出发,着力解决一些长期存在的突出矛盾和问题,包括:加强和改善宏观调控,促进科学发展;着眼于保障和改善民生,加强社会管理和公共服务部门;按照探索实行职能有机统一的大部门体制要求,对一些职能相近的部门进行整合,实行综合设置。

2008年3月,十一届全国人大一次会议通过《国务院机构改革方案》。根据改革方案,组建人力资源和社会保障部,将人事部、劳动和社会保障部的职责整合划入人力资源和社会保障部;组建国家公务员局,由人力资源和社会保障部管理。不再保留人事部、劳动和社会保障部。人力资源和社会保障部的组建,标志着政府人事管理体制进入一个大的整合时期。

按照《国务院机构改革方案》和《国务院关于机构设置的通知》,人力资源和社会保障部的职责调整如下:

一是划入的职责:将人事部、劳动和社会保障部的职责整合,划入人力资源和社会保障部。

二是取消的职责:已由国务院公布取消的行政审批事项;制订技工学校年度指导性招生计划;综合协调外商投资企业劳动工资政策;制定

企业惩处职工的基本准则。

三是划出移交的职责：将制定中国公民出境就业管理政策，境外就业职业介绍机构资格认定、审批和监督检查等职责划给商务部；将国际职员服务性工作交给事业单位；将技工学校评估认定工作交给社会中介组织。

四是加强的职责：加强统筹机关企事业单位人员管理职责，完善劳动收入分配制度，充分发挥人力资源优势；加强统筹城乡就业和社会保障政策职责，建立健全从就业到养老的服务和保障体系；加强统筹人才市场与劳动力市场整合职责，加快建立统一规范的人力资源市场，促进人力资源合理流动、有效配置；加强统筹机关企事业单位基本养老保险职责，逐步提高基金统筹层次，推进基本养老保险制度改革；加强促进就业职责，健全公共就业服务体系，建立城乡劳动者平等就业制度，促进社会就业更加充分；加强组织实施劳动监察和协调农民工工作职责，切实维护劳动者合法权益。

调整后的、实行职能有机统一大部制的人力资源和社会保障部的主要职责是：拟定人力资源和社会保障事业发展规划、政策，起草人力资源和社会保障法律法规草案；拟定人力资源市场发展规划和人力资源流动政策；负责促进就业工作，拟定统筹城乡的就业发展规划和政策，完善公共就业服务体系，牵头拟定高校毕业生就业政策；统筹建立覆盖城乡的社会保障体系；会同有关部门拟定机关、事业单位人员工资收入分配政策；会同有关部门指导事业单位人事制度改革；会同有关部门拟定军队转业干部安置政策和安置计划；负责行政机关公务员综合管理，等等。

十一届全国人大一次会议后，人力资源和社会保障部着手进行组建。新部在职能司局设置上，遵循了三条原则：一是按照人力资源开发、管理和社会保障的新职能进行整体设计，以前的这些职能是分在两个部门，而现在则需要从整体上进行设计；二是保持工作的连续性和稳定性；三是减少职能的交叉，坚持一件业务由一个单位负责，避免职责不清和职责交叉。按照上述三原则，新部对原来两部都有的7个综合部门进行了彻底整合，如办公厅、政策法规司、规划财务司、机关党委、老干部局等；对于业务交叉、职能相近的5个司进行了重新整合，明确界定职责，减少交叉；7个职能相对稳定的业务司局基本上保持不动，没有太大的调整，如社会保险司局等不存在两部的整合问题；同时，依据新的职责，新增设了6个司局，如农民工工作司、调解仲裁管理司、劳动监察局等。新增设的司局，可以更好地解决人民群众的切身利益问题。

两部原有23个职能司局，新部职能司局设置虽然不同于过去，但数量仍然是23个，包括办公厅、政策研究司、法规司、财务规划司、就业促进司、人力资源市场司、军官转业安置司（国务院军队转业干部安置工作小组办公室）、职业能力建设司、专业技术人员管理司、事业单位人事管理司、农民工工作司、劳动关系司、工资福利司、养老保险司、失业保险司、医疗保险司、工伤保险司、农村社会保险司、社会保险基金监督司、调解仲裁管理司、劳动监察局、国际合作司（港澳台办公室）、人事司。新部的职能司局设置，不是人事部、劳动和社会保障部职能司局的简单叠加，而是进行了有机整合。新部对两部职能相近、业务交叉的司局进行了重新整合，职能稳定的业务司局原则上予以保留，对于新增设或加强的职能，则依据新的职能设置新的机构。通过这样的职能司局设置，以求达到职能、机构、人员的有机统一，实现精简、统一效能的目标。

根据新的"三定"方案，人力资源和社会保障部机关行政编制为509名，其中：部长1名、副部长4名、司局级领导职数80名。由于这次人力资源和社会保障部的组建，重在理顺职能，因此，在不分流人员的情况下，新部机关行政编制基本上与人事部、劳动和社会保障部的行政编制总数持平。人员不分流的原则，有利于快速理顺新部的职能并顺利实施，实现工作的平稳过渡。

2013年3月，根据党的十八大和十八届二中全会精神，国务院开展机构改革与职能转变工作，按照建立中国特色社会主义行政体制目标的要求，以职能转变为核心，继续简政放权、推进机构改革、完善制度机制、提高行政效能。2013年的国务院机构改革，重点围绕转变政府职能和理顺职责关系，稳步推进大部门制改革，实行铁路政企分开，整合加强卫生和计划生育、食品药品、新闻出版和广播电影电视、海洋、能源管理机构，涉及部门较少。

(二) 2018 年机构改革后的人力资源和社会保障部

2017 年 10 月,党的十九大胜利召开。党的十九大要求深化机构和行政体制改革,统筹考虑各类机构设置,科学配置党政部门及内设机构权力、明确职责;转变政府职能,深化简政放权,创新监管方式,增强政府公信力和执行力,建设人民满意的服务型政府;赋予省级及以下政府更多自主权;在省市县对职能相近的党政机关探索合并设立或合署办公。2018 年 2 月,党的十九届三中全会通过的《中共中央关于深化党和国家机构改革的决定》指出,深化党和国家机构改革是推进国家治理体系和治理能力现代化的一场深刻变革。《决定》提出了深化党和国家机构改革的指导思想、目标、原则,要求优化政府机构设置和职能配置,坚决破除制约使市场在资源配置中起决定性作用、更好发挥政府作用的体制机制弊端,合理配置宏观管理部门职能,深入推进简政放权,完善市场监管和执法体制,改革自然资源和生态环境管理体制,完善公共服务管理体制,强化事中事后监管,提高行政效率。

2018 年 3 月,十三届全国人大一次会议通过《国务院机构改革方案》。改革后,除国务院办公厅外,国务院设置组成部门共 26 个。《国务院机构改革方案》规定:

一是组建退役军人事务部。为维护军人军属合法权益,加强退役军人服务保障体系建设,建立健全集中统一职责清晰的退役军人管理保障体制,让军人成为全社会尊崇的职业,方案提出,将民政部的退役军人优抚安置职责,人力资源和社会保障部的军官转业安置职责,以及中央军委政治工作部、后勤保障部有关职责整合,组建退役军人事务部,作为国务院组成部门。其主要职责是,拟定退役军人思想政治、管理保障等工作政策法规并组织实施,褒扬彰显退役军人为党、国家和人民牺牲奉献的精神风范和价值导向,负责军队转业干部、复员干部、退休干部、退役军人的移交安置工作和自主择业退役军人服务管理、待遇保障工作,组织开展退役军人教育培训、优待抚恤等,指导全国拥军优属工作,负责烈士及退役军人荣誉奖励、军人公墓维护以及纪念活动等。

二是重新组建科学技术部。为更好实施科教兴国战略、人才强国战略、创新驱动发展战略,加强国家创新体系建设,优化配置科技资源,推动建设高端科技创新人才队伍,方案提出,将科学技术部、国家外国专家局的职责整合，重新组建科学技术部，作为国务院组成部门。科学技术部管理国家自然科学基金委员会，对外保留国家外国专家局牌子。其主要职责是，拟定国家创新驱动发展战略方针以及科技发展、基础研究规划和政策并组织实施，统筹推进国家创新体系建设和科技体制改革，组织协调国家重大基础研究和应用基础研究，编制国家重大科技项目规划并监督实施，牵头建立统一的国家科技管理平台和科研项目资金协调、评估、监管机制，负责引进国外智力工作等。

三是组建国家医疗保障局。为完善统一的城乡居民基本医疗保险制度和大病保险制度，不断提高医疗保障水平，确保医保资金合理使用、安全可控，统筹推进医疗、医保、医药"三医联动"改革，更好地保障病有所医，方案提出，将人力资源和社会保障部的城镇职工和城镇居民基本医疗保险、生育保险职责，国家卫生和计划生育委员会的新型农村合作医疗职责，国家发展和改革委员会的药品和医疗服务价格管理职责，民政部的医疗救助职责整合，组建国家医疗保障局，作为国务院直属机构。其主要职责是，拟定医疗保险、生育保险、医疗救助等医疗保障制度的政策、规划、标准并组织实施，监督管理相关医疗保障基金，完善国家异地就医管理和费用结算平台，组织制定和调整药品、医疗服务价格和收费标准，制定药品和医用耗材的招标采购政策并监督实施，监督管理纳入医保范围内的医疗机构相关服务行为和医疗费用等。同时，为提高医保资金的征管效率，将基本医疗保险费、生育保险费交由税务部门统一征收。

机构改革后，人力资源和社会保障部的主要职责是：拟定人力资源和社会保障事业发展政策、规划；拟定人力资源市场发展规划和人力资源服务业发展、人力资源流动政策；负责促进就业工作，牵头拟定高校毕业生就业政策；统筹推进建立覆盖城乡的多层次社会保障体系；统筹拟定劳动人事争议调解仲裁制度和劳动关系政策；牵头推进深化职称制度改革；会同有关部门指导事业单位人事制度改革；会同有关部门拟定事业单位人员工资收入分配政策，等等。

机构改革后，人力资源和社会保障部与教育部的有关职责分工是：高校毕业生就业政策由人力资源和社会保障部牵头，会同教育部等部门拟定；高校毕业生离校前的就业指导和服务工作，由教育部负责；高校毕业生离校后的就业指导和服务工作，由人力资源和社会保障部负责。

二 党委组织部门对干部的管理体制

中央组织部是中国共产党中央委员会的重要职能部门，主要负责党的组织建设、干部队伍建设和人才队伍建设等方面的工作，其中，组织工作主要是指党组织建设和党员队伍建设，干部工作和人才工作是公共人力资源管理的重要组成部分。中央组织部的干部、人才工作职能主要包括：第一，干部工作。主要负责领导班子和干部队伍建设（公务员队伍建设）的宏观管理，包括管理体制、政策法规、干部人事制度改革等方面的规划、研究、指导等，对中央管理单位的领导班子换届、调整、任免等提出建议。第二，人才工作。主要负责全国人才工作和人才队伍建设宏观管理、政策法规研究制定，指导协调专项人才工作以及海外高层次人才引进工作，开展联系高级专家工作。第三，干部教育培训。主要负责全国干部教育培训工作的整体规划、宏观指导、协调服务、督促检查、制度规范，指导分级分类开展干部教育培训以及干部教育培训国际合作交流等。第四，干部监督。主要负责对领导班子和领导干部、党政领导干部选拔任用工作及有关法规贯彻执行情况进行监督。第五，老干部工作。主要负责离退休干部工作政策的制定和宏观指导，包括落实离退休干部的政治待遇和生活待遇，发挥离退休干部的作用等。[①]

下级组织部门的主要职责根据干部管理权限——管理本级党政机关部门领导（正副职）和下一级党政领导（正副职）——行使与中央组织部相对应的职责。各级组织部门的内设机构基本上实行对口设置。

2018年3月，中共中央印发的《深化党和国家机构改革方案》规定：第一，中央组织部统一管理中央机构编制委员会办公室。为加强党对机构编制和机构改革的集中统一领导，理顺机构编制管理和干部管理的体制机制，调整优化中央机构编制委员会领导体制，作为党中央决策议事协调机构，统筹负责党和国家机构职能编制工作。中央机构编制委员会办公室作为中央机构编制委员会的办事机构，承担中央机构编制委员会

[①] 韩林：《中国共产党中央委员会组织部简介》，《办公室业务》2012年第16期，第64页。

日常工作,归口中央组织部管理。第二,中央组织部统一管理公务员工作。为更好落实党管干部原则,加强党对公务员队伍的集中统一领导,更好统筹干部管理,建立健全统一规范高效的公务员管理体制,将国家公务员局并入中央组织部,不再保留单设的国家公务员局。中央组织部对外保留国家公务员局牌子。调整后,中央组织部在公务员管理方面的主要职责是:统一管理公务员录用调配、考核奖惩、培训和工资福利等事务,研究拟定公务员管理政策和法律法规草案并组织实施,指导全国公务员队伍建设和绩效管理,负责国家公务员管理国际交流合作等。

三　人员编制管理体制

为加强党对机构编制和机构改革的集中统一领导,理顺机构编制管理和干部管理的体制机制,2018年3月,中共中央印发了《深化党和国家机构改革方案》,调整优化中央机构编制委员会领导体制,规定:中央机构编制委员会作为党中央决策议事协调机构,统筹负责党和国家机构职能编制工作;中央机构编制委员会办公室是中央机构编制委员会的办事机构,承担中央机构编制委员会日常工作,归口中央组织部管理。中央编办内设10个局级机构,即综合局(改革办)、政策法规局、行政管理体制改革局、事业单位改革局、一局、二局、三局、四局、监督检查局、机关党委(人事局)。

2018年机构改革后,中央机构编制委员会办公室的主要职责是:研究拟定行政体制和机构改革以及机构编制管理的政策和法规;研究拟定行政体制与机构改革的总体方案;协调党中央各部门、国务院各部门的职能配置及其调整;审核党中央各部门、国务院各部门、垂直管理部门、派驻地方机构、驻外使领馆的内设机构、人员编制和领导职数;审核省级党委政府厅局机构设置、省级党政群机关人员编制、口岸查验单位机构编制和全国市县机构编制分类、省以下各级党政群机关的人员编制总额;审核全国人大、全国政协机关及最高人民法院、最高人民检察院机关,各民主党派、人民团体机关的机构设置、人员编制和领导职数;研究拟定全国事业单位管理体制和机构改革的方案;监督检查各级行政体制和机构改革以及机构编制的执行情况。

为了加强党对机构编制工作的集中统一领导,规范党和国家机构编制工作，巩固党治国理政的组织基础，2019年8月，中共中央印发了《中国共产党机构编制工作条例》，条例规定：党中央集中统一领导全国机构编制工作；党中央设立中央机构编制委员会，作为党中央决策议事协调机构，在中央政治局及其常委会领导下开展工作，负责党和国家机构职能体系建设的顶层设计、总体布局、统筹协调、整体推进、督促落实；各地区各部门党委（党组）根据规定的职责权限，负责本地区本部门的机构编制工作；地方各级党委设立机构编制委员会，管理本地区机构编制工作；各级机构编制委员会下设办公室，承担日常工作，归口本级党委组织部门管理，根据授权和规定程序处理机构编制具体事宜。

根据《中国共产党机构编制工作条例》，中央机构编制委员会的主要职责是：贯彻落实党中央对党和国家机构编制工作的集中统一领导；研究提出机构编制工作的方针政策；研究提出党和国家机构改革方案并组织实施；审定省级机构改革方案，指导地方各级机构改革工作；审定中央一级副部级以上各类机构的职能配置、内设机构和人员编制规定（以下简称"三定"规定）；统一管理中央和国家机关各部门的职能配置以及调整工作，统筹协调部门之间、部门与地方之间的职责分工；统一管理中央一级党政机关，中央一级各民主党派机关、群团机关的机构编制工作；审定地方行政编制总额、机构限额和职能配置的重要调整，审批省、自治区、直辖市厅局级行政机构的设置；研究提出事业单位管理体制和机构改革方案；推进机构编制法治建设，研究完善党和国家机构编制法规制度；督促检查各地区各部门贯彻党中央关于机构编制工作的方针政策和重要决定，严肃机构编制纪律。

四 人事监察体制

为了深化党中央机构改革，健全加强党的全面领导的制度，优化党的组织机构，建立健全党对重大工作的领导体制机制，更好发挥党的职能部门作用，推进职责相近的党政机关合并设立或合署办公，优化部门职责，2018年3月，中共中央印发《深化党和国家机构改革方案》，决定组建国家监察委员会。国家监察委员会由全国人民代表大会产生，接受全国人民代表大会及其常务委员会的监督。改革方案指出，组建国家监察委员会，是为了加强党对反腐败工作的集中统一领导，实现党内监督和国家机关监督、党的纪律检查和国家监察有机统一，实现对所有行使公权力的公职人员监察全覆盖。

根据改革方案，将国家监察委员会、国家预防腐败局的职责，最高人民检察院查处贪污贿赂、失职渎职以及预防职务犯罪等反腐败相关职责整合，组建国家监察委员会，同中央纪律检查委员会合署办公，履行纪检、监察两项职责，实行一套工作机构、两个机关名称。国家监察委员会、国家预防腐败局不再保留。

国家监察委员会主要职责是，维护党的章程和其他党内法规，检查党的路线方针政策和决议执行情况，对党员领导干部行使权力进行监督，维护宪法法律，对公职人员依法履职、秉公用权、廉洁从政以及道德操守情况进行监督检查，对涉嫌职务违法和职务犯罪的行为进行调查并作出政务处分决定，对履行职责不力、失职失责的领导人员进行问责，负责组织协调党风廉政建设和反腐败宣传等。

五　干部人事管理层级间的权责划分

在中央和地方以及地方各层级之间的权责划分是干部人事管理体制的重要内容。党的十一届三中全会以来，通过历次机构改革和职能调整，我国确立了当前的干部人事管理权责关系。

（一）党政干部管理权限划分

党政干部管理职责主要归组织部门和党政机关。根据干部管理权限，组织部门的职责主要包括，制定本级人才发展规划、干部培养选拔规划和干部教育规划并组织协调落实；制定或参与制定干部、人事及人才工作的重要政策和制度；提出列入本级（中央级、省级、地/市级、县级）管理的领导班子（下一级党委和政府领导班子、本级政府部门及其他列入管理范围领导班子）调整、配备的意见和建议；负责本级管理干部的考察及其任免、工资、待遇、出国（境）、军转安置、退（离）休审批手续的办理；承办部分由本级管理干部的调配、交流及安置事宜；负责本级管理干部现实问题调查核实。除了各级组织部门管理的干部，党政干部的管理职责由各级党政部门承担。在国家公务员局并入中央组织部后，公务员管理与公务员队伍建设由组织部门负责。

（二）机关事业单位人员编制管理权限划分

人员编制管理主要是确定人员的数量定额和领导职数。机关事业单位（包括党派机关、国家机关、事业单位和群团组织）的人员编制管理工作由各级编制部门管理。中央编制管理委员会办公室统一领导全国的行政机构与编制管理工作，审议或批准国务院各部门的司局级机构编制，控制国务院各部门直属事业单位的编制总额，审议或批准省级地方政府厅局级行政机构和地方政府编制；负责协调国务院各部门的职责分工，协调国务院各部门与地方政府的职权划分；审核全国人大、全国政协、最高人民法院、最高检院、民主党派和全国性群团工作机构的编制；审议县级以上因行政区划调整增加机构与编制的事项。省级、市级、县级编制部门管理本级党政机构编制和下级党政机构编制。

（三）干部人事管理权限划分

干部人事管理属于中央政府和地方各级政府的共同事务，人力资源和社会保障部门是综合管理部门，是各级政府的组成部门。人力资源和社会保障部综合履行全国的干部人事管理职能，具体包括：健全公共就业服务体系、完善社会保障制度、完善收入分配制度；综合负责专业技术人才和高技能人才队伍建设；负责事业单位人事制度改革、职称制度改革。省级、市级、县级人力资源和社会保障部门对应人力资源和社会保障部职能管理本级公共人事行政事务，上级人力资源和社会保障部门在业务上指导下级人力资源和社会保障部门工作。

（四）国有企业领导干部管理权限划分

国务院国有资产监督管理委员会是国务院直属特设机构，接受国务院授权，代表国家履行出资人职责，其监管范围为中央所属企业（不含金融类企业）的国有资产。国务院国资委负责对所监管企业负责人进行任免、考核并根据其经营业绩进行奖惩；负责所监管企业工资分配管理工作，制定所监管企业负责人收入分配政策并组织实施；负责建立符合社会主义市场经济体制和现代企业制度要求的选人、用人机制，完善经营者激励和约束制度。省、市两级地方政府国有资产管理机构负责监管地方所属企业的国有资产。按照权利、义务和责任相统一，管资产和管人、管事相结合的原则，省、市两级地方政府国有资产管理机构，对应国务院国资委的职责权限管理地方所属企业领导干部。

六 干部人事管理中的政府部门间关系

我国干部人事管理的基本框架是：中央组织部管理全国公务员队伍，负责公务员队伍建设，按照干部管理权限管理本级和下一级主要领导干部；人力资源和社会保障部综合履行政府人事管理职能；党政各部门内设人事机构负责各级组织部门管理权限之外的干部管理工作（包括承办本部门并指导直属单位的人事管理、机构编制工作，承办直属单位中归本部门管理干部的管理工作，组织部门管理的公务员及专业技术干部的培训，指导本行业职工队伍建设等）。

人力资源和社会保障部综合履行政府人事管理职能。政府人事管理工作是系统工程，牵涉教育、发改委、财政、农业、科技、民政、卫生等各部门，还涉及共青团、工会、妇联等群团组织。从政府部门的职责分工来看，上述部门从不同角度履行着人事管理职能，并与组织部门、人力资源和社会保障部门一同构成完整的干部人事管理体系。

教育部负责指导以就业为导向的职业教育的发展与改革，制定中等职业教育专业目录、教学指导文件和教学评估标准，指导中等职业教育教材建设和职业指导工作；统筹指导各类继续教育；主管全国的教师工作，会同有关部门制定各级各类教师资格标准并指导实施，指导教育系统人才队伍建设；参与拟定普通高等学校毕业生就业政策，指导普通高等学校开展大学生就业创业工作。教育部与人力资源社会保障部在高校毕业生就业管理的职责分工是，毕业生就业政策由人力资源和社会保障部牵头，会同教育部等部门拟定；毕业生离校前的就业指导和服务工作，由教育部负责；毕业生离校后的就业指导和服务工作，由人力资源和社会保障部负责。

国家发展和改革委员会负责社会发展与国民经济发展的政策衔接，组织拟定社会发展战略、总体规划和年度计划，研究提出促进就业、调整收入分配与经济协调发展的政策建议，协调社会事业发展和改革中的重大问题及政策。

财政部负责研究提出有关的收入分配政策和改革方案；承担清理规范公务员津贴补贴的具体工作；承担人力资源方面的部门预算有关工作，研究提出相关财政政策；拟定并组织实施财政系统教育培训规划。

农业农村部负责会同有关部门拟定农业农村人才队伍建设规划并组织实施,指导农业教育和农业职业技能开发工作,参与实施农村实用人才培训工程;承担农村劳动力转移就业培训工作,会同有关主管部门依法实施农业农村人才专业技术资格和从业资格管理。

国家民族事务委员会参与拟定少数民族人才队伍建设规划,联系少数民族干部,协助有关部门做好少数民族干部的培养、教育和使用工作。

国家医疗保障局负责城镇职工和城镇居民基本医疗保险、生育保险,新型农村合作医疗,药品和医疗服务价格管理等职责。

共青团中央开展面向城市青年的就业创业、职业技能提高等工作;指导组织县域青年学习科学文化知识、进行实用技术培训,培养农村青年致富人才工作。

全国总工会对有关职工合法权益的重大问题进行调查研究,向党中央和国务院反映职工群众的思想、愿望和要求,提出意见和建议;参与涉及职工切身利益(如就业、工资、社会保险等)的政策、措施、制度和法律、法规草案的拟定;维护企业职工劳动权益。地方工会帮助、指导职工与企业以及实行企业化管理的事业单位签订劳动合同;会同本级人民政府劳动行政部门和企业方面代表,建立劳动关系三方协商机制,共同研究解决劳动关系方面的重大问题;参加企业的劳动争议调解工作;维护企业职工劳动权益。

全国妇联调查研究全国不同地区妇女的情况、问题,及时向党和政府反映,提出建议;指导和推动全国农村妇女的"双学双比"活动及城镇妇女的"巾帼建功"活动;协助做好下岗女职工再就业工作;开展妇女职业技术培训和多层次的妇女干部培训,全面提高素质,促进妇女人才成长;参与有关妇女法律、法规、规章的制定,维护妇女的合法权益。

除上述机构外,科学技术部、民政部、国家卫生健康委员会、公安部、司法部、自然资源部、住房和城乡建设部、交通运输部、文化和旅游部、退役军人事务部等部门,也承担着本部门本领域人才队伍建设、职业(执业)资格的相关管理工作。

第三章 人员编制管理制度

第三章　人员编制管理制度

编制管理是各级机构编制管理机关根据经济社会发展的要求，按照法定权限和程序，对党政机关和事业单位的管理体制、职能配置、机构设置、人员编制及其运行保障所进行的一系列管理活动。人员编制管理是由国家法定机关根据一定的规章和程序，按照各类机构的职能、工作量等诸多因素所确定的人员数额及其相应的人员结构和职位配置。人员编制管理是机关事业单位建设的一项基础工作，是编制管理工作的重要内容，是保障单位职能实现、维护组织良性运行、促进干部队伍成长、防止人员膨胀的重要手段。人员编制具有权威性和约束力，在一定程度上，"编制就是法规"，一经审定须严格执行。

人员编制管理具体包括：一个机关和单位的全部人数定额，一般是根据该单位的职责和任务来确定，不可不足也不可过量；一个机关和单位的人员结构比例，主要是指领导职数与全部工作人员的比例，工勤人员与全部工作人员的比例，全国有原则性要求，各地有具体实施规章；一个机关和单位工作职位（岗位）的编配，即根据整个单位的职能，具体确定每个职位的职责和任务，使其职、责、权相统一。[①] 人员编制总额是根据法定程序批准核定的人员编制总数，主要包括全国性编制总额、部门编制总额、系统编制总额、中央级编制总额、地方各级编制总额等类型。对编制总额的核定是国家对机构设置、人员编制进行宏观控制的基本手段。全国各部门、各系统的编制总额从一个侧面反映了国家政治、经济、文化等各方面的结构比例。编制总额的制定是社会发展总体规划的有机组成部分，也是编制管理工作的一项重要内容。

对人员编制进行科学分类，是做好编制管理的基础，也是完善编制管理的基本条件和重要标志。人员编制可以根据不同的需要从不同的角度进行不同的分类。人员编制的实际种类是复杂多样的，对人员编制的分类方法主要有：按组织机构的性质进行的分类；按组织机构的功能进行的分类；按组织机构与国家的经济关系进行的分类；按工作需要进行

---

① 郭宝平、余兴安：《行政管理研究概览》，山西人民出版社1993年版，第105—112页。

的分类；根据组织机构存在的久暂进行的分类等。人员编制可分为："条条"编制，是以纵线垂直管理为主的人员编制，主要特点是以上级主管部门的系统管理为主，编制总额由中央编制管理机关单独核定；"块块"编制，是以空间区域划分为主的人员编制下达方式，主要适用于按行政区域进行管理的地方编制；单列编制，列在部门或地区编制总额之外的编制，适用于法院系统、公安系统、检察系统、司法行政系统、国家安全系统等；专项编制，又称"定向"编制或"戴帽"编制，是由于国家专项事业需要，既规定编制员额，又规定适用对象和适用范围的一种编制；机动编制，是下级编制管理部门在上级编制主管部门批准下达的编制限额内截留一部分暂不向下分配，以备急需或调剂之用的编制；临时编制，即非正式编制，主要是一些非常设机构的人员编制。此外，还有追加编制、自带编制等。一般来说，我国的人员编制依据其使用组织机构的性质主要划分为行政编制和事业编制。

我国人员编制管理始终围绕党和政府中心工作大局，积极适应国内经济社会发展需要和人事管理发展趋势，紧密契合不同阶段发展实际，积极稳妥地构建和改革事业单位人员编制管理制度，不断推进机关事业单位人员编制管理法治化建设，已经建立起适应行政管理体制与符合事业单位特点的人员编制管理体系，稳步提高了人员编制管理科学化、规范化水平。纵观人员编制管理制度发展历程，我国机关人员编制管理制度总体经历了制度的初步建立与发展、人员编制员额实行统一逐级核定、建立适应行政体制的人员编制制度、加强机关人员编制管理法制建设等几个主要阶段。事业单位编制管理制度大体可以分为制度的初步建立、实行统一领导和分级管理的体制、建立符合自身特点的编制管理制度、分类实行事业编制管理制度改革等几个发展阶段。

第一节　机关人员编制管理制度

我国行政机关人员编制使用行政编制。行政编制是指我国国家机关、各党派和人民团体使用的人员编制。行政编制的含义，分为广义和狭义两个方面。从广义层面上来看，行政编制就是"按照法定的程序和标准，对行政机构的职能范围、机构设置、人员配备等方面进行管理，以构建精简、科学、合理、高效的行政机构组织体系"。① 从狭义层面上来看，就是依靠法定标准来管理人员数量及结构比例，以确保行政机关的组织机构设置更加高效、合理和精简。行政编制属于广义还是狭义概念的根本性判断依据，是其是否涵盖了职能配置以及机构设置两项内容，如果包含了以上两方面的内容，则属于广义上的行政编制，而狭义上的行政编制中则没有将"组织机构"等内容包含在内。本书中的"行政编制"仅限于狭义的范围。

行政编制是国家对行政机关的规模实行宏观控制的手段，编制额度具有法律效力，工作人员的录用和转任均受其约束。行政编制是国家编制的基本类别之一，② 不是一般地指行政机关使用的编制，凡是各级国家机关、各党派机关和人民团体机关使用的编制，都称为行政编制。目前，我国行政编制的使用范围包括：中国共产党各级党委工作部门、纪律检查委员会及其工作机构，各级人大常委会及其办事机构，各级政府部门及其所属行政机构、驻外办事机构，各级检察院、法院及其派出机构；各级政协、各民主党派和工商联的工作机构，各级人民团体的工作机构。

一 建立机关人员编制管理制度（1949—1978年）

在我国，党和政府十分重视机关人员编制管理工作。1949年，中华人民共和国成立之初，为了适应恢复国民经济和开展国家政权建设，政务院在秘书厅设立"政务院及其所属单位机构编制审查委员会"，具体负责了解和审查政务院各行政部门及其所属事业单位的机构设置和人员编制。1950年，政务院成立以薄一波同志为主任的全国编制委员会和各地的编制委员会，对机构、编制实行统一管理，全国编制委员会的办事机构设在财政部。中央政府根据各个时期的中心工作，就机关人员编制管理的方针、政策以及管理原则等发布了一系列指示、规定和政策性文件。③

此后不久，为了响应毛泽东主席"要把国家机构所需经费的大量节俭作为争取国家财政经济状况根本好转的条件之一"的号召，调整行政

---

① 岳云龙：《编制管理概论》，劳动人事出版社1987年版，第25—89页。
② 岳云龙：《编制管理概论》，劳动人事出版社1987年版，第25—89页。
③ 钱其智：《机构编制管理教程》，中国人事出版社1990年版，第18—75页。

人员编制，提高党政机关的工作效率，全国编制委员会以政务院的名义颁发了《关于统一全国各级人民政府党派群众团体员额暂行编制草案》，对大行政区人民政府（军政委员会）、省人民政府、专员公署、县人民政府、区公所等各级人民政府的编制作出了统一规定，并根据人口多少，对省、县在编制上划分了等级。[①] 省被分为甲、乙、丙、丁四等，县被分为特、甲、乙、丙、丁五等，这一措施也为全国各级政府编制实行统一管理提供了依据。

1951年，第一次全国编制会议召开，会议根据周恩来总理"紧缩编制，调整机构，减少层次，精简人员"的指示，制定了《中央人民政府政务院关于调控机构紧缩编制的决定》，要求调整紧缩上层，合理充实基层，减少中央、大行政区两级党政群机关编制员额20%，减少省级党政群机关编制员额10%，减后的编制员额充实到县、基层单位，并对城市编制和干部与勤杂人员的比例作出了规定。[②] 1952年，编制管理的具体工作由财政部划转人事部，人事部设立编制科，办理全国编制委员会、政务院及所属单位机构编制审查委员会的具体工作。

我国从1953年开始进入有计划的国民经济建设时期，为了适应国家经济建设的需要，政务院的行政部门也相应增加到了42个，其中经济管理部门22个，人员编制也急剧增加。到了1954年，《中华人民共和国宪法》及全国人民代表大会、国务院、人民法院、人民检察院等各项组织法的颁布，促进了新的国家机构和管理体制的建立健全，推动了经济建设和各项事业的迅速发展，也间接使得国家机关的机构和人员编制膨胀起来。

社会主义改造完成以后，为了调动地方的积极性，中央下放了部分权力，导致了各级国家机关人员编制进一步膨胀。[③] 随着中央编制管理工作的不断完善，地方各级编制管理机构及职能也经历了一个不断发展的过程。从1955年起，地方各级根据国务院的要求建立了编制委员会，统一管理所属党政群国家机关、事业单位、企业主管机关的编制工作。地

[①] 岳云龙：《编制管理概论》，劳动人事出版社1987年版，第25—89页。
[②] 岳云龙：《编制管理概论》，劳动人事出版社1987年版，第25—89页。
[③] 钱其智：《机构编制管理教程》，中国人事出版社1990年版，第18—75页。

方各级编制委员会的办事机构一般设在各级人事部门,由同级政府首长任主任,人事、组织、计划、财政等部门的负责同志为委员。

1959年到1961年,我国国民经济发生了严重的困难,中央决定精简各级国家机关和事业单位。在历时3年的精简工作后,中央国家机关共减少2.6万人,省、市、县共精简81万人。① 在精简的同时,中央也对地方各级政府的人员编制按标准进行了核定,省一级一般定为3000—5000人,地区一级一般定为300—500人,市编制总数以不超过市的固定人口的4.5‰,县、镇的编制总额以不超过农村人口的2‰为原则②,并随后发布了《关于地方各级国家机关机构编制方案(草案)》和《国务院关于编制管理的暂行办法(草稿)》。

为开展机关人员编制管理工作,1963年,第二届全国人大常委会第97次会议批准成立国家编制委员会,作为国务院直属机构。国家编制委员会下设办公室、中央编制处、地方编制处、事业编制处。国家编制委员会于1965年发布了中华人民共和国成立以来第一个编制管理的法规性文件,即《关于国家机关和事业单位编制暂行管理办法(草稿)》,其中关于"国家机关和事业单位的编制实行统一领导和分级管理的原则""主要采取控制编制总额和加强组织机构调整"的管理办法,以及关于国家机关、事业单位机构设置、人员编制审批权限的规定,对后续编制管理工作影响深远。

1966年至1976年,整个机关人员编制管理工作基本上处于停滞状态,虽然在国务院有关部门设置了机构编制小组,也有一些关于编制管理问题的规范性文件出台,但均没有发挥出其应有的作用。邓小平同志早在1975年就提出"编制就是法律"的著名论断。我国实行改革开放后,他明确要求建立编制管理制度,强调"制度化以后,编制就不会臃肿,该用一个人就是一个人,该用几个人就是几个人"。③ 1976年,国家各项工作逐步恢复。针对十多年来编制管理工作的混乱局面,1978年10月,党中央、国务院批准恢复了国家编制委员会的工作,国家编制委员

---

① 刘碧强:《行政编制原则探讨》,《中共杭州市委党校学报》2007年第5期,第47页。
② 钱其智:《机构编制管理教程》,中国人事出版社1990年版,第18—75页。
③ 《邓小平文选》第二卷,人民出版社1994年版,第373页。

会下设综合处、中央编制处、地方编制处，这对有效控制编制管理的混乱局面发挥了积极作用。1978年12月，党的十一届三中全会召开，决定把党的工作重点转移到社会主义现代化建设上来，实行改革开放。与此同时，一方面，从组织人事上平反冤假错案，把下放到基层劳动锻炼的干部调回国家机关；另一方面，从组织机构上为被撤并的部门恢复机构及其地位，并增设了一些新的机构。①

二　实行人员编制员额统一逐级核定（1978—1990年）

从党的十一届三中全会到1981年的几年时间内，国务院的工作部门增加到了100个，相对于1976年前增加了42个，人员编制达到5.1万余人，相对于1976年前增加了1万人左右。地方各级政府的机构编制也随之增加，省级党政机构一般达到65个左右，地市一级达到45个左右。从而导致"机构臃肿，人浮于事，办事拖拉，不讲效率，不负责任，不守信用"。②

（一）中央国家机关人员编制核定

对于中央国家机关人员编制核定，由党中央、国务院审核确定国务院各部委厅、办事机构、直属机构、归口管理机构以及全国人大、全国政协、最高人民法院、最高人民检察院等中央国家机关的人员编制。中央国家机关内各工作机构的人员编制均使用行政编制，由国家行政经费开支；其后勤服务部门，如车队、食堂、医务室、维修班、电话总机等，因不行使行政管理职能，工作人员使用行政附属编制，按行政编制的一定比例核定，由国家拨付行政服务费用。国务院各部门行政编制和行政附属编制的总额，由中央机构编制委员会核定，报请国务院备案，其他国家机关和民主党派使用的行政编制，由中央机构编制委员会审核，报请国务院审定；各类社团组织原则上不使用行政编制，一般由民政部负责核定其社团编制。国务院各部门直属事业单位的事业编制由人事部负责核定。

1982年，随着第四部《中华人民共和国宪法》及国务院组织法和地方各级政府组织法的颁布，针对当时"机构臃肿、人浮于事、办事拖拉"

---

① 孙鹏群：《关于机构编制管理法制化建设的思考》，《中国机构改革与管理》2019年第6期，第40—41页。

② 岳云龙：《编制管理概论》，劳动人事出版社1987年版，第25—89页。

的机构编制现状，党中央、国务院决定进行机构改革。此次改革的主要任务是对政府机关进行精简机构，精减人员，精简领导班子。国务院率先进行改革，国务院工作机构由100个减少到61个，各部门人员编制由51000多人核减为38300人，精简25%。

(二) 省、自治区、直辖市党政机关人员编制核定

对于省、自治区、直辖市党政机关人员编制核定，1982年12月《中共中央、国务院关于省、自治区、直辖市党政机关机构改革若干问题的通知》规定，省、地、市、县人员编制核定逐级推进，一般根据人口数量、面积大小、行政区划和经济社会发展的不同情况确定省、地、市、县编制："省和自治区一级一般工作部门设35—40个，小的省、自治区应该少于35个，大的省、自治区可以多于40个，人员编制一般为3000—5000人，人口特多、经济文化事业发达的省可以多于5000人，反之，可以少于3000人；直辖市党政群机关的人员编制按城市人口（不含市辖县的人口）的4‰左右核定，市属各级（不含市辖县）党政群机关的人员编制，由各市在总编制以内自行安排。"

(三) 城市党政机关人员编制核定

对于城市党政机关人员编制核定，根据《中共中央、国务院关于地市州党政机关机构改革若干问题的通知》，市政府一般设工作部门30—40个，小市可以少于30个，特大市可以多于40个，城市党政机关人员编制按照城市人口（不含市辖县的人口）的3‰—4‰核定（不含公、检、法、司行政编制），郊区人口所占比重过大的，编制比例要适当降低。市属各级各部门的编制人数，由各市在编制总额内自行安排；市辖县的，每辖一县另增编制50人。

(四) 地区和州党政机关人员编制核定

对于地区和州党政机关人员编制核定，1983年地方机构改革时，根据《中共中央、国务院关于地市州党政机关机构改革若干问题的通知》，规定了核定地区和州党政机关人员编制的标准，即党政群机关人员编制一般不超过300人（不含公、检、法和司法行政的编制），内蒙古、西藏、新疆和四川、云南、贵州、青海等边远、民族地方，可根据实际情况提出方案，报中央、国务院核准。对于领导职数，规定"地委委员9至13人，不设常委。地委书记和行署专员分别为一正二副，个别地区确

因工作需要，可多配副书记和副专员各一人；地委和行署各办事机构的领导干部，一般设二副"。州党委委员 21—29 人，常委 7—11 人。"州党委正副书记和州政府正副州长等领导干部，可参照对地区的规定配备，名额可增加一至两人。"

（五）县级党政机关人员编制核定

对于县级党政机关人员编制核定，根据 1983 年《中共中央、国务院关于县级党政机关机构改革若干问题的通知》的规定，县委常委一般设 7—9 人，大县不超过 11 人；县委书记 1 人，副书记 2—3 人；县长 1 人，副县长 2—4 人。全国县级总的编制控制在 1100000 人左右，即在 1982 年全国 1430000 人（不含公、检、法、司机关的人员）的基础上，精简 20% 左右。县政府一般设工作部门 25 个左右，小县还应当减少。① 具体各县编制，由各省根据中央的控制数，考虑各县的人口、面积以及经济、政治、文化发展的不同情况而确定。

（六）区乡镇党政机关人员编制核定

对于区乡镇党政机关人员编制核定，根据 1986 年《中共中央办公厅、国务院办公厅关于全国区、乡、镇党政机关人员编制的有关规定》，明确了区、乡、镇党政机关的人员范围为：党委正副书记，正副区、乡、镇长以及有关民政、财政、共青团、妇联等人员，不包括编制单列的公安、司法人员和企事业单位的管理人员以及县以上各级机关派驻在区、乡、镇的各种机构的人员。具体编制标准为：农村人口密度在 300 人以上的，编制控制在人口的 1‰ 左右，最高不超过 1.3‰；200—300 人的，编制控制在 1.5‰ 以内；100—200 人的，编制控制在 1.7‰ 以内；50—100 人的，编制控制在 2‰ 以内；不足 50 人的，编制最高不得超过 2.5‰。

值得关注的是，在此次改革中，国家编制委员会与国家劳动总局、国家人事局、国务院科技干部局合并成国家劳动人事部。国家劳动人事部内设编制局，下设办公室、中央编制处、地方编制处、事业编制处，

---

① 劳动人事部编制局：《机构编制体制文件选编》（上），劳动人事出版社 1986 年版，第 12 页；《机构编制体制文件选编》（下），劳动人事出版社 1986 年版，第 126 页。

负责办理编制方面的日常工作。① 1984年10月，为了巩固改革成果，国家编制主管部门依据宪法和组织法精神先后制定并颁布了大量编制管理法规，如《中共中央组织部、劳动人事部关于严格控制机构膨胀的通知》《劳动人事部关于地方各级党政群机关编制使用范围的暂行规定》等。

1987年10月，党的十三大提出了政府机构改革的任务，指出政府机构庞大臃肿、层次过多、职责不清是形成官僚主义的重要原因，必须下决心对政府工作机构自上而下地进行改革，建议国务院着手制订改革中央政府机构的方案。根据七届人大一次会议审议通过的《国务院机构改革方案》，1988年国务院进行第二次机构改革。此次国务院机构改革开创性提出了转变政府职能的要求，将机构改革与经济体制改革结合起来，力求互相适应、互相促进。此次机构改革后，国务院部委一级的机构由45个调整为41个，直属机构由22个调整为19个，办事机构由4个调整为5个，人员编制在原有5万余人的基础上，裁减9700余人。②

为进一步加强编制管理工作，1988年6月，中央决定成立国家机构编制委员会，并在国家人事部设立办公室。但由于当时"治理经济环境、整顿经济秩序"的需要，原定的地方政府机构改革没有进行。由于种种原因，经过此次改革，政府职能转变进展并不大，而精简的机构、人员编制又出现反弹。到20世纪90年代初，国家机关的机构编制又膨胀起来，国务院的工作部门由1988年的68个增加到了86个，省级党政部门平均达到68个，县平均45个；全国党政机关人员编制925万人，县以上各级党政机关超编60万人，乡镇一级人员普遍超编。③ 臃肿的机构、庞大的队伍，大大加重了国家财政负担，还带来政出多门、各自为政、互相扯皮、互相推诿等弊端。

三 建立适应行政体制的人员编制管理制度（1990—2008年）

为了加强中央对全国机构编制工作的领导，严格控制编制膨胀，推

---

① 孙鹏群：《关于机构编制管理法制化建设的思考》，《中国机构改革与管理》2019年第6期，第40—41页。
② 程乐意：《机构编制管理概论》，河南人民出版社2013年版，第15—76页。
③ 寇生杰、余兴安：《编制管理基础》，改革出版社1993年版，第35—92页。

进机构改革和行政体制改革,1991年,中共中央、国务院决定成立中央机构编制委员会,其主要职能是研究制定行政体制和机构改革的总体方案,管理国务院各部门的职能配置、机构设置和人员编制,审定省、自治区、直辖市人民政府工作部门设置、人员编制和省以下地方各级机关人员编制总额,制定机构编制管理的政策和法规等。中央机构编制委员会由国务院李鹏总理任主任,中央政治局常委宋平同志任副主任。中央机构编制委员会下设办公室,由国家人事部部长兼任主任。[①]

1992年,党的十四大明确提出了我国要建立社会主义市场经济体制的目标,并提出建立起与之相适应的行政体制。随后,党的十四届二中全会讨论通过机构改革方案,八届人大一次会议审议通过《国务院机构改革方案》。在坚持转变职能、政企分开原则的基础上,对于国务院专业经济部门的改革分为三类:第一类是改为经济实体,不承担政府行政管理职能;第二类是改为行业总会,作为国务院直属事业单位,保留行业管理职能;第三类是保留或新设为行政部门。

经过以上调整,国务院组成部门设置为41个,直属机构13个和办事机构5个,共设置59个,人员编制由37000人缩减为29600余人,减少20%。对于省、市、县各级地方党政机关机构,人员编制设置是依据各地经济发展水平、人口和面积等实际情况进行的,比如根据经济发展和人口、面积等不同情况,将全国的市分为一、二、三类,一类市的机构设置控制在60个左右,二类市的机构设置控制在50个左右,三类市的机构设置控制在30个左右;按照各县经济发展和人口、面积等因素,将全国的县分为四类,并分别对机构设置进行了规定。经过此次改革,各级党政机关精简200余万人,精简幅度达到25%。而此次机构改革核定的人员编制总数成为以后各级政府人员编制总量核定的基本基数。

为了规范国务院行政机构的设置,加强编制管理,提高行政效率,1997年8月,国务院根据宪法和国务院组织法制定了《国务院行政机构设置和编制管理条例》。该条例总则具体规定了制定该条例的目的、依据、原则、适用范围。机构设置管理规定明确了国务院行政机构的分类,

---

① 王志颖、杨福忠:《机构编制管理法制化研究》,《河北法学》2018年第36期,第78—88页。

并对国务院组成部门、国务院直属机构、国务院办事机构、国务院组成部门管理的国家行政机构、国务院议事协调机构及国务院行政机构的司级内设机构的设立、撤销等事宜进行了规定。

编制管理规定则对国务院行政机构编制的定义、编制方案的内容、编制的增减程序、国务院议事协调机构的编制及国务院办公厅、国务院组成部门、国务院直属机构和国务院办事机构的领导职数进行了规定。具体规定如下包括：国务院行政机构的编制依据职能配置和职位分类，按照精简的原则确定。机关人员编制包括人员的数量定额和领导职数。国务院行政机构的编制在国务院行政机构设立时确定。国务院行政机构的编制方案，应当包括机构人员定额和人员结构比例、机构领导职数和司级内设机构领导职数。国务院行政机构增加或者减少编制，由国务院机构编制管理机关审核方案，报国务院批准。

在1998年机构改革前，国务院根据对过去多次机构改革的经验总结，制定通过了《国务院行政机构设置和编制管理条例》，对国务院机构设置管理、编制管理、监督检查等作出了详细的规定，这是对国务院行政机构设置和编制管理的法律规定。但是由于客观条件的制约，很多问题未得到彻底的解决，机构庞大、人员冗杂等现象同社会主义市场经济体制发展的矛盾日益突出。[1] 1998年机构改革的目标是建立办事高效、运转协调、行为规范的行政管理体系，完善国家公务员制度，建设高素质的专业化行政管理干部队伍，逐步建立适应社会主义市场经济体制的有中国特色的行政体制。

到了1998年年底，国务院机构改革基本完成，改革后国务院组成部委由40个减为29个，直属机构设置17个，办事机构设置5个，同时各部委的内设机构和人员编制也做了大幅度的精简，司局级机构比改革前减少200多个，机关人员编制由3.2万人减为1.6万人，约精简50%。[2] 随后，中央开始依次推进地方各级的机构改革，将省、自治区政府工作部门由53个左右（含委、厅管理机构）精简为40个左右，经济不发达、

---

[1] 程乐意：《机构编制管理概论》，河南人民出版社2013年版，第15—76页。
[2] 张志坚、王澜明：《中国地方机构改革》（1999—2002），广西人民出版社2003年版，第21—89页。

人口较少的省精简为 30 个左右，大城市政府工作部门由 55 个精简为 40 个，中小城市由 37 个和 28 个左右分别精简为 30 个和 22 个左右，自治州政府部门由 32 个左右精简为 25 个左右，较大的县政府工作部门由 30 个左右精简为 22 个左右，中小县由 24 个分别精简到 18 个和 14 个左右。全国各级党政机关共精简行政编制 115 万名。[①]

随着社会主义市场经济体制的不断完善和现代化建设的不断推进，我国行政机构编制又在 2003 年和 2007 年进行了两次调整。2003 年 3 月，十届全国人大一次会议第三次全体会议通过关于国务院机构改革方案的决定。方案特别提出了"决策、执行、监督"三权相协调的要求。国务院机构改革以后，地方政府机构改革在中央的统一部署下，按照巩固、完善、探索、深化的总体要求，结合本地实际，行政机构的人员编制根据发展需要进行适当调整。参照国务院机构改革及其人员编制管理的做法，各省、自治区、直辖市可以考虑从实际出发，因地制宜地推进机构职能调整和人员配备整合，省以下政府机构的人员编制改革，由省、自治区、直辖市党委和政府根据中央总的编制要求与地方发展实际进行研究确定[②]，力争做好职能衔接，保证国民经济正常运行以及其他各项工作的连续性，维护社会稳定。

为了加强地方各级人民政府编制管理，提高行政效能，根据宪法、地方各级人民代表大会和地方各级人民政府组织法制定的行政法规，2007 年 3 月，国务院颁布了《地方各级人民政府机构设置和编制管理条例》，规定了编制管理体制、编制与人员经费的关系明确依照国家规定的程序设置的机构和核定的编制，是录用、聘用、调配工作人员、配备领导成员和核拨经费的依据；县级以上各级人民政府应当建立机构编制、人员工资与财政预算相互制约的机制，在设置机构、核定编制时，应当充分考虑财政的供养能力；党政机构实有人员不得突破规定的编制；禁止擅自设置机构和增加编制，对擅自设置机构和增加编制的，不得核拨财政资金或者挪用其他资金安排其经费。

[①] 张志坚、王澜明：《中国地方机构改革》（1999—2002），广西人民出版社 2003 年版，第 21—89 页。

[②] 程乐意：《机构编制管理概论》，河南人民出版社 2013 年版，第 15—76 页。

《地方各级人民政府机构设置和编制管理条例》分别对地方各级人民政府编制管理的基本原则、编制的专类专用、行政编制总额审批权限、特定行政编制的专项管理、行政编制的调整职权、议事协调机构的编制管理及领导职数进行了规定。地方各级人民政府行政机构的编制，应当根据其所承担的职责，按照精简的原则核定。机构编制管理机关应当按照编制的不同类别和使用范围审批编制。地方各级人民政府行政机构应当使用行政编制，不得混用、挤占、挪用或者自行设定其他类别的编制。

地方各级人民政府的行政编制总额，由省、自治区、直辖市人民政府提出，经国务院机构编制管理机关审核后，报国务院批准。根据工作需要，国务院机构编制管理机关报经国务院批准，可以在地方行政编制总额内对特定的行政机构的行政编制实行专项管理。地方各级人民政府根据调整职责的需要，可以在行政编制总额内调整本级人民政府有关部门的行政编制。但在同一个行政区域不同层级之间调配使用行政编制的，应当由省、自治区、直辖市人民政府机构编制管理机关报国务院机构编制管理机关审批。地方各级人民政府议事协调机构不单独确定编制，所需要的编制由承担具体工作的行政机构解决。地方各级人民政府行政机构的领导职数核定，按照地方各级人民代表大会和地方各级人民政府组织法的有关规定确定。

四　加强机关人员编制管理法制建设（2008—2019年）

党的十七大明确提出，要健全组织法和程序规则，保证国家机关按照法定权限和程序行使权力、履行职责。人员编制管理工作担负着各级各类党政群机关人员编制及领导职数管理的职责，需要加快推进人员编制管理法制化进程，为深化行政体制改革和加强机构编制管理提供有力保障[1]，这是落实科学发展观的重要举措，是建设法治政府、实施依法行政的前提条件和必然要求，是进一步巩固机构改革成果的根本保障。

按照党的十七大提出的"加大机构整合力度，探索实行职能有机统一的大部门体制"改革要求，2008年3月，十一届全国人大一次会议通

---

[1] 程乐意：《论机构编制管理科学化、规范化、法制化》，《行政科学论坛》2014年第1期，第54—57页。

过了《国务院机构改革方案》，随后中央和地方各级政府开始了大部制改革①，从现实的情况来看，这轮大部制改革在加强人员编制管理方面具有两个明显的特点：一是重新核定并精简行政编制，例如株洲市在此次机构改革中就严控乡镇机关的机构编制，一般乡镇只设 3—4 个内设机构，规模较小的乡镇只设 1 个综合办公室或综合性岗位，而行政编制则以 2001 年乡镇机关核定编制为基数，按 10% 精简，同时将乡镇机关事业单位临聘、借调、挂靠人员按照《劳动合同法》一律清退；二是严格按照规定配备领导职数，济南市政府机构改革严格核定部门和内设机构领导职数，市政府工作部门的领导职数一般按一正二副配备，工作量大、业务面宽的综合管理部门可增配一名副职；部门内设机构领导职数一般按一名至二名配备。② 县（市）区政府工作部门领导职数一般按二名至三名配备，工作任务重、业务面宽的综合管理部门可增配一名副职。③

2012 年，党的十八大制定了坚持走中国特色社会主义政治发展道路和推进政治体制改革前进方向，要求全面推进依法治国，深化行政体制改革，建立健全权力运行制约和监督体系。根据党的十八大和十八届二中全会精神，深化国务院机构改革和政府职能转变，2013 年，第十二届全国人民代表大会第一次会议审议通过了《国务院机构改革和职能转变方案》。该次国务院机构改革，重点围绕转变职能和理顺职责关系，稳步推进大部门制改革。此次国务院改革，国务院正部级机构减少 4 个，其中组成部门减少 2 个，副部级机构增减相抵数量不变。改革后，除国务院办公厅外，国务院设置组成部门 25 个。机关人员编制管理制度进行相应改革和调整，人员编制数量原则上只减不增。相对于现实社会对编制管理工作的需求而言，机关人员编制管理还存在一定的差距，由此导致了政府机构的叠床架屋和人员规模的居高不下。

2013 年机构改革以机构和人员的精简为重要目标，但机构和人员在

---

① 张志坚、王澜明：《中国地方机构改革》（1999—2002），广西人民出版社 2003 年版，第 21—89 页。

② 李俊昌：《行政机关、事业机构人员编制"实名制"管理的内涵和作用》，《中国机构改革与管理》2019 年第 6 期，第 270—273 页。

③ 张志坚、王澜明：《中国地方机构改革》（1999—2002），广西人民出版社 2003 年版，第 21—89 页。

精简一段时间之后又开始膨胀。2013年11月，李克强总理在地方政府职能转变和机构改革工作电视电话会议上指出，"现在机构人员编制不是总量不够，而是结构不合理，机构编制资源没有配置好"，这导致了政府机构"叠床架屋，效率低下，甚至滋生腐败，影响政府形象，也影响努力工作的公务人员的积极性，最终损害的是人民群众的利益"。[①] 李克强总理的讲话切中我国人员编制管理的时弊，为今后一段时间的人员编制管理改革指明了方向。

领导职数管理是贯彻落实全面从严治党要求，加强党的制度建设、巩固国家政权的一项十分重要的基础性工作。党的十八大和十八届三中全会明确要求严格按照规定职数配备领导干部，减少领导职数。2014年，中央组织部、中央机构编制委员会办公室、国家公务员局下发《关于严禁超职数配备干部的通知》，对超职数配备干部问题开展专项检查。为进一步规范领导职数管理，中央组织部、中央机构编制委员会办公室发布《关于进一步规范领导职数管理的意见》（以下简称《意见》），《意见》明确，纳入管理的领导职数是指领导职务的名称、层次和数量，具体范围是：各级党政群机关的部门领导职数，包括部门正副职及职务层次相当于部门副职的其他领导职数；各级党政群机关的内设机构、派出机构和直属机构领导职数，包括内设机构、派出机构和直属机构正副职及职务层次相当于内设机构、派出机构和直属机构正副职的其他领导职数；各级事业单位领导成员及内设机构领导职数。

该《意见》要求严格管理领导职数。一是严格领导职数审批权限和程序。领导职数实行集中统一管理，凡涉及领导职数的核定和调整，统一由机构编制部门评估论证后按程序办理。上级业务部门不得以任何形式干预下级部门的领导职数事项。二是建立领导职数总量控制和动态调整机制。各级机构编制部门可探索对下级党政群机关的部门领导职数实行总量控制，各地在上级机构编制部门下达的总量控制数内，统筹平衡核定部门领导职数，并进行动态调整。各部门在机构编制部门核定的内设机构领导职数总量内，根据有关规定，并结合工作实际具体确定各个

[①] 李克强：《在地方政府职能转变和机构改革工作电视电话会议上的讲话》，2013年11月8日，中央政府门户网站（http://www.gov.cn/ldhd/2013-11/08/content_2523935.htm）。

内设机构的领导职数。三是建立领导职数管理综合约束机制。各级机构编制部门会同组织部门，根据机构设置、领导职数核定和实际配备情况，建立领导职数管理台账，并依托机构编制实名制管理平台进行动态管理、实时更新。各地各部门应严格按照《党政领导干部选拔任用工作条例》《事业单位领导人员管理暂行规定》等规定，在核定的领导职数内选拔任用干部。对未按核定领导职数选拔任用的干部，机构编制部门不得办理相关机构编制事项变更手续，上级组织人事部门在审核把关时不得办理相关任职审批手续。四是建立领导职数公示公开制度。除涉密单位外，各级党政群机关和事业单位应当采取有效方式，公开领导职数核定和配备情况。

2017年，党的十九大报告指出，要"深化机构和行政体制改革"，"统筹使用各类编制资源，形成科学合理的管理体制"。2018年2月，党的十九届三中全会通过了《中共中央关于深化党和国家机构改革的决定》和《深化党和国家机构改革方案》。3月，十三届全国人大一次会议批准了国务院机构改革方案，中央随之印发《深化党和国家机构改革方案》，人员编制管理法治化建设进一步推进。人员编制管理法治化改革，以加强党的全面领导为统领，以国家治理体系和治理能力现代化为导向，以推进党和国家机构职能优化协同高效为着力点，改革机构设置，优化职能配置，深化转职能、转方式、转作风，提高效率效能。根据该机构改革方案，国务院正部级机构减少8个，副部级机构减少7个，除国务院办公厅外，国务院设置组成部门26个。中央机构编制委员会办公室作为中央机构编制委员会的办事机构，承担中央机构编制委员会日常工作，归口中央组织部管理。机关人员编制管理制度进行了相应改革和调整，人员编制管理的现代化、法治化迈出了关键的步伐，人员编制管理相关的法律法规得以建立，人员编制资源调整使用的科学性、规范性和灵活性得以增强，极大地增强了国家治理体系和治理能力现代化。

第二节　事业单位人员编制管理制度

事业编制是国家编制的基本类别之一。凡直接从事为国家创造或改善生产条件，增进社会公益福利的活动，其生产的价值难以用货币表现，且属于全民所有制单位的编制，均列为事业编制。具体包括：农业、林业、水利、畜牧、水产、农机、气象事业单位，文化、教育、卫生、新闻传播、出版事业单位，科学研究事业单位，勘察设计事业单位，交通建设事业单位，社会福利事业单位等。事业编制由国家实行统一管理。凡列为事业编制的单位，其工作人员的工资和日常经费，由国家根据性质不同来安排预算中的各项事业费内开支。有些实行企业化管理，自有经费收入的，可以由收入经费中开支，不足部分由国家事业费补助，有的可以实行自收自支。

部分专家学者对事业编制的概念进行了界定。程乐意认为，事业编制是"受国家机关领导，不实行经济核算，不直接从事社会物质生产和商品流通，所需经费全部或部分由国家预算拨给的单位的人员编制"[1]。宋大涵认为，事业单位编制有狭义和广义之分，狭义的事业单位编制是指事业单位的人员定额，即人员编制，其中包括各类人员的比例结构；广义的事业单位编制是指事业单位的职能范围，包括权责关系、机构设置、规格级别、人员结构、人员数额和职位配置等。[2] 本章的事业单位编制取狭义的定义，即事业单位的人员定额及结构比例。与党政机关一样，国家对各类事业单位的机构编制实行统一设置和管理。按照2011年7月《国务院办公厅关于印发分类推进事业单位改革配套文件的通知》，事业单位被确定为公益一类的，按公益一类的政策进行分类改革和编制管理，被确定为公益二类的事业单位则按公益二类的政策进行分类改革和编制管理。事业单位分类改革和编制管理政策取决于其所属的事业单位类别，因此，对事业单位编制管理制度研究须放在事业单位机构编制管理制度的整体框架中进行。

我国事业单位种类繁多、数量庞大、涉及面广、情况复杂。依据经费来源不同，事业单位分为全额拨款、差额拨款和自收自支事业单位。依据隶属关系不同，事业单位分为中央机关所属事业单位、地方机关所属事业单位、双重或多重领导事业单位、企业和各级经济组织所属事业单位。与行政编制相比，事业编制的使用范围更大。我国对事业单位机

---

[1] 程乐意：《论机构编制管理科学化、规范化、法制化》，《行政科学论坛》2014年第1期，第54—57页。

[2] 宋大涵：《事业单位改革与发展》，中国法制出版社2003年版，第72页。

构编制管理经历了一个较为曲折的发展历程,按照事业单位机构编制管理制度的建立、发展、完善和改革进程,大体可以分为四个时期。

一 建立事业单位编制管理制度(1949—1978年)

中华人民共和国成立初期,经过探索,我国初步建立起了事业单位编制管理制度,有效促进和规范了事业单位的发展。1955年以前,国家关于事业单位的主要工作是接收、改造国民政府遗留下来的学校、医院和文化机构等事业单位,并根据事业单位的具体情况,交由各级人民政府有关部门直接管理。这一时期,还没有提出事业单位机构编制或事业编制的概念,没有开展事业单位机构编制的管理工作。1955年,对中华人民共和国成立前各类事业单位的接收、改造工作基本完成。国家在开展大规模经济建设的同时,根据国民经济和社会发展的需要,开始有计划地兴办大学、科研院所等一批新的事业单位,事业单位的种类和数量有所增加,规模逐渐扩大,相应地,国家用于事业单位的财政支出也显著加大。

在确保经济和社会发展需要的同时,为加强对事业单位机构与人员编制的管理,确保事业单位与国民经济协调发展,提高其社会经济效益,1955年1月,国务院编制审查委员会更名为国务院编制工资委员会,委员会第一次会议提出"管行政编制,也管事业编制",第一次正式提出了"事业编制"的概念,第一次把事业编制纳入管理轨道。国务院编制工资委员会由国务院副总理贺龙任主任,国务院秘书长习仲勋任副主任,负责管理中央和地方国家机关的行政、事业编制,制定国家机关工作人员的工资制度。会议提出在国务院人事局设办公室,作为其办事机构。各省、自治区和直辖市相应成立编制委员会,统一管理省、自治区和直辖市以下各级行政、事业单位和企业机关的编制工作。[①] 但在此后的七八年间,由于编制工作的中心任务是精简党政机关,国家对事业单位的编制管理工作实际上并没有抓起来,事业单位在机构设置与人员配备方面逐渐出现了一些问题。

为了加强事业单位机构设置与人员配备管理,1962年2月,中央精简小组《关于各级国家机关、党派、人民团体精简的建议》明确指出,

---

① 夏骥:《事业单位与编制管理》,南京大学出版社1992年版,第35—82页。

各级编制委员会不仅要管好行政编制，也要管好事业编制，以便统一管理、严格控制；今后各级国家机关及其所属事业单位增设机构、增加编制，必须经过编制委员会审核，专报党委和政府批准。1963年5月，国家编制委员会成立，委员会为国务院直属常设机构，下设一个事业编制处，专门负责事业单位机构编制管理。国家编制委员会事业编制处的设立，为我国事业单位的机构编制管理工作奠定了组织基础。

1964年12月，在对中央国家机关直属事业单位机构设置与人员配备等方面进行调查研究的基础上，国家编制委员会会同劳动部发出《关于中央各部门报送直属事业单位的机构编制方案和工资总额计划的联合通知》，要求"凡是由国家计划委员会下达1965年劳动工资计划指标的部门，须将下达的指标按直属事业单位划分开来，并提出直属事业单位的机构编制方案，报送国家编制委员会、劳动部，并抄报主管部门和国家计划委员会，经批准后执行。凡未下达1965年劳动工资计划指标的部门，已报来计划的由编委与各部协商后下达编制计划，尚未报来计划的部门应即提出直属事业单位的机构编制方案、劳动计划和工资总额计划，报送国家编制委员会、劳动部，同时抄报主管部门和国家计划委员会，经批准后执行"。

为了加强编制管理工作，1965年3月，国家编制委员会又会同劳动部、国家计委和财政部，发出《关于一九六五年的劳动工资计划和编制管理的联合通知》，规定"事业单位一九六五年劳动工资计划指标在国家计划统一下达以后，中央各部门、各省、自治区、直辖市，应当把下达的计划指标，按企事业划分开来。属于事业单位的指标，各事业单位的主管部门还须提出机构编制方案（包括另列编制的人员和临时工），经编制管理部门批准，按照批准的编制人数和编制工资总额计划，下达到基层单位执行"。即对事业单位的劳动计划指标实行专项下达，并且只能在批准的人员编制内使用劳动计划指标；事业单位主管部门编制的所属事业单位工资总额计划，要按照编制管理部门批准的编制人数进行编制，并且在向事业单位下达时须抄报计划、劳动、编制部门。[①] 这两个文件对

[①] 《中国劳动人事年鉴》编辑部：《中国劳动人事年鉴》(1949.10—1987)，劳动人事出版社1989年版，第1050页。

规范事业单位机构设置与人员编制管理发挥了重要作用。

事业单位机构编制管理的范围不断变化和调整。以科研事业单位为例，国家计委、劳动部、财政部、国家编委在1965年3月下发《关于一九六五年的劳动工资计划和编制管理的联合通知》的附件中，把科学研究事业单位的范围界定为：包括中国科学院、分院、中国科学院哲学社会科学部及其所属科学研究所，中央和地方各部门所属独立科学研究单位。1965年5月，国家编委在《关于划分国家机关、事业、企业编制界线的意见（草稿）》中，对科研事业单位的范围作了修订，修订后的科学研究事业单位包括：中国科学院、中国农业科学院、中国医学科学院及其分支机构，中央和地方国家机关所属的独立的各种科学研究院、所，科学技术协会及其所属的各种学会，医药学会、政治法律学会以及其他学术性的社会组织。此后，各种新的自然科学、社会科学和工程技术科研事业单位、学会与学术性组织不断涌现，科研事业单位编制管理的范围有所扩大。在此期间，国家编委开始对中央国家机关所属事业单位的机构设置与人员编制进行集中统一管理，地方各级政府也加强了对事业单位机构编制的管理工作，事业单位编制管理工作开始逐步走上正轨。

从1966年开始，国家编制委员会与劳动部、国家计委和财政部颁发的文件还没有来得及落实就被中断，此后，事业单位机构编制管理制度建设处于缓慢发展阶段。1970年6月，国家编制委员会的编制管理工作由国务院直接管理。1975年9月，国务院办公室成立编制工作小组，具体承办编制管理的日常工作。

到1976年，事业单位机构编制管理工作仍没有恢复。1978年10月，国家编制委员会恢复管理全国的行政事业编制，委员会下设综合处、中央处、地方处。1982年5月，国家编制委员会的编制管理工作由新组建的劳动人事部负责。劳动人事部编制局设立事业编制处，开始恢复驻京中央国家机关所属事业单位的机构编制管理工作，但实际上，劳动人事部编制局只进行了少量新建事业单位的审批和核编工作。这一时期，事业单位人员编制管理处于缓慢恢复状态，与此同时，1966年至1976年遭到严重破坏的各类事业单位机构和人员编制开始迅速恢复并急剧增加。[①] 以中央国家机关

---

① 夏骥：《事业单位与编制管理》，南京大学出版社1992年版，第35—82页。

直属在京事业单位为例，1980—1984年，人员总数增加了27%左右；1978—1985年，中央国家机关直属在京事业单位机构总数增加了近1倍多。①

二 实行统一领导和分级管理体制（1978—1996年）

党的十一届三中全会后的近十年里，由于对事业单位的机构设置和人员编制缺乏明确规定和有效管理，事业单位机构增加过多、重复设置、布局不够合理，事业单位人员增长过快、缺乏必要的培训、比例结构失调，一些单位不能较好地发挥社会、经济效益。经国务院批准，劳动人事部于1986年11月发布了《关于加强事业编制管理的几项规定》，第一次对事业编制管理作出了较为全面的规定和要求，具体包括：

一是严格事业机构的审批制度。事业单位的机构设置，必须认真审查，严格掌握。中央国家机关直属事业单位的机构设置，凡已规定由国家教委等有关部门审批的，今后由这些部门会同劳动人事部共同审批；没有明确属于哪个部门审批的，由劳动人事部商有关部门审批；重要事业单位的设置，须报国务院审批。

二是认真审定事业单位的人员编制。从1986年开始，由劳动人事部根据各单位工作任务等情况和现行有关规定，贯彻精简原则，按年度分部门审定中央国家机关所属事业单位的人员编制总额。各主管部门要在人员编制总额内加强管理，防止超编现象发生。

三是制定事业单位的编制标准。中央国家机关各有关部门要会同劳动人事部对教育、科研、文化、卫生等各类事业单位，分别研究制定机构设置的原则，并按照机构的性质，工作量和业务特点等，制定合理的人员编制标准（包括人员比例结构），逐步实现事业单位编制管理的规范化、法制化。

四是改进人员编制管理办法。鼓励一些有条件的科研、设计、文艺新闻、出版等事业单位实行企业化管理，做到经济上完全自给；对已实行企业化管理、国家不再拨给各项经费的事业单位，其编制员额可适当放宽；对仍需国家财政拨款的事业单位，其编制员额要根据工作任务的轻重缓急，从严掌握。

---

① 劳动人事部编制局：《机构编制体制文件选编》（上、下），劳动人事出版社1986年版，第12—126页。

五是各省、自治区、直辖市人民政府和中央国家机关各部门要切实对所属事业单位的机构设置和人员编制进行检查、整顿，各地区、各部门要结合实际情况，研究制定事业单位编制管理的具体规章、制度和办法，等等。

《关于加强事业编制管理的几项规定》对事业机构审批制度、事业单位人员编制核定制度、事业单位编制标准的制定原则与方法、人员编制管理的改进方向与办法、事业单位机构设置与人员编制检查和整顿的原则要求等进行了规定，确立了劳动人事部对地方政府事业编制管理的指导关系。该文件发布后，中央国家机关和地方的事业单位编制管理都有了很大发展。劳动人事部对中央国家机关各部门所属事业单位的机构设置和人员编制，在清理整顿的基础上，按照精简、效能和节约的原则逐步核定。同时，抓紧制定了若干事业单位编制标准，建立了全国性的事业编制统计制度等。事业单位编制管理的制度建设取得了较大成绩。

（一）普通高校人员定编

1985年国家教委发布的《全国普通高等学校人员编制的试行办法》规定：

1. 普通高等学校的人员分为四部分列编：一是校（院）本部教职工，包括教学人员、实验技术人员和图书资料人员、政治工作人员、行政管理人员、工勤人员；二是专职科学研究人员，是在经主管部门批准设立的科学研究所、室专职从事科学研究工作和因承担主管部门下达的国家科研项目而配备的专职研究人员（包括研究所、室的党政干部、科研辅助人员和生活后勤人员）；三是实验实习工厂人员；四是直属单位人员。

2. 高等学校的各级领导班子，暂定为：校（院）长3—5人，党委书记2—4人；处级机构设处长（主任、馆长）、副处长（副主任、副馆长）2—3人；科研机构设科长、副科长1—2人。各系设系主任、副主任及党总支书记3—5人。

3. 普通高等学校实验实习工厂（包括农、林院校的农林牧场）的人员编制，理（包括综合大学和师范院校的理科）、工科全国重点高等院校，按该院校在校学生人数的3%—5%的幅度核编。全国重点农林院校按在校学生人数的4%—6%核编，一般农林院校按在校学生人数的1%—3%的幅度核编。

4. 普通高等学校举办的夜大学专职的教职工和学生的比例，可根据是否需要做辅导、做实验、批改作业等情况，在1∶15至1∶20 的幅度内安排。普通高等学校举办的函授部专职的教职工和学生的比例，可根据是否设有辅导站，定期辅导等情况在1∶20至1∶50的幅度内安排。普通高等学校校本部的人员编制标准表（见表3—1至表3—7）。①

表3—1　　全国普通高等综合大学本部教职工编制标准

规模（人）	1985年 重点学校 合计	1985年 重点学校 其中教师	1985年 一般学校 合计	1985年 一般学校 其中教师	1987年 重点学校 合计	1987年 重点学校 其中教师	1987年 一般学校 合计	1987年 一般学校 其中教师	1990年 重点学校 合计	1990年 重点学校 其中教师	1990年 一般学校 合计	1990年 一般学校 其中教师
2000			1∶2.5	1∶5.5			1∶2.8	1∶6.5			1∶3.3	1∶7.5
3000	1∶2.5	1∶5.5	1∶2.6	1∶5.6	1∶2.9	1∶6.5	1∶3.0	1∶6.6	1∶3.3	1∶7.5	1∶3.4	1∶7.6
5000	1∶2.6	1∶5.6	1∶2.8	1∶5.8	1∶3.0	1∶6.6	1∶3.1	1∶6.8	1∶3.4	1∶7.6	1∶3.5	1∶7.8
8000	1∶2.8	1∶5.8	1∶3.0	1∶6.0	1∶3.2	1∶6.8	1∶3.3	1∶7.0	1∶3.5	1∶7.8	1∶3.6	1∶8.0
10000	1∶3.0	1∶6.0			1∶3.4	1∶7.0			1∶3.6	1∶8.0		

表3—2　　全国普通高等工科院校校（院）本部教职工编制标准

规模（人）	1985年 重点学校 合计	1985年 重点学校 其中教师	1985年 一般学校 合计	1985年 一般学校 其中教师	1987年 重点学校 合计	1987年 重点学校 其中教师	1987年 一般学校 合计	1987年 一般学校 其中教师	1990年 重点学校 合计	1990年 重点学校 其中教师	1990年 一般学校 合计	1990年 一般学校 其中教师
2000			1∶2.5	1∶5.5			1∶2.8	1∶6.5			1∶3.3	1∶7.5
3000	1∶2.5	1∶5.5	1∶2.6	1∶5.6	1∶2.9	1∶6.5	1∶3.0	1∶6.6	1∶3.3	1∶7.5	1∶3.4	1∶7.6
5000	1∶2.6	1∶5.6	1∶2.8	1∶5.8	1∶3.0	1∶6.6	1∶3.1	1∶6.8	1∶3.4	1∶7.6	1∶3.5	1∶7.8
8000	1∶2.8	1∶5.8	1∶3.0	1∶6.0	1∶3.2	1∶6.8	1∶3.3	1∶7.0	1∶3.5	1∶7.8	1∶3.6	1∶8.0
10000	1∶3.0	1∶6.0			1∶3.4	1∶7.0			1∶3.6	1∶8.0		

---

① 余兴安：《中国政府公务百科全书》（机构编制管理卷），中共中央党校出版社1994年版，第5—87页。

表3—3　　　全国普通高等师范院校校（院）本部教职工编制标准

规模（人）	1985年 重点学校 合计	1985年 重点学校 其中教师	1985年 一般学校 合计	1985年 一般学校 其中教师	1987年 重点学校 合计	1987年 重点学校 其中教师	1987年 一般学校 合计	1987年 一般学校 其中教师	1990年 重点学校 合计	1990年 重点学校 其中教师	1990年 一般学校 合计	1990年 一般学校 其中教师
2000			1:2.7	1:5.7			1:3.1	1:6.6			1:3.4	1:7.6
3000	1:2.5	1:5.5	1:2.8	1:5.8	1:2.9	1:6.5	1:3.2	1:6.7	1:3.3	1:7.5	1:3.5	1:7.7
5000	1:2.6	1:5.6	1:3.0	1:6.2	1:3.0	1:6.6	1:3.4	1:7.2	1:3.4	1:7.6	1:3.6	1:8.2
8000	1:2.8	1:5.8	1:3.2	1:6.5	1:3.2	1:6.8	1:3.6	1:7.5	1:3.5	1:7.8	1:3.8	1:8.5
10000	1:3.0	1:6.0			1:3.4	1:7.0			1:3.6	1:8.0		

表3—4　　　全国普通高等农林院校校（院）本部教职工编制标准

规模（人）	1985年 重点学校 合计	1985年 重点学校 其中教师	1985年 一般学校 合计	1985年 一般学校 其中教师	1987年 重点学校 合计	1987年 重点学校 其中教师	1987年 一般学校 合计	1987年 一般学校 其中教师	1990年 重点学校 合计	1990年 重点学校 其中教师	1990年 一般学校 合计	1990年 一般学校 其中教师
2000	1:2.4	1:5.4	1:2.5	1:5.5	1:2.8	1:6.2	1:2.9	1:6.5	1:3.2	1:7.3	1:3.3	1:7.5
3000	1:2.5	1:5.5	1:2.6	1:5.6	1:2.9	1:6.4	1:3.1	1:6.5	1:3.3	1:7.5	1:3.4	1:7.6
5000	1:2.6	1:5.6	1:2.8	1:6.0	1:3.0	1:6.6	1:3.3	1:6.8	1:3.4	1:7.6	1:3.5	1:7.8

表3—5　　　全国普通高等医药院校校（院）本部教职工编制标准

规模（人）	1985年 重点学校 合计	1985年 重点学校 其中教师	1985年 一般学校 合计	1985年 一般学校 其中教师	1987年 重点学校 合计	1987年 重点学校 其中教师	1987年 一般学校 合计	1987年 一般学校 其中教师	1990年 重点学校 合计	1990年 重点学校 其中教师	1990年 一般学校 合计	1990年 一般学校 其中教师
1000	1:2.3	1:5.0	1:2.4	1:5.0	1:2.5	1:6.0	1:2.6	1:6.2	1:3.1	1:6.5	1:3.2	1:6.6
2000	1:2.3	1:5.0	1:2.5	1:5.2	1:2.7	1:6.2	1:2.8	1:6.3	1:3.1	1:7.0	1:3.3	1:7.2
3000	1:2.4	1:5.2	1:2.6	1:5.4	1:2.8	1:6.3	1:3.0	1:6.5	1:3.2	1:7.2	1:3.4	1:7.5
5000	1:2.5	1:5.5			1:2.9	1:6.5			1:3.5	1:7.5		

表3—6　　全国普通高等财经政法院校校（院）本部教职工编制标准

规模（人）	1985年 重点学校 合计	1985年 重点学校 其中教师	1985年 一般学校 合计	1985年 一般学校 其中教师	1987年 重点学校 合计	1987年 重点学校 其中教师	1987年 一般学校 合计	1987年 一般学校 其中教师	1990年 重点学校 合计	1990年 重点学校 其中教师	1990年 一般学校 合计	1990年 一般学校 其中教师
2000	1:2.8	1:6.0	1:3.0	1:6.2	1:3.2	1:6.8	1:3.4	1:7.0	1:3.6	1:7.5	1:3.7	1:7.8
3000	1:3.0	1:6.2	1:3.2	1:6.5	1:3.4	1:7.0	1:3.6	1:7.3	1:3.7	1:7.8	1:3.8	1:8.2
5000	1:3.2	1:6.5	1:3.4	1:6.8	1:3.6	1:7.5	1:3.8	1:7.6	1:3.8	1:8.0	1:4.0	1:8.5

表3—7　　全国普通高等外语院校校（院）本部教职工编制标准

规模（人）	1985年 重点学校 合计	1985年 重点学校 其中教师	1985年 一般学校 合计	1985年 一般学校 其中教师	1987年 重点学校 合计	1987年 重点学校 其中教师	1987年 一般学校 合计	1987年 一般学校 其中教师	1990年 重点学校 合计	1990年 重点学校 其中教师	1990年 一般学校 合计	1990年 一般学校 其中教师
1000			1:2.2	1:5.0			1:2.5	1:5.5			1:2.7	1:6.0
2000	1:2.2	1:5.0	1:2.3	1:5.2	1:2.5	1:5.5	1:2.6	1:5.6	1:2.8	1:6.0	1:3.0	1:6.2
3000	1:2.4	1:5.5	1:2.5	1:5.6	1:2.8	1:6.0	1:2.9	1:6.2	1:2.9	1:6.5	1:3.2	1:6.8

（二）中共党校人员定编

1983年，中央召开第二次全国党校工作会议，通过了中共中央《关于实现党校教育正规化的决定》。该决定规定中共各级党校工作人员和学员的比例如下：中央党校为1:1；省、自治区、直辖市委党校（包括规模相当的省属大城市的党校）为1:2至1:2.5；地市委党校（包括与此相当的大企业党校）为1:3至1:3.5；县委党校为1:4至1:4.5；教学人员在职工总数中应达到50%以上，少数民族地区党校的教学人员可以根据需要略多一些。

（三）干部院校人员定编

1985年1月，劳动人事部关于印发《国务院各部门和省、自治区、直辖市干部院校职工编制标准的暂行规定的通知》规定：干部院校的人员编制，按照院校的类型、培训要求和规模确定为：国务院各部门和省、自治区、直辖市人民政府按照中央要求建立的管理干部学院，教职工与学员比例为1∶3左右；国务院各部门和省、自治区、直辖市人民政府（包括规模相当的省属大城市）建立的干部学校，入学学员文化程度、学制、课程设置接近管理干部学院要求的，教职工与学员比例为1∶3.5，以轮训为主的干部学校，教职工与学员比例为1∶4；省、自治区、直辖市厅（局）、市（地）建立的干部学校，教职工与学员比例为1∶4.5左右；教学人员（不含教学辅助人员）应占干部院校教职工总数的50%以上。

（四）中等专业学校人员定编

1985年，国家教委办颁发《全日制普通中等专业学校人员编制标准》，如表3—8所示[①]。该编制标准明确：

表3—8　　　　　全国中等专业学校教职员工编制标准

科类	学校规模 在校学生人数	教职工合计 与学生比	人数	专任教师 与学生比	人数
工	640	1∶4	160	1∶8	80
农	960	1∶4.25	226	1∶8.5	113
林	1280	1∶4.5	284	1∶9	142
医药	1600	1∶4.8	333	1∶9.5	168
财	640	1∶4.5	142	1∶9	71
财	960	1∶4.8	200	1∶9.5	101
经	1280	1∶5.2	246	1∶10	128
经	1600	1∶5.5	291	1∶10.5	152

1."教职工"包括：专职教师，系指专职从事教学工作的人员（包括以从事教学工作为主兼作党、政工作的人员）；实验技术人员和图书资料人员；行政人员，系指党、政、工、团专职工作人员及在各职能机构

[①] 余兴安：《中国政府公务百科全书》（机构编制管理卷），中共中央党校出版社1994年版，第5—87页。

从事管理工作的人员；后勤人员，系指从事后勤工作的技术人员、炊事员和勤杂工等。

2. 列为全国重点的中等专业学校以及专业设置在 6 个以上的中等专业学校。可另外增加编制 10% 左右，所增人员中的 60% 以上用于充实专业教师、实验技术人员和图书资料人员。

3. 中等专业学校承担职工中专、干部中专班和其他教学、科研任务，属于长期任务的，应由下达任务的部门会同编制主管部门根据实际情况另批编制。中等专业学校的附属机构（校办实习工厂、农场、林场、药厂、医院等）人员，应单独计算编制。一般以不超过学生总数的 3% 至 5% 为宜。如同时承担生产任务，需要另外增加人员时，人数单独计算，自负盈亏，其工资应从生产收入中开支。

4. 凡情况特殊，如学校地处远郊区，远离生活物品供应点，或地处高寒地区，可适当增加编制，一般不超过编制总额的 10%。使用两种语言教学和管理的少数民族学校，其编制由各地教育主管部门会同编制主管部门研究决定。

（五）中等师范学校人员定编

根据 1984 年教育部下发的《中等师范学校和全日制中小学教职工编制标准的意见》，中等师范学校教职工的编制标准由各省、自治区、直辖市确定，中央只有原则性规定：中等师范学校一般设置教导、总务两处，规模较大的中等师范学校，教导处可分设教务处和政教处；教职工编制以每班平均数为标准，即每班平均学生为 40 人，则每班平均教职工数为 6.0—6.5 人，其中，教师 3.5—4.0 人，职工 2.5 人。下列情况要适当增加编制：开设少数民族语文课、用少数民族语言教学的教师；病休满一年以上又不符合退职、退休人员；离职进修或学习满一年以上的人员；校办工厂、农场的正式职工中占用教育事业编制的人员，但不超过教职工的 5%。

（六）技工学校人员定编

1986 年 4 月，劳动人事部发布《技工学校机构设置和人员编制标准暂行规定》，其中，有关编制标准的规定（如表 3—9 所示）[①] 包括：技

[①] 余兴安：《中国政府公务百科全书》（机构编制管理卷），中共中央党校出版社 1994 年版，第 5—87 页。

工学校教职工包括下列各类人员：一是教学人员，指文化理论课教师、生产实习课教师以及从事教学工作为主兼作党、政工作的人员；二是教学辅助人员，即实验技术人员、图书资料员等；三是行政人员，即党、政、工、团专职工作人员以及在各级职能机构从事管理工作的人员；四是工勤人员。即从事后勤工作的技术人员、司机、炊事员、勤杂工等；五是实习工厂工作人员，包括管理人员、技术人员以及其他辅助工人等。对行政人员和工勤人员应严格掌握，两类人员之和不得超过教职工总数的35%。对少数民族地区、远郊地区和由学校单独组织教职工的生活物品供应，以及集体福利设施的学校，可适当增加人员编制，但一般不超过教职工编制总数的5%—10%。

表3—9　　　　　　全国技工学校教职员工编制标准

学校规模（学生总人数）	200—600	601—1000	1001—1600
教职工人数与学生人数之比	1：4—1：4.2	1：4.2—1：4.5	1：4.5—1：5
其中 文化理论课教师与学生之比	1：12—1：14	1：14—1：16	1：16—1：18
其中 生产实习课教师与学生之比	1：16—1：18	1：18—1：20	1：20—1：22
其中 教学辅助人员与学生之比	1：40—1：42	1：42—1：45	1：45—1：50
其中 实习工厂（场、店）工作人员占学生人数的百分比（%）	5—10	5—10	5—10

（七）中学人员定编

根据1984年教育部下发的《中等师范学校和全日制中小学教职工编制标准的意见》，中学教职工的编制标准由各省、自治区、直辖市确定，中央只作原则性规定：普通中学的机构一般设置教导、总务两处，高中的教导处也可分设教务处和政教处，规模小的不设处，只配备各职能人员；人员编制标准参考表3—10。[1] 另外，开设少数民族语文课、有食宿学生、病休和离职进修学习满一年以上，有校办工厂、农场的中学，教职工编制可适当增加。

---

[1] 余兴安：《中国政府公务百科全书》（机构编制管理卷），中共中央党校出版社1994年版，第5—87页。

表3—10　　　　　　全日制中学教职工编制标准参考　　　　　（单位：人）

	城镇				农村			
	每年平均学生数	每班平均教职工数			每年平均学生数	每班平均教职工数		
		合计	教师	职工		合计	教师	职工
高中	45—50	4.0	2.8	1.2	45—50	4.0	2.8	1.2
初中	45—50	3.7	2.5	1.2	40—45	3.5	2.5	1.0

（八）小学人员定编

根据1984年原国家教育部下发的《中等师范学校和全日制中小学教职工编制标准的意见》，小学教职工的编制标准由各省、自治区、直辖市确定，中央只作原则性规定：普通小学一般可设教导主任和职能人员，规模大的可设总务主任；教职工编制按城镇和农村分别确定标准：城镇小学每班平均学生数在40—45人，每班平均教职工数则为2.2人，其中教师1.7人，职工0.5人；农村小学每班平均学生数在30—35人，每班平均教职工数则为1.4人，其中教师1.3人，职工0.1人。另外，开设少数民族语文课、有食宿学生、病休和离职进修学习满一年以上、有校办工厂、农场的小学，教职工编制可适当增加。

（九）幼儿园人员定编

根据1987年3月劳动人事部、国家教委发布的《全日制、寄宿制幼儿园编制标准（试行）》规定：（1）按班级的规模划定人数，大班（5至6岁）：30—35人；中班（4至5岁）：26—30人；小班（3至4岁）：20—25人。（2）教职工与幼儿的比例：全日制幼儿园为1∶6—7，寄宿制幼儿园为1∶4—5。

主要教职工的配置比例为，园长：3个班（含）以下幼儿园设1人；4个班以上的幼儿园设2人；10个以上可设3人。专职教师：全日制幼儿园和寄宿制幼儿园一律平均每班配2—2.5人。保育员：全日制幼儿园平均每班配0.8—1人；寄宿制幼儿园平均每班配2—2.2人。炊事员：每日三餐一点的每40—45名幼儿配1人；少于此的幼儿园酌减。医务人员：全日制幼儿园一般配1人，幼儿超过200名的酌情增加。财会人员：三个班以上设专职园长1人；出纳视幼儿园规模大小设专职或兼职1人。上述人员的配置比例幅度一般以六个班180人为中间数,高于此数者向低比例方向浮动,少于此数者向高比例方向浮动;有特殊情况的亦可相应浮动。示范和实验性幼儿园教职工人员编制,由编制部门根据实际情况参照上述标准具体掌握。

(十) 托儿所人员定编

根据1980年卫生部颁发的《城市托儿所工作条件(试行草案)》,托儿所应按年龄特点分班,乳儿班为10个月以前,小班为11个月至18个月,中班为19个月至2周岁的儿童,以上各班以15—18名儿童为宜。大班为2—3周岁儿童,每班以20—25名儿童为宜。规模较小的托儿所或哺乳室,可将年龄相近的婴儿编为混合班,进行分组教养。婴幼儿与保教人员之比为:哺乳室、托儿所的乳儿班、小班:全托为3∶1—3.5∶1,日托为4∶1—5∶1;托儿所的中班、大班:全托为4∶1—4.5∶1,日托为6∶1—7∶1,行政、医务、工勤人员与儿童的总比例为:全托为11∶1—13∶1,日托为15∶1—17∶1。托儿所可根据具体情况,按工作人员总数的2%—5%设置机动人员。混合幼儿所可参照上述编制设编。托儿所设所长1人;凡收托儿童在80名以上的可设专职保教主任(或副所长)1人。专职或兼职医务保健人员,全托儿童100名,日托儿童150名以上设专职医务人员1—2人,全托儿童200名以上,每增加100名可增设专职医务保健人员1人。

(十一) 图书馆人员定编

根据1982年文化部颁发的《省(自治区、直辖市)图书馆工作条例》,省图书馆要根据精简的原则确定人员编制。人员定编可参照下述标准:以50万册图书,70名工作人员为基数,每增加10000—13000册图书,增编1人;民族地区图书馆每增加8000—10000册文字图书,增编1人;行政人员一般不得超过总编制额17%。

(十二) 档案馆人员定编

根据1985年劳动人事部和国家档案局联合颁发的《地方各级档案馆人员编制标准(试行)》:以馆藏档案1万卷(册,折合上架排列长度约平均每卷、册1.5厘米)确定编制基数;地县(区)及县级市档案馆5人,馆藏不足1万卷,编制适当减少,但不少于3人;地区级城市档案馆7人;省、自治区、直辖市及其他大城市档案馆10人。馆藏超过1万卷不足 30 万卷的，其超过部分每 5000 卷增配 1 人；超过 30 万卷的，其超过部分每 7000 卷增配 1 人。生活后勤工作独立的档案馆，除按上述规定配备专业人员外，可按不超过业务人员的 20% 增加编制。通行两种以上文字的少数民族地区，以及馆藏外文档案、少数民族文字档案较多，或设有后库等特殊情况的档案馆，可由各省、自治区、直辖市编制主管部门根据情况适当增加编制。

（十三）文化馆人员定编

根据 1981 年文化部发布的《文化馆工作试行条例》，对文化馆的工作人员编制幅度提出参考数字，具体如下：县文化馆：30 万人口以下的县定编 5—16 人，30 万—80 万人口的县定编 10—25 人，80 万人口以上的县定编 15—30 人；没有专业剧团的县，可视实际需要和可能，给文化馆增加编制 10—15 人，建立小型的农村文化工作队。省和地辖市的区馆、直辖市的郊区文化馆，可参考县馆的编制。直辖市的市区文化馆，50 万人口以下的定编 30—45 人，50 万人口以上的定编 40—55 人。以上均不包括文化馆附属机构，如剧场、礼堂等工作人员。

（十四）综合医院人员定编

根据 1978 年卫生部发布的《综合医院组织编制原则试行草案》，综合医院的人员编制为：综合医院病床与工作人员之比，根据各医院的规模和担负的任务，分为三类：300 床位以下的按 1：1.30—1：1.40 计算；300—500 床位的按 1：1.40—1：1.50 计算；500 床位以上的按 1：1.60—1：1.70 计算。各类人员比例：行政管理和工勤人员占总编的 28%—30%，其中行政管理人员占总编的 8%—10%；卫生技术人员占总编的 70%—72%，在卫生技术人员中，医师、中医师占 25%，护理人员占 50%，药剂人员占 8%，检验人员占 1.6%，放射人员占 4.4%，其他卫生技术人员占 8%。具体各类工作人员编制参见表 3—11。[1]

---

[1] 余兴安：《中国政府公务百科全书》（机构编制管理卷），中共中央党校出版社 1994 年版，第 5—87 页。

表3—11　全国综合医院各类工作人员编制标准参考

适用范围（床）	计算基数（床）	病床与工作人员之比	工作人员总数	卫生技术人数	其中 医师 中医师	护理人员	药剂人员	检验人员	放射人员	其他卫计人员	行政工勤人员数
80—150	100	1:1.3—1.4	130—260	91—98	23—24	46—49	7—8	4—5	4	7—8	38—42
151—250	200	1:1.3—1.4	280—400	182—196	45—49	91—97	15—16	8—9	8—9	15—16	78—84
251—350	300	1:1.4—1.5	420—450	298—320	74—80	149—160	24—26	14	13—14	24—26	122—130
351—450	400	1:1.4—1.5	560—600	403—432	101—108	201—216	32—35	19	18—19	32—35	157—168
451以上	500	1:1.6—1.7	800—850	576—612	144—153	288—306	46—49	27—28	25—27	46—49	221—238

（十五）中医医院人员定编

根据1986年4月卫生部、劳动人事部发布的《全国中医医院组织机构及人员编制标准》：中医医院人员编制按病床与工作人员1∶1.3—1∶1.7计算；病床数与门诊量之比按1∶3计算，不符合1∶3时，按每增减100门诊人次增减6—8人，增编人员要确保用于医疗、护理和药剂等工作的需要；各类人员的比例：行政管理、其他技术人员和工勤人员占总编的28%—30%，其中，行政管理人员占总编的6%—8%，其他技术人员占总编的2%，卫生技术人员占总编的70%—72%，在医药人员中，中医、药人员配备要逐步达到70%以上。各类工作人员编制参见表3—12。[1]

（十六）妇幼保健院（所）人员定编

根据1986年1月卫生部、劳动人事部发布的《各级妇幼保健机构编制标准（试行）规定》，妇幼保健院（所）人员定编标准为：县以上（含县）妇幼保健机构的人员编制总额，一般按人口的1∶1000配备；地广人稀、交通不便的地区和大城市按人口的1∶5000配备；人口稠密的省按1∶15000配备。妇幼保健院、保健所，根据工作任务、技术力量和开展工作情况的不同，按以下一、二类编制标准确定（见表3—13）[2]。一是地区妇幼保健机构的人员编制，根据实际情况，参照市、县级人员编制标准规定。二是各级妇幼保健机构统一按二类标准执行。妇幼保健机构根据工作开展需要，由上级卫生主管部门会同编制主管部门批准，可执行一类标准。各级妇幼保健院内，临床部人员按设立床位数以1∶1.7增加编制。妇幼保健院卫生技术人员占总人数的75%—80%，妇幼保健所卫生技术人员占总人数的80%—85%。各级妇幼保健机构领导职数，可根据实际情况和不同规模分别确定，市（州、盟）以上妇幼保健院为2—4人，妇幼保健所为1—3人（包括专职支部书记、副书记在内）。

---

[1] 余兴安：《中国政府公务百科全书》（机构编制管理卷），中共中央党校出版社1994年版，第5—87页。

[2] 余兴安：《中国政府公务百科全书》（机构编制管理卷），中共中央党校出版社1994年版，第5—87页。

表3—12 全国中医医院组织机构及人员编制标准参考

适用范围（床）	计算基数（床）	病床与工作人员之比	工作人员总数	党政及其他技术人数	卫生技术人员 合计100%	医生医师	药剂人员	护理人员	检验人员	放射人员	其他卫计人员
150以下	100	1∶1.3—1.4	130—140	36—39	94—101	28—30	22—23	34—36	4—5	3	4
151—250	200	1∶1.3—1.4	280—300	78—84	202—216	57—60	42—45	81—86	8—9	6	8
251—350	300	1∶1.4—1.5	420—480	126—134	324—346	84—100	55—59	143—152	15—16	11—12	16—17
351—450	400	1∶1.4—1.5	560—600	168—179	432—461	112—120	69—74	190—202	20—21	15—16	26—27
451以上	500	1∶1.6—1.7	800—850	224—238	576—612	150—159	92—98	253—269	26—28	20—21	35—37

表3—13　　　全国妇幼保健院（所）工作人员编制标准参考

	省（自治区、直辖市）妇幼保健院（所）	市（州、盟）妇幼保健院（所）	县（市、区、旗）妇幼保健所
一类	121—160人	61—90人	41—70人
二类	80—120人	40—60人	20—40人

（十七）卫生防疫站人员定编

根据1980年7月国家编委、卫生部颁发的《各级卫生防疫站组织编制规定》，卫生防疫站人员定编为：

省（自治区）和地区（自治州、盟）市、县（旗）卫生防疫站的人员编制，按省（自治区）为单位的全民所有制医药卫生人员总数7%的比例配备。各卫生防疫站人员配备如下：一是省（自治区）卫生防疫站人员配备按任务大小分为四级，第一级配500人以上，第二级配360—500人，第三级配260—350人，第四级配150—250人。二是地区（自治州、盟）卫生防疫站人员配备按任务大小分为四级，第一级配120人以上，第二级配91—120人，第三级配61—90人，第四级配40—60人。三是县（旗）卫生防疫站人员配备按任务大小分为四级，第一级配100人以上，第二级配61—100人，第三级配41—60人，第四级配20—40人。四是市卫生防疫站人员配备按任务大小分为四级，第一级配300人以上，第二级配190—300人，第三级配90—180人，第四级配40—80人。市辖区设防疫站的，参照县（旗）卫生防疫站人员配备，由各地自行决定。五是直辖市卫生防疫站人员配备，由各市按具体情况自行确定。

各级卫生防疫站内行政工勤人员的配备，按任务轻重、站的大小，分别占全站人员的18%—25%。各级卫生防疫站的每10名卫生技术人员中，高、中、初级人员的比例为：省（自治区）为0.5∶2.5∶7，有市辖区的市为1∶4∶5，地区（自治州、盟）为1∶5∶4，无市辖区的市为1∶6∶3，县（旗、市辖区）为2∶5∶3。

地广人稀、交通不便的山区、牧区、少数民族地区、国防边境地区的卫生防疫站的人员配备要高于本规定编制数1倍左右，有医学院校卫生专业生产实习任务的站，人员配备要高于本规定编制的15%—20%。

(十八) 药品检验所人员定编

根据1987年5月劳动人事部、卫生部发布的《全国地方各级药品检验所和药品监督员编制标准》：

1. 省、自治区、直辖市药品检验所。一是进口检验任务较大的直辖市药品检验所人员配备为200—220人。二是辖区人口在4000万以上，中等以上药厂（即列为国家中等企业的药厂）在70个以上，县级医院在300个以上的省、自治区药品检验所人员配备为100—125人。三是辖区人口在2000万—4000万，中等以上药厂在45—70个，县级医院在200—300个的省、自治区药品检验所人员配备为75—95人。四是辖区人口2000万以下，中等以上药厂在45个以下，县级医院在200个以下的省、自治区药品检验所人员配备为50—70人。辖区人口、药厂、医院特少的省、自治区药品检验所，在上述最低标准的基础上酌减。

2. 地区（州、盟）药品检验所。一是辖区人口在500万以上的地区（州、盟）药品检验所人员配备为40—60人。二是辖区人口在200万—500万的地区（州、盟）药品检验所人员配备为30—40人。三是辖区人口在200万以下的地区（州、盟）药品检验所人员配备为15—25人。四是地区（州、盟）药品检验所驻地的市亦设药品检验所的，地区药品检验所人员编制在此标准基础上相应核减。

3. 市（不含直辖市）药品检验所。一是辖区（不含所辖县）人口在100万以上的市药品检验所人员配备为25—50人。人口特多或药品生产、经营特别发达的个别市，可高于50人。二是辖区（不含所辖县）人口在100万以下的市药品检验所人员配备为10—25人。

4. 县（旗）药品检验所。一是辖区人口在50万以上的县（旗）药品检验所人员编制为5—7人。二是辖区人口在30万—50万的县药品检验所人员配备为3—5人。三是辖区人口在20万—30万的，按前面规定需要设的县（旗）药品检验所人员配备一般不超过3人。

5. 药品检验所是省、自治区、直辖市的，设所长1人，副所长1—2人；地区（市、州、盟）设所长1人，副所长1人；县（旗）设所长1人。

6. 省、自治区、直辖市和地区（市、州、盟）药品检验所的行政管理人员数量与后勤人员数量之和，一般不超过编制总额的22%；县（旗）

药品检验所不设专职后勤人员，其所长必须由专业技术人员担任。

7. 专职药品监督员的人员编制为：一是省、自治区、直辖市人员配备为4—8人；二是地区（市、州、盟）人员配备为3—5人；三是不设药品检验所的县人员配备为2人；其他县人员配备为1人；四是药品监督员的人员编制单独核定，不在卫生行政部门或药品检验所的编制员额之内。

1988年6月，中央决定成立国家机构编制委员会，办公室设在人事部。国家机构编制委员会的成立，大大增强了事业单位机构编制管理的广度和深度，为进一步完善和强化编制管理制度提供了有力保障。1989年3月，国家机构编制委员会发布《关于中央国家机关所属事业单位清理和审批问题的通知》，对中央国家机关所属事业单位进行全面清理整顿，并明确了申报和审批的权限与程序，确定了事业编制管理与其他有关管理的协同关系。该文件贯彻落实后，第一次基本实现了对事业单位机构编制的全面统一管理，事业单位机构编制管理制度也逐步健全。1991年，党中央、国务院决定成立中央机构编制委员会，由李鹏总理兼任主任。中央编委在党中央、国务院领导下负责全国行政体制和机构改革以及机构编制工作，统一管理全国党政机关，人大、政协、法院、检察院机关，各民主党派、人民团体机关及事业单位的机构编制工作。中央编委的成立，有利于加强中央对全国机构编制工作的领导，理顺各方面的关系，加强集中统一管理，严格控制机构编制膨胀，有利于推进机关事业单位管理体制改革，进一步发展和完善事业单位编制管理制度。

三　建立符合自身特点的编制管理制度（1996—2011年）

经过多年发展，在计划经济体制下建立和发展起来的事业单位，逐渐难以适应社会主义市场经济的需要，比较普遍地存在政事职责不分，社会化程度不高，以及缺乏竞争机制和自我发展、自我约束机制，发展和需要有所脱节，内设机构臃肿、人员结构不合理等问题。这些问题降低了事业单位的活力和效益，使之难以很好地承担起自身的职责。同时，在事业单位机构编制管理工作中，还存在多头审批、盲目发展、缺乏宏观规划的现象。

1996年7月，中共中央办公厅、国务院办公厅印发《中央机构编制委员会关于事业单位机构改革若干问题的意见》，该《意见》要求按照实现事业单位同国民经济和社会协调发展的要求，加强对事业单位机构编制的宏观管理和预算调控，逐渐减轻财政负担。要建立和实施事业单位登记管理制度，使事业单位的发展和管理更加规范化。该《意见》要求：遵循政事分开的方向，合理划分党政机关与事业单位的职责，研究建立符合事业单位自身特点的等级规格，逐步取消事业单位机构的行政级别，规范事业单位的名称；推进事业单位的社会化，改革主管部门对事业单位的管理方式，逐步打破事业单位的条块分割，加强对民办事业单位的管理，建立事业单位登记管理制度；根据事业单位的不同情况进行分类改革，积极发展既为社会主义市场经济所急需又在经费上实行自收自支或企业化管理的事业单位，撤并压缩不适应国民经济和社会发展需要的事业单位，把财政拨款的事业单位的机构编制控制在与国民经济发展水平相适应的范围内，主要从事生产经营活动的事业单位原则上应改为企业。

该《意见》强调，要加强事业单位机构编制的宏观管理，一是要建立和实行事业单位机构编制宏观管理制度，对事业单位机构编制实行总量控制，要研究制定全国事业单位机构编制宏观管理规划和实行总量控制的目标、任务及配套实施办法；二是要加强事业单位机构编制法制建设，抓紧出台事业单位登记管理条例，研究拟定事业单位管理方面的其他法规，规范事业单位机构编制管理行为；三是要加快事业单位机构编制标准的制定工作，规范事业单位的设立行为，优化事业单位组织结构，控制事业单位机构编制总量；四是要严格事业单位机构编制审批制度，科研、教育、文化、卫生、新闻出版等各类事业单位的机构设置、人员编制事宜，均按照分级管理的原则和权限，由各级机构编制部门统一审批；省、自治区、直辖市所属厅局级事业单位机构设立、变更，由省、自治区、直辖市审核后，报中央机构编制委员会审批。该文件指明了事业单位机构编制管理改革的方向，拓宽并加深了事业单位机构编制管理的广度和深度。文件发布后，中央和各地开始对事业单位机构编制管理进行了许多卓有成效的改革与探索。

国务院于1998年10月颁布《事业单位登记管理暂行条例》，国家事业单位登记管理局据此于2005年4月制定和发布《事业单位登记管理暂行条例实施细则》，就登记管理机关与登记管辖、登记事项与登记程序、设立登记、变更登记、注销登记、证书使用与管理、监督管理等进行了详细规范。2002年8月，中共中央办公厅、国务院办公厅印发《关于进一步加强机构编制管理工作的通知》，要求财政补贴的事业单位原则上不再增加机构编制，个别确因工作需要调整的，要从严控制；对自收自支事业单位的机构编制也要从严掌握，搞好总量控制。2006年，人事部印发《〈事业单位岗位设置管理试行办法〉实施意见》，要求对现有事业单位实行科学分类，根据事业单位的社会功能、职责任务、工作性质和人员结构特点等因素，综合确定事业单位管理岗位、专业技术岗位、工勤技能岗位及其人员编制总量的结构比例。

2007年3月，中共中央办公厅、国务院办公厅印发《关于进一步加强和完善机构编制管理严格控制机构编制的通知》，要求：加强和规范事业单位机构编制管理，强化省级机构编制部门对本地区各级事业单位机构编制的管理职责；各地区各部门不得将行政职能转由事业单位承担，不再批准设立承担行政职能的事业单位和从事生产经营活动的事业单位；公益服务事业发展需要增加事业单位机构编制的，应在现有总量中进行调整，确需增加的，要严格按程序审批；要严格控制事业编制的使用范围，事业编制只能用于事业单位，不得把事业编制用于党政机关，不得把事业编制与行政编制混合使用；试行机构编制实名制管理制度，凡按规定批准成立的事业单位都要实行定编定员，确保具体机构设置与按规定审批的机构相一致、实有人员与批准的编制和领导职数相对应。

根据2007年3月国务院颁布的《地方各级人民政府机构设置和编制管理条例》，按照地方各级人民代表大会和地方各级人民政府组织法制定的行政法规，该《条例》规定地方各级事业单位应当使用事业编制，不得混用、挤占、挪用或者自行设定其他类别的编制。同时，对超编进人等违反规定的行为，也设定了相应的法律责任及处罚措施。为了解决事业单位机构编制管理中存在的一些问题，加大人员编制管理的力度，该《条例》规定：地方的事业单位机构和编制管理办法，由省、自治区、直辖市人民政府机构编制管理机关拟定，报国务院机构编制管理机关审核后，由省、自治区、直辖市人民政府发布。事业编制的全国性标准由国务院机构编制管理机关会同国务院财政部门和其他有关部门制定。

四 分类实行事业编制管理制度改革（2011—2019年）

随着我国进入全面建成小康社会的关键时期，加快发展社会事业，满足人民群众公益服务需求的任务更加艰巨。面对新形势新要求，我国社会事业发展相对滞后，一些事业单位功能定位不清，政事不分、事企不分，机制不活；公益服务供给总量不足，供给方式单一，资源配置不合理，质量和效率不高；支持公益服务的政策措施还不够完善，监督管理薄弱。这些问题影响了公益事业的健康发展，迫切需要通过分类推进事业单位改革加以解决。

2011年3月，中共中央、国务院印发《关于分类推进事业单位改革的指导意见》，开启了事业单位全面深化改革的进程。文件要求清理规范现有事业单位，科学划分现有事业单位类别，细分从事公益服务的事业单位，对不同类型的公益事业单位实行不同的人员编制管理制度；推进承担行政职能事业单位、从事生产经营活动事业单位和从事公益服务事业单位的改革，构建公益服务新格局，完善支持公益事业发展的财政政策。

为贯彻落实中共中央、国务院《关于分类推进事业单位改革的指导意见》精神，切实做好分类推进事业单位改革工作，2011年7月，国务院办公厅印发了《关于事业单位分类的意见》《关于承担行政职能事业单位改革的意见》《关于创新事业单位机构编制管理的意见》等分类推进事业单位改革的配套文件，拉开了事业单位全面深化改革的序幕。上述文件就事业单位分类改革中的机构编制管理与制度创新进行了规范。2011年8月，中共中央办公厅、国务院办公厅印发《关于进一步深化事业单位人事制度改革的意见》，要求对从事公益服务的事业单位实行分类管理，公益一类事业单位，在审批编制内设岗，规范人事管理，搞活内部用人机制；公益二类事业单位，在备案编制内设岗，赋予单位灵活的人事管理权。

国务院办公厅《关于创新事业单位机构编制管理的意见》明确要求，改革和完善机构编制管理制度，推进管理科学化、规范化和法制化；坚持分类指导，根据不同类型事业单位的特点和运行规律，实行差别化管理；坚持精简、统一效能，实行总量控制、动态调整，加强监督管理；

坚持与经济社会发展相适应，科学配置机构编制，促进公益事业健康发展。

一是分类管理事业单位机构编制。改革机构编制管理办法，创新机构编制管理方式。从事公益服务事业单位细分后，对公益一类事业单位继续实行机构编制审批制，完善管理制度，简化审批程序，切实管住管好。对公益二类事业单位，在制定和完善相关编制标准的前提下，逐步实行机构编制备案制，建立并规范备案程序。可先在中央部门所属高等院校、公立医院进行备案制试点，并逐步扩大试点范围。加快制定相关事业单位人员编制标准，明确核定编制数额、编制结构以及领导职数的主要依据和指标体系。

二是逐步取消事业单位行政级别。按照政事分开、管办分离的要求，对面向社会提供公益服务的事业单位，积极探索管办分离的有效实现形式。落实事业单位法人自主权，保证其依法决策、独立自主开展活动并承担责任，充分发挥事业单位的积极性。面向社会提供公益服务的事业单位，要逐步取消行政级别，新设立的一律不予明确行政级别，其领导班子和相关人员的管理及待遇，按照有关规定执行。

三是建立机构编制动态调整机制。实行总量控制，根据经济社会发展和人民群众公益服务需求，统筹研究、合理规划一定时期内本地区事业单位机构编制总量。实行动态调整，按照逐步实现基本公共服务均等化的要求和公益服务供求变化状况，调整事业单位类型和机构编制，做到有增有减。优化资源配置，按照科学布局、高效便民的要求，打破条块分割和行政区划界限，推进结构调整、资源共享，合理设置事业单位。面向社会提供公益服务的事业单位原则上由地方管理，中央保留少量承担全局性、战略性、示范性公益服务的事业单位。

四是加强事业单位机构编制监督管理。完善事业单位登记管理制度，事业单位应当进行法人登记；指导事业单位制定章程并依法核准，加强对事业单位履行章程情况的监管；改革和完善事业单位年度报告制度，建立相关信息公开制度；按照方便事业单位和节约效能原则，推进网上登记管理。转为行政机构和企业的事业单位，核销事业编制后要及时办理事业单位法人注销登记；加强事业单位机构编制监督管理，强化事业单位机构编制执行情况的评估，建立评估制度，规范评估程序，并将评估结果作为调整机构编制的参考依据；机构编制部门按照管理权限和规定程序，定期或不定期对事业单位机构编制执行情况进行监督检查，对违反机构编制纪律的依法依规进行处理。

为严格控制事业单位机构编制总量，更好地满足经济社会快速发展和公益服务不断增长的需求，2017年3月，中央机构编制委员会办公室发布《关于地方事业编制挖潜创新服务发展的指导意见》，要求事业编制挖潜创新要坚持"瘦身"和"健身"相结合，严格管理与深化改革相结合，盘活存量与创新管理相结合，服务全局与重点保障相结合，要加强编制管理，优化资源配置。针对中央和国家机关所属事业单位机构编制备案制试点工作，2017年4月，中央机构编制管理委员会办公室、财政部制定《中央和国家机关所属事业单位机构编制备案试点办法》，在中国科学院在京科研院所和陕西、黑龙江、四川、海南测绘地理信息局所属公益二类事业单位开展备案管理试点。该文件要求，事业单位机构编制备案管理应当遵循事业单位分类改革要求，既要坚持机构编制总量控制，符合公益事业发展需要，又要有利于简政放权，提高效率，充分发挥中央部门和事业单位的积极性；在批准的机构限额、机构类别和事业编制总量内实行编制备案管理。该办法还就中央部门所属事业单位机构编制备案管理的报送备案、审核回复和监督管理等进行了规范。

2018年2月，《中共中央关于深化党和国家机构改革的决定》要求加快推进事业单位改革，全面推进承担行政职能的事业单位改革，理顺政事关系，实现政事分开，不再设立承担行政职能的事业单位；加大从事经营活动事业单位改革力度，推进事企分开；区分情况实施公益类事业单位改革，面向社会提供公益服务的事业单位须理顺同主管部门的关系，逐步推进管办分离，强化公益属性，破除逐利机制；主要为机关提供支持保障的事业单位，须优化职能和人员结构，同机关统筹管理。这一时期，通过一系列政策文件的发布和中央、地方的改革探索，事业单位全面深化改革工作取得了巨大成绩，事业单位人员编制管理改革也实现了较大突破。

(一) 人员编制管理原则和员额职数管理

事业单位编制管理遵循集中统一、精简与效益和分类管理等原则。

2014年,我国共有事业单位111万个,事业编制为3153万人。[①] 事业单位机构多、人员多,财政负担较重。我国事业单位发展须与事业的整体发展相适应,与国民经济和社会发展阶段相适应,与国家财力相适应。相应地,事业单位人员编制管理遵循集中统一精简效益和分类管理等原则。

集中统一原则。国家机构编制委员会发布《关于中央国家机关所属事业单位清理和审批问题的通知》后,第一次基本实现了对事业单位机构编制的全面统一管理,此后,除编制主管部门外,其他单位、组织和个人,都不能自行审批事业单位机构和编制。根据集中统一原则,事业单位机构编制管理实行统一领导、分级管理的体制。对事业单位机构编制实行集中统一管理,符合国民经济和社会发展以及事业单位自身发展规律的需要,有利于国家对事业单位的发展进行宏观调控,防止出现事业单位脱离经济和社会发展的需要,过快或过慢发展,保证各类事业单位的协调发展;有利于统一研究、制定和实施包括科研事业单位在内的事业单位机构编制标准,实现事业单位机构编制管理的规范化、科学化、制度化和法制化,提高机构编制管理水平,促进各类事业单位的有序发展。

精简与效益原则。精简与效益是事业单位编制管理必须遵循的重要原则。我国是发展中国家,财政资金和相关资源有限,遵循精简原则,就要求以最少的机构和人员,尽可能少的资金和其他资源投入,最大限度地满足国民经济和社会发展对事业单位的需要;事业单位自身也要合理设置内设机构,善用人员编制,优化人员结构,充分调动工作人员的积极性、主动性和创造性,以最少的人员和经费投入完成职责任务。事业单位要积极创造条件,通过自身的科研活动,直接或间接创造经济效益,实现人力和财力投入效益的最大化。

分类管理原则。对不同类型的事业单位,要采用不同的管理方法。从经费来源的角度,事业单位分为国家全额拨款、差额拨款和自收自支三类。对国家全额拨款的事业单位,要实行较为严格的编制管理,对其

---

① 姚奕:《我国现有事业单位111万个事业编制3153万人》,2014年5月15日,人民网—中国共产党新闻网(http://renshi.people.com.cn/n/2014/0515/c139617-25022183.html)。

人员编制从严控制；对差额拨款事业单位，相对放松人员编制控制，提高单位的用人自主权，对其中有条件转化为自收自支事业单位的，在编制管理上力求促进其转化；对自收自支事业单位，进一步扩大其用人自主权，对其编制进行适当控制。此外，对工作量较易量化的事业单位，通过制定统一的机构编制标准进行规范；对工作量难以量化的事业单位，则采取其他编制管理方法。

人员编制管理主要包括编制员额、人员结构和领导职数管理。事业单位人员编制取决于其担负的职责任务和机构设置。职责任务是事业单位机构设置、人员编制配置的基础。事业单位职责任务根据国家政治、经济、社会和文化发展需要确定，也随着相关形势的发展变化适时予以调整。机构设置包括机构的成立、撤销、合并以及名称、驻地、隶属关系等的确立和调整等内容，也包括机构规格、内设机构及其层次的管理。

编制员额也即定员，是在职责任务与机构设置的基础上，主管部门根据具体情况对事业单位各种岗位的职务系列、职位名称和人员配备的质量与数量作出的规定。编制员额的多少，最直接、最主要的依据是事业单位的职责任务和工作量大小。随着国民经济和社会的快速发展，国家和地区的具体中心工作会发生变化，事业单位的具体职责任务和工作量也会不断发生变化，其编制员额也需要作出相应的调整，因此，对事业单位编制员额的管理也成为较为经常性的工作。

人员结构管理主要是指对事业单位内部不同类别人员结构、比例的管理。事业单位的人员分为专业技术人员、辅助业务人员、后勤服务人员、党政管理人员四大类。中央组织部、人事部和科学技术部印发的《关于深化科研事业单位人事制度改革的实施意见》中，把科研事业单位的人员分成研究开发人员、经营管理人员、行政管理人员和工勤人员四类。中央组织部、人事部《关于加快推进事业单位人事制度改革的意见》中，把事业单位人员分成三类，即专业技术人员、管理人员和工勤人员。人员结构管理的根本目的，是使各类人员之间形成科学、合理的比例关系。良好的人员结构，有利于精简编制员额、节约财政经费，有利于提高运转效率，保证事业单位高效完成职责任务。

领导职数即领导职位的数量，属于人员结构的范畴。领导人员对事业单位的发展具有重要意义，因此，在编制管理中，领导职数被单独列出，进行专门管理。对事业单位领导职数进行管理的主要目的，是加强领导职数队伍建设，保证领导干部队伍质量，提高工作效率，防止出现领导干部过多、推诿扯皮的局面。事业单位领导职数管理存在两种情况，一种是只审定和管理单位领导的职数，另一种是在审定和管理单位领导职数的同时，还审定和管理第一层次内设机构的领导职数。

制定和实施机构编制标准是事业单位编制管理的重要内容。机构编制标准，即机构设置与人员编制的规范。制定和实施机构编制标准，是事业单位机构编制管理的重要内容和手段。事业单位机构编制标准有强制性的，也有指导性的，不是严格意义上的行政法规，它们是各级机构编制管理部门审核、批准机构编制的依据，也是事业单位主管部门或单位自身进行内部机构编制管理时的重要参考或依据。

事业单位机构编制标准主要有六方面内容：机构成立条件的标准、内部机构设置的标准、机构规格的标准、人员素质的标准、人员结构的标准、人员数额的标准。机构成立条件的标准，既可以严格控制新设机构，又能确保那些必要的事业单位得以成立。内部机构设置的标准，是保证事业单位内设机构分工明确、层次合理、机构精干的重要规范。机构规格的标准，是使同等规模、水平、条件的事业单位能够得到同等待遇，消除畸高畸低的不合理现象，抑制机构无序升格的重要保障。人员素质的标准，是保证事业单位工作人员质量的重要规范。人员结构的标准，有利于确保各类工作人员的科学、合理配置，充分发挥每个工作人员的能力，形成良好的工作合力。人员数额的标准，是确定事业单位工作人员具体数量的直接依据，是防止事业单位工作人员无序膨胀的重要规范。

(二) 党的十八大以来事业单位编制管理制度改革探索

党的十八大以来，中央和地方加大了事业单位分类管理改革的力度。各地按照中央的精神，陆续出台了事业单位机构编制管理改革的文件，对相关政策进行了有益探索。

1. 事业单位编制管理制度改革的总方针

中共中央、国务院《关于分类推进事业单位改革的指导意见》和国务院办公厅印发的 9 个分类推进事业单位改革的配套文件，对事业单位分类管理改革进行了较为详细的规定，就公益事业单位机构编制管理改革而言,主要有下列几项关键改革措施。

(1) 事业单位分为三类

根据政事分开、事企分开的原则,按照其社会功能,将现有事业单位划分为承担行政职能、从事生产经营活动和从事公益服务三个类别。承担行政职能的事业单位,即承担行政决策、行政执行、行政监督等职能的事业单位;认定行政职能的主要依据是国家有关法律法规和中央有关政策规定;这类单位逐步将行政职能划归行政机构,或转为行政机构;今后不再批准设立承担行政职能的事业单位。从事生产经营活动的事业单位,即所提供的产品或服务可以由市场配置资源、不承担公益服务职责的事业单位;这类单位要逐步转为企业或撤销;今后不再批准设立从事生产经营活动的事业单位。从事公益服务的事业单位,即面向社会提供公益服务和为机关行使职能提供支持保障的事业单位。对从事公益服务的,继续将其保留在事业单位序列、强化其公益属性。按照《关于分类推进事业单位改革的指导意见》,改革完成后,只有从事公益服务的事业单位保留在事业单位序列中,承担行政职能、从事生产经营活动的机构不再具有事业单位属性。

(2) 公益事业单位分为两类

事业单位情况较为复杂。原来从事生产经营活动的事业单位要转制为企业。按照国务院办公厅的配套文件,在划分从事公益服务事业单位类型时,对完全符合某一类型条件的,直接确定其类型;对基本符合某一类型条件的,经过相应调整后确定其类型;对兼有不同类型特征的事业单位,可按主要职责任务和发展方向确定其类型。根据职责任务、服务对象和资源配置方式等情况,从事公益服务的事业单位细分为公益一类、公益二类两类。公益一类事业单位,是指承担义务教育、基础性科研、公共文化、公共卫生及基层的基本医疗服务等基本公益服务,不能或不宜由市场配置资源的事业单位。公益一类事业单位不得从事经营活动,其宗旨、业务范围和服务规范由国家确定。公益二类事业单位,是指承担高等教育、非营利医疗等公益服务,可部分由市场配置资源的事业单位。公益二类事业单位按照国家确定的公益目标和相关标准开展活动,在确保公益目标的前提下,可依据相关法律法规提供与主业相关的服务,收益的使用按国家有关规定执行。

(3) 不同类型公益事业单位实行不同编制管理制度

国务院办公厅《关于创新事业单位机构编制管理的意见》提出,要根据不同类型事业单位的特点和运行规律,实行差别化管理,即对公益一类和公益二类事业单位实行不同的编制管理制度。在公益服务事业单位细分后,对公益一类事业单位继续实行机构编制审批制,完善管理制度,简化审批程序,切实管住管好;对公益二类事业单位,在制定和完善相关编制标准的前提下,逐步实行机构编制备案制,建立并规范备案程序。

(4) 创新事业单位机构编制管理制度

鼓励改革事业单位机构编制管理办法,创新机构编制管理方式。《关于创新事业单位机构编制管理的意见》提出,可先在中央部门所属高等院校、公立医院进行备案制试点,并逐步扩大试点范围;加快制定相关事业单位人员编制标准,明确核定编制数额、编制结构以及领导职数的主要依据和指标体系。逐步取消事业单位行政级别。按照政事分开、管办分离的要求,对面向社会提供公益服务的事业单位,积极探索管办分离的有效实现形式,落实事业单位法人自主权;对面向社会提供公益服务的事业单位,要逐步取消行政级别,新设立的一律不予明确行政级别,其领导班子和相关人员的管理及待遇,按照有关规定执行。建立事业单位机构编制总量控制与动态调整机制。事业单位编制实行总量控制,根据经济社会发展和人民群众公益服务需求,统筹研究、合理规划一定时期内本地区事业单位机构编制总量;事业编制实行动态调整,按照逐步实现基本公共服务均等化的要求和公益服务供求变化状况,调整事业单位类型和机构编制,做到有增有减。面向社会提供公益服务的事业单位原则上由地方管理,中央保留少量承担全局性、战略性、示范性公益服务的事业单位。

2. 部分省市事业单位编制管理制度改革探索

《中央机构编制委员会关于事业单位机构改革若干问题的意见》发布后,各地、各部门纷纷加快了事业单位机构改革的进程。《关于分类推进事业单位改革的指导意见》及其配套文件发布后,各地、各部门开始对事业单位机构编制管理进行全面深入的改革。到2018年,各地、各部门事业单位分类工作大体完成,目前工作重点在推进承担行政职能事业单位和从事生产经营活动事业单位的改革，部分地方和部门对公益类事业单位的机构编制管理、管办分离改革进行了探索。

各地在全面深化改革过程中，分别出台了分类推进事业单位改革的实施意见，制定了事业单位机构设置、编制管理与编制评估办法。如吉林省实行事业单位编制员额与财政预算相结合的管理办法，创新管理手段和工作举措，初步实现了人员编制由"外延式增长"向"内涵式发展"的转变，创新事业单位编制管理体制，实行公开化、精细化管理，实现了对事业单位机构编制和人员的动态监督管理，事业单位机构数和人员编制数得到有效缩减控制；湖南省实现了事业单位人员编制实名制管理，集中建立了省直各单位人员包括姓名、性别、身份证号、编制性质、在编情况等综合信息的电子数据库，并根据实际情况，适时进行数据更新，对事业单位人员编制管理做到了清晰化、全面化。党的十八大以后，在各地公益类事业单位机构编制管理改革中，北京市和成都市的改革举措具有一定代表性。

（1）北京市公益类事业单位人员编制管理改革

北京市政府 2009 年印发了《关于做好单位编制分类和确定内设机构人员编制及领导职数的通知》，北京市机构编制管理委员会办公室也多次下发文件指导各事业单位开展人员编制结构管理工作。2015 年 5 月，北京市印发《关于创新事业单位管理 加快分类推进事业单位改革的意见》，其中就公益类事业单位机构编制管理改革推出了一系列措施。

一是创新事业单位人员编制管理。事业编制实行总量管理，全市事业编制总数要控制在 2012 年年底的总量内；事业编制按相应管理权限合理调配；职能过于单一、规模较小、设置过于分散的事业单位，要撤并整合，并科学合理核定其编制；对公益一类事业单位机构编制严格管理，继续实行审批制；申请设立公益一类事业单位，按增减平衡原则，实行"撤一建一"；能够通过政府购买服务方式提供公益服务的，要采取购买服务方式，不再增加事业编制；区别管理公益二类事业单位机构编制，对现有高等学校、公立医院等，逐步创造条件，保留其事业单位性质，探索不再纳入编制管理，对现有编内人员实行实名统计，随自然减员逐步收回编制。

二是创新公益服务提供方式。加大政府购买公共服务力度，调动社会力量，利用市场机制促进公益事业发展；对新增的公益服务项目，原则上采取政府购买服务方式提供，不再增设事业单位或增加事业编制；对于机关后勤、公共设施管理、信息网络运行维护、便民服务电话接转、环卫清扫作业、社区服务、养老服务、检验检测等事务性管理服务，一律采取政府购买服务方式提供。

三是完善现有公益类事业单位用人机制。全面梳理现有公益类事业单位岗位职责，明确管理岗位、专业技术岗位和工勤岗位分类，并进一步细化专业技术岗位类别；重新核定管理岗位、专业技术岗位中的主体业务岗位人员编制；工勤岗位和专业技术岗位中的辅助业务岗位采取政府购买服务方式或实行人员额度管理；按照"老人老办法、新人新办法"的原则，对工勤岗位、专业技术岗位中的辅助业务岗位现有编内人员实行实名制管理，只出不进，随自然减员逐步收回编制，对新进人员按照新的用人制度管理。

（2）成都市公益类事业单位人员编制管理改革

中共中央、国务院《关于分类推进事业单位改革的指导意见》印发后，成都市按照"改两端、强中间"的总体思路，积极推进公益类事业单位机构编制管理改革，在构建以职能职责为核心的机构编制配置体系、推行"基本编制＋动态编制"、严控总量与保障急需有机结合等方面进行了一系列有益的探索，有效推动了事业单位分类管理改革。2017年，成都市委机构编制委员会办公室整合分散的中央、省机构编制管理政策、规定、标准和要求，吸取事业单位机构编制管理改革的成功经验，制定出台了《事业单位机构设置和编制管理规定》，对全市事业单位职责配置、机构管理、编制管理和监督检查作出了明确规定。

一是事业单位机构编制实行实名制管理。按规定批准设立的事业单位由机构编制部门进行控编审核、实行定编定岗到人，确保机构设置与按规定审批的机构相一致、实有人员与批准的编制和领导职数相一致。

二是不同类别事业单位机构编制管理方式不同。事业单位划分为承担行政职能、从事生产经营活动和从事公益服务三个类别；从事公益服务的事业单位细分为公益一类和公益二类事业单位；对不同类别的事业单位按照事业单位改革相关政策实行差别化管理；公益一类事业单位实行经费保障，公益二类事业单位实行经费补助。

三是公益类事业单位实行"存量调减"。对新设事业单位坚持"撤一建一、撤多减少"的原则,在市本级事业机构的总数额度内综合设置。

四是事业编制总量控制、动态调整。事业编制实行总量控制、动态调整、有增有减、增减平衡;凡适宜由市场化方式提供的公共服务,原则上采取购买服务方式予以保障,一般不增核事业编制;处于分类改革过渡期的事业单位,事业编制使用只减不增,暂缓分类的事业单位,继续按原有政策规定实施机构编制管理。

在事业单位分类管理改革过程中,成都市还创新事业编制精细管理,贯彻"总量控制、动态调整"原则,探索实施"基本编制+"的管理方式,以破解编制稀缺性和使用效益发挥不佳并存的难题。一是中小学校全面实行"基本编制+动态编制"管理,以编制总量为基础,按区(市)县生源数核定基本编制,按一定比例明确动态编制,并根据区(市)县生源适时变化情况按照比例一年一调动态编制。二是公立医院实行"基本编制+员额控制"管理,以卫生主管部门明确的床位与人力资源比例确定公立医院人力资源总量,按照不同地域和工作任务核定基本编制,不足部分则实行员额控制,基本编制实行审批管理,员额实行备案管理。三是满编运行事业单位实行"基本编制+人才专项编制"管理,以保障满编运行单位能够引进急需紧缺的高层次人才。人才专项编制由市编办统一管理,单位专项使用,编制锁定到人。四是部分市场配置资源的事业单位实行"基本编制+项目购买"管理,该类单位的现有编制作为基本编制,主要用于保障核心管理团队,对阶段性岗位、辅助性岗位,主要采用项目购买服务的方式解决岗位需求。①

(三)事业单位编制管理改革取得的成绩

党的十八大以来,按照中共中央、国务院《关于分类推进事业单位改革的指导意见》的设计和要求,中央统筹部署大力推进事业单位改革,各地各部门积极稳妥扎实推动,基本完成事业单位清理规范和分类工作,改革取得明显成效。

1. 基本完成事业单位清理规范和分类工作

在清理规范现有事业单位的基础上合理划分类别,是事业单位改革

---

① 成都市编办:《创新管理方式强化公益属性不断探索事业单位机构编制管理新路径》,《中国机构改革与管理》2017年第5期,第20—22页。

的基础。作为计划经济条件下的产物,我国的事业单位有的任务已经萎缩,有的设置分散、规模过小,有的重复设置,有的长期大量空编。《关于分类推进事业单位改革的指导意见》因此要求清理规范现有事业单位,对未按规定设立或原承担特定任务已完成的,要予以撤销;对布局结构不合理、设置过于分散、工作任务严重不足或职责相同相近的,要予以整合。各级机构编制部门经过攻坚,在全国范围内清理了一批"僵尸单位",整合了一批交叉重复的机构,核减了一批闲置浪费的编制。到2016年年底,事业单位清理规范全面完成,全国共减少事业单位6万多家,核减编制60多万,基本摸清了"家底"。①

在清理规范的基础上,各级机构编制部门以社会职能为核心,制定了比较明确、具体的事业单位分类标准,将现有承担行政决策、行政执行、行政监督职能的事业单位划入行政类,将完全由市场配置资源、从事生产经营活动的划入经营类,逐步转为企业,将从事公益服务的划入公益类。根据职责任务、服务对象和资源配置方式等情况,将承担基本公益服务的公益类事业单位划入公益一类,承担一般公益服务的划入公益二类。截至2019年年底,中央国家机关所属事业单位分类基本完成,地方分类工作稳步推进,大部分省市分类工作全面完成;公益一类和二类单位的划分也已基本完成。

2. 公益类事业单位机构编制改革稳步推进

公益类事业编制占整个事业编制超过90%,因此,公益类事业单位机构编制改革事关事业单位改革的成败。党的十八大后,中央和各地各部门采取多种措施,积极推进公益类事业单位改革。

一是不断完善改革配套政策。出台了创新机构编制管理、政府购买服务、规范收入分配、事业单位人事制度改革、事业单位人事管理等一系列政策,事业单位新的管理制度框架正在形成。

二是不断强化事业单位公益属性。大力破除事业单位逐利机制,如环境保护部完成了各级环保部门所属环评机构与机关脱钩工作,清理了"红顶中介";上海等省市明确公益一类与所办企业脱钩,公益二类所办

---

① 李建忠:《我国事业单位改革现状与趋势》,《中国党政干部论坛》2016年第12期,第7—12页。

的与主业无关的企业也要脱钩，划清公益与市场经营的边界。

三是不断创新事业单位机构编制管理。各级机构编制管理部门积极推进事业单位编制审批制与备案制相结合、总量控制与动态调整相结合、编制保障与购买服务相结合、事前审批与事中事后监督相结合为目标的编制管理创新改革。如中央一级在有代表性的新闻单位试点人员编制总量管理；江苏、湖北、河北、天津等省市推进公立医院、高等院校人员总量管理改革试点，着力解决编制资源不足、编内编外二元身份管理、同工不同酬等问题。

3. 继续扩大法人治理结构和编制备案管理试点

继续扩大法人治理结构试点。中央编办会同相关部门研究制定了事业单位章程范本，指导地方开展法人治理结构建设，明确了中央地方共同联系试点单位。山东、青海等省积极探索取消学校、科研院所、医院等事业单位的行政级别。

大力开展公益二类事业单位编制备案管理改革探索。部分地区探索推进公益二类事业单位编制备案制管理改革，有的地区提出了取消或收回公立医院、科研机构和高等院校等事业单位编制的政策目标，有的地区尝试取消事业单位的行政级别。如北京市对高等学校、公立医院等探索不再纳入编制管理；深圳市对公立医院不再实行编制管理，突破了事业单位以编制数额作为财政拨款依据，取消了事业单位的行政级别。

4. 努力推动事业单位机构编制标准制定工作

中央机构编制管理委员会办公室《关于推进事业单位机构编制标准工作的意见》印发后，各级机构编制部门按照要求，积极推进事业单位机构编制标准工作，取得了显著成绩。中央机构编制管理委员会办公室加强了机构编制标准工作的顶层设计和统筹谋划，会同有关部门研究出台了一些重点领域全国性机构编制标准，在教育、公立医院领域取得较大成绩。各地在认真贯彻落实全国性标准的同时，根据实际需要，研究出台了一大批地方性编制管理标准，进一步提高了事业单位机构编制管理的科学化水平。

第四章 机关干部选拔任用制度

第四章　机关干部选拔任用制度

在革命战争年代，毛泽东主席就提出了"政治路线确定以后，干部就是决定因素"[①]的著名论断，指出了干部工作的重要性。中华人民共和国成立后，社会主义建设事业经过70余年的发展和改革，党政机关干部选拔任用随着经济政治体制发展向前推进，在不同历史阶段呈现出不同的发展特征。总体上，经历了改革开放前与计划经济体制相适应的管理、党的十一届三中全会召开后的恢复和改革探索、党的十四大后的深化改革与制度创新、党的十八大以来的新发展等四个时期，在人事计划与职位管理、干部吸收录用、干部选拔任免、干部调配交流与回避等方面，管理规范不断健全，党政干部选拔任用制度建设成效显著。

在改革开放前的计划经济管理体制下，为满足社会主义新政权建设发展需要，国家建立了统包统分、统一调配的干部管理制度，实行了严格的人事计划管理制度，并按照计划进行吸收录用和选拔任用。"文化大革命"时期，干部管理体系遭到破坏，党的十一届三中全会召开后开始拨乱反正，恢复重建干部工作体系，落实干部政策，干部选拔任用逐步重上正轨。

党的十一届三中全会确立实行改革开放路线后，1980年5月，中央重新颁布了《中共中央管理的干部职务名称表》，1980年7月，国务院成立了国家人事局，1980年8月，邓小平同志在中央政治局扩大会议上发表了《党和国家领导制度的改革》重要讲话，开启了党和国家领导制度改革和干部人事制度改革。这一系列重要举措，标志着干部选拔任用制度进入新的历史发展时期。以推进党和国家领导制度改革为起点，强化人事计划管理，健全完善干部吸收录用规定，制定干部选拔任用和调配交流的各项制度，使整个干部选拔任用工作开始步入规范化、制度化发展阶段。

1992年邓小平同志南方谈话和党的十四大召开，确立了发展社会主义市场经济体制，将改革开放推向新的发展阶段，在干部人事制度改革

---

① 《毛泽东选集》第二卷，人民出版社1991年版，第526页。

上也取得了新进展。这一时期，实行机关、事业、企业单位分类管理，并提出对机关工作人员实行职位分类，建立领导职务和非领导职务制度；建立推行公务员制度，在党管干部的基本原则指导下，推行机关工作人员的依法管理；进一步强化考试选拔和干部选拔中的民主，对初任公务员选拔推行全面的考试录用和"凡录必考"，对党政领导干部选拔推行竞争上岗和公开选拔等竞争性选拔方式；随着公务员制度建立发展和党政干部管理制度不断完善，干部交流与回避制度的规范化和制度化的程度不断提高。

党的十八大以来，在习近平新时代中国特色社会主义思想指导下，党政干部选拔任用制度出现了新的变化。这一时期，中央提出了"好干部"标准，强化政治要求，对干部加强监督和从严管理，防止"带病提拔"，并修订完善《党政领导干部选拔任用工作条例》和《公务员法》，推行职务与职级并行制度，党政干部选拔制度与实践进入新的发展时期。

第一节 计划管理体制下的选拔任用制度（1949—1980年）

中华人民共和国成立后，建立社会主义经济和政治制度，全面实行社会主义计划经济体制，与之相适应，建立了国家统一调配的干部人事管理制度。这一时期的干部选拔任用，也突出体现了按计划进行吸收录用和选拔任用管理的特点，既有中华人民共和国成立初期的干部人事工作健康发展的成功经验，也有1966年至1976年遭到干扰破坏的曲折历史教训，值得认真总结吸取。

一 实行人事计划管理制度

人事计划管理就是通过计划管理的手段和方式对干部人事工作进行管理，对全国的干部队伍和机关、事业单位职工队伍的发展方向、规模、速度、结构、布局以及机关事业单位职工劳动工资按计划进行部署和安排，主要包括机关事业单位的职工劳动工资计划和干部人事计划两部分，其中干部人事计划就是关于干部需要量的计划，具体包括干部人数与职工人数计划、大中专毕业生分配计划、军队转业干部安置计划等。这一时期，与计划经济体制相适应，在干部人事管理上实行了相对较为严格的计划管理，作为制定各项选拔任用政策、实施选拔任用工作的基础，通过制订分部门、分层级的干部队伍计划、职工人数计划进行干部人事的计划管理。

人事计划管理包括计划编制、审批下达计划、贯彻执行计划及检查计划执行情况等一系列工作，一般需要经过三个步骤：编制计划准备、确定干部和职工人数需要量、提出保证计划实现的各项政策和措施。

（一）人事计划编制的基本方法

1. 编制计划准备[①]

主要包括以下三个方面：一是根据计划期国家对国民经济计划、人事管理工作的方针、政策、要求，明确计划期干部计划的指导思想、主要任务和编制计划的基本原则；二是收集相关信息资料，作为编制计划测算、决策依据。包括国民经济发展主要指标、财政收支情况、各项事业发展计划、重点发展领域及相关政策规定、新增劳动力和国家统配人员资源情况、就业结构及职业需求结构和数量、机构和编制定员情况等；三是预计计划期基数。调查分析职工人数、干部计划执行情况及存在的主要问题，以此为基础，提出编制计划的基数。

2. 计划需要量测算与综合平衡

计划需要量的测算主要包括职工人数计划、工资总额计划和干部计划三部分，本节主要对职工人数计划和干部计划两部分进行叙述介绍。

职工人数计划的编制，既要考虑机关事业单位对职工人数的需要量，也要考虑国家财力和物力的保障基础。一般而言，对职工人数需要数量要和国家非物质生产领域各项事业发展规模、速度成正比，要和工作效率（劳动生产率）成反比，还要考虑国民经济部门和行业结构变动因素、劳动力更新规模和现有余缺情况以及国家规定的编制额。[②] 编制干部计划，除了考虑职工人数计划各项要求，还要考虑国民经济和社会发展对行政管理人员、专业技术人员的需要量，国家统配人员的分配政策以及干部管理工作的有关政策规定等。

---

① 徐颂陶：《中国人事管理工作实用手册》，中国财政经济出版社1992年版，第6—7页。
② 徐颂陶：《中国人事管理工作实用手册》，中国财政经济出版社1992年版，第6—7页。

3. 提出保证计划实现的各项政策和措施

在干部人事计划编制中要提出保证计划实现的各项政策和措施。主要包括：对贯彻执行党和国家的基本方针政策及各项人事管理政策作出说明；结合干部计划编制中的实际情况，有针对性地提出保障性政策措施；对贯彻落实干部计划提出要求，明确具体办法和考核标准；对违反政策规定、突破国家计划要求的，提出处理办法和意见。

（二）改革开放以前的干部计划管理

从中华人民共和国成立到党的十一届三中全会召开，其间人事管理机构经过多次变动，但在有计划地管理全国干部队伍及机关与企事业单位干部、职工工资总额方面，均发挥了重要作用。

1958年，中共中央、国务院颁布《关于改进计划管理体制的规定》，对社会主义经济实行计划管理作出了全面规定，确立"统一计划、分级管理、加强协作、共同负责"的计划管理体制，将工资总额和职工总数以及全国范围内的科学技术力量、劳动力调配统一纳入全国统一计划管理范围。在国家统一计划前提下，实行分级管理计划制度，在确保完成国家的劳动计划和技术力量调配任务的条件下，对本地区内的劳动力和技术力量进行统筹安排。

这一时期的干部计划管理主要是依据党的基本路线、方针和政策，在对大中专毕业生分配、军队转业干部安置以及从工人、农民中吸收录用干部进行统一管理的基础上，制订全国统一的大中专毕业生分配年度计划、军队转业干部安置和吸收录用干部的阶段性计划、短期计划和专项计划。总体来看，这一时期的干部计划还局限于单项工作计划的制订和实施中，尚未实行系统的干部计划管理。

二 建立机关干部录用制度

吸收录用干部包括从在职人员中吸收干部和从非在职人员中招收录用干部。前者是通过特定程序，把具有工人身份的社会在职人员吸收到干部队伍中；后者是通过特定程序，把农民、社会青年等非在职人员中录用到干部队伍中。

这一时期的机关工作人员吸收录用，按吸收录用渠道可以分为大中专院校毕业生分配、接收军队转业干部，以及从工人、农民、社会闲散人员和知识青年等其他人员中吸收录用三种情况。大体可分为按照中华人民共和国成立初期大规模吸收录用干部（1949—1956年）、干部吸收录用工作稳定发展（1956—1966年）、干部吸收录用工作恢复发展（1966—1980年）三个发展阶段。

（一）中华人民共和国成立初期大规模吸收录用干部

这一时期的干部吸收录用主要是为了适应社会主义中华人民共和国成立、满足社会主义改造需要而进行大规模吸收录用干部。为扩大干部来源，除了分配大中专毕业生，还采取了从产业工人中吸收干部、从农民积极分子中录用干部、招收社会知识青年以及留用旧人员等多个渠道吸收录用干部。

中共中央组织部副部长兼中央人民政府人事部部长安子文在1951年全国人事工作座谈会的报告中强调："培养提拔产业工人干部是一件严肃的政治任务……方法是，积极认真地并有计划地在各种工作和运动中，特别是在抗美援朝、肃反与生产运动中，细心挑选大批产业工人中思想进步、工作积极、忠实可靠、懂得技术，并有办事能力的优秀分子，经过各方面的考察和耐心的培养教育，提拔为干部。"[1]

1953年，中共中央作出《关于统一调配干部，团结、改造原有技术人员及大量培养、训练干部的决定》，为完成第一个五年计划和解决工业建设等迫切需要的干部问题，着手加强专业技术干部队伍建设。主要采取了在大规模培养的基础上吸收、聘用原有未就业的技术人员等方式，大量培养和选拔了一大批技术人才和管理人才，为建立一支满足社会主义建设需要的工人阶级技术干部队伍奠定基础，为国家大规模开展经济建设提供了人才保障。

在吸收录用制度建设方面，鉴于当时的特定历史时期，中央人民政府人事部于1952年制定形成了全国性的《国家机关吸收工作人员暂行办法（草案）》，对招收录用干部的条件、工作程序和手续、待遇等都作出明确规定。此前的干部吸收录用制度规定多是单项的或地区性的，包括1951年政务院制定的《关于各地区、各机关招聘工作人员和招考干部训

---

[1] 中国劳动人事年鉴编辑部：《安子文部长在全国人事工作座谈会上的报告》，《中国劳动人事年鉴（1949年10月—1987年）》，第1421页。

练学校、训练班学员的暂行规定》，1951年东北人民政府制定的《录用工作人员暂行条例（草案）》，1952年西北军政委员会颁布的《关于各级人民政府招聘录用工作人员试行办法》等。

（二）干部吸收录用工作稳定发展

随着社会主义改造任务的基本完成，社会主义经济和各项建设任务进入了稳定发展时期，中央相应对干部工作方针进行了调整，从大批量快速提拔干部职务转向稳定干部职务、提高干部工作能力。干部吸收录用在这一方针指引下，开始严加控制，大大压缩了干部吸收录用计划，基本上不再从工人中吸收和从社会上录用干部。1958年"大跃进"之初，提出了通过调整干部余缺和大批下放干部办法解决各项事业"大跃进"对干部的需求。但随着"跃进"的不断升级，干部队伍数量仍然有所增长，生产建设上的"跃进"导致了干部吸收录用上的"跃进"，尤以作为"跃进"主要部门的工业部门增人最多。

在三年困难时期，中央回收了吸收录用干部审批权限，对吸收录用干部进行了严格控制，使得一些部门和单位对干部的特殊需要也无法解决，导致"以工代干""以农代干"情形的普遍出现。1962年开始，国民经济形势开始好转，干部吸收录用工作开始适时进行补充。1964年以后，国民经济出现全面好转，为了解决不少地区和单位出现的现有干部不能满足需要的矛盾，干部吸收录用工作又正常开展起来。

与此同时，干部吸收录用的制度建设也得到新的发展。在1952年《国家机关吸收录用工作人员暂行办法（草案）》的基础上，内务部政府机关人事局于1964年拟定了《关于国家机关、企业、事业单位录用干部暂行办法》。这个文件虽然由于各种原因没有正式颁布，但其主要精神和内容得到贯彻实施，成为干部吸收录用工作的主要依据。

（三）干部吸收录用工作恢复发展

1966年至1976年，干部吸收录用工作受到严重破坏，正常的干部吸收录用工作基本停止，全国统一的招干工作无法进行。一些部门和单位为了应付工作需要，自行吸收干部，"以工代干""以农代干"数量大大增加，为干部规范化管理带来了困难。

1976年以后，开始了全国范围的拨乱反正、落实各项干部政策，中央开始整顿恢复干部吸收录用工作。干部吸收录用主要开展了两个方面的工作：一是录用社会闲散科技人员，为1966年至1976年被定为"臭老九"的知识分子"正名"，并恢复到专业技术工作岗位上。二是整顿"以工代干"现象。"以工代干"作为干部吸收录用工作中的特定时期的特定历史现象，源于20世纪60年代初经济困难时期对干部吸收录用的严格控制，1966年至1976年数量急剧增加，1976年以后开始进行整顿。1979年11月召开的全国人事局长会议进行了专门研究，并明确规定"今后一律不再搞'以工代干'"。随后，中央相继制定了一系列规定文件，对"以工代干"人员进行清理整顿，符合干部条件的按规定程序转为干部并补办转干手续；不符合条件的人员，原则上回原单位或安排其他工作；符合退休退职条件的办理退休退职。

三 建立机关干部任免制度

干部选拔任免是干部管理的核心环节，对党在不同历史时期的路线、方针和政策贯彻落实具有决定性作用，同时也是党的路线、方针和政策的直接体现。中国共产党带领和团结全国各族人民，经过长期的新民主主义革命，取得革命胜利并建立了社会主义新中国。基于长期的历史和实践经验，毛泽东主席提出了"政治路线确定以后，干部就是决定因素"，强调干部和干部选拔任用工作的重要性。习近平总书记则基于社会主义和平建设时期的干部选拔实践，明确提出了"用一贤人则群贤毕至，见贤思齐就蔚然成风"，强调干部选拔任用的导向作用及对营造风清气正的良好政治生态的重要作用。

（一）干部选拔任免方针和原则

干部选拔任免始终坚持通过对干部的考察了解，依据相关法律法规和章程要求，经过一定的程序，挑选任用干部担任某个职务或者免去某个职务，最大限度地发挥干部的潜能和作用，从而更好地实现为人民服务、为社会主义建设贡献力量的基本目标。

因此，干部选拔任免始终坚持任人唯贤而不是任人唯亲的基本路线，并遵循党管干部、德才兼备、五湖四海、能上能下、依法任免等一系列基本原则。尽管在新民主主义革命和社会主义建设的不同历史阶段，这些基本原则有着不同的表述或者侧重点，但党的干部选拔任免方针和原则始终遵循和坚持稳定不变的基本方针和原则。无论是委任制、选任制、还是聘任制，都是在党的统一的路线方针指引下，遵照党管干部的基本原则，依照党内各项法规、章程和国家相关法律法规，按照既定的干部管理权限开展干部选拔任免工作。

(二) 干部任免管理权限的变化

无论是在革命战争时期还是中华人民共和国成立后的社会主义和平建设时期，干部任免都始终按照确定的干部管理权限并经过一定的组织程序进行。中华人民共和国成立后，按照宪法、法律和任免条例等法律法规，根据干部管理体制变化，对国家机关工作人员的任免权限、任免范围进行了相应调整。在实行干部分部分级管理体制框架下，采取制定分部分级的干部职务名称表的方式进行干部管理和任免权限划分。在1949—1980年的计划经济体制时期，中央根据各个具体时期经济建设和发展形势的需要，在干部管理权限上呈现出"先集中管理—后下放权力—再回收权力"的变化轨迹。

1. 干部任免管理权限高度集中

1951年11月5日，在《中央人民政府任免国家机关工作人员暂行条例》中，依据《中央人民政府组织法》的规定，分别确定了对省部级、厅局级和县处级领导职务人员进行任免的权限和范围，将地市级以上层级机关的县处级以上领导职务人员任免权限统归中央人民政府委员会或其政务院，将县（市、旗）一级领导班子成员的任免权限交给省一级地方人民政府任免并向政务院汇报。其中，第二条明确规定了由中央人民政府委员会任免或批准任免的人员范围[1]，主要是对副部级以上领导职务人员和大学校长、副校长，专门学院院长和副院长进行任免；第三条明确规定了由政务院任免或批准任免的人员范围[2]，主要是对中央部委内设机关、省部级政府内设机关和地市级政府内设机关内部的、县处级以上领导职务的任免权限；第七条明确规定了县（市、旗）长、副县（市、旗）长、委员及相当于县的民族自治区人民政府的主任、副主任、委员，暂授权大行政区、民族自治区或中央直属省人民政府任免，并由该人民政府汇报政务院。

---

[1] 曹志：《中华人民共和国人事制度概要》，北京大学出版社1985年版，第134—135页。
[2] 曹志：《中华人民共和国人事制度概要》，北京大学出版社1985年版，第134—135页。

1954年9月20日，第一届全国人民代表大会第一次会议通过《中华人民共和国宪法》，对全国人民代表大会及其常务委员会选举和罢免、任免的国家领导人员、省部级领导人员的权限进行规范确定，授予了国家主席根据全国人民代表大会及其常委会的决定对国务院及其下设各部委领导人员的任免权限；对地方各级人民代表大会选举、罢免本级政府领导人员、任免本级国家机关工作人员权限进行规定。

第一届全国人民代表大会第一次会议通过的《中华人民共和国国务院组织法》，对国务院任免领导人员权限进行规定，即主要是任免中央各部委副部长以下、内设厅局级副职以上领导职务和省级政府内设机构正副厅局级领导职务、地市级专员公署专员，以及高等学校校长、副校长、院长、副院长等各类相当职务人员。

至此，依据宪法和相关法规和条例，初步确定中华人民共和国成立初期的各级领导干部的任免权限，并确立干部任免管理的基本框架体系。这一时期干部管理的显著特点是，实行县处级以上各级党政领导干部的高度集中统一管理，大部分干部管理权限集中在中央人民政府和政务院（国务院）。

2. 干部任免管理权限下放

出于发挥中央和地方积极性的考虑，在1956年毛泽东主席发表《论十大关系》讲话后，开始实行干部管理权限下放；1957年2月，中共中央决定适度扩大地方党委管理干部的责任和权力，将省一级政府的厅局级领导干部、地市级领导班子成员委托给省一级党委代管，由省一级党委进行任免，并向中央上报备案。同时将中央管理的国营企业干部交给各部门管理，将地方的大中专院校交给地方政府进行管理，中央和地方可根据需要进行协商抽调。

3. 干部任免管理权限回收

随着干部管理权限的下放，在改变干部管理权力过于集中、提高管理效率、加强地方工作等方面取得成效同时，也带来了新的问题。1960年，中央为了集中力量进行调整和纠正，并适应国民经济发展需要，开始集中干部管理权力，逐步收回了下放的干部管理权限。1962年10月，中央组织部召开全国组织工作会议，制定下发《关于改进干部管理制度的九点意见》，肯定了1953年以来《关于加强干部管理工作的决定》和

《关于颁发中共中央管理的干部职务名称表的决定》等干部管理规定，提出并采取一系列对下放的干部管理权限予以收回的措施，中央和各级党委不再采取层层委托下级党委代管干部的办法。

（三）计划管理体制下干部选拔任用

中华人民共和国成立后，中央根据社会主义建设事业和政治经济形势变化，依据宪法和政府组织条例等制定干部管理相关法规，确立干部管理体制，划分干部管理权限，通过制定《干部职务名称表》的基本形式实行干部管理和干部任免。在计划经济时期干部选拔任免工作又可以具体分为三个阶段：社会主义政权建立初期的干部选拔任用（1956年以前）；计划经济稳定发展时期的干部选拔任用（1957—1965年）；1976年以后干部选拔任用恢复发展（1966—1980年）。

1. 社会主义政权建立初期的干部选拔

这一阶段的干部选拔是在经历了民主革命战争时期确立的干部选拔路线、原则和程序基础上，适应社会主义国家建设需要，而开始大批量地选拔任用干部。

中华人民共和国成立之初，从革命战争进入和平建设时期，各行各业百废待兴，急需选拔培养大量干部，而来自解放区、军队以及地下党的干部数量有限，不能满足社会主义大规模建设对干部的迫切需求。当时主要采取了以下三种措施：

一是有计划地大量挑选优秀产业工人、学生、旧知识分子和农民中的优秀分子，通过训练改造，提高其政治、文化和业务素质，并分配到相应的建设工作岗位上去。当时在全国各地大量开办工农干部文化补习学校、工农干部速成中学，各高等院校设立了干部班等，为培养训练这些干部发挥了重要作用。

二是破除干部选拔任用中的错误认识，依照德才兼备的原则，大胆提拔使用新生力量。这是经过1951年全国组织工作会议后，在大规模补充选拔干部基础上，经过几年的培养锻炼，已经获得锻炼和成长，具备了提拔领导干部的条件和可能。在《人民日报》连续发表社论，破除了年轻干部"摆不平、压不住台"、工人"文化低、理论差、不能胜任领导工作"、青年知识分子"有小资产阶级情调、没有扛过枪打过仗不可靠"等错误思想认识的基础上，从1953年起，全国各级党委组织部门和政府人事部门，每年都采取措施提拔使用一大批担任县以上领导职务的干部。

三是注意选拔任用非党干部、妇女干部和少数民族干部。在1951年全国组织工作会议上，中共中央组织部副部长、人事部部长安子文强调，要耐心培养、放手使用和提拔党与非党的妇女干部，民族地区还要大量培养和选拔少数民族自己的干部；自1953年以来，中共中央多次发出指示和通知，强调选拔非党干部的重要性，要求各级政府职能部门必须配备适当数量的、德才兼备的非党领导干部。通过这些措施，在这一阶段的县以上各级领导干部中，妇女干部、少数民族干部和非党干部比重都有所提高。

这一时期的干部选拔任用工作取得很大成绩，选拔任用大批优秀人才，为社会主义革命和建设提供了干部保障；但也存在忽视干部政治品质、任人唯亲、片面强调干部斗争历史等问题。

2. 计划经济稳定发展时期的干部选拔

经过社会主义革命和建设初期大规模、大批量提拔干部的阶段以后，国家组织机构基本确定下来，工作步入常态化轨道。随着社会主义计划经济稳定发展，对干部的选拔任用开始进入稳定提高时期，开始有控制地选拔任免干部，并考虑培养无产阶级革命事业接班人，重点培养选拔新生力量。

经过1956年12月召开的全国组织部长工作会议讨论后，中共中央1957年2月下发《关于今后干部工作方法的通知》，明确提出了稳定提高干部的工作方针。除这个通知以外，中共中央副主席刘少奇、中央组织部部长安子文都深入阐明了稳定提高干部的思想，第一次提出"干部专业化"和"能上能下"的思想。

关于稳定提高干部和"专业化"，提出了"稳定干部的职务、提高干部的思想，提高其政治领导水平和业务工作能力，应该成为今后干部工作的基本方法。对绝大部分干部来说，要在工作岗位上稳定下来，下决心干十年、二十年，甚至干一辈子"[1]，安子文对稳定提高干部进行了具体阐述："所谓稳定，一是在一定的'行业'中稳定下来，实行干部专业

---

[1] 张志坚、苏玉堂：《当代中国的人事管理》（上册），当代中国出版社1994年版，第273页。

化；二是在一定的岗位上稳定下来，在这种岗位上长期工作下去"①。

关于干部"能上能下"，提出了"随着事业的发展，今后还是要提升一些干部的职务的，但是不能再大批迅速地提拔干部了。有些干部不仅不能提拔，还要派到基层去工作。这不是降职，而是为了培养锻炼和提高干部，为了加强基层单位的工作。今后，所有领导干部都必须有基层工作经验，没有这种经验的，应当取得这种经验"②。下放基层锻炼和下放劳动锻炼，主要是为了培养干部的劳动观念、群众观念，坚定工人阶级立场和马克思主义世界观，密切干部同工人群众的联系，获得基层工作经验；是在和平环境中改造干部思想作风、提高干部政治觉悟和实际工作能力的根本措施。在随后的几年中，全国有数百万名干部下放基层劳动或到基层工作，中央机关也有一万多名干部下放基层锻炼。1962年，从中央机关抽调了近百名部长、副部长、司局长下放到粮食高产地区担任地市级和县级领导，这既是干部下放基层锻炼方针的具体体现，也对当时战胜国民经济困难发挥了重要作用。

经过大量迅速提拔干部和稳定提高干部两个发展时期，整个干部队伍出现了老龄化和培养选拔接班人问题。面临"后继无人"的危险，中央把培养提拔年轻干部提上重要地位。同时为了应对西方资本主义和敌对势力和平演变，也需要培养千百万无产阶级革命事业接班人，才能将马克思主义和社会主义事业一代一代传下去，这是关系到社会主义、共产主义旗帜永不变色的重大战略问题。1964年2月，中央组织部召开各中央局组织部长座谈会，讨论提出了培养革命事业接班人和提拔新生力量的问题，并提出八条培养选拔新生力量的具体措施，要求由中央组织部和各省、区、市党委组织部负责落实。

同时，毛泽东主席对培养选拔接班人问题作了专门论述，并提出了无产阶级革命事业接班人的五项条件，专门强调了培养无产阶级革命事业接班人的战略重要性。随后，各级组织人事部门深入下去考察了解优

---

① 张志坚、苏玉堂：《当代中国的人事管理》（上册），当代中国出版社1994年版，第273页。
② 张志坚、苏玉堂：《当代中国的人事管理》（上册），当代中国出版社1994年版，第273页。

秀年轻干部，少数条件成熟的直接提拔进入各级领导班子，多数作为重要领导岗位的后备干部进行培养。通常做法是派到农村、工厂参加一至两期社会主义教育运动后，留在县里和工厂担任党政主要领导工作，再锻炼几年后提拔到较高级领导岗位。

这一时期的干部选拔任用，突出强调政治路线，强调政治立场，但也出现用人不公正现象，既有对干部错误的撤免或降职使用，也有对不符合要求的干部错误的提拔，都造成了不利的影响。这就导致了在干部选拔标准上，"又红又专"仅仅停留在了"红"上，而忽略"专"，对干部队伍专业化素质和业务素质缺乏重视。在培养选拔新生力量上，也同样存在过分强调干部的家庭出身和社会关系、在政治历史和思想认识上要求"纯而又纯"等现象，导致不少优秀人才难以进入提拔视野。

3. 1976年以后干部选拔任用恢复发展

1966年至1976年，干部选拔任用的基本路线、方针和政策遭到破坏，各级党委组织部门和政府人事部门陷于瘫痪。1973年，邓小平恢复工作后，特别是1975年主持中央日常工作后，开始对选拔任用干部进行整顿，撤换和处理了一些帮派分子，重新选拔起用了一批领导干部。

1976年以后，特别是1978年党的十一届三中全会以后，党的干部路线和政策得以恢复，干部选拔任用工作重新回到正确的轨道上。1977年至1980年，干部选拔任用主要开展了两个方面的工作：一是大规模平反冤假错案，给在1966年至1976年受到不公正对待的干部平反，恢复其领导职务，使一大批久经考验的老干部重新走上领导岗位；二是对各级领导班子中依靠造反起家的人、帮派思想严重的人、打砸抢分子以及反对党的十一届三中全会确定的路线方针政策的人，进行清理，使干部队伍进一步纯洁。在此基础上，1979年9—10月，中央组织部召开了全国组织工作座谈会，使干部选拔任用的工作秩序重新恢复确立下来。

四　实行机关干部调配制度

为充分发挥干部潜能、优化人职匹配，满足不同时期社会主义革命和建设事业发展的需要，中央不断加强干部流动与调配。干部流动调配作为干部人事管理中的一项经常性工作，在不同历史时期具有不同的特点，最大的区别是在计划经济体制时期和市场经济体制时期采取不同的流动调配手段和方式，相应的制度规定也存在较大区别。在计划经济体制时期，主要通过行政手段，由各级党委组织部门和政府人事部门负责对干部进行调动、调整、调剂和配备；而在建立社会主义市场经济体制后，与市场经济相适应建立市场化的干部流动与交流制度，在总体制度设计上体现了对干部主体流动意愿和选择权充分尊重，对企业和事业单位干部和人才资源流动弱化了行政控制性，为干部和人才自主流动构建制度、搭建平台，在国家行政机关系统建立了公务员交流与回避制度，并成为公务员制度的一个重要组成部分。

本部分根据计划经济体制下干部调配的不同目的和实践发展情况，分别从中华人民共和国成立初期干部调配交流体系确立（1949—1956年）、计划经济体制下干部调配交流曲折发展（1957—1965年）、干部调配交流遭到破坏及恢复发展（1966—1980年）三个阶段对干部调配制度及其发展演变情况展开叙述和探讨，并在一般性、普遍性干部调配之外，重点对"京外调干"和为解决夫妻两地分居"调京"两项专项干部调配工作，从制度规定及其主要内容上单独进行叙述。

中央国家机关从京外地区调干部（简称"京外调干"）和为解决夫妻两地分居调动干部，在干部调配制度和实践发展历程中逐渐成为两项独立的专项工作。直至今天，"京外调干"和为解决夫妻两地分居"调京"工作和落户，作为在市场经济体制下的重要的专项干部调配，为了满足各部门和各项事业发展需要，解决急需、紧缺岗位对干部选拔配置的需求以及干部自身现实生活问题，仍然具有独特的制度优势。

（一）确立干部调配交流制度

中华人民共和国成立后，需要建立和巩固各级人民政权，进行社会主义改造，恢复国民经济，建立有计划的经济体系，需要抽调选派大量的干部。这一时期的干部调配主要包括以下几个方面：

1. 调配干部加强各级党政群组织，加强社会主义政治和经济建设

基层政权组织建设，关系到社会主义人民民主专政的政权稳固，急需充实大批的干部。中华人民共和国成立初期，面临改造旧政权、推动土地改革、建立社会主义新政权、发展社会主义新经济等一系列重要任务，都需要调配大量的干部。此项工作在中华人民共和国成立前夕就已

展开，主要是从军队和解放区抽调干部接管新解放区及大中城市，除了从原有的解放区和军队抽调干部，还从新解放区当地的工厂、大中专学校抽调共产党员、共青团员以及各种干部学校、训练班毕业生分配到区、街、乡党政群基层组织。抗美援朝战争爆发后，需要快速发展航空、汽车、坦克等国防工业，相应需要调配政治可靠、技术较高、身体健康的优秀技术人员充实加强到国防工业部门；1953年开始第一个五年计划经济建设，为实现社会主义工业化建设，需要调配充实大量的专业技术干部。

为此，中央先后制定下发一系列制度文件。1953年，中共中央发出了《关于分期分批调配工业干部的通知》。1954年5月，中共中央批转中央组织部《关于为141项重要工程抽调县、科级干部问题的报告》，采取分期分批抽调的方法，从全国各地抽调了大批干部转入经济部门工作。1955年3月，中央组织部印发《关于迅速调配检察干部问题的通知》，对检察干部的调配提出了要求。1954年，中央撤销原有的华北、东北、华东、中南、西北、西南六个大行政区，将原有六大行政区党政群机构的干部大部分下放到各省市和基层，抽调了1万名干部到中央部委工作。

2. 调配干部支援边疆建设、加强高等院校和中学的领导与政治建设

中华人民共和国成立初期，为了支援边疆建设，调配干部主要有两种途径：一是国家统一组织调配，二是个人志愿申请。1951年西藏解放后，国家集中选派调配一批干部和科技人员进入西藏工作；1954年和1955年先后两批组织调配了财经、卫生干部和技术人员去西藏工作；1956年，一些年轻、有技术的干部志愿申请去支援西北、西南等边疆建设，国务院人事局作出规定，凡是志愿申请去边疆工作的干部，在不影响原部门工作前提下原则上都同意调动。

针对中华人民共和国成立初期高等院校和中学领导干部短缺、政工干部稀缺和政治素质不能满足要求的客观现实状况，中央适时提出加强高等院校、中学的领导建设和政治建设，调配了一批质量较好的政治工作干部，并调整不适宜担任政治工作的干部，加强高等院校和中学的政治领导和思想政治工作建设。

3. 根据机构调整和更好地使用技术干部进行干部调配

针对中华人民共和国成立初期发展工业对技术干部的大量需要，为

了充分发挥技术干部作用，采取措施对用非所学的技术人员在调查登记基础上进行调整和优化调配。1953年，中共中央作出《关于统一调配干部，团结、改造原有技术人员及大量培养、训练干部的决定》，中央人民政府政务院发出了《关于使用不合理的工业技术干部登记调整办法》，对更好地调整使用技术干部作出了规定。

4. 为解决干部夫妻两地分居调配干部

中华人民共和国成立初期，大批量干部跨地区调动工作，客观上造成大量的干部夫妻两地分居，为解决由此引发的干部家庭生活困难实际问题，中央组织部、国务院人事局先后于1953年、1955年、1956年多次发出通知，要求简化这些干部调动工作手续，为解决干部夫妻两地分居而进行干部调配提供了政策依据。

（二）干部调配交流制度的曲折发展

社会主义改造任务完成后，进入全面建设社会主义计划经济时期。根据国民经济发展经历的"大跃进"时期、调整巩固时期和恢复发展时期的不同需要，干部调配工作各有侧重。

1. "大跃进"时期的干部调配呈现出"到基层去、到厂矿去"的鲜明特征

1958年，中央提出了工业"大跃进"指导方针，加之在1957年《中共中央关于今后干部工作方法的通知》强调"能上能下"和"下基层"的干部任用导向下，干部调配工作重点是将大批干部下放到地方和基层单位。一是工业部门和工业企业地下放地方管理，二是这些企业干部也成建制下放地方管理。而对于新建工业企业的干部主要通过三种渠道加以解决：一是中央各部下放一批干部，二是由各省自行调整解决一批，三是允许适当提拔一批干部。

2. 国民经济调整巩固时期的干部调配呈现突出重点、精简机构、下放人员的主要特征

经过中华人民共和国成立初期干部的大规模增长和为了满足"大跃进"需要干部队伍的快速增长，随着经济建设稳定调整，开始压缩基本建设规模，相应地，精简干部队伍和调整干部调配工作。1960年3月，中央批转了《中央组织部关于提拔、调整、吸收干部问题的几点意见》，提出为了建设"四个现代化"而建立一支强大的科学技术队伍和理论队

伍的要求，重点加强了尖端科学技术部门、新建厂矿、新建学校、理论工作方面和干部力量薄弱地区的干部配备。① 1960年7月，中央批转《中央工业工作部关于一九六〇年在工业系统中提拔、调整干部的意见》，提出对尖端科技部门干部注意专业稳定、避免大改行、注意新老和强弱搭配等要求。② 同时，中央国家机关和各省、自治区、直辖市都进行精简下放干部工作。

3. 国民经济恢复发展时期的干部调配呈现出适应各项事业发展的需要而进行调整的特征

1961年，中央提出国民经济"调整、巩固、充实、提高"的基本方针，1962年，国民经济开始出现好转，相应的干部调配工作主要是满足各项事业建设发展需要而进行。一方面，为了加强农业、国防、工业、交通以及外事工作、政治工作等进行调配干部。另一方面，对使用不当的专业技术干部进行调整。1962年，中共中央、国务院批转了《内务部关于对使用不当的高等学校毕业生进行调整工作的报告》，对使用不当的毕业生工作进行了调配调整。1964年7月7日，中央批转《内务部党组关于对改行的和闲散在社会上的外语人员进行调整、录用工作的报告》，对外语干部的调配调整提出了要求。

（三）干部调配交流遭到破坏及恢复发展

1966—1976年，干部选拔任用和调配工作都遭到了破坏，整个干部管理工作处于瘫痪状态。1971年，干部调配工作开始逐渐恢复，一是恢复一批领导干部职务并分配工作；二是对大批下放干部调回分配工作；三是为支援西藏工作调配了一批干部。

1978年，党的十一届三中全会召开后，开始在全国范围内对1966—1976年受到不公正对待的干部落实政策，将大批被不合理"下放"工厂、农村的干部调回，并重新分配工作。同时，还对1966—1976年提拔任用的帮派势力和帮派分子从干部队伍中进行了调整和清除，将干部调配工作和干部选拔任免、干部审查工作密切结合，加强了整个干部队伍建设。

---

① 曹志：《中华人民共和国人事制度概要》，北京大学出版社1985年版，第109页。
② 曹志：《中华人民共和国人事制度概要》，北京大学出版社1985年版，第110页。

(四) 其他专项干部调配交流

除上述一般性、普遍性干部调配以外，中央国家机关从京外地区调干部和为解决夫妻两地分居调动干部，随着制度与实践不断发展，逐渐成为两项专项干部调配工作，其中尤其以"京外调干"更为突出和重要。

1. 京外调干

长期以来，中央对国家机关从京外地区调用干部一直从严控制，并对此专项调配工作制定下发了一系列文件规定。从中华人民共和国成立初期直到 1980 年之前，制定印发的文件主要包括：1962 年 5 月，中央批转《中央组织部关于严格控制中央机关从地方调人和提拔干部的请示报告》；1964 年 1 月，中央组织部印发《关于驻京中央机关和直属企业、事业单位调入干部的审批手续的通知》；1978 年 10 月，国务院批转《国务院政工小组关于严格控制中央国家机关从各地调干部的请示报告》[1]；1979 年 9 月，中央组织部印发《关于严格控制中央和国家机关从京外地区调干部的通知》[2]。

通过对上述文件的归纳整理，从京外调干遵循的基本原则和审批手续上看，都体现从严控制的要求。

在京外调干遵循的基本原则上，一般对从京外调干部普遍实行严格控制，并要求属于编制有空缺、工作上确有急需且京内难以调整解决的干部。对调京的部级领导干部，要求一般不超过 60 岁，且不准随带秘书、司机和服务人员。

在京外调干办理的审批手续上，一般先由中央国家机关需要调干的用人单位主管部门提出调干申请，再由中央主管干部人事工作的部门进行审查核实，然后根据调动干部职务层次和管理权限，由干部人事主管部门审批或上报中央审批，批准后下发通知办理调动手续。在不同时期，中央干部人事工作的主管部门受机构设置调整变化，主管部门名称有所不同：1962 年文件规定的主管部门分别是国务院主管办公室和党中央分管干部的中央宣传部、中央统战部和中央组织部；1964 年文件规定按照

---

[1] 国家人事局：《人事工作文件选编》（干部管理部分）(1)，1980 年 9 月，第 62—64 页。
[2] 国家人事局：《人事工作文件选编》（干部管理部分）(1)，1980 年 9 月，第 65—66 页。

干部管理权限区分调动干部对象群体分为向中央宣传部、中央统战部、中央组织部申报审批和向内务部申报审批两种情况；1978年文件规定了从京外调入处级以下干部报民政部审批；1979年文件规定了区分拟调京外干部隶属省（自治区、直辖市）、地方政府和中央部委直属单位两种情形，前者由民政部统一办理调动手续，后者由中央各部门各自办理调动手续。

2. 解决夫妻两地分居调干

为解决夫妻两地分居而进行干部调配，是与满足国家建设各项工作需要而进行干部调配相伴相随的一项干部调配工作，通常由于夫妻双方一方的调动为主因，为了照顾干部家庭生活、解决两地分居而引发了另一方的相应调动。此项工作在中华人民共和国成立初期就普遍存在，并制定采取了一系列制度措施。中央组织部于1953年发布了《关于简化因照顾干部的夫妻关系而调动工作的手续的通知》，1956年国务院人事局发布了《关于简化国务院各办公室、各直属单位因照顾干部的夫妻关系而调动工作的手续的通知》，1959年又发布了《关于简化干部调动手续的通知》等，对解决夫妻干部两地分居调配干部提供了制度保障。1966年至1976年，干部选拔任用和调配制度体系陷于瘫痪，使干部夫妻两地分居成为严重的社会问题，据统计[①]，1979年全国夫妻两地分居的干部达100万人。因此，解决夫妻两地分居调配干部，成为"拨乱反正"、恢复干部政策的一项重要工作。

第二节 改革开放初期的选拔任用制度（1980—1992年）

党的十一届三中全会召开后，我国进入改革开放的新时代，党的工作重心转移到经济建设上，同时对1966年至1976年遭到破坏的干部选拔任用体系进行重建恢复，实行"拨乱反正"，落实干部政策。1980年5月，中央重新颁布《中共中央管理的干部职务名称表》，重申党管干部原则，恢复干部管理体制；1980年7月，国务院成立国家人事局，被破坏掉的干部管理体制重新恢复建立；1980年8月，邓小平在中央政治局扩

---

① 徐颂陶：《中国人事管理工作使用手册》，中国财政经济出版社1992年版，第182页。

大会议上发表《党和国家领导制度的改革》重要讲话,为推动党和国家领导制度改革、深化干部人事制度改革指明方向。

一 强化人事计划管理制度

这一时期对干部队伍管理经历了党的十二大开始强化人事计划管理和党的十三大开始全面推行人事计划管理两个时期。

(一) 强化人事计划管理

1982年党的十二大提出了党和国家工作重心转移到经济建设并发展有计划的商品经济要求,为充实和加强政法部门、经济监督和调节部门以及综合管理部门的干部队伍,中央和国务院相应加强了对这些部门的干部吸收、录用和调配的指标管理。劳动人事部制定《关于吸收录用干部问题的若干规定》,明确规定"国家机关、事业和企业单位吸收录用干部,须事先向上级主管人事部门提出增加干部计划,经人事部门审查,逐级上报,由劳动人事部汇总,编制计划,经国务院批准后,下达增加干部指标。具有上级人事部门下达的增加干部指标(包括因干部自然减员而需要补充的指标)的单位,可以在编制定员内吸收录用"[①]。随后对银行保险金融系统、政法部门、海关、工商、税务等部门进一步强化干部计划管理,劳动人事部在下达职工人数计划的同时,单列干部计划指标,对干部增长实行计划管理。

(二) 全面实行人事计划管理

自1987年开始,针对党的十二大以来干部队伍增长过快、盲目增长的状况,中央开始对干部队伍增长实行全面计划管理。党政群机关干部增长速度比企业、事业单位还要快,造成行政经费增长过猛,加重了国家财政负担,对加强干部宏观计划管理、控制干部队伍数量提出了迫切要求,中央开始实行干部队伍全面计划管理。

1987年4月,中共中央、国务院印发《关于制止机构、编制和干部队伍膨胀的通知》,对干部队伍增长实行明确的计划指标管理。文件规定:各部门、各单位吸收录用干部,必须在编制总额内向组织人事部门

[①] 劳动人事部政策研究室:《人事工作文件选编》(五),劳动人事出版社1984年版,第42页。

提出计划，逐级上报，由劳动人事部会同中央组织部进行审核、平衡，经国务院批准后下达年度计划指标，没有指标，一律不得吸收录用。

1987年7月25日，劳动人事部、中央组织部印发《关于实行干部计划管理的意见》和《1987年全民所有制单位增加干部计划》，就干部计划管理范围、计划编制程序、编制计划原则、计划指标使用方向、从工人中吸收和聘用干部有关政策、加强计划检查监督和干部统计、计划管理工作分工七个方面作出了明确规定。[①] 规定"根据中央关于逐步调整干部队伍结构、加强对干部队伍宏观控制的指示精神，从1987年起，对全国党政机关、全民所有制企事业单位的干部增长实行计划管理"，在国家全民所有制单位职工人数计划中单列增加干部计划，将干部增长纳入全国统一的计划管理，逐年申报下达年度干部计划，使干部计划管理成为干部队伍建设宏观控制的重要手段。提出了计划编制的基本原则和要求，即编制增加干部计划，要保证国家重点建设项目、新建扩建单位和应加强的综合性管理、经济监督调节等部门的需求，保证边远山区和少数民族地区对干部的需求；并提出在计划安排上，严格控制党政机关增加干部，除上述需要加强的部门外，其他部门原则上不增，确实非增不可的少增。

1990年，党的十三届七中全会审议通过《国民经济和社会发展十年规划和"八五"计划的建议》，确立了今后十年的全民所有制单位干部发展规划，提出了控制干部队伍总量、调整干部队伍结构、面向基层发展干部队伍的目标导向，就实行干部计划管理提出了四项措施[②]：一是干部管理实行定编定员，干部编制在职工编制内单列，对机关、事业、企业实行分类控制管理；二是完善聘用干部制度。聘用干部要纳入干部计划控制和管理，把从工人、农民中选拔干部纳入计划管理；三是严格控制企、事业行政管理干部增长，维持专业技术干部稳定增长；四是深化干部人事制度改革，使干部计划管理体制适应国民经济和社会发展以及改革开放的需要。

---

① 人事部政策法规司：《人事工作文件选编》（十），河北人民出版社1988年版，第15—17页。

② 徐颂陶：《中国人事管理工作使用手册》，中国财政经济出版社1992年版，第38—39页。

二 规范机关干部录用制度

中华人民共和国成立初期，受干部紧缺的客观条件所限，快速而大批量地吸收录用干部是面对现实的必然选择，在当时历史条件下也很难建立全国统一的综合性干部吸收录用工作规范，有的只是一些单项的或地区性的吸收录用规定。经过国民经济的稳定发展和干部吸收录用的稳定控制，经历1966年至1976年的冲击和之后的拨乱反正，中央开始着手恢复重建干部工作体系，干部吸收录用工作开始逐步进入规范化发展阶段。

党的十一届三中全会提出了整个工作中心转移到经济建设上来的基本工作方针，为适应改革开放新时期发展需要，在干部选拔任用工作体系经过短暂几年的恢复建立基础上，进入20世纪80年代以后，干部吸收录用制度开始发展完善，规范化和制度化水平逐步提高。

（一）干部吸收录用制度规定

这一时期干部吸收录用的规章制度。主要包括两个方面：一是干部吸收录用的一般性规定，二是关于干部选任聘用的专门性规定。

1. 干部吸收录用基本规定

干部吸收录用的基本规定以1982年9月劳动人事部印发的《吸收录用干部问题的若干规定》为主，这一规定对吸收录用干部来源、依据、标准、方式、程序、审批权限等方面作出了较为规范、明确的规定[①]。其主要内容如下：

在干部吸收录用的来源上，要求首先在现有的干部或国家分配的军转干部中进行调配，或者从接收大中专毕业生中调配解决。经调配后仍然解决不了的干部需求，可从全民所有制和集体所有制单位的工人中吸收，或者从城镇知识青年、闲散专业技术人员、自学成才人员中录用，特殊情况下，经省级人民政府批准后可以从农民中录用。

在吸收录用干部的依据上，首先要求必须具备上级人事部门下达的增加干部指标，并在编制定员限额内才能吸收录用。

在吸收录用干部的标准上，提出干部队伍建设"革命化、年轻化、

[①] 劳动人事部政策研究室：《人事工作文件选编》（五），劳动人事出版社1984年版，第41—47页。

知识化、专业化"的要求，并要遵循德才兼备、以德为先。

在吸收录用干部的条件上，除政治上要求坚持四项基本原则、拥护党的路线、方针、政策和品德上要求作风正派、遵纪守法、服从组织分配以外，专业文化上要求具有高中毕业以上文化程度或同等学力（少数民族和边远地区可适当放宽）或具有所需要的专业技术知识和业务能力，年龄上要求在25岁左右，特殊情况可根据不同工作需要由用人单位作出规定。

在吸收录用干部的方式上，需要通过考试和考核，进行择优录用。考试针对符合吸收录用干部条件人员，实行公开招收、自愿报名、统一考试；考核要对德、智、体全方面进行客观考核。

在吸收录用干部的程序上，一般都需要通过招干考试的方式进行，考试合格后再进行政治审查和体格检查，都合格后将相关材料统一报送审批机关，批准后发放录用通知书。

在吸收录用干部的审批权限上，县级机关、事业和企业单位吸收录用干部，由县级人事部门审查，报地市级人事部门批准；地市级和省级机关、事业和企业单位吸收录用干部，普遍采取由各部门审查，报经人事主管部门批准；国务院和中央各部委机关、事业和企业单位吸收录用干部，由各部委批准，从京外吸收录用干部的，由各部委审查，报人事部批准。

2. 干部吸收录用其他规定要求

除上述《吸收录用干部问题的若干规定》外，随着干部人事制度改革的推进，吸收录用制度不断发展，相应地制定出台相关文件。主要包括两个方面：一是建立推行考试录用制度；二是改变省级以上党政机关吸收录用干部的做法，不直接从高等学校应届毕业生中吸收干部。

（1）建立推行考试录用制度

1980年，邓小平在中央政治局扩大会议上作了《党和国家领导制度的改革》重要讲话，明确提出"坚决解放思想，克服重重障碍，打破老框框，勇于改革不合时宜的组织制度、人事制度，大力培养、发现和破格使用优秀人才，坚决同一切压制和摧残人才的现象作斗争""随着建设事业的发展，还要制定各个行业提升干部和使用人才的新要求、新方法。将来很多职务、职称，只要考试合格，就应当录用或者授予"。这为建立考试录用制度奠定思想基础。

1987年，党的十三大决定建立国家公务员制度，提出了"凡进入业务类公务员队伍的，应当通过法定考试，公开竞争"。尽管后来没有按照政务类和业务类确立公务员队伍的分类管理，但党的十三大提出的考试录用的原则得以延续。《1988年国务院政府工作报告》明确提出"今后各级政府录用公务员，要按照国家公务员条例的规定，通过考试，择优选拔。即国家机关、企事业单位吸收录用干部要实行公开招收，自愿报名，进行德智体全面考核，坚持考试，择优录用的办法"，对实行考试录用进一步强化。1988年年初，中央组织部和劳动人事部在干部吸收录用工作中开始试行考试办法，印发《关于政法、税务、工商行政部门和银行、保险系统招收干部实行统一考试的通知》[①]，启动在中央机关和企事业单位考试录用干部的试点工作。

为了避免用人上的不正之风，改善机关工作人员年龄老化、学历不高的现状，1989年1月，中共中央组织部、人事部联合印发《国家行政机关补充工作人员实行考试办法的通知》，要求国家行政机关补充工作人员，要贯彻公开、平等、竞争的原则，通过考试、考核、择优录用。该通知的出台为之后全面推行公务员考试录用制度创造了条件。同时，人事部与监察部、审计署等六部门共同组织开展了考试录用试点工作。据统计[②]，通过资格审查的有1300余人，经过笔试、面试、考察等层层筛选，监察部等六部门最后确定录用了142名机关干部。这次试点取得了良好的效果，受到了广大用人单位和社会民众的普遍欢迎，为全面推行考试录用制度奠定了基础。

（2）改革省以上党政机关干部吸收录用做法

为保证党政机关干部具有较高的政治和业务素质，强调高等学校应届毕业生需经过基层工作锻炼，然后择优选入省级以上党政机关，改变了已往直接从高等学校应届毕业生中直接吸收录用干部的做法。在中共中央、国务院1984年4月30日发出《关于改变中央和国家机关直接从应

[①] 人事部政策法规司：《人事工作文件选编》（十一），学苑出版社1989年版，第92—94页。

[②] 林弋：《公务员法立法研究》，中国人事出版社、党建读物出版社2006年版，第117页。

届大专毕业生中吸收干部的办法的通知》基础上，经过几年的实践和经验总结，中共中央、国务院于1989年7月16日印发《关于省级以上党政机关不直接从高等学校应届毕业生中吸收干部的通知》，明确规定"省级以上党政机关及所属从事社会科学研究的事业单位和具有政府管理职能的公司，不直接从高等学校应届毕业生（含大学毕业直接考入的研究生）中吸收干部"①。对省以上机关所需要的人员，主要从基层经过实践锻炼、具有大专以上文化程度的干部中择优挑选；对于一些专业性很强的工作，确需直接从高等学校应届毕业生中挑选的少量人员，必须经中央组织部、人事部或省委组织部、省人民政府人事厅（局）批准，并在下达的计划指标内接收。同时，还提出了今后高等学校应届毕业生主要到基层工作的基本导向和要求，并对1987年当年已经按计划毕业分配到省级以上党政机关的毕业生，要求经过集中学习培训后，安排到基层工作锻炼一至两年，锻炼期满后不适宜到党政机关工作的，另行安排适当工作。通知文件还对1985年以来省级以上党政机关直接从高等学校应届毕业生中吸收的应届毕业生干部，未经基层锻炼的，要补充安排一年至两年的基层锻炼。

随后，人事部又于1989年9月11日下发《关于执行〈中共中央、国务院关于省级以上党政机关不直接从高等学校应届毕业生中吸收干部的通知〉中有关问题的通知》，就实施中面临的具体问题进行了明确规定，明确了不直接从高等学校应届毕业生中吸收干部的党政机关范围、对基层实践锻炼作了准确界定、对专业性很强的工作范围也做了界定等。

通过上述干部吸收录用试点和相关规定发展变化情况，可以看出此时的干部吸收录用工作，出现了新变化和新做法，已经开始强调基层工作经历和通过考试进行选拔录用的方式，为进一步确立公务员制度和考试录用制度奠定了基础。

（二）干部吸收录用工作向经济发展重点部门倾斜

进入20世纪80年代后，随着干部选拔任用工作体系的恢复和规范化，为了满足改革开放事业发展需要，干部吸收录用工作各项制度不断

---

① 人事部政策法规司：《人事工作文件选编》（十二），中国人事出版社1990年版，第49—50页。

健全完善，突出了对经济体制改革和经济发展重点部门的倾斜。

1. 加强农业和轻纺工业的干部力量

针对中华人民共和国成立初期经济建设过于强调和重视工业发展轻视农业发展、重视重工业发展轻视轻工业发展，以及由此引发的国民经济结构失调情况，为了配合国民经济结构性调整、加强农业和轻纺工业发展，中央开始注重为农业和轻纺工业领域补充干部力量。为此，国家人事局1981年5月召开了全国人事局长会议，作出了相应的倾斜性干部吸收录用工作部署，有效解决了农业和轻纺工业干部力量薄弱问题。

2. 加强经济监督和调节部门的干部力量

随着经济体制改革的不断发展深化，特别是1982年党的十二大提出了建立有计划地商品经济改革目标后，开始逐步降低对国民经济的计划调节作用，注重发挥商品经济的市场调节作用，同时加强对市场发挥经济监督和调节作用的相关部门的职能和干部力量。加强经济监督和调控部门吸收录用干部成为这一时期的重点任务。中央主要加强了对银行系统、税务系统、工商行政管理系统以及物价、保险、海关、统计、审计等部门吸收录用干部工作力度，下达增干指标，增加了吸收录用干部数量，除通过调配方式从现有职工队伍调剂和分配安置一部分大中专毕业生、军队转业干部以外，大部分面向社会吸收录用干部，包括从符合干部条件要求的长期临时工中选拔录用和从城镇高中毕业的待业青年中考试择优录用。据统计[①]，1981年至1987年，先后12次为银行系统下达了专项增干指标10万名；1981年为税务部门下达增干指标8万名，1983年为税务部门下达增干指标4万名，为工商行政管理部门下达增干指标6.5万名。

3. 加强政法部门的干部力量

改革开放以来，为适应社会主义有计划的商品经济建设，需要加强法制保障，加强社会主义法制建设。为此，中央提出了加强政法工作要求，加强政法干部队伍建设，多次下达增干指标，为公安、司法、劳改、劳教、法院、检察院等部门增加干部力量，扩大充实政法干部队伍。据

[①] 张志坚、苏玉堂：《当代中国的人事管理》（上册），当代中国出版社1994年版，第136页。

统计①，1982年全国从城镇待业知识青年中择优录用了12万名劳改劳教看管干部，1984年、1985年又几次为地方各级检察院和法院下达增干指标。通过这些措施，有效加强了政法部门的干部力量。

三　改革机关干部任免制度

党的十一届三中全会以来，中央开始恢复干部管理工作体系，落实干部政策，改革干部管理体制，调整下放干部管理权限，干部管理工作出现了良性发展趋势。1980年8月，邓小平发表《党和国家领导制度的改革》的重要讲话，同年12月，中央提出干部队伍"革命化、年轻化、知识化、专业化"方针，1981年6月，党的十一届六中全会正式形成了完整的干部队伍建设"四化"方针，即"在坚持革命化的前提下，逐步实现各级领导人员的年轻化、知识化、专业化"。在干部选拔任用制度建设方面，提出废除领导职务终身制，提出建立公务员制度，强化群众对干部选拔任免的参与权和监督权，扩大党政干部队伍的来源渠道，建立后备干部队伍并完善相关制度。

（一）调整下放干部管理权限

1980年5月20日中央组织部重新颁发的《中共中央管理的干部职务名称表》，是在1955年颁发的干部职务名称表基础上进行的修订，重点对"下管两级"的党管干部范围进行了重新明确，强调了"凡是在各级党政机关和企业、事业单位中担任主要领导职务的干部，都应开列职务名称表，分别由中央和各级党委、各部门党组负责管理；对于党政机关，一般要管理下两级机构中担任主要领导职务的干部"②。鉴于下管一级不能适应工作要求而下管三级又无法实际管起来的客观状况，尤其是为了消除1966年至1976年干部选拔受到直接上级的派性干扰，更好地贯彻党的干部政策，决定采取下管两级的办法，当时中共中央管理的干部约有

---

① 张志坚、苏玉堂：《当代中国的人事管理》（上册），当代中国出版社1994年版，第137页。

② 劳动人事部政策研究室：《人事工作文件选编》（四），劳动人事出版社1984年版，第158—164页。

1.3万人。关于下管两级的具体规定如下①：中央对中央机关和国务院机关管理部（委）、局（司）两级；对地方管理省（自治区、直辖市）、地（市、州、盟）两级。省（自治区、直辖市）党委对省委机关和省人民政府机关管理局、处两级；对地方管理地（市、州、盟）、县（市、旗）两级。同时，对于企业、事业单位干部管理提出要给予一定的自主权，上级主管部门可只管其主要领导干部，其中层干部可由企业、事业单位党委自行管理。此外，还进一步明确了上下级党委对干部管理存在交叉关系的应由上一级党委主管，下级党委履行考察、考核、培养、教育、审查等协助管理责任，可提出对这些干部的任免、提拔、调动、奖惩的建议，但必须报经上级主管党委批准。

1984年7月14日，按照中央指示精神和"管少、管好、管活"原则，中央组织部印发《关于修订中共中央管理的干部职务名称表的通知》，将干部管理权限从"下管两级"调整为"下管一级"，下放干部管理权限，增强省、自治区、直辖市党委和中央各部委干部管理权限和管理责任。中央管理的干部范围缩小后，为了掌握中央各部委司局级和省、自治区、直辖市厅局级以及地市级主要领导干部情况，要求各地区和各部门将对这一层级干部任免情况实行备案制，每半年向中央组织部汇总备案一次。

（二）推进党政领导干部制度改革

1976年以后，随着大规模平反冤假错案和逐步恢复落实干部政策，使一大批老干部重新走上领导岗位，同时也使得领导干部队伍面临新的问题，主要表现在：这些领导干部年龄普遍偏大，很多体弱多病，严重缺乏中青年干部；很多领导干部文化业务水平偏低，不能满足社会主义现代化建设的要求；领导班子人数过多。为此，一方面要大力选拔政治上强、坚持社会主义道路、有文化、懂业务、会管理、年富力强的优秀中青年干部；另一方面要妥善安排好老干部，建立完善干部退休制度，并调整那些难以胜任工作的干部，为选拔优秀中青年干部提供"台阶"。

邓小平同志在《党和国家领导制度的改革》重要讲话中，系统阐述

---

① 劳动人事部政策研究室：《人事工作文件选编》（四），劳动人事出版社1984年版，第158—164页。

了党和国家领导制度改革需要解决的弊端和问题、需要遵循的基本原则和发展方向以及将要推进的重大改革任务，成为这一时期党政领导干部选拔任用工作的纲领性文献。在分析指出党和国家领导制度面临权力过分集中、兼职和副职过多、党政不分和以党代政、长远着想要解决好交接班等问题基础上，提出要在坚持四项基本原则前提下，大胆提拔和放手使用比较年轻的有专业知识又有实际经验的人才；提出选拔干部要注意德才兼备，坚持社会主义道路和党的领导，在此前提下实现干部队伍年轻化、知识化、专业化，并且要实现干部提拔使用的制度化；进一步提出了要破除党和国家领导制度、干部制度上的官僚主义现象、权力过分集中现象、家长制现象、干部领导职务终身制现象和形形色色的特权现象，强调了领导制度和组织制度的根本性、全局性、稳定性和长期性。

1981年6月，中共中央六中全会提出了完整的干部队伍"四化"建设方针，并在1982年正式写入中共十二大党章，即"在坚持革命化的前提下，逐步实现各级领导人员的年轻化、知识化和专业化"。在干部"四化"方针指引下，经过几年的干部选拔任免，各级领导班子年龄、文化和专业结构发生了较大变化。在调整完善各级领导班子队伍结构的同时，还采取措施注重挑选和培养主要领导职务的后备干部队伍，都取得了显著效果。

这一时期的干部选拔任免工作，伴随着干部人事制度改革的不断推进，呈现出以下几个主要特征：一是确立干部队伍建设"四化"基本方针，并在其指引下开展了干部选拔任免工作；二是干部选拔任免工作同废除领导职务终身制、建立领导职务任期制和离休退休制度紧密结合；三是强化群众对干部选拔任免的参与权和监督权，对选任制干部实行差额选举，对委任制干部设定民主测评或民主推荐的必经程序，在党委讨论决定之前还要经过考察程序；四是拓宽干部选拔任用的渠道和来源，除了从下级党政机关选拔干部，还从工厂、企业、学校、科研院所等各种机构选拔干部；五是建立健全后备干部制度，各级党委和组织人事部门积极挑选培养年轻后备干部，并健全了对后备干部的选拔、培养、考核、管理和使用制度。

（三）干部选拔任用制度改革探索

随着干部管理体制改革和干部管理权限的调整，尤其是在对党和国家领导制度改革的基础上,对党政干部选拔任用制度也展开改革探索。在干部选拔任用制度改革上,除实行干部委任制以外,开始对干部区分选任和聘任两种形式,进行干部选拔任用制度创新性探索。包括对国家机关、事业单位和企业干部的选任,也包括对企业事业单位干部的聘用,还包括对乡镇干部的选任和聘用。除此之外,还启动了竞争性选拔的具体方式的探索创新。

1. 推行国家机关、事业单位、企业单位干部的选任制

实行选任制的干部主要是指按照相关法律法规要求,需要经过民主选举程序才能产生和任用的干部。按照党章"党的各级领导机关,除它们派出的代表机关和在非党组织中的党组外,都由选举产生"的规定,党的各级代表大会代表和委员会都要通过无记名投票差额选举产生,且党的各级代表大会代表都实行任期制;按照宪法和选举法的规定,由地方各级人民代表大会分别选举本级人民政府的领导人。关于干部实行选任制的法律法规及规章包括《中华人民共和国宪法》《全国人民代表大会组织法》《中华人民共和国地方各级人民代表大会和地方各级人民政府组织法》《中华人民共和国人民法院组织法》《中华人民共和国人民检察院组织法》《中华人民共和国全民所有制工业企业法》《中国共产党章程》及其他各项相关法规。

2. 推行企事业单位干部的聘用制改革

随着改革开放的不断探索和深化,中央相应地在干部选拔任用上展开与市场机制相适应的人事制度改革,提出事业单位实行干部聘用制,国有和集体所有制企业探索实行从工人中聘用干部。这种干部聘用,主要是为了打破干部和工人身份界限、破除干部职务终身制和实现能上能下而提出实施的,主要是通过签订聘用合同的方式聘用干部。关于聘用干部的聘用期限、聘用岗位、工作责任、工资福利、辞聘、解聘、续聘以及聘用单位和聘用干部双方的权利义务等,都通过签订聘用合同进行明确规定。这为后来进一步深化干部人事制度改革,推行事业单位实行全员聘用合同管理、企业干部实行劳动合同管理奠定了基础。

3. 推行乡镇干部的选任聘用改革探索

党的十一届三中全会以来,在农村实行的家庭联产承包责任制改革,要求乡镇干部队伍快速适应农村经济发展要求,这种由下而上的改革对加强直接面对农村经济实施管理的乡镇机关干部队伍建设提出迫切

要求，但原有的乡镇干部队伍普遍存在文化水平偏低、年龄偏大、身体素质差等问题，亟须充实加强对乡镇干部的吸收录用工作。但在既定的干部吸收录用渠道上，无论是接收大中专毕业生、安置军队转业干部，还是通过调配手段往基层乡镇下派干部，数量都是极为有限的，都不能有效解决农村经济改革带来的管理需要。在这种情况下，1979 年开始，北京、四川、安徽、黑龙江等省市的一些县开始探索实行乡镇干部选任聘用制改革探索，经中央组织部和劳动人事部调查研究后在全国进行推广。1987 年 3 月，中央组织部和劳动人事部颁发了《关于补充乡镇干部实行选任制和聘用制的暂行规定》，对乡镇干部选任和聘用工作进行规范。

乡镇干部选任聘用包括两部分：一部分是乡镇党政机关和人民团体的领导人员，需要按照《中国共产党章程》和《中华人民共和国地方各级人民代表大会和地方各级人民政府组织法》等有关规定进行选举任命，实行选任制；另一部分是补充乡镇一般干部，要在行政编制限额内实行聘用制。文件规定：聘用一般乡镇干部应具备的基本条件，年龄要求一般在 35 岁以下，具有高中、中专以上文化程度，边远山区和少数民族地区可根据实际情况适当放宽；按照"公开招考，择优聘用"的原则，由县人事部门统一组织应聘人员文化考试，在此基础上进行考察，确定聘用人选；选聘单位与受聘干部双方签订聘用合同，在聘期内，选聘单位承担受聘者的工资和福利待遇，受聘者按照要求履行工作职责，聘期内经考察不合格者随时解聘，聘用期满考核合格者可续聘；聘用期满不再续聘或中途解聘的，仍回原工作或生产岗位，选任的领导人员，任期内免职或届满落选的，返回原工作或生产岗位，也可根据编制和本人条件聘用为一般干部。

乡镇一般干部实行聘用合同制，有效解决了乡镇干部来源问题，聘用了一大批乡镇干部，提高了乡镇干部队伍素质，也对打破固有的机关干部身份"铁饭碗"、实现干部能进能出起到了很好的改革示范作用。

4. 引入竞争性选拔任用方式的改革探索

改革开放初期，中央在经济体制改革同时推进了政治体制改革和干部人事制度改革，在干部选拔任用制度改革方面，在中央提出的干部"四化"方针指导下，开始打破传统的统一调配和单一干部选拔模式，开始引入考试选拔和面向社会公开竞争选拔探索实行竞争性选拔干部方式。

1980年邓小平同志发表的《党和国家领导制度的改革》重要讲话，为干部人事制度改革指明了方向，推动干部选拔方式的改革。邓小平在讲话中指出，"现行的组织制度和为数不少的干部的思想方法，不利于选拔和使用四个现代化所急需的人才。希望各级党委和组织部门在这个问题上来个大转变，坚决解放思想，克服重重障碍，打破老框框，勇于改革不合时宜的组织制度、人事制度"，提出"将来很多职务、职称，只要考试合格，就应当录用或者授予"①的明确要求，为探索注重考试测评为基础的选拔方式提供了方向性指引。

改革开放初期，中央在探索实行考试方式吸收录用干部的同时，同步探索实施竞争性选拔干部方式，主要有考试选拔、公开招聘、面向社会公开选拔等几种方式。1992年6月，中央组织部转发吉林省委组织部《关于采取"一推双考"的方式公开选拔副地厅级领导干部情况的报告》，肯定公开选拔的做法，并要求各地各部门积极探索实践，改进干部选拔方式。

5. 提出建立推行公务员制度

改革开放以来，我国的计划经济体制逐步向市场经济体制转变，相应地对政治体制改革和干部人事制度改革提出了要求，要求加快政府职能转变并提高机关工作人员素质和办事效率。国家机关工作人员管理需要适应市场经济发展要求，建立依法管理制度体系，中央为此提出建立公务员制度，并研究起草制定《国家公务员暂行条例》（以下简称《暂行条例》）。

在中央推进干部人事制度改革的精神指引下，逐步开展研究制定公务员制度相关的理论研讨和法规起草工作，相关部门对西方文官制度进行了重点研讨和学习借鉴。为了系统地学习外国文官制度，中国社会科学院政治学所1983年在北京大学举办"比较文官制度研究班"，1985年由劳动人事部、中国社会科学院、中国行政管理学会共同筹办召开"联合国文官制度改革研讨会"，为制定我国的公务员制度奠定了基础。1984

---

① 《邓小平文选》第二卷，人民出版社1994年版，第322—334页。

年 11 月，中央组织部和劳动人事部组建了由两个部门人员和北京大学、中国人民大学、外交学院、中国社会科学院的专家学者共同组成的制度起草工作组，开始法规起草工作。1985 年 1 月形成了《国家工作人员法》草稿（第一稿），适用于国家权力机关、行政机关、审判机关、检察机关和事业单位的工作人员；1985 年 11 月改为《国家机关工作人员法》，将事业单位从适用范围中剔除出去；1986 年 4 月，经中央书记处审议改为《国家机关工作人员条例》；1986 年 7 月，将适用范围继续缩小，改为《国家行政机关工作人员条例》；随着制度方案的不断研讨修改，逐步明确了采用"公务员"的名称，并于 1987 年 5 月将《国家行政机关工作人员条例》改为《国家公务员条例》（11 稿），至此公务员制度方案已初具雏形。①

1987 年召开的党的十三大正式提出建立国家公务员制度，对国家机关工作人员实行依法管理；随后不断修改完善公务员制度方案，并开展公务员制度试点，1989 年 4 月开始，在国家审计署、国家海关总署、国家统计局、国家环保局、国家税务局、国家建材局 6 个国务院部门进行了公务员制度试点；1992 年党的十四大再次强调要尽快推行国家公务员制度；1993 年国务院正式颁布实施《暂行条例》。

四 规范机关干部调配制度

1976 年以后，干部工作体系得以恢复，1980 年民政部政府机关人事局和中央组织部共同研究制定了《干部调配工作暂行规定》。这是关于干部调配的系统性、综合性规定，干部调配（交流）工作从此进入系统化、制度化阶段。

（一）干部调配的综合性规定

《干部调配工作暂行规定》明确干部调配的基本原则、调配范围、调配方法、调配手续和纪律要求等。②

干部调配的基本原则为：根据社会主义现代化建设和当前国民经济

---

① 侯建良：《公务员制度发展纪实》，中国人事出版社 2007 年版，第 12—15、38—39 页。
② 国家人事局：《人事工作文件选编》（干部管理部分）（Ⅰ），1980 年 9 月，第 85—89 页。

调整的需要，保证重点，充实基层，加强生产、科研第一线的基本要求；贯彻任人唯贤的干部路线、遵守国家编制管理要求；鼓励干部往基层和边疆地区调动，对从小城市往大中城市调动、从边疆地区往内地或沿海地区调动、从基层往上层机关调动，实行从严审批；注意照顾夫妻关系，夫妻在一个地方工作的尽量一起调动，长期两地分居的积极协助解决。

规定明确按照干部管理权限由政府人事部门负责干部调配工作，调出部门一般要先转递干部档案材料或干部登记表，经调入部门审查同意并确定工作岗位后办理调动手续。调动干部时，随调或随带的配偶是全民所有制工人或国家机关、事业单位的工勤人员的，由调入地区主管人事部门批准并抄送劳动部门备案后，可与干部调动一起办理调动手续。办理干部调动时，需要开具干部调动介绍信、转接工资关系，跨地区调动的，还需要相关部门办理户口和粮油关系转接。

在调配的纪律要求方面，规定对调配单位、人事干部和干部个人分别提出了要求：调配单位要从社会主义现代化建设需要和国家整体利益出发，认真执行上级交给的调配干部任务，切实改变"调不出、派不进"的无组织无纪律现象；人事干部要作风正派，办事公道，坚持原则，不得任人唯亲、搞不正之风；干部要服从国家需要，听从组织分配，对无正当理由不服从调动分配的，经教育无效的要给予纪律处分，对调动后无故逾期不报到的按旷工处理并停发工资。

1991年2月4日，人事部印发关于《干部调配工作规定》的通知，进一步从总则、调配原则、调配范围与条件、审批权限、调配程序、调配纪律、附则几个方面完善了干部调配规定，并将上述《干部调配工作暂行规定》废止。[①]

（二）干部调配的专门性规定

1. 关于京外调干的专门性规定

1983年3月，劳动人事部颁发《关于国务院各部门从京外调入干部的审批意见》，明确规定京外调干的审批条件、随调随迁人员规定、报文

[①] 人事部政策法规司：《人事工作文件选编》第十四卷，中国人事出版社1990年版，第151—156页。

程序和调配纪律与检查等①，这个文件正式确立京外与京内对调的基本方式，细化明确调干审批的条件要求，作为从京外调入干部的基础性制度规定，成为以后制定下发调配审批工作通知的基本依据。

文件规定国务院各部门缺编的干部，首先在京内调剂解决，京内无法调剂必须从京外调入的，采取京内干部与京外干部对调方式，实行计划管理并需制订年度调入与调出干部计划，做到干部有出有进。积极动员干部到京外地区工作，对有调出干部的单位可优先调入干部。同时对京外调干的审批权限作了细分：因工作需要必须从京外调入干部的计划由各部门主要负责人把关审批；十人以上（含十人）的干部调京由国务院审批后，劳动人事部具体办理调入审批手续；十人以下的报劳动人事部审批；为解决夫妻两地分居从京外调干、离休干部来京安置、京外干部来京投靠几种照顾性干部调京，仍然由劳动人事部审批并办理。

1991年4月28日，人事部颁发《关于国务院各部门从京外调入干部审批工作有关问题的通知》，进一步明确京外调干的具体审批条件、关于随调随迁人员的有关规定、报文程序、调配纪律与检查等规定②，多年来一直延续使用，同时继续执行1983年《关于国务院各部门从京外调入干部的审批意见》关于京外调干的审批权限相关规定。文件分为因工作需要从京外调干、解决夫妻两地分居从京外调干、离休干部来京安置、京外干部来京投靠照顾父母四种情况对审批条件进行明确规定。这四种情况具体审批条件如下：

（1）因工作需要从京外调干的审批条件：使用人事部下达的京外调干指标的，拟调干部应经过三年以上基层工作锻炼，具有大专以上文化程度的专业技术骨干，具有中级专业技术职务的（包括处级干部）年龄应在45岁以下，具有高级专业技术职务的年龄应在50岁以下；使用国务院或人事部专项指标的，拟调干部具有中级专业技术职务的（包括处级干部）年龄一般应在45岁以下，具有高级专业技术职务的年龄一般应在50岁以下；从京外调任副局级干部的，依据1989年人事部《关于国务院

---

① 劳动人事部政策研究室：《人事工作文件选编》（Ⅵ），1986年2月，第163—166页。
② 人事部政策法规司：《人事工作文件选编》第十四卷，中国人事出版社1992年版，第162—167页。

直属机构、办事机构等从京外调任副局级以上干部进京审批的通知》规定，年龄一般应在 50 岁以下，具有大专以上文化程度；按有进有出原则京外调干的，具有中级专业技术职务的（包括处级干部）年龄一般应在 45 岁以下，具有高级专业技术职务的年龄一般应在 50 岁以下，有特殊专长或确属紧缺专业的，年龄可适当放宽。夫妻同调进京的要从严控制，一般应具有中级以上（含中级）专业技术职务。

（2）解决夫妻两地分居从京外调干的审批条件：夫妻双方均为干部的，女方在京工作两年以上，且夫妻一方父母在京居住；在京一方为干部（指男方在京，或女方在京而双方父母不在京的），应为分居五年以上或年满 30 岁，且因工作需要确实离不开的业务骨干。在京干部具有中级以上专业技术职务或副处以上党政职务的，可放宽到分居三年以上或年满 28 岁；女方在京为工人，京外男方是干部的，应分居五年以上或女方年龄 30 岁以上，家庭生活有特殊困难且工作需要不宜调出的；男方在京为工人，京外女方是干部的，应为分居十年以上或男方年龄 35 岁以上，家庭生活有特殊困难且工作需要不宜调出的。

此外，还规定：在京干部取得博士学位的或获得国家级奖励的（主要完成者），不受年龄、分居时间限制，不占调出京外干部指标，予以办理；为解决干部夫妻两地分居，在北京与大城市（包括津、沪和各省会城市及计划单列市）之间干部对调的，可不受职务、分居年限的限制。

（3）离休干部来京安置的，要求本人只身在外，其配偶、子女均系北京常住户口。

（4）京外干部来京投靠照顾父母的，要求在京干部男满 60 岁或女满 55 岁，在京地区无子女，从京外地区调入子女（子女或其配偶有一方系干部），可从京外地区调入一名子女。调子女时，应调未婚的；无未婚的，可调随迁人口少的已婚子女；被调子女年龄大的，可调其下一代（系干部）。

2. 关于解决夫妻两地分居调干的专门性规定

针对长期以来造成的大量干部夫妻两地分居情况，特别是 1976 年以后，中央开始落实干部政策，解决干部由于夫妻两地分居带来的工作和生活困难，1980 年 1 月，中央组织部、民政部、公安部、国家劳动总局经过联合调查研究，制定印发《关于逐步解决职工夫妻长期两地分居问题的通知》，开始采取措施、加大力度解决夫妻两地分居问题。从此，为解决夫妻两地分居进行干部调配成为一项长期性、经常性的干部管理工作。

该文件明确规定解决夫妻两地分居调配干部职工的基本原则，即：大城市就中小城市；内地就边疆；一线、二线地区就三线地区；凡是符合这一原则调动的，不强调人数对等。对从边疆调往内地，从三线地区调往一线、二线地区，从小城市调往大中城市、从各地调往京、津、沪三市的，要从严掌握。此外，还提出了对中级以上专业技术职称的优先照顾、简化干部解决夫妻分居的调动手续、今后干部调配要尽量避免造成新的两地分居等要求。[①] 文件印发后，国家人事局又多次召开会议，推进解决夫妻两地分居干部调配工作，推广交流各地的工作经验，经过几年的努力，工作取得显著成效。

1989年12月，国务院颁发《关于进一步解决干部夫妻两地分居问题的通知》，指出从1978年党的十一届三中全会以来至1989年12月，全国已解决100多万名干部的夫妻两地分居问题，对解决干部后顾之忧、调动工作积极性发挥了重要作用。针对新出现的大中专毕业生分配、夫妻不一同调动等导致的夫妻两地分居问题，作出补充性规定。对获得博士以上学位的高层次人才夫妻两地分居放开政策，规定"对在国内外取得博士学位的人员和获得国家级奖励的专业技术干部（科技项目的主要完成者），其夫妻两地分居要及时给予解决，不受专项户口指标的限制"；对具有中级以上专业技术职务的技术骨干人才给予优先政策，规定"对获聘中级以上专业技术职务干部的夫妻两地分居，要在专项户口指标范围内优先予以照顾"；重申解决干部夫妻两地分居调配的调配原则，即"严格控制大中城市人口，解决干部夫妻两地分居问题，要坚持大城市就中小城市，一、二类地区就三类地区，内地就边疆地区的原则"；明确规定干部调配时夫妻同去同留的原则，要求调配干部时"要坚持夫妻同去同留，尽可能将夫妻双方一同调动"；针对大学生毕业分配所造成的两地分居问题，也作出补充规定，即"在学生分配时，对已确定恋爱关系的毕

---

① 国家人事局：《人事工作文件选编》（干部管理部分）（Ⅰ），1980年9月，第71—75页。

业生，符合调配流向要求的，应尽量照顾，避免造成新的夫妻两地分居"①。

（三）配合机构改革和经济管理需要加强干部调配

在此期间，党和国家经历了1982年和1988年两次机构改革。1982年机构改革主要是精简合并机构，撤销人民公社与建立乡镇党政机构，在精简机构同时核定人员编制，按照干部"四化"方针调整精干领导班子配备，使各级党政机关领导班子人数精简，结构优化。但由于没有实际上精简超编人员，加上随着社会主义建设和改革事业发展，又重复出现机构增设、人员超编等现象，1988年又进行第二次机构改革。这次机构改革重点解决政府职能转变的关键点，按照经济体制改革和政治体制改革的要求，推行党政职能分开、政企职能分开。在政府部门重点合并裁减专业经济管理部门，将政府对企业的直接管理转为间接管理、宏观管理和行业管理为主，加强经济监督、经济调节和信息、政法等部门职能和人员配备，根据不同部门职能调整和编制增减，进行相应的干部余缺调剂配置。

随着经济体制改革的不断深入，政府经济管理职能不断调整完善，减少直接管理企业的专业经济管理部门干部配置，充实和加强综合管理部门、经济监督调节部门和政法部门的干部力量。1987年5月，中央组织部和国家人事部联合召开调节干部结构工作会议，确定在1987年和1988年两年内，在机关干部总编制数量前提下，为政法、税务、工商行政管理、银行保险以及国土管理、监察、新闻出版管理等部门配备56.7万名干部（其中政法部门20万名）的目标要求。

第三节 深化改革时期的选拔任用制度（1992—2012年）

1992年党的十四大提出建立社会主义市场经济体制，社会主义经济体制改革和政治体制改革进入了新的发展时期，干部人事制度改革也由此进入新的发展阶段。实行机关、事业、企业单位分类管理，在机关工

---

① 人事部政策法规司：《人事工作文件选编》（十二），中国人事出版社1990年版，第256—257页。

作人员管理方面提出了实行职位分类管理，建立领导职务和非领导职务制度；建立推行公务员制度，在党管干部的基本原则指导下，推进机关工作人员的依法管理；进一步强化考试选拔和干部选拔中的民主，对初任公务员选拔推行全面的考试录用和"凡录必考"，对党政领导干部选拔推行竞争上岗和公开选拔等竞争性选拔方式；干部交流与回避制度的规范化和制度化程度不断提高。

一 建立机关职位管理制度

随着干部人事制度改革的不断推进，为适应社会主义市场经济体制需要，中央对党政机关工作人员开始探索建立基于职位的管理制度。1987年党的十三大提出建立科学的分类管理制度，开启了机关、事业单位和企业干部人事制度分类改革，实施职位管理改革探索；1993年《暂行条例》的颁布，正式确立公务员职位分类管理和领导职务与非领导职务制度体系；2005年颁布的《公务员法》，进一步通过立法手段对公务员职位分类和职务管理体系进行强化。

（一）干部分类管理改革探索

改革开放以前，与计划经济体制相适应，我国建立了基于干部身份管理的干部人事制度体系，更偏向于按照品位分类进行干部管理；改革开放以后，与市场经济体制相适应，中央推行干部人事制度改革，要求建立基于职位分类的依法管理和科学管理的制度体系。这种基于职位的管理体系改革，缘起于改革开放的国家战略决策，党的十三大明确提出建立科学的分类管理和国家公务员制度，展开干部职务与职位体系的改革探索和实践。

改革开放以来，鉴于传统计划体制下的干部集中统一管理、缺乏分类、政企不分、政事不分以及缺乏法制等弊端，1982年召开的党的十二大提出改革领导机构和干部制度，实现干部队伍革命化、年轻化、知识化、专业化，提出建立老干部离退休制度，废除领导职务终身制。随后，进一步提出改革干部管理体制，下放干部管理权限，从下管两级转为下管一级。这些改革举措，为进一步推行政治体制改革奠定了基础，特别是为实行机关、事业和企业单位干部人事制度分类改革创造了条件。

1987年，党的十三大进一步提出推进政治体制改革的目标和任务，明确提出干部人事制度分类管理的要求，即"进行干部人事制度的改革，就是要对'国家干部'进行合理分解，改变集中统一管理的现状，建立科学的分类管理体制；改变用党政干部的单一模式管理所有人员的现状，形成各具特色的管理制度；改革缺乏民主法制的现状，实行干部人事的依法管理和公开监督"；明确提出在党政机关建立公务员制度的要求，即"当前干部人事制度改革的重点是建立国家公务员制度，即制定法律和规章，对政府中行使国家行政权力，执行国家公务的人员依法进行科学管理"。[1]

党的十三大报告提出，建立国家公务员制度，同时还要按照党政分开、政企分开和管人与管事既紧密结合又合理制约的原则，对各类人员分类管理提出具体要求，即"党组织的领导人员和机关工作人员，由各级党委管理；国家权力机关、审判机关和检察机关的领导人员和工作人员，建立类似国家公务员的制度进行管理；群众团体的领导人员和工作人员、企事业单位的管理人员，原则上由所在组织或单位依照各自的章程或条例进行管理"[2]。

按照十三大报告的改革指导精神，依据人员所在单位或行业的性质和特点，将干部队伍划分为党的机关工作人员、国家行政机关工作人员、国家权力机关工作人员、国家审判机关工作人员、国家检察机关工作人员、企业单位工作人员、事业单位工作人员、群众团体工作人员等。在稍后的干部分类管理实践中，初步形成了以下管理格局：政府机关工作人员严格按公务员制度进行管理；其他党政机关，包括党的机关、人大机关、政协机关、工青妇等重要群众团体机关的工作人员参照公务员制度管理；审判机关、检察机关工作人员简历类似公务员制度的管理办法。

随后，又强化推行机关工作人员岗位责任制。1988年，人事部、劳动部联合发出《关于建立国家行政机关工作人员岗位责任制的通知》，同

---

[1] 中共中央党校教务部：《十一届三中全会以来党和国家重要文献选编》（一九七八年十二月—二〇〇七年十月），中共中央党校出版社2008年版，第213页。

[2] 中共中央党校教务部：《十一届三中全会以来党和国家重要文献选编》（一九七八年十二月—二〇〇七年十月），中共中央党校出版社2008年版，第214页。

年6月，中央组织部、劳动人事部联合发出《关于逐步推行机关工作岗位责任制的通知》，为建立公务员制度和职位分类管理体系奠定基础。

（二）职位分类管理的试点与实践

国家公务员制度从1987年党的十三大决定建立推行，第七届全国人大一次会议决定组建人事部负责公务员制度的推行和具体实施工作。人事部组织专门力量对公务员管理的多项具体制度进行深入的研究，并反复研究实施方案，1989年启动对公务员制度的试点工作。1993年4月24日，国务院第二次常务会议通过《暂行条例》，正式建立公务员制度，也同时确立公务员的职务与职位管理制度体系。

1. 职位分类制度确立

于1989年启动的国务院六部门的试点中，各单位都把职位分类作为重点工作放在突出位置，花了很大力气建立完整的职位说明书。通过评估普遍认为，职位分类体现的"因事设置，以职择人""职责明确"等基本精神应当坚持，但没必要照搬美国式的烦琐做法，应该切合中国实际，吸收职位分类和品位分类两者的优点，建立我们自己的人事分类制度。根据职位分类试点经验，起草《暂行条例》时，对职位分类的相关规定条款进行修改完善。一方面，坚持实行职位分类制度，并将"职位分类"作为章节标题予以强调和充分展现，明确规定"国家行政机关实行职位分类制度"，这就以国务院令的形式确立在国家行政机关推行公务员制度，实行职位分类管理；另一方面，鉴于职位分类的工作复杂性以及实施效果，本着"成熟一条，规定一条"的精神，在公务员暂行条例里对职位分类作了可行的规定，同时为后续制度发展完善预留空间。

2. 职务和级别制度规定

《暂行条例》在确立实行职位分类制度的同时，还对公务员的职务和级别分别进行规定。

《暂行条例》第9条规定，国家公务员的职务分为领导职务和非领导职务，并将非领导职务明确为"办事员、科员、副主任科员、主任科员、助理调研员、调研员、助理巡视员和巡视员"8个职务层次。第10条规定国家公务员共有15个级别，并规定了领导职务、非领导职务及其与级别的对应关系：国务院总理：一级；国务院副总理，国务委员：二级至三级；部级正职，省级正职：三级至四级；部级副职，省级副职：四级至五级；司级正职，厅级正职，巡视员：五级至七级；司级副职，厅级副职，助理巡视员：六级至八级；处级正职，县级正职，调研员：七级至十级；处级副职，县级副职，助理调研员：八级至十一级；科级正职，乡级正职，主任科员：九级至十二级；科级副职，乡级副职，副主任科员：九级至十三级；科员：九级至十四级；办事员：十级至十五级。第11条规定国家公务员级别的确定依据，即"按照所任职务及所在职位的责任大小、工作难易程度以及国家公务员的德才表现、工作实绩和工作经历确定"。

《暂行条例》颁布后，既确立在国家机关实行职位分类制度，也对国家公务员的职务进行领导职务和非领导职务的划分。将公务员职务分为领导职务与非领导职务的管理模式，经过了2006年公务员法立法强化；直到2019年实施修订后的《公务员法》并实行职务与职级并行制度，将公务员非领导职务取消，以新建立的公务员职级并行制度加以替代。

（三）职位分类管理逐步完善

1993年《暂行条例》的颁布实施，在确立公务员制度的同时，确立职位分类制度，并对公务员职务和级别作出明确规定。随着《公务员法》的立法推进，公务员职位分类、职务与级别管理体系持续推进，逐步完善。2005年全国人大通过《公务员法》，充分体现这一制度的发展进步，推行职位分类管理从法律层面得以确认和强化。

1. 职位分类管理法律规定

2005年4月27日，第十届全国人大常委会通过《公务员法》，在《暂行条例》基础上，对职位分类制度进行发展完善，明确将公务员划分为综合管理类、专业技术类和行政执法类三个大类，并为后续根据实际需要另行增设其他类别预留接口。《公务员法》第8条规定，"国家对公务员实行分类管理，提高管理效能和科学化水平"；第14条规定，"国家实行公务员职位分类制度。公务员职位类别按照公务员职位的性质、特点和管理需要，划分为综合管理类、专业技术类和行政执法类等类别，国务院根据本法，对于具有职位特殊性，需要单独管理的，可以增设其他职位类别。各职位类别的适用范围由国家另行规定"。

从上述立法规定可以看出，我国的公务员职位分类制度，上升为立法层面后，仍然延续和坚持建立公务员制度和起草制定《暂行条例》的初衷，即打破传统的品位分类管理模式下的"职责不清、分工不明、遇事推诿扯皮，甚至因人设事"的局面，坚持实行职位分类管理，吸收基于职位的科学管理精神，不搞因人设事、因人设岗。另外，我国的职位分类制度充分体现我国国情和管理实际，没有照抄照搬西方国家，特别是美国的烦琐的职位分类体系，没有苛求按照美国划分职门、职组、职系的分类模式一步到位，仅仅划分综合管理类、专业技术类和行政执法类三个大的类别，后续可根据实际管理需要和制度实施情况再进一步增设其他职位类别。

2. 职务和级别法律规定

2005年通过的《公务员法》将第三章标题改为"职务与级别"，在职位分类规定基础上，细化完善公务员职务与级别制度规定；第15条规定"国家根据公务员职位类别设置公务员职务序列"。

《公务员法》仍将公务员职务分为领导职务和非领导职务，并分别对职务和非领导职务作出规定。第16条规定，"公务员职务分为领导职务和非领导职务。领导职务层次分为：国家级正职、国家级副职、省部级正职、省部级副职、厅局级正职、厅局级副职、县处级正职、县处级副职、乡科级正职、乡科级副职。非领导职务层次在厅局级以下设置"；第17条规定，"综合管理类的领导职务根据宪法、有关法律、职务层次和机构规格设置确定。综合管理类的非领导职务分为：巡视员、副巡视员、调研员、副调研员、主任科员、副主任科员、科员、办事员。综合管理类以外其他职位类别公务员的职务序列，根据本法由国家另行规定"；第18条规定，"各机关依照确定的职能、规格、编制限额、职数以及结构比例，设置本机关公务员的具体职位，并确定各职位的工作职责和任职资格条件"。

从上述规定可以看出，公务员制度上升到立法层面后，在职务管理上进一步向前发展，尤其是明确规定领导职务层次和非领导职务层次，特别是考虑划分为综合管理类、专业技术类和行政执法类三个类别之后的非领导职务设置，既对综合管理类公务员的非领导职务进行了设置，也给专业技术类、行政执法类公务员的非领导职务设置预留接口，明确综合管理类以外的其他类别，包括但不限于专业技术类和行政执法类，可根据本法由国家另行设置非领导职务序列。

关于公务员级别的规定，《公务员法》在《暂行条例》基础上进行比较大的修订，主要是增加了级别的层级，强化级别的功能。第 19 条规定，"公务员的职务应当对应相应的级别。公务员职务与级别的对应关系，由国务院规定。公务员职务与级别是确定公务员工资及其他待遇的依据。公务员的级别根据所任职务及其德才表现、工作实绩和资历确定。公务员在同一职务上，可以按照国家规定晋升级别"。从这些规定可以看出，《公务员法》进一步明确级别的确定工资待遇的功能，并将公务员级别和职务之间的对应关系进行明确，在职务不晋升时也可以晋升级别。

事实上，在与 2006 年《公务员法》配套实施的《公务员工资制度改革实施办法》中，对公务员级别进行细化规定，从 15 个级别增加到 27 个级别，并增加与职务相对应的级别幅度，以强化级别在公务员工资管理中的功能，实现职务不晋升情况下，通过级别的晋升增长公务员工资的目标。

二　改革机关干部录用制度

1992 年党的十四大确立有中国特色的社会主义市场经济体制改革方向，开启改革开放的新的历史进程。与市场经济体制发展相适应，中央加快政治体制改革和干部人事制度改革步伐。在党的十四大提出的要尽快推行国家公务员制度的精神指引下，1993 年颁布《国家公务员暂行条例》，确立了党政机关实行公务员制度和考试录用制度。伴随公务员制度的发展完善，遵循"公开、平等、竞争、择优"价值理念的考试录用制度逐步确立、发展和完善，公务员考录制度法规体系日益完善，初步形成以《公务员法》为核心、《公务员录用规定（试行）》为基准以及有关考录具体行政法规为补充的完备的制度体系。针对公务员考录实践中的具体问题，国家公务员主管部门相应出台涵盖笔试、面试、体检、体能测试、考试安全、违纪违规、报考年龄、试用期管理等十余部部门法规，从而形成对考录各个环节规定齐备的制度体系。

（一）考试录用制度基本规定

关于公务员考试录用制度基本规定主要有三个：一是 1993 年颁布的《暂行条例》对国家行政机关公务员考试录用作出规定；二是 2005 年通过的《公务员法》对涵盖行政机关、党的机关、人大机关、法院机关、检察机关、政协机关、民主党派机关等七大类机关公务员考试录用作出规定；三是2007年制定的《公务员录用规定（试行）》对考试录用制度作出了具体规定。

1. 《暂行条例》对考试录用的规定

1993年8月14日，国务院颁布《暂行条例》，第四章"录用"对考试录用作出专门规定，以此为标志，公务员考试录用制度在各级行政机关正式确立。

《暂行条例》确立国家行政机关录用公务员实行考试制度，第13条规定，"国家行政机关录用担任主任科员以下非领导职务的国家公务员，采取公开考试、严格考核的办法，按照德才兼备的标准择优录用"；对考试录用公务员的前提条件作出规定，第14条规定，"录用国家公务员，必须在编制限额内按照所需职位的要求进行"，第15条规定，"报考国家公务员，应当具备国家规定的资格条件"，第18条规定，"省级以上人民政府工作部门录用的国家公务员，应当具有两年以上基层工作经历。按照规定录用的没有基层工作经历的国家公务员，应当安排到基层工作一至二年"；对考试录用公务员的基本程序作出规定，第16条规定，"发布招考公告、对报考人员进行资格审查、对审查合格的进行公开考试、对考试合格的进行政治思想、道德品质、工作能力等方面的考核、根据考试和考核结果提出拟录用人员名单，报设区的市以上人民政府人事部门审批"，在明确这一基本程序的同时，还对简化程序或者采用其他测评办法的情形作出规定，即针对录用特殊职位的国家公务员并须经国务院人事部门或者省级人民政府人事部门批准；对考试录用公务员的组织管理和试用期管理作出规定，第17条规定，"中央国家行政机关国家公务员的录用考试，由国务院人事部门负责组织，地方各级国家行政机关公务员的录用考试，由省级人民政府人事部门负责组织"；第19条规定，"新录用的国家公务员，试用期为一年。试用期满合格的，正式任职；不合格的，取消录用资格。新录用的国家公务员在试用期内，应当接受培训"。

2. 《公务员法》对考试录用的规定

《公务员法》对公务员考试录用的规定在《暂行条例》基础上进一步向前发展，对考试录用中考生的诚信报考、申请材料及不得报考录用公务员的情形，对考试录用的组织管理权限、考试测评形式、考察、体检等都作出立法规定，并为制定相关配套法规预留接口。

关于录用组织权限，《公务员法》在《暂行条例》规定的中央和省级公务员主管部门负责组织以外，增加了必要时可以向设区的市公务员主管部门授权组织的规定。第22条补充规定，"地方各级机关公务员的录用，由省级公务员主管部门负责组织，必要时省级公务员主管部门可以授权设区的市级公务员主管部门组织"。

对公务员录用资格条件和考生诚信报考作出规定。报考公务员除了应当具备公务员的基本条件要求，还要满足报考职位所要求的资格条件，并且第24条规定了不得录用为公务员的三种情形为："曾因犯罪受过刑事处罚的，曾被开除公职的，有法律规定不得录用为公务员的其他情形的"；第27条规定，"招录机关根据报考资格条件对报考申请进行审查，报考者提交的申请材料应当真实、准确"。

对公务员录用考试作出专门规定。第28条明确规定，"公务员录用考试采取笔试和面试的方式进行，考试内容根据公务员应当具备的基本能力和不同职位类别分别设置"，这就对录用考试进行了立法规范，都要通过笔试和面试的方式，并结合不同类别职位和能力要求进行命题测试，以提高录用考试的科学性。

对公务员录用中的体检要求作出了规定，并为制定更为详细的体检项目和标准预留配套制度空间。第29条规定了根据考试成绩确定考察人选并进行体检，"体检的项目和标准根据职位要求确定，具体办法由中央公务员主管部门会同国务院卫生行政部门规定"。

3.《公务员录用规定（试行）》对考试录用的规定

根据《公务员法》的总体要求，《公务员录用规定（试行）》对考试录用作出了更为具体、可操作性的规定。

在管理机构中，分别对中央公务员主管部门、省级公务员主管部门各自承担的公务员录用工作职责作出规定，并进一步对必要时授权设区的市级公务员主管部门组织本辖区公务员的录用进行规定。

开展公务员录用工作之前，要根据职位空缺情况和职位要求，提出招考的职位、名额和报考资格条件，拟订录用计划，并按照管理权限报送公务员主管部门审定。

对公务员录用考试，包括笔试和面试，都作出具体明确的规定。第

21条对笔试进行规定,"笔试包括公共科目和专业科目。公共科目由中央公务员主管部门统一确定。专业科目由省级公务员主管部门根据需要设置",第22条对面试进行规定,"笔试结束后,招录机关按照省级以上公务员主管部门的规定,根据笔试成绩由高到低确定面试人选。面试由省级以上公务员主管部门组织实施,也可以委托招录机关或授权设区的市级公务员主管部门组织实施。面试的内容和方法由省级以上公务员主管部门规定。面试应当组成面试考官小组,面试考官小组由具有面试考官资格的人员组成,面试考官资格的认定与管理,由省级以上公务员主管部门负责"。

对公务员录用考察和体检作出具体规定。第26条对考察内容、考察组组成及其工作方式作出规定,"考察内容主要包括报考者的政治思想、道德品质、能力素质、学习和工作表现、遵纪守法、廉洁自律以及是否需要回避等方面的情况。考察应当组成考察组,考察组由两人以上组成。考察组应当广泛听取意见,做到全面、客观、公正,并据实写出考察材料"。第27条对体检组织、实施以及体检结果复检等作出规定,即"体检工作由设区的市级以上公务员主管部门负责组织,招录机关实施。体检应当在设区的市级以上公务员主管部门指定的医疗机构进行。体检完毕,主检医生应当审核体检结果并签名,医疗机构加盖公章。招录机关或报考者对体检结果有疑问的,可以按照规定提出复检。必要时,设区的市级以上公务员主管部门可以要求体检对象复检"。对于体检的项目和标准则依照国家关于体检的统一规定执行。

对确定拟录用人员名单和公示作出规定,第28条规定,招录机关根据考试成绩、考察情况和体检结果,择优提出拟录用人员名单,并向社会公示,公示时间为七天,经公示期满后作出是否录用的决定。对于没有问题或者所反映问题不影响录用的,按照规定程序办理审批或备案手续;对有严重问题并查有实据的,不予录用;对反映有严重问题,但一时难以查实的,暂缓录用,待查实并作出结论后再决定是否录用。

在录用纪律中分别对招录机关、从事录用工作人员和报考者分别制定具体规定。第33条规定,对招录机关存在"不按规定编制限额和职位要求进行录用的;不按规定的资格条件和程序录用的;未经授权,擅自出台、变更录用政策,造成不良影响的;录用工作中徇私舞弊,情节严重的"情形的,由公务员主管部门视情况予以责令纠正或者宣布无效,并对负有领导责任和直接责任的人员给予批评教育、调离录用工作岗位或者给予处分,构成犯罪的依法追究刑事责任。第34条规定,录用工作人员存在"泄露试题和其他考录秘密信息的;利用工作便利,伪造考试成绩或者其他招考工作的有关资料的;利用工作便利,协助报考者考试作弊的;因工作失误,导致招考工作重新进行的;违反录用工作纪律的其他行为"情形的,视情节轻重,由公务员主管部门或所在单位给予批评教育、调离录用工作岗位或者给予处分;构成犯罪的,依法追究刑事责任。第35条对报考者的纪律要求作出规定,"对违反录用纪律的报考者,视情节轻重,分别给予批评教育、取消考试、考察和体检资格,不予录用或取消录用等处理。其中,有舞弊等严重违反录用纪律行为的,五年内不得报考公务员。构成犯罪的,依法追究刑事责任"。

(二)考试录用配套制度发展完善

《公务员法》颁布实施后,公务员考试录用作为整个公务员制度的核心,以"阳光考录""玻璃房子里的考试"著称的考试录用制度,获得全社会和各级机关、考生的广泛关注和认可。主管部门主要在体检体能测评和考录管理两个方面,围绕公平考录和科学考录对完善考录制度进行配套制度体系建设。

1. 体检体能测评配套法规

对拟录用公务员的体检、体能测评既事关招录机关选拔身体健康的高素质公务员,又关系到报考考生是否符合招录职位健康标准要求,还涉及卫生行政部门所规定掌握的体检健康的专业性标准,在考试录用程序中受到公务员录用主管部门、招录机关、考生等方面的广泛关注。为此,公务员主管部门在实行考试录用的同时,陆续健全公务员录用体检体测配套法规。主要包括:

2005年1月17日,人事部、卫生部联合印发《公务员录用体检通用标准(试行)》,对公务员录用体检合格与不合格制定21条通用标准。明确要求公务员录用体检要在录用主管机关指定的县级以上综合性医院进行,主检医师应当具有副主任医师以上专业技术职务任职资格,主检医师要对体检情况作出体检结论,并由体检医院加盖公章。用人单位和考生对体检结果有疑问的,可以进行一次复检,复检应在接到体检通知七日内提出。明确对用人单位和体检医院、体检考生提出要求,对于在体检中违反规定操作规程、弄虚作假、徇私舞弊、渎职失职,造成不良后果的要按有关规定给予处分;对于弄虚作假或者隐瞒真实情况致使体检结果失实的考生,不予录用或取消录用。

2007年3月1日,人事部办公厅、卫生部办公厅联合制定印发《公务员录用体检操作手册(试行)》,从体检组织工作、体检项目及操作规程、《公务员录用体检通用标准(试行)》实施细则三个方面,明确规定细化了体检标准和操作规程,进一步提高公务员录用体检工作科学化、规范化、制度化水平。

2010年3月8日,人力资源和社会保障部、卫生部联合对《公务员录用体检通用标准(试行)》和《公务员录用体检操作手册(试行)》进行了修订。为维护乙肝表面抗原携带者的就业权利,对肝炎的体检标准和操作规程进行修订,依据肝炎的医学量化判断标准确定了录用体检的合格标准;同时对体检操作手册其他六处具体操作要求和规范进行修订。

2010年11月10日,人力资源和社会保障部、卫生部、国家公务员局联合印发《公务员录用体检特殊标准(试行)》,主要针对公安机关、国家安全机关、监狱、劳动教养管理机关的人民警察和人民法院、人民检察院的司法警察职位,以及外交、海关、海事、检验检疫、安监等部门对身体条件有特殊要求的职位录用公务员,另行制定了特殊体检标准。

此外,还分别针对怀孕考生体检、公安机关录用人民警察体检以及国家安全机关、监狱劳教人民警察和人民法院、人民检察院司法警察体检等具体问题作出具体补充规定或给予相关部门复函答复。

2. 考录管理工作配套法规

为了保障公务员考试录用工作顺利进行,公务员主管部门针对考录管理的实际情况,分别从加强考试录用管理工作、规范考试录用笔试考务组织以及防止考试作弊和考试违纪违规行为处理等方面分别制定配套法规。

2010年9月20日,人力资源和社会保障部、国家公务员局印发《关于进一步做好公务员录用考试管理工作的通知》,从推进录用考试管理制度建设、优化录用考试工作环境、提高录用考试工作保障水平、加大录用考试工作监督力度、加强录用考试管理工作组织领导五个方面对录用考试管理进行规范，强化录用考试工作的组织管理。

2011年12月23日，中央组织部、人力资源和社会保障部、国家公务员局联合印发《公务员考试录用笔试考务组织办法（试行）》，并以附件形式下发《中央机关公务员考试录用笔试考务操作规程（试行）》，以供各地公务员主管部门在组织本地公务员考试录用笔试工作中参考。《公务员考试录用笔试考务组织办法（试行）》分为总则、考试工作人员、命题管理、试卷管理、考试实施、阅卷、考务信息管理、安全与保密、附则共9章42条，对公务员考试中的笔试涉及的各工作环节的组织管理作出明确规定；《中央机关公务员考试录用笔试考务操作规程（试行）》则从报名确认、考点考场设置、试卷管理、考试实施、客观题阅卷、主观题阅卷、违纪违规行为处理共7章，分别对笔试考务工作的具体操作性标准要求作出规定。

在防止考试作弊和考试违纪违规行为处理方面，主要包括两个文件：一是2008年11月5日人力资源和社会保障部、工业和信息化部、公安部、国家公务员局联合印发的《关于加强防范和打击利用无线电设备及互联网在公务员录用考试中进行作弊活动的通知》；二是2009年11月9日以人力资源和社会保障部令和中央组织部、人力资源和社会保障部联合下发通知的双重形式颁布的《公务员录用考试违纪违规行为处理办法（试行）》。这两个文件分别对防范和打击在公务员录用考试中利用无线电设备及互联网作弊等非法行为、在公务员录用考试中出现违纪违规行为的处理作出明确规定。

三 规范机关干部任免制度

党的十四大召开后，社会主义市场经济体制逐步确立，中央探索建立与市场经济体制相适应的干部人事制度，颁布系列干部人事制度改革的文件，制定《党政领导干部选拔任用工作条例》等党内法规，完善干部选拔任用工作机制，扩大干部工作中的民主，提高选人用人公信力，坚持民主、公开、竞争、择优的基本方针，使党政干部管理和干部选拔任用工作制度化、规范化水平不断提高。

本部分主要从干部人事制度改革总体纲要、干部选拔条例专门规定和公务员制度的相关具体规定三个方面加以阐述。

（一）深化干部人事制度改革纲领性文件的要求

为系统谋划推进干部人事制度改革，建立高素质干部队伍，为推进有中国特色的社会主义事业发展提供坚强的组织保障，党和国家基于不同历史时期的经济、政治、文化和社会发展等基本任务和改革要求，分别于2000年制定《干部人事制度改革纲要》和2009年制定《2010—2020年干部人事制度改革规划纲要》，对推进干部选拔任用制度改革作出总纲性规定。

1. 《深化干部人事制度改革纲要》的要求

2000年6月23日，中共中央办公厅印发《深化干部人事制度改革纲要》，明确了未来十年干部人事制度改革基本目标、方针原则以及改革的重点任务和要求，提出深化党政领导干部选拔任用制度改革的十项任务，分别是：完善民主推荐、民意测验、民主测评制度；推行党政领导干部任前公示制度；推行公开选拔党政领导干部制度；健全党政领导干部选举制度；实行党政领导职务任期制；实行党政领导干部任职试用期制度；实行党政领导干部辞职制度；进一步完善调整不称职、不胜任现职干部的制度和办法；根据各类干部不同特点，建立和完善培养选拔妇女干部、少数民族干部、非党干部的相关制度；修订《党政领导干部选拔任用工作暂行条例》，制定配套法规或实施细则，逐步形成党政领导干部管理的法规体系。

2. 《2010—2020年深化干部人事制度改革规划纲要》的要求

2009年12月3日，中共中央办公厅印发《2010—2020年深化干部人事制度改革规划纲要》，这是在党的十七大和十七届四中全会精神指引下，为深化干部人事制度改革、提高干部人事工作的科学化、民主化和制度化，制定颁布的改革规划，是推进干部人事制度改革的另一个纲领性文件。纲要提出五个具体改革目标：扩大干部工作民主，提高干部群众参与度；健全竞争择优机制，促进优秀人才脱颖而出；完善干部管理制度，增强干部队伍的生机和活力；加强干部选拔任用监督，有效遏制用人上的不正之风；深化分级分类管理，健全干部人事制度体系。

在党政干部制度改革重点突破项目中，提出八项干部选拔任用制度改革重点突破项目，分别是：规范干部选拔任用提名制度；推行差额选拔干部制度；加大竞争性选拔干部工作力度；逐步扩大基层党组织领导班子成员公推直选范围；坚持和完善从基层一线选拔干部制度；健全调整不适宜担任现职干部制度；探索建立拟提拔干部廉政报告制度；深入整治用人上的不正之风。

在党政干部制度改革整体推进任务中，提出健全选拔任用机制的七项任务，分别是：完善民主推荐制度；改进任职考察工作；规范酝酿和讨论决定程序；完善任前公示和任职试用期制度；规范干部破格提拔办法；推进党内选举制度改革；建立党政机关部分职位聘任制。

以上两部干部人事制度改革（规划）纲要从干部人事制度的总体规划和统筹推进改革视角，对健全完善干部选拔任用制度作出总体部署，成为推进干部选拔任用制度改革的总纲领，为改革和创新干部选拔任用制度指明了方向。

（二）党政领导干部选拔任用条例的专门规定

这一时期，中央先后于1995年和2002年印发《党政领导干部选拔任用工作暂行条例》和《党政领导干部选拔任用工作条例》。这两个条例对党政领导干部选拔任用工作作出专门规定，成为指导各级党政机关干部选拔任用工作的基本遵循。

1.《党政领导干部选拔任用工作暂行条例》的基本规定

1995年2月9日，中央印发《党政领导干部选拔任用工作暂行条例》，共包括11章54条规定，分别对党政领导干部选拔任用工作的总体原则及适用范围、选拔任用条件、民主推荐、考察、酝酿、讨论决定、依法推荐、提名与民主协商、交流与回避、辞职与降职、纪律与监督等作出规定，搭建干部选拔任用的基本制度架构，并对干部选拔任用工作作出了制度化和规范化要求。其主要内容如下：

关于干部选拔任用的总体原则，规定6条原则：党管干部原则；德才兼备、任人唯贤原则；群众公认、注重实绩原则；公开、平等、竞争、择优原则；民主集中制原则；依法办事原则。

关于提拔担任党政领导职务应具备的资格，提出7条要求：一是担任县处级领导职务的，应当具有五年以上工龄和两年以上基层工作经历；二是担任县处级以上领导职务的，一般应当具有在下一级两个以上职位任职的经历；三是提任副县处级以上领导职务的，由副职提任正职，一般要在副职岗位上工作两年以上，由下级正职提任上级副职，一般要在下级正职岗位上工作三年以上；四是一般应当具有大学专科以上文化程度，其中，省部级领导干部一般应当具有大学本科以上文化程度；五是必须经过党校、行政院校或者其他培训机构三个月以上的培训；六是身体健康；七是提任党的领导职务的，除具备上列规定资格外，还应当符合《中国共产党章程》规定的党龄要求。

关于民主推荐，区分领导班子换届推荐和个别提拔任职推荐两种情形，分别规定参加民主推荐人员范围和推荐程序，规定将民主推荐结果作为确定考察对象人选的重要依据之一，但同时要防止简单地以票取人；领导干部个人向党组织推荐领导干部人选，必须负责任地写出署名推荐材料，属于所在单位群众拥护的人选可以列为考察对象；在推荐方法上，除了采取会议推荐，还可以采取组织推荐、群众推荐、个人自荐和考试、考核相结合的方法。

关于考察，规定了考察主体、考察内容要求、考察程序、考察谈话对象范围、民主评议要求、考察材料内容要求及实行考察责任制等，一般实行差额考察，依据干部选拔任用条件和不同领导职务的要求，全面考察其德、能、勤、绩，注重考察工作实绩。

关于酝酿，在讨论决定之前进行酝酿，规定了参与酝酿领导成员范围，区分拟提拔工作部门领导成员人选和地方政府组成人员、法院和检察院主要领导成员人选分别征求分管领导和人大常委会主要领导成员意见。

关于讨论决定，规定了讨论决定的权限范围、参会人员发表意见要求、工作程序、上报任免材料要求等，要求讨论决定干部任免事项，应有2/3以上党委（党组）成员到会，并按照干部管理权限进行讨论，决定任免或提出推荐、提名，属于上级党委（党组）管理的干部可以提出任免建议。

此外，还分别对依法推荐、提名与民主协商、交流回避、辞职辞退、纪律与监督等作出规定。建立实行党政领导干部交流和任职回避制度、党政领导干部包括因公辞职和责令辞职的辞职制度、党政领导干部降职制度等。

2.《党政领导干部选拔任用工作条例》的基本规定

2002年7月9日，中央办公厅正式颁布《党政领导干部选拔任用工作条例》，于颁布之日起实施，并同时废止《党政领导干部选拔任用工作暂行条例》。这是在1995年《党政领导干部选拔任用工作暂行条例》基础上，在"三个代表"重要思想指引下，体现并贯彻中央对干部选拔任用工作的新要求，吸收干部人事制度改革的成果而作出修订并正式实施的。作为干部选拔任用工作的基本规章，对于健全干部选拔任用机制和监督管理机制，推进干部工作科学化、民主化和制度化具有重要意义。

2002年实施的《党政领导干部选拔任用工作条例》分为总则、选拔任用条件、民主推荐、考察、酝酿、讨论决定、任职、依法推荐与提名和民主协商、公开选拔和竞争上岗、交流和回避、免职与辞职和降职、纪律和监督、附则共13章74条，与1995年《党政领导干部选拔任用工作暂行条例》相比，新增任职、公开选拔和竞争上岗两章，细化干部选拔任用各项规定，吸收补充党政领导干部选拔任用工作责任追究办法的相关条款，具体新增及修订完善的主要内容如下：

关于总则部分的修订，在制度目标上补充规定为了形成有利于优秀人才脱颖而出的选人用人机制，建设一支高举马克思列宁主义、毛泽东思想、邓小平理论伟大旗帜，认真实践"三个代表"重要思想的高素质的党政领导干部队伍的目标要求。在条例的适用范围上，补充"选拔任用非中共党员领导干部，参照本条例执行；选拔任用处级以上非领导职务，参照本条例执行"。

关于选拔任用条件的修订，补充"坚持讲学习、讲政治、讲正气，经得起各种风浪的考验""具有共产主义远大理想和中国特色社会主义坚定信念""依法办事，做到自重、自省、自警、自励"条件要求。对于在选拔任用前确因特殊情况未达到规定的培训要求的，应在提任后一年内完成培训。补充规定党政领导干部来源范围，既可以从党政机关选拔任用，也可以从党政机关以外选拔任用，党政领导班子成员一般应当从后备干部中选拔。

关于民主推荐的修订，补充规定民主推荐包括会议投票推荐和个别谈话推荐两种形式，明确民主推荐结果在一年内有效。补充规定进行会议推荐时要提供干部名册，推荐工作部门领导成员时，本部门人数较少的，可以全体人员参加推荐，并明确民主推荐内设机构领导成员人选的参加人员范围，参照工作部门领导成员的规定范围执行。

关于考察的修订，对考察内容和考察材料内容上在"德、能、勤、绩"基础上补充了对"廉"的考察，进行全面表现考察并撰写相应的考察材料，明确各级党委（党组）根据不同领导职务的职责要求制定具体考察标准。在考察程序上增加发布考察预告的要求，即"根据考察对象的不同情况，通过适当方式在一定范围内发布干部考察预告"，补充派出考察组的组织（人事）部门应根据考察情况经集体研究提出任用建议方案的程序要求。补充对考察内设机构领导职务拟任人选参加考察谈话和征求意见的范围，参照工作部门领导班子成员考察的范围执行。补充对于考察对象需要进行经济责任审计的，应当委托审计部门按照有关规定进行审计的要求。细化考察组组成人员的要求，要求考察人员应当具有较高素质和相应资格，考察组负责人应当由思想政治素质好、有较丰富工作经验并熟悉干部工作的人员担任。补充将考察情况进行反馈的要求，即一般由考察组向考察对象所在党委（党组）主要领导成员和本人进行反馈。

关于讨论决定的修订，重点在于讨论决定的具体程序和要求，补充讨论决定时要保证与会成员有足够的时间听取情况介绍并充分发表意见的要求，在充分讨论基础上可以采取口头表决、举手表决或者无记名投票等方式进行表决。在党委（党组）讨论决定干部任免事项时，党委（党组）分管干部工作的领导成员或者组织（人事）部门负责人，要逐个介绍领导职务拟任人选的提名、推荐、考察和任免理由等情况。增加对地市和县级领导班子党政正职领导拟任人选和推荐人选的决定程序要求，即由上级党委常委会提名，党的委员会全体会议审议，进行无记名投票表决；在党的委员会全体会议闭会期间，由党委常委会作出决定，决定前应当征求全委会成员的意见。

新增了第七章"任职"的规定，规定对党政领导干部实行任前公示制度、任职试用期制度及对部分专业性较强的领导职务实行聘任制，并明确由党委（党组）指定专人同任职者本人进行任职谈话要求和任职起始时间计算要求。关于任前公示制度，第38条规定，"提拔担任地（厅）、司（局）级以下领导职务的，除特殊岗位和在换届考察时已进行过公示的人选外，在党委（党组）讨论决定后、下发任职通知前，应当在一定范围内进行公示。公示期一般为7—15天。公示结果不影响任职的，办理任职手续"。关于任职试用期制度，第39条规定，提拔担任非选举产生的地（厅）、司（局）级以下领导职务的，包括党委、人大常委会、政府、政协工作部门的副职和内设机构的领导职务、纪委内设机构的领导职务、人民法院和人民检察院内设机构的非国家权力机关依法任命的领导职务，都实行试用期一年；试用期满后，经考核胜任现职的正式任职，不胜任的免去试任职务，一般按试任前职级安排工作。

新增第九章"公开选拔和竞争上岗"，规定公开选拔和竞争上岗作为领导干部选拔任用的一种方式，并明确报名条件和资格要求及开展工作程序要求。规定公开选拔和竞争上岗主要适用于选拔任用地方党委和政府工作部门的领导成员或其人选、党政机关内设机构的领导成员或其人选及其他适于公开选拔、竞争上岗的领导职务，公开选拔面向社会进行，竞争上岗在本单位或者系统内部进行。在开展公开选拔和竞争上岗的程序上，规定五个程序要求：公布职位、报考人员的资格条件、基本程序和方法等；报名与资格审查；统一考试（竞争上岗须进行民主测评）；组织考察，研究提出人选方案；党委（党组）讨论决定。

增加了免职的规定，第55条规定一般应当免职的三种的情形，即达到任职年龄界限或者退休年龄界限的；在年度考核、干部考察中，民主测评不称职票超过1/3经组织考核认定为不称职的；因工作需要或者其他原因，应当免去现职的。增加了引咎辞职的规定，党政领导干部因工作严重失误、失职造成重大损失或者恶劣影响，或者对重大事故负有重要领导责任，不宜再担任现职的，由本人主动提出辞去现任领导职务。补充规定了党政领导干部有"重要公务尚未处理完毕，须由本人继续处理的"和"有其他特殊原因的"两种情形不得提出辞职。

在纪律与监督部分，重点补充党政领导干部选拔任用工作责任追究制度的相关规定。新增了第65条对实行党政领导干部选拔任用工作责任追究制度作出规定，用人失察失误造成严重后果的，应当根据具体情况，追究主要责任人以及其他直接责任人的责任；新增了第68条对实行党政领导干部选拔任用工作监督责任制作出规定，凡本地区、本部门用人上的不正之风严重、干部群众反映强烈以及对违反组织人事纪律的行为查处不力的，应当追究党委（党组）主要领导成员和分管领导成员的责任；新增第69条对党委（党组）及其组织（人事）部门在干部选拔任用工作中自觉接受组织监督和群众监督作出了规定，下级机关和党员、干部、群众对干部选拔任用工作中的违纪违规行为，有权向上级党委（党组）及其组织（人事）部门、纪检机关（监察部门）举报、申诉，受理部门和机关应当按照有关规定核实处理。

（三）公务员制度中关于选拔任用的相关规定

从1993年的《暂行条例》到2005年颁布《公务员法》，公务员管理法规对干部选拔任用作出相关规定，保障了对公务员职务升降和任免进行依法管理。

1. 《暂行条例》的相关规定

《暂行条例》第八章规定公务员职务晋升的资格条件、晋升程序、工作要求及降职情形等。国家公务员的职务晋升要坚持德才兼备、任人唯贤的原则并注重工作实绩，国家公务员在年度考核中被确定为不称职的，或者不胜任现职又不宜转任同级其他职务的，应当按照规定程序予以降职。第九章规定了公务员的职务任免方式、任免权限、任免职务的具体情形等，国家公务员职务实行委任制，部分职务实行聘任制；国家公务员原则上一人一职，确因工作需要，经任免机关批准，可以在国家行政机关内兼任一个实职。应当予以任职的主要情形包括：新录用人员试用期满合格的；从其他机关及企业、事业单位调入国家行政机关任职的；转换职位任职的；晋升或者降低职务的；因其他原因职务发生变化的；应当予以免职的主要情形包括：转换职位任职的；晋升或者降低职务的；离职学习期限超过一年的；因健康原因不能坚持正常工作一年以上的；退休的；因其他原因职务发生变化的。

2. 《公务员法》的相关规定

《公务员法》第六章对公务员职务任免作出规定，规定公务员职务实行选任制和委任制，其中领导成员职务按照国家规定实行任期制。选任制公务员在选举结果生效时即任当选职务，任期届满不再连任或者任期内辞职、被罢免、被撤职的，其所任职务即终止。委任制公务员遇有试用期满考核合格、职务发生变化、不再担任公务员职务以及其他情形需要任免职务的，应当按照管理权限和规定的程序任免其职务。第七章对公务员职务升降作出了规定，规定晋升职务应当具备拟任职务所要求的思想政治素质、工作能力、文化程度和任职经历等方面的条件和资格，公务员晋升职务应当逐级晋升,特别优秀的或者工作特殊需要的,可以按照规定破格或者越一级晋升职务。规定公务员晋升领导职务按照民主推荐、组织考察、讨论决定、履行任职手续的基本程序进行,非领导职务晋升程序参照领导职务的程序办理。补充采取竞争上岗或公开选拔方式产生任职人选的规定,机关内设机构厅局级正职以下领导职务出现空缺时,可以在本机关或者本系统内通过竞争上岗的方式产生任职人选;厅局级正职以下领导职务或者副调研员以上及其他相当职务层次的非领导职务出现空缺,可以面向社会公开选拔,产生任职人选;确定初任法官、初任检察官的任职人选,可以面向社会,从通过国家统一司法考试取得资格的人员中公开选拔。此外,还规定公务员晋升领导职务应按照有关规定实行任前公示和任职试用期制度,公务员在定期考核中被确定为不称职的,按照规定程序降低一个职务层次任职。

四 实行机关干部交流回避制度

1992年党的十四大以来,随着社会主义市场经济体制的建立和发展,中央逐步破除计划经济体制对干部和人才的束缚,探索建立与市场经济相适应的干部人事制度,不断加大机关干部交流工作力度,制度层面对干部进行大规模统一调配的做法逐步调整,逐步转向实行有计划、有组织的干部交流,并探索建立回避制度。随着公务员制度的建立和发展,建立并完善公务员交流回避制度;与此同时,针对不同发展时期机关干部管理和交流的需要,中央不断完善各项党内干部管理法规和制度文件,在党管干部原则指引下的机关干部交流回避制度不断发展。党政干部和公务员交流回避方式持续发展,健全任职回避、地域回避、公务回避等回避制度,逐步规范调任和转任等干部交流制度。

(一)党政干部与公务员交流回避的通用性规定

党内法规和公务员管理法规都对党政干部交流作出基本规定,党内法规侧重于对党政领导干部交流提出要求,公务员制度则侧重于从公务员普遍适用的视角进行规定。

1. 党内法规对党政领导干部交流回避的一般性规定

党内法规对党政领导干部交流回避作出规定可以分为三个方面,一是从干部人事制度改革的角度提出总体要求;二是从党政领导干部选拔任用视角作出基本规定；三是针对党政领导干部制定交流回避的具体规定。

（1）从干部人事制度改革的角度提出总体要求

2000年6月23日，中共中央办公厅印发《深化干部人事制度改革纲要》，提出"推进党政领导干部交流工作"的总体要求。提出对培养锻炼性交流、回避性交流、任职期满交流要逐步规范化和制度化，对一些重要岗位的领导干部要实行跨地区、跨部门交流；要把干部交流同培养使用结合起来，引导干部向艰苦地区和艰苦岗位交流；要配合实施西部大开发战略，逐步加大东西部干部交流的力度，制定和实施与西部大开发相配套的干部交流规划，有计划地选派西部地区的干部到中央、国家机关和东部经济发达地区挂职锻炼。

2009年12月3日，中共中央办公厅印发《2010—2020年深化干部人事制度改革规划纲要》，提出"完善干部交流回避制度"的总体要求。提出要加大重要部门、关键岗位、东中西部地区干部交流力度，疏通党政机关干部、企事业单位干部交流渠道，推进上下级机关干部交流，加强少数民族地区干部交流，完善相关配套措施；健全党政机关内部管理人、财、物和执纪、执法等岗位干部的定期轮岗制度，推进机关干部跨部门跨单位交流；坚持选派年轻干部到艰苦地区、复杂环境、关键岗位培养锻炼，规范和改进干部挂职锻炼工作；引入竞争机制，改进交流人选产生方式；坚持干部任职回避制度，完善公务回避办法。

（2）从党政领导干部选拔任用视角作出基本规定

党政领导干部交流与回避是党政领导干部选拔任用工作的重要组成部分，1995年中央印发《党政领导干部选拔任用工作暂行条例》，2002年又修订正式印发《党政领导干部选拔任用工作条例》，都对党政领导干部交流与回避作出明确规定，成为党政机关干部交流的重要制度依据。

《党政领导干部选拔任用工作暂行条例》是实行干部人事制度改革以来的第一个关于选拔任用工作的党内法规，对干部选拔任用工作进行全面规范，其中也对党政领导干部交流与回避作出明确规定，设置交流回避的专门章节。其中第38条规定了实行党政领导干部交流制度，并明确了交流对象和应当交流的情形，包括：因工作需要进行交流的；需要通过交流，丰富领导经验、提高领导水平的；在一个地方或者部门工作时间长，按照规定需要回避的；因其他原因需要交流的；交流的重点对象是党委和政府的领导成员。同时对交流的形式也提出了原则要求，即交流可以在地区之间、部门之间、地方与部门之间、上下之间、党政机关与企事业单位及其他社会组织之间进行，这与公务员调任、转任、轮换和挂职锻炼交流形式相比进一步细化和明确，党政领导干部的交流回避在形式上更加灵活多样。第 39 条从选拔任用工作视角规定了实行党政领导干部任职回避制度。党政领导干部有夫妻关系、直系血亲关系、三代以内旁系血亲以及近姻亲关系的，不得在同一机关担任双方直接隶属于同一领导人员的职务或者有直接上下级领导关系的职务，也不得在其中一方担任领导职务的机关从事组织、人事、纪检、监察、审计、财务工作。还规定担任县（市）委书记、县（市）长职务的，一般不得在原籍任职；经选举产生的县（市）委书记、县（市）长，在原籍任职满一届后，应当实行地域回避（民族自治县参照执行）。党委（党组）及组织（人事）部门在讨论干部任免时，凡涉及与会人员本人及其亲属的，本人必须回避。

《党政领导干部选拔任用工作条例》在 1995 年暂行条例的基本规定基础上进行修订。关于交流回避的修订，在交流的重点对象上增加纪委、人民法院、人民检察院和党委、政府部分工作部门的主要领导成员，党政机关内设机构处级以上领导干部在同一职位上任职时间较长的，也应当进行交流或者轮岗。补充服从组织的交流决定和避免过于频繁交流的要求，交流的干部接到任职通知后，应当在党委（党组）或者组织（人事）部门限定的时间内到任，地方党委、政府领导成员原则上应当任满一届后进行交流。增加实行党政领导干部选拔任用工作回避制度的规定，干部考察组成员在干部考察工作中涉及其亲属的，本人必须回避。

（3）针对党政领导干部制定了交流与回避的具体规定

按照干部人事制度改革的总体要求，在党政领导干部选拔任用工作条例对交流与回避作出基本规定的基础上，制定关于党政领导干部交流与回避的具体规定。中共中央办公厅于 1999 年印发《党政领导干部交流工作暂行规定》，于 2006 年印发《党政领导干部交流工作规定》。

1999 年 4 月 22 日，中央办公厅印发了《党政领导干部交流工作暂行规定》，从干部交流的指导思想、对象、范围、组织实施、纪律及配套措施六个方面作出规定。

在干部交流的指导思想上，规定了着眼于培养锻炼干部、优化班子结构、加强党风廉政建设和党的统一领导，促进地区、部门之间的联系和发展。由此可见，实行干部交流政策，目的不仅是培养锻炼干部，还包括优化班子结构、加强班子建设及促进地区和部门之间的发展等目标。

关于干部交流的对象，明确规定主要是县（市、区）以上党委、政府领导班子成员和部分职能部门的主要负责人。对应当进行交流的主要情形作了细化规定：

第一，需要通过交流丰富领导经验、提高领导水平的情形规定如下：拟提拔担任县处级以上领导职务的，不具备两年以上基层工作经历的，应有计划地交流到基层工作两年，没有下一级两个以上职位任职经历的，应在同级职位之间进行交流；新提拔担任县（市、区）以上党委和政府领导班子成员，应有计划地安排一部分易地交流任职；新提拔担任各级纪检监察、审判、检察机关和组织、人事、公安、财政、审计等部门的主要负责人，一般要易地交流任职。

第二，对在一个地方或部门工作时间较长的情形规定如下：现任县（市、区）以上党委和政府领导班子成员，在同一职位任职满10年的必须交流，在同一地区同级党政领导班子任职10年的应有计划地进行交流；现任各级纪检监察、审判、检察机关和组织、人事、公安、财政、审计等部门的主要负责人，在同一领导班子任职满10年的，应有计划地进行交流；实行双重管理、以业务部门为主管理的部门主要负责人，在同一领导班子任职满10年的应有计划地进行交流。

第三，按照有关规定需要回避进行交流的情形规定如下：新提拔担任县（市）委书记、县（市）长职务的以及县（市）纪检监察、审判、检察机关和组织、人事、公安、财政、审计等部门的主要负责人，一般不得在其原籍、出生地、生长地所在县（市）任职；已经在其原籍、出生地、生长地所在的县（市）任职满一届的，必须交流。有夫妻关系、直系血亲关系、三代以内旁系血亲以及近姻亲关系等亲属关系的，如双方在同一领导班子里任职，或在同一机关担任直接隶属于同一领导人员的职务，或有直接上下级领导关系职务的，其中一方必须交流；在其中一方担任领导职务的机关从事组织、人事、纪检、监察、审计、财务工作的干部，必须交流。

在交流对象上，还对因工作需要、改善领导班子结构、发挥干部特长及其他原因需要交流的作了补充规定，对由于超过一定年龄，因为健康原因影响正常工作、考核考察不称职的、因涉嫌违法违纪正在接受组织审查尚未作出结论等不进行交流的情形作了规定。

关于干部交流的范围，制度规定可以在地区之间、部门之间、地区与部门之间、上下级机关之间、党政机关与企事业单位及社会团体之间进行交流。地（厅）级干部一般在本省（自治区、直辖市）内进行交流，根据工作需要也可跨省（自治区、直辖市）交流；县（处）级干部一般在地（市、州）范围内交流，根据需要也可跨地（市、州）交流；县（市）委书记、县（市）长应跨地（市、州）交流。

此外，还对干部交流的组织实施、纪律要求和配套措施作出了规定。

2006年6月10日，中央办公厅印发《党政领导干部交流工作规定》，该规定吸收《公务员法》和《党政领导干部选拔任用工作条例》有关精神，对《党政领导干部交流工作暂行规定》进行修订。首先在适用范围上作了明确，扩大适用范围，从党委、政府明确扩大覆盖到人大机关、政协机关、纪委机关、检察机关和法院机关，即适用于中共中央、全国人大常委会、国务院、全国政协的工作部门和工作机构的领导成员及其内设机构的领导干部，中央纪委和最高人民法院、最高人民检察院的副职领导成员及其机关内设机构领导干部；县级以上的地方党委、人大常委会、政府、政协及其工作部门和工作机构的领导成员，上述工作部门和工作机构的内设机构的领导干部，县级以上地方纪委和人民法院、人民检察院的领导成员及其机关内设机构的领导干部。明确本规定所适用的交流形式是指调任和转任两种形式，并明确将挂职锻炼剔除在外，指出"挂职锻炼工作另行规定"。

对交流对象作了细化修订，结合实践情况作了细微调整，包括对同一职位任职满10年的党政领导成员必须交流这一规定，原来规定在民族自治地方的要求参照执行，修改为民族自治地方的少数民族党政领导干部经批准可以适当放宽；对不进行交流的情况修改为不进行交流或暂缓交流，并统一提出了距离最高任职年龄要求不满5年的可不交流或者暂缓交流的基本要求。

对交流范围相关条文进行细化修订，补充强调地区之间干部交流出发点要求和加强央地的干部交流、党政机关与国有企事业单位之间的相关要求。第14条规定，地区之间干部交流，重点围绕国家经济社会发展战略和人才战略、地方经济社会经济发展布局和支柱产业及重大项目建设进行；第15条规定，中央和国家机关、省级党政机关应当注意选调有地方工作经验的干部，特别是市（地、州、盟）、县（市、区、旗）党政领导班子中的优秀年轻干部到机关任职，同时根据工作需要有计划地选派机关干部到地方任职；第16条规定，实行党政机关与国有企事业单位之间的干部交流，选调国有企事业单位领导人才到党政机关任职，推荐党政领导干部到国有企事业单位任职。

在干部交流的组织管理上体现加强中央组织部的统筹协调管理，明确中央和国家机关与地方之间组织成批的干部交流，由中央组织部协调后实施；强调干部交流要突出重点，增强计划性和针对性，注意与领导班子换届调整相结合的要求。

在干部交流的保障措施上进行相对较大的简化和完善，删除了不合时宜的条款，明确建立健全干部挂职交流的激励措施。提出"坚持交流与培养使用相结合，采取有利于干部健康成长的政策措施，鼓励干部到艰苦边远地区、复杂环境、重点建设工程和基层经受锻炼，建功立业"，删除"对那些在基层和艰苦地方工作并取得突出成绩的干部，应优先提拔使用"的规定；删除"凡属组织确定交流的干部，任何地区不得征收国家规定以外的费用"及"被交流的干部，可按住房改革有关政策购买一处住房"的规定，删除"被交流的干部退休时，可根据本人意愿，到已购住房所在地或家庭生活基础所在地进行安置和管理"的规定。

增加附则的有关规定，明确工会、共青团、妇联等人民团体和县级以上党政机关所属事业单位的干部交流，参照本规定执行。这就为在机关、事业和企业单位的干部分类管理情况下进行统一的干部交流管理确立制度依据，避免了群团组织和事业单位干部交流管理制度的"空白地带"。

2. 公务员制度对公务员交流回避的一般性规定

公务员制度建立后，从立法的层面对公务员的交流与回避建立制度规范，主要体现在《暂行条例》和《公务员法》对公务员的交流与回避作出了一般性规定。

《暂行条例》对公务员交流和回避分别设置专门章节作出规定，这是从公务员管理和公务员制度层面对交流与回避作出较早的、系统的和明确的制度规定；随后党内法规从党政领导干部层面相应健全完善相关制度，1995年《党政领导干部选拔任用工作暂行条例》对党政干部交流与回避进行规范，1999年《党政领导干部交流工作暂行规定》对党政领导干部交流作出全面系统的规定。

《暂行条例》第十一章关于交流的规定共有6条，规定国家公务员实行交流制度，国家公务员可以在国家行政机关内部交流，也可以与其他机关以及企业事业单位的工作人员进行交流，规定交流的四种形式包括调任、转任、轮换和挂职锻炼，并分别对调任、转任、轮换和挂职锻炼的具体交流形式作出了规定。第十二章关于回避的规定共有3条，分别从任职回避、公务回避和地域回避三个方面进行规定，其基本规定与前述党内法规的相关规定保持一致。

《公务员法》将公务员回避和交流合并为一章，对交流的形式进行简化，鉴于"轮换"属于转任的一种形式，删除了"轮换"这一交流形式，保留调任、转任和挂职锻炼的交流形式并延续了相关规定，补充强调公务员应当服从机关的交流决定的要求；延续实行公务员任职回避、公务回避和地域回避的规定要求，补充公务员担任乡级机关主要领导职务的也要实行地域回避的规定，并预留与其他相关制度要求进行回避的"制度接口"，法律对公务员回避另有规定的，从其规定。

（二）党政干部与公务员交流回避的专项规定

除上述党内法规和公务员制度分别从党政领导干部和公务员的不同视角对交流与回避作出通用性制度规范以外，中央和相关主管部门还分别制定专项规定，主要包括对党政领导干部的任职回避作出规定，以及对公务员的任职回避、公务员回避作出专项规定。

1.《国家公务员任职回避和公务回避暂行办法》的主要内容

1996年5月27日，人力资源和社会保障部印发《国家公务员任职回避和公务回避暂行办法》，依据《暂行条例》制定公务员任职回避和公务回避的具体规定，分别对公务员实行任职回避和公务回避的情形作出细化规定，并分别规定实行任职回避和公务回避的实施程序。关于避亲回避详细规定四种情形：夫妻关系；直系血亲关系，包括祖父母、外祖父母、父母、子女、孙子女、外孙子女；三代以内旁系血亲关系，包括伯叔姑舅姨、亲兄弟姐妹、堂兄弟姐妹、表兄弟姐妹、侄子女、甥子女；近姻亲关系，包括配偶的父母、配偶的兄弟姐妹及其配偶、子女的配偶及子女配偶的父母、三代以内旁系血亲的配偶。关于属于回避的公务活动，规定包括从事监察、审计、仲裁、案件审理、税费征稽、项目资金审批、出国审批、人事考核、任免、奖惩、录用、调配等，属于上述的避亲回避范畴的必须回避，不得参加有关调查、讨论、审核、决定，也不得以任何方式施加影响。

2. 《党政领导干部任职回避暂行规定》的主要内容

2006年6月10日，中共中央办公厅印发《党政领导干部任职回避暂行规定》，依据《公务员法》和《党政领导干部选拔任用工作条例》，对党政领导干部任职回避作了20条细化规定。根据《公务员法》实施范围覆盖七大类机关，党政领导干部任职回避暂行规定的适用范围也进行扩大，从行政机关延伸覆盖到党的机关、人大机关、政协机关，并明确了工会、共青团、妇联等人民团体和县以上党政机关所属事业单位的领导干部任职回避参照本规定执行；补充规定领导干部的配偶、子女及其配偶以独资、合伙或者较大份额参股的方式经营企业或者举办经营性民办非企业单位的，该领导干部不得在上述企业或者单位的行业监管或者业务主管部门担任领导成员；补充规定领导干部不得在本人成长地担任县（市）党委、政府以及纪检机关、组织部门、人民法院、人民检察院、公安部门正职领导成员，一般不得在本人成长地担任市（地、盟）党委、政府以及纪检机关、组织部门、人民法院、人民检察院、公安部门正职领导成员。

3. 《公务员回避规定（试行）》的主要内容

2011年12月14日，中共中央组织部、人力资源和社会保障部联合印发《公务员回避规定（试行）》，依据《公务员法》等有关法律法规对公务员的任职回避、地域回避和公务回避作出细化规定，并废止1996年5月27日人事部印发的《国家公务员任职回避和公务回避暂行办法》。《公务员回避规定（试行）》吸收了《党政领导干部任职回避暂行规定》的相关内容，对《公务员法》规定的公务员任职回避、地域回避和公务回避规定条款作了细化，主要内容分为总则、任职回避、地域回避、公务回避、管理与监督、附则6章共20条。

在任职回避方面，公务员凡有夫妻、直系血亲、三代以内旁系血亲、近姻亲等亲属关系的，不得在同一机关担任双方直接隶属于同一领导人员的职务或者有直接上下级领导关系的职务，也不得在其中一方担任领导职务的机关从事组织、人事、纪检、监察、审计和财务工作。

在地域回避方面，公务员存在回避情形担任县、乡党委、政府正职领导成员的，应当实行地域回避，一般不得在本人成长地担任市（地、盟）党委、政府正职领导成员；公务员担任县级纪检机关、组织部门、人民法院、人民检察院、公安部门正职领导成员的，应当实行地域回避，一般不得在本人成长地担任市（地、盟）纪检机关、组织部门、人民法院、人民检察院、公安部门正职领导成员。

在公务回避方面，公务员存在回避情形应当回避的公务活动主要包括：考试录用、调任、职务升降任免、考核、考察、奖惩、交流、出国审批；监察、审计、仲裁、案件审理；税费稽征、项目资金审批、监管。

这一规定明确，对拟进入机关的人员和拟调整的人员应当严格审查把关，避免形成回避关系。对可能形成回避关系的，应当予以调整；对因婚姻、职务变化等新形成的回避关系，应当及时予以调整。

规定同时明确，公务员必须服从回避决定。无正当理由拒不服从的，应当予以免职；公务员应当主动报告应回避的情形。有需要回避的情形不及时报告或者有意隐瞒的，应当予以批评教育，影响公正执行公务、造成不良后果的，应当给予相应处分。

公务员回避制度是公务员制度的重要组成部分，通过对公务员所任职务、执行公务和任职地区等方面作出限制性规定，可以减少因亲属关系等人为因素对工作的干扰。规定的出台对加强公务员的管理和监督，保证公务员依法、公正执行公务，促进机关廉政建设具有重要作用。

第四节 新时期的选拔任用制度（2012—2019年）

党的十八大以来，在习近平新时代中国特色社会主义思想指导下，党政干部选拔任用制度出现了新的发展和变化。这一时期，中央提出

"好干部"标准,强化政治要求,对干部加强监督和从严管理,防止"带病提拔",并修订完善《党政领导干部选拔任用工作条例》和《公务员法》,推行职务与职级并行制度,党政干部选拔制度与实践进入新的发展时期。

一 完善机关职位管理制度

从《暂行条例》到《公务员法》,在机关内确立机关实行职位分类制度;党的十八大以来,在公务员职务管理和职位分类制度方面进一步向前推进,取得实质性进展。职位分类改革不断深化,试点范围逐渐扩大;围绕专业技术类和行政执法类公务员分类改革,颁布相应的分类管理规定;修订完善聘任制公务员管理办法,出台《聘任制公务员管理规定(试行)》;修订《公务员法》,实行职务与职级并行,制定相关制度规定和实施方案。

(一)职位分类制度的发展

在《公务员法》这一基本法规保障下,在职位分类改革试点基础上,按照深化干部人事制度改革总体部署,职位分类制度建设取得实质性进展。按照司法体制改革总体要求,中央相关主管部门制定了法官、检察官职务序列设置办法;在《公务员法》总体精神指引下,中共中央办公厅、国务院办公厅颁发了《专业技术类公务员分类管理规定(试行)》和《行政执法类公务员分类管理规定(试行)》;在《聘任制公务员管理试点办法》基础上,制定了《聘任制公务员管理规定(试行)》。

1. 制定法院和检察院工作人员分类改革办法

2013年,中央组织部分别会同最高人民法院和最高人民检察院对法院和检察院工作人员分类管理作出规定。

人民法院工作人员划分为法官、审判辅助人员和司法行政人员三大类,法官包括法院院长、副院长、审判委员会委员、庭长、副庭长、审判员和助理审判员等,审判辅助人员包括执行员、法官助理、书记员、司法警察、司法技术人员等,司法行政人员包括从事政工党务、行政事务、后勤管理等工作的人员。在分类基础上,对法官按照《中华人民共和国法官法》《公务员法》以及工资福利等其他有关规定进行管理;其余类别人员按照《公务员法》和专业技术类、综合管理类公务员分类管理一般性规定，确定职务序列和职数比例，分别实行综合管理类公务员或专业技术类公务员分类管理。

人民检察院工作人员划分为检察官、检察辅助人员和司法行政人员三大类，检察官包括检察长、副检察长、检察委员会委员、检察员和助理检察员，检察辅助人员包括检察官助理、书记员、司法警察、检察技术人员等，司法行政人员包括从事政工党务、行政事务、后勤管理等工作的人员。在分类基础上，对检察官按照《中华人民共和国检察官法》《公务员法》以及工资福利等其他有关规定进行管理；其余类别人员按照《公务员法》和专业技术类、综合管理类公务员分类管理一般性规定，确定职务序列和职数比例，分别实行综合管理类公务员或专业技术类公务员分类管理。

2. 制定专业技术类和行政执法类公务员分类管理规定

2016年7月，中央办公厅、国务院办公厅联合印发《专业技术类公务员分类管理规定（试行）》和《行政执法类公务员分类管理规定（试行）》。这两个规定，是在《公务员法》确立的制度框架下，将机关中履行专业技术职责和行政执法职责的公务员划分出来，实行有别于综合管理类公务员的分渠道发展，实行分类招录、分类培训和分类考核等分类管理，同时也标志着公务员分类改革进入实质推进阶段。

《专业技术类公务员分类管理规定（试行）》规定，专业技术类公务员是指"专门从事专业技术工作，为机关履行职责提供技术支持和保障的公务员，其职责具有强技术性、低替代性"，按照专业技术类公务员职务序列进行管理，共设置11个职务层次。通用职务名称由高到低依次为一级总监、二级总监、一级高级主管、二级高级主管、三级高级主管、四级高级主管、一级主管、二级主管、三级主管、四级主管、专业技术员，具体职务名称由中央公务员主管部门以通用职务名称为基础确定。关于专业技术类公务员职务与级别的对应关系规定为，一级总监：13—8级；二级总监：15—10级；一级高级主管：17—11级；二级高级主管：18—12级；三级高级主管：19—13级；四级高级主管：20—14级；一级主管：21—15级；二级主管：22—16级；三级主管：23—17级；四级主管：24—18级；专业技术员：26—18级。关于专业技术类公务员职务任免，规定了专业技术类公务员任职资格应当具备相应的专业技术任职资格，并需在规定的职位设置范围和职数内进行任职和晋升；同时规定：关于专业技术类公务员职务职数比例核定、专业技术类公务员职务晋升任职年限要求、专业技术任职资格评定办法由中央公务员主管部门另行规定。关于专业技术类公务员分类管理，规定了录用、聘任、考核、培训、转任以及工资待遇等，专业技术类公务员转任一般在本职位类别范围内进行，确因工作需要也可在不同职位类别之间转任，但要在本类别职位工作满5年并综合考虑其任职经历和工作经历等条件；规定了专业技术类公务员实行国家统一的职务与级别相结合的工资制度，但可按照国家有关规定执行体现工作职责特点的津贴补贴政策，并且符合条件的专业技术类公务员，经批准可以参加中央和地方各级重大人才工程和科研项目评选。

《行政执法类公务员分类管理规定（试行）》明确，行政执法类公务员是指"依照法律、法规对行政相对人直接履行行政许可、行政处罚、行政强制、行政征收、行政收费、行政检查等执法职责的公务员，其职责具有执行性、强制性"，按照行政执法类公务员职务序列进行管理，共设置11个职务层次。通用职务名称由高到低依次为督办、一级高级主办、二级高级主办、三级高级主办、四级高级主办、一级主办、二级主办、三级主办、四级主办、一级行政执法员、二级行政执法员，具体职务名称由中央主管部门以通用职务名称为基础确定。关于行政执法类公务员职务与级别的对应关系规定为，督办：15—10级；一级高级主办：17—11级；二级高级主办：18—12级；三级高级主办：19—13级；四级高级主办：20—14级；一级主办：21—15级；二级主办：22—16级；三级主办：23—17级；四级主办：24—18级；一级行政执法员：26—18级；二级行政执法员：27—19级。关于行政执法类公务员职务任免，应在规定的职位设置范围和职数内进行，并且晋升职务需达到规定的任职年限要求，规定职数设置比例、晋升职务的任职年限要求等由中央公务员主管部门另行规定。关于行政执法类公务员分类管理，规定了录用、考核、培训、交流（含转任）、工资待遇等，规定"行政执法类公务员在同一职位工作时间较长的，应当交流"，转任一般在本类别职位范围内进行，确因工作需要的，也可以在不同职位类别之间转任，但一般要在本类别工作满5年，并综合考虑其任职经历、工作经历等条件，规定行政执法类公务员执行国家统一规定的工资和津贴补贴政策。

从上述两个规定可以看出，对专业技术类和行政执法类公务员分类管理都制定具有可操作性的规定，在分类和管理上既有统一的操作性条款规定，主要体现在录用、考核、任免、培训、监督等管理程序性要求上；又有体现二者各自职位特点的个性化管理需要的相应制度条款，二者各有不同。对专业技术类公务员强调体现其技术不可替代性和高人力资本价值认可和回报，在其职位聘任、津补贴政策、申报人才奖项等方面作出特有的规定，而对行政执法类公务员则强调其执法强制性和为了避免执法权力异化甚至发生执法腐败，在其强制交流、任职回避等方面作出特有的规定。

3. 修订印发《聘任制公务员管理规定（试行）》

2017年9月，中共中央办公厅、国务院办公厅联合印发《聘任制公务员管理规定（试行）》。这是在2011年中央组织部、人力资源和社会保障部、国家公务员局制定的《聘任制公务员管理试点办法》基础上，经过试点实施和经验总结后研究制定的。这一规定的出台实施，将公务员职位聘任制度继续向前推进，细化规范机关以聘任制方式引进吸收高层次、专业化技术人才的工作流程与机制，对加强公务员队伍建设、促进党政机关治理体系和治理能力现代化具有重要意义。

公务员聘任制是在职位分类的大框架下推行的一项公务员制度创新，是基于职位特点和管理需要而采取的一种管理方式。《公务员法》第十六章设专门的一章对职位聘任进行立法规定。本规定在《公务员法》规定基础上对聘任制公务员的进、管、出作了细化规定。实行公务员聘任制定位于满足党政机关短期、急需的高层次专业人才的需求，尊重高层次人才吸引使用规律，通过合同管理、聘期管理与市场接轨，构建市场化的用人机制，以实现依法管理同时保持党政机关的用人灵活性，通过这种补充形式拓宽公务员来源渠道。聘任制公务员管理坚持党管干部、党管人才和坚持监督约束与激励保障并重的原则，坚持公开、平等、竞争、择优，确保聘任工作按照法定权限、条件、标准和程序进行。

《聘任制公务员管理规定（试行）》主要内容包括：对实行聘任制公务员的职位范围进行调整规范，明确为主要面向专业性较强的职位，确有特殊需要的也可以面向辅助性职位；聘任公务员一般应按照发布招聘公告、报名与资格审查、考试测评、考察与体检、公示、审批或者备案、办理聘任手续等流程面向社会公开招聘，对于工作急需、符合聘任职位条件的人选少、难以进行公开招聘的专业性较强的职位，经省级以上公务员主管部门批准，机关可以从符合条件人员中直接选聘，仍然需要经过提出拟聘任人选、资格审查、考核测评、考察与体检、公示、审批或者备案、办理聘任手续等程序；完善聘任合同管理，对合同的签订、变更、解除和终止等进行了明确，修订聘任合同期限和试用期的要求，聘任为领导职务的，聘任合同期限可以签订3—5年，试用期可约定1年；规范了聘任制公务员的日常管理，对其考核、续聘、协议工资、社会保险、人事争议处理等进行规范，开设符合条件的聘任制公务员转任委任制公务员的"出口"，"对在专业性较强的职位上表现突出、作出显著成绩和贡献、工作长期需要的聘任制公务员，聘期满5年，年度考核结果均为称职以上或者聘期考核结果为优秀的，经省级以上公务员主管部门批准，可以转为委任制公务员"。

（二）职务与职级并行制度规定

职务与职级并行制度规定包括两个：一是2015年颁布实施的《关于县以下机关建立公务员职务与职级并行制度的意见》，二是2019年3月颁布实施的《公务员职务与职级并行规定》。前者颁布实施运行累计四年多时间，在后者制度印发后即行废止，但按这一制度在县以下机关已经晋升职级并享受了相应的工资待遇，成为一种客观存在并对后续的制度实施具有一定程度的影响，因此这里仍然对这一制度进行介绍。

1. 《关于县以下机关建立公务员职务与职级并行制度的意见》的主要内容

2015年1月印发的《关于县以下机关建立公务员职务与职级并行制度的意见》（2019年新规定颁布后已废止），主要为了解决县以下机关公务员受机构规格等因素限制，职务晋升空间小、待遇得不到提高的矛盾，根据党的十八大关于深化干部人事制度改革的精神和党的十八届三中全会关于推行公务员职务与职级并行、职级与待遇挂钩制度的要求而制定实施的。

意见的核心精神：在《公务员法》规定的制度框架内，保持现有领导职务和非领导职务晋升制度不变，建立主要依据任职年限和级别晋升职级的制度，发挥职级在确定干部工资待遇方面的作用，实行职级与待遇挂钩，实现职务与职级并行。

意见的主要内容：（1）对县以下机关公务员设置科员级、副科级、正科级、副处级和正处级5个职级；（2）主要依据任职年限和级别晋升职级：晋升科员级须任办事员满8年、级别达到25级；晋升副科级须任科员级或科员满12年，级别达到23级；晋升正科级须任副科级或乡科级副职、副主任科员满15年，级别达到20级；晋升副处级须任正科级或乡科级正职、主任科员满15年，级别达到19级；晋升正处级须任副处级或县处级副职满15年，级别达到17级；（3）规定了任现职级或职务期间每有一个年度考核为优秀等次，任职年限条件缩短半年；每有一个考核年度考核为基本称职等次，任职年限条件延长一年；（4）公务员晋升职级后，享受相应职务层次非领导职务的工资待遇，但工作岗位不变，仍从事原岗位工作；（5）专业技术类、行政执法类等类别公务员建立职务与职级并行制度的办法另行制定，相关办法出台前，暂按本意见执行。

2.《公务员职务与职级并行规定》的主要内容

2019年3月颁布的《公务员职务与职级并行规定》首先对职级进行了界定，即职级是"公务员的等级序列"，是"与领导职务并行的晋升通道"，体现公务员政治素质、业务能力、资历贡献，是确定工资、住房、医疗等待遇的重要依据，不具有领导职责。

规定明确实行职务与职级并行制度的目标，是为了适应推进国家治理体系和治理能力现代化的要求，完善中国特色公务员制度，改革公务员职务设置办法，建立职级序列，畅通职级晋升通道，拓展职级晋升空间，促进公务员立足本职安心工作，加强专业化建设，激励公务员干事创业、担当作为。

规定的核心精神：改革公务员职务设置办法，取消了非领导职务序列，建立职级序列，将原有的非领导职务套转为职级，实行新的职级序列和领导职务序列"双轨制"晋升。通过职级晋升，实现职级与待遇挂钩，从而健全公务员激励保障机制。

规定的主要内容：（1）设置公务员领导职务层次和职级序列，领导职务仍然按照《公务员法》的现行规定设置，取消了非领导职务序列，职级序列按照综合管理类、专业技术类、行政执法类等公务员职位类别分别设置。综合管理类公务员职级序列分为：一级巡视员、二级巡视员、一级调研员、二级调研员、三级调研员、四级调研员、一级主任科员、二级主任科员、三级主任科员、四级主任科员、一级科员、二级科员共12个职级序列；（2）确立了综合管理类公务员职级序列与级别的对应关系，一级巡视员：13—8级；二级巡视员：15—10级；一级调研员：17—11级；二级调研员：18—12级；三级调研员：19—13级；四级调研员：20—14级；一级主任科员：21—15级；二级主任科员：22—16级；三级主任科员：23—17级；四级主任科员：24—18级；一级科员：26—18级；二级科员：27—19级；（3）确立了职级序列与厅局级以下领导职务层次的对应关系，厅局级正职：一级巡视员；厅局级副职：二级巡视员；县处级正职：二级调研员；县处级副职：四级调研员；乡科级正职：二级主任科员；乡科级副职：四级主任科员；（4）分别按照机构规格规定了设置职级序列的层级，按照各类别公务员行政编制数量区分不同层级机关机构规格确定了职级职数比例；（5）依据担任领导职务或职级的任职年限确定职级晋升条件：晋升一级巡视员应当任厅局级副职或者二级巡视员4年以上；晋升二级巡视员应当任一级调研员4年以上；晋升一级调研员，应当任县处级正职或二级调研员3年以上；晋升二级调研员，应当任三级调研员2年以上；晋升三级调研员，应当任县处级副职或者四级调研员2年以上；晋升四级调研员，应当任一级主任科员2年以上；晋升一级主任科员，应当任乡科级正职或二级主任科员2年以上；晋升二级主任科员，应当任三级主任科员2年以上；晋升三级主任科员，应当任乡科级副职或者四级主任科员2年以上；晋升四级主任科员，应当任一级科员2年以上；晋升一级科员，应当任二级科员2年以上；（6）同样规定了每有1个年度考核结果为优秀等次的，任职年限缩短半年，每有1个年度考核结果为基本称职等次或不定等次的，该年度不计算为晋升职级的任职年限；（7）公务员根据所任职级执行相应的工资标准，享受所在地区（部门）相应职务层次的住房、医疗、交通补贴、社会保险等待遇；公务员晋升职级，不改变工作职位和领导指挥关系，不享受相应职务层次的政治待遇、工作待遇；公务员因公出国出差的交通、住宿标准以及办公用房标准等待遇，不与职级挂钩；（8）担任领导职务且兼任职级的公务员，主要按照领导职务进行管理，不担任领导职务的职级公务员一般由所在机关进行日常管理；根据工作需要和领导职务与职级的对应关系，公务员担任的领导职务和职级可以互相转任、兼任，符合规定条件的，可以晋升领导职务或者职级。

二 完善机关干部录用制度

从1993年《暂行条例》颁布并确立公务员制度和考试录用制度以来，经过20多年的发展，公务员考试录用法规体系基本形成，科学测评体系日益完善，具有中国特色的、适应社会主义市场经济体制和干部人事制度改革要求的公务员考试录用制度已基本建立，机关干部吸收录用逐步统一规范到公务员考试录用制度上来。进入2012年党的十八大召开后的新时期，公务员考试录用制度在坚持依法考录、公平考录、科学考录，机关干部吸收录用在坚持"凡录必考"的基本方针同时，在坚持向基层倾斜、注重面向基层培养选拔干部方面展开制度创新与探索，考试录用制度进一步发展完善。

（一）公务员考试录用基本制度的发展完善

公务员考试录用的基本制度主要包括2006年实施的《公务员法》和2007年颁布的《公务员录用规定（试行）》。党的十八大以后，中央和主管部门对这两项基本制度分别进行了修订完善。

1. 《公务员法》修订的相关规定

2018年12月29日，国家主席习近平签署中华人民共和国主席令，将十三届全国人民代表大会常务委员会第七次会议修订通过的《公务员法》公布实施。其中，结合实行公务员职务与职级并行制度和司法体制改革要求对相应的录用规定进行了修订，第23条关于考试录用的适用范围，补充修改为"录用担任一级主任科员以下及其他相当职级层次的公务员"，第25条补充第二款规定，即"国家对行政机关中初次从事行政处罚决定审核、行政复议、行政裁决、法律顾问的公务员实行统一法律职业资格考试制度，由国务院司法行政部门商有关部门组织实施"；出于加强公务员政治标准和考生诚信报考要求，对第26条不得录用为公务员的情形增加两款规定，即"被开除中国共产党党籍的"和"被依法列为失信联合惩戒对象的"不得录用为公务员。此外，还在第32条中补充规定对拟录用人员名单进行公示的"公示期不少于五个工作日"。

2. 《公务员录用规定（试行）》修订的相关规定

2019年11月26日，中央组织部正式发布《公务员录用规定》，在2007年试行规定基础上进行了修订，重点对总则、考试、体检与考察进行很大程度的修改完善。

在总则部分，重点体现党的十八大以来的新精神、新思想，并与党政干部选拔条例中的相关规定保持一致。首先在第1条录用规定的总体目的，明确提出"建设信念坚定、为民服务、勤政务实、敢于担当、清正廉洁的高素质专业化公务员队伍"，将"好干部"标准作为考试录用的制度目标加以明确；将关于公务员录用的原则与方法拆分成两条（第三条和第四条），第三条在公务员录用坚持的指导思想和录用原则上，将"马克思列宁主义、毛泽东思想、邓小平理论'三个代表'重要思想、科学发展观、习近平新时代中国特色社会主义思想"作为指导思想，并强调"贯彻新时代中国共产党的组织路线和干部工作方针政策，突出政治标准"的要求，对录用原则保持与《党政领导干部选拔任用工作条例》和《公务员法》的一致性，补充"党管干部""德才兼备、以德为先；五湖四海、任人唯贤""事业为上、公道正派，人岗相适、人事相宜"及"依法依规办事"等原则；第四条关于公务员录用的方法，在原有的"采取公开考试、严格考察、平等竞争、择优录取的办法"基础上，补充增加"录用政策和考试内容应当体现分类分级管理要求"，强化实行分类分级考录的基本导向；第六条对录用公务员的程序进行调整，将原来的考察与体检程序分开，改变过去长期实行的"先考察后体检"的做法，改为"先体检后考察"，将考察作为考试录用公务员的最后关口，进一步强化考察在公务员录用选拔中的重要作用，同时授权省级以上公务员主管部门可以对公务员录用程序进行调整，当录用特殊职位公务员时仍然可以经批准简化程序。

在考试部分，注重修订考试内容以及实行分级分类考录、提高考试测评科学性等相关条款。第22条在原来规定的考试内容根据公务员所应具备的基本能力和不同职位类别分别设置基础上，增加"区分不同层级机关"分别设置，和"重点测查用习近平新时代中国特色社会主义思想指导分析和解决问题的能力"；针对原有的"录用特殊职位的公务员，经省级以上公务员主管部门批准，可以采取其他测评办法"的条款，新增了第 25 条的规定，对简化程序和采用其他测评办法的具体情形进行细化和明确，即包括"不宜公开招考的；需要专门测查有关专业技能水平的；专业人才紧缺难以形成竞争的；省级以上公务员主管部门规定的其他情形"四种情形，并对这些情形的具体适用范围和实施办法授权省级以上公务员主管部门进行确定。这就在考试内容上更为明确，使考试命题指向性更为清晰；在考试测评的具体方法运用上，并不一定全部适用综合管理类公务员录用考试的"行测＋申论"的固有模式，符合适当情形并按规定审批后，可以简化程序或采用其他测评办法，避免"一刀切"和"一张卷子打天下"的弊端，有利于提高录用考试效率和考试测评科学性。

在体检部分，明确笔试面试等考试结束后，依据考试成绩由高到低顺序确定体检人选，并先进行体检程序；关于体检的项目和标准，明确为根据职位要求确定，具体办法由中央公务员主管部门会同国务院卫生健康行政部门规定；还增加关于体能测评和心理测评的规定要求。关于体能测评，新增了第 30 条规定，即"招录机关根据职位需要，经省级以上公务员主管部门批准，可以对报考者进行体能测评。体能测评的项目和标准根据职位要求确定。具体办法由中央公务员主管部门规定"；关于心理测评，新增了第 31 条，即"招录机关根据职位需要，经省级以上公务员主管部门批准，可以对报考者有关心理素质进行测评，测评结果作为择优确定拟录用人员的重要参考"。这就进一步增强体检对公务员录用的把关作用，首先是强化依据职位需求确定对身体条件和心理素质的要求，然后经过批准授权后，可进行体能测评或心理测评，最终以测评结果作为选择拟录用人员的参考依据。

在考察部分，首先明确确定考察人选根据报考者的考试成绩等进行确定，对试行规定中根据考试成绩由高到低确定考察和体检人选的规定进行了调整。规定重点对考察内容和考察方式进行了充实和细化。第 34 条在考察内容上，重点强调考察工作要突出政治标准，重点考察人选是否符合增强"四个意识"、坚定"四个自信"、做到"两个维护"，以及热爱中国共产党、热爱祖国、热爱人民等政治要求；除考察人选的政治素质、道德品行、能力素质、学习和工作表现、遵纪守法、廉洁自律及是否需要回避等情况以外，新增考察心理素质和职位匹配度的要求，明确规定"考察人选达不到公务员应当具备的条件或者不符合报考职位要求的，不得确定为拟录用人员"。第 35 条对考察的具体方式作出规定，对被考察人员所在单位配合考察工作的责任进行明确。考察方式主要包括采取个别访谈、实地走访、严格审核人事档案、查询社会信用记录、同考察人选面谈等方法，根据需要也可以进行延伸考察等；考察对象所在单位（学校）或者相关单位应予积极配合，并客观、真实反映有关情况；还明确规定考察情况作为择优确定拟录用人员的主要依据，副省级以上招录机关可以实行差额考察。通过对考察条款的细化补充规定，增强考察的有效性和科学性，明确可以实行差额考察的招录机关层级，进一步增强考察在初任公务员录用中的把关作用。

此外，还在公务员录用管理机构部分，增加第 13 条关于"公务员录用有关专业性、技术性、事务性工作可以授权或者委托考试机构以及其他专业机构承担"的规定。在报名与资格审查部分，关于报考资格条件要求补充"拥护中国共产党领导和社会主义制度、具有良好的政治素质和道德品行"要求，除要具有正常履行职责的身体条件以外，补充心理素质的要求；关于不得报考的情形，与《公务员法》规定一致，增加"被开除中国共产党党籍的"和"被依法列为失信联合惩戒对象的"；还明确强调"资格审查贯穿录用全过程"的要求。在纪律与监督部分，进一步明确招录机关工作人员、从事录用工作人员以及报考者的违纪情形和处罚规定。

（二）公务员考试录用配套制度的发展完善

对公务员考试录用配套制度的完善主要有两个方面：一是 2015 年《刑法修正案（九）》将公务员录用考试作弊行为列入刑事犯罪；二是 2016 年正式颁布了《公务员录用考试违纪违规行为处理办法》。

1. 《刑法修正案（九）》将公务员录用考试作弊行为列入刑罚

针对依托互联网和无线通信等技术进行考试作弊犯罪活动，为了处罚参与此类犯罪活动的"助考"团伙、作弊器材销售商、制作贩卖假证团伙、以通过考试为名诈骗团伙及个别考试机构内部人员、在校老师或学生，保护参加考试者的合法权益、维护公平竞争和诚信的社会环境，2015 年 8 月 29 日，第十二届全国人民代表大会常务委员会第十六次会议审议通过《刑法修正案（九）》，并于同年 11 月 1 日实施。其中第 25 条修正是在刑法第284条后增加一条，作为第284条之一，将包括公务员录用考试在内的国家考试作弊行为列入了刑罚。具体规定如下：

"在法律规定的国家考试中，组织作弊的，处三年以下有期徒刑或者拘役，并处或者单处罚金；情节严重的，处三年以上七年以下有期徒刑，并处罚金。

为他人实施前款犯罪提供作弊器材或者其他帮助的，依照前款的规定处罚。

为实施考试作弊行为，向他人非法出售或者提供第一款规定的考试的试题、答案的，依照第一款的规定处罚。

代替他人或者让他人代替自己参加第一款规定的考试的，处拘役或者管制，并处或者单处罚金。"

在这些增加的条款规定中，列入刑法处罚范围的国家考试包括公务员录用考试以及高等教育入学考试、司法考试、执业医师资格考试等，列入刑法处罚的情形包括在国家考试中组织作弊的、为他人组织实施作弊提供作弊器材或其他帮助的、向他人非法出售或者提供试题或者答案的、代替他人或者让他人代替自己参加考试的四种情形。这就明确在公务员录用考试中组织考试作弊和参与作弊的、为作弊提供设备及试题或答案等创造作弊条件的、替考的和被替考的双方，根据犯罪情节轻重，都要受到刑事处罚，这为查处打击国家考试中的违法犯罪活动提供法律依据，对考试作弊团伙、人员以及考生形成有力的威慑，对于维护公平公正的考试竞争机制和营造诚信的社会环境具有重要意义。

2.《公务员考试录用违纪违规行为处理办法》的相关规定

为了进一步严肃考试纪律、维护公务员考试录用的公平公正，在2009年颁布的《公务员录用考试违纪违规行为处理办法（试行）》实施运行基础上，中央组织部、人力资源和社会保障部、国家公务员局联合修订完善相关制度规定，于2016年1月正式施行《公务员录用考试违纪违规行为处理办法》。其中，重点对细化公务员录用考试违纪违规具体情形及处理规定、严肃考试纪律要求、维护考生合法权益进行修订完善。

一是细化公务员录用考试违纪违规行为的具体情形和处理规定。延续试用办法对考生在考试过程中的违纪违规行为的具体情形，包括：将规定以外的物品带入考场，未在指定座位参加考试或擅自离开座位或考场，未按规定填写（填涂）本人信息，将试卷、答题纸、答题卡带出考场，在试卷、答题纸、答题卡规定以外位置标注本人信息等，此外还增加一种情形，即"在考试信号发出前答题的，或者在考试结束信号发出后继续答题的"；新增了关于雷同卷的具体规定，第9条规定在阅卷过程中发现报考者之间同一科目作答内容雷同，并经阅卷专家组确认的，由具体组织实施考试的考试机构给予其该科目（场次）考试成绩无效处理，有其他相关证据证明其作弊行为成立的按照作弊相关规定处理；新增对报考者维护遵守考试录用工作秩序的相关规定，并与治安管理处罚法相衔接，第16条列举"故意扰乱考点、考场等考试录用工作场所秩序的；拒绝、妨碍工作人员履行管理职责的；威胁、侮辱、诽谤、诬陷工作人员或者其他报考者的；其他扰乱考试录用管理秩序的行为"四种具体情形，并根据情节轻重，分别给予责令离开考场、记入诚信档案五年、交由公安机关给予治安管理处罚，直至构成犯罪的依法追究刑事责任；对试用办法中规定的"五年不得报考"统一调整为"记入公务员考试录用诚信档案，记录期限为五年"。

二是进一步严肃考试纪律要求，分别从考生、录用工作人员两个方面强化了纪律要求。规定了考生有串通作弊或参与组织作弊、代替他人或让他人代替自己考试及其他情节特别严重、影响恶劣的违纪违规行为的，给予取消本次考试资格处理，并计入公务员考试录用诚信档案，长期记录；对录用工作人员的纪律要求，延续试用办法的规定，即组织策划作弊或在作弊中起主要作用的给予开除处分。

三是注重维护考生的合法权益，主要包括完善程序、保障考生知情权和申辩权、畅通救济渠道三个方面。在完善违纪违规行为处理工作程序方面，对现场处置和事后作出处理决定程序分别作出规定，12条细化现场处置程序，规定报考者的违纪违规行为被当场发现的，工作人员应当予以制止或者终止其继续参加考试，并收集、保存相应证据材料，如实记录违纪违规事实和现场处理情况，由两名以上工作人员签字，报送负责组织考试录用的部门。第14条延续试用办法的相关规定，对报考者违纪违规行为作出处理决定的，应当制作公务员考试录用违纪违规行为处理决定书，依法送达报考者；在保障考生知情权和申辩权方面，新增第13条规定，"对报考者违纪违规行为作出处理决定前，应当告知报考者拟作出的处理决定及相关事实、理由和依据,并告知报考者依法享有陈述和申辩的权利。作出处理决定的公务员主管部门、招录机关或者考试机构对报考者提出的事实、理由和证据应当进行复核";在畅通考生救济渠道方面,延续试行办法的相关规定,即考生对违纪违法行为处理决定不服的,可以依法申请行政复议或者提起行政诉讼。

(三) 制定艰苦边远地区公务员考录倾斜政策

为了贯彻落实2013年党的十八届三中全会提出的"完善基层公务员录用制度,在艰苦边远地区适当降低进入门槛"要求,有效解决艰苦边远地区基层县乡机关公务员"招人难"问题,2014年9月4日,中央组织部、人力资源和社会保障部、国家公务员局联合印发《关于做好艰苦边远地区基层公务员考试录用工作的意见》,提出高度重视基层公务员考录工作、适当降低基层公务员进入门槛、拓宽基层公务员来源渠道、保持基层新录用公务员稳定、夯实基层公务员考录工作基础、加强基层公务员考录工作领导六点意见。实行向艰苦边远地区基层公务员考录倾斜政策重点如下:

一是降低门槛、拓宽来源渠道,有效解决"招人难"问题。在降低门槛方面,提出六点普遍放宽的条件要求:(1) 适当降低招考职位学历要求,最低可到高中、中专;(2) 放宽招考专业限制,乡镇机关可不限专业;(3) 适当调整报考职位年龄条件;(4) 不限制工作年限和经历;(5) 合理确定开考比例,报考人数较少的可降低开考比例;(6) 单独划定笔试合格分数线;此外,还允许拿出一定数量职位招考本地户籍(户籍在本市或本县及相当行政区划范围内)人员,在西藏和四川、云南、甘肃、青海四省藏区以及新疆南疆地区县乡给予进一步政策放宽,包括单设职位招考、设置一定数量职位面向当地县乡事业编制人员和退役士官士兵招考、必要时不设开考比例限制。在拓宽来源渠道方面,提出加强宣传引导高校毕业生报考艰苦边远地区机关公务员、加大从大学生村官等服务基层项目人员中考录基层公务员的力度、加大从优秀村干部中考录乡镇公务员力度、积极开展从优秀工人、农民等生产一线人员中考录乡镇公务员试点等措施。针对艰苦边远地区基层公务员考录面临一些职位无人报考、有的职位报考人数较少不能达到规定的开考比例,以及一些西部落后和民族地区受教育基础条件制约符合规定的学历条件或能够达到统一分数线的考生人数有限等实际问题,在坚持对初任公务员通过考试录用的基本制度前提下,为有效解决"招人难"问题相应制定这些降低门槛和倾斜政策。

二是采取多重手段和措施,保持基层公务员队伍稳定,有效解决"留人难"问题。提出努力解决艰苦边远地区基层公务员实际工作生活困难和问题、限定新录用乡镇公务员五年服务期、禁止上级机关借用或抽调乡镇公务员、加强新录用公务员的培训与管理等要求。这从制度层面对稳定艰苦边远地区基层公务员队伍强化激励和约束,除了限定县乡机关新录用公务员服务期、上级机关不得借调,还通过录用一定比例的具有本地户籍人员。本地户籍人员"懂乡音、知乡情",在当地有生活基础,从而增强了开展工作的便利性和稳定性。

三是从多部门多角度加大工作力度,夯实基层公务员考录工作基础,提高基层公务员考录科学化水平。提出加强考录工作机构和力量、制订科学合理的招考计划、坚持县乡行政编制分层级管理、提高考试测评科学化水平、积极推进为基层单独命制笔试和面试试题工作等要求。这就在上级领导机关和基层机关之间对公务员考试录用作出区分,根据艰苦边远地区县乡机关对公务员任职资格和履职能力要求,打破统一考试、统一试题"一张卷子打天下""一刀切"现象,体现艰苦边远地区基层公务员考试录用的测评针对性和实际要求,提高考试和招录的科学性,提高招录公务员的人岗匹配度。

三 创新机关干部任免制度

党的十八大以来,以习近平总书记为核心的党中央高度重视干部队伍建设和干部选拔任用工作,提出"信念坚定、为民服务、勤政务实、敢于担当、清正廉洁"的好干部标准,改进干部选拔方式,坚持全面从严治党和从严管理监督干部,防止干部"带病提拔",确立干部选拔任用的新要求,使干部选拔任用工作出现新变化、呈现新局面。党政干部选拔任用制度形成以《党政领导干部选拔任用工作条例》为核心、各项配套管理法规为补充的选拔任用制度体系。

(一)选拔任用基本制度的突破发展

党的十八大以来,为了实现党在新时期的历史使命和各项任务要求,中央确立新时期党的组织路线,并先后于2014年和2019年两次修订完善《党政领导干部选拔任用工作条例》,以更加完善的制度保障和指导干部选拔任用工作。

1. 2014年对《党政领导干部选拔任用工作条例》的修订

2014年1月14日,中共中央印发《党政领导干部选拔任用工作条例》,这是在2002年《党政领导干部选拔任用工作条例》基础上,根据中央对干部工作的新精神新要求,结合干部选拔任用工作面临的新情况新问题进行的修订。此次修订对于贯彻落实中央精神、解决干部选拔任用工作中的突出问题、健全完善干部选拔任用工作机制、建设高素质党政干部队伍、保障中国特色社会主义各项建设事业顺利发展具有重要意义。此次修订后的条例共有13章71条,对干部选拔原则和各项选拔任用工作程序进行完善,新增"动议"一章,调整"公开选拔和竞争上岗"一章,修订完善"总则""选拔任用条件""民主推荐""考察"等章节内容,具体修订内容如下:

在干部选拔任用的总体要求和目标上,增加"落实从严治党、从严管理干部"的要求,在形成有利于优秀人才脱颖而出的选人用人机制上补充"有效管用、简便易行"的要求,在建设高素质党政领导干部队伍目标上补充"信念坚定、为民服务、勤政务实、敢于担当、清正廉洁"的好干部标准要求;在干部选拔任用的原则上,补充"五湖四海、以德为先、注重实绩、群众公认"以及"民主、公开"原则。

在干部选拔任用的条件上,补充完善破格提拔的条件要求。第9条在党政领导干部应当逐级提拔的规定基础上,补充明确破格提拔的情形和具体条件要求,即特别优秀或者工作特殊需要的干部,可以突破任职资格规定或者越级提拔担任领导职务。破格提拔的特别优秀干部,应当德才突出、群众公认度高,并且符合下列条件之一:在关键时刻或者承担急难险重任务中经受住考验、表现突出、做出重大贡献;在条件艰苦、环境复杂、基础差的地区或者单位工作实绩突出;在其他岗位上尽职尽责,工作实绩特别显著。因工作特殊需要破格提拔的干部,应当符合下列情形之一:领导班子结构需要或者领导职位有特殊要求的;专业性较强的岗位或者重要专项工作急需的;艰苦边远地区、贫困地区急需引进的。破格提拔干部必须从严掌握,作出以下几项具体规定:不得突破本条例关于选拔任用的基本条件和资格要求的相关规定；任职试用期未满或者提拔任职不满一年的，不得提拔；不得在任职年限上连续破格；不得越两级提拔。第10条对拓宽选人视野和渠道的规定，补充了"地方党政领导班子成员应当注意从担任过县（市、区、旗）、乡（镇、街道）党政领导职务的干部和国有企事业单位领导人员中选拔"的要求。

新增"动议"一章，对动议和酝酿作了细化规定。第11条规定，党委（党组）或者组织（人事）部门按照干部管理权限，根据工作需要和领导班子建设实际，提出启动干部选拔任用工作意见；第12条规定，组织（人事）部门综合有关方面建议和平时了解掌握的情况，对领导班子进行分析研判，就选拔任用的职位、条件、范围、方式、程序等提出初步建议；第13条规定，初步建议向党委（党组）主要领导成员报告后，在一定范围内进行酝酿，形成工作方案。

调整修改公开选拔和竞争上岗的相关规定。明确采取公开选拔和竞争上岗的适用范围和情形，第50条补充规定应当从实际出发合理确定选拔职位、数量和范围，一般情况下，领导职位出现空缺且本地区本部门没有合适人选的，特别是需要补充紧缺专业人才的，可以进行公开选拔；领导职位出现空缺，本单位本系统符合资格条件人数较多且人选意见不易集中的，可以进行竞争上岗；同时还强调公开选拔县处级以下领导干部，一般不跨省（自治区、直辖市）进行。第51条补充不得因人设置公开选拔和竞争上岗的资格条件的要求，对于资格条件突破规定的，应当事先报上级组织（人事）部门审核同意。第52条对公开选拔和竞争上岗的程序进行调整完善，删除了原有的统一考试的程序要求，改为"采取适当方式进行能力和素质测试、测评，比选择优（竞争上岗也可以先进行民主推荐）"，这对完全依据考试成绩、"唯分"的做法进行了调整，并且新增第53条，进一步对选拔测试和测评作出明确规定，提出了要突出岗位特点，突出实绩竞争，注重能力素质和一贯表现，防止简单以分数取人。

关于民主推荐的修订，明确将民主推荐的结果作为选拔任用的重要参考，而不是重要依据，并补充完善民主推荐的程序要求，规范领导班子换届和个别提拔任职参加民主推荐的人员范围，明确领导班子换届，可以根据会议推荐、个别谈话推荐情况和领导班子结构需要，差额提出初步名单进行二次会议推荐。

对考察相关条款的修订，是这次选拔条例修订的重点内容之一，新增确定考察对象的要求，明确不得列为考察对象的几种情形，并对考察的内容作了具体规定，通过这些修订，进一步增强考察环节对干部选拔任用工作的把关作用。新增第 23 条规定，确定考察对象，应当根据工作需要和干部德才条件，将民主推荐与平时考核、年度考核、一贯表现和人岗相适等情况综合考虑，充分酝酿，防止把推荐票等同于选举票、简单以推荐票取人；第 24 条规定不得列为考察对象的六种情形：群众公认度不高的；近三年年度考核结果中有被确定为基本称职以下等次的；有跑官、拉票行为的；配偶已移居国（境）外，或者没有配偶，子女均已移居国（境）外的；受到组织处理或者党纪政纪处分影响使用的；其他原因不宜提拔的。第 27 条对考察的内容作了细化补充规定，对德的考察要突出考察政治品质和道德品行，深入了解理想信念、政治纪律、坚持原则、敢于担当、开展批评与自我批评、行为操守等方面情况；对工作实绩的考察，要深入了解履行岗位职责、推动和服务科学发展的实际成效。考察地方党政领班子成员，应当把有质量、有效益、可持续的经济发展和民生改善、社会和谐进步、文化建设、生态文明建设、党的建设等作为考核评价的重要内容，更加重视劳动就业、居民收入、科技创新、教育文化、社会保障、卫生健康等的考核，强化约束性指标考核，加大资源消耗、环境保护、消化产能过剩、安全生产、债务状况等指标的权重，防止单纯以经济增长速度评定工作实绩；考察党政工作部门领导干部，应当把执行政策、营造良好发展环境、提供优质公共服务、维护社会公平正义等作为评价的重要内容。对作风考察，明确规定要深入了解为民服务、求真务实、勤勉敬业、奋发有为以及反对形式主义、官僚主义、享乐主义和奢靡之风等情况；对廉政情况考察，规定要深入了解遵守廉洁自律有关规定、保持高尚情操和健康情趣、慎独慎微、秉公用权、清正廉洁、不谋私利、严格要求亲属和身边工作人员等情况。

2. 2019 年对《党政领导干部选拔任用工作条例》的修订

2019 年 3 月 3 日，中共中央印发实施新修订的《党政领导干部选拔任用工作条例》，这是为深入贯彻习近平新时代中国特色社会主义思想和党的十九大精神，全面贯彻新时代党的建设总要求和新时代党的组织路线,更好地坚持和落实党管干部原则而作出的修订。此次修订,坚持和加强党的全面领导,坚持把政治标准放在首位,坚持精准科学选人用人,坚持将从严要求贯穿始终,吸收党的十八大以来在干部选拔任用工作中的实践成果,回应干部工作中的新情况新问题,进一步推进干部选拔任用工作制度化、规范化、科学化,对于提高选人用人质量,建设忠诚干净担当的高素质专业化干部队伍,为新时代中国特色社会主义事业顺利发展提供坚强组织保证,具有重要意义。

关于总则部分的修订,强化党的领导、从严管理、政治标准以及基层导向等要求。第1条补充了坚持和加强党的全面领导、深入贯彻新时代党的组织路线和干部工作方针政策,落实党要管党、全面从严治党特别是从严管理干部的要求,坚持新时期好干部标准等要求;第2条在选拔任用党政领导干部的原则中补充了"事业为上、人岗相适、人事相宜"和"依法依规办事"原则;第3条补充规定:选拔任用党政领导干部必须把政治标准放在首位,树立注重基层和实践导向,大力选拔敢于负责、勇于担当、善于作为、实绩突出的干部。

在选拔任用条件部分,补充好干部标准和坚持"四个意识""两个维护""四个自信"及"三严三实"等要求。

将第三章从"动议"改为"分析研判和动议",补充防止干部带病提拔的注重分析研判的相关规定,进一步调整完善竞争性选拔方式的相关规定,并将单独的一章缩减为一条规定融入本章之中。新增第11条规定组织(人事)部门应当深化对干部的日常了解,坚持知事识人,把功夫下在平时,全方位、多角度、近距离地了解干部。根据日常了解情况,对领导班子和领导干部进行综合分析研判,为党委(党组)选人用人提供依据和参考;第15条规定在研判和动议时,根据工作需要和实际情况,如确有必要,也可以把公开选拔、竞争上岗作为产生人选的一种方式,并明确了公开选拔、竞争上岗一般适用于副职领导职位的要求,进一步明确规定了"公开选拔、竞争上岗应当结合岗位特点,坚持组织把关,突出政治素质、专业素养、工作实绩和一贯表现,防止简单以分数、票数取人"。

对民主推荐部分的修订主要是对民主推荐进行进一步规范,细化地方领导班子换届进行谈话调研推荐和会议推荐的程序要求和个别提拔任职的推荐程序要求。第 17 条在对领导班子换届的民主推荐实行"按照职位设置全额定向推荐"作出规定的基础上，补充规定个别提拔任职或者进一步使用的民主推荐要求，既可以按照拟任职位进行定向推荐，也可以根据拟任职位的具体情况进行非定向推荐；进一步使用的，还可以采取听取意见的方式进行，其中正职也可以参照个别提拔任职进行民主推荐；第 18 条补充规定地方领导班子换届进行谈话调研推荐和会议推荐的要求，进行谈话调研推荐，提前向谈话对象提供谈话提纲、换届政策说明、干部名册等相关材料，提出有关要求，提高谈话质量；综合考虑谈话调研推荐情况及人选条件、岗位要求、班子结构等，经与本级党委沟通协商后，由上级党委或者组织部门研究提出会议推荐参考人选，参考人选应当差额提出；第 20 条对个别提拔任职的推荐程序提出了细化要求，即个别提拔任职或者进一步使用需要进行民主推荐的，民主推荐程序可以参照本条例第 18 条规定进行；必要时也可以先进行会议推荐，再进行谈话调研推荐。先进行谈话调研推荐的，可以提出会议推荐参考人选，参考人选应当差额提出。单位人数较少、参加会议推荐人员范围与谈话调研推荐人员范围基本相同，且谈话调研推荐意见集中的，根据实际情况可以不再进行会议推荐。根据工作需要，可以在民主推荐前对推荐职位、条件、范围以及职位要求和任职条件的人选，在人选所在地区或者单位领导班子范围内进行沟通。

  对考察部分的修订主要是完善考察工作要求及考察内容、程序等规定，特别是强化了对政治标准的考察要求。第 24 条在不得列为考察对象的情形中，补充了违反政治纪律和政治规矩的和上一年年度考核结果为基本称职以下等次的两款规定；第 25 条在考察对象一般应多于拟任职务人数的要求基础上，补充规定了个别提拔任职或者进一步使用时意见比较集中的，也可以等额确定考察对象的要求；第 27 条在考察内容要求上，补充严把政治关、品行关、能力关、作风关、廉洁关的要求，补充规定政治标准考察、道德品行考察及专业素养考察的规定要求。在政治标准考察上，注重了解政治理论学习情况，深入考察政治忠诚、政治定力、政治担当、政治能力、政治自律等方面的情况；在道德品行考察上，加强对工作时间之外表现的考察，注重了解社会公德、职业道德、家庭美德、个人品德等方面的情况；在专业素养考察上，深入了解专业知识、专业能力、专业作风、专业精神等方面的情况；第31条补充规定在考察中贯彻"凡提四必"的工作要求，组织（人事）部门必须严格审核考察对象的干部人事档案、查核个人有关事项报告，就党风廉政情况听取纪检监察机关意见，对反映问题线索具体、有可查性的信访举报进行核查；同时补充规定对考察中的结论性意见进行签字背书的工作要求，即考察对象呈报单位或者所在单位党委（党组）必须就考察对象廉洁自律情况提出结论性意见，并由党委（党组）书记、纪委书记（纪检监察组组长）签字，对机关内设机构领导职务的拟任人选考察对象，也应当由机关党组织和纪检监察机构出具廉洁自律情况结论性意见。

在讨论决定部分，补充规定了不得提交会议讨论的八种情形，即：（1）没有按规定进行民主推荐、考察的；（2）拟任人选所在单位党委（党组）对廉洁自律情况没有作出结论性意见的，或者纪检监察机关未反馈意见的，或者纪检监察机关有不同意见的；（3）个人有关事项报告未查核或者经查核存疑尚未查清的；（4）线索具体、有可查性的信访举报尚未调查清楚的；（5）干部人事档案中身份、年龄、工龄、党龄、学历、经历存疑尚未查清的；（6）巡视巡察、审计等工作中发现重大问题尚未作出结论的；（7）没有按规定向上级报告或者报告后未经批准的；（8）其他原因不宜提交会议讨论的。

（二）干部选拔任用配套制度不断完善

在推进党政干部选拔任用工作制度化、规范化进程中，构建了以《党政领导干部选拔任用工作条例》为核心、各项配套管理法规和指导意见为补充的制度体系。中央在修订完善核心条例同时，还不断完善各项配套制度。党的十八大以来，健全完善党政领导干部选拔任用工作的配套制度主要包括以下几项：

1.《推进领导干部能上能下若干规定（试行）》

为了有效解决为官不正、为官不为、为官乱为等问题，确立能者上、庸者下、劣者汰的用人导向，2015年7月19日，中共中央办公厅颁布实施《推进领导干部能上能下若干规定（试行）》，按照全面从严治党和从严管理干部的要求，对干部能上能下，尤其是能下问题作出具体规定，规范工作程序，建立工作责任制。

规定共有十九条内容，主要对严格执行干部到龄免职（退休）、任期届满离任、加大问责追究力度、调整不适宜担任现职干部等作出制度规定。第 5 条规定严格执行干部退休制度，干部到达任职年龄界限或者退休年龄界限的，应按照有关规定程序办理免职（退休）手续，确因工作需要而延迟免职（退休）的，应当按照干部管理权限报上一级党组织同意。第 6 条规定严格执行领导干部职务任期制度，任期年限、届数和最高任职年限，一般不得延长。经任期内考核认定不适宜继续任职的，应当中止任期、免去现职，不得以任期未满为由继续留任。第 7 条规定加大领导干部问责力度，在《关于实行党政领导干部问责的暂行规定》所列情形之外，补充规定五种问责情形，即：（1）落实从严治党责任不力，贯彻党风廉政建设责任制不到位，本地区本部门本单位或者分管领域在较短时间内连续出现违纪违法问题的；（2）法制观念淡薄，不依法办事，不按法定程序决策，或者依法应当及时作出决策但久拖不决，造成不良影响和后果的；（3）抓作风建设不力，本地区本部门本单位或者分管领域形式主义、官僚主义、享乐主义和奢靡之风比较突出的；（4）在干部选拔任用工作中任人唯亲、营私舞弊，本地区本部门本单位或者分管领域用人上不正之风比较突出的；（5）对配偶、子女及其配偶和身边工作人员教育管理不严、约束不力，甚至默许其利用自身职权或者职务上的影响牟取不正当利益的。第 8 条规定对不适宜担任现职的干部应当进行调整的十种情形：（1）不严格遵守党的政治纪律和政治规矩，不坚定执行党的基本路线和各项方针政策，不能在思想上政治上行动上同党中央保持高度一致的；（2）理想信念动摇，在重大原则问题上立场不坚定，关键时刻经不住考验的；（3）违背党的民主集中制原则，独断专行或者软弱涣散，拒不执行或者擅自改变党组织作出的决定，在领导班子中闹无原则纠纷的；（4）组织观念淡薄，不执行重要情况请示报告制度，或者个人有关事项不如实填报甚至隐瞒不报的；（5）违背中央八项规定精神，不严格遵守廉洁从政有关规定的；（6）不敢担当、不负责任，为官不为、慵懒散拖，干部群众意见较大的；（7）不能有效履行职责、按要求完成工作任务，单位工作或者分管工作处于落后状态，或者出现较大失误的；（8）品行不端，违背社会公德、职业道德、家庭伦理道德，造成不良影响的；（9）配偶已移居国（境）外，或者没有配偶但子女均已移居国（境）外，不适宜担任其所任职务的；（10）其他不适宜担任现职的情形。

此外，还规定对不适宜担任现职的干部，区分不同情形采取调离岗位、改任非领导职务、免职、降职等方式予以调整，降职的两年内不得提拔，除降职以外的另外三种调整情形，一年内不得提拔；还规定建立健全推进领导干部能上能下工作责任制，分别明确党委（党组）、党委（党组）书记及组织（人事）部门的责任。

2.《关于防止干部"带病提拔"的意见》

为贯彻落实全面从严治党、从严管理干部的要求，进一步加强和改进干部选拔任用工作，不断提高选人用人质量，切实防止干部"带病提拔"，2016年8月，中共中央办公厅印发《关于防止干部"带病提拔"的意见》，分别从落实工作责任、深化日常了解、注重分析研判、加强动议审查、强化任前把关、严格责任追究六个方面提出要求，成为新时期做好干部选拔任用工作的重要遵循。

在落实工作责任方面，明确党委（党组）及其负责人、组织人事部门和纪检监察机关分别承担主体责任、第一责任、直接责任和监督责任；在向上级党组织推荐报送拟提拔或进一步使用的人选时，要提出人选廉洁自律情况的结论性意见，并由党委（党组）书记、纪委书记（纪检组组长）签字，以进一步明确对结论性意见所承担的责任。

在深化日常了解方面，要贯彻习近平总书记提出的"考察识别干部功夫要下在平时"的要求，坚持经常性、近距离、有原则地广泛接触干部，多渠道、多层次、多侧面识别干部；通过调研、平时考核、年度考核、任期考核、民主生活会、述职述廉等渠道，并采取健全完善日常联系通报机制、建立干部监督信息档案等途径，及时掌握干部的德才表现、重要情况和群众口碑，注重了解干部在重大事件、重要关头、关键时刻的表现以及执纪监督方面信息情况等。

在注重分析研判方面，要充分运用日常了解掌握的情况，对干部的政治品质、道德品质、作风表现、履行选人用人职责、廉洁自律等情况进行综合分析，为干部选拔提供依据。对现任党政正职、党政正职拟任人选、近期拟提拔或进一步使用人选、问题反映较多的干部要重点研判；要开展经常性研判，全面深入掌握干部情况。

在加强动议审查方面，要求规范动议主体的职责权限和程序，坚持先定规矩后议人选,按照以事择人、按岗选人要求,对领导班子优化方向、拟选拔职位资格条件和人选产生范围等进行充分酝酿,研究意向性人选;积极探索领导班子成员在动议环节实名推荐干部办法和差额酝酿党政正职岗位人选办法。

在强化任前把关方面,作为防止干部"带病提拔"的重点环节,提出多项要求。要提高考察工作的针对性、灵活性和有效性,针对不同考察对象具体情况,细化考察内容,改进考察方式,并加强考察组人员配备,采取民意调查、专项调查、延伸考察、实地走访、家访等多种考察办法;强化审核措施,实行"凡提四必",即干部档案"凡提必审"、个人有关事项报告"凡提必核"、纪检监察机关意见"凡提必听"、反映违规违纪问题线索具体、有可查性的信访举报"凡提必查";前移审核关口,做到动议即审,该核早核,对发现问题影响使用的,及时中止选拔任用程序,疑点没有排除、问题没有查清的,不得提交会议讨论或任用。

在严格责任追究方面,提出要建立健全干部"带病提拔"问责机制,对出现"带病提拔"的,要逐一检查动议、民主推荐、考察、讨论决定、任职等各个环节的主要工作和重要情况,按规定区别不同情况,严肃追究党委(党组)、组织人事部门、纪检监察机关、干部考察组主要负责人和有关领导干部及相关责任人的责任。

3.《干部选拔任用工作监督检查和责任追究办法》

2019年5月13日,中共中央办公厅印发实施了《干部选拔任用工作监督检查和责任追究办法》,共10章42条,分别对干部选拔任用工作监督检查总体要求、重点内容、工作机制、任前事项报告、"一报告两评议"、专项检查、离任检查、问题核查、责任追究及附则等进行规范和完善。这是在2010年制定颁布的《责任追究办法》《有关事项报告办法》《"一报告两评议"办法》《离任检查办法》四项监督制度基础上,进一步修改完善事前报告、"一报告两评议"、离任检查和责任追究四项监督制度,补充完善专项检查、立项督察、"带病提拔"问题倒查等专项监督制度,构建系统性干部选拔任用工作监督检查和责任追究制度。

在监督检查的重点内容方面,包括对坚持党管干部原则、坚持好干部标准和树立正确用人导向、执行干部选拔任用工作政策规定、遵守组织人事纪律和匡正选人用人风气、促进干部担当作为等情况进行重点监督检查，其中既有对干部选拔任用条件和标准掌握情况的监督检查，也有对干部选拔任用政策规定执行情况的监督检查，还有对选拔任用干部风气和政治生态营造情况的监督检查，既重点突出，又全面覆盖。

在干部监督检查的工作机制方面，提出加强上级党组织监督、党委（党组）领导班子内部监督、组织（人事）部门内部监督、群众监督等各项监督制度建设，并由组织部门协调各相关部门定期召开干部选拔任用监督工作联席会议制度，健全完善监督工作机制。同时，构建具体专项监督制度体系，包括原有的任前报告、"一报告两评议"、离任检查和责任追究制度，补充了专项检查和问题倒查两项专项监督制度，从而构建起一张全方位、多层次的立体监督网。

在建立健全监督检查的各项专门制度和监督方式方面，完善任前事项报告、"一报告两评议"、离任检查等相关规定。补充任前应当事前报告的两种情形，即国家级贫困县、集中连片特困地区地市在完成脱贫任务前党政正职晋升或者岗位变动的，以及市（地、州、盟）、县（市、区、旗）、乡（镇）党政正职任职不满3年进行调整的；各类高层次人才中配偶已移居国（境）外或者没有配偶但子女均已移居国（境）外人员、本人已移居国（境）外的人员（含外籍专家），因工作需要在限制性岗位任职的。简化"一报告两评议"制度，在2010年规定基础上缩减为4条：对实行"一报告两评议"作出基本要求；简化规定参加民主评议的人员范围和评议对象范围；简化了"一报告两评议"结果使用要求，改为规定评议结果应当进行反馈并作为考核领导班子和领导干部的"重要参考"；被评议单位要向参与评议人员通报评议结果和整改情况。简化了"离任检查"制度，在2010年规定基础上缩减为3条，简化民主评议召开会议并严格规定参加人员范围以及对民主评议结果使用等相关规定，保留了以下规定：对市县党委书记离任时对其任职期间干部选拔任用工作进行检查；离任检查采取民主评议、查阅相关材料、听取干部群众意见等方式；离任检查由上级组织部门开展并对拟提拔重要的检查结合干部考察环节进行。

在建立健全监督检查的各项专门制度和监督方式方面，在完善任前事项报告、"一报告两评议"、离任检查相关规定以外，还补充专项检查、问题核查相关规定。补充规定党委（党组）在开展常规巡视巡查期间，对选人用人工作进行专项检查，并具体规定专项检查工作开展要求、将检查情况纳入巡视巡察报告并统一进行反馈；补充规定组织（人事）部门对监督检查发现和群众举报、媒体反映的违规选人用人问题线索应当采取调查核实、提醒、函询或者要求作出说明等方式进行办理，对于严重违规选人用人问题实行立项督察，对于提拔任职后受到撤销党内职务或者撤职以上党纪政务处分的、属于"带病提拔"的干部，要对其选拔任用过程进行倒查。

在责任追究方面，进一步厘清违规选人用人的主体责任。在2010年"责任追究办法"的基础上，进一步夯实党委（党组）及其主要负责人或直接主管的领导班子成员、参与决策的领导班子其他成员的责任，明确了组织（人事）部门和考察工作组有关负责人和其他责任人员所应承担的权责范围，使选人用人的主体责任更为清晰，解决不同主体之间应追究谁的责任、在什么情况下应该承担什么责任等问题。在夯实党委（党组）及其主要负责人或直接主管的领导班子成员、参与决策的领导班子其他成员的责任，特别是强化党委（党组）书记在选人用人方面的责任，强化对党委（党组）落实选人用人主体责任、发挥领导和把关作用、树立正确的用人导向、整治选人用人不正之风、维护和执行组织人事纪律等方面的领导责任，从具象到抽象，这就在除组织（人事）、纪检监察以及考察工作组所应承担的直接责任和监督责任以外，明确党委（党组）及其主要和其他领导成员在选人用人上所应承担的全面领导责任，将超出职能范围的、更加倾向于无限的责任从组织（人事）部门、考察工作组和纪检监察机关剥离出来；简化并明确组织（人事）部门和考察工作组在所承担的业务工作和考察工作中所应承担的合理责任，保持对纪检监察机关有关负责人和其他责任人员所承担责任的要求。

四 创新机关干部交流回避制度

党的十八大以来，在习近平新时代中国特色社会主义思想和党在新时期的组织路线指引下，随着党政机关干部选拔任用制度与实践的探索，党政机关干部交流回避制度相应地向前发展、不断完善。

这一时期，党政干部与公务员交流回避制度的新要求新变化主要包括三个层面：一是党的重要会议报告层面；二是党政领导干部选拔任用条例规定层面；三是《公务员法》修订层面。

（一）党的重要会议报告对交流回避提出新要求

2012年，党的十八大报告提出深化干部人事制度改革，建设高素质执政骨干队伍的总体要求，具体提出"拓宽社会优秀人才进入党政干部队伍渠道""鼓励年轻干部到基层和艰苦地区锻炼成长"等有关干部交流的要求，对进入新时期开展干部交流工作具有重要指导意义。

2013年，党的十八届三中全会通过《中共中央关于全面深化改革若干重大问题的决定》，提出全面深化改革，需要有力的组织保障和人才支撑，关于干部交流提出"打破干部部门化，拓宽选人视野和渠道，加强干部跨条块跨领域交流"的明确要求，对进一步加强央地的干部交流和横向跨部门跨系统的干部交流提出要求。

2017年，党的十九大报告提出"建设高素质专业化干部队伍"目标，要求大力发现储备年轻干部，注重在基层一线和困难艰苦的地方培养锻炼年轻干部，源源不断选拔使用经过实践考验的优秀年轻干部，这为干部交流工作注重基层导向、引导年轻干部下基层、选拔培养干部注重基层工作经历等指明方向。

（二）党政干部选拔任用条例对交流回避作出新规定

这一时期《党政领导干部选拔任用工作条例》先后经过2014年和2019年两次修订，分别对干部交流回避的相关规定进行修改完善。

（1）2014年《党政领导干部选拔任用工作条例》在2002年《党政领导干部选拔任用工作条例》基础上，进一步对干部交流回避制度进行修改完善。

在交流对象上，补充规定地方党委和政府领导成员原则上应当任满一届的基本要求，继续保留在同一职位上任职满10年的必须交流的规定，增加"在同一职位连续任职达到两个任期的，不再推荐、提名或者任命担任同一职务"的要求。

增加了对经历单一或者缺少基层工作经历的年轻干部，应当有计划地到基层、艰苦边远地区和复杂环境工作的交流要求。

对地区之间、部门之间、地方与部门之间、党政机关与国有企事业单位及其他社会组织之间的干部交流，提出要加强统筹的要求。

补充规定干部交流的纪律要求，即干部交流由党委（党组）及其组织（人事）部门按照干部管理权限组织实施，严格把握人选的资格条件；干部个人不得自行联系交流事宜，领导干部不得指定交流人选；同一干部不宜频繁交流。

补充规定了跨地区跨部门交流的，应当同时迁转行政关系、工资关系和党的组织关系的要求。

（2）2019年《党政领导干部选拔任用工作条例》在交流回避方面基本延续2014年《党政领导干部选拔任用工作条例》的规定，进行制度条款的补充性微调。主要有两个方面：一是对经历单一或缺少基层工作经历的年轻干部派到基层、艰苦边远地区和复杂环境工作的，提出进一步要求，"要坚决防止'镀金'思想和短期行为"；二是进一步提出"加强工作统筹，加大干部交流力度"的要求，在原有的推进地方与部门之间、地区之间、部门之间、党政机关与国有企事业单位以及其他社会组织之间干部交流规定基础上，补充提出"推动形成国有企事业单位、社会组织干部人才及时进入党政机关的良性工作机制"的要求。

（三）《公务员法》对交流回避条款进行了新修订

2018年12月29日通过的《公务员法》修订案，对公务员回避的规定基本延续以前的规定未作修改，而对公务员交流规定则进行修订完善。主要包括以下四个方面：

一是对公务员交流的范围和形式进行了修订。允许参公管理的公务员在机关内部之间进行交流；删除了挂职锻炼这一交流形式，只保留调任和转任两种，前者是从机关外部进入机关的，后者是在机关系统内部的交流，使交流形式进一步简化；规范国有企事业单位、人民团体和群众团体的表述，进一步规范为"国有企业和不参照公务员法管理的事业单位"的表述。

二是规范调任的相关表述和规定。将国有企业事业单位、人民团体和群众团体的表述，修改为"国有企业、高等院校和科研院所以及其他不参照本法管理的事业单位"，使得调任公务员的单位来源范围更为清晰准确，同时结合职级并行制度要求，将调任机关担任"副调研员以上非领导职务"改为"四级调研员以上"职级的表述。

三是补充转任公务员的规定，将公开遴选纳入公务员转任交流的制度范畴，明确规定"上级机关应当注重从基层机关公开遴选公务员"。这就将自2010年以来中央国家机关实施的从省以下机关公开遴选具有基层工作经验公务员的做法进行了制度化，并在各级党政领导机关予以提倡和推广。

四是修改完善公务员挂职锻炼的规定要求。尽管将"挂职锻炼"从交流的三种形式中剔除出去，但作为公务员转任交流包含的一种重要形式，对其规定作出进一步完善。明确挂职锻炼的目的，将培养锻炼公务员的需要改为"工作需要"，进一步明确机关可以采取挂职方式选派公务员承担重大工程、重大项目、重点任务或者其他专项工作，删除了原有的在机关系统上挂、下挂、平行挂及去企事业单位挂职的规定。

（四）公务员遴选转任制度取得新进展

在公务员公开遴选试点探索基础上，2013年，中央组织部、人力资源和社会保障部联合印发了《公务员公开遴选办法（试行）》，对中央机关和上级领导机关从基层机关遴选具有基层工作经验的公务员进行制度规范。

党的十八大以来干部转任交流制度的发展，公务员公开遴选实践探索与制度创新是其中一个重要方面。公开遴选在面向省以下机关选拔具有基层工作经历的公务员进入中央机关，在改变中央机关公务员来源结构和队伍结构等方面发挥重要作用。2010年，中央国家机关开始试点实施公务员公开遴选工作，经过几年试点和评估，为优化领导机关公务员队伍结构、建立来自基层的公务员培养选拔机制、推进和规范公务员公开遴选工作，2013年1月24日，中央组织部、人力资源和社会保障部联合印发《公务员公开遴选办法（试行）》，采用制度方式将公开遴选这一转任交流方式确立下来。

公开遴选作为公务员在机关系统范围内转任交流的一种方式，主要是指市（地）级以上机关从下级机关公开择优选拔内设机构公务员。《公务员公开遴选办法（试行）》对公开遴选的基本原则、遴选计划与公告、报名要求与资格条件、考试、考察、决定与任职、纪律与监督及附则等作出规定，共八章三十六条。

鉴于公开遴选这一在机关系统内的公务员转任交流性质，在报名上作了特别要求，即一般采取个人意愿与组织推荐相结合的方式进行报名，既可以由公务员本人申请并按照干部管理权限经组织审核同意后报名，也可以由组织征得本人同意后推荐报名。

关于报名的资格条件,第 11 条规定了八项条件要求:具有良好的政治、业务素质,品行端正,实绩突出,群众公认;具有 2 年以上基层工作经历和 2 年以上公务员工作经历;公务员年度考核均为称职以上等次;具有公开遴选职位要求的工作能力和任职经历;报名参加中央机关、省级机关公开遴选的应当具有大学本科以上文化程度,报名参加市(地)级机关公开遴选的应当具有大学专科以上文化程度;身体健康;公务员主管部门规定的其他资格条件;法律法规规定的其他条件,但同时规定不得设置与公开遴选职位要求无关的报名资格条件。

关于公开遴选考试,规定了根据职务层次和职位类别分级分类进行,笔试主要测试政策理论水平、分析和解决实际问题能力、文字表达能力等综合素质;面试主要测试履行职位职责所要求的基本素质和能力,面试的内容和方式应当针对各职位的特点和要求分别确定;必要时可以进行职位业务水平测试。面试考官一般不少于 7 人,其中公开遴选机关外部考官一般应占 1/3,面试考官应当挑选公道正派、理论素养高、熟悉公开遴选职位相关业务、具有干部测评相关经验的人员担任。

在公开遴选考试笔试、面试综合计算成绩基础上,确定差额考察人选,并实施考察程序;根据考察情况和职位要求,公开遴选机关根据干部管理权限讨论决定拟任职人选并进行公示;公示 7 天期满后,报公务员主管部门审批备案后,办理调动和任职手续。

此外,还对实施公开遴选工作主管部门、遴选机关及其责任人员以及报考人员的工作纪律要求作出规定,对公开遴选工作进行监督作出规定,规定参公管理人员可以参照执行,授权省级公务员主管部门可制定具体实施细则。

第五章 事业单位人员选拔任用制度

第五章　事业单位人员选拔任用制度

中华人民共和国成立以来，我国事业单位人员选拔任用制度的发展和改革呈现出明显的阶段性特征。中华人民共和国成立至改革开放初期，主要实行与党政机关一致的干部人事制度；20世纪70年代末至90年代初，开始探索建立符合事业单位发展要求的选拔任用制度；20世纪90年代，随着公务员制度的实施，按照分类管理的思路，逐步建立有别于机关和企业的事业单位选拔任用制度；21世纪初的十年，以搞活用人机制为核心，全面推行聘用制、岗位设置管理制度、公开招聘制度等；自2011年中共中央、国务院发布《关于分类推进事业单位改革的指导意见》以来，为适应事业单位分类改革需要，推进事业单位人事管理法制建设，完善事业单位人员选拔任用制度。

第一节　事业单位人员选拔任用制度的建立（1949—1977年）

中华人民共和国成立初期，我国主要采取集中统一管理的干部人事制度。随着逐步向事业单位放权，进而确立了"统一领导，分级管理"的体制，并将知识化、专业化作为选拔干部的重要标准。干部的招录主要由政府主导、计划控制，选拔对象范围相对狭窄。这个阶段，主要按照工作性质和行业的不同，采用不同的岗位级别设置。

一　构建集中统一的事业单位人员选拔任用体制

为做好对干部队伍的管理，中华人民共和国成立初期，中央确立并实施了分部分级管理干部的原则，以及中央和地方双重管理的办法，并由此对事业单位人员的选拔任用权限进行了相应划分。

（一）分部分级管理事业单位干部

中华人民共和国成立初期，事业单位与党政机关和企业一样，其人员选拔任用的主体为中央及各级党委。从干部管理权限上来看，按照下管三级的原则，中央局管理相当于县主要干部以上的职务；省、直辖市委管理区主要干部以上职务；县管理乡村主要干部以上的职务。① 事业单位干部管理权限也参照这个原则。如1951年11月，中央人民政府委员会第十三次会议批准《中央人民政府任免国家机关工作人员暂行条例》的规定，大学校长、副校长，专门学院院长、副院长由中央人民政府委员会分别任免或批准任免。其他事业单位工作人员的选拔任用则由中央各部门直接领导和管理。

随后则正式确立在中共中央及各级党委组织部门统一领导、统一管理下的分部分级的管理体制。1953年11月，中共中央颁发《关于加强干部管理工作的决定》，明确提出要按工作需要将全体干部分类，② 由各部门分别进行管理，管理层次是下管两级主要领导干部。该决定指出，"由于党委的组织部直接管理的干部范围过宽，不可能与各个管理业务的部门取得经常的密切联系，从干部的实际中来考察他们的政治品质和业务能力"③。如文教工作干部由党委的宣传部负责管理，农、林、水利工作干部由党委的农村工作部负责管理等。

按照分级管理的原则，中央人民政府委员会、国务院和县级以上人民委员会分别按管理权限任免事业单位的部分工作人员。例如，按照1957年《国务院任免行政人员办法》规定，国务院负责任免的事业单位行政人员包括：高等学校校长、副校长、院长、副院长以及中央直属的重要医院院长、副院长。根据1957年《县级以上人民委员会任免国家机关工作人员条例》规定，各省、自治区、直辖市负责任免的事业单位行政人员包括：中等学校校长、副校长；省、自治区、直辖市属医院院长、副院长。此后，各省、自治区、直辖市根据该条例精神，结合各地实际情况，相继制定了本地区的任免办法和实施细则。

---

① 张志坚、苏玉堂：《当代中国的人事管理》（上册），当代中国出版社1994年版，第74页。

② 类别是：军队干部；文教工作干部；计划、工业工作干部；财政、贸易工作干部；交通、运输工作干部；农、林、水利工作干部；少数民族、宗教界的党外上层代表人物，各民主党派和无党派的民主人士，华侨民主人士，工商界代表人物，协商机关、民主党派机关、工商联、佛教协会、伊斯兰协会和国民文化协会的机关干部；政法工作干部；中共党委、群众团体工作干部；以及未包括在上述九类之内的其他工作干部。

③ 中共中央文献研究室：《建国以来重要文献选编》（第4册），中央文献出版社1993年版，第573页。

(二) 下放部分事业单位干部管理权限

党的八大提出，对事业单位的管理，应该认真地改进和推行以中央为主、地方为辅或者以地方为主、中央为辅的双重领导的管理方法，切实加强事业单位的领导。这确立了在事业单位的管理上，应对中央和地方的管理权限进行划分。

1956 年，毛泽东主席发表《论十大关系》，对中央与地方关系进行进一步调整，明确向事业单位下放管理权力，建立"统一领导，分级管理"的体制。

同年 12 月召开的全国各省、区、市党委组织部长会议提出，要发挥地方党委和中央一级各部门管理干部的作用和积极性，中共中央管理的干部职务范围要适当紧缩，并提出要将国务院各工业部门所属一部分事业单位的行政领导职务，下放给有关各工业部门党组自行管理，其党群领导职务下放给地方党委管理。① 1957 年 5 月 20 日，中央批准的《中央工业工作部关于改进工业系统干部管理的报告》提出，原由中央管理的而此次未列入新的职务名称表中的事业单位的干部，属于行政系统的，由有关工业各部管理，地方党委加以监督管理。②

1958 年，中共中央先后决定，除少数高等院校、中等专业技术学校和工业、铁道、邮电、交通、粮食、商业、外贸等系统中个别有特殊重要性的事业单位的领导职务仍由中央管理外，其余的大部或全部下放给地方党委管理。③

例如，明确要求下放部分教育事业单位的管理权限。1958 年 8 月，中共中央、国务院《关于教育事业管理权力下放问题的规定》指出，"今后对教育事业的领导，必须改变过去条条为主的管理体制，根据中央集权和地方分权相结合的原则，加强地方对教育事业的领导管理"，"为了切实加强党对高等学校和中等技术学校的领导，为了使这些学校培养出来的人才更加适合各地社会主义建设发展的需要，除少数综合大学，某

---

① 张志坚、苏玉堂：《当代中国的人事管理》（上册），当代中国出版社 1994 年版，第 260 页。
② 曹志：《中华人民共和国人事制度概要》，北京大学出版社 1985 年版，第 9 页。
③ 张志坚、苏玉堂：《当代中国的人事管理》（上册），当代中国出版社 1994 年版，第 260 页。

些专业学校和某些中等技术学校，仍由教育部或者中央有关部门直接领导外，其他的高等学校和中等技术学校都可以下放（中等技术学校可以比高等学校多下放，地方性较大的学校可以更多地下放），归省（自治区、直辖市）领导"。

（三）上收事业单位部分干部管理权限

1962年10月，中央组织部召开全国组织工作会议，制定了《关于改进干部管理制度的九点意见》，对干部管理权限和范围作了如下调整：适当收回中央各部门和地方党委下放的一部分管理干部的权力，不再采取层层委托下级党委代管的办法；把中央委托省、自治区、直辖市代管的干部职务，一部分收归中央管理，大部分收归中央局管理。①

为加强对高等学校的领导，1963年，中共中央决定对高等学校的正、副校长和正、副院长实行中央统一领导，中央和各省、自治区、直辖市两级管理的体制。对于高教部直接管理的高等学校正（副）校长、院长，由高教部提出任免建议，国务院批准；中央各部、地方政府管理的高等学校正、副校长和正、副院长，由中央各业务部或省、区、市人民政府提出任免建议，经中央教育部转报国务院批准；高等学校的教授、副教授名单由高教部统一审批。随着地方轻工业和国营农场采取更为集中的管理体制后，这些系统的干部也实行了更为集中的管理。②

为了对科学技术干部进行统一管理，1964年3月，中共中央批发了中央组织部关于科学技术干部管理工作条例试行草案的报告和条例试行草案，决定对科学技术干部同其他干部一样，实行在中央及各级党委统一领导下，中央及各级党委组织部统一管理下，分部分级管理的制度。中央还决定设立国务院科学技术干部局，协助各级党委统一管理科学技术干部。为了有利于统筹安排，重点配备和合理地使用科学技术干部，中央、各级党委和国家机关各部门还适当地扩大了科技干部的管理范围，

---

① 张志坚、苏玉堂：《当代中国的人事管理》（上册），当代中国出版社1994年版，第261页。

② 张志坚、苏玉堂：《当代中国的人事管理》（上册），当代中国出版社1994年版，第82页。

加强集中统一。①

二 确立事业单位人员选拔标准

根据中华人民共和国成立后对干部队伍素质的要求，我国首先确立了干部选拔的知识化、专业化标准，以及"德才兼备""又红又专"的选拔标准，并强调要从事业单位队伍中选拔优秀知识分子充实到干部队伍中去。

（一）知识化、专业化

1953年11月24日，中共中央《关于加强干部管理工作的决定》提到了干部的专业化问题，"在提拔干部工作中，必须贯彻党的根据政治品质和业务能力来挑选干部的原则"②。

毛泽东主席在中国共产党第八次全国代表大会上专门谈到干部队伍建设的问题，他说："现在转到搞建设、搞经济，中央委员会将来应该有许多工程师、科学家和从工人中成长起来的干部。领导机构尤其是中央领导机构的成员有许多工程师、科学家和从工人中成长起来的干部，是党领导大规模的社会主义建设的需要，是经济发展和社会发展的必然要求。"③可见，毛泽东主席强调应重视从专业人才中选拔干部。

为加强干部队伍的知识化，1953年12月，中共中央发出《关于加强干部文化教育的指示》，要求"各级党委、政府和人民团体尽可能地动员与组织文化程度不到初中毕业的干部学习文化，并将他们的学习成绩，作为干部鉴定、考核标准之一"。

为提升干部的工作专业化水平，1957年2月，中共中央发出《关于今后干部工作方法的通知》。该通知指出："我们今后的干部工作的方法必须有一个根本的改变，就是要从过去大批地迅速地提升干部职务的方法改变为稳定干部职务、提高干部能力的方法。""使干部的工作专业化，避免不必要的调动，以便他们在相当长的时期的工作中积累经验，增加

---

① 张志坚、苏玉堂：《当代中国的人事管理》（上册），当代中国出版社1994年版，第83页。

② 中共中央文献研究室：《建国以来重要文献选编》（第4册），中央文献出版社1993年版，第577页。

③ 《毛泽东文集》（第七卷），人民出版社1999年版，第102页。

知识，成为有经验有能力的熟练的工作人员。"

（二）德才兼备

1953年11月，中共中央《关于统一调配干部，团结、改造原有技术人员及大量培养、训练干部的决定》指出："不论经济领导部门和各厂矿单位，均应根据'才德兼备'的标准，大胆地、大量地从有生产经验、有工作能力、有发展前途而政治上又忠实可靠的先进技术工人和革命青年知识分子中提拔干部。"[①]

1955年，中央组织部在给中央的工作报告中指出，"随着社会主义建设和社会主义改造事业的发展，党对干部的要求应该更严格。今后应该更加严格地按照'德才兼备'的干部政策来挑选提拔干部。必须挑选那些具有高度的社会主义觉悟的，能够忠实地执行党的路线和政策的，有一定文化水平和理论水平的，熟悉业务或能够钻研业务的，对新鲜事物有敏锐的感觉和能够支持现身力量的人，担负各个方面的各种领导职务"[②]。

（三）又红又专

为了坚持全面建设社会主义事业，各类干部都必须从不同的方面弥补不足，从而提出了"又红又专"的干部标准。

毛泽东主席在八届三中全会上提出："政治和业务是对立统一的，政治是主要的、第一位的，一定要反对不问政治的倾向；但是，专搞政治，不懂技术，不懂业务，也不行。我们的同志，无论搞工业的、搞农业的、搞商业的、搞文教的，都要学一点技术和业务……使自己成为内行，又红又专。"毛泽东主席强调"一方面要反对空头政治家，另一方面要反对迷失方向的实际家"，要达到政治与经济的统一、政治与技术的统一，这就是又红又专。[③]

1964年6月16日，毛泽东主席在中央工作会议上提出了无产阶级事业接班人必须具备的五条标准："第一条，要教育干部懂得一些马列主义，懂得多一些更好。就是说，要搞马列主义，不搞修正主义。第二条，

[①] 中共中央组织部、中共中央党史研究室、中央档案馆：《中国共产党组织史资料》（第9卷），中共党史出版社2000年版，第185页。

[②] 中共中央组织部、中共中央党史研究室、中央档案馆：《中国共产党组织史资料》（第9卷），中共党史出版社2000年版，第333页。

[③] 《毛泽东文集》（第七卷），人民出版社1999年版，第351—352页。

要为大多数人谋利益，为中国人民大多数谋利益，为世界人民大多数谋利益，不是为少数人，不是为剥削阶级，不是为资产阶级，不是为地、富、反、坏、右。第三条，要能够团结大多数人。所谓团结大多数人，包括从前反对自己反对错了的人，不管他是哪个山头的，不要记仇，不能'一朝天子一朝臣'。第四条，有事要跟同志们商量，要充分酝酿，要听各种意见，反对的意见也可以让他讲出来。要讲民主，不要'一言堂'……不要开会时赞成，会后又翻案，又说不赞成。共产党人要搞民主作风，不能搞家长作风。第五条，自己有了错误，要作自我批评。……不要总认为只有自己才行，别人什么都不行，好像世界上没有自己，地球就不转了。"[①]

三 参照机关确定事业单位干部录用方式

该时期事业单位人员的选拔与录用具有政府主导、计划控制、封闭神秘、选拔对象范围狭窄等特点，公开招考并未成为事业单位人员录用的普遍形式。

1964年，国家内务部政府机关人事局拟定了《关于国家机关、企业、事业单位录用干部试行办法（草案）》，将国家机关干部录用办法扩展到事业单位，成为一个适用于各个方面的吸收录用干部规定。虽未正式颁发，但成为计划经济时代干部录用的重要依据。

该文件将干部录用对象由中华人民共和国成立初期的"具备条件的中华人民共和国公民"，改为主要从工人中吸收，或从有一定文化程度的复员退伍军人、农民和经过劳动锻炼的知识青年中挑选优秀者录用。

四 初步建立事业单位人员的岗位等级

中华人民共和国成立伊始，我国事业单位岗位等级设置制度在探索中初步建立。这一阶段主要按照工作性质和行业的不同特点，尝试对不同类别的事业单位采用不同的岗位等级设置。

[①] 中共中央文献研究室：《建国以来重要文献选编》（第11册），中央文献出版社1992年版，第85—87页。

（一）中央直属机关各类工作人员岗位等级设置

1951年11月，中央人事部制定《中央直属机关各类工作人员暂行工资标准等级表》等10张工资标准表，该表自当年9月开始执行。

其中，该等级表中将中央人民政府直属机关行政人员按职务分成八等，每等又分为若干级，共有46级。行政机关技术人员为11级，加上特级则有12级。其中，工程技术人员分为10级，从特级到9级，助理技术员则分为两级：10级和11级。[①]

此外，还分别制定了医务、科研、新闻出版、文艺、翻译、司机、中文打字等人员的等级。这些等级的划分，不仅适用于国家机关，也同样适用于事业单位和部分企业单位。

其中，科学研究工作人员分为研究员、副研究员、助理研究员、实习研究员四个职级，研究员分为6级，副研究员分为6级，助理研究员分为6级，实习研究员分为4级，共有22级。[②]

医务人员则分为7个职级：特等、一等（科主任）、二等（科主任医师）、三等（医师药师）、四等（医师）、五等（技术员）、六等（助理技术员），上下交叉对应24个等级。其中，高级人员为特等到四等，中级人员为二等到五等，初级人员为五等到六等。在治疗人员类别中，分为专家、主任医师、医师、助理医师、医士。最高级是专家，为一等，最低级为医士，为五等。在护理人员类别中，分为护理主任、护士长、护士、护理员，分别为二等到六等，其中护理员为五、六两等。[③]

文艺工作人员分为7个职级：特级文艺干部、一级文艺干部、二级文艺干部、三级文艺干部、四级文艺干部、五级文艺干部、实习级文艺干部。其中特级文艺干部分为4个等级，一级文艺干部分为4个等级，二级文艺干部分为5个等级，三级文艺干部分为6个等级，四级文艺干部分为6个等级，五级文艺干部分为6个等级，实习级文艺干部分为5个等

[①] 赵东宛等：《中国劳动人事年鉴》（1949.10—1987），劳动人事出版社1989年版，第280—281页。

[②] 赵东宛等：《中国劳动人事年鉴》（1949.10—1987），劳动人事出版社1989年版，第283页。

[③] 赵东宛等：《中国劳动人事年鉴》（1949.10—1987），劳动人事出版社1989年版，第282—283页。

级，共有36个等级。

(二) 专业技术人员岗位等级的建立与调整

1. 八类专业技术人员岗位等级的建立

从1952年政务院颁发的《各级人民政府供给制工作人员津贴标准及工资制工作人员工资标准的通知》以及附发的《各级人民政府供给制工作人员津贴标准表》和《各级人民政府工资制工作人员工资标准表》可以看出，采取"一职数级，上下交叉"的职务等级制，从工资标准表可以看出共分为29级。①

随后，各主管部门则分别制定并报政务院批准颁发了八类专业技术人员的工资标准表，也从1952年7月开始执行。从这些表中可以发现，不同性质、不同行业的事业单位工作人员的岗位等级设置是不同的。

除特级以外，将各级科学研究人员分为16级。其中，研究员对应1—5级，副研究员对应4—9级，助理研究员对应8—13级，研究实习员对应13—16级。

各级学校教职员工分为35级，各类人员按所在的高等学校、中等学校和初等学校以及大城市、中城市和小城市的不同，对应相应的级别。例如，大学校长、独立学院院长对应1—8级；省独立学院院长、专科学校校长对应7—13级；教务长、总务长、秘书、院长、系主任、教授、副教授则对应4—13级；讲师、教员对应11—20级；职员对应14—28级；实习工厂技工对应18—27级；工警对应28—35级。

卫生技术人员则分为六等26级。其中，医务人员分为医（主任）师（1—9级）、医（主治）师（6—13级）、医师（10—18级）、医士（15—21级），共21级。护理助产人员分为护（主任）士（7—14级），护士、护士助产士（10—21级），护理员（19—24级），练习生（23—26级）。

国营出版社的工作人员分为20级。行政干部分为正副社长（1—7级）、部处室正副主任（5—11级）、正副科长（10—14级）、科员（13—17级）、办事员（17—20级）。编辑干部分为正副总编辑（1—7

---

① 赵东宛等：《中国劳动人事年鉴》（1949.10—1987），劳动人事出版社1989年版，第289页。

级）、编审（2—9级）、编辑（3—13级）、助理编辑（12—17级）、见习编辑（17—20级）。

另外，将文艺工作人员分为25级，各级报社、通讯社、广播电台工作人员分为22级，翻译工作人员分为15级。

2. 部分行业的岗位等级设置

1954年，中国科学院、高等教育部、卫生部和文化部经劳动部同意修订并先后颁发了本部门所属专业技术人员和行政管理人员的工资标准和包干费标准。[①] 由当时制定的工资表中，可以看出不同行业的岗位等级设置情况。

将高等院校教职员工分为教学人员和职工，共设置33个等级。其中，教学人员为教授、副教授（4—13级），讲师（11—20级）、助教（19—25级）。大学正副校长、独立学院正副院长为1—9级，专科学校正副校长为8—13级，正副教务长、正副研究部主任、正副总务长为4—13级，职工为14—28级。

将科学研究人员分为研究员、副研究员、助理研究员、研究实习员，从特级到16级，共17级。研究员为1—5级，副研究员为4—9级，助理研究员为8—13级，研究实习员为13—16级。

将科学技术人员中的技术人员分为技正（1—5级）、技士（4—8级）、技佐（7—12级）、技术员（11—15级）、见习生（13—17级），共设置17个等级，加上特级，共18级。

其中，科学研究人员的1级工资标准与高校的4级标准一致，科学技术人员的1级标准与高校的6级标准一致。

卫生技术人员保持不变，除增加特级外，分为六等26级，并增加了公共卫生人员的岗位等级设置。将公共卫生主任医（技）师对应1—9级，公共卫生医（技）师对应6—18级，公共卫生医（技）士对应14—21级。

各级新闻、出版工作人员的岗位等级则对应行政机关级别的8—25级，共18级。文艺工作人员分为12级。将原先中等学校工作人员对应的

---

① 赵东宛等：《中国劳动人事年鉴》（1949.10—1987），劳动人事出版社1989年版，第304页。

12—35 级，修订为 1—24 级，分为 24 级。将原先初等学校教职员工对应的 17—35 级，修订为 1—19 级。

3. 岗位等级设置的调整

1955 年 2 月，国务院颁发了《国家机关工资、包干制工作人员工资、包干费标准表及有关规定》的通知，附发了修订后的标准表。高等教育部、教育部、卫生部和文化部相继根据这个命令的有关规定，结合所属事业单位的情况，发布了工资标准表。①

由表中可以看出，大、中、小学教职员工和卫生技术人员的岗位等级设置没有发生变化，文艺工作者增加了一个级别，并增加了对剧院（团）剧场行政管理人员和图书馆、博物馆（院）、文化馆工作人员以及电影制片厂、电影院行政管理人员的岗位等级设置，均分为 23 级。

从这一阶段的改革可以看出，我国已经开始尝试对部分事业单位的行政管理人员设置单独的岗位等级体系，以将其与专业技术人员区分开来。

（三）全国统一的级别设置

1956 年 7 月，国务院颁发了《关于工资改革的决定》，又对级别设置进行了调整，即确定了 30 个等级、每个等级内分 11 个档次。

此次改革对事业单位各类人员的级别设置有较大变动，开始考虑对事业单位专业技术人员和行政管理人员分别设置级别体系，但并未最终分离出事业单位管理人员专门、统一的级别设置。并尝试将部分事业单位的行政管理人员级别与党政机关进行联系与对应，开启了事业单位参照行政机关采用相应的行政级别体系对行政管理人员进行人事管理的进程。

例如，把高等学校教职员工分为行政、教学、教学辅助三个序列，即教学人员分为 12 级，行政职工分为 25 级，教学辅助人员分为 12 级。其中，行政职工的 1—25 级分别与国家机关工作人员的 6—30 级进行一一对应。

再如，将中国科学院研究人员分为 12 级，其行政管理人员则分为 27

---

① 赵东宛等：《中国劳动人事年鉴》（1949.10—1987），劳动人事出版社 1989 年版，第 314 页。

级。中小学教职员工也分为教员、行政人员两个级别体系，中学教员设为 10 级，中学行政人员设为 15 级；小学教员设为 11 级，小学行政人员设为 13 级。

此外，还对部分行业的岗位等级进行了压缩和调整，并取消了专业技术人员中的特级。例如，文艺工作人员分为 16 级，卫生技术人员分为六等 21 级，报社、新华社、广播电台编辑、记者分为 20 级，出版社编辑工作人员分为 15 级，图书馆、博物馆研究人员分为 12 级，业务人员分为 18 级，文化馆工作人员分为 16 级，剧场、电影院工作人员分为 16 级。

由此可见，这一阶段事业单位并未完全实行与行政机关相统一的行政级别设置，且事业单位内部也未建立起一套统一的级别体系，而是由国家根据事业单位的工作性质和行业的不同进行分别设立。

五 探索事业单位人员选拔任用方式

中华人民共和国成立初期，事业单位选拔任用方式先沿用了聘任制，后出于提升人员岗位等级的需要，又开始制定学衔制。随着统一的干部制度的建立，事业单位人员被纳入干部管理范畴而实行任命制，并研究将职称脱离职务成为"学术称号"。

（一）沿用聘任制

中华人民共和国成立初期，在教育、文化、卫生等事业单位的中观管理体制上，我国仿照苏联模式，实行高度集中的管理体制，由行业主管部门进行"条条"管理。科研机构与高等院校基本上沿用了原有的聘任制度。

比如，1950 年 7 月，政务院批准颁布了《高等学校暂行规程》，规定"大学及专门学院教师，分为教授、副教授、讲师、助教 4 级，均由校（院）长聘任，报请中央教育部备案"。大学实行的"四级制"的教师职位等级系统，与西方高等学校的聘任制度相似。

（二）试行学衔制

中华人民共和国成立初期，专业技术人员职务晋升实际处于停滞或随机状态。高等学校教师晋升实际自 1954 年才陆续开始，出现了"实际已担任讲师或副教授的工作，却没有取得讲师和副教授的学衔这一突出问题"①，多数高校和教师提出了确定和提升等级的要求。

1955年9月，中共中央、国务院指示组成"关于学位、学衔、工程技术专家等级及荣誉称号等条例起草委员会"，起草了《高等学校教师学衔条例（草案）》《科学研究工作者学衔条例（草案）》《国家卫生技术人员职务名称和职务晋升暂行条例（草案）》《全国高等学校现任各级教师学衔评审办法》等。

《高等学校教师学衔条例（草案）》等文件，将学衔明确为"国家根据科学研究人员、高等学校教师在工作岗位上所达到的学术水平、工作能力和工作成就予以的学术职务称号"。学衔（academic title）有别于岗位，是学术水平的标志，是由专家评定委员会通过评定来确定的荣誉称号。这种称号没有数量限制，但授予后终身享有。

这一时期的学衔作为确定工资、政治与生活待遇的依据，提高了科技人员的政治、社会和经济地位。并于1956年下半年，在全国31所高校进行了职称试评，但上述文件因故并未继续实行。

（三）实行任命制

1957年后，中央统一管理包括教师在内的科技人员的任免、调配以及职务晋升，把专业技术人员归为"国家干部"序列，其职务等同于行政级别，实行任命制。

1960年2月，国务院全体会议通过《关于高等学校教师职务名称及其确定与提升办法的暂行规定》。但由于当时专业技术职务是根据业务和行政管理的需要而任命的，加之工资级别的调整又受调整幅度的限制，因而不能随专业技术人员学术技术水平的提高而相应地提升其职务和工资。

由于放权后，地方存在盲目发展高等教育等问题，1963年党中央、国务院又下发了《关于加强高等学校统一领导、分级管理的决定（试行草案）》，对中央和地方关系再次进行调整，如将副教授的审批权收归教育部，形成了以"条条"为主的"条""块"管理模式。

20世纪60年代中期，由于国家经济困难，工资基本处于冻结状态，

---

① 张志坚、苏玉堂：《当代中国的人事管理》（上册），当代中国出版社1994年版，第53页。

这种需要增加工资的专业技术职务任命制度基本上停顿下来。60年代中后期,"文化大革命"爆发,专业技术职务任命制被迫终止。

(四) 研究建立"学术称号"

1961年11月,中央决定研究建立学位、学衔、工程技术称号等制度,厘清对职称内涵和性质的理解,即职称脱离职务变成单纯的"学术称号"。1962年3月,国家科委组织了"学位、学衔和研究生条例"起草小组,先后草拟了《中国科学院、自然科学研究所研究技术人员定职升职暂行办法(草案)》《工业、农业、医药卫生科学技术人员称号试行条例(草案)》等。但由于政治形势的变化,这一工作再次中断。

第二节 事业单位人员选拔任用制度的改革(1977—1992年)

党的十二大之后,干部的选拔任用工作进一步规范,中央提出实行公开统一招考的干部录用方式以及民主评议制度,部分事业单位开始具有一定的招聘权。职称恢复工作全面启动,专业技术人员开始以职务等级作为其岗位等级。事业单位的行政管理人员则开始参照机关的行政级别建立了自身的职务等级,并按行政职务等级确定干部身份和待遇。同时,我国开始实行专业技术职务聘任制以及辞职辞退制度,并探索聘用制干部管理制度。

一 调整事业单位选拔任用体制

改革开放之后,中央减少了直接管理的事业单位领导干部,将事业单位的部分人事任免权直接下放给地方以及各机构和机构负责人。为加强对干部任免工作的管理,由中央组织部和相关主管单位负责监督。

(一) 下放事业单位人事任免权

为了从组织上保证社会主义现代化事业的顺利进行,1984年,中央组织部《关于修订中国中央管理的干部职务名称表的通知》决定,改革现行干部管理体制,采取分级管理、层层负责的办法,适当下放干部管理权限，中央原则上只管下一级的主要领导干部。[①] 按照修订后的干部职务名称表，中共中央只管理少数高等院校、重要的事业单位的党政主要领导干部。

国务院也同样适当下放了任免行政人员的权限。国务院负责任免事业单位行政人员仅为：国务院各部委所属的部分重点高等院校、研究院、博物馆、图书馆的校长、院长、馆长。

在这一改革精神的指引下，开始将事业单位的一部分人事权交由机构及其负责人自主决定。

例如，科技领域的部分人事权可由机构自主决定。1985年3月，《中共中央关于科技体制改革的决定》提出，除国家委托的研究课题以及由上级任命或聘任的院、所长外，计划、经费、人事的管理和内部的组织结构等，都由研究机构在国家法令规定范围内自主决定。

在卫生领域，则赋予机构负责人一定的人事决定权。1985年4月，国务院批转《卫生部关于卫生工作改革若干政策问题的报告的通知》提出，院、所、站长有权对职工进行奖惩、解聘和辞退；有权根据需要，在定额编制范围内从院外招聘医务工作人员，可以全日工作，也可以半日工作。

高等学校教授任职资格评审权的授予，由省、自治区、直辖市和国务院有关部委教育主管部门提出，省、自治区、直辖市和国务院有关部委职改领导小组审核，国家教委批准。高等学校副教授任职资格评审权的授予，由省、自治区、直辖市和国务院有关部委教育主管部门提出，经国家教委同意后，由各省市、各部委职改领导小组批准。由于事业发展及破格评聘优秀中青年拔尖人才等原因或其他特殊原因，需要增设教师职务岗位及因此所需的增资指标，须由学校主管部门报省、部级人事（职改）部门批准。

中小学教师担任学校领导职务，符合相应的任职条件，可聘任或任命相应的教师职务。兼任中学一级、小学高级职务，由地、市级人事（职改）部门批准，兼任中学高级职务，由省、部级人事（职改）部门批

[①] 赵东宛等：《中国劳动人事年鉴》（1949.10—1987），劳动人事出版社1989年版，第923页。

准。兼职占用学校的教师职务数额。

1988年，根据党的十三大关于"实行党政分开""进一步下放权力"的精神，中共中央又将原由其管理的重要事业单位、大专院校的党政主要领导职务，分别移交下放给国务院和地方党委管理。

（二）加强事业单位人事任免管理

为加强对干部任免的管理，1984年，中央组织部制定了《向中央备案的干部职务名单》，1990年，中央组织部发布关于修订《中共中央管理的干部职务名称表》的通知，决定要加强对事业单位人事任免工作的管理。

其一，将未列入中共中央管理范围的中央事业单位、大专院校党政主要领导职务列入备案名单，各地区、部门每半年将名单所列职务的任免情况向中共中央备案一次，以便中央了解情况，进行监督检查。

其二，提出要加强对高等院校主要领导干部的管理。各主管部门在任免所属高等院校党政领导干部时，要事先征求院校所在省、自治区、直辖市党委的意见。各有关部委和地方党委在任命所属全国重点高等院校领导干部时，还要征求国家教委的意见。

其三，为加强中央对部分大型事业单位的领导，1988年9月，移交国务院管理的北京大学、中国农业科学院等事业单位党委书记的任免，都要事先征得中央组织部的同意，再由各有关省、市党委或主管部委党组办理任免手续。

其四，国务院管理的事业单位行政领导职务的任免，人事部在上报国务院审批之前，须先征求中央组织部的意见。

其五，各地事业单位领导干部的管理办法，由各省、自治区、直辖市党委确定。

二 规范事业单位录用与招聘方式

随着党的十二大提出执行干部离退休制度，废除实际存在的领导干部职务终身制，实现干部队伍的革命化、年轻化、知识化、专业化，干部的吸收录用和人员招聘被提上了重要的议程。这一阶段主要对干部的吸收录用工作进行规范，开始尝试对一些事业单位释放部分人员的自主招聘权，并对人才招聘的管理工作进行统一规定。

(一) 规范事业单位干部吸收录用

1982年9月，劳动人事部下发《关于制定〈吸收录用干部问题的若干规定〉的通知》，为长期以来无章可循的干部任用工作提供了基本准绳。

《吸收录用干部问题的若干规定》提出，事业单位因工作需要和生产需要，可以在编制定员以内补充干部。应先由人事部门或主管机关在本地区、本部门现有干部和国家统一分配的军队转业干部中调配，或从大中专毕业生中调派解决。解决不了的，可以从工人中吸收和从社会上录用，也可以从社会上招聘。

属于选举产生的干部，按照有关规定，通过民主选举产生。民主选举产生的干部，被选前不是干部的，任职期间按干部待遇，可以连选连任。任期满后仍回原单位，恢复原待遇。

从社会上招聘干部，要签订招聘合同，发给聘书。有关聘期、工资等事宜，按合同办理。应聘期间，违反合同规定的可随时解聘。合同期满可以续聘或解聘。

事业单位吸收录用干部，可以从全民所有制和集体所有制单位的工人中吸收，或从社会上录用。从社会上录用的对象，主要是城镇知识青年以及闲散专业技术人员、自学成才的人员。因特殊情况需要从农村录用干部，必须经省（自治区、直辖市）人民政府批准。

各单位如果要吸收录用干部，必须向上级人事部门提出增加干部的计划，经人事部门审查，逐级上报，由劳动人事部汇总，编制计划，经国务院批准后，下达增干指标。

吸收录用的干部必须具备下列条件：（1）坚持四项基本原则，拥护党的路线、方针、政策；（2）作风正派，遵纪守法，服从组织分配；（3）具有高中毕业以上文化程度或同等学力（少数民族和边远地区可适当放宽），或具有所需要的专业技术知识和业务能力；（4）身体健康，年龄一般在25岁左右，特殊情况可根据不同工作的需要，由用人单位作出规定。

该《规定》对干部录用方法和程序也作出要求，提出了公开统一招考的干部录用方式。要求事业单位吸收录用干部，由当地人事部门统筹安排，实行公开招收，自愿报名，进行德、智、体全面考核，坚持考试，择优录用，特别强调从社会上成批录用干部，要进行统一招考。

考试由批准机关或县以上人事部门与录用干部的部门共同协商，确定考试科目，并商请有关部门命题、监考、评卷。录取时按录取分数线，择优录取。考试合格的进行政治审查和体格检查。经考试、政审、体检合格的人员，填写《吸收录用干部审批表》，连同考卷、体检表、档案以及本人提交的有关材料一并报送审批机关，批准后发录用通知书。

《1988年国务院政府工作报告》明确提出了事业单位吸收录用干部要实行公开招收，自愿报名，进行德智体全面考核，坚持考试，择优录用的办法。1988年年初，中央组织部、劳动人事部印发《关于政法、税务、工商行政部门和银行、保险系统招收干部实行统一考试的通知》，启动了在事业单位考试录用干部的试点工作。

1989年7月，中共中央、国务院《关于省级以上党政机关不直接从高等学校应届毕业生中吸收干部的通知》明确规定"省级以上党政机关及所属从事社会科学研究的事业单位和具有政府管理职能的公司，不直接从高等学校应届毕业生（含大学毕业直接考入的研究生）中吸收干部"。这里讲的"从事社会科学研究的事业单位"，是指从事政治、经济、法律、教育、文艺、历史、民族、宗教、社会、哲学、语言、军事研究等社会科学学科研究的事业单位，也包括从事社会科学与自然科学相交叉学科研究的事业单位。

该文件规定："有些专业性很强的工作，如确需直接从高等学校应届毕业生中挑选少量人员，必须经中央组织部、人事部或省委组织部、省人民政府人事厅（局）批准，在下达的指标内接收。"这里讲的"有些专业性很强的工作"指会计、计算机、翻译、考古等主要不是从事管理性工作的专业技术工作。如确需直接从高校应届毕业生中吸收少量上述专业人员，应由用人单位在国家规定的编制数额和下达的干部计划指标内，于每年12月按系统分别向中央组织部、人事部申请接收应届毕业生的指标，按批准的指标同负责毕业生分配的有关部门协商挑选。

（二）加强人才招聘管理工作

1991年3月，人事部印发《关于加强人才招聘管理工作的通知》，明确了不同招聘范围内招聘管理工作的批准程序：在本省、自治区、直辖市及计划单列市内招聘的，由招聘单位提出申请，报省、自治区、直辖市及计划单列市政府人事部门所属人才交流服务机构批准后进行；跨省、自治区、直辖市招聘的，由招聘单位提出申请，经招聘对象所在省、自治区、直辖市政府人事部门所属人才交流服务机构同意后进行；在全国范围内招聘的，须经人事部全国人才流动中心审查批准，方可组织进行。

（三）整顿"以工代干"

1983年，劳动人事部与中央组织部联合发出《关于整顿以工代干的通知》，对"文化大革命"前代干人员和1966—1979年代干人员，分别作了政策规定。凡"文化大革命"前脱产当干部使用，现在仍在干部工作岗位上，经县以上党、政府正式任命担任领导职务的，或者按照国务院颁发的各种业务技术职称规定取得职称的"以工代干"人员，经有关部门考核认定，任务确实符合干部条件，承认为干部，补办干部审批手续。[1]

三　恢复与确立事业单位职务等级制度

1977年之后，职称制度开始逐步恢复，卫生部、教育部提出了职称工作的实施办法，随后各主管部门出台了不同专业技术人员的职称暂行规定，建立了22个职务系列。1985年工资制度改革后，事业单位的行政管理人员的职务等级以机关的行政级别为参照，而专业技术人员的岗位等级则对应于其职务等级。

（一）事业单位专技人员职务等级制度的恢复

事业单位专技人员职务等级制度的确定与职称制度的恢复具有紧密联系。"职称"的概念最早于1977年由《中共中央关于召开全国科学大会的通知》提出："应该恢复技术职称，建立考核制度，实行技术岗位责任制。"邓小平同志指示："大专院校也应该恢复教授、讲师、助教等职称。"[2]

随后，国家把职称评定作为"尊重知识、尊重人才"的一项重要措施开始启动。1978年，国务院率先恢复了《关于高等学校教师职务名称

---

[1]　赵东宛等：《中国劳动人事年鉴》（1949.10—1987），劳动人事出版社1989年版，第848页。

[2]　《邓小平文选》第二卷，人民出版社1994年版，第70页。

及其确定与提升办法的暂行规定》,并指出"原已确定提升的各等级职务一律有效,恢复名称,不须重新办理报批手续"①。

1978年3月,国务院批转教育部《关于高等学校恢复和提升教师职务问题的请示报告》,决定恢复确定和提升高校教师职务工作。在国务院没有作出新的规定以前,仍执行1960年国务院颁发的《关于高等学校教师职务名称及确定与提升办法的暂行规定》,恢复原有教授、副教授、讲师、助教的职称。提升教授、副教授的审批权限改为省(自治区、直辖市)批准,报教育部备案。至1981年,高校中原有的教授、副教授、讲师和助教都恢复了职称。

1978年12月,党的十一届三中全会提出:"所有的企业、学校、研究单位都要对工作进行评比和考核,要有学术职称、技术职称和荣誉称号。要根据工作成绩的大小、好坏,有赏有罚,有升有降。而且,这种赏罚、升降必须同物质利益联系起来。"

1979年1月,卫生部向国务院提出了《关于颁发〈卫生技术人员职称及晋升条例(试行)〉的请示报告》,②国务院批准卫生部颁发了《卫生技术人员职称及晋升条例(试行)》,随后又在保留原有五个学术、技术职称的同时,增加了业务职称。同年12月,国务院科技干部局印发了《关于做好科技干部职称评定工作的通知》,提出"技术职称是衡量科技人员的技术工作成就、技术水平和业务能力的标志;评定不应限制年限和晋升比例"。

1982年2月,教育部印发《关于当前执行〈关于高等学校教师职务名称及确定与提升办法的暂行规定〉的实施意见》。1983年,先后建立了高教、卫生等22个职称系列,初步确立了专技人员的职务等级体系。

---

① 董志超:《新中国职称制度的历史追溯》,《人民论坛》2011年第7期。
② 按条例规定,卫生技术人员分4类,具体的职称分别为:(1)医疗防疫人员(含中医、西医、卫师职生防疫、寄生虫、地方病防治、工业卫生、妇幼保健等)的技术职称为:主任医师、副主任医师、主治(主管)医师、医师(住院医师)、医士(助产士)、卫生防疫员(妇幼保健员),共分6级。(2)药剂人员(含中药、西药)的技术职称为:主任药师、副主任药师、主管药师、药师、药剂士、药剂员,共分6级。(3)护理人员的技术职称为:主任护师、副主任护师、主管护师(1981年9月增设)、护师、护士、护理员,共分6级。(4)其他技术人员(含检验、理疗、病理、口腔、同位素、放射、营养、心脑电图的生物制品生产等)的技术职称为:主任技师、副主任技师、主管技师、技师、技士、见习员,共分6级。

文物、博物馆工作科学研究人员的学术职称定为研究员、副研究员、助理研究员、研究实习员。[①] 工程技术干部的技术职称定为高级工程师、工程师、助理工程师、技术员、技师5级。[②] 中等专业学校教师职务名称定为副教授、讲师、助教、实习教员4级。[③] 农业技术干部的技术职称定为高级农艺师、农艺师、助理农艺师、农业技术员。统计干部技术职称定为高级统计师、统计师、助理统计师、统计员。[④]

科技管理干部根据所在单位的专业性质，分别采用工程技术农业技术、科学研究教学、卫生技术系列的技术职称。[⑤] 科学技术情报干部的技术职称定为研究员、副研究员、助理研究员、研究实习员。[⑥] 社会科学研究人员的学术职称定为研究员、副研究员、助理研究员、研究实习员。[⑦] 编辑干部的业务职称定为编审、副编审、编辑、助理编辑。[⑧] 外语翻译干部的业务职称定为译审、副译审、翻译、助理翻译。[⑨] 经济专业干部的业务职称定为高级经济师、经济师、助理经济师、经济员。[⑩] 新闻记者的业

[①] 参见1979年11月，经国务院批准，国家文物事业管理局下发《文物、博物馆工作科学研究术人员定职升职试行办法》。

[②] 参见1979年12月，国务院同意并批转的国家科委、国家经委、国务院科技干部局《关于颁发印〈工程技术干部技术职称暂行规定〉的请示报法告》和《工程技术干部技术职称暂行规定》。

[③] 参见1980年2月，教育部印发《关于中等专业学校确定与提升教师职务名称的暂行规定》的通知。

[④] 参见1980年5月，国务院批发的国家农委、农业部、农垦部、国务院科技干部局制定的《农业技术干部技术职称暂行规定》。1980年5月，国务院批转国家统计局制定的《统计干部技术职称暂行规定》。

[⑤] 参见1980年8月，国务院科技干部局发出《关于确定和晋升科技管理干部技术职称的意见》。

[⑥] 参见1980年10月，国务院科技干部局发出《关于科学技术情报干部技术职称考核评定标准（试行）》。

[⑦] 1982年2月，国家人事局确定暂用中国社会科学院制定的并已在该院所属系统执行的《中国社会科学院研究人员学术职称暂行规定》作为全国社会科学研究人员职称评定的标准。

[⑧] 参见1980年11月，国务院同意并批转的国家出版事业管理局、国家人事局制定的《编辑干部业务职称暂行规定》。

[⑨] 参见1980年11月，国务院同意并批转国家人事局制定的《外语翻译干部业务职称暂行规定》。

[⑩] 参见1980年12月，国务院同意并批转国家人事局、国家经济委员会、国务院财贸小组制定的《经济专业干部业务职称暂行规定》。

务职称定为特级记者、高级记者、记者、助理记者。①

图书、档案、资料专业干部的业务职称定为研究馆员、副研究馆员、馆员、助理馆员、管理员5级。② 会计干部的技术职称定为高级会计师、会计师、助理会计师、会计员。③ 技校文化、理论课教师的职称，定为副教授、讲师、教员、实习教员4级。生产实习课指导师的职称，一般为技术员、助理工程师、工程师、技师。④ 体育教练员的技术职称定为国家级教练员，高级教练员、一级教练员、二级教练员、三级教练员。⑤ 播音员的业务职称为特级播音员、高级播音员、一级播音员、二级播音员、三级播音员。⑥ 工艺美术干部业务职称定为高级工艺美术师、工艺美术师、助理工艺美术师、工艺美术员、工艺美术技师。⑦ 海关干部的业务职称定为高级关务师、关务师、助理关务师、关务员。⑧

可见，在改革开放初期恢复职称制度的实践中，仍然沿用了20世纪60年代的工作思路，即将职称从职务转化为学衔或学术称号。但由于职称与工资、政治与生活待遇挂钩，既带有学术称号性质，又带有职务因素。因此，随着职称制度的恢复，事业单位专技人员的职务等级体系逐步确立。

（二）事业单位职务等级的建立

1985年工资制度改革制定了各级行政人员和专业技术人员的职务名称系列，以及各个职务的职责范围、人员结构比例和人数限额。

---

① 参见1980年12月，国务院同意并批转国家人事局制定的《新闻记者业务职称暂行规定》。

② 参见1981年1月，国务院同意文化部、国家档案局、国家人事局制定的《图书、档案、资料专业干部业务职称暂行规定》。

③ 参见1981年3月，国务院同意财政部、国家人事局制定的《会计干部技术职称暂行规定》。

④ 参见1981年5月，国家劳动总局、国务院科技干部局印发《关于贯彻执行〈国务院关于技工学校教师职称问题的批复〉的意见（试行）》。

⑤ 参见1981年10月，国务院同意的国家体委、国家人事局制定《体育教练员技术职称暂行规定》。

⑥ 参见1982年4月，中央广播事业局、国家人事局颁发《播音员业务职称暂行规定》。

⑦ 参见1983年1月，国务院同意并批转的劳动人事部制定的《工艺美术干部业务职称暂行规定》。

⑧ 参见1983年4月，海关总署、劳动人事部发出《海关专业干部业务职称暂行规定》。

（三）行政管理人员职务等级设置

1985年6月，中共中央、国务院颁发了《国家机关和事业单位工作人员工资制度改革问题的通知》，附发了《国家机关和事业单位工作人员工资制度改革方案》。

此次改革将行政管理人员从办事员到部长共分为10个等级，事业单位在1—10级均可以与行政机关工作人员的行政级别一一对应。可见，这一阶段事业单位行政管理人员与行政机关人员的行政级别是相统一的，即事业单位采取与行政机关相同的岗位等级体系来对其行政管理人员进行人事管理。

（四）专业技术人员职务等级设置

1986年2月，国务院发布《关于实行专业技术职务聘任制度的规定》，再次强调"专业技术职务可以设高、中、初三级，也可以只设中、初两级或只设初级。专业技术职务的数量在国家规定的编制范围内有一定的限额，不同类别的单位和专业技术职务在不同档次之间应各有合理的结构比例"。这表明事业单位的专业技术人员开始以职务等级作为岗位等级。

1986年至1988年，各行业主管部门陆续设置了新闻专业人员、高等学校教师、自然科学研究人员、广播电视播音人员、农业技术人员、卫生技术人员、文博专业人员、出版专业人员、海关专业人员、翻译专业人员、统计专业人员、艺术专业人员、图书资料专业人员、技工学校教师、工艺美术专业人员、会计专业人员、社会科学研究人员、经济专业人员、工程技术人员、中等专业学校教师、小学教师、中学教师、实验技术人员、律师、公证员、民用航空飞行技术人员、船舶技术人员、公证员等29个职称系列，各系列根据情况分设高、中、初级职务等级。

将新闻专业人员职务设为高级2级（高级记者、主任记者；高级编辑、主任编辑）、中级（记者；编辑），初级（助理记者；助理编辑）。[①]将高等学校教师职务设为高级2级（教授、副教授）、中级（讲师）、初

[①] 参见1986年2月25日，全国新闻职称改革领导小组颁发《新闻专业人员职务试行条例》。

级(助教)。① 将自然科学研究人员职务设为高级2级(研究员、副研究员)、中级(助理研究员)、初级(实习研究员)。②

将广播电视播音人员职务设为高级2级(播音指导、主任播音员)、中级(一级播音员)、初级(二级播音员、三级播音员)。③ 将农业技术人员职务设为高级(农业技术推广研究员;高级农艺师;高级畜牧师;高级兽医师)、中级(农艺师;畜牧师;兽医师),初级2级(助理农艺师、农业技术员;助理畜牧师、畜牧技术员;助理兽医师、兽医技术员)。④

将卫生技术人员职务设为高级2级(主任医师、副主任医师;主任药师、副主任药师;主任护师、副主任护师;主任技师、副主任技师)、中级(主治医师、主管药师、主管护师、主管技师)、初级2级(医师、医士;药师、药士;护师、护士;技师、技士)。⑤

将档案专业人员职务设为高级2级(研究馆员、副研究馆员),中级(馆员)、初级2级(助理馆员、管理员)。⑥ 将文博专业人员职务设为高级2级(研究馆员、副研究馆员)、中级(馆员)、初级2级(助理馆员、管理员)。⑦ 将出版专业人员职务设为高级2级(编审、副编审)、中级(编辑;技术编辑;一级校对),初级1级或2级(助理编辑;助理技术编辑、技术设计员;二级校对、三级校对)。⑧ 将海关专业人员职务设为高级(高级关务监督)、中级(关务监督)、初级2级(助理关务监督、关务员)。⑨ 将翻译专业人员职务设为高级2级(译审、副译审)、中级(翻译)、初级(助理翻译)。⑩ 将统计专业人员职务设为高级(高级统计

---

① 参见国家教育委员会颁发《高等学校教师职务试行条例》。
② 参见1986年3月10日,中国科学院颁发《自然科学研究人员职务试行条例》。
③ 参见1986年3月12日,广播电影电视部颁发《广播电视播音专业职务试行条例》。
④ 参见1986年3月14日,农牧渔业部颁发《农业技术人员技术职务试行条例》。
⑤ 参见1986年3月15日,卫生部颁发《卫生技术人员职务试行条例》。
⑥ 参见1986年3月28日,国家档案局颁发《档案专业人员职务试行条例》。
⑦ 参见1986年3月30日,文化部颁发《文物博物专业职务试行条例》。
⑧ 参见1986年3月30日,文化部颁发《出版专业人员职务试行条例》。
⑨ 参见1986年3月26日,海关总署颁发《海关专业职务试行条例》。
⑩ 参见1986年3月31日,外交部颁发《翻译专业职务试行条例》。

师)、中级(统计师)、初级(助理统计师、统计员)。①

将艺术专业人员职务设为高级2级(一级编剧、二级编剧;一级作曲、二级作曲;一级导演、二级导演;一级演员、二级演员;一级演奏员、二级演奏员;一级指挥、二级指挥;一级美术师、二级美术师;一级舞美设计师、二级舞美设计师)、中级(三级编剧;三级作曲;三级导演;三级演员;三级演奏员;三级指挥;三级美术师;三级舞美设计师)、初级(四级编剧;四级作曲;四级导演;四级演员;四级演奏员;四级指挥;四级美术师;四级舞美设计师)。②

将图书、资料专业人员职务设为高级2级(研究馆员、副研究馆员)、中级(馆员)、初级2级(助理馆员、管理员)。③ 将技工学校教师职务设为高级(高级讲师;高级实习指导教师)、中级(讲师;一级实习指导教师)、初级2级(助理讲师、教员;二级实习指导教师、三级实习指导教师)。④ 将体育教练员职务设为高级2级(国家级教练、高级教练)、中级(教练)、初级(助理教练)。⑤ 将工艺美术专业人员职务设为高级(高级工艺美术师)、中级(工艺美术师)、初级2级(助理工艺美术师、工艺美术员)。⑥

将会计专业人员职务设为高级(高级会计师)、中级(会计师)、初级2级(助理会计师、会计员)。⑦ 将社会科学研究人员职务设为高级(研究员、副研究员)、中级(助理研究员)、初级(实习研究员)。⑧ 将经济专业人员职务设为高级(高级经济师;高级国际商务师)、中级(经济师;国际商务师)、初级(助理经济师、经济员;助理国际商务师、经济员)。⑨ 将工程技术人员职务设为高级(高级工程师)、中级(工程

---

① 参见1986年4月1日,国家统计局颁发《统计专业职务试行条例》。
② 参见1986年4月1日,文化部颁发《艺术专业职务(艺术等级)试行条例》。
③ 参见1986年4月2日,文化部颁发《图书资料专业职务试行条例》。
④ 参见1986年4月2日,劳动人事部颁发《技工学校教师职务试行条例》。
⑤ 参见1986年4月2日,国家体育委员会颁发《教练员专业技术职务试行条例》。
⑥ 参见1986年4月2日,轻工业部颁发《工艺美术专业职务试行条例》。
⑦ 参见1986年4月10日,财政部颁发《会计专业职务试行条例》。
⑧ 参见1986年4月10日,中国社会科学院颁发《中国社会科学院研究人员职务试行条例》。
⑨ 参见1986年4月11日,国家经济委员会颁发《经济专业人员职务试行条例》。

师)、初级2级（助理工程师、技术员）。①

将中等专业学校教师职务设为高级（高级讲师）、中级（讲师）、初级2级（助理讲师、教员）。② 将小学教师职务设为中级（小学高级教师）、初级（小学一级教师、小学二级教师、小学三级教师）。③ 将中学教师职务设为高级（中学高级讲师）、中级（中学一级教师）、初级2级（中学二级教师、中学三级教师）。④ 将实验技术人员职务设为高级（高级实验师）、中级（实验师）、初级2级（助理实验师、实验员）。⑤

将律师职务设为高级2级（一级律师、二级律师）、中级（三级律师）、初级（四级律师、律师助理）。⑥ 将公证员职务设为高级2级（一级公证员、二级公证员）、中级（三级公证员）、初级2级（四级公证员、公证员助理）。⑦

将民用航空飞行技术人员职务设为高级（一级飞行员；一级领航员；一级飞行通讯员；一级飞行机械员）、中级（二级飞行员；二级领航员；二级飞行通讯员；二级飞行机械员）、初级2级（三级飞行员、四级飞行员；三级领航员、四级领航员；三级飞行通讯员、四级飞行通讯员；三级飞行机械员、四级飞行机械员）。⑧ 将船舶技术人员职务设为（高级船长；高级轮机长；高级电机员；高级报务员）、中级（船长、大副；轮机长、大管轮；通用电机员、一等电机员；通用报务员、一等报务员）、初级（二副、三副；二管轮、三管轮；二等电机员；二等报务员、限用报务员）。⑨

---

① 参见1986年4月21日，国家经济委员会颁发《工程技术人员职务试行条例》。
② 参见1986年5月17日，国家教育委员会颁发《中等专业学校教师职务试行条例》。
③ 参见1986年5月19日，国家教育委员会颁发《小学教师职务试行条例》。
④ 参见1986年5月19日，国家教育委员会颁发《中学教师职务试行条例》。
⑤ 参见1986年5月29日，中国科学院、国家教育委员会颁发《实验技术人员职务试行条例》。
⑥ 参见1987年10月22日，司法部颁发《律师职务试行条例》。
⑦ 参见1988年3月1日，司法部颁发《公证员职务试行条例》。
⑧ 参见1988年3月29日，中国民用航空局颁发《民用航空飞行技术人员职务试行条例》。
⑨ 参见1988年3月29日，交通部颁发《船舶技术人员职务试行条例》。

四 构建事业单位人员选拔任用方式

随着在干部选拔任用中逐步实行民主评议等制度,各事业单位亦开始执行。同时明确了专业技术职务的聘用方式是聘任制。部分事业单位尝试对内部的部分干部实行聘用制,开启了事业单位聘用制改革的探索。

(一) 试行民主评议制度

1986年,经中央批准,中央组织部发出了中央《关于严格按照党的原则选拔任用干部的通知》《关于调整不胜任现职领导干部职务几个问题的通知》,提出在选拔任用领导干部时,需广泛听取意见,探索民主推荐、民意测验和民主评议等制度,初步建立干部能上能下的制度。

其中,选拔任用各级领导干部,都应先在本人所在单位干部和群众中进行民意测验或民主推荐,或者由上级派人下去广泛听取群众意见。推荐人选,应在充分酝酿的基础上,放手让群众提名;群众推荐,一般宜采取无记名投票方式。上级党组织应着重从政策上、方法上给予指导。在正常情况下,要充分尊重多数群众的意见,得不到所在单位或地区多数人拥护的,一般不宜列为提拔对象。实行群众推荐,也要防止简单地以票取人。严禁利用民主推荐、民意测验拉选票,搞非组织活动。

党委讨论时,应有2/3以上成员到会,决议才能有效。主持会议的同志必须充分发扬民主,每个成员都要认真负责地发表意见,最后按少数服从多数的原则形成决议。在干部问题上,不准个人说了算。党委成员个人对集体决议有不同意见,可以保留,或向上级反映,但无权修改或否决。在讨论中,如果原拟人选被否定,应按照规定的程序重新提出人选,不能由个别成员临时动议,仓促作出任命决定。

(二) 实行专业技术职务聘任制

专业技术职务聘任制首先由教育系统提出建立。专业技术职务聘任制度的正式提出,见于1986年1月中共中央、国务院转发中央职称改革领导小组《关于改革职称评定、实行专业技术职务聘任制度的报告》。1986年2月,国务院发布《关于实行专业技术职务聘任制度的规定》明确了专业技术职务的聘用方式是聘任制,同时对专业技术职务的聘任环节进行了规定。

《关于实行专业技术职务聘任制度的规定》首先明确了事业单位的专

业技术职务一般实行聘任制。事业单位的各级专业技术职务，由行政领导在经过评审委员会评定的符合相应任职条件的专业技术人员中聘任。行政领导应向被聘任的专业技术人员颁发聘书，双方签订聘约。

三线、边远地区和不具备聘任条件的事业单位可以实行任命制，但应创造条件逐步实行聘任制。各级国家机关的专业技术职务实行任命制。实行任命制的部门和单位应按干部管理权限，由行政领导向被任命的专业技术人员颁发任命书。实行任命制的部门和单位的各级专业技术人员也须经过评审委员会评审，符合相应任职条件。

聘任专业技术职务，要严格掌握思想政治标准，坚持德才兼备的原则，实行择优聘任和竞争聘任，不搞论资排辈。要有明确的聘任期限。聘期一般为1—3年，每一任期一般不超过5年。也可与一个重大项目（一项课题）的周期相同。在聘期内或聘任期满，经严格考核不能履行岗位职责，不能完成岗位任期目标的人员，应解除聘约，按本人条件和工作需要另行聘任适当职务，享受新任职务的工资待遇。对解聘、低聘的人员，可按其晋升专业技术职务所增加的工资至少降低一级的办法处理。

聘任或任命单位对受聘或被任命的专业技术人员的业务水平、工作态度和成绩，应进行定期或不定期的考核。考核成绩记入考绩档案，作为提职、调薪、奖惩和能否续聘或任命的依据。

各地区、各部门应重新组建评审委员会，评委会应由包括中、青年专家在内的具有本专业较高专业技术水平的专家组成。中、初级评审委员会由上级人事（职改）部门批准。高级评审委员会由省、部级人事（职改）部门批准组建，报人事部备案。一些国务院部门设在地方的直属单位不具备组建某些系列评委会条件的，不能自行组建，可以委托当地的有关评委会统一组织评审。评委会的评审工作每年举行一次。评委会成员应遵守职业道德，办事公道。在评审评委本人或其亲属专业技术职务时，实行回避制度。要改进评审方法，实行考试（含答辩）、考核、评审相结合，对不同系列、不同层次各有侧重的办法，客观公正地测定申报人的任职条件和履行职责的能力、水平，具体内容和方式由各地区、各部门确定。评审结果应报相应的人事（职改）部门审批备案。

行政领导一般不兼任专业技术职务。确需兼任的，必须经评审委员会确认符合相应职务任职条件，履行相应的职责，占用本单位的专业技术职务数额，并按规定的手续聘任。兼任高级专业技术职务的报省、部级人事（职改）部门批准，兼任中级专业技术职务的报地、市级人事（职改）部门批准，并按规定的程序评聘。专业技术人员兼任行政领导职务的，任职期间的工资待遇，在专业技术职务工资和行政职务工资中，按较高的职务工资标准执行。

对于过去已获得职称的人员，原则上应承认他们具备担任相应专业技术职务的条件。在专业技术岗位上的合格人员，要给予妥善安排，根据需要聘任他们担任相应的专业技术职务，其中水平偏低的，应帮助其尽快提高水平；完全不合格的，不能承认其具备担任相应专业技术职务的条件；对个别弄虚作假骗取职称的，应严肃处理。

高等学校应在主管部门核定的岗位职务数额内评聘教师职务。因自然减员、人员调动、解聘等出现岗位空缺时，学位可以根据工作需要进行补缺聘任。由于事业发展及破格评聘优秀中青年拔尖人才等原因或其他特殊原因，需要增设教师职务岗位及因此所需的增资指标，须由学校主管部门报省、部级人事（职改）部门批准。

高等学校可以试行缓聘、低聘、解聘教师，教师也可受聘和不应聘。凡取得任职资格后应聘的教师的职务工资，一律从聘任的下月起，分别按有关工资的规定和标准计发。教师聘任期届满，经聘任双方协商，可以续聘或延长聘任期限。聘任双方无正当理由，不得中止聘任关系。解聘或中止聘任一方应当提前以书面形式通知对方。聘期届满，经考核不合格未被聘任的，其因晋升职务增加的工资至少下调一级。

（三）探索聘用制干部管理

20世纪90年代，一些部门尝试在直属事业单位的部分干部中实行聘用制，开启了事业单位聘用制改革的探索。例如，1992年，新闻出版署发布《直属事业单位聘用制干部管理暂行规定》（以下简称《暂行规定》），对聘用制干部管理提出具体要求。

1. 聘用制干部的人员范围

《暂行规定》提出了聘用制干部的人员范围：各直属事业单位从工人（包括合同制工人）中聘用到干部岗位上任职工作的人员。聘用制干部与所在单位录用干部在工作、学习、获得政治荣誉、物质奖励，以及晋职升级、评定职称等方面享有同等的权利。

2. 聘用制干部的条件

《暂行规定》提出聘用制干部应具备以下条件：（1）坚持"一个中心、两个基本点"的基本路线，拥护党的方针、政策；思想品德端正，遵纪守法、廉洁奉公，事业心强。（2）从工人当中聘用干部，一般应具有大专以上文化程度，并要具有拟聘职务要求的基本知识和工作能力。（3）聘用非在职人员，先按照国家有关规定，办理招用合同制工人手续，再按聘用干部的程序进行聘用。聘用期满不再续聘后，可安排工人工作。（4）首次聘用的年龄一般在35岁以下。特殊需要的，经过批准，年龄可适当放宽。（5）身体健康。

3. 聘用制干部的聘用

聘用制干部聘用期一般为3—5年（包括试用期）。聘用期满如工作需要，经考核合格可以续聘。

首次聘用和续聘，用人单位与被聘用人员必须签订《聘用合同》。聘用合同要明确规定双方的责任、义务和权利。聘用合同一经签订，即有法律效力，双方应严格遵守。聘用合同的内容要符合党和国家有关法规、政策，以及中央组织部、人事部关于干部人事工作的有关规定。

聘用制干部在聘期内不履行合同，或违法乱纪和失职、渎职情况严重的，用人单位可解除或终止聘用合同。聘用制干部在聘期内受开除、劳教以及判刑处理的，其合同自行解除。聘期未满以及妇女在孕期、产期、哺乳期、符合国家有关规定条件的，用人单位不得解除或终止聘用合同。

聘用制干部按国家规定考入普通高等学校、应征入伍或招考、选调到国家机关工作的，可以解除或终止聘用合同。用人单位与被聘用人员一方要求解除或终止聘用合同，须提前两个月通知对方。并在不损害双方权益情况下，对履行合同的善后事宜做出妥善处理。

五 细化事业单位人员的任职条件

随着干部"四化"方针的确立，确立了事业单位干部队伍建设的基本准则，同时又针对事业单位特点细化了相关任职条件的设置，同时对专业技术职务的基本任职条件以及各行业的具体任职条件进行了初步设计。

(一) 事业单位干部队伍"四化"方针

1981年6月,中共中央召开的六中全会上形成了完整的干部队伍"四化"方针,即"在坚持革命化的前提下,逐步实现各级领导人员的年轻化、知识化和专业化"。从1983年到1985年还集中力量对高等院校和科研院所的领导班子进行了调整,干部"四化"的情况也有很大改进。

1985年,中央组织部《关于领导班子年轻化几个问题的通知》提出选拔中青年干部最主要的政治标准为"一定要把能够坚持四项基本原则,能够为人民造福,为发展生产力、为社会主义事业积极做贡献"。

该《通知》提出领导班子的年轻化建设,还要同知识化、专业化结合起来进行,以利于形成和完善同所负职责相称的整体智能结构,对社会主义现代化建设和各项改革实行更有效的领导。选拔中青年干部一定要看准选好,坚持从经过实践锻炼和考验、确有发展潜力的优秀分子中,物色那些德才条件符合拟任职务要求的对象。既要看他们是否具备必要的知识水平,更要看他们有没有解决实际问题的相应能力和组织领导才能。

该《通知》同时对在认识上和执行上的某些片面做法进行纠正。年轻化、知识化和革命化不应同革命化割裂和对立;年轻化不能机械地规定为若干"死杠杠",超过杠杠的就不得担任某一级职务;知识化不能简单地搞成只看学历、文凭,不考察其真实水平;把专业化搞成只看有无专业技术职称或职称的高低,而不考察所学专业与领导班子应具有的专业结构是否相适应。[1]

该通知又对教育、科技、卫生等专业技术性较强的部门和单位提出了具体要求。即领导班子建设同样必须贯彻年轻化的方针,但应从专业特点和实际情况出发,不能照套对党政领导班子和企业领导班子的要求。凡胜任工作,不到退休年龄的校、院、所长,可以继续任职。个别成绩突出,经验丰富,社会声望高,身体健康,工作需要的,经批准可适当延长任职年限。

---

[1] 张志坚、苏玉堂:《当代中国的人事管理》(上册),当代中国出版社1994年版,第286页。

(二) 事业单位专业技术职务的任职条件

国务院发布的《关于实行专业技术职务聘任制度的规定》以及人事部发布的《企事业单位评聘专业技术职务若干问题暂行规定》，对当时专业技术职务的基本任职条件进行了规定。

专业技术职务的基本任职条件包括：(1) 热爱祖国，遵守宪法和法律，积极为我国四化建设贡献自己的力量。(2) 具备履行相应职责的实际工作能力和业务知识。(3) 担任高级、中级、初级专业技术职务一般应相应具备大学本科、大专、中专毕业的学历。各专业技术职务系列可以根据各自的特点，提出各级职务的不同学历要求。对虽然不具备上述规定学历，但确有真才实学、成绩显著、贡献突出、符合任职条件的专业技术人员，也可根据需要聘任相应的专业技术职务。(4) 身体健康，能坚持正常工作。

评聘专业技术职务的基本任职条件为专业技术职务试行条例所规定的能力、业绩、资历、本专业（或相近专业）学历和相应的外语水平。其中，对于学历有明确要求，即应具备国家教委承认的本专业（或相近专业）的学历，各种培训班颁发的结业证书或专业证书不再作为评聘专业技术职务的学历依据。各地区、各部门要清理检查首次评聘工作中制定下发的文件，对于不符合专业技术职务试行条例的规定和扩大范围、放宽条件、降低标准的有关文件（含实施意见或细则），一律停止执行。

评聘专业技术职务应注重工作实绩，积极为优秀中青年人才脱颖而出创造条件，不搞论资排辈，不拘一格选拔人才。对不具备专业技术职务试行条例规定的学历、资历条件，但确有真才实学、成绩显著、贡献突出的，可根据具体情况和工作需要破格评聘专业技术职务。具体破格条件由各地区、各部门提出，报人事部审核。

此外，各行业事业单位会根据自身情况设置不同的任职资格条件。

例如，对于高校教师的任职资格，1991年，国家教育委员会、人事部发布的《关于高等学校继续做好教师职务评聘工作的意见》规定：理工科院校要鼓励教师参加生产实践，为国民经济建设服务；农林院校要强调教师为我国农林科学技术的发展和推广农林科技成果服务；师范院校要强调教师进行教育教学工作的科学性、艺术性、示范性，教书育人和教学法研究（包括中小学教学法方面）；医学院校要鼓励教师参加医疗卫生实践；而文科的教师要看能否坚持学科领域的马克思主义方向，参加社会实践，理论联系实际，为两个文明建设服务并产生良好的社会效益。专科院校应重在专业实践能力和生产技术应用上。

再如，1991 年，国家教委发布《全国中小学校长任职条件和岗位要求（试行）》，明确规定了中小学校长任职的基本条件，并从基本政治素养、岗位知识要求和岗位能力要求三大方面，对校长的岗位要求作出了规定。

乡（镇）完全小学以上的小学校长应有不低于中师毕业的文化程度，初级中学校长应有不低于大专毕业的文化程度，完全中学、高级中学校长应有不低于大学本科毕业的文化程度；中小学校长应分别具有中学一级、小学高级以上的教师职务；都应有从事相当年限教育教学工作的经历；都应接受岗位培训，并获得"岗位培训合格证书"。其中，把坚定正确的政治方向放在首位，岗位知识不仅要具备相应的政治理论、国情知识，还应具有教育政策法规知识、学校管理知识、教育学科知识以及其他相关知识。

在中小学校长岗位能力方面，也提出了一定的要求：能根据党和国家的有关方针、政策、法规，制定学校发展规划和工作计划。善于做教职工和学生的思想政治工作及开展品德教育。能从实际出发，采取有效措施，促进学生全面发展。具有听课、评课及指导教学、教研、课外活动等工作的能力。具有指导教师提高业务水平和改进教学的能力。善于发挥群众团体的作用。能协调好学校内外各方面的关系，发挥社会、家长对搞好学校工作的积极作用。能以育人为中心，研究学校教育的新情况、新问题，并从实际出发，开展教育教学实验活动，总结经验，不断提高教育教学质量。有一定文字能力，能起草学校工作报告、计划、总结等。会讲普通话。具有较好的口头表达能力。

第三节 事业单位人员选拔任用制度改革的深化（1992—2000 年）

随着事业单位分类管理体制的建立，相关部门开始建立健全符合事业单位特点的人事管理办法。随着事业单位自主权进一步下放，事业单位自主招聘工作人员成为改革的主要共识和做法。同时逐步取消事业单位的行政级别的提出，使得事业单位开始尝试建立不同于行政级别的职员职务序列。

一 事业单位人员选拔任用体制的改革

党的十四大之后，按照分类管理的精神，事业单位人员选拔任用制度改革得以展开。虽然提出了取消事业单位行政级别的改革诉求，但对于事业单位人员的行政级别设定并没有发生实质性改变。随着职称评审权的下放，进一步加大事业单位的选拔任用自主权。

（一）建立分类管理体制

党的十四大报告提出，要加快人事劳动制度改革，逐步建立健全符合机关、企业和事业单位不同特点的科学的分类管理体制和有效的激励机制。

根据党的十四大精神，1995年11月，人事部召开全国事业单位机构和人事制度改革工作会议，提出了"脱钩、分类、放权、搞活"的事业单位人事制度改革的基本思想。

"脱钩"，就是要改变用管理党政干部的模式管理事业单位工作人员的办法，逐步使事业单位的人事制度与党政机关的人事管理制度脱钩。

"分类"是对不同类型的事业单位实行不同的人事管理办法。对管理人员建立职员制度，对专业技术人员实行技术职务聘任制度，对工勤人员实行以技术等级考核为主要内容的管理制度。

"放权"就是在国家的宏观管理下，赋予不同类型事业单位相应的人事管理自主权：对自收自支并实行企业化管理的事业单位，赋予类似企业的人事管理自主权；对经费主要靠国家财政拨款的事业单位，除人员编制、领导职数、工资总额和技术职务外，其他内部人事管理权，原则上应下放给事业单位；对介于两者之间的事业单位，其人事管理权限可适当放宽。

"搞活"就是要逐步引入竞争激励机制，逐步推进聘用制度，完善工资制度，建立社会保障制度，做到在什么岗位，享受什么待遇，实现人员能进能出，职务能上能下，待遇能高能低。

1996年，《中央机构编制委员会关于事业单位机构改革若干问题的意见》提出事业单位改革的基本思路是确立科学化的总体布局，坚持社会化的发展方向，推行多样化的分类管理，实行制度化的总量控制。

该文件提出，要根据事业单位的不同情况，分类进行改革。积极发展既为社会主义市场经济所急需，又在经费上实行自收自支或企业化管理的事业单位。此类事业单位在财务上要与党政机关脱钩，其工作人员不能由国家公务员或党的机关工作者兼任。按有关政策靠行政性收费的事业单位，要实行收支两条线，其编制要从严控制。

同时，要撤并压缩不适应国民经济和社会发展需要的事业单位。对因部门所有、条块分割而人为重复设置的事业单位，要根据不同情况，分别予以合并撤销；对设置过于零散、规模过小、服务对象单一的事业单位，要适当加以合并，提高其规模效益；对任务严重不足，或长期不出成果，社会效益差的事业单位，要进行规模、建制方面的压缩或予以撤销。

推进有条件的全额拨款的事业单位按照有关规定开展有偿服务，逐步向差额补贴过渡；差额补贴的事业单位，要进一步创造条件，向自收自支或企业化管理过渡。对主要从事生产经营活动，性质应为企业，但现在作为事业单位管理的单位，原则上应改为企业；一些现在实行企业化管理，可以主要由市场引导资源配置的应用技术开发单位等，也可以并入企业或改办为科技先导型企业。

(二) 取消事业单位行政级别

1995年11月，在全国事业单位机构和人事制度改革工作会议上，提出了要将实行政事分开，逐步取消事业单位行政级别作为事业单位改革的主要目标。

从1996年到2000年，国家不断出台取消事业单位行政级别的意见，但其实并没有要求取消人员的行政级别，只是要求取消事业单位作为机构的行政级别。

《中央机构编制委员会关于事业单位机构改革若干问题的意见》进一步指出，要研究建立符合事业单位自身特点的等级规格，逐步取消事业单位机构的行政级别。要根据事业单位的性质、规模、地位作用、社会效益、经济效益等综合指标，着手研究建立既体现事业单位特点，又不同于行政机构级别的事业单位等级规格，并实现事业单位等级规格的动态管理。这实际上要求取消的是事业单位作为机构的行政级别。

再如，《关于加快推进事业单位人事制度改革的意见》提出"不再参照使用党政机关工作人员的办法，来对事业单位人员开展人事管理，逐步取消事业单位的行政级别，不再按行政级别确定事业单位人员的待遇"。根据这个文件精神，事业单位仍然没有取消与行政级别的对应，只是不再按照行政级别确定人员的待遇，实质上也并没有提出要取消事业单位人员的行政级别。

因此，这个阶段虽然尝试在事业单位建立不同于行政机关的管理岗位等级体系，但仍然没有脱离行政级别的实质影响。即事业单位人员的行政级别并未被取消，现有的岗位等级仍然与行政级别间存在对应关系。

（三）下放职称评审权

1994 年 3 月，国家教委、人事部下发了《关于进一步做好授予高等学校教授、副教授任职资格评审权工作的通知》，1986 年和 1988 年，先后两批下放高等学校教授、副教授任职资格评审权的基础上，进一步下放了一批教授、副教授的评审权。

授予副教授任职资格评审权的学校必须具备的条件：

（1）学校领导班子健全，办学指导思想端正，团结协调好，能正确执行党的路线、方针、政策。

（2）具有学术水平较高、结构合理的教师队伍，主要学科均有以一定数量学术造诣较深的教授、副教授为骨干的学术梯队。

（3）经国家批准主要培养本科合格人才 10 届以上，教学梯队健全，教学质量较高。

（4）具有博士学位授予权和若干硕士学位授予权学科专业点；或综合、理工、农业、师范院校具有 10 个以上硕士学位授予权学科专业点，医学院具有 15 个以上硕士学位授予权学科专业点，其他院校具有 5 个以上硕士学位授予权专业点（体育、艺术等特殊科类学校，经国家教委同意可酌情放宽要求），并培养过两届以上合格的硕士毕业生。

（5）主要学科已具备较好的科研工作基础，承担过国家级、省（部）级科研项目或其他具有重大经济、社会效益的科研项目，并获得过省部级以上奖励。

（6）师资、教学和科研工作管理制度健全，教师职务岗位设置合理，职务结构比例已经上级核定，建立健全了教师考核制度和职务评聘的实施办法，在教师职务聘任工作中能严格执行国家职称改革政策，坚持评审标准，保证评审质量。

（7）学校组建的副教授职务任职资格评审委员会及其下设的学科（一般指国务院学位委员会颁布的研究生专业分类目录中的一级学科，单科性或特殊科类学校可按二级学科，下同）评议组符合国家有关文件规定。评审委员会由在职教授、副教授和有教授、副教授职务的学校党政负责人组成，其中教授不得少于2/3；学科评议组全部由在职教授、副教授组成，其中教授不得少于1/2。

授予教授任职资格评审权的学校必须取得副教授任职资格评审权5年以上，在教师职务任职资格评审工作中能正确行使权力；有一定数量的博士学位授予权的学科专业点，并在培养博士研究生，接受国内外访问学者，科学研究工作和培训高校师资方面成绩显著，在国内有较大影响；教授职务任职资格评审委员会由在职教授和有教授职务的学校党委主要负责人组成，学科评议组都应由在职教授组成。

二 建立更具竞争性的选拔任用方式

这一时期，我国开始在事业单位内部建立更具竞争性的选拔任用方式。1995年，《党政领导干部选拔任用工作暂行条例》提出要按照公开、平等、竞争、择优的原则选拔领导干部。1998年，《关于党政机关推行竞争上岗的意见》对竞争上岗的指导思想、适用范围、基本条件和资格、程序、方法、组织领导等方面进行了规定，并提出事业单位实施竞争上岗，可参照本意见执行。

竞争上岗的条件包括：（1）职位出现人员空缺；（2）机构调整、重组或现有人员超出职数限额，需要进行人员调整或分流的；（3）按规定进行职位轮换，有必要通过竞争确定有关职位人选的；（4）其他需要实行竞争上岗的。竞争上岗原则上在内部实施。对某些专业性较强，本单位无合适人选的职位，可面向本系统或有关部门以及社会公开选拔。

实施竞争上岗，一般应按照下列程序和方法进行：（1）公布职位。通过一定形式宣传竞争上岗的目的和意义，公布竞争职位、任职条件以及竞争上岗的程序、办法等事项。（2）公开报名。一般由符合竞争上岗条件的人员个人报名，也可采取个人报名、群众举荐、组织推荐相结合的办法报名。(3) 资格审查。按照干部管理权限，依据竞争上岗的条件，由组织人事部门对报名者进行资格审查。(4) 考试。组织资格审查合格者进行考试。考试的内容主要是履行竞争职位职责所必备的基本知识和能力。(5) 演讲答辩。考试成绩合格者，在一定范围内进行演讲，介绍自己工作经历、德才情况和做好竞争职位工作的设想，就有关问题进行答辩。(6) 民主测评。应在一定范围内对考试成绩合格者进行民主测评，充分听取群众意见。得不到多数人拥护的，不能选拔任用。(7) 组织考察。根据竞争人员考试和演讲答辩成绩以及民主测评结果，按考察对象人数多于拟任职务人数的原则，择优确定考察对象并进行考察。考察内容包括干部的德、能、勤、绩。(8) 决定任命。按照干部管理权限，由党委（党组）集体讨论决定干部的任用。其中需报上级备案、审批的干部，按有关规定办理。

一些事业单位开始尝试在本单位内部实行竞争上岗，行业主管部门也制定了相关实施意见。例如，2000年《关于深化高等学校人事制度改革的实施意见》提出要引入竞争机制，坚持走群众路线，继续深化高等学校领导干部选拔、任用制度改革。对不同类型的学校和不同领导职务，分别实行聘任、选任、委任、考任等多种任用形式。努力扩大选人视野，大力拓宽选人渠道，按照公开、平等、竞争、择优的原则，尽可能地在较大范围内选拔担任学校领导职务的合适人选。按照规定程序对各级各类岗位实行公开招聘，平等竞争、择优聘用。

三　探索事业单位职员制

1993年，《事业单位工作人员工资制度改革方案》明确将事业单位管理人员称为职员。事业单位的管理人员可根据自身特点，建立职员职务序列，从而在形式上"取消"了行政级别。这表明事业单位开始正式尝试建立不同于行政级别的管理岗位等级序列。

此次改革将事业单位管理人员分为6个等级，即一级职员、二级职员、三级职员、四级职员、五级职员与六级职员。这一等级设置较1985年而言，减少了4个等级，与当时的机关工作人员的级别（分15级）相比，则少了9个等级。由此可见，此时事业单位行政管理人员的岗位等级设置已经尝试与行政机关工作人员的行政级别脱钩。

从《关于印发机关和事业单位工资制度改革三个实施办法的通知》可以看出管理人员现有的行政级别与职员等级间的对应关系：正、副部级职务对应一级职员职务；正、副局级职务对应二级职员职务；正、副处级职务，对应三级职员职务；正、副科级职务对应四级职员职务；科员对应五级职员职务；办事员对应六级职员职务。

尽管1993年改革并未真正建立脱离行政级别的事业单位管理人员职务等级序列，但职员制这一概念在改革中得到事业单位及其主管部门的接受和支持。在教育部门，职员制还被纳入法律规定，一些行业开始试点职员制。

1995年3月，《教育法》第35条规定，学校及其他教育机构中的管理人员，实行教育职员制度。而1998年8月通过的《高等教育法》，在其第49条亦规定，高等学校的管理人员实行教育职员制度。1999年，《高等学校职员制度暂行规定》第15条规定，教学、科研任务并重的高等学校可以设置二级及其以下职员，由国务院任免校长的高等学校，可设置一级职员。以本科教学为主的高等学校设置二级及其以下职员，高等专科学校只设置三级及其以下职员。

1996年，中国科学院开始对本院管理人员实施科技职员制。科技职员分为3等10级。一等是高级职员，包括现任正副部级、正副局级、正处级干部，分别定为一、二、三、四、五级职员；二等是中级职员，包括副处级、正科级、副科级干部，分别定为六、七、八级职员；三等是初级职员，为科员和办事员，分别定为九、十级职员。但这一设计仍体现了与行政级别的一一对应。

中小学校长职级制也在各地开始试点。校长职级制亦是职员制改革的一部分，主要是根据各单位的行政地位、规格、人员规模等，将其领导人员区分为若干等级，但不改变其实际行政级别和干部管理权限。如上海市将中小学校长的职级分为五级十二等：一级、二级、三级、四级校长的比例是1∶5∶3.5∶0.5；特级为一级校长总数的20%以内。这种做法通过增加基层领导人员的行政层级，拓展了基层事业单位领导人员的职业发展空间。[1]

由此可以看出,这一阶段虽然开始尝试建立独立于机关的事业单位职员职务体系,但实际上还是与行政级别进行对应。六级职员的划分,只是简化了行政层级,但进一步缩小了处级以下职务的晋级空间。

第四节　事业单位人员选拔任用制度的基本完备（2000—2011年）

为了进一步加强对干部制度改革的宏观指导,2000年,中共中央下发了《深化干部人事制度改革纲要》,提出以推行聘用制度和岗位管理制度为重点,深化事业单位人事制度。党的十六大以来,明确提出建立健全选拔任用和管理监督机制,出台了"5+1"文件[2],标志着中国的干部人事制度改革已由局部改革、单项突破转向整体推进的阶段。在上述改革精神的指引下,事业单位开始全面推行聘用制度,并建立了事业单位选人用人的公开招聘制度和岗位设置管理制度,进一步推动了职称制度改革。

一　建立事业单位聘用制度

按照中央文件精神,事业单位开始全面推行聘用制度,出台了《关于在事业单位试行人员聘用制度的意见》,规定了人员聘用的基本程序、聘用合同的订立规范以及人员考核办法,旨在破除事业单位干部身份终身制。

（一）聘用制的核心

2000年6月,中央印发的《深化干部人事制度改革纲要》提出要在

---

[1] 丁晶晶:《事业单位职员职级设置:实践探索与改革路径》,《中国行政管理》2019年第9期。

[2] 五个文件:《公开选拔党政领导干部工作暂行规定》《党政机关竞争上岗工作暂行规定》《党政领导干部辞职暂行规定》《党的地方委员会全体会议对下一级党委、政府领导班子正职拟任人选和推荐人选表决办法》和《关于党政领导干部辞职从事经营活动有关问题的意见》,连同早些时候由中央纪委、中组部联合出台的《关于对党政领导干部在企业兼职进行清理的通知》,被称为"5+1"文件。

事业单位全面推行聘用制度,并将聘用制要解决的核心问题界定为"破除事业单位目前实际存在的干部身份终身制"。

2000年7月,人事部印发的《关于加快推进事业单位人事制度改革的意见》进一步阐释了实行聘用制的重大意义。通过聘用制度转换事业单位的用人机制,破除干部身份终身制,实现事业单位人事管理由身份管理向岗位管理转变,由单纯行政管理向法制管理转变,由行政依附关系向平等人事主体转变,由国家用人向单位用人转变。通过建立解聘辞聘制度,疏通事业单位人员出口渠道,增加用人制度的灵活性,解决人员能进能出的问题。

《关于在事业单位试行人员聘用制度的意见》则明确指出将签订聘用合同作为实行聘用制的重要内容,"事业单位与职工应当按照国家的有关法律、政策和本意见的要求,在平等自愿、协商一致的基础上,通过签订聘用合同,明确聘用单位和受聘人员与工作有关的权利和义务"。

(二)聘用程序

《关于在事业单位试行人员聘用制度的意见》规定了人员聘用的基本程序:(1)公布空缺岗位及其职责、聘用条件、工资待遇等事项;(2)应聘人员申请应聘;(3)聘用工作组织对应聘人员的资格、条件进行初审;(4)聘用工作组织对通过初审的应聘人员进行考试或者考核,根据结果择优提出拟聘人员名单;(5)聘用单位负责人员集体讨论决定受聘人员;(6)聘用单位法定代表人或者其委托人与受聘人员签订聘用合同。

(三)聘用合同

聘用合同由聘用单位的法定代表人或者其委托人与受聘人员以书面形式订立。聘用合同必须具备下列条款:(1)聘用合同期限;(2)岗位及其职责要求;(3)岗位纪律;(4)岗位工作条件;(5)工资待遇;(6)聘用合同变更和终止的条件;(7)违反聘用合同的责任。

聘用合同分为短期、中长期和以完成一定工作为期限的合同。聘用单位与受聘人员经协商一致,可以订立上述任何一种期限的合同。人力资源和社会保障部印发的《事业单位试行人员聘用制度有关问题的解释》进一步将聘用合同分为四种类型:3年(含)以下的合同为短期合同,对流动性强、技术含量低的岗位一般签订短期合同;3年(不含)以上的合同为中期合同;至职工退休的合同为长期合同;以完成一定工作为期限的合同为项目合同。

聘用单位、受聘人员双方经协商一致，可以解除聘用合同。在一定情形下，聘用单位、受聘人员可以随时单方面解除聘用合同，同时也规定了不得解除聘用合同的情形，并规定了经济补偿金的支付标准。《事业单位试行人员聘用制度有关问题的解释》进一步说明，在聘用合同中对培训费用没有约定的，受聘人员提出解除聘用合同后，单位不得收取培训费用；有约定的，按约定收取培训费，但不得超过培训的实际支出，并按培训结束后每服务一年递减20%执行。

（四）考核办法

聘用单位对受聘人员的工作情况实行年度考核；必要时，还可以增加聘期考核。考核必须坚持客观、公正的原则，实行领导考核与群众评议相结合、考核工作实绩与考核工作态度相统一的方法。考核的内容应当与岗位的实际需要相符合。考核结果分为优秀、合格、基本合格、不合格4个等次。聘用工作组织在群众评议意见和受聘人员领导意见的基础上提出考核等次意见，报聘用单位负责人员集体决定。考核结果是续聘、解聘或者调整岗位的依据。

二 建立事业单位公开招聘制度

现阶段初步建立了事业单位的公开招聘制度，通过颁布《事业单位公开招聘人员暂行规定》，对事业单位公开招聘的范围、原则、程序以及回避和纪律监督等作出了规定。

（一）公开招聘制度的确立

2002年，国务院办公厅转发了人事部《关于在事业单位试行人员聘用制度的意见》，要求事业单位按照岗位的职责和聘用条件，通过公开招聘、考试或者考核的方法择优聘用工作人员，除涉密岗位等确需使用其他方法选拔人员的以外，都要试行公开招聘。这为事业单位试行公开招聘制度提供了政策依据。

按照文件精神，不少地区进行了积极探索。内蒙古、辽宁、吉林、江苏、安徽、福建、河南、湖北、湖南、海南、云南、陕西、宁夏、青海等省区市陆续开展了公开招聘试点工作。在总结各地实践经验的基础上，2005年年底，人事部颁布《事业单位公开招聘人员暂行规定》（以下简称《暂行规定》），对事业单位公开招聘的范围、原则、程序等作出了规定，明确要求自 2006 年 1 月 1 日起开始执行。这标志着事业单位公开招聘制度的初步建立。

《暂行规定》提出公开招聘要坚持德才兼备的用人标准，贯彻公开、平等、竞争、择优的原则，公开要坚持政府宏观管理与落实单位用人自主权相结合，统一规范、分类指导、分级管理。用人单位应根据招聘岗位的任职条件及要求，采取考试、考核的方法进行。应聘人员应具备相应的国籍、品行、技能和身体条件等条件，并且不得设置歧视性条件要求。

（二）公开招聘的程序

《暂行规定》对公开招聘的程序和相关要求进行了明确规定：招聘计划由用人单位负责编制，但需在人事行政部门或主管部门进行备案；事业单位招聘人员应当公开发布招聘信息，招聘信息应当载明用人单位情况简介、招聘的岗位、招聘人员数量及待遇；应聘人员条件；招聘办法；考试、考核的时间（时限）、内容、范围；报名方法等需要说明的事项；用人单位或组织招聘的部门应对应聘人员的资格条件进行审查，确定符合条件的人员；考试内容应为招聘岗位所必需的专业知识、业务能力和工作技能，考试科目与方式根据行业、专业及岗位特点确定，考试可采取笔试、面试等多种方式，考试由事业单位自行组织，也可以由政府人事行政部门、事业单位上级主管部门统一组织；经用人单位负责人员集体研究，按照考试和考核结果择优确定拟聘人员，对拟聘人员应在适当范围进行公示，公示期一般为 7—15 日，用人单位与拟聘人员签订聘用合同前，按照干部人事管理权限的规定报批或备案，用人单位法定代表人或者其委托人与受聘人员签订聘用合同，确立人事关系，事业单位公开招聘的人员按规定实行试用期制度试用期满合格的，予以正式聘用。

（三）公开招聘的回避和纪律监督

《暂行规定》明确要求事业单位公开招聘人员实行回避制度。招聘工作要做到信息公开、过程公开、结果公开，接受社会及有关部门的监督。要严格公开招聘纪律，对违反规定的，必须严肃处理。构成犯罪的，依法追究刑事责任。事业单位需要招聘外国国籍人员的，须报省级以上政府人事行政部门核准,并按照国家有关规定进行招聘。

三 建立事业单位岗位设置管理制度

《关于加快推进事业单位人事制度改革的意见》提出了事业单位岗位设置管理制度的基本设计思路。即事业单位要科学合理地设置岗位,明确不同岗位的职责、权利和任职条件,实行岗位管理。对管理岗位,要建立体现管理人员的管理水平、业务能力、工作业绩、资格经历、岗位需要的等级序列,推行职员制度。对工勤岗位,建立岗位等级规范,规范工勤人员"进、管、出"等环节的管理办法。

2006年,人事部《事业单位岗位设置管理试行办法》提出:事业单位要按照科学合理、精简效能的原则进行岗位设置,坚持按需设岗、竞聘上岗、按岗聘用、合同管理。国家对事业单位岗位设置实行宏观调控,分类指导,分级管理。国家确定事业单位通用的岗位类别和等级,根据事业单位的功能、规格、规模以及隶属关系等情况,对岗位实行总量、结构比例和最高等级控制。

(一) 岗位等级设置

从2006年《事业单位工作人员收入分配制度改革实施办法》《事业单位岗位设置管理试行办法》可看出,此时又将事业单位管理岗位人员的等级重新调整为与1985年一致的10个等级,明确提出在事业单位管理岗位试行职员制,职员等级可分为一级至十级。

同年8月,《〈事业单位岗位设置管理试行办法〉实施意见》明确规定了管理人员行政级别与职员等级的对应关系:事业单位现行的部级正职、部级副职、厅级正职、厅级副职、处级正职、处级副职、科级正职、科级副职、科员、办事员依次分别对应管理岗位一级至十级职员岗位。可以看出,事业单位虽然试行了职员制改革,但对行政管理人员实际上又采取了与行政机关相一致的行政级别,只不过在名义上用职员等级替代了行政级别。

同时,明确了专业技术岗位和工勤技能岗位的等级设置:将专业技术岗位分为13个等级,包括高级岗位、中级岗位和初级岗位。高级岗位分7个等级,即一级至七级;中级岗位分3个等级,即八级至十级;初级岗位分3个等级,即十一级至十三级。将工勤技能岗位分为技术工岗位和普通工岗位，其中技术工岗位分为5个等级，即一级至五级；普通工岗位不分等级。特设岗位的等级则根据实际需要，按照规定的程序和管理权限确定。

（二）岗位结构比例控制

根据不同类型事业单位的职责任务、工作性质和人员结构特点，实行不同的岗位类别结构比例控制。对事业单位管理岗位、专业技术岗位、工勤技能岗位实行最高等级控制和结构比例控制。

管理岗位的最高等级和结构比例根据单位的规格、规模、隶属关系，按照干部人事管理有关规定和权限确定。专业技术岗位的最高等级和结构比例（包括高级、中级、初级之间的结构比例以及高级、中级、初级内部各等级之间的比例）按照单位的功能、规格、隶属关系和专业技术水平等因素综合确定。工勤技能岗位的最高等级和结构比例按照岗位等级规范、技能水平和工作需要确定。特设岗位的设置须经主管部门审核后，按程序报地区或设区的市以上政府人事行政部门核准。

事业单位三类岗位的结构比例由政府人事行政部门和事业单位主管部门确定，控制标准如下：（1）主要以专业技术提供社会公益服务的事业单位，应保证专业技术岗位占主体，一般不低于单位岗位总量的70%。（2）主要承担社会事务管理职责的事业单位，应保证管理岗位占主体，一般应占单位岗位总量的一半以上。（3）主要承担技能操作维护、服务保障等职责的事业单位，应保证工勤技能岗位占主体，一般应占单位岗位总量的一半以上。（4）事业单位主体岗位之外的其他两类岗位，应该保持相对合理的结构比例。（5）鼓励事业单位后勤服务社会化，逐步扩大社会化服务的覆盖面。已经实现社会化服务的一般性劳务工作，不再设置相应的工勤技能岗位。

各省（自治区、直辖市）、国务院各有关部门根据实际情况，按照本实施意见和行业指导意见，制定本地区、本部门事业单位三类岗位结构比例的具体控制标准。

专业技术高级、中级、初级岗位之间，以及高级、中级、初级岗位内部不同等级岗位之间的结构比例，根据地区经济、社会事业发展水平和行业特点，以及事业单位的功能、规格、隶属关系和专业技术水平，实行不同的结构比例控制。专业技术高级、中级、初级岗位之间的结构比例全国总体控制目标为1∶3∶6。高级、中级、初级岗位内部不同等级岗位之间的结构比例全国总体控制目标：二级、三级、四级岗位之间的比例为1∶3∶6，五级、六级、七级岗位之间的比例为2∶4∶4，八级、九级、十级岗位之间的比例为3∶4∶3，十一级、十二级岗位之间的比例为5∶5。

各省（自治区、直辖市）、国务院各有关部门要根据实际情况，在总结事业单位专业技术职务结构比例管理经验的基础上，按照优化结构、合理配置的要求，制定本地区、本部门事业单位专业技术高级、中级、初级岗位之间以及高级、中级、初级岗位内部不同等级岗位之间结构比例控制的标准和办法。各级人事部门及事业单位主管部门要严格控制专业技术岗位结构比例，严格控制高级专业技术岗位的总量，事业单位要严格执行核准的专业技术岗位结构比例。

（三）岗位设置的程序和权限

事业单位设置岗位应制订岗位设置方案，填写岗位设置审核表；按程序报主管部门审核、政府人事行政部门核准；在核准的岗位总量、结构比例和最高等级限额内，制订岗位设置实施方案；广泛听取职工对岗位设置实施方案的意见；岗位设置实施方案由单位负责人员集体讨论通过。

（四）岗位任职条件

各等级职员岗位的基本任职条件为：（1）三级、五级职员岗位，须分别在四级、六级职员岗位上工作两年以上；（2）四级、六级职员岗位，须分别在五级、七级职员岗位上工作三年以上；（3）七级、八级职员岗位，须分别在八级、九级职员岗位上工作三年以上。一级、二级职员岗位按照国家有关规定执行。

专业技术岗位的基本任职条件按照现行专业技术职务评聘的有关规定执行。实行职业资格准入控制的专业技术岗位的基本条件，应包括准入控制的要求。各省（自治区、直辖市）、国务院各有关部门以及事业单位在国家规定的专业技术高级、中级、初级岗位基本条件基础上，根据行业指导意见，结合实际情况，制定本地区、本部门以及本单位的具体条件。专业技术高级、中级、初级岗位内部不同等级岗位的条件，由主管部门和事业单位，按照《试行办法》《实施意见》以及行业指导意见，根据岗位的职责任务、专业技术水平要求等因素综合确定。

专业技术一级岗位的任职应具有下列条件之一：（1）中国科学院院士、中国工程院院士；（2）在自然科学、工程技术、社会科学领域做出系统的、创造性的成就和重大贡献的专家、学者；（3）其他为国家做出重大贡献，享有盛誉，业内公认的一流人才。

工勤技能岗位基本任职条件为：（1）一级、二级工勤技能岗位，须在本工种下一级岗位工作满5年，并分别通过高级技师、技师技术等级考评；（2）三级、四级工勤技能岗位，须在本工种下一级岗位工作满5年，并分别通过高级工、中级工技术等级考核；（3）学徒（培训生）学习期满和工人见习、试用期满，通过初级工技术等级考核后，可确定为五级工勤技能岗位。

（五）岗位设置的审核

国务院直属事业单位的岗位设置方案报人事部核准后实施。国务院各部门所属事业单位的岗位设置方案报主管部门审核汇总后，报人事部备案。

省（自治区、直辖市）政府直属事业单位的岗位设置方案报本地区人事厅（局）核准。省（自治区、直辖市）政府各部门所属事业单位的岗位设置方案经主管部门审核后，报本地区人事厅（局）核准。

地（市）政府直属事业单位的岗位设置方案报本地（市）政府人事行政部门核准。地（市）政府各部门所属事业单位的岗位设置方案经主管部门审核后，报本地（市）政府人事行政部门核准。

县（县级市、区）政府直属事业单位的岗位设置方案经县（县级市、区）政府人事行政部门审核后，报地区或设区的市政府人事行政部门核准。县（县级市、区）政府各部门所属事业单位的岗位设置方案经主管部门、县（县级市、区）政府人事行政部门审核汇总后，报地区或设区的市政府人事行政部门核准。

国务院直属机构中垂直管理的，其事业单位的岗位设置管理实施方案，报人事部备案后，由国务院直属机构组织实施。省以下垂直管理的政府直属机构，其事业单位的岗位设置实施方案，报省（自治区、直辖市）人事厅（局）核准后，由该直属机构组织实施。

(六) 岗位设置管理的行业特点

在《事业单位岗位设置管理试行办法》《〈事业单位岗位设置管理试行办法〉实施意见》的基础上，还制定了一系列行业指导意见，如《关于广播影视事业单位岗位设置管理的指导意见》《关于科学研究事业单位岗位设置管理的指导意见》《关于农业事业单位岗位设置管理的指导意见》《关于高等学校岗位设置管理的指导意见》《关于义务教育学校岗位设置管理的指导意见》和《关于中等职业学校、普通高中、幼儿园岗位设置管理的指导意见》，具有以下几个特征。

第一，根据行业特点，明确了具体的岗位设置要求。

例如，根据高等教育的特点，高等学校的专业技术岗位分为教师岗位和其他专业技术岗位，其中教师岗位是专业技术主体岗位。教师岗位包括具有教育教学、科学研究工作职责和相应能力水平要求的专业技术岗位。学校可根据教师在教学、科研等方面所侧重承担的主要职责，积极探索对教师岗位实行分类管理，在教师岗位中设置教学为主型岗位、教学科研型岗位和科研为主型岗位。其他专业技术岗位主要包括工程实验、图书资料、编辑出版、会计统计、医疗卫生等专业技术岗位。

第二，依据专业特色，确定了岗位名称及岗位等级。

例如，农业事业单位主体专业技术岗位中，正高级专业技术岗位名称为农业技术推广研究员一级岗位、农业技术推广研究员二级岗位、农业技术推广研究员三级岗位、农业技术推广研究员四级岗位，分别对应一级至四级专业技术岗位；副高级岗位名称为高级农艺师（高级畜牧师、高级兽医师，下同）一级岗位、高级农艺师二级岗位、高级农艺师三级岗位，分别对应五级至七级专业技术岗位；中级岗位名称为农艺师（畜牧师、兽医师，下同）一级岗位、农艺师二级岗位、农艺师三级岗位，分别对应八级至十级专业技术岗位；初级岗位名称为助理农艺师（助理畜牧师、助理兽医师，下同）一级岗位、助理农艺师二级岗位，分别对应十一级、十二级专业技术岗位；员级专业技术岗位名称为技术员岗位，对应十三级专业技术岗位。

广播电台电视台中播音系列正高级专业技术岗位名称为播音指导一级岗位、播音指导二级岗位、播音指导三级岗位、播音指导四级岗位，分别对应一级至四级专业技术岗位；副高级专业技术岗位名称为主任播音员一级岗位、主任播音员二级岗位、主任播音员三级岗位，分别对应五级至七级专业技术岗位；中级专业技术岗位名称为一级播音员一级岗位、一级播音员二级岗位、一级播音员三级岗位，分别对应八级至十级专业技术岗位；初级专业技术岗位名称为二级播音员一级岗位、二级播音员二级岗位，分别对应十一级至十二级专业技术岗位；员级专业技术岗位名称为三级播音员岗位，对应十三级专业技术岗位。

广播电台电视台中编辑、记者系列正高级专业技术岗位名称为高级编辑（高级记者）一级岗位、高级编辑（高级记者）二级岗位、高级编辑（高级记者）三级岗位、高级编辑（高级记者）四级岗位，分别对应一级至四级专业技术岗位；副高级专业技术岗位名称为主任编辑（主任记者）一级岗位、主任编辑（主任记者）二级岗位、主任编辑（主任记者）三级岗位，分别对应五级至七级专业技术岗位；中级专业技术岗位名称为编辑（记者）一级岗位、编辑（记者）二级岗位、编辑（记者）三级岗位，分别对应八级至十级专业技术岗位；初级专业技术岗位名称为助理编辑（助理记者）一级岗位、助理编辑（助理记者）。

中等职业学校高级教师岗位名称为高级讲师（或相当专业技术职务，下同）一级岗位、高级讲师二级岗位、高级讲师三级岗位，分别对应五级至七级专业技术岗位；中级教师岗位名称为讲师（或相当专业技术职务，下同）一级岗位、讲师二级岗位、讲师三级岗位，分别对应八级至十级专业技术岗位；初级教师岗位名称为助理讲师（或相当专业技术职务，下同）一级岗位、助理讲师二级岗位，分别对应十一级、十二级专业技术岗位；员级教师岗位名称为教员（或相当专业技术职务）岗位，对应十三级专业技术岗位。

普通高中高级教师岗位名称为中学高级教师一级岗位、中学高级教师二级岗位、中学高级教师三级岗位，分别对应五级至七级专业技术岗位；中级教师岗位名称为中学一级教师一级岗位、中学一级教师二级岗位、中学一级教师三级岗位，分别对应八级至十级专业技术岗位；初级教师岗位名称为中学二级教师一级岗位、中学二级教师二级岗位，分别对应十一级、十二级专业技术岗位；员级教师岗位名称为中学三级教师岗位，对应十三级专业技术岗位。

幼儿园使用小学教师岗位名称。小学高级教师一级岗位、小学高级教师二级岗位、小学高级教师三级岗位，分别对应八级至十级专业技术岗位；小学一级教师一级岗位、小学一级教师二级岗位，分别对应十一级、十二级专业技术岗位；小学二级教师、小学三级教师岗位，对应十三级专业技术岗位。

将义务教育学校中学教师岗位名称设定为：中学高级教师岗位名称为中学高级教师一级岗位、中学高级教师二级岗位、中学高级教师三级岗位，分别对应五级至七级专业技术岗位；中学中级教师岗位名称为中学一级教师一级岗位、中学一级教师二级岗位、中学一级教师三级岗位，分别对应八级至十级专业技术岗位；中学初级教师岗位名称为中学二级教师一级岗位、中学二级教师二级岗位，分别对应十一级、十二级专业技术岗位；中学员级教师岗位名称为中学三级教师岗位，对应十三级专业技术岗位。

将义务教育学校小学教师岗位名称设定为：小学高级教师一级岗位、小学高级教师二级岗位、小学高级教师三级岗位，分别对应八级至十级专业技术岗位；小学一级教师一级岗位、小学一级教师二级岗位分别对应十一级、十二级专业技术岗位；小学二级教师、小学三级教师岗位对应十三级专业技术岗位。

第三，结合不同层级事业单位特点，制定不同的岗位结构比例。

例如，国务院直属科学研究事业单位、国务院部门（单位）所属科学研究事业单位以及省（自治区、直辖市）直属科学研究事业单位高级、中级、初级专业技术岗位的结构比例适当高于省（自治区、直辖市）政府部门所属科学研究事业单位的专业技术高级、中级、初级之间的结构比例。地（市）以下政府所属科学研究事业单位的专业技术高级、中级、初级之间的比例结构，由政府人事行政部门和事业单位主营部门按照低于上述结构比例的原则研究确定，实行宏观调控。

国家重点建设的高等学校专业技术高级岗位结构比例适当高于普通本科高校，普通本科高校专业技术高级岗位结构比例适当高于高等职业技术学院和高等专科学校。各省（自治区、直辖市）人事行政部门和教育行政部门、高等学校主管部门，在总结高等学校专业技术职务结构比例管理经验的基础上，按照优化结构、合理配置的要求，制定高等学校专业技术高级、中级、初级岗位结构比例控制的标准和办法。

中等职业学校、普通高中教师岗位占学校岗位总量的比例一般不低于85%，其他岗位原则上不超过15%。幼儿园教师岗位占幼儿园岗位总量的比例一般不低于88%，其他岗位原则上不超过12%。中等职业学校教师高级、中级岗位结构比例应与本地普通高中相协调。教师高级岗位五级至七级之间的结构比例为2：4：4，中级岗位八级至十级之间的结构比例为3：4：3，初级岗位十一级、十二级之间的比例为5：5。

第四，依据工作特点，明确了岗位聘用办法和程序。

例如，高等学校聘用人员，应在岗位有空缺的条件下，按照公开招聘、竞聘上岗的有关规定择优聘用。高等学校应分别按照管理岗位、专业技术岗位、工勤技能岗位的职责任务和任职条件，在核定的结构比例内聘用人员，聘用条件不得低于国家规定的基本条件。高等学校要成立聘用委员会，院（系）成立相关聘用组织，分别负责岗位聘用的有关工作。在聘用工作中，学校应充分发挥院（系）聘用组织和专家教授的重要作用，积极建立校内外同行专家学术评价制度。根据本校和所在地区的实际情况，学校在新聘用教职工时，应积极实行人事代理制度。

第五节　事业单位人员选拔任用制度的法制化（2011—2019年）

随着事业单位分类改革的不断推进，事业单位人员选拔任用制度改革不断走向深化。2011年3月，中共中央、国务院发布《关于分类推进事业单位改革的指导意见》以及9个配套文件[1]，按照社会功能将现有事业单位划分为承担行政职能、从事生产经营活动和从事公益服务三个类别。[2] 2011年8月，中办发布《关于进一步深化事业单位人事制度改革的

---

[1] 《关于事业单位分类的意见》《关于承担行政职能事业单位改革的意见》《关于创新事业单位机构编制管理的意见》《关于建立和完善事业单位法人治理结构的意见》《关于分类推进事业单位改革中财政有关政策的意见》《关于分类推进事业单位改革中从事生产经营活动事业单位转制为企业的若干规定》《关于分类推进事业单位改革中加强国有资产管理的意见》《关于深化事业单位工作人员收入分配制度改革的意见》《事业单位职业年金试行办法》。

[2] 对承担行政职能的，逐步将其行政职能划归行政机构或转为行政机构；对从事生产经营活动的，逐步将其转为企业；对从事公益服务的，继续将其保留在事业单位序列、强化其公益属性。

意见》，提出要根据事业单位分类实行不同的人事管理制度。① 2018 年 2 月，党的十九届三中全会审议通过《中共中央关于深化党和国家机构改革的决定》，提出了事业单位分类改革的新方向，② 并对不同类型事业单位的发展方向进行了指引。③

按照中共中央、国务院提出的分类推进事业单位改革的文件精神，事业单位开始以转换用人机制和搞活用人制度为核心，出台了人事管理的专门行政法规《事业单位人事管理条例》，完善了公开招聘制度，建立了领导人员管理的基本制度体系，并分类推进职称制度改革，建立了事业单位人事管理回避制度，统一了事业单位工作人员培训制度。

一　出台事业单位人事管理的专门行政法规

2014 年 4 月，国务院发布《事业单位人事管理条例》（以下简称《条例》）。这是我国第一部系统规范事业单位人事管理的行政法规，贯彻了中央关于干部人事工作的新精神新要求，总结了近年来事业单位人事管理制度的经验做法，对事业单位普遍适用的人事管理制度作出规定，确立了做好事业单位人事管理工作的基本依据和准则。

---

① 从事公益服务事业单位，实行以聘用制度和岗位管理制度为主要内容的事业单位人事管理制度；承担行政职能事业单位，转为行政机构的，实行公务员制度；从事生产经营活动事业单位，转为企业的，实行劳动合同制度。对从事公益服务事业单位实行分类管理。公益一类事业单位，在审批编制内设岗，规范人事管理，搞活内部用人机制；公益二类事业单位，在备案编制内设岗，赋予单位灵活的人事管理权。积极探索完善不同类型公益类事业单位在聘用合同、岗位设置、公开招聘、竞聘上岗等方面的不同管理办法。承担行政职能事业单位转为行政机构或者与有关部门职能和机构进行整合，人员需要过渡为公务员，必须根据公务员法有关规定，严格按照任职条件和规定程序录用、转任和调任人员，做好过渡工作。从事生产经营活动事业单位转为企业的，应当依法与在职职工签订劳动合同，做好聘用合同与劳动合同的转换工作。根据国家有关规定，做好转企改制单位职工社会保险关系建立或接续工作，办理档案接转手续。保证转制前已经离退休人员的原国家规定的离退休费待遇标准不变，支付方式和待遇调整按国家有关规定执行；转制前参加工作、转制后退休的人员，其待遇按照国家有关政策执行。

② 根据事业单位职能的不同，将其分为承担行政职能的事业单位、经营性的事业单位、公益类的事业单位，公益类事业单位又根据服务对象的不同而分为向社会提供公益服务的事业单位、为机关提供支持保障的事业单位。

③ 对于承担行政职能的事业单位，要避免出现政事不分的问题；对于经营性的事业单位，要实现事企分开；而公益类的事业单位，则要根据其服务对象的不同而采取不同的改革办法：对于向社会提供公益服务的事业单位，要明确公益目标，增强独立自主运行能力；对于为机关提供支持保障的事业单位，可根据需要，与机关实行人员统筹使用与管理。

从《条例》的内容来看，包括总则、岗位设置、公开招聘、竞争上岗、聘用合同、考核培训、奖励处分、工资福利、社会保险、争议处理、法律责任等多个方面。可见，《条例》涉及了事业单位人事管理的众多环节，对这些管理领域作出了原则性规定，构建了事业单位人事管理的基本制度体系和总章程，并进行相应的制度创新。同时，《条例》作为事业单位人事制度的顶层设计，也为相关配套规章的出台提供了依据，有助于全面实现事业单位人事管理法制化目标。[①]

（一）明确岗位设置相关规定

国家建立事业单位岗位管理制度，明确岗位类别和等级。事业单位根据职责任务和工作需要，按照国家有关规定设置岗位。岗位应当具有明确的名称、职责任务、工作标准和任职条件。事业单位拟订岗位设置方案，应当报人事综合管理部门备案。

（二）明确公开招聘和竞聘上岗相关规定

事业单位新聘用工作人员，应当面向社会公开招聘。但是，国家政策性安置、按照人事管理权限由上级任命、涉密岗位等人员除外。

事业单位公开招聘工作人员按照下列程序进行：（1）制订公开招聘方案；（2）公布招聘岗位、资格条件等招聘信息；（3）审查应聘人员资格条件；（4）考试、考察；（5）体检；（6）公示拟聘人员名单；（7）订立聘用合同，办理聘用手续。

事业单位内部产生岗位人选，需要竞聘上岗的，按照下列程序进行：（1）制订竞聘上岗方案；（2）在本单位公布竞聘岗位、资格条件、聘期等信息；（3）审查竞聘人员资格条件；（4）考评；（5）在本单位公示拟聘人员名单；（6）办理聘任手续。

事业单位工作人员可以按照国家有关规定进行交流。

（三）明确聘用合同相关规定

事业单位与工作人员订立的聘用合同，期限一般不低于3年。初次就业的工作人员与事业单位订立的聘用合同期限3年以上的，试用期为12个月。

[①] 丁晶晶：《从社会化向公益性的回归：对事业单位人事制度改革的重新评估》，《华东理工大学学报》（社会科学版）2015年第1期。

事业单位工作人员在本单位连续工作满 10 年且距法定退休年龄不足 10 年，提出订立聘用至退休的合同的，事业单位应当与其订立聘用至退休的合同。

事业单位工作人员连续旷工超过 15 个工作日，或者 1 年内累计旷工超过 30 个工作日的，事业单位可以解除聘用合同。

事业单位工作人员年度考核不合格且不同意调整工作岗位，或者连续两年年度考核不合格的，事业单位提前 30 日书面通知，可以解除聘用合同。

事业单位工作人员提前 30 日书面通知事业单位，可以解除聘用合同。但是，双方对解除聘用合同另有约定的除外。

事业单位工作人员受到开除处分的，解除聘用合同。自聘用合同依法解除、终止之日起，事业单位与被解除、终止聘用合同人员的人事关系终止。

二 完善事业单位公开招聘制度

事业单位公开招聘制度的完善主要体现在完善艰苦边远地区公开招聘政策，规范事业单位公开招聘岗位资格条件设置，推进事业单位公开招聘平台建设，加强事业单位公开招聘的违纪处理这四个方面。其核心在于针对事业单位公开招聘中出现的具体问题提出相应的解决办法，提高招聘质量和效率。

(一) 完善艰苦边远地区公开招聘政策

2016 年 11 月，中央组织部、人力资源和社会保障部印发《关于进一步做好艰苦边远地区县乡事业单位公开招聘工作的通知》。

第一，要合理设置招聘条件，一是可以根据情况放宽年龄[1]；二是对乡镇人员可以降低学历要求[2]；三是对乡镇管理人员不作专业限制，对县乡专业技术人员可适当放宽专业要求；四是可以拿出一定数量的岗位从

---

[1] 招聘县乡事业单位管理人员和初级专业技术人员，年龄可以放宽到 40 周岁以下；招聘中、高级专业技术人员，可以根据工作需要进一步放宽。

[2] 招聘乡镇事业单位工作人员，学历最低可以到高中、中专（含技工学校），但不突破行业职业准入对学历的要求。

本地人员、优秀村干部中招聘。①

第二，要改进招聘方式方法。一是对一定学历、职称的人员以及紧缺专业人才，可以直接采取面试、组织考察等方式公开招聘②。二是可以区别确定能力测试权重，加大专业测试权重，在开考比例上可根据情况降低比例或不设比例③。三是对"三支一扶"人员等④，可进行专项招聘，并增加工作实绩在组织考察中的权重。

第三，要完善激励保障措施。一是可适当提高中、高级专业技术岗位设置比例，对高层次人员可特设岗位且不受岗位结构比例限制，在岗位晋升、职称评审等方面对县乡事业单位有所倾斜；二是要落实各种特殊补贴政策⑤；三是要拓宽县乡事业单位工作人员职业发展空间。⑥

（二）规范事业单位公开招聘岗位资格条件设置

2017年10月，人力资源和社会保障部印发《关于事业单位公开招聘岗位条件设置有关问题的通知》（以下简称《通知》），对事业单位公开招聘中岗位条件设置方面出现的问题进行回应，明确提出招聘岗位条件设置，要遵从科学性原则，尤其是不能设置带有指向性或歧视性的条件。

在专业设置方面，《通知》指出，根据实际，可以从宽确定专业要求：在一个招聘岗位上，既可以设置一个或多个相近专业，也可以按专业大类来设置，对于招聘岗位没有特别专业要求的，可设置为专业不限。

在专业标准方面，《通知》明确了专业参考目录的确定依据：岗位资

---

① 可以拿出一定数量岗位面向本县、本市或者周边县市户籍人员（或者生源）招聘，积极探索从优秀村干部中招聘乡镇事业单位工作人员。

② 乡镇事业单位招聘大学本科以上毕业生，县级事业单位招聘中级以上专业技术职称或者硕士以上学位人员，以及行业、岗位、脱贫攻坚急需紧缺专业人才，可以根据实际情况，采取面试、组织考察等方式公开招聘。

③ 采取统一考试方式招聘的，可以根据工作需要，有区别地确定通用能力测试成绩权重，加大专业素质考试成绩的权重；可以根据应聘人员报名、专业分布等情况适当降低开考比例，或不设开考比例，划定成绩合格线。

④ 具体包括："三支一扶"人员、大学生村干部、西部志愿者等基层服务项目人员和退役士官士兵。

⑤ 包括乡镇工作补贴、艰苦边远地区津贴、高海拔地区折算工龄补贴、大中专毕业生到艰苦边远地区县乡工作提前转正定级并高定工资、带薪年休假制度等。

⑥ 积极选派业务骨干到上级单位或者发达地区挂职锻炼、跟班学习，注重选拔优秀乡镇站所负责人进入乡镇领导班子。

格中的专业名称可参考当地省级组织、人力资源社会保障部门确定的考录公务员专业参考目录、招聘事业单位工作人员专业目录，也可参照教育部门的专业目录。此外，《通知》还强调，招聘岗位条件公布后，不得擅自更改，如需更改，则要提前发布变更或补充公告。

《通知》还特别明确了公开招聘过程中不同主体的职责，如资格审查应由用人单位或主管部门具体负责，事业单位人事综合管理部门则负责监督。

（三）推进事业单位公开招聘平台建设

为进一步规范中央和国家机关所属事业单位公开招聘工作，2017年10月，人力资源和社会保障部印发《关于建立中央和国家机关所属事业单位公开招聘服务平台的通知》（以下简称《通知》），明确提出，在人力资源和社会保障部门户网站设置"事业单位公开招聘"专栏，建立中央和国家机关所属事业单位公开招聘统一服务平台。该平台建设不仅有利于拓宽事业单位选人用人视野、有利于应聘人员及时了解招聘信息以及广泛接受社会监督，还有利于发挥中央和国家机关所属事业单位在公开招聘中的示范引领作用。

《通知》提出，该平台有三大功能：一是集中发布招聘信息，主要发布公开招聘公告、拟聘人员公示等信息。招聘信息每年3月、11月集中发布两次，有招聘急需的，可随时发布。二是开展政策咨询和信息交流，刊载政策规定，提供政策咨询，及时解答公开招聘中遇到的问题。同时，也为各单位交流经验提供平台。三是提供下载服务，用人单位和应聘人员可在此下载公开招聘公告模板、报名表格、拟聘人员公示模板、聘用合同范本等。

《通知》强调，招聘信息一经发布，应当严格执行，不得擅自更改，经同意确需更改的，要提前发布变更公告。中央事业单位人事综合管理部门设立专门的监督举报方式并在平台上予以公布。

（四）加强事业单位公开招聘的违纪处理

为加强事业单位公开招聘工作管理，规范公开招聘违纪违规行为的认定与处理，保证招聘工作公开、公平、公正，2017年9月25日，人力资源和社会保障部第135次部务会审议通过了《事业单位公开招聘违纪违规行为处理规定》（以下简称《规定》）。此《规定》自2018年1月1

日起开始正式施行。

《规定》细化和落实了《事业单位人事管理条例》等有关法律法规的相关要求，主要针对近年来在事业单位公开招聘中频出的矛盾和问题，明确了应聘人员违纪违规的情形及处理规定、招聘单位和招聘工作人员违纪违规的情形及处理规定、违纪违规行为的处理程序。

1. 应聘人员违纪违规行为处理

应聘人员在报名过程中有下列违纪违规行为之一的，取消其本次应聘资格：

（1）伪造、涂改证件、证明等报名材料，或者以其他不正当手段获取应聘资格的；

（2）提供的涉及报考资格的申请材料或者信息不实，且影响报名审核结果的；

（3）其他应当取消其本次应聘资格的违纪违规行为。

应聘人员在考试过程中有下列违纪违规行为之一的，给予其当次该科目考试成绩无效的处理：

（1）携带规定以外的物品进入考场且未按要求放在指定位置，经提醒仍不改正的；

（2）未在规定座位参加考试，或者未经考试工作人员允许擅自离开座位或者考场，经提醒仍不改正的；

（3）经提醒仍不按规定填写、填涂本人信息的；

（4）在试卷、答题纸、答题卡规定以外位置标注本人信息或者其他特殊标记的；

（5）在考试开始信号发出前答题，或者在考试结束信号发出后继续答题，经提醒仍不停止的；

（6）将试卷、答题卡、答题纸带出考场，或者故意损坏试卷、答题卡、答题纸及考试相关设施设备的；

（7）其他应当给予当次该科目考试成绩无效处理的违纪违规行为。

应聘人员在考试过程中有下列严重违纪违规行为之一的，给予其当次全部科目考试成绩无效的处理，并将其违纪违规行为记入事业单位公开招聘应聘人员诚信档案库，记录期限为五年：

（1）抄袭、协助他人抄袭的；

（2）互相传递试卷、答题纸、答题卡、草稿纸等的；

（3）持伪造证件参加考试的；

（4）使用禁止带入考场的通信工具、规定以外的电子用品的；

（5）本人离开考场后，在本场考试结束前，传播考试试题及答案的；

（6）其他应当给予当次全部科目考试成绩无效处理并记入事业单位公开招聘应聘人员诚信档案库的严重违纪违规行为。

应聘人员有下列特别严重违纪违规行为之一的，给予其当次全部科目考试成绩无效的处理，并将其违纪违规行为记入事业单位公开招聘应聘人员诚信档案库，长期记录：

（1）串通作弊或者参与有组织作弊的；

（2）代替他人或者让他人代替自己参加考试的；

（3）其他应当给予当次全部科目考试成绩无效处理并记入事业单位公开招聘应聘人员诚信档案库的特别严重的违纪违规行为。

应聘人员应当自觉维护招聘工作秩序，服从工作人员管理，有下列行为之一的，终止其继续参加考试，并责令离开现场；情节严重的，按照本规定第七条、第八条的规定处理；违反《中华人民共和国治安管理处罚法》的，交由公安机关依法处理；构成犯罪的，依法追究刑事责任：

（1）故意扰乱考点、考场以及其他招聘工作场所秩序的；

（2）拒绝、妨碍工作人员履行管理职责的；

（3）威胁、侮辱、诽谤、诬陷工作人员或者其他应聘人员的；

（4）其他扰乱招聘工作秩序的违纪违规行为。

在阅卷过程中发现应聘人员之间同一科目作答内容雷同，并经阅卷专家组确认的，给予其当次该科目考试成绩无效的处理。作答内容雷同的具体认定方法和标准，由中央事业单位人事综合管理部门确定。应聘人员之间同一科目作答内容雷同，并有其他相关证据证明其违纪违规行为成立的，视具体情形按照本规定第七条、第八条处理。

应聘人员在体检过程中弄虚作假或者隐瞒影响聘用的疾病、病史的，给予其不予聘用的处理。有请他人顶替体检以及交换、替换化验样本等严重违纪违规行为的，给予其不予聘用的处理，并将其违纪违规行为记入事业单位公开招聘应聘人员诚信档案库，记录期限为五年。

应聘人员在考察过程中提供虚假材料、隐瞒事实真相或者有其他妨碍考察工作的行为，干扰、影响考察单位客观公正作出考察结论的，给予其不予聘用的处理；情节严重、影响恶劣的，将其违纪违规行为记入事业单位公开招聘应聘人员诚信档案库，记录期限为五年。

应聘人员聘用后被查明有本规定所列违纪违规行为的，由招聘单位与其解除聘用合同、予以清退，其中符合第七条、第八条、第十一条、第十二条违纪违规行为的，记入事业单位公开招聘应聘人员诚信档案库。

事业单位公开招聘应聘人员诚信档案库由中央事业单位人事综合管理部门统一建立，纳入全国信用信息共享平台，向招聘单位及社会提供查询，相关记录作为事业单位聘用人员的重要参考，管理办法另行制定。

2. 招聘单位和招聘工作人员违纪违规行为处理

招聘单位在公开招聘中有下列行为之一的，事业单位主管部门或者事业单位人事综合管理部门应当责令限期改正；逾期不改正的，对直接负责的主管人员和其他直接责任人员依法给予处分：

（1）未按规定权限和程序核准（备案）招聘方案，擅自组织公开招聘的；

（2）设置与岗位无关的指向性或者限制性条件的；

（3）未按规定发布招聘公告的；

（4）招聘公告发布后，擅自变更招聘程序、岗位条件、招聘人数、考试考察方式等的；

（5）未按招聘条件进行资格审查的；

（6）未按规定组织体检的；

（7）未按规定公示拟聘用人员名单的；

（8）其他应当责令改正的违纪违规行为。

招聘工作人员有下列行为之一的，由相关部门给予处分，并停止其继续参加当年及下一年度招聘工作：

（1）擅自提前考试开始时间、推迟考试结束时间及缩短考试时间的；

（2）擅自为应聘人员调换考场或者座位的；

（3）未准确记录考场情况及违纪违规行为，并造成一定影响的；

（4）未执行回避制度的；

（5）其他一般违纪违规行为。

招聘工作人员有下列行为之一的，由相关部门给予处分，并将其调离招聘工作岗位，不得再从事招聘工作；构成犯罪的，依法追究刑事责任：

（1）指使、纵容他人作弊，或者在考试、考察、体检过程中参与作弊的；

（2）在保密期限内，泄露考试试题、面试评分要素等应当保密的信息的；

（3）擅自更改考试评分标准或者不按评分标准进行评卷的；

（4）监管不严，导致考场出现大面积作弊现象的；

（5）玩忽职守，造成不良影响的；

（6）其他严重违纪违规行为。

3. 处理程序

应聘人员的违纪违规行为被当场发现的，招聘工作人员应当予以制止。对于被认定为违纪违规的，要收集、保存相应证据材料，如实记录违纪违规事实和现场处理情况，当场告知应聘人员记录内容，并要求本人签字；对于拒绝签字或者恶意损坏证据材料的，由两名招聘工作人员如实记录其拒签或者恶意损坏证据材料的情况。违纪违规记录经考点负责人签字认定后，报送组织实施公开招聘的部门。

对应聘人员违纪违规行为作出处理决定前，应当告知应聘人员拟作出的处理决定及相关事实、理由和依据，并告知应聘人员依法享有陈述和申辩的权利。作出处理决定的部门对应聘人员提出的事实、理由和证据，应当进行复核。

对应聘人员违纪违规行为作出处理决定的，应当制作公开招聘违纪违规行为处理决定书，依法送达被处理的应聘人员。

应聘人员对处理决定不服的，可以依法申请行政复议或者提起行政诉讼。参与公开招聘的工作人员对因违纪违规行为受到处分不服的，可以依法申请复核或者提出申诉。

此外，《规定》还明确了全国事业单位公开招聘工作综合管理与监督的主体是中央事业单位人事综合管理部门，也明确了公开招聘违纪违规行为认定与处理由各级事业单位人事综合管理部门、事业单位主管部门、招聘单位按权限具体实施。

三 构建事业单位领导人员管理的基本制度体系

2011年以来围绕事业单位领导人员的管理建立了基本的制度体系，出台了事业单位领导人员管理的专门法规，对宣传思想文化系统、高等学校、中小学校、科研事业单位、公立医院这五大行业事业单位的领导人员选育管用各个环节作出具体规定。

（一）出台事业单位领导人员管理的专门法规

2015年6月，中央印发了《事业单位领导人员管理暂行规定》（以下简称《管理规定》），对事业单位领导人员的基本要求和基本制度进行了全面规定和顶层设计，填补了事业单位领导人员管理的制度空白，构建了事业单位领导人员管理的基本制度体系，促进了事业单位人事管理的全面的制度体系的形成，是我国干部人事制度改革的重大成果，在我国公职人员管理制度的改革发展进程中具有十分重要的里程碑意义。

1. 原则

事业单位领导人员的管理，应当坚持下列原则：（1）党管干部原则；（2）德才兼备、以德为先原则；（3）注重实绩、群众公认原则；（4）分级分类管理原则；（5）依法依规办事原则。

2. 基本条件

事业单位领导人员应当具备下列基本条件：

（1）政治素质好，坚持以马克思列宁主义、毛泽东思想、邓小平理论、"三个代表"重要思想、科学发展观为指导，深入学习贯彻习近平总书记系列重要讲话精神，理想信念坚定，思想上、政治上、行动上同党中央保持高度一致，坚决执行党的基本路线和各项方针政策，坚持民主集中制，带头践行社会主义核心价值观，忠实履行公共服务的政治责任和社会责任；

（2）组织领导能力强，善于科学管理、沟通协调、依法办事、推动落实，有较强的公共服务意识和改革创新精神，工作实绩突出；

（3）有相关的专业素质或者从业经历，熟悉有关政策法规和行业发展情况，业界声誉好；

（4）事业心和责任感强，热爱公益事业，求真务实，团结协作，遵纪守法，廉洁从业，群众威信高。

担任党内领导职务的领导人员，应当牢固树立党建责任意识，熟悉党务，善于做思想政治工作。

正职领导人员，应当具有驾驭全局的能力，善于抓班子带队伍，民主作风好。

3. 基本资格

事业单位领导人员应当具备下列基本资格：

（1）一般应当具有大学本科以上文化程度；

（2）提任六级以上管理岗位领导职务的，一般应当具有五年以上工作经历；

（3）从管理岗位领导职务副职提任正职的，应当具有副职岗位两年以上任职经历。从下级正职提任上级副职的，应当具有下级正职岗位三年以上任职经历；

（4）具有正常履行职责的身体条件；

（5）符合有关党内法规、法律法规和行业主管部门规定的其他任职资格要求。

4. 选拔任用

党委（党组）及其组织（人事）部门按照干部管理权限，根据事业单位不同领导体制和领导班子建设实际，提出启动领导人员选拔任用工作意见。

事业单位领导人员的配备，必须严格按照核定或者批准的领导职数和岗位设置方案进行。

选拔事业单位领导人员，根据行业特点和岗位要求，可以采取组织选拔、竞争（聘）上岗、公开选拔（聘）等方式进行，也可以探索委托相关机构遴选等方式进行。

对事业单位领导职务拟任人选，必须依据选拔任用条件，结合行业特点和岗位要求，全面考察其德、能、勤、绩、廉。

综合分析人选的考察考核、一贯表现和人岗相适等情况，全面、历史、辩证地作出评价，既重管理能力、专业水平和工作实绩，更重政治品质、道德品行，防止简单以票或者以分取人。

任用事业单位领导人员，区别不同情况实行选任制、委任制、聘任制。对行政领导人员，逐步加大聘任制推行力度。

实行聘任制的，聘任关系通过聘任通知、聘任书、聘任合同等形式确定，所聘职务及相关待遇在聘期内有效。

提任三级以下管理岗位领导职务的，应当在一定范围内进行公示，公示期不少于五个工作日。

提任非选举产生的三级以下管理岗位领导职务的，实行任职试用期制度。试用期一般为一年。

选拔任用工作具体程序和要求，参照《党政领导干部选拔任用工作条例》及有关规定，结合事业单位实际确定。

5. 任期和任期目标责任

事业单位领导人员一般应当实行任期制。每个任期一般为三年至五年，在同一岗位连续任职一般不超过十年。工作特殊需要的，按照干部管理权限经批准后可以适当延长任职年限。

事业单位领导班子和领导人员一般应当实行任期目标责任制。任期目标内容的设定，应当体现不同行业、不同类型事业单位特点，注重打基础、利长远、求实效。

任期目标由事业单位领导班子集体研究确定，领导班子的任期目标一般应当报经主管机关批准或者备案。制定任期目标时，应当充分听取单位职工代表大会或者职工代表的意见，注意体现服务对象的意见。

(二) 制定事业单位领导人员分类管理规范

2017年1月中旬，中央组织部会同中宣部、教育部、科技部、国家卫生计生委，印发了《宣传思想文化系统事业单位领导人员管理暂行办法》《高等学校领导人员管理暂行办法》《中小学校领导人员管理暂行办法》《科研事业单位领导人员管理暂行办法》《公立医院领导人员管理暂行办法》（以下简称"5个办法"），"5个办法"分别对这五大行业事业单位的领导人员选育管用各个环节作出具体规定。

"5个办法"在事业单位领导人员管理方面不能简单套用党政领导干部管理模式：在任职资格条件上更加突出了对管理能力、专业水平和职业素养的要求；在选拔任用方面，进一步打破人才选拔的身份限制，加大聘任制推行力度；在日常管理方面，推行任期制和任期目标责任制，并实行分类考核；在职业发展和激励保障方面，完善后续职业发展制度，建立容错纠错机制；在监督约束方面，要构建严密有效的监督体系，突出重点监督对象。

"5个办法"根据行业特点,并与行业体制改革作出相应衔接,提出了不同侧重点和特色的政策措施。例如,对宣传思想文化事业单位领导人员的选拔要突出政治属性要求,原则上采取内部推选、外部选派的方式;高校则可根据改革发展需要,可以公开遴选优秀人才;对中小学校校长要加快职级制改革,在任职资格条件上不搞"一刀切";对公立医院领导人员要积极推进职业化建设,一般从医疗卫生领域中进行选拔。具体包括以下特征。

第一,根据岗位特点,设置相应的岗位资格条件。

例如,公立医院领导人员应当具备下列基本条件:具有较高的思想政治素质,重视政治理论学习,坚持马克思主义指导思想,坚定共产主义远大理想和中国特色社会主义共同理想,坚持为人民健康服务的方向,认真贯彻卫生与健康工作方针,自觉履行公立医院的政治责任和社会责任,牢固树立政治意识、大局意识、核心意识、看齐意识,在思想上政治上行动上同以习近平同志为核心的党中央保持高度一致。具有胜任岗位职责所必需的专业知识和职业素养,熟悉医疗卫生行业发展情况和相关政策法规,有先进的医院管理理念和实践经验,业界声誉好。具有较强的组织领导和沟通协调能力,自觉贯彻执行民主集中制,富有改革创新精神,坚持依法治院、以德治院,善于构建和谐的医患关系。具有强烈的事业心和责任感,热爱医疗卫生事业,坚持原则,敢于担当,忠于职守,勤勉尽责,能够全身心投入工作,实绩突出。具有良好的品行修养,带头践行社会主义核心价值观,自觉弘扬"敬佑生命、救死扶伤、甘于奉献、大爱无疆"的职业精神,以人为本,仁心仁怀,严于律己,廉洁从业。

中小学校领导人员基本资格条件为:一般应当具有大学专科以上文化程度。其中,中学领导人员应当具有大学本科以上文化程度,一般应当具有一定年限的教育教学工作经历。其中,校长一般应当具有五年以上教育教学工作经历,党组织书记一般应当具有学校党务和行政岗位工作经历。一般应当具有相应的教师资格和已担任中小学一级教师以上专业技术职务。其中,高级中学校长应当已担任中小学高级教师以上专业技术职务。提任学校正职的,一般应当具有两年以上学校副职岗位任职经历或者三年以上学校中层管理工作经历；提任学校副职的，应当具有一定的教育教学管理经验。应当经过任职资格培训并取得合格证书。确因特殊情况在提任前未达到培训要求的，应当在提任后一年内完成。

宣传思想文化系统事业单位领导人员应当具备下列基本条件：具有坚定的政治信念和党性原则，坚持以马克思列宁主义、毛泽东思想、邓小平理论、"三个代表"重要思想、科学发展观为指导，深入学习贯彻习近平总书记系列重要讲话精神，坚定中国特色社会主义道路自信、理论自信、制度自信、文化自信，认真贯彻党的宣传思想文化工作方针政策，坚持政治家办报办刊办社办台办新闻网站，严守政治纪律和政治规矩，牢固树立政治意识、大局意识、核心意识、看齐意识，在思想上政治上行动上同以习近平总书记为核心的党中央保持高度一致，经得起各种风浪考验。具有胜任岗位职责所必需的专业知识和职业素养，熟悉宣传思想文化工作，了解掌握行业发展情况，在相关业务领域有一定专长。具有较强的组织领导和管理能力，自觉贯彻执行民主集中制，有全局观念和开拓创新精神，能够科学决策，依法依规办事，团结合作，善于集中正确意见。具有强烈的事业心和责任感，坚持原则，敢于担当，守土尽责，坚持以人民为中心的工作导向，能够深入实际、联系群众，带头转作风、正学风、改文风，实绩突出。具有良好的品行修养。

第二，根据行业特点，确定合适的选拔方式和考察内容。

例如，选拔任用科研事业单位领导人员，一般采取单位内部推选、外部选派、竞争（聘）上岗、公开选拔（聘）等方式进行，也可以探索其他有利于优秀人才脱颖而出的选拔方式。从企业、社会组织、国（境）外著名高等学校和科研机构等单位打破身份等限制选拔领导人员的，一般采取公开选拔（聘）方式。

确定考察对象，应当综合考虑工作需要、人选德才条件、一贯表现、人岗相适和征求意见等情况，防止简单以票、以分或者以学历、职称、论文等取人偏向。因造假、剽窃、篡改等科研不端行为受到查处，在科研项目安排、经费使用等方面存在违规违纪行为受到责任追究，以及具有其他有关政策规定明确限制情形的，不得作为考察对象。严格执行考察制度，依据任职资格条件和岗位职责要求，全面了解考察对象的德、能、勤、绩、廉表现，着重了解政治品格、作风品行、廉洁自律等情况，深入了解科研水平、管理能力、学术道德和推动科技创新工作实绩等情况，实事求是、客观准确地作出评价，防止"带病提拔"。

第三，根据人员特点，采取不同的选拔任用方式。

例如，任用科研事业单位领导人员，区别不同情况实行选任制、委任制、聘任制。对行政领导人员，逐步加大聘任制推行力度。在条件成熟的单位，可以对行政领导人员全部实行聘任制。对打破身份等限制选拔的领导人员，一般应当实行聘任制。实行聘任制的领导人员，以聘任通知、聘任书、聘任合同等形式确定聘任关系，所聘职务及相关待遇在聘期内有效。聘任期满，因工作需要继续聘任的，经考核为合格以上等次、本人愿意且未达到最高任职年限，按照有关程序办理续聘手续。

实行聘任制的公立医院领导人员，应当明确岗位职责、聘期及工作目标、薪酬待遇、解聘条件等内容。完善聘任合同，规范聘期管理。

主管机关（部门）可以授权院长与其行政副职签订聘任合同。

第四，根据工作任务内容，制定领导班子任期目标责任。

例如，科研事业单位领导班子的任期目标，应当根据单位职能定位，围绕紧跟科技发展前沿、服务国家重大战略、推动经济社会发展等需要制定，体现科技成果产出和转化、创新平台建设、科技交流合作、服务社会公益、支撑产业发展、人才队伍建设和党的建设等内容。主要从事基础研究的科研事业单位，任期目标应当以提升原始创新能力为核心，注重学术水平、科学贡献和创新源头供给；主要从事前沿技术研究的科研事业单位，任期目标应当以国家重大战略需求为导向，注重基础科技和关键技术领域的创新；主要从事社会公益研究的科研事业单位，任期目标应当以改善民生和支撑产业发展为重点，注重社会效益和共性技术产出。领导人员的任期目标，根据领导班子任期目标和岗位职责确定。制定领导班子任期目标，应当充分听取学术委员会、职工代表大会或者科技人员代表等方面意见。

中小学领导班子的任期目标应当贯彻党和国家对基础教育改革发展的要求，体现学校办学规划、课程建设、教学质量、德育建设、教师队伍、管理创新、安全稳定和党的建设等内容，注重打基础、利长远、求实效，具体内容根据学校实际确定。

公立医院领导班子的任期目标应当贯彻党和国家对公立医院改革发

展的要求，体现医疗服务质量和安全、医疗费用控制、政府指令性任务完成、依法依规管理、医德医风建设和党的建设等内容。三级医院领导班子的任期目标还应当体现医院综合管理水平、学科发展和队伍建设、健康医疗大数据建设与应用等内容；中医医院领导班子的任期目标还应当体现中医药特色优势发挥等内容。具体内容根据本地区医疗卫生规划和医院实际确定。

第五，根据行业特点，建立不同的监督约束机制和内容。

例如，对科研事业单位领导班子和领导人员进行监督，主管机关（部门）党委（党组）及纪检监察机关、组织（人事）部门按照管理权限和职责分工，综合运用考察考核、述职述责述廉、民主生活会、谈心谈话等方式。完善科研事业单位内部治理结构和内控机制，实行权力清单制度，明确权力运行程序、规则和权责关系，公开权力运行过程和结果，健全不当用权问责机制。推进院（所）务公开，注意发挥学术委员会、职工代表大会等组织在单位民主管理方面的作用，畅通职工群众参与讨论单位事务的途径，拓宽表达意见的渠道。对学科发展、职称评定、学术管理、科研奖励等事项，应当充分听取学术委员会等相关组织的意见。对领导人员科技成果转化收益分配实行公开公示制度，兼职取酬情况应当按照有关规定报告。

对宣传思想文化系统事业单位领导人员的监督，应加强执行政治纪律和政治规矩的监督，重点监督领导班子和领导人员贯彻执行党的基本路线和党的宣传思想文化工作方针政策，坚定正确的政治方向和宣传导向，落实党建工作责任制和意识形态工作责任制，健全组织生活制度，严肃党内政治生活等情况。加强权力运行的监督，重点监督领导班子和领导人员贯彻民主集中制，坚持集体决策，依法依规办事，落实"三重一大"决策制度，公道正派选人用人等情况，加大对宣传资源分配、评奖评审、影视剧购销、广告经营、新闻采编、课题项目、资金使用等重点领域和关键环节的监督力度。

对公立医院领导班子和领导人员重点监督贯彻执行卫生与健康工作方针，加强党的建设，履行公立医院职责，依法依规办事，执行民主集中制，落实"三重一大"决策制度，医德医风建设，收入分配，廉洁自律等情况。根据医院特点，聚焦突出问题，加大对医疗安全、医药产品招标采购、医疗费用控制、基建项目、财务管理、职务（职称）评聘等重点领域和关键环节的监督力度。

四　推进专业技术人员职称评定工作

为贯彻落实《职称评审暂行管理规定》的相关要求，加快建立适应行业发展特点的职称评审制度，人力资源和社会保障部联合教育部、中国社会科学院、农业农村部、中国外文局、国家文物局、国家档案局，分别印发了相应专业人员职称制度改革的指导意见，具体包括：《关于深化经济专业人员职称制度改革的指导意见》《关于深化中等职业学校教师职称制度改革的指导意见》《关于深化哲学社会科学研究人员职称制度改革的指导意见》《关于深化农业技术人员职称制度改革的指导意见》《关于深化翻译专业人员职称制度改革的指导意见》《关于深化文物博物专业人员职称制度改革的指导意见》《关于深化统计专业人员职称制度改革的指导意见》《关于深化档案专业人员职称制度改革的指导意见》等。总的来看，这些政策文件具有以下特征：

其一，按专业属性，对职称名称进行命名。例如，人力资源管理等部分专业的职称名称直接以专业命名。

其二，设置了新的职称系列并统一了职称等级和名称。例如，新设置了中等职业学校教师职称系列并统一了教师职称等级和名称，职称类别都分为三类：文化课、专业课教师和实习指导教师职称，三类均分为初级、中级、高级，最高级设置到正高级。

其三，建立了专业人员职称与专业技术岗位等级间的对应关系。例如，翻译专业人员的专业技术岗位一级至四级对应的是译审，专业技术岗位五级至七级对应的是一级翻译，专业技术岗位八级至十级对应的是二级翻译，专业技术岗位十一级至十三级对应的是三级翻译。

其四，针对岗位特点，实行分类评价。例如，对主要从事基础研究的科研人员、主要从事应用研究和决策咨询研究的科研人员、同时承担教学任务的科研人员，分别设置不同的评价内容和标准。比如，《关于深化档案专业人员职称制度改革的指导意见》提出，要根据工作特点，以品德、能力、业绩为导向，分类制定职称评价标准。对于"工匠型"的档案专业人员，着重考察其工作业绩；对于"学术型"的档案专业人员，着重考察其研究能力。

其五，依据行业、专业特点，设置评价重点。例如，科研人员评价重点在于专业性和创造性。中等职业学校教师的评价重点为师德，产教融合、校企合作和工学结合的教学改革实绩，以及行业企业实践经历。

其六，在评价标准方面，推行代表作制度。代表作不只是论文，各个专业可根据需要进行设置且明确规定不应把论文作为职称评价的限制性条件。例如，农业技术人员的代表作可以是专利成果、规划设计方案、标准规范、检验检测风险评估报告、项目报告、软课题研究报告等。文博专业人员还可包括考古报告、文物修复方案、文物保护规划、文物征集鉴定评估报告等。

其七，针对做出重大贡献或急需紧缺的人员，以及长期在艰苦边远地区和基层一线从事基础性工作的人员，建立职称评审绿色通道，适当放宽条件限制。

五　建立事业单位人事管理回避制度

为从源头上规范事业单位用人和工作人员履职行为，2019年10月，中央组织部、人力资源和社会保障部印发《事业单位人事管理回避规定》（以下简称《回避规定》），建立了统一的事业单位人事管理回避制度，加强对任职岗位和履职情况进行监督约束，对事业单位人事管理回避工作的基本原则、回避种类、适用范围、权限程序、管理监督等作出明确规定。

（一）回避类型

《回避规定》规定了两类回避：一是以亲属关系为界定标准实施的岗位回避，即事业单位工作人员（含拟聘人员）之间具有夫妻关系、直系血亲、三代以内旁系血亲及近姻亲等亲属关系的，不得在同一事业单位聘用至具有直接上下级领导关系的管理岗位，不得在其中一方担任领导人员的事业单位聘用至从事组织（人事）、纪检监察、审计、财务工作的岗位，也不得聘用至双方直接隶属于同一领导人员的从事组织（人事）、纪检监察、审计、财务工作的内设机构正职岗位。

二是以本人或本人亲属利害关系为主要界定标准实施的履职回避，即事业单位、主管部门的工作人员以及外请专家等相关人员，参与岗位设置、公开招聘、聘用解聘（任免）、考核考察、奖励、处分、交流、人事争议处理、出国（境）审批、人事考试、职称评审、人才评价、招生考试、项目评审、成果评选、资金审批与监管等需要回避的履职活动时，如涉及本人或本人亲属利害关系，则应当回避，不得参加相关调查、考察、讨论、评议、投票、评分、审核、决定等活动，也不得以任何方式施加影响。

（二）管理与监督

《回避规定》明确了作出回避决定的权限，即按照干部人事管理权限应当由事业单位作出或者授权作出回避决定的，特殊情况下，主管部门或者事业单位人事综合管理部门可以直接作出。

《回避规定》要求事业单位工作人员必须服从回避决定，并应当主动报告应回避的情形，有需要回避的情形不及时报告或者有意隐瞒的，予以批评教育；造成不良后果的，依法依规给予组织处理或处分。事业单位违反本规定的，由同级事业单位人事综合管理部门或者主管部门责令限期改正；逾期不改正的，按照干部人事管理权限对负有领导责任和直接责任的人员依法依规给予组织处理或处分。

六 统一事业单位人员培训制度

为推进事业单位工作人员培训工作科学化、制度化、规范化，2019年11月，中央组织部、人力资源和社会保障部印发《事业单位工作人员培训规定》（以下简称《培训规定》），建立了统一的事业单位工作人员培训制度。

（一）培训方式

《培训规定》将事业单位工作人员培训分为岗前培训、在岗培训、转岗培训和专项培训，根据不同行业、不同类型、不同岗位特点，按照规定的方式进行。事业单位工作人员有接受培训的权利和义务，一般每年度参加各类培训的时间累计不少于90学时或者12天。事业单位工作人员培训情况应当作为其考核的内容和岗位聘用、等级晋升的重要依据之一。

（二）培训内容

《培训规定》提出了培训的重点内容，即通过完善培训内容体系，重点提升事业单位工作人员的理想信念、思想觉悟、职业道德和综合素养。

管理人员培训，注重提高管理能力、专业水平和职业素养；专业技术人员培训，注重提高专业技术水平和创新创造创业能力；工勤技能人员培训，注重提高职业技能水平和实际操作能力。加强对中青年骨干特别是高层次、急需紧缺人才的培训。

事业单位工作人员岗前培训内容包括公共科目和专业科目。公共科目包括应当普遍掌握的政治理论、法律法规、政策知识、行为规范、纪律要求等。专业科目包括所聘或者拟聘岗位所需的理论、知识、技术、技能等。岗前培训一般在工作人员聘用之日起6个月内完成，最长不超过12个月，累计时间不少于40学时或者5天。

正常在岗的事业单位工作人员应当定期参加在岗培训，以增强思想政治素质、培育职业道德、更新知识结构、提高工作能力。管理人员在岗培训内容包括公共科目和专业科目。专业科目包括所聘岗位需要更新的政策法规、理论知识和管理实务，包括公共管理、财务、资产、人事、外事、安全、保密、信息化等。管理人员在岗期间公共科目培训由主管部门负责，统一组织或者委托专门培训机构组织，一般采取脱产培训、网络培训、在职自学等方式进行，在一个聘期内至少参加一次不少于20学时或者3天的公共科目脱产培训。管理人员在岗期间专业科目培训由主管部门负责，统一组织或者委托专门培训机构组织，或者授权事业单位按规定组织，一般采取脱产培训、网络培训、集体学习等方式进行。专业技术人员、工勤技能人员在岗培训分别按照继续教育、职业技能培训等相关规定执行，注重加强政治理论、职业道德、爱国奉献精神等方面培训。

对岗位类型发生变化或者岗位职责任务发生较大变化的事业单位工作人员应当进行转岗培训，以提高适应新岗位职责任务的能力。岗位类型发生变化的，转岗培训内容根据其拟聘或者所聘岗位类型开展培训。岗位类型不变但岗位职责任务发生较大变化的，转岗培训内容根据实际情况确定。转岗培训的方式由事业单位或者主管部门自主确定。转岗培训一般应当在岗位类型或者岗位职责任务发生变化前完成，根据工作需要，也可在发生变化后3个月内完成，累计时间不少于40学时或者5天。

对参加重大项目、重大工程、重大行动等特定任务的事业单位工作人员应当进行专项培训,以适应完成特定任务的要求。专项培训的内容和方式由任务组织方根据该工作任务的实际需要确定,可以采取团队集训等办法进行。事业单位新聘用工作人员参加专项培训的,其培训时间可计入岗前培训累计时间中。

第六章 国有企业干部选拔任用制度

第六章　国有企业干部选拔任用制度

国有企业干部选拔任用制度是国家人事制度的重要组成部分。从环节上看，国有企业干部选拔是指按照国有企业干部管理权限和相关程序规定把符合条件的干部挑选出来的过程，是产生拟任人选和候选人选的过程；国有企业干部任用指的是经过挑选的干部采用某一形式担任领导职务的过程。从内容上看，选拔任用包含了国有企业干部管理、任免权限（管理干部的职务范围与内容）、企业内部领导机制、选拔任用程序与标准等内容。

中华人民共和国成立以来，中国共产党和中国政府从革命和建设的客观需要以及干部队伍、组织机构发展变化的实际情况出发，不断总结和完善过去的成功做法，同时也借鉴和汲取了国外的有益经验，使干部选拔任用工作逐步健全和完善起来。特别是党的十一届三中全会以来，随着国有企业改革以及干部人事制度改革的深入推进，对国有企业选拔任用干部的工作相应地进行了一系列改革。纵观70年来的历史，国有企业干部选拔任用工作既取得了巨大成绩，积累了许多宝贵经验，也经历了曲折的道路；既保持了政策的相对稳定，也呈现出与时俱进，不断变革的特征。[1]

第一节　国有企业干部选拔任用制度的建立与曲折发展（1949—1976年）

中华人民共和国成立初期，在计划经济体制下国有企业严格按照中央和地方各级政府部门的不同行政隶属关系进行管理，对企业实行纵向领导，企业的干部选拔任用体制机制与政府行政机构一致，实行党委集中统一领导的干部管理体制，其间也曾就实行厂长制进行过争论探索，

---

[1] 张志坚、苏玉堂：《当代中国的人事管理》（上册），当代中国出版社1994年版，第269页。

国有企业干部选拔任用制度在确立之后经历了曲折发展。①

一 关于国营企业厂长负责制与党委负责制的探索

（一）厂长负责制与党委负责制并行

中华人民共和国成立以前，中国共产党有着长期经营管理根据地公营企业的经历。早在土地革命时期，中央苏区就于1934年4月发布了《苏维埃国有工厂管理条例》，规定国有工厂的负责者为厂长；厂长由各该隶属的上级苏维埃机关委任，对于厂内的一切事务有最后决定权，并向苏维埃政府负绝对的责任；在厂长之下，设工厂管理委员会，由厂长、党支部代表、工会代表、团支部代表、工厂其他负责人、工人代表等5—7人组成，开会时以厂长为当然主席，以解决厂内的重大问题。管理委员会内组织"三人团"，由厂长、党支部代表和工会代表组成，来协调处理厂内的日常问题。这种领导体制实际上是受当时苏联"一长制"影响制定的。

抗日战争后期，由于根据地扩大的工厂数量增多、规模扩大，经营管理也比过去复杂，原来的"三人团"领导体制容易导致"三足鼎立"，不利于统一指挥。在这种情况下，根据地的公营企业开始实行以厂长为主的"一元化"领导体制，由"厂务会议"代替了"三人团"。厂长代表政府负责工厂的经营管理，在企业内部，厂长依靠党支部、工会和全厂职工进行管理。这种体制扩大了厂长的权力，实际上带有"一长制"的性质。

---

① 我国国有企业在不同的历史阶段称谓有所不同，代表了国家对国有企业管理理念的变迁。1949年9月29日，中国人民政治协商会议第一届全体会议通过的《共同纲领》称"国营经济为社会主义性质的经济""国家经营的企业"。1954年9月20日，第一届全国人民代表大会第一次会议通过的《宪法》记述："中华人民共和国的生产资料所有制现在主要有下列各种：国家所有，即全民所有制""国营经济是全民所有制的社会主义经济"。1975年1月17日，第四届全国人民代表大会第一次会议通过的《宪法》记述："中华人民共和国的生产资料所有制现阶段主要有两种：社会主义全民所有制和社会主义劳动群众集体所有制""国营经济是国民经济中的领导力量"。1978年3月5日，第五届全国人民代表大会第一次会议通过的《宪法》记述："中华人民共和国的生产资料所有制现阶段主要有两种：社会主义全民所有制和社会主义劳动群众集体所有制""国营经济即社会主义全民的所有制经济"。1982年12月4日，第五届全国人民代表大会第五次通过的《宪法》记述："中华人民共和国的社会主义经济制度的基础是生产资料的社会主义公有制，即全民所有制和劳动群众集体所有制""国营经济是社会主义全民所有制经济""国营企业在服从国家的统一领导和全面完成国家计划的前提下，在法律规定的范围内，有经营管理的自主权"。1993年3月29日，第九届全国人民代表大会第一次会议通过的《〈宪法〉修正案》记述："国有经济，即社会主义全民所有制经济""国有企业在法律规定的范围内有权自主经营。"

"厂务会议"制度在实行后,一些工厂曾出现了削弱党支部作用、妨碍和不利于工会独立工作的倾向,以致不能充分调动广大职工参加管理的积极性。针对这种情况,中共中央于1946年5月发出《关于工矿企业政策的指示》,强调企业应实行民主管理,工人应参与企业管理。根据中央这一指示,当时东北、华北解放区许多企业建立了工厂管理委员会。工厂管理委员会制度是苏联"一长制"与我党长期提倡的企业民主管理相结合的产物。从实质上说,它是以"一长制"为主,以职工代表大会为辅的领导体制。1948年年初,毛泽东主席在为中央起草的《关于目前党的政策中的几个重要问题》的指示中,进一步肯定了工厂管理委员会这种形式。

中华人民共和国成立以后,在改革、整顿国营企业之初,1950年2月6日,《人民日报》在"二七"纪念日发表了"学会管理企业"的社论。2月12日中共中央发出了《关于讨论和执行人民日报〈学会管理企业〉的社论的指示》,提出国营企业应普遍建立工厂管理委员会制度。2月28日,政务院财经委员会发出了《关于国营、公营工厂建立工厂管理委员会的指示》,要求国营企业普遍建立这种领导体制,并附发了1949年8月华北人民政府颁布的《关于在国营工厂企业中建立工厂管理委员会与职工代表会议的实施条例》,以供各地参照执行。

但是,中华人民共和国成立初期,在国营企业中,工厂管理委员会领导体制并没有普遍建立起来,大部分地区因民主改革尚未完成而实行党委领导制,而且不少人甚至认为党委领导制比较符合当时我国的国情和国营企业的管理水平。[1] 随着企业民主改革运动的开展和党加强了在企

---

[1] 首先,此时的国营企业绝大部分是通过没收官僚资本而建立的,在对这些企业的接管和改造过程中,党组织发挥了重要作用,在新的领导体制成立之前,一般是实行军代表制,由于企业行政人员往往是旧有人员,对党的各项政策不熟悉,一般无力领导企业民主改革,上级机关对他们也不可能完全放心,因此一旦企业的党组织建立起来,它就成为上级机关和军代表依靠的对象,承担起领导企业各项改革的角色。因此,企业党组织这种先入为主的事实,不能不影响到工厂管理委员会领导体制的贯彻。其次,由于管理委员会带有"一长制"的性质,就要求厂长须具备较高的政治素质和业务能力。而在中华人民共和国成立初期,对于绝大多数国营企业的管理人员来说,二者往往是分离的。一般来说,企业原有的管理人员有一定的专业知识和业务能力,但是刚刚从旧社会过来,政治素质和觉悟较低;而党和政府派去接管或转业来的新管理人员,又因刚接手新的工作,普遍缺乏专业知识和业务能力。国营企业缺乏又红又专的高级管理人员,是工厂管理委员会领导体制难以迅速推行的重要原因。

业中的组织建设，党组织通过指导民主改革等政治运动使其在企业中的地位和作用越来越大，同时也由于抗美援朝以后对干部的政治面貌要求越来越高，而党内缺乏一批又红又专的干部来担任厂长统一指挥，因此在许多国营企业中，党组织实际处于领导地位。如何理顺企业内部的党政关系，就自然提上了党和政府的议事日程，成为需要尽快解决的问题。如何确定及协调企业内党政关系遂成为中央和各大行政区有关国营企业管理的一项重要议题。

东北地区最早推行厂长负责制。[①] 1951年5月，东北局城市工作会议通过《关于党对国营企业领导的决议》，提出厂矿中的生产行政工作实行厂长负责制，企业党组织对厂矿的政治思想负有完全的责任，对行政、生产工作负有保证和监督的责任，并强调"国营厂矿中实行厂长在生产行政管理工作上的责任制，是目前我党管理工业的比较适宜的制度。这不仅由于国营厂矿乃是近代化的高度集中的大规模生产的企业，因之在生产行政管理工作上必须实行严格的负责制；而且由于国营厂矿已经进行了民主改革，生产开始走上正轨，国家经济机关的计划领导加强，新的经营管理制度建立，同时又有苏联专家的具体帮助，在此情形之下，是完全可以实行厂长在行政、生产上的负责制的"。

在东北提出实行厂长负责制的同时，华北、华东地区的城市工作会议则提出国营企业中应实行党委领导制。华北城市工作会议对企业实行党委领导制还是厂长负责制进行了热烈讨论，会议认为，由于正值中华人民共和国成立初期，工矿企业内部的民主改革尚未进行，党内又缺乏既懂得经济工作和技术又懂得党与群众工作的干部来管理工厂，推行厂长负责制的条件并不成熟。会议最后同意实行党委领导制，即凡党、政、工、团的上级指示及其在企业中的具体实施方案和措施，一律经过企业党委讨论，作出决定，分工进行；企业中一切重要事项，最后的决定权

---

① 这是以东北地区工矿企业的实际状况为基础的。东北地区在土地改革完成之后，就开始注意加强城市工作和工矿企业工作，在国营工业企业中进行了民主改革，并抽调了大批党的干部去工矿内担任经理、厂长和做党群工作，学习管理工业，这是东北地区率先推行厂长负责制的重要基础。

属于党委,厂长要对同级党委负责。① 党委实际上成为企业的最高决策和领导机构。

这一时期,中南、西南的国营企业正处于全面民主改革阶段,政治任务多,颇感党委领导制的必要性和好处,因此也主张实行党委领导制。西北地区则反映,由于企业中党的干部质量低、数量少,只能先做发展党员、教育党员的工作,很少可能过问生产,因而暂时谈不上党的统一领导。

对于在国营厂矿企业实行厂长负责制,从中央到地方存在着较大的分歧。中央的看法与华北、华东的观点基本一致。刘少奇副主席于1951年5月16日就国营工厂实现统一领导问题写信给东北局,明确表示工厂中应实行党委制而不是"一长制"。同年7月19日,东北局向中央呈报了《党对国营企业领导的决议》。8月6日,中共中央致函东北局,表示同意厂长负责制在东北试行,东北的上述决议草案在作个别修改后可颁布实施。正如华北局第一书记薄一波同志后来所说的:"我国国营工业企业领导制度,在中华人民共和国成立初期,各地是'八仙过海,各显神通'。"②

1951年12月,中共中央政策研究室召集各大区和中直机关、中央各工业部、全国总工会及产业工会的代表讨论《中共中央关于国营工厂管理的决定》,这个讨论会在企业的党政关系和领导体制上基本统一了认识。会议认为:东北的厂长负责制是好的,将来工厂管理必须走向厂长负责制。但是由于关内各地具体情况不成熟,必须经过过渡时期,即厂长负责制必须在民主改革完成、生产改革有了一定基础时才能实行,而在此期间,以党委领导制较为适宜。关于过渡到厂长负责制的条件,东北的经验是:民主改革基本完成;工厂已能实行计划管理和经济核算制;

---

① 根据当时华北各厂矿的实际情况,许多大厂矿都是旧人员当厂长,实际无法解决党政工团的统一问题;而许多小企业虽然换了共产党员当厂长,但他们很多人不懂生产管理。因此,要在企业中统一思想、统一工作步调,当时的厂长均不能胜任,主要的问题是缺乏技术上和政治上都行的"文武双全"的干部。而党的"一元化"领导,则有长期的经验,抗日战争、解放战争、土地改革皆在党的"一元化"领导下取得胜利,并且军队也实行了党的"一元化"领导,效果很好。因此,在缺乏政治素质和业务水平兼备的干部情况下,应实行党委领导制。

② 转引自张明楚《中共八大与我国国营工业企业领导体制的变革与发展》,《当代上海研究论丛2辑》,2006年12月。

专业管理机构建立,有了技术管理规程;党群工作有了基础,干部有了管理经验。此外,华东还加了一条:企业外部的领导步调一致,克服了多头领导现象。

(二)推行厂长负责制

1953年,我国转入大规模经济建设,并开始执行第一个五年计划。为了适应"一五计划"的要求,党和政府逐步加强了中央集权和经济部门的"条条"管理,同时在企业管理方面,也更加强调责任制和规范化。

在这种背景下,中央按照原来的设想及其当时的客观需要,开始在全国范围推行"一长制"。1953年9月,中共中央在《关于国营厂矿加强计划管理和健全责任制的指示》中明确提出,在全国的国营工矿企业中推行厂长负责制,要求:"凡有条件并必须加强计划管理的国营厂矿,今年下半年仍应以加强计划管理、推行作业计划为中心环节,以便由此带动一般工作,建立和健全各种责任制,特别是厂长负责制和生产调度的责任制。"根据中央的指示,各地从1953年下半年开始相继在工业企业中推行厂长负责制的领导体制。1954年5月28日,中共中央转发了华北局《关于在国营厂矿企业中实行厂长负责制的决定》,并要求全国国营厂矿全面实行厂长负责制。但不久,由于受到一些政治事件的影响,特别是在七届四中全会之后,东北开始批判"一长制";加之实际工作中发生了一些厂长和党委书记关系处理不好的情况以及缺乏管理企业的经验,对是否应推行厂长负责制产生了比较激烈的争论。

根据这种情况,中共中央责成中央第三办公室调查研究有关企业领导体制的问题。1955年4月,中共中央第三办公室邀请了出席全国党代表会议的24位代表召开了"工矿企业的领导问题座谈会"。经过讨论,大多数同志不同意在工矿企业中实行党委领导下的"一长制",但对于厂长是否必须服从党组织监督的范围和党组织在生产管理方面的决定等问题上,与会同志还未取得一致意见。至于各地现行的不同领导制度,不宜草率改变,厂矿企业中厂长负责制及其他责任制度建立不好的地方应继续建立与加强,党的思想政治工作薄弱的地方要迅速加以改善,这些问题上与会同志的意见则始终是一致的。1955年5月,国务院第三办公室主任薄一波、黄敬等在苏联访问,曾专门就"一长制"问题请教苏联主管经济工作的领导人,苏方介绍了苏联实行"一长制"的历史经验,并指出"一长制"对干部的素质要求比较高。1955年6月4日、6日和13日，中央第三办公室趁第一、二机械工业部召开厂长会议之便，分别邀请了50个厂的党委书记和厂长举行了三次座谈会，就企业领导体制问题进行座谈讨论。到会干部普遍反映：一是目前工厂中的领导制度相当混乱；二是自1953年下半年各地推行"一长制"以来，虽然已近两年，但真正贯彻了"一长制"管理原则的工厂并不多，许多厂长不熟悉业务，不敢大胆负责，遇事都要找党委商量；三是党的思想政治工作薄弱，对经济工作的监督保证软弱无力。

尽管如此，中央鉴于对党的中心任务和工业企业生产状况的综合考虑，仍决定继续推行厂长负责制。1955年10月24日，中共中央批转《中共中央第三办公室关于厂矿领导问题座谈会的报告》，要求：企业中的党组织必须认真帮助确立和巩固企业管理反冒进的"一长制"，并教育一切工作人员严格遵守企业行政纪律和秩序。党组织必须把确立"一长制"作为自己的一个基本的政治任务。因为在企业中只有建立了严格的"一长制"，才能确立有效的经济秩序和工作秩序，这种秩序正是办好一个企业所必需的，而无人负责是一种最可怕的不良现象。绝不可以把党的政治领导与推行"一长制"对立起来，绝不可以使经济工作与政治工作分离开来。[①]

1955年下半年，中共中央第三办公室又召开了两次各地党委、工交部长座谈会，并由国务院各工业部人员参加座谈。会上，两种意见的争论仍很激烈。毛泽东在中共中央第三办公室为会议起草的文件初稿上批示："重大问题上的合议制，执行方面的单一责任制。"根据这一精神，文件肯定了企业党委在企业中的领导地位，但仍没有正式否定"一长制"，也没有明确提倡党委集体领导下的厂长负责制。

（三）重新选择党委领导下的厂长负责制

1956年上半年，毛泽东在听取各工业部门汇报工作时，几次谈到企业领导体制问题，并明确提出企业应实行党委领导下的厂长负责制。毛泽东说："例如'一长制'，中央曾经批转过某些地区的经验，认为可以

[①] 全国总工会政策研究室：《中国企业领导制度的历史文献》，经济管理出版社1986年版，第202页。

试行。那个时候对这个问题还没有经验,就不能下一个断语,说'一长制'不好。一直到不久以前,我们才断定'一长制'不好,集体领导和个人负责相结合的制度好。"①

同年7月,中共中央工业交通工作部起草下发了《关于国营工业企业领导问题的决议(草案)》,其中指出:"最近几年,在企业领导问题上,流行着一种同党的集体领导相对立的带有个人独裁意味的所谓'一长制'的论调和做法,片面强调企业行政领导者的权力,而否认党组织对企业行政的领导,片面强调行政命令,而忽视群众路线的领导方法,就使企业行政领导产生了脱离党的领导和脱离群众的危险倾向",从而对厂长负责制提出了严厉的批判。《决议(草案)》还明确指出:"我们在工业企业中需要采取的领导制度,应当是党的领导和个人负责相结合的制度,在企业行政管理方面,就是党委集体领导下的厂长负责制。"

1956年9月,刘少奇副主席在八大上所作的政治报告中正式提出在国营企业中实行党委领导下的厂长负责制:"在企业中,应当建立以党为核心的集体领导和个人负责相结合的领导制度。凡是重大的问题都应当经过集体讨论和共同决定,凡是日常的工作都应当由专人分工负责。"② 9月16日,邓小平同志在大会上作《关于修改党的章程的报告》,他在肯定军队实行的党委集体领导下的首长分工负责制之后说:"根据最近几年的经验,中央已经决定在一切企业中同样实行党委集体领导的制度,也就是党委集体领导下的厂长负责制或经理负责制等等。"③ 会议期间,中共中央工业交通工作部部长李雪峰专门就企业实行党委领导制作了专题发言。④ 湖北省委书记王任重、黑龙江省委书记欧阳钦也介绍了这方面的

---

① 中共中央文献研究室、中央档案馆《党的文献》编辑部:《党的文献》,中央文献出版社1991年版,第6页。

② 中共中央办公厅:《中国共产党第八次全国代表大会文献》,人民出版社1957年版,第36页。

③ 中共中央办公厅:《中国共产党第八次全国代表大会文献》,人民出版社1957年版,第87—89页。

④ 中共中央办公厅:《中国共产党第八次全国代表大会文献》,人民出版社1957年版,第457—458页。

经验教训。①

党的八大确定企业实行党委领导制后,过去实行党委领导制下的弊病,诸如无人负责、管理粗放、纪律松弛等再次暴露出来。党虽然通过建立职工代表大会加强了企业的民主监督和民主管理,但是在党委领导制下如何加强企业对国家的责任,则是没有进步,反而比"一长制"退步了。在企业内,党委毕竟只是党的一级组织机构,它不是国家委任和授权的企业管理者,只对上级党委和企业党员负责,因此上级党委的指示就成为其第一决策依据运行的动力,同时也受到党员群众的要求影响。"大跃进"的沉痛教训,使得中央开始重视如何在强调党委集体领导和民主管理下加强个人的责任。

为了迅速扭转工业生产大幅度下降的困境,1961年6月17日,中央书记处召开会议,确定起草工业企业条例,并决定由薄一波副总理主持起草工作。7月初,薄一波等草拟出了一个比较简单的稿子。经过修改,形成初稿,题为《国营工业管理工作条例(草案)》,共15章80条,于7月16日报送中央书记处。8月11—14日,在邓小平同志的主持下,中央书记处在北戴河连续举行了4天会议,对条例稿逐条讨论,最后定为10章70条。8月23日,中央工作会议在庐山召开。会议讨论并通过了这一条例,并经毛泽东主席、周恩来总理审阅,改名为《国营工业企业工作条例(草案)》,内容共70条,简称《工业七十条》,并于9月16日正式颁发。②

---

① 中共中央办公厅:《中国共产党第八次全国代表大会文献》,人民出版社1957年版,第172—177页。之所以在1956年放弃"一长制"、改行党委领导制,可能是出于以下两个原因。第一,从政治方面来看,接受苏联斯大林晚年所犯错误的教训,强调集体领导和党内民主集中制。八大的主题之一就是强调集体领导和加强党内民主制度的建设。而企业作为国家的重要组成单位,同时也是党的基层组织的重要所在地,就政治上来说,其领导体制必然要与党的一元化领导体制和集体领导、群众路线的要求相一致。第二,就国营企业的经营管理而言,由于在传统的单一公有制和计划经济体制下,国营企业缺乏有效的外部产权所有者的监督和市场制约,企业内部也因责、权、利不明,缺乏激励和淘汰机制,使得国营企业管理体制很难理顺。因此,党委领导制在传统的计划经济体制下,特别是由于我国当时缺乏又红又专的企业管理人才的情况下,确实比"一长制"更有利于国家对企业的控制和缓和企业内部工人与管理者的矛盾,有助于企业管理的民主化。

② 张明楚:《中共八大与我国国营工业企业领导体制的变革与发展》,《当代上海研究论丛2辑》,2006年12月。

该条例尽管仍然坚持党委领导下的厂长负责制，但是突出了厂长的作用，强调建立健全企业规章制度，实行责任制。《中央关于讨论和试行国营工业企业工作条例的指示》指出："企业党委应当把调查研究和思想政治工作放在第一位，不要去代替厂长，包办行政事务，而要好好地领导和支持以厂长为首的全厂统一的生产行政指挥系统行使职权。"[①]

企业党委对企业干部管理实行统一领导。其主要职责是管理除上级党委管理以外的企业党政领导干部，有突出贡献的生产技术、科学研究、企业管理人员，企业要害部门的工作人员，著名的先进生产者；对这些干部要考察了解、教育培养；讨论决定干部工作计划、在职干部培养训练、重要干部任免和干部的成批调动。协助上级党委管理企业中属于上级党委管理的干部。一般行政干部由企业行政管理。

企业党委组织部在干部工作方面的主要任务是：掌握干部的思想情况，进行思想教育工作；具体贯彻执行党的干部工作方针和干部政策；拟订干部工作计划，并检查执行情况；对属于党委管理的干部进行经常的考察了解，并及时提出挑选和使用干部的意见；办理行政技术干部的调动事宜；管理党群工作干部的全部档案和属于党委管理的行政技术（包括非党干部）的全部档案，或集中管理所有干部档案。

企业行政部门的人事管理机构在党委和厂长的领导下主要从事下述工作：考察了解干部和协同有关部门管理在职干部的培养训练工作；提出挑选和使用干部意见；及时掌握干部思想情况和进行思想教育；办理行政干部的调动任免事宜；办理行政干部的吸收录用；办理干部的工资福利和退休、退职等工作。

1962年，中共中央批准了《中国共产党国营工业企业基层组织工作条例试行草案》，从党政职责的角度进一步肯定了上述企业人事管理体制以及党、政双方在人事管理工作的职责分工。

[①] 全国总工会政策研究室：《中国企业领导制度的历史文献》，经济管理出版社1986年版，第241—242页。

二 建立厂矿企业的技术干部选拔机制

为了解决工业建设及其他方面迫切需要干部而现有干部的分布和使用又不尽合理的问题，1953年11月发布了《中央关于统一调配干部，团结改造原有技术人员及大量培养、训练干部的决定》（以下简称《决定》）和《关于分期分批调配工业干部的通知》，根据统一调整、重点配备、大胆提拔的原则，为新建、改建和扩建的厂矿配备足够数量和一定质量的干部，主要机制包括：

一是由党的组织部门会同各有关方面，对全国地委以上党政机关和各厂矿的主要干部及其他适于转入厂矿工作的干部，进行一次统计，以便根据国家建设的需要，统一制订分期分批调配干部的计划，报经中央批准实施。

二是精简行政机关，以便抽出一批条件适合的干部，转入厂矿企业中工作。

三是各经济工作部门，应根据紧缩上层领导机关，充实下层生产单位及基本建设单位的原则，除保留必不可少的机关工作人员外，对其余机关干部应尽量派到厂矿企业中去工作。

四是就现有厂矿的干部进行必要的调整。各工业城市除应保留两三个重点工厂的较强干部，一般不予调动，以利于积累经验；对其余厂矿企业，在不妨害生产管理的原则下，均应有计划地分期分批地抽出大批有经验的干部去加强新建厂矿的工作。对全国各私营企业，亦应给予为新建厂矿培养和输送干部的任务。

五是不论各级经济领导部门和各厂矿单位，均应根据"才德兼备"的标准，大胆地、大量地从有生产经验、有工作能力、有发展前途而政治上又忠实可靠的先进技术工人和革命青年知识分子中提拔干部，并普遍采取设副职制的办法，使其在老的骨干带领下，经过实际工作锻炼，逐渐胜任生产管理工作和技术领导工作。

《决定》还指出，要大量培养、训练新的技术工人和新的技术专家。为了及时满足国家建设的这一日益增长的需要，全国现有的工业、运输、地质、建筑等方面的高等学校、设有工科的高等学校及中等技术学校，必须有计划地予以扩充和加强，并应视条件的可能，举办更多的中等技术学校，大量招收革命青年知识分子和先进工人及抽调一批在职干部入学，加以系统地培养和训练。全国现有一切生产部门和厂矿企业，必须采取各种方法，如举办技术讲座（请苏联专家或原有的技术人员讲课）、组织技术研究会（总结和交流技术经验）、开办技工学校、技工夜校、短期的技术训练班、签订师徒合同（带徒弟）等等，不断地提高现有技术人员的水平，迅速地把大批普通工人培养训练成为技术工人。此外，还应选派留学生和实习生去苏联和东欧人民民主国家学习，以便更多地培养、训练出国家建设的高级领导骨干和新的技术专家。通过这一机制，在3年之内，调到工业部门工作的干部共有16.3万人，其中调到国营工业企业的干部有10.3万人。①

三　国有企业干部任免权的下放和回收

随着中央管理的干部职务范围的紧缩，中央管理的国有企业领导干部职务范围也发生了变化。1956年，国务院各工业部门所属一部分企业事业的行政领导职务，被下放给有关各工业部党组自行管理，其党群领导职务被下放给地方党委管理。1958年，中共中央又先后决定，除少数高等院校、中等专业技术学校和工业、铁道、邮电、交通、粮食、商业、外贸等系统中个别有特殊重要性的企业、事业单位的领导职务仍由中央管理外，其余的大部分或全部下放给地方党委管理。②

从1959年起，国民经济出现了连续三年困难。为了克服困难，从1960年起，中共中央和国务院重新强调要加强中央的集中统一领导，实行"全国一盘棋"。适应这种形势，前一时期过多下放的干部管理权限也开始逐步收回。先是将部分省市的煤炭管理局及其所属的大型煤矿的行政领导职务从地方收回，统由中央主管部门管理；后又将1958年开始的"大跃进"时期下放的工业、铁道、交通、邮电、商业、外贸等系统所属重要企业、事业单位和高等学校领导干部的管理权限陆续上

---

①　中国产经新闻网：《引才引智70年：大力提升国家核心竞争力和综合国力》，发布时间：2019年11月29日。

②　张志坚、苏玉堂：《当代中国的人事管理》（上册），当代中国出版社1994年版，第258—267页。

收。1961年1月，党的八届九中全会决定成立六个中央局，代表中央分别加强对各省、自治区、直辖市党委的领导。随后，中共中央下发了《关于调整管理体制的若干暂行规定》，要求自1958年以来，各省、区、市和中央各部下放给专署、县和企业的人权、财权、商权和工权，放得不适当的，一律收回。同时还规定，中央各部直属企业的行政管理、生产指挥、物资调度、干部安排的权力，统归中央主管各部。

四 培养选拔新生力量

各级组织、人事部门积极组织力量，深入下去考察了解干部，物色比较年轻的优秀人才。少数条件成熟的，直接提拔进入各级领导班子；多数人则作为一些重要领导岗位的后备干部进行培养。根据当时的情况，一般都把他们派到农村、工厂参加一两期社会主义教育运动后，留在县和厂里担任党政主要领导工作，准备锻炼几年后再提拔到较高级的领导岗位上去。各省、自治区、直辖市党委还责成组织、人事部门于1964年和1965年先后从应届大学毕业生中挑选了100名优秀分子进行重点培养。其中有60名由中共中央组织部直接负责培养和组织锻炼，部长安子文和中组部其他领导人亲自带领他们分别到河北、山西、陕西等省的农村基层，参加社会主义教育运动以后又分批到县和工厂担任领导工作，进行锻炼。[①] 但是，之后由于受到政治运动的影响，既定的干部选拔任用措施未能坚持下去，还有一些措施和设想根本没有得到实行，国有企业干部选拔任用工作陷入停滞。

第二节 国有企业干部选拔任用制度的改革与探索（1977—1992年）

1977—1992年，随着企业扩大自主权，经济责任制和承包经营责任

[①] 张志坚、苏玉堂：《当代中国的人事管理》（上册），当代中国出版社1994年版，第280页。

制的实行，国有企业干部选拔任用的管理体制机制、任免权限、选拔任用标准都进行了相应的调整。

一 扩大国有企业用人自主权

随着企业作为相对独立的商品生产者的地位的逐步确立，开始扩大企业用人自主权，并对企业领导体制进行了相应的改革，推行党委领导下的厂长负责制，扩大企业用人自主权。①

1978年7—9月，国务院召开务虚会，主要研究加快四个现代化建设，会上提出了有关经济管理体制改革问题。李先念副主席在会议总结讲话中指出，要坚决实现专业化、发展合同制和贯彻执行按劳分配原则。一定要给予各企业以必要的独立地位，使它们能根据自身的经济需要，自动地履行经济核算、降低经济消耗、提高劳动生产率和资金利润率、提高综合经济效果。1978年10月，四川省选择了不同行业有代表性的重庆钢铁公司、成都无缝钢管厂、宁江机厂、四川化工厂、新都县氮肥厂和南充钢厂率先进行了"扩大企业自主权试点"。试点的主要内容是：逐户核定企业的利润指标，规定当年的增产增收目标，允许在年终完成计划以后提留少量利润作为企业发展基金，允许给职工发放少量奖金。到试点当年的第四季度，这些企业就超额完成了计划，取得意想不到的效果。改革显示出企业蕴藏的巨大潜力。四川省6户国有企业改革试点成为国有企业改革乃至整个城市经济体制改革起步的标志。

四川省6户国有企业扩大自主权试点取得的明显成效，以及党的十一届三中全会关于改革的重大决策，有力地推动了扩大企业自主权试点在更大范围内的逐步展开。1979年1月31日，中共四川省委根据中央精神，在总结6户试点企业做法的基础上，制定了《关于地方工业扩大企业权力，加快生产建设步伐的试点意见》，把试点的工业企业由6户扩大到100户，同时还选择了40户国营商业企业进行扩大经营管理自主权的试点。在干部选拔任用方面，其主要举措为：企业有权选择中层干部，招工择优录取和辞退职工。1979年5月，国家经委、财政部等6部委联

---

① 徐颂陶：《中国人事管理工作实用手册》，中国财政经济出版社1992年版，第93页。

第六章 国有企业干部选拔任用制度

合发出通知,确定在京、津、沪三市的首都钢铁公司、北京清河毛纺厂、天津自行车、上海柴油机厂、上海汽轮机厂等8户企业进行扩大经营管理自主权的改革试点。① 在干部选拔任用方面,企业的人财物、产供销,由企业主管部门综合平衡,统一安排;在定员、定额内,企业有权决定机构设置,并任免中层以下干部。②

为规范并加快扩大企业自主权试点工作,1979年7月13日,国务院颁发《关于扩大国营工业企业经营管理自主权的若干规定》,同时下发的还有《关于国营企业利润留成的规定》《关于开征国营企业固定资产税的暂行规定》《关于提高国营工业企业固定资产折旧率和改进折旧费使用办法的暂行规定》《关于国营工业企业实行流动资金全额信贷的暂行规定》等文件,这是改革开放后中央政府关于国有企业改革的第一批文件。其中,主要文件《关于扩大国营工业企业经营管理自主权的若干规定》后来被称为"扩权十条",其中明确指出:"企业在定员、定额内,有权根据精简和提高效率的原则,按照实际需要,决定自己的机构设置,任免中层和中层以下的干部。企业有权按照国家劳动计划指标择优录用职工。"

虽然由于当时各方面的配套措施和社会条件尚不成熟,大多数企业的用人自主权实际上未能很好地得到贯彻落实,但是,这些规定从政策上初步明确和肯定了企业的人事自主权,为以后的企业干部人事制度改革奠定了基础。③

---

① 邵宁:《国有企业改革实录(1998—2008)》,经济科学出版社2014年版,第8—11页。
② 其他举措包括:(1)主管部门要在当年内对企业实行"五定"(即定生产方向、生产规模、燃料动力、原材料和协作关系);(2)企业的人财物、产供销,由企业主管部门综合平衡,统一安排;(3)主管部门安排生产计划时,对所需要的物资条件必须保证;(4)试行企业利润留成;(5)从1979年起,企业计提的折旧基金,70%留给企业;(6)新产品试制费按一定比例,在企业利润中留用;(7)企业有权申请产品出口,参与外贸谈判,并取得外汇留成;(8)企业在招工计划内择优录取职工;(9)职工提出合理化建议,有经济效益者,企业可以予以奖励,职工失职造成重大经济损失,企业可予以处分直至开除;(10)经营管理好的企业,在调整工资时,职工的升级面可以略高于平均水平;(11)在定员、定额内,企业有权决定机构设置,并任免中层以下干部。
③ 徐颂陶:《中国人事管理工作实用手册》,中国财政经济出版社1992年版,第92页。

二　实行多种形式的国有企业干部聘任制

（一）全面推行厂长负责制

围绕贯彻落实《中共中央关于经济体制改革的决定》，改革企业领导体制，推行厂长负责制，进一步扩大和落实企业用人自主权，打破企业干部管理的单一模式。[①]

探索打破干部和工人的界限。1984年5月，国务院颁发了关于进一步扩大企业自主权的十项规定，明确指出，在劳动人事方面，企业厂长、经理有权任免、调动中层行政干部和一般管理干部，企业可根据需要从工人中选拔干部，在任职期间享受同级干部待遇，不担任干部时仍当工人，不保留干部待遇，等等。十项规定的提出，涉及干部能上能下、能进能出这一干部管理的重大问题，开始在企业内部打破干部和工人的界限，改变干部终身制现象，使企业干部人事制度改革有了新的突破。

全面实行厂长负责制。1986年年底，中央和国务院先后颁布了国营工业企业的三个工作条例及其补充通知，在企业开始推行各种形式的经营承包责任制，全面实行厂长负责制，并围绕企业经营机制和领导体制的改革，相应地对企业内部的人事制度进行了一系列改革和探索，有效地启动了灵活的用人机制，激发了企业干部职工的进取精神和积极性。

（二）实行多种形式的干部聘用制度

贯彻公开、竞争、择优的原则，初步打破干部和工人的身份界限，从干部入手层层进行优化劳动组合，实行了多种形式的企业干部聘用制度，逐步建立起企业管理人员的考核、流动、奖惩、分配、培训等具体人事管理措施，并围绕企业内部人事制度改革，探讨配套改革的措施和办法，以创造良好的外部环境和社会条件。企业干部聘用制，从1984年开始试行，1987年起在全国范围内得到普遍推广。[②]

在企业推行聘用制，一般是从工人中选拔和任用干部，即企业在定岗定编的基础上，根据实际需要聘用工人到干部岗位上工作，聘用制干部在受聘期间享受干部待遇，解聘后享受所在岗位待遇。有的地区和企

---

① 徐颂陶：《中国人事管理工作实用手册》，中国财政经济出版社1992年版，第93页。
② 徐颂陶：《中国人事管理工作实用手册》，中国财政经济出版社1992年版，第96页。

业还试行了全员聘用制，即在企业内部打破干部和工人的界限，一律采取聘用上岗的办法。实践证明，在企业内部实行干部聘用制，是企业人事管理制度改革的一项重要措施，它有利于扩大企业自主权，简化过去从工人中选拔干部的烦琐手续；有利于弥补企业干部队伍来源的不足，拓宽了企业选拔优秀人才的渠道；有利于打破干部职务终身制，增强企业干部的压力和使命感，有效地调动他们的积极性。企业干部聘用制在全国各地发展很快。据不完全统计，到 1989 年年底，全国共有企业聘用制干部 170 多万人，约占企业干部总数的 13.6%。①

这些制度和规定进一步开通了干部能上能下的渠道，使废除领导职务终身制有了较大进展。由于选拔任免干部工作必须同这些制度与规定相适应，因此，既受其制约，又进一步为废除领导职务终身制提供了保证。

三 引入竞争机制

随着企业领导体制和人事管理机构的不断改革和调整，领导干部选拔任用制度也逐步进行了改革。主要是：下放了干部管理权限，扩大了企业用人自主权；引进了竞争机制，试行了干部聘任制；普遍推行了厂长任期目标责任制；加强了培训工作，提高了企业干部和管理人员的素质。

（一）明确党组织核心作用，扩大企业用人自主权

随着企业推行各种形式的经营承包责任制和全面实行厂长负责制，在人事管理方面扩大了企业的用人自主权，使企业能够根据实际需要自主地决定自己的机构设置，任免中层和中层以下的管理干部，从而在一定程度上保证了厂长、经理灵活地指挥生产经营和行政管理活动，促进了生产的发展。在扩大企业厂长、经理用人自主权的同时，还从制度和措施上建立了相应的监督制约机制，注意充分发挥企业党组织的政治把关作用以及职工代表大会的监督职能，以避免在用人问题上出现"个人说了算""任人唯亲"等现象。

1986 年，中共中央、国务院颁发了《全民所有制工业企业厂长工作

---

① 徐颂陶：《中国人事管理工作实用手册》，中国财政经济出版社 1992 年版，第 97 页。

条例》和《中国共产党全民所有制企业基层组织工作条例》，规定厂长有下述人事管理职权：（1）副厂长、厂级经济技术负责人，中层行政干部的人选方案由厂长负责提出，并征求企业党委意见。厂级行政副职按干部管理权限上报审批；（2）中层行政干部由厂长决定任免；（3）厂长对职工有奖惩、调资、晋级的权力。对厂级干部和有关部门干部的奖惩、调资、晋级提出意见后按干部管理权限上报审批。

党委有下述人事管理职权：（1）按照党的干部路线和干部政策，对企业各级干部进行教育、培养、考察和监督；（2）对厂长提出的副厂长和经济技术负责人及中层行政干部的人选方案，企业党委应当提出意见和建议；（3）按照干部管理权限和有关规定，管理企业党群干部。

1988年4月，第七届全国人大第一次会议通过了《中华人民共和国全民所有制工业企业法》（以下简称《企业法》），确立了具有中国特色的企业制度。厂长是企业的法定代表人，企业的经营决策权、生产指挥权和人事任免权，统一由厂长依法行使。《企业法》赋予厂长下述人事管理职权：决定企业行政机构的设置；提请政府主管部门任免或者聘任、解聘副级行政领导干部（法律和国务院另有规定者除外）；任免或者聘任、解聘企业中层行政领导干部（法律另有规定者除外）；提出工资调整方案、奖金分配方案，提请职工代表大会审查同意；依法奖惩职工，提请政府主管部门奖惩副厂级行政领导干部。

为进一步明确企业党组织在企业中处于政治核心地位，1989年9月，中共中央发出了《关于加强党的建设的通知》，要求企业党委要参与讨论企业的重大问题并提出意见和建议，支持厂长独立负责地处理经营管理、生产指挥、技术开发中的问题。企业中层行政干部，由厂长提名，或党委推荐，经党、政领导集体讨论后，由厂长任免。企业领导人的报酬，要接受上级部门和党组织的检查和监督。

（二）把企业管理人员从"国家干部"队伍中分离出来

党的十三大报告提出："进行干部人事制度的改革，就是要对'国家干部'进行合理分解，改变集中统一管理的现状，建立科学的分类管理体制；改变用党政干部的单一模式管理所有人员的现状，形成各具特色的管理制度。""建立国家公务员制度的同时，还要按照党政分开、政企分开和管人与管事既紧密结合又合理制约的原则，对各类人员实行分类管理。""企事业单位的管理人员,原则上由所在组织或单位依照各自的章程或条例进行管理。"①

按照党的十三大提出的对干部实行分类管理的构想,把企业管理人员从"国家干部"队伍中分离出来,在严格执行党的干部路线、方针和政策的前提下,通过对企业管理人员的任用和管理方式的改革,初步建立起符合企业特点的干部人事管理体制,改变了用党政机关干部的管理模式来统一管理企业干部的状况。同时,在企业内部,根据党务工作者、生产经营和行政管理人员以及专业技术人员在工作性质和岗位特点等方面的差异,分别实行不同的管理办法,建立有利于各类人才成长的人事管理制度,有效地调动了他们的积极性。②

(三) 适当引入竞争机制,采用多种任用形式

这一时期改变了以往单一的委任制度,通过适当地引入竞争机制,形成了委任、直接聘任、招标聘任、选举等多种任用形式,从而使企业主管部门和企业能够根据不同的具体情况,选择适当的任用形式来选拔德才兼备的企业管理人员。

伴随着落实承包经营责任制,一些地方、企业开始施行以公开招标的方式,择优选聘企业承包经营者。1988年,中央组织部、人事部发布关于在全民所有制工业企业引入竞争机制、改革人事制度的若干意见,规定了企业人事制度改革的一系列政策措施。企业厂长、经理的产生,除继续采用委任的办法外,还采取了直接聘任、招标聘任、民主选举等办法,打破了任用企业经营者的单一委任制。对企业内部的其他各级管理人员,包括行政副职和中层行政干部,也通过逐级聘任、自由组合等竞争形式,进行了不同程度的优化组合,提高了企业干部的素质,优化了干部结构。此外,大多数企业普遍精简了机构,从内部和外部进行了相应的配套改革,从而突破了以往的企业干部管理模式,开始探索建立与社会主义有计划商品经济相适应的、符合企业特点的新型人事制度。

1988年6月,中央组织部和国家人事部联合发出通知,要求各地突

---

① 张志坚、苏玉堂:《当代中国的人事管理》(上册),当代中国出版社1994年版,第111—115页。

② 徐颂陶:《中国人事管理工作实用手册》,中国财政经济出版社1992年版,第95页。

破传统选拔、任用企业领导干部做法，积极推进竞争招标选聘企业经营者，并就有关政策提出了指导性意见，北京、天津、吉林、辽宁、河北、湖北，以及福州、苏州、哈尔滨、洛阳等省市分别制定了规范招标竞争承包的相关规定。干部选拔由封闭式变为开放式，拓宽了选才视野，一大批经营管理人才得以脱颖而出。据统计，全国实行承包制的国营工业企业中，约30%的承包经营者是通过公开招标选聘的。有的还从企业主管部门对厂长的聘任，扩大到厂长对副厂长、中层干部和技术人员的聘任。[1]

从企业厂长、经理任用方式的改革情况看，在委任、直接聘任、招标聘任、选举等几种主要任用形式中，委任制一般用于对国民经济具有重要影响的大型企业和特大型企业以及某些生产性质特殊的企业。由主管部门直接聘任厂长、经理的方式，主要是在那些企业基础条件较好、经济效益稳定、企业干部职工素质较高的企业中实行的。一些规模较小、基础较差、经济效益不够好、内部人才缺乏的中小型企业，采取了公开招标选聘厂长经理的办法。此外，在一些小型企业，还实行了选举聘任厂长、经理的办法。在选聘厂长、经理的过程中，各地基本上坚持了公开、竞争择优的原则，注意把握三个环节：一是坚持企业经营者的基本条件，特别是把好政治素质关；二是坚持把握选聘工作的基本程序，重点是把握资格审查、方案论证、公开答辩、考核评议等环节；三是注意根据企业的不同情况采取不同的聘任形式。在改革厂长、经理任用方式的同时，相应地对企业行政副职和中层行政干部的任用制度进行了改革。对企业行政副职，特大型企业的行政副职一般由主管部门委任；一般大中型企业的行政副职由正职提名，政府主管部门批准聘任；小型企业的行政副职大多由厂长、经理聘任。对企业中层行政干部的任免，在充分征求并尊重企业党组织和职工代表大会意见的基础上，由厂长、经理决定。总之，通过采取多种形式的任用制度，拓宽了选拔人才的范围，增强了企业干部的压力和责任感，对调动企业干部的积极性起到了有效的激励作用。[2]

---

[1] 邵宁：《国有企业改革实录（1998—2008）》，经济科学出版社2014年版，第34—35页。
[2] 徐颂陶：《中国人事管理工作实用手册》，中国财政经济出版社1992年版，第96页。

（四）逐步走上制度化、法制化轨道

企业领导干部选拔任用正逐步走向制度化、法律化的轨道。这也是企业人事制度改革的一项重要内容。各地在改革实践中，都注意做好立法工作，根据企业改革的总方向，结合当地企业实际情况，制定了一些行之有效的规章和措施，使那些经过实践检验是正确的改革成果和措施相对固定下来，使企业人事管理工作有章可循，这对企业干部人事制度改革沿着法制化轨道平稳推进起到了积极的作用。

1988年4月，《企业法》颁布。《企业法》规定，企业实行厂长（经理）负责制。厂长的产生，除国务院另有规定外，由政府主管部门根据企业的情况决定采取下列一种方式：政府主管部门委任或者招聘；企业职工代表大会选举。政府主管部门委任或者招聘的厂长人选，须征求职工代表的意见；企业职工代表大会选举的厂长，须报政府主管部门批准。政府主管部门委任或者招聘的厂长，由政府主管部门免职或者解聘，并须征求职工代表的意见；企业职工代表大会选举的厂长，由职工代表大会罢免，并须报政府主管部门批准。《企业法》将改革过程中那些被实践证明是正确的措施和做法通过法律的形式固定下来，这标志着企业人事管理及其他管理活动逐步走上了法制化的轨道。1990年12月，党的十三届七中全会通过《中共中央关于制定国民经济和社会发展十年规划和"八五"计划的建议》（以下简称《建议》）。《建议》首次将国有企业内部领导体制重新表述为"进一步发挥党组织的政治核心作用，坚持和完善厂长责任制，全心全意依靠工人阶级办好企业"。

总的来看，这一时期，企业干部人事制度改革在许多方面取得了突破性进展，其发展方向是正确的，成绩是主要的。但也应该看到，这期间企业人事制度改革也存在着一些不容忽视的缺点和问题：比如有些地方不同程度地出现了淡化企业党组织的作用、忽视企业经营者的政治素质、削弱企业思想政治工作等倾向；企业人事制度改革的法规尚不健全，措施尚不配套，特别是在扩大厂长、经理用人自主权的同时，缺乏必要的有效监督制约措施；在企业内部人事管理制度的改革方面，在强调引入竞争机制的同时，相对忽视了保持企业管理人员队伍的稳定，在引入竞争机制的范围和程度上缺乏适当的合理有效的控制，使少数企业

出现由大换班、大进大出而引起的种种短期行为；在改革的步骤和程序上，有时出现简单化、"一刀切"、操之过急的倾向。比如在企业经营者的任用制度改革中，有的地方不切实际地过分强调公开招标聘任制的作用、不适当地把范围搞得过大、要求过急。① 党的十三届四中全会以后，中央采取了一系列有力措施，切实纠正前段时期出现的"一手硬、一手软"的问题。在企业人事制度改革方面，中央领导同志一再强调《企业法》不变，厂长负责制要继续坚持和完善，要保持那些行之有效的改革政策和措施的连续性和稳定性，同时还强调了加强企业党的建设和思想政治工作的重要性。1989年8月，中央发布《关于加强党的建设的通知》，明确提出要在坚持厂长、经理在企业中的中心地位的同时，充分发挥企业党组织的政治核心作用，在企业干部人事管理中要坚持党管干部原则，重视和加强思想政治工作。党中央的一系列关于干部管理的方针和政策，在各地得到了认真的贯彻执行，取得了显著效果，也为今后企业人事制度改革的不断发展和深化指明了正确的方向。②

第三节 国有企业干部选拔任用制度的突破与发展（1992—2012年）

经过长时间的改革探索，国有企业改革的方向逐步明确，配合建立现代企业制度的改革目标，国有企业干部选拔任用也进入了突破与发展阶段。

一 加强内部管理与进一步大规模放权

（一）"破三铁"与转换企业经营机制

随着国有企业改革的逐步推进，人们开始认识到，要真正搞活企业，除了改善企业生产经营的外部环境，实现所有权与经营权分离，规范政府行为以外，还必须改革企业内部的各项基本管理制度，特别是计划经

---

① 徐颂陶：《中国人事管理工作实用手册》，中国财政经济出版社1992年版，第100页。
② 徐颂陶：《中国人事管理工作实用手册》，中国财政经济出版社1992年版，第94页。

济体制下的劳动、分配和人事制度。这项改革从20世纪80年代就已经开始，1992年，加强企业内部改革被提上议事日程。

为了贯彻党中央、国务院关于改革人事制度的一系列决定，中央组织部、人事部于1988年、1991年先后出台了《关于全民所有制工业企业引入竞争机制改革人事制度的若干意见》和《关于全民所有制企业聘用干部管理暂行规定》，提出要把竞争机制引入企业人事管理，对企业经营者实行公开招标选聘，并实行合同制管理；对不适合公开招聘的企业，也应在确定国家与企业之间、企业所有者与经营者之间的契约关系的同时，采用其他办法竞争产生企业经营者，同时明确提出，实行各种经营责任制的企业（除特大型企业外）的行政副职，均由企业经营者聘任，企业内部的各级管理人员实行逐级聘用，择优而任。还强调"必须坚决实行能上能下、打破干部领导职务终身制。企业经营者及各级管理人员受聘什么职务，就享受什么待遇，解聘或辞聘后一律不保留聘用期间的待遇"。这些文件不仅充分肯定了聘用制改革的重要意义，还对聘用制干部的待遇、退休、退职、组织管理等问题作出了具体规定。1992年1月25日，劳动部、国务院生产办公室、国家经济体制改革委员会、人事部和中华全国总工会联合发出了《关于深化企业劳动人事、工资分配、社会保险制度改革的意见》（以下简称《意见》）指出，党的十一届三中全会以来，企业劳动人事、工资分配、社会保险制度改革取得了一定成效，但从整体上看，企业内部的"铁交椅""铁饭碗"和"铁工资"弊端没有完全破除，影响了职工主人翁责任感和积极性的充分发挥。《意见》要求要深化企业劳动人事、工资分配和社会保险制度改革，在企业内部真正形成"干部能上能下、职工能进能出、工资能升能降"的机制，并将此作为转换企业经营机制的重要任务。徐州国营袜厂率先提出"破三铁"为中心的企业劳动、工资和人事制度的改革实践。此后，全国开展了大规模的"破三铁"改革。所谓"破三铁"，就意味着企业可以辞退工人，工作岗位将不再"世袭"，企业管理人员的任用不再采用终身制，员工工资将根据效益和绩效浮动。一时间，"破三铁"的改革声势大、来势猛。① 据对全国23个省（自治区、直辖市）的统计，到1992年2月底，进行劳动用工制度改革的企业达到3.9万多户，职工1730万人，占职工总数的17.3%。②

1992年2月，国务院发布《关于扩大实行全员劳动合同制的通知》，着手推行全员劳动合同制工作，明确扩大全员劳动合同制的地区、企业范围、社会保险待遇等内容。"破三铁"改革与劳动合同制改革是在我国新的社会保障体系尚未建立的情况下推出的，这就决定了改革难以持续，也难以彻底深化，但是这将国有企业内部改革的问题提上了议事日程。

1992年7月，《全民所有制工业企业转换经营机制条例》（以下简称《转机条例》）颁布。《转机条例》认为，国有企业改革的关键是转换经营机制，"转机"的目标是适应市场的要求，成为依法自主经营、自负盈亏、自我发展、自我约束的商品生产和经营单位，成为独立享有民事权利和承担民事责任的企业法人。企业转换机制的重点就是落实企业自主权，《转机条例》还明确要求政府转变职能，改革管理企业的方式。《转机条例》规定了企业应享受的最基本的14条经营自主权：企业享有生产经营决策权；产品、劳务定价权；产品销售权；物资采购权；进出口权；投资决策权；留用资金支配权；资产处置权；联营、兼并权；劳动用工权；人事管理权；工资奖金分配权；内部机构设置权以及拒绝摊派权。在干部选拔任用方面，《转机条例》指出，企业按照德才兼备、任人唯贤的原则和责任与权利相统一的要求，自主行使人事管理权；企业对管理人员可以实行聘用制、考核制。对被解聘或者未聘用的管理人员，可以安排其他工作，包括到工人岗位上工作。企业可以从优秀工人中选拔聘用管理人员；经政府有关部门批准，企业可以招聘境外技术人员、管理人员；企业中层行政管理人员，由厂长按照国家的规定任免（聘任、解聘）；副厂级行政管理人员，由厂长按照国家的规定提请政府主管部门任

---

① 由于长期以来国有企业形成的职工就业终身制、干部任职终身制和平均主义的分配方式，是作为"社会主义优越性"来宣传和认识的，因此，"破三铁"在企业中引起强烈反响。但当时"三铁"赖以生存的计划体制尚未根本消除，相关的政府机构改革尚未跟上，社会保障尚未健全，社会环境和氛围尚未成熟，导致"优化"下来的大量职工仍滞留在企业内部。来自各方的阻力导致轰轰烈烈的"破三铁"未能收到预期效果而被迫停止。

② 邵宁：《国有企业改革实录（1998—2008）》，经济科学出版社2014年版，第35页。

免（聘任、解聘），或者经政府主管部门授权，由厂长任免（聘任、解聘），报政府主管部门备案。

转换经营机制最大的实际意义在于还原企业的真实面目，让企业具备进入市场的基本条件。其中，打破企业的"铁交椅""铁饭碗""铁工资"，真正形成"干部能上能下、职工能进能出、工资能升能降"的机制，成为转换企业经营机制的主要任务和改革内容。在《转机条例》发布一周年之际，朱镕基副总理曾批示：《转机条例》是建设社会主义市场经济体制的一块基石，认真贯彻《转机条例》就会收到转换企业经营机制、改善经营管理、提高经济效益的效果。

（二）股份制与建立现代企业制度试点

邓小平同志于1992年1月18日至2月21日赴武昌、深圳、珠海、上海等地视察，沿途发表了内容丰富、思想深刻的重要谈话。邓小平同志的南方谈话，在国际国内政治风波严峻考验的重大历史关头，坚持党的十一届三中全会以来的理论和路线，冲破了姓"社"姓"资"、姓"公"姓"私"的束缚，打破了社会主义与市场经济的对立，明确了社会主义可以并应该搞市场经济，为深化经济体制改革和确立社会主义市场经济体制的改革目标奠定了思想和理论基础。

1993年11月14日，党的十四届三中全会通过了《关于建立社会主义市场经济体制若干问题的决定》（以下简称《决定》），在将改革的目标确立为建立社会主义市场经济体制，明确了国有企业改革的方向，提出了建立现代企业制度的问题。《决定》指出："一般小型国有企业，有的可以实行承包经营、租赁经营，有的可以改组为股份合作制，也可以出售给集体或个人。出售企业和股权的收入，由国家转投于亟须发展的产业。"对国有大中型企业，尤其是特大型企业改革的方向则明确提出要建立现代企业制度，并将现代企业制度的基本特征和内涵概括为"产权清晰、权责明确、政企分开、管理科学"。

从此，国有企业改革进入了建立现代企业制度的创新阶段。与党关于国有企业建立现代企业制度的决议相呼应，1993年12月29日，《中华人民共和国公司法》由第八届全国人大常委会第五次会议通过，自1994年1月1日起施行。这是中华人民共和国成立以来第一部公司法，为现代企业制度建设提供了法律依据。

现代企业制度建设的提出标志着国有企业改革由过去的既有制度框架下进行利益关系的局部调整，转向按照建立社会主义市场经济的要求，全面系统地构建全新的企业制度，改革的方向和任务更为清晰明朗。[①] 在这一目标下，国有企业领导干部选拔任用的改革目标更为清晰。《决定》指出，要建立科学的企业领导体制和组织管理制度，调节所有者、经营者和职工之间的关系，形成激励和约束相结合的经营机制；坚持和完善厂长（经理）负责制，保证厂长（经理）依法行使职权。实行公司制的企业，要按照有关法规建立内部组织机构；形成企业内部权责分明、团结合作、相互制约的机制，调动各方面的积极性。

改革方向明确后，国有企业股份制试点和现代企业制度试点迅速推开。1993年是国有企业股份制试点迅速发展的一年。各地结合国有企业的发展和改革，以理顺企业产权关系为核心任务，[②] 采取多种形式进行新的企业组织制度试点。1993年4月，国务院发布了《股票发行与交易管理暂行条例》，使股票的发行与交易有法可依，有章可循。《公司法》出台后，与已有的有关股份制试点的法规文件，共同构成了我国公司制度的法律框架，为股份制试点和公司制试点提供了重要的法律保证。到1993年年底，共有股份制企业11489家，股本总额3396.66亿元，其中国家股1247.6亿元，占36.7%；法人股1479.6亿元，占43.6%。1993年最引人注目的是上市公司数量快速增加，年初上市公司只有52家，到年末已有182家。[③]

1993年12月，国务院建立了现代企业制度试点工作协调会议制度。1994年11月2日，国务院在北京召开现代企业制度试点工作会议。按照国务院的要求，国家体改委1994年12月向8个省、2个直辖市及1个计

[①] 现代企业制度和法人财产权概念推动国有企业的组织形态和产权结构发展了重大的变化，具备条件的国有大中型企业中，单一投资主体的一般改组为独资公司，多个投资主体的一般改组为有限责任公司和股份制公司，少数成为上市股份有限公司。小型国企中，有的实行承包经营、租赁经营，有的改组为股份合作制，还有的出售给集体或个人。改制企业绝大多数建立了包括股东会（大会）、董事会、经理层、监事会在内的公司法人治理结构组织框架。

[②] 十四届三中全会《决定》正式提出"法人财产权"的概念。这是在企业产权理论上的一大突破和创新，对现代企业制度建设的实践具有重要的指导意义。

[③] 张卓元、郑海航：《中国国有企业改革30年回顾与展望》，人民出版社2008年版，第36页。

划单列市、8个中央企业主管部门和中国石油化工总公司下发了《关于国家体改委联系的30家现代企业制度试点企业和1家国家控股公司试点工作的有关通知》，就试点的工作程序作了明确规定。从1995年开始，国务院正式确立全国100家企业进行现代企业制度试点工作。[①] 试点的内容主要有：（1）完善企业法人制度；（2）确定试点企业国有资产投资主体的地位；（3）确定企业的公司组织形式；（4）建立科学规范的公司内部组织管理机构；（5）改革企业劳动人事工资制度；（6）健全企业财务管理制度等。试点实践表明，国有企业建立现代企业制度是有成效的。

1995年8月，中央组织部、国家经贸委、人事部印发《关于加强国有企业领导班子建设的意见》。内容包括：国有企业领导班子的建设；突出重点、分类指导企业领导班子的考察工作；按照公开、公平、竞争、择优的原则选拔企业领导人；加强企业领导人培训及加强领导。

1995年11月，国家经贸委印发了《关于国务院确定的百户现代企业制度试点工作操作实施阶段的指导意见》（以下简称《意见》）。《意见》要求：建立符合《公司法》规范的公司法人治理结构。根据权力机构、决策机构、执行机构、监督机构相互独立、权责明确、相互制约又相互协调的原则，形成由股东会、董事会、经理层和监事会组成的法人治理结构，各司其职，有效行使决策、监督和执行权，对国有独资公司要同时派入监事会。国有独资公司的董事会成员与经理班子应分设，特别是董事长与总经理应尽可能分设。目前董事长兼任总经理的，要根据企业具体情况，逐步向分设的方向过渡。在过渡期间，董事长应严格按照《公司章程》履行职权，依法自律，接受监督。要全面树立起对出资者负责的观念，维护出资者的合法权益，防止公司内部人员利用对企业的控制，违背《公司章程》，侵害出资者的利益。《公司章程》中应对股东会、董事会、监事会、经理班子的组成、权责范围、议事规则（包括议事方式和决策程序）等作出明确规定，并严格按照《公司章程》规范运行。在试点过程中要定期检查《公司章程》的执行情况，发现问题及时加以纠正，或对《公司章程》作出必要的修改、补充和完善。企业内部改革

---

① 到1996年7月已经有94家办理了方案批复，进入实施阶段。各地结合自己的实际，也先后选择了共2500户企业进行现代企业制度试点。

的重点是抓好劳动、人事制度和分配制度改革,形成减员增效机制和有效的激励与约束机制。试点企业要在做好定员、定额的基础上,实行择优竞争上岗。

1996年5月,国家经贸委印发《国务院确定的百户现代企业制度工作试点阶段目标要求(试行)》(以下简称《目标要求》),《目标要求》重申了《意见》中的重要任务,同时进一步指出,明确经理等高级管理人员职责;实行科学管理,全面实施《"九五"企业管理纲要(试行)》,学习邯钢经验;改革企业劳动人事工作制度,取消企业管理人员的干部身份,打破不同所有制职工之间的身份界限,经理、副经理等高级管理人员与董事会签订聘用合同,其他员工与企业签订劳动合同;经理等高级管理人员的报酬由董事会依据国家的有关规定决定,包括年薪和与经营业绩挂钩的奖励;董事、监事的报酬由股东会或国有资产产权代表机构决定。

政企分开、政资分开,转变政府管理企业国有资产的方式,是现代企业制度建立中的重要命题之一。部分地方在探索实践中对国有企业管理方式也进行了改革,一些改革开放较早、经济较发达的地区对国有资产管理体制改革进行了积极探索,尝试以建立国有资产经营公司的形式管理和经营国有资产。上海市提出了建立现代企业制度的三年工作规划,制定下发了12份配套文件,成立了国资委作为国有资产管理主体,将全市18个工业主管局改制成控股公司、资产经营公司,并将一些大企业经过资产重组改建为大型企业集团,经国资委授权后成为国有资产的运营机构。上海还实行企业干部的分类管理,把党管干部原则与出资者选择经营者、市场竞争凭借经营者有机结合,取得了突破。深圳市组建了三家市级国有资产经营公司。国有资产经营公司在重庆、长春等地也都得到不同程度的突破。

伴随着现代企业制度的试点,以"抓大放小"为特征的企业组织战略调整有了长足的发展。所谓"抓大放小"就是以包、租、卖,以股份制和股份合作制改造,放开放活小企业;国家集中精力抓好大型骨干企业集团。1996年6月,国家体改委下发了《关于加快国有小企业改革的若干意见》,总结了1992年以来国有小企业进行包、租、卖,特别是实行股份合作制的经验,进一步把小企业推向市场,掀起放开放活小企业高潮。山东诸城、广东顺德、四川宜宾等地带头大胆实践，迅速推动了全国小企业的产权改革。在放开小企业的同时，集中力量抓好一批大型企业和大型企业集团，即实行大公司、大集团战略。为此，1997年5月国务院颁发了《关于进一步深化和扩大大型企业集团试点的意见》，重点提出按照建立现代企业制度的要求建立以资本为联结纽带的企业集团和母子公司体制。特别提出要抓好以下环节：在企业集团中建立现代企业制度；建立以资本为联结纽带的企业集团和母子公司体制；强化母公司功能建设；依托大型企业集团实现中国经济结构调整等四个环节，对大型企业集团壮大和母子公司体制完善发挥了重要作用。[1]

（三）三年改革脱困中理顺管理体制、加强企业领导班子建设

随着社会主义市场经济体制的逐步建立，计划经济体制下国有企业长期低效率运行的问题凸显出来。到1997年年底，在全国国有及国有控股的16784户大中型企业中，亏损6599户，亏损面达39.3%。[2] 国有大中型企业亏损日益加重，引发了一系列严重问题。1997年前后，国有企业问题已经到了非常尖锐的程度。

1998年3月召开的第九届全国人民代表大会第一次会议将国有企业改革作为当前经济体制改革的重点，提出了实现"三年两大目标"的工作、任务和路径，即通过改革、改组、改造和加强管理，用三年左右的时间，使大多数国有大中型亏损企业摆脱困境，力争到20世纪末使大多数国有大中型骨干企业初步建立现代企业制度。改革的指导思想和基本任务包括：一是把国有企业改革作为经济体制改革的中心环节，以建立现代企业制度为方向，切实转换企业经营机制；二是实行分类指导，从搞好整个国有经济出发，"抓大放小"，对国有企业进行战略性改组；三是按"三个有利于"的标准，探索和发展公有制的多种实现形式；四是

---

[1] 值得注意的是，构成日后三年改革脱困攻坚战的几项重大改革措施在1998年之前已在酝酿。国有企业政策性破产工作开始试点，以退为进方向的国有小企业改革在一些县级区域悄然推开，安置下岗职工的再就业中心在上海纺织控股集团公司已开始运作。这些涉及所有制、结构、职工的改革探索，虽然还是局部性的、试点性的，但为1998年之后大规模的改革攻坚进行了重要的实践准备。

[2] 张卓元、郑海航：《中国国有企业改革30年回顾与展望》，人民出版社2008年版，第38页。

把改革同改组、改造、加强管理结合起来;五是鼓励兼并、规范破产、下岗分流、减员增效和实施再就业工程;六是推进以建立社会保障制度为重点的配套改革。1999年9月,中共中央《关于国有企业改革和发展若干重大问题的决定》要求,在三年改革脱困中,要把解决国有企业的突出矛盾和问题与国家经济长远发展结合起来,为新世纪国有企业及国有经济发展奠定基础。在宏观指导上,中央政府及时采取扩大内需的积极财政政策和稳健金融货币政策,创造了有利的宏观经济环境,适时推出了一系列有针对性的脱困政策和措施。同时,也采取了下放管理权限、理顺管理体制、加强领导班子建设等重要举措。

国家针对行业管理体制不顺、地方积极性不足等问题出台了一系列理顺行业管理体系的政策,对煤炭、有色、军工等行业的管理体制进行了调整。1998年7月3日,国务院发布通知,将煤炭工业部直属和直接管理的94户国有重点煤矿下放地方管理。这是行业管理调整的第一步,也是最受关注的一个动作。根据国务院下发的《关于改革国有重点煤矿管理体制有关问题的通知》《关于调整中央所属有色金属企事业单位管理体制有关问题的通知》,先后将原中央直属和直管的94户国有重点煤矿、大部分中央所属有色企业下放地方管理,出台了相关配套的支持政策。[①] 军工作为一个特殊行业,脱困的难度较大。为解决军工企业的脱困问题,国务院对军工行业的管理体制进行了重大调整,适度引入市场竞争机制,将原来的五个行政性公司重组为十大军工企业集团,从脱困政策上重点给予支持,使军工行业亏损大幅降低。

为将直接管理转变为间接管理,强化宏观管理职能,1988年国务院成立了国有资产管理局,虽然对国有资产出资人代表进行了定位,但权力仍然分散在各行业主管部门,延续了"五龙治水"的局面。分权造成的责权不明确和不对称,导致国有企业呈现出既无活力又难以控制的局面。[②] 为适应市场经济体制的要求,减少政府部门对企业的行政干预,1998年,国务院对政府机构实施了重大改革,将计划经济条件下按专业

[①] 体制的调整充分发挥了中央和地方两个积极性,对煤炭、有色金属行业的脱困和发展起了积极作用。到2000年年末,有色金属行业已实现扭亏为盈,煤炭行业也实现了大幅度减亏。

[②] 邵宁:《国有企业改革实录(1998—2008)》,经济科学出版社2014年版,第72页。

设置的国家工业部门改为行业国家局,在降低行政级别的同时,大力精简机构和压缩行政管理人员,简化政府的行政审批程序,弱化政府对企业的行政管理职能。随后又根据政企分开的要求,撤销了各个专业国家局。至此,在中国延续了30多年的国有企业行政主管部门制度正式宣告完结。政府机构的调整为国有企业进入市场、成为真正的市场竞争主体创造了重要的制度条件。

在三年改革脱困中,许多亏损企业扭亏的实例说明,走出困境的关键是要有一个懂经营善管理,有迎难而上、知难而进的奋斗精神和严于律己、自觉奉献的领导班子,才能充分调动企业广大职工的积极性,树立扭亏脱困的信心,最终带领企业闯过难关。"一把手工程"已经将领导班子调整作为企业脱困的重要措施。国家经贸委于1999年8月发布了《关于加强亏损企业领导班子建设的通知》(以下简称《通知》),要求加强培训,加强监督、考核和调整,以多种形式选拔领导人员,完善建立约束和激励机制等,并要求企业领导班子要与职工群众同甘共苦,团结带领职工群众奋力拼搏,走出困境,地方各级党委和政府要为亏损企业摆脱困境营造良好的外部环境等。《通知》指出,改革亏损企业领导人员的管理方式,多种形式选拔企业领导人员:一是改革亏损企业现行的领导人员管理方式,引入竞争机制,拓宽选聘企业经营者的途径,可由本企业选拔,或从管理基础好、改革力度大的国有大中型企业中选派,或从本行业、国家机关事业单位从事过经济管理工作的人员中录用,或从企业经营管理者人才市场上跨地区、跨行业招聘等。对企业内部民主制度健全、又暂无合适经营者人选的严重亏损企业,经批准,也可以试行民主选举经营者。脱困企业经营者都要实行聘用制。二是多渠道、多种形式充实、调整企业领导班子。亏损企业领导班子特别是企业经营者必须具备较强的事业心和较高的政治素质以及业务能力。对有创新能力和开拓精神、懂管理、善经营的年轻干部可以破格任用,选聘到企业主要领导岗位上来。对经营业绩突出、身体健康、已到达退(离)休年龄的企业经营者,在征得本人同意的情况下,按干部管理权限审批后,可适当延长任职年限。

在三年脱困工作中,各级政府普遍加强了亏损企业领导班子建设。一是加大对领导班子考核、调整力度;二是注重提高亏损企业领导人员的综合素质，加强班子培训，提高企业经营者驾驭市场的能力；三是实行企业经营者选拔任用制度改革，把党管干部的原则与市场经济条件下企业领导人员的选拔、任用和管理办法科学地结合起来，建立和完善对经营者的激励和约束机制。如江苏省加大对国有企业领导班子的考核和调整力度，几年来共有 1600 名国有企业领导人员因不称职被免职，有 600 多人被降职。山东省从 1997 年起，对国有企业领导班子进行全面考核，对 3688 户企业进行了充实调整，对因经营不善造成企业严重亏损的"一把手"，第一年黄牌警告，第二年予以撤职。湖南省对 200 户亏损企业领导班子进行了调整，130 户企业生产经营有了明显起色，其中 78 户扭亏为盈。广西百色地区把公开选聘厂长（经理）作为国有企业扭亏脱困的突破口，对全区 133 户国有企业的厂长（经理）实行公开选聘，532 人参加竞聘，一批有能力、有抱负的优秀经营管理者脱颖而出，提高了企业领导班子的素质，到 1999 年年末，全地区国有及国有控股企业一举扭亏，实现了净盈利。[①]

2000 年 12 月 11 日召开的全国经贸工作会议宣布，国有企业改革与脱困三年目标得到基本实现：到 2000 年年底，重点监测的在 1997 年亏损的 6599 户国有大中型企业中有 4800 户扭亏；全国国有及国有控股工业企业实现利润 2392 亿元，是 1997 年的 2.9 倍；全国 31 个省（自治区、直辖市）国有工业全部实现了整体扭亏或盈利增加，重点监测的 14 个主要行业有 12 个实现了整体扭亏或盈利增加；下岗人数在经历了 1995 年到 2002 年近七年的峰值期后，终于出现了较大幅度的下降。[②] 2000 年 11 月 28 日，朱镕基总理在中央经济工作会议上的讲话中指出："经过全国上下共同努力，国有企业改革和脱困工作取得了可喜成绩。实践证明，中央的决策和采取的措施是完全正确的。但这只是一个阶段性成果。总的来看，国有企业经营机制转换滞后，创新能力、竞争能力和盈利能力不强，还有不少企业生产经营比较困难。要从根本上解决国有企业问题，仍然任重道远，还需要长期艰苦的努力。"

三年改革脱困包括其后的两年时间（1998—2002 年），国有企业改革

---

① 邵宁：《国有企业改革实录（1998—2008）》，经济科学出版社 2014 年版，第 89 页。
② 邵宁：《国有企业改革实录（1998—2008）》，经济科学出版社 2014 年版，第 93 页。

在三个方面实现了重大突破：一是通过国有中小企业改革，上百万家国有、集体中小企业改制退出了公有制序列，涉及职工4000多万人，国有经济的战线由此大大收缩；二是通过国有大中型困难企业的政策性关闭破产，5000多户扭亏无望的困难企业退出了市场，安置职工近千万人，由此化解了大量转轨时期的结构性矛盾，市场经济优胜劣汰的机制开始发挥作用；三是在社会保障制度尚不健全的情况下，通过再就业中心和基本保障线政策，托管、安置了近3000万名下岗职工，建立了国有企业职工可以流动的机制，为改革攻坚阶段的社会稳定提供了有力保障。这一时期的改革是我国国有企业改革推进力度最大同时也是最艰难、社会风险最大的阶段，这一阶段的成功为下一步改革的深化打下了极其重要的基础。

二 建立中央企业选拔任用新机制

20世纪80年代后期，国有企业改革已经从起步阶段的放权让利进入承包经营责任制、资产经营责任制以及股份制的多种路径的阶段，但是无论采取何种方式都避不开一个问题，就是国有资产由谁管理的问题。90年代以后，以前政府"婆婆"式的出资人模式经历了大规模的调整、变化，国务院各个工业部门相机合并、撤销，而多头负责往往是最终无人负责，之后还出现了一些国有企业被内部人控制、企业效益严重下滑甚至国有资产严重流失等问题，出资人缺位的问题凸显出来。由于国有企业出资人不到位，国有资产经营中的委托代理关系没有理顺，国有资产经营的约束和激励机制没有真正建立起来，国有企业负责人的经营责任没有真正落实。无论是中央企业还是地方企业，企业负责人普遍存在"有任命没有任期，有任期没有考核，薪酬同业绩不挂钩"的问题，最常见的一句话就是国有企业的老总"干好干坏一个样"。如果不能从制度上真正建立起约束和激励相对称的严约束、强激励的机制，国有企业和国有经济效率低下的问题就不可能从根本上加以解决，国有资产保值增值的责任也难以落实，目标难以实现。国有资产管理体制调整进入了新的时期，与之相适应，国有企业干部选拔任用也进入了新的发展阶段。

（一）建立领导干部管理的新体制

1998年，国务院组成部门进行了全方位的机构改革，撤销专业管理部门，加强综合经济管理部门。中央决定，包括冶金、机械、化工、内贸等9个行业主管部门被改组为隶属于国家经贸委的9个"国家局"，并明确它们不再管理企业。2001年2月，国家经贸委下属的9个局被撤销。至此，除铁路、烟草、航空、电信等行业外，其他行业的企业不再有专门的行业主管部门。专业管理部门撤销以后，原来由它们管理的国有企业负责人就面临着由谁来管理的问题。经中共中央批准，中共中央大型企业工作委员会（简称"大企业工委"）正式成立，并于1998年7月9日在北京召开了由大型企业领导同志参加的大企业工委工作会议。中共中央政治局委员、国务院副总理、大企业工委书记吴邦国同志在会上指出，作为党中央的派出机关，大企业工委的主要职责是：负责管理国务院监管的大型国有企业和国家控股企业中党的领导职务……根据社会主义市场经济体制和建立现代企业制度的要求，研究探索改革和加强大型国有企业党的领导班子建设。

1999年12月1日，中共中央下发了《关于成立中共中央企业工作委员会及有关问题的通知》，成立中共中央企业工作委员会（简称"中央企业工委"），作为中共中央的派出机构，将原由国务院管理的163户企业领导班子交由中央企业工委管理。其中，对39户涉及国家安全和国民经济命脉的国有重要骨干企业的领导班子列入中央管理干部的范围。调整和加强中央管理国有重要骨干企业的工作机构，是国有企业领导体制与管理制度的一项重要改革，是坚持党管干部原则、改进管理方法的一项重要措施，对加强党对国有企业改革和发展工作的领导，起着重要的组织保证作用。

行业主管部门被撤销后，国有企业的监管实际上处在一种真空状态。如何在保证企业经营自主权的前提下，对国有企业经营状况进行有效监管，成为一个亟待解决的问题，于是具有中国特色的国有企业监管制度应运而生，即国有企业外派监事会制度。其间大体分为两个时期：稽察特派员制度时期和国有企业监事会制度时期。而国有企业监事会制度又分为中共中央企业工作委员会和国务院国有资产监督管理委员会两个阶段。

1998年3月，九届全国人大第一次会议审议通过《国务院机构改革方案》，决定由国务院向国有重点大型企业派出稽察特派员，负责监督企业的资产运营和盈亏情况；由国务院人事部任免国务院监管大型企业领导人，同时，承办国务院向国有重点大型企业派出稽察特派员的管理工作。1998年，朱镕基总理在省部级干部推进政府机构改革专题研究班的讲话中指出，"今后政府对企业如何监管？就是要建立国有企业稽察特派员制度。实际上就是国务院派出的监事会，但是为了不同《公司法》规定的企业监事会相混淆，称为稽察特派员。由国务院派出，每个稽察特派员配专职助理四人，主要是配备懂审计、会计、金融和监察等方面的人员。这是企业管理机制的一个根本转变"。同年7月3日，国务院正式发布《国务院稽察特派员暂行条例》（以下简称《条例》），标志着稽察特派员制度的建立。

稽察特派员的职责主要是：检查被稽察企业主要负责人贯彻执行有关法律、法规和国家政策的情况；查阅相关的财务报告、会计凭证计账簿等会计资料，包括与企业经营管理活动有关的其他一切资料，以验证其报告等资料是否真实反映了企业财务状况；同时还对被稽察企业是否发生侵害国有资产所有者权益的情况进行监督，对主要负责人经营管理业绩进行评价，提出奖惩、任免建议。稽察特派员在稽察工作结束后，要向国务院提交稽察报告等。

从1998年4月起，国务院先后任命了38位稽察特派员，人事部还从中央国家机关有关部门和在京国有重点大型企业中遴选了160名稽察特派员助理。试点工作从1998年8月开始，到2000年12月底，共完成了对62家国有重点大型企业的稽察，涉及包括机械、电力、石化、煤炭、冶金、烟草、建筑、通信、有色金属、民航、外贸等国民经济主要行业，并按《条例》要求向国务院上作了多份《稽察报告》及重要问题的专项报告。这项制度实行后，对国有企业监管发挥了积极作用，在社会上产生了较大影响。比如，通过稽查，发现并查处了一些国有企业中的违法违纪案件，如东方锅炉、白银集团、猴王集团等企业问题的查处和披露，在社会上引起了震动，有效地遏制了国有企业管理混乱的状况。稽察特派员制度的创立和实践，验证了这种外派式国有企业监督方式的必要性和有效性，不过也出现了如机构设置不稳定等问题。

稽察特派员制度实施两年后，1999年9月，党的十五届四中全会通过的《关于国有企业改革和发展若干重大问题的决定》明确提出，要以试行稽察特派员制度为基础，进一步推进国有企业监督体制的规范化和制度化，从体制机制上加强对国有企业的监督。1999年12月，《公司法》进行了重大修改，其中，以法律形式明确了在国有独资公司建立监事会制度。中央企业工委成立后，国务院稽察特派员制度也向国有企业监事会制度过渡，稽察特派员更名为监事会主席，稽察特派员助理为专职监事。2000年3月，《国有企业监事会暂行条例》（以下简称《条例》）发布。《条例》规定，监事会的主要职责包括：检查企业贯彻执行有关法律、行政法规和规章制度的情况；检查企业财务，查阅企业的财务会计资料及与企业经营管理活动有关的其他资料，验证企业财务会计报告的真实性、合法性；检查企业的经营效益、利润分配、国有资产保值增值、资产运营等情况；检查企业负责人的经营行为，并对其经营管理业绩进行评价，提出奖惩、任免建议。2000年8月，国务院向100家国有重点大型企业派出第一批监事会，首批27位监事会主席开始入驻企业开展监督检查工作。

党的十六大明确了深化国有资产管理体制改革的基本原则：一是坚持政企分开、政资分开，政府公共管理职能与国有资产出资人职能分离；二是坚持权利、义务和责任相统一，管资产与管人、管事相结合，落实国有资产保值增值责任；三是坚持所有权与经营权分离，维护企业经营自主权和法人财产权；四是在国家所有的前提下，由中央政府与地方政府分别代表国家履行出资人职责，分级代表，分级监管。

根据党的十六大的决定，2003年3月10日，十届全国人大一次会议第三次会议经表决，设立国务院国有资产监督管理委员会。这是中华人民共和国成立以来中央政府设立的第一个代表国家履行出资人职责的国务院直属特设机构，第一次在中央政府层面实现了政府的公共管理职能与国有资产出资人职能的分离，基本实现了管资产和管人、管事相结合，解决了长期存在的国有资产出资人缺位和国有资产多头管理问题，这是我国经济体制改革的一个重大突破。

国务院国资委成立后，原中央企业工作委员会的职责划入国务院国资委，国务院国资委在承接了原中央企业工委"管人"的任务基础上，需要根据新的体制条件和环境，构建新的央企领导人员管理体制。国务院国资委党委在党中央领导下进行工作。中共中央企业工作委员会撤销，原由中央管理的 53 户国有重要骨干企业董事长、总经理（总裁）、党组（党委）书记仍由中央管理；由中央管理的企业副职交由国务院国资委党委管理；原由中共中央企业工作委员会管理的 143 户中央企业的领导人员，交国务院国资委党委管理。2003 年 4 月 25 日，经国务院批准，国务院办公厅印发了《国务院国有资产监督管理委员会主要职责内设机构和人员编制规定的通知》，在"三定方案"中明确，国务院国资委"通过法定程序对企业负责人进行任免、考核并根据其经营业绩进行奖惩；建立符合社会主义市场经济体制和现代企业制度要求的选人、用人机制，完善经营者激励和约束制度；代表国家相部分大型企业派出监事会；负责监事会的日常管理工作"。2003 年 5 月 27 日，国务院发布《企业国有资产监督管理条例》，外派监事会成为国有资产监管工作的重要组成部分。

2003 年 7 月 25 日，国务院国资委党委第六次会议审议通过了《国务院国资委党委管理的企业领导人员任免工作暂行办法》，明确了企业领导人员的任职年龄、职数，规范了考察、任免的工作程序等，使中央企业领导人员的选拔使用工作初步实现了制度化、规范化。

2003 年 8 月，国务院国资委党委向各中央企业党委（党组）下发通知，明确国务院国资委党委协助中央管理的企业领导人员职务名称、国务院国资委党委管理的企业领导人员职务名称，以及向国务院国资委党委备案的企业领导人员的职务名称。

2004 年 6 月，国务院国资委制定了《关于推动中央企业清理整合所属企业减少企业管理层次有关问题的指导意见》，要求企业通过内部结构调整，压缩管理层级，原则上控制在三层以内。经过几年的努力，中央企业总量和层级在规模快速扩张的情况下都有所减少。据 2009 年的全面调查，有 21 家企业减少 1 个层级，有 4 家减少 2 个层级，二级以下法人单位减少 3157 家。[1]

（二）加强企业负责人及后备人选的选拔考察

国务院国资委成立后，在对中央企业领导班子进行全面分析的基础上，国务院国资委党委坚持以有利于推进中央企业改革与发展来考虑班子建设工作，通过全面考察和广泛听取意见，一批政治素质好、业务能

---

[1] 邵宁：《国有企业改革实录（1998—2008）》，经济科学出版社 2014 年版，第 444 页。

力强的优秀年轻干部通过选拔进入了中央企业领导班子，使中央企业领导班子的年龄结构和专业结构得到了改善和优化，整体素质进一步增强。

按照中央统一的部署和要求，国务院国资委督促各中央企业参照中央的做法，抓紧做好本企业各级领导人员后备人选的选拔考察工作，建立健全后备人才队伍。对由中央管理的董事长、总经理（总裁）、党委（党组）书记等正职后备人选，国务院国资委配合中央组织部做好继续培养工作；对中央企业其他后备人选，国务院国资委在与企业充分协商的基础上，研究提出了具体的培养措施。中央组织部、国务院国资委分别选派了企业后备领导人员到中央党校、国家行政学院、国资委党校进行学习深造，还先后组织企业后备领导人员到跨国公司进行考察学习。

（三）建立与绩效挂钩的企业负责人任免制度

为建立有别于党政领导干部、适应现代企业制度要求的国有企业领导人员管理的新体制，按照中央人才工作协调小组要求，国务院国资委积极开展国有企业领导人员的政策研究。围绕国有资产管理体制和国有企业改革发展的要求，分析我国国有企业领导人员管理体制和管理方式的发展历程及国外经验，提出党管干部原则与公司治理原则相结合的实现途径，提出了在选拔任用、考核评价、激励约束等方面的创新措施。

对企业负责人实行规范的经营责任和业绩考核，是国务院国资委成立之后的一项重大制度创新。2003年11月25日，国资委下发了《中央企业负责人经营业绩考核暂行办法》，按照"稳健起步，总体推进"的工作方针，在中央企业的大力支持和配合下，从2004年开始，国务院国资委以出资人身份对中央企业开展业绩考核工作。2004年，国资委分三批同187户中央企业负责人签订了2004年年度经营业绩考核责任书。这标志着中央企业负责人的经营业绩考核工作全面启动，中央企业负责人经营业绩考核制度正式建立。从2004年开始，国务院国资委先后开展了中央企业负责人年度和任期经营业绩考核工作。其间，各考核期都分别开展了年度（任期）责任书的签订、年度（任期）考核执行情况的动态跟踪、年度（任期）考核结果测算、年度（任期）考核结果的计算工作，年度考核结果在一定范围内向企业公布。

国有企业经营业绩考核体系建设，不仅仅局限于国务院国资委对中央企业负责人的考核，还对各地方国资委对所监管的国有企业的考核以及各国有企业内部的考核工作起到了指导和借鉴作用，推动企业内部管理迈上新台阶。2004年，各地方国资委组建后，纷纷比照国务院国资委的做法，将经营业绩考核作为开局阶段的重点工作。为推动各地方国资委考核体系的建设，从2005年开始，国务院国资委每年组织召开一次国资委系统业绩考核工作会议，搭建了各地方国资委总结交流业绩考核工作经验的平台，有效促进全国国有企业业绩考核工作的开展。到2009年年末，在全国国有企业范围内，经营业绩考核的制度基本建立，国有资产保值增值责任体系初步形成，国有企业高管人员激励与约束机制开始有效运行。

随着与绩效挂钩的企业负责人任免制度的建立，以及以经营业绩为基础的企业负责人年薪制度的建立，促进了企业内部的三项制度改革，初步形成了"强激励、硬约束"的国有资产经营管理机制。

（四）探索公开招聘等多样化选人新机制

为贯彻《中共中央、国务院关于进一步加强人才工作的决定》和《国务院国资委关于加强和改进中央企业人才工作的意见》，国务院国资委坚持党管干部原则与配置企业经营管理者相结合，加快推进国有企业经营管理方式转变，加大市场化配置力度，努力创建适应现代企业制度要求的选人用人新机制，逐步形成优秀人才脱颖而出以及人尽其才、才尽其用的良好局面。国务院国资委成立后，在企业领导人员管理方面，一个突出的亮点是在企业领导人员的市场化全球公开招聘方面进行了积极探索。

国务院国资委组建以来，直到2006年，连续四年组织了面向海内外公开招聘中央企业高级经营管理者的工作。公开招聘工作按照自愿报名、资格审查、统一考试、考察了解、研究确定人选、人选公示等程序规范运作，最终确定综合成绩。经征求招聘企业主要负责人意见，每个招聘职位严格从考试综合成绩前三名中确定考察对象。由国务院国资委组织考察组分别对考察对象的德、能、勤、绩、廉等方面进行全面考察了解。根据考察情况，经招聘企业党委（党组）研究，并经国务院国资委党委会审定，产生招聘职位的人选。

2003年9月23日，国务院国资委发布招聘公告，首次组织中国联合通信有限公司等6家中央企业的7个职位进行公开招聘,在海内外产生了积极反响。首次公开招聘后,几十家网站和一些海内外报刊相继转载了国务院国资委公开招聘的消息,有的还刊登了专家学者的访谈和评论。舆论认为,国资委作为新设机构,自组建之初就知难而进、大胆探索,展示了国务院国资委与时俱进、开拓创新的改革精神和雷厉风行的工作作风;中国的国有企业为积极应对国际竞争,已经开始按照国际惯例进行经营,这是国有企业在选拔任用机制方面的新变化。

在全面总结2003年公开招聘经验的基础上,2004年,国务院国资委进一步完善和规范了公开招聘的工作程序,增加了招聘职位的数量,选择了中国电子科技集团公司等22家中央企业的23个职位面向海内外公开招聘。2005年,组织了中国华源集团有限公司等25家中央企业的25个职位的公开招聘。其中,中国华源集团有限公司总经理职位和中国建筑科学研究院院长职位是首次面向海内外公开招聘的企业正职。2006年,招聘范围进一步扩大规模,分三批组织25家中央企业26个职位的公开招聘。[①]

企业负责人的公开招聘主要有以下特点:

一是始终坚持党管干部原则与市场化选聘相结合。一方面,公开招聘工作的指导思想、基本原则、实施方案、选拔标准和工作程序等重大问题,全部由党委会讨论决定;另一方面,在具体实施过程中,坚持按市场化机制进行运作。在选拔范围上,打破身份、所有制、国籍等界限,凡符合招聘条件和职位要求的人员,均可以报名参加考试;在选拔方式上,改变了过去仅由组织干部部门考察的做法,采取考试与考察相结合的方式进行。聘请了一大批企业家、熟悉企业经营管理的专家和著名学者担任面试考官,根据考官对应聘者的评价,由组织干部部门对有关人选进一步考察了解;在任用方式上,改变传统的委任制,采取聘任制的方式,对公开招聘上岗人员实行契约化管理,有严格的准入机制和正常的退出机制,逐步解决干部"能上不能下"的问题,规定1年的试用期,试用期满经考核不合格者予以解聘。

二是采用科学的考试测评方法择优录用。在招聘前,承担考务工作

[①] 邵宁:《国有企业改革实录(1998—2008)》,经济科学出版社2014年版,第455页。

的单位就深入企业进行职位调查,了解企业需要什么样的人,根据企业的实际需要出考题,所有试题都紧扣行业和企业发展实际,没有很强的企业经营管理实践经验考不出好成绩。改变过去仅由组织人事部门考察选拔的封闭做法,聘请企业家、熟悉企业经营管理的专家和著名学者担任考官,选人的眼光更加全面准确。为了考察考生的整体素质,还增加了心理素质测评,对考生与招聘职位的适配性也加强了考察。

三是充分保证公平、公正。坚持招聘组织工作和考务工作相分离,实行"物理隔离,相互保密"制度,也就是说,国务院国资委招聘办只负责接触考生和招聘企业的工作,但不接触考题和考官;考务单位只负责命题、制卷、聘请考官等考务工作,但不接触考生。双方交流考生信息都是通过编码来进行的,从制度上杜绝作弊的可能。

四是严密的制度监督。每年的公开招聘,都请国务院国资委纪委全程参加,向社会公布监督电话,而且对拟任人选进行社会公示,强化选人用人的过程监督。这样,通过严格的程序保证了公正,通过专门机构和社会的监督保证了透明公开。

与此同时,各地国资委在这方面也进行了积极探索。通过推行公开招聘和内部竞争上岗,以中央企业为龙头,国有企业已经初步形成了适应现代企业制度要求的多样化的经营管理者选拔方式。

三 完善治理结构中的企业负责人选拔任命

企业出资人与经理层之间建立委托代理机制是现代公司制企业普遍采取的管理方式,完善的公司治理结构能够有效地连接出资人和经理层。长期以来,国有企业经常面临"一收就死、一放就乱"的问题,很大程度上就在于没有解决治理结构问题。要么把企业管得过死的,抑制了企业的积极性,要么对企业缺少必要的管控,导致内部人控制"一把手"高度集权等问题。同时,经过改革,很多国有企业通过重组改制为产权多元的股份制公司,进入资本市场上市交易,无论是在境外还是境内资本市场上市,都必须按照上市地的公司发行要求,设立规范的公司治理机构。为了解决这一系列问题,我国从成熟市场经济国家汲取经验,开始探索建立董事会和监事会的基本框架,将其作为国有企业完善治理机构的核心内容。国有企业的公司治理机构改革进入依法规范、与国际管理接轨的新阶段。

(一) 引入独立董事制度

《公司法》自1994年7月1日施行以后,一批国有企业相继改制成为国有独资公司,并依照公司法设立了董事会。还有一批国有独资企业,虽然仍按照《企业法》注册登记,但是也设立了董事会。2005年修订后的《公司法》规定,国有独资公司"是指国家单独出资、由国务院或者地方人民政府授权本级人民政府国有资产监督管理机构履行出资人职责的有限责任公司"。"国有独资公司不设股东会,由国有资产监督管理机构行使股东会职权。"从国有独资企业到国有独资公司,是国有企业转变为现代公司制企业的重要一步,尽管都是独资,但法律地位已然不同,最大的区别首先在实质上将国家对企业的无限责任变为有限责任,这是企业自负盈亏的基础。同时从公司治理上与厂长负责制也有了本质的区别,公司治理的基本框架初步建立。

无论是1993年通过的《公司法》,还是2005年修订的《公司法》,都明确规定了有限责任公司的股东会、董事会、监事会和经理的职权,并规定国有独资公司董事会、经理也分别行使有限责任公司董事会、经理的相应职权。从《公司法》立法的本意来看,是要通过规定股东会、董事会、监事会、经理各自的职权,明确经理对董事会负责,董事会对股东会负责,来构筑公司的权力机构、决策机构、监督机构、执行机构这一完整的权责配置体系,为形成各司其职、协调运转、有效制衡的公司法人治理结构奠定法律基础。但第一批改制为公司制的企业,最初建立的董事会的最大特点,是董事会成员与经理人员、企业党委成员高度重合,董事长与党委书记一人兼,并担任公司法定代表人。这就形成了董事会成员之间的上下级关系,即作为党委成员的董事是作为党委书记的董事长的下级;作为副总经理的董事,是作为总经理的董事的下级。这样,单一产权国有大企业设立董事会以后,企业的"一把手负责制"的领导体制并没有根本改变。

独立董事制度是各国上市公司通行的做法。在我国,1993年制定的《公司法》并没有相应的规定,最早设立独立董事的是国有控股的境外上市公司。1993年青岛啤酒H股在香港上市,按香港联交所的规定,建立了独立董事制度。

1997年12月，中国证监会发布的《上市公司章程指引》（2006年进行了修订）首次引入独立董事制度。该指引的第112条规定，上市公司可以根据需要设立独立董事，并对独立董事任职条件作出初步规定，特别注明设立独立董事为"选择性条款"，由公司自行决定，并非强制性要求。

1999年3月29日，国家经济贸易委员会和中国证监会联合发布《关于进步促进境外上市公司规范运作和深化改革的意见》，其中第6条提出，"逐步建立健全外部董事和独立董事制度"，规定应增加外部董事的比重，公司董事会换届时，外部董事应占董事会人数的1/2以上，并应有2名以上的独立董事。但该文件规范的是境外上市公司，要求上市公司按照境外证券交易所的规则进行管理。

2000年11月，上海证券交易所发布的《上市公司治理指引》中规定：公司应至少拥有两名独立董事，且独立董事至少应占董事总人数的20%。当公司董事长和总经理由一人担任时，独立董事占董事总人数的比重应达到30%。独立董事应提出客观、公正的意见，特别是当公司决策面临内部人控制和与控股股东之间存在利益冲突时，独立董事可征求外部独立顾问的咨询意见，公司应为此提供条件。独立董事应保证投入足够的时间履行其职责，并应获得与其承担的义务和责任相应的报酬。董事会下设委员会应主要由独立董事组成，并由独立董事担任主席。

到2001年上半年，我国境内1150家上市公司中，有204家初步建立了独立董事制度，有314名独立董事，约占上市公司全体董事的3%。[1]

2001年8月，中国证监会发布《关于在上市公司建立独立董事制度的指导意见》，对上市公司独立董事的构成比例、资格、任期、权责和薪酬等作了指导性规定，并要求各境内上市公司应当按照该指导意见的要求修改公司章程，在2002年6月30日前，聘任适当人员担任独立董事，董事会成员中应当至少包括1/3的独立董事。《指导意见》规定，独立董事应当具备与其行使职权相适应的任职条件；独立董事的提名、选举和更换应当依法规范地进行。

2002年1月，中国证监会和国家经贸委联合发布的《上市公司治理

---

[1] 邵宁：《国有企业改革实录（1998—2008）》，经济科学出版社2014年版，第519页。

准则》，对独立董事的任职条件、选举更换程序以及职责、权利和义务等又作出明确规定。

截至2003年6月底，境内1250家A股上市公司中，有1244家上市公司配备了独立董事，独立董事总人数达到3839名，平均每家公司达到3名以上。在配有独立董事的1244家上市公司中，独立董事占董事会成员1/3以上的有800家，占总数的65%；独立董事占董事会成员1/4以上的公司有1023家，占总数的82%。至此，我国绝大多数上市公司已按要求配备了独立董事，独立董事制度基本建立。①

除了制定规章，中国证监会采取了一系列措施促进独立董事制度的建立和独立董事履行职责。2001年9月，中国证监会第一次公开处罚失职的独立董事，对郑百文股份有限公司（集团）独立董事陆家豪罚款10万元并认定为市场禁入者。

独立董事制度的建立，对完善上市公司治理，促进规范运作起到了积极的作用，但是独立董事仅占董事会成员的1/3，难以对重大决策把关；部分独立董事缺乏企业经营管理实践经验，与其承担角色不相适应；独立董事的提名权、聘任权和报酬实际上掌握在国有母公司的负责人和上市公司的执行董事、高管手里。这些状况势必影响到独立董事作用的发挥。

（二）探索董事会制度

国务院国资委成立以后，针对国有大型企业治理结构存在的问题，经过在国内外的大量调研，最后聚焦到了董事会这一制度创新上。2004年2月，国务院召开第38次常务会议，听取国务院国资委工作汇报，汇报中提出在中央企业建立和完善国有独资公司董事会试点工作，得到国务院同意。会后，国务院国资委与中央组织部共同商量，确定神华集团、宝钢等7家企业作为第一批试点单位。②

2004年6月，国务院国资委印发了《关于中央企业建立和完善国有独资公司董事会试点工作的通知》。该文件提出了开展试点的指导意见，

---

① 邵宁：《国有企业改革实录（1998—2008）》，经济科学出版社2014年版，第521页。
② 第一批试点企业包括神华集团、上海宝钢、中国铁通、中国诚通、中国医药集团总公司、中国高新投资集团公司、中国国旅集团等。

包括"建立外部董事制度，使董事会能够做出独立于经理层的判断""国资委对国有独资公司履行出资人职责的重点放在对董事会和监事会的管理""从目前的实际情况出发，平稳过渡，逐步推进，总结经验，不断改善"等基本思路。文件还明确了第一批试点企业和国资委成立试点工作领导小组以加强组织领导。

试点的主要制度安排和措施包括：

建立外部董事制度。主要是由国资委从企业外部选聘符合条件的人员担任董事；其超过董事会全体成员的半数；总经理进入董事会，经理层副职原则上不进入董事会；进行外部董事担任董事长的探索；为外部董事履职及时提供相关信息；外部董事领取固定的报酬，不与企业经营业绩挂钩；根据不同情况，外部董事的任期1—3年；外部董事履职时间每年不得少于30个工作日，参加董事会定期会议次数不得少于实际召开次数的3/4；对外部董事履职情况每年进行评价等。

完善和落实董事会的职权。董事会定位于对公司进行战略性管控，分三个方面：把握公司发展方向与速度，防范重大风险；审核批准投资、财务等业务中的重大事项；优选高级管理人员，并建立对其的考核、薪酬等激励与约束机制。根据这个职责定位，试点企业董事会除了享有《公司法》规定的职权，国资委还把以下职权授予了董事会：依照《公司法》有关国有资产监管机构可以授权国有独资公司董事会行使股东会的部分职权的规定，把应由国资委行使的批准企业投资计划、预算等权力授予董事会行使；把国资委行使的决定经理层经营业绩考核和薪酬权力交给外部董事超过半数、制度健全的董事会，国资委加强指导；把国资委党委负责的经营管理人员管理权下放给外部董事超过半数、制度健全的试点企业董事会，国资委实行任前备案管理。国资委还下发了文件，详细规定了试点企业董事会的25项职责。

规范董事长与总经理的职责定位，实现试点企业主要负责人的平稳过渡。试点企业董事长与总经理分设，试点前已有董事长的，保持不变；没有董事长的，原总经理比较优秀的，或者总经理要退休党委书记比较优秀的，就担任董事长，再从副职中提拔一名总经理。只有当企业原"一把手"退休或调整时，才选择由外部董事担任董事长。董事长是董事会的领导，主要职责是组织董事会运作，国资委对其履职进行评价，但不对其进行经营业绩指标考核。总经理是企业执行性事务的负责人,对董事会负责,履行《公司法》规定的各项职权。

建立董事会有效运作机制。国资委规定,公司章程和董事会制定的有关制度必须详细规定董事会的各项职权;董事会每年召开定期会议的次数不得少于4次;董事会必须对决议执行情况进行检查;董事会应当下设薪酬与考核、提名、审计委员会,还可以根据公司情况设置其他专门委员会;公司董事会成员有公司驻地以外人员且必须由董事会决策事项较多的,经国资委批准,可以设立常务委员会,行使董事会授权的部分职权;提名、常务委员会中外部董事应当占多数;薪酬与考核、审计委员会应当全部由外部董事组成;属于专门委员会职责范围的事项,应当先由专门委员会讨论,为董事会决策提供意见和建议。

董事会试点与发挥企业党组织政治核心作用相结合。企业党组织负责人和职工代表进入董事会;董事会负责重大决策与党组织参与重大问题决策、职工民主管理相结合;党管干部原则与董事会依法选聘高级管理人员相结合。

2007年年初,外部董事到位、董事会正式开始运作的试点企业达17户,其中14户试点企业外部董事超过了半数。

2008年10月,中央组织部、国务院国资委党委印发《关于董事会试点中央企业董事会选聘高级管理人员工作的指导意见》,把国资委党委管理的试点企业经理人员的权限下放给董事会。这个文件体现了党的十六届三中全会关于"坚持党管干部原则""董事会选择经营管理者"的精神,是国有企业领导人员管理体制改革的重大创新和突破,对于国资委进一步完善公司治理结构,建立有别于党政领导干部的企业领导人员管理体制和机制具有重要的意义。国资委也把对经理人员的考核、奖罚职权交给了董事会。这些重大制度性措施,有利于实现董事会的权利、义务和责任的统一,有效发挥董事会的作用;也有利于国资委集中精力做好挑选、评价董事和指导、评价董事会的工作,是国有资产管理体制改革的进一步深化。中央组织部、国资委还出台了《董事会试点中央企业董事会、董事评价办法(试行)》,国资委单独出台了涉及外部董事管理、职工董事履职、董事会向国资委报告工作、董事会运作、董事报酬管理、董事会管理高级管理人员薪酬的指导意见等文件。

董事会制度建设取得了重大进展。外部董事制度基本建立。到2008年年初，17家试点企业外部董事都超过董事会成员的半数，有3家试点企业的董事长由外部董事担任；监事会对董事履职和董事工作开展了监督评价；董事会较好地发挥了作用，并开始采取科学、个性化的办法管理高管人员的薪酬与考核工作。

2009年2月，中共中央政治局常委、中纪委书记贺国强在中央企业调研座谈会上指出，"公司法人治理结构探索取得新突破，选择部分中央企业开展了建立和完善董事会的试点""要推进国有企业公司制股份制改革，扩大董事会试点范围，完善法人治理结构""形成企业决策权、执行权和监督权既相互制约又相互协调的机制"。同年2月，张德江副总理对国务院国资委上报的试点总结报告作出重要批示："近几年，央企董事会试点工作是成功的，经验十分宝贵，为国有企业建立现代企业制度、完善公司法人治理结构探索出了新路。希望巩固和扩大试点，积极探索，认真总结，使这项制度日臻完善。"2月底，国资委召开了董事会试点企业外部董事工作会议，认真贯彻落实党中央、国务院关于巩固和扩大中央企业董事会试点的精神，以加强外部董事队伍建设为重点，进一步推进和深化试点工作。各试点企业董事参加了会议。3月，国务院国资委下发文件，明确新增7户试点企业，试点企业数达24户。[①]

董事会试点，探索把国有企业发展的体制基础从依靠个人转到依靠制度上来，至少对于企业的决策而言，试点企业对个人的依赖程度已经减少，由于个人判断水准而导致企业产生重大决策失误的可能性大大降低，由此企业发展的稳定性得以提高。

（三）建立中央企业领导人选拔任用体系

党的十六大后，中央对深化国有企业人事制度改革和加强国有企业领导班子建设作出了一系列重要部署。党的十七大明确提出，要"完善适合国有企业特点的领导人员管理办法"。中央领导同志多次强调要加强和改进央企领导人员管理工作，制定出台中央企业领导人员的管理规定。

---

① 这新增的7户试点企业是国家开发投资公司、东风汽车公司、中国东方电气集团公司、中国中煤能源集团有限公司、中国机械工业集团有限公司、中国钢研科技集团有限公司、中国中材集团有限公司。

党的十四届三中全会提出建立现代企业制度尤其是新的国有资产管理体制确立以来，按照中央要求和现实需要，中央组织部、国务院国资委等有关部门和各地各企业在加强和改进国有企业领导人员管理方面进行了积极探索，取得了不少成功经验，出台了一些行之有效的政策措施。2009年11月，中共中央办公厅、国务院办公厅印发《中央企业领导人员管理暂行规定》（以下简称《暂行规定》）和《中央企业领导班子和领导人员综合考核评价办法（试行）》（以下简称《考评办法》），这是第一次以中央文件的形式对中央企业领导人员管理工作予以系统规范，对于推进中央企业领导人员管理工作的科学化、制度化和规范化，进一步深化中央企业人事制度改革，建立和完善中国特色国有企业人事管理制度体系，全面提高中央企业领导人员管理工作水平产生了深远影响，同时也对各地的国有企业领导人员管理工作起到重要的带动作用。

1. 明确中央企业领导人范围

包括：设立董事会的中央企业董事长、副董事长、董事（不含外部董事、职工董事），总经理（总裁）、副总经理（副总裁）、总会计师；未设立董事会的中央企业总经理（总裁、院长、所长、局长、主任）、副总经理（副总裁、副院长、副所长、副局长、副主任）、总会计师；中央企业党委（党组）书记、副书记、党委常委（党组成员），纪委书记（纪检组组长）。

2. 提出公开招聘、任期制等新举措

《暂行规定》规定了中央企业领导人员任职的基本条件和资格；对中央企业董事会、经理班子、党委（党组）班子的职数以及中央企业领导人员的任期等作出了规定；对中央企业领导人员的选拔任用、考核评价、激励监督、职业发展、退出的内容、方式和程序等作出规定，并赋予了有别于党政干部管理的鲜明企业特点。《暂行规定》还积极吸收中央企业领导人员管理改革的新成果，提出了公开招聘、任期制、任期考核、多维度测评等多项新举措。

3. 提高选人用人公信度

一是进一步扩大职工群众对干部选拔任用工作的知情权、参与权、选择权和监督权。《暂行规定》要求，在本企业内部选拔领导人员应当经过民主推荐，并在一定范围内公开民主推荐情况，实行差额考察制度、任前公示制度、职工代表对领导人员的民主评议制度，领导人员的职务消费要接受职工民主监督；二是进一步强化竞争机制，把公开招聘、竞争上岗作为选拔中央企业领导人员的重要方式，明确提出对经理班子成员的选拔应逐步加大公开招聘、竞争上岗的力度；三是全方位开展民主测评，在更大范围听取群众意见。

4. 建立能上能下机制

在不少企业中，领导人员选拔上来后，除了到达退休年龄或出现违纪违法问题等情况，才能"下"来，否则，即使工作平庸，业绩平平也不会"下"来。为解决这个问题，《暂行规定》和《考评办法》要求：一是实行任期制，对董事、总经理、党委的任期作了明确规定；二是强化考核评价结果的运用，将考核评价与任免、奖惩挂钩；三是健全退出机制，完善中央企业领导人员免职（解聘）、辞职、退休制度，并规定了免职（解聘）的五种情形和应对领导班子进行调整的三种情形，明确了因公辞职、自愿辞职、引咎辞职和责令辞职四种辞职形式。同时规定"中央企业领导人员达到任职年龄界限、不再担任企业领导职务的，其在下属企业所兼任的其他职务也应当一并免除"。上述规定有助于建立企业领导人员的正常退出机制，真正实现领导人员的"能上能下"。

第四节　国有企业领导干部选拔任用制度的整体推进与系统规划（2012—2019 年）

党的十八届三中全会后，以混合所有制改革为核心，以国有企业分类改革为框架，以国有资产的资本运营为理念，以供给侧实现结构性改革为目标，成为深化国有企业改革的路线图。2015 年 8 月 24 日，中共中央、国务院印发了《关于深化国有企业改革的指导意见》，这是党的十八大以来指导和推进中国国有企业改革的纲领性文件，是顶层设计文件体系中的"1"。围绕着"1"，国资委及相关部门出台了 26 个配套文件，这些配套文件是顶层设计文件体系中的"N"。随着改革的扩展和深入，新问题随之出现，这个"N"的数值是变动的。"1＋N"文件体系形成了在党的十八大后整体推进国有企业改革的"四梁八柱"，使国有企业改革不断向纵深推进，国有企业领导干部的选拔任用也进入了整体推进与系统规划的发展阶段。

一 混合所有制改革中探索职业经理人制度

股份制是混合所有制的一种主要形式。从20世纪90年代起就有许多国有企业改制为股份公司并且上市。但是这些上市公司,特别是中央企业的上市公司,其经营机制和管理方式仍然带有很强的行政色彩。主要原因在于上市公司的股权结构中,国有资本占绝对控股地位,国有控股大股东"一股独大",上市公司的体制机制与控股母公司一样,与原来的国有企业相比没有多大的变化,只是名义上实现了混合所有制,但实际上没有起到改革国有企业治理结构、放大国有资本的控制力、融合各种所有制资本共同发展的作用。[①]

2013年11月,党的十八届三中全会通过的《中共中央关于全面深化改革若干重大问题的决定》旗帜鲜明地提出,以公有制为主体、多种所有制经济共同发展是我国的基本经济制度,是中国特色社会主义制度的重要支柱,也是社会主义市场经济体制的根基。国有资本、集体资本、非公有资本等交叉持股、相互融合的混合所有制经济,是基本经济制度的重要实现形式,有利于国有资本放大功能、保值增值、提高竞争力,有利于各种所有制资本取长补短、相互促进、共同发展,允许更多国有经济和其他所有制经济发展成为混合所有制经济。国有资本投资项目允许非国有资本参股,允许混合所有制经济实行企业员工持股,形成资本所有者和劳动者利益共同体。鼓励非公有制企业参与国有企业改革,鼓励发展非公有资本控股的混合所有制企业。国有企业混合所有制改革从此拉开了大幕,推动着国有企业改革不断深入。

2014年7月,国资委在竞争性领域启动了中央企业"四项改革"试点:一是在国家开发投资公司、中粮集团有限公司开展改组国有资本投资公司试点;二是在中国医药集团总公司、中国建筑材料集团公司开展混合所有制经济试点;三是在新兴际华集团有限公司、中国节能环保公司、中国医药集团总公司、中国建筑材料集团公司开展董事会行使高级

[①] 岳清唐:《中国国有企业改革发展史(1978—2018)》,社会科学文献出版社2018年版,第4页。

管理人员选聘、业绩考核和薪酬管理职权试点；四是在国资委管理主要负责人的中央企业中选择2—3家开展派驻纪检组试点。其中，混合所有制试点主要在六个方面进行探索：一是探索建立混合所有制企业有效制衡、平等保护的治理结构；二是探索职业经理人制度和市场化劳动用工制度；三是探索市场化激励和约束机制；四是探索混合所有制企业员工持股；五是探索对混合所有制企业的有效监管机制；六是探索混合所有制企业党建工作的有效机制。纳入试点的央企陆续向国资委提交了改革的具体实施方案，经全面深化改革领导小组会议上讨论在2014年10月基本通过。

在"四项改革"试点中，宝钢、新兴际华、中国节能、中国建材、国药集团等5家中央企业落实了董事会选聘和管理经营层成员的职权。新兴际华董事会按照党组织推荐、董事会选择、市场化选聘、契约化管理的基本思路，于2016年年底又市场化选聘了全部经理层副职。[1]

在2015年出台《中共中央国务院关于深化国有企改革的指导意见》后，国资委对国有企业改革的试点工作指导更加系统全面和具体，结合"十三五"规划和"一带一路"建设，于2016年2月提出了中央企业"十项改革"试点，将2014年的"四项改革"试点内容拆分细化，再根据顶层设计要求增加了其他方面改革内容。其中，在干部选拔任用方面的试点包括四项（即第五至第八项），[2] 具体为：

第五项，推行职业经理人制度试点。在市场化选聘经营管理者试点基础上，探索推行职业经理人制度。

第六项，企业薪酬分配差异化改革试点。完善国有企业负责人薪酬分类管理制度，探索对市场化选聘的职业经理人实行市场化薪酬分配机制。

第七项，落实董事会职权试点。国资委将向试点企业董事会授予中

---

[1] 岳清唐：《中国国有企业改革发展史（1978—2018）》，社会科学文献出版社2018年版，第169页。

[2] 其余六项试点分别为：第一项，在部分重要领域进行混合所有制改革试点；第二项，混合所有制企业员工持股试点；第三项，中央企业兼并重组试点；第四项，国有资本投资、运营公司试点；第九项，国有企业信息公开工作试点；第十项，剥离企业办社会职能和解决历史遗留问题试点。

长期发展战略规划、高级管理人员选聘、业绩考核、薪酬管理、工资总额备案制管理和重大财务事项管理等6项职权，通过试点有效调动董事会积极性，促进董事会作用的发挥。

第八项，市场化选聘经营管理者试点。落实董事会在经理层成员选聘业绩考核、薪酬分配等方面的职权；界定国资监管机构、企业董事会、企业党组织在经营管理者选聘和管理工作中的职责等。

首批试点单位中，中国诚通控股集团有限公司和中国国新控股有限责任公司为国有资本运营公司试点企业；新兴际华、中国节能、中国医药、中国建材、中国宝武、国投和中广核集团开展落实董事会职权试点；国家电投、中远海运集团、中国建材被作为兼并重组试点企业。2018年3月之前，共有18家中央企业集团、39家子企业在进行试点。

"四项改革"和"十项改革"试点都是单个国有企业和单个事项的试点，在这些企业试点经验的基础上，2018年3月，国资委印发了《国企改革"双百行动"工作方案》，国务院国有企业改革领导小组办公室决定进行大范围的综合试点，选取百余户中央企业子企业和百余户地方国有骨干企业，2018—2020年实施国有企业改革"双百行动"。2018年8月，该行动正式启动，近400家企业入围，其中央企有近20家，地方国有企业有200多家。① 2018年下半年起，国有企业改革按照"1＋N"的制度框架由点到面展开。

截至2017年9月28日，全国国有企业公司制改制面达到90%以上，中央企业各级子企业公司制改制面达92%。混合所有制改革稳步推进，超过2/3的中央企业已经或者正在引入各类社会资本，正在推进股权多元化。党的十八大以来，中央企业有34家进行了重组，央企总数从117家减少到98家，省级监管企业136家开展了重组。各层级企业混改的数量占到整个中央企业的68.9%，地方国有企业中混改的企业数量也占到了47%。

截至2016年年底，中央企业资产总额达到50.5万亿元，和前一个五年相比增加了80%。从效益来看，这五年效益是6.4万亿元，增加了

---

① 刘丽靓：《国企改革"双百行动"名单确定》，《中国证券报》2018年8月15日第A01版。

30.6%；上缴各种税费103万亿元，增加了635%，中央企业实现营业收入同比增长157%，利润总额同比增长17.3%，都是历史同期增加量最高的。①

二 推进市场化选聘

在探索市场导向的用人选人和激励约束机制的过程中，国务院国资委从2003年开始就一直在推进探索坚持党管干部原则同市场化选聘企业经营管理者的机制相结合，通过扩大选人用人视野，拓宽选人用人渠道，竞争上岗，公开招聘，逐步加大市场化选聘的力度，实施"人才强企"战略来提高中央企业竞争力，发展壮大国有经济，但一直进展不大。特别是对于垄断性国有企业、大型国有企业和中央企业，内部岗位设置不科学、国有身份与干部身份意识浓厚，高层管理者几乎都出自行政性任命，这与其他方面的改革不配套相关。国务院国资委成立以来，通过全球公开招聘方式，为多家国有企业招聘了高级经营管理者和高级技术管理者。但这些都是国资委直接操刀主持，不是由国有企业的董事会自己选聘经营管理者，原因是长期以来国有企业的董事会不完善，近似形同虚设，有的干脆没有董事会。

2013年11月，党的十八届三中全会《决定》提出："健全协调运转、有效制衡的公司法人治理结构。建立职业经理人制度，更好发挥企业家作用。深化企业内部管理人员能上能下、员工能进能出、收入能增能减的制度改革。建立长效激励约束机制，强化国有企业经营投资责任追究……国有企业要合理增加市场化选聘比例，合理确定并严格规范国有企业管理人员薪酬水平、职务待遇、职务消费、业务消费。"2015年8月发布的《中共中央国务院关于深化国有企业改革的指导意见》和9月出台的《关于国有企业发展混合所有制经济的意见》针对国有企业管理人员提出，根据企业类型和层级分类使用选任制、委任制和聘任制等不同选人用人方式。推行职业经理人制度，实行内部培养和外部引进相结合，畅通现有经营管理者与职业经理人身份转换通道，董事会按市

---

① 《十八大以来国企改革情况发布会实录》，http：//www.sasac.gov.cn/n2588025/n2588119/c7936035/content.html。

场化方式选聘和管理职业经理人，合理增加市场化选聘比例，加快建立退出机制。推行企业经理层成员任期制和契约化管理，明确责任、权利、义务，严格任期管理和目标考核。对市场化选聘的职业经理人实行市场化薪酬分配机制，可以采取多种方式探索完善中长期激励机制。健全与激励机制相对称的经济责任审计、信息披露、延期支付、追索扣回等约束机制。

随着深化混合所有制改革和国有企业的分类改革，以及"四项改革"和"十项改革"试点中探索推行职业经理人制度和企业薪酬分配差异化改革，以及落实董事会职权和市场化选聘经营管理者，自2016年起，国有企业的职业经理人改革进入实质性试点阶段，一大批企业开展了市场化选聘经营管理者，并探索职业经理人制度。

地方国有企业在2016年也相继进行市场化选聘改革。珠海市国资委正式落实《关于推进市场化选聘市管企业高级管理人员工作的指导意见》的规定，主业处于充分竞争行业和领域的商业类企业，体制机制创新试点企业，将以市场化选聘为主，建立职业经理人制度。四川省印发了《关于省国有重要骨干企业董事会选聘高级管理人员的指导意见》，明确竞争性企业新任高级管理人员将以市场化选聘为主，功能性企业逐步提高高级管理人员市场化选聘比例，特别是在省内国有重要骨干企业加快建设职业经理人队伍，选聘范围包括总经理、副总经理、总会计师、总经济师、总工程师和公司章程规定的其他高级管理人员，选聘方式包括企业内部竞聘、社会公开招聘、市场寻聘、出资人推荐等。[①]

三 试点探索干部选聘新机制

国有资本投资公司和国有资本运营公司的国有资产管理体制的试点改革与政企分开的落实密切相关。2015年11月4日，国务院发布《关于改革和完善国有资产管理体制的若干意见》，就改组组建国有资本投资运营公司等作出"顶层设计"。作为国有企业改革重头戏之一，国有投资、运营公司的改组新建试点工作开始紧锣密鼓地进行。一部分央企集团有限公司和地方大型企业集团总部将被改建为国有资本运营管理公司，主

---

① 杨烨：《国企高管市场化选聘细则将出》，《经济参考报》2016年12月5日第1版。

要是对处于竞争性领域的国有资本进行价值管理，追求国有资本的保值增值，以产权买卖为工具，完全市场化运作。另一些央企和地方大型企业集团总部将被改建为国有资本投资管理公司，集中于国有资本在重要行业和关键性领域等进行战略性投资。

2016年"十项改革"试点中，诚通集团和国新公司被选为国有资本运营公司试点企业。神华集团、中国五矿、宝武集团等6家企业作为国有资本投资公司试点单位，加上2014年7月已被国资委选择为投资公司试点的中粮集团、国投公司，共8家投资公司试点单位，中央企业"两类公司"试点企业合计已达10家。2016年，各省完成改组组建国有资本投资、运营公司52家。[①] 试点的主要任务是试验国有资本投资运营公司的运行机制，界定其与政府及所投资企业的关系，为实现以管资本为主探索道路。但从试点方案看，部分省市国有资本运营投资公司平台功能定位还并不清晰，授权的内容、范围和方式还需要进一步明确。2017年，国资委加大了授权内容和授权力度，扩大了国有资本投资运营公司试点，要求多家央企制订改革方案并上报待批。地方国有企业也加速布局，纷纷改建和组建国资投资运营公司。

到2018年7月，中央企业层面已经选择了10户企业开展投资运营公司试点，各地方国有企业已改组组建国有资本投资、运营公司89家。国有资本运营公司共发起六支基金，总规模近900亿元，通过委托管理、资金支持、参与重组等方式，主导或参与了有关中央和地方国有企业的多项产融结合与企业改革发展工作。[②] 2018年7月14日，国务院印发了《关于推进国有资本投资、运营公司改革试点的实施意见》（以下简称《意见》），对两类公司的功能定位、组建方式、授权机制、治理结构、运行模式、监督与约束机制等主要内容进行了明确。

《意见》指出，试点的目的是通过改组组建国有资本投资、运营公司，构建国有资本投资、运营主体，改革国有资本授权经营体制，完善国有资产管理体制，实现国有资本所有权与企业经营权分离，实行国有

[①] 杨烨：《国有投资运营公司试点扩容》，《经济参考报》2017年3月1日第2版。
[②] 高江虹、侯悦：《国企国资改革深入推进："两类公司"第二批试点名单将出》，《21世纪经济报道》2018年8月30日第1版。

资本市场化运作。

（一）明确治理结构

国有资本投资、运营公司不设股东会，由政府或国有资产监管机构行使股东会职权，政府或国有资产监管机构可以授权国有资本投资、运营公司董事会行使股东会部分职权。按照中国特色现代国有企业制度的要求，国有资本投资、运营公司设立党组织、董事会、经理层，规范公司治理结构，建立健全权责对等、运转协调、有效制衡的决策执行监督机制，充分发挥党组织的领导作用、董事会的决策作用、经理层的经营管理作用。

（1）党组织。把加强党的领导和完善公司治理统一起来，充分发挥党组织把方向、管大局、保落实的作用。坚持党管干部原则与董事会依法产生、董事会依法选择经营管理者、经营管理者依法行使用人权相结合。按照"双向进入、交叉任职"的原则，符合条件的党组织领导班子成员可以通过法定程序进入董事会、经理层，董事会、经理层成员中符合条件的党员可以依照有关规定和程序进入党组织领导班子。党组织书记、董事长一般由同一人担任。对于重大经营管理事项，党组织研究讨论是董事会、经理层决策的前置程序。国务院直接授权的国有资本投资、运营公司，应当设立党组。纪检监察机关向国有资本投资、运营公司派驻纪检监察机构。

（2）董事会。国有资本投资、运营公司设立董事会，根据授权，负责公司发展战略制定、对外投资、经理层选聘、业绩考核、薪酬管理、向所持股企业派出董事等事项。董事会成员原则上不少于9人，由执行董事、外部董事、职工董事组成。保障国有资本投资、运营公司按市场化方式选择外部董事等权利，外部董事应在董事会中占多数，职工董事由职工代表大会选举产生。董事会设董事长1名，可设副董事长。董事会下设战略与投资委员会、提名委员会、薪酬与考核委员会、审计委员会、风险控制委员会等专门委员会。专门委员会在董事会授权范围内开展相关工作，协助董事会履行职责。

国有资产监管机构授权的国有资本投资、运营公司的执行董事、外部董事由国有资产监管机构委派。其中，外部董事由国有资产监管机构根据国有资本投资、运营公司董事会结构需求，从专职外部董事中选择合适人员担任。董事长、副董事长由国有资产监管机构从董事会成员中指定。

政府直接授权的国有资本投资、运营公司执行董事、外部董事（股权董事）由国务院或地方人民政府委派，董事长、副董事长由国务院或地方人民政府从董事会成员中指定。其中，依据国有资本投资、运营公司职能定位，外部董事主要由政府综合管理部门和相关行业主管部门提名，选择专业人士担任，由政府委派。外部董事可兼任董事会下属专门委员会主席，按照公司治理结构的议事规则对国有资本投资、运营公司的重大事项发表相关领域专业意见。

政府或国有资产监管机构委派外部董事要注重拓宽外部董事来源，人员选择要符合国有资本投资、运营公司定位和专业要求，建立外部董事评价机制，确保充分发挥外部董事作用。

（3）经理层。国有资本投资、运营公司的经理层根据董事会授权负责国有资本日常投资运营，董事长与总经理原则上不得由同一人担任。

国有资产监管机构授权的国有资本投资、运营公司党组织隶属中央、地方党委或国有资产监管机构党组织管理，领导班子及其成员的管理，以改组的企业集团为基础，根据具体情况区别对待。其中，由中管企业改组组建的国有资本投资、运营公司，领导班子及其成员由中央管理；由非中管的中央企业改组组建或新设的国有资本投资、运营公司，领导班子及其成员的管理按照干部管理权限确定。

政府直接授权的国有资本投资、运营公司党组织隶属中央或地方党委管理，领导班子及其成员由中央或地方党委管理。

国有资本投资、运营公司董事长、董事（外部董事除外）、高级经理人员，原则上不得在其他有限责任公司、股份有限公司或者其他经济组织兼职。

（二）建立选人用人机制和监督约束机制

建立选人用人机制。国有资本投资、运营公司要建立派出董事、监事候选人员库，由董事会下设的提名委员会根据拟任职公司情况提出差额适任人选，报董事会审议、任命。同时，要加强对派出董事、监事的业务培训、管理和考核评价。

完善监督体系。整合出资人监管和审计、纪检监察、巡视等监督力量,建立监督工作会商机制,按照事前规范制度、事中加强监控、事后强化问责的原则,加强对国有资本投资、运营公司的统筹监督,提高监督效能。纪检监察机构加强对国有资本投资、运营公司党组织、董事会、经理层的监督,强化对国有资本投资、运营公司领导人员廉洁从业、行使权力等的监督。国有资本投资、运营公司要建立内部常态化监督审计机制和信息公开制度,加强对权力集中、资金密集、资源富集、资产聚集等重点部门和岗位的监管,在不涉及国家秘密和企业商业秘密的前提下,依法依规、及时准确地披露公司治理以及管理架构、国有资本整体运营状况、关联交易、企业负责人薪酬等信息,建设阳光国有企业,主动接受社会监督。

实施绩效评价。国有资本投资、运营公司要接受政府或国有资产监管机构的综合考核评价。考核评价内容主要包括贯彻国家战略、落实国有资本布局和结构优化目标、执行各项法律法规制度和公司章程,重大问题决策和重要干部任免,国有资本运营效率、保值增值、财务效益等方面。

(三)持续推进国有资产监管机构职能转变

由管实物形态的国有企业向价值形态的国有资本转变,首先是推进国有资产监管机构职能转变,关键是经营权的"放""让""授"。2017年4月,国务院办公厅转发《国务院国资委以管资本为主推进职能转变方案》,强化了3项管资本职能,精简了43项监管事项。其中,授权8项,涵盖了经理层成员选聘、业绩考核、薪酬管理以及职工工资总额审批等企业呼吁多年的事项。

2019年6月发布的《国务院国资委授权放权清单(2019年版)》,其目的在于要最大限度减少对企业生产经营活动的直接干预,以管资本为主履行好出资人职责。《国务院国资委授权放权清单(2019年版)》的发布,标志着落实国有资本授权经营体制改革迈出了重要步伐。按照权责对等原则,加大授权放权,意味着赋予央企、国有企业更大的责任,这对企业加强行权能力建设、自我约束、规范运行提出了新的更高要求。

此次国资委重点选取了五大类、35项授权放权事项,包括规划投资与主业管理(8项);产权管理(12项);选人用人(2项);企业负责人薪酬管理、工资总额管理与中长期激励(10项);重大财务事项管理(3

项）等。《国务院国资委授权放权清单（2019年版）》既是深入推进国有资本授权经营体制改革、完善国有资产管理体制的重要举措，也是落实由管企业向管资本转变、依法确立国有企业市场主体地位的具体要求。在企业领导干部选拔任用方面，涉及的选拔任用事项包括：

（1）支持中央企业所属企业按照市场化选聘、契约化管理、差异化薪酬、市场化退出的原则，采取公开遴选、竞聘上岗、公开招聘、委托推荐等市场化方式选聘职业经理人，合理增加市场化选聘比例，加快建立职业经理人制度。

（2）授权落实董事会职权试点。中央企业董事会根据中央企业负责人薪酬管理有关制度，制定经理层成员薪酬管理办法，决定经理层成员薪酬分配。企业经理层成员薪酬管理办法和薪酬管理重大事项报国资委备案。

此外，在与选拔任用密切相关的薪酬方面也有两项相关事项：

（1）支持中央企业所属企业市场化选聘的职业经理人实行市场化薪酬分配制度，薪酬总水平由相应子企业的董事会根据国家相关政策，参考境内市场同类可比人员薪酬价位，统筹考虑企业发展战略、经营目标及成效、薪酬策略等因素，与职业经理人协商确定，可以采取多种方式探索完善中长期激励机制。

（2）授权落实董事会职权试点。中央企业董事会根据中央企业负责人薪酬管理有关制度，制定经理层成员薪酬管理办法，决定经理层成员薪酬分配，企业经理层成员薪酬管理办法和薪酬管理重大事项报国资委备案。

各地国资委结合实际积极推进本地区国有资本授权经营体制改革，制定授权放权清单。

四　完善国有企业选拔任用制度体系

（一）加强党对国有企业干部选拔任用的领导

国有企业领导人员选拔任用必须始终坚持党管干部原则，这是党的全面领导在国有企业领导人员管理工作中的重要体现。2016年10月，习近平总书记出席全国国有企业党的建设工作会议并发表重要讲话，站在坚持和发展中国特色社会主义、巩固党的执政基础的全局高度，深刻回答了事关国有企业改革发展和党的建设的若干重大理论现实问题。这是新时代我们党关于国有企业、国有经济重要论述的集大成之作，具有重大里程碑意义。

坚持党的领导、加强党的建设，是我国国有企业的光荣传统，是国有企业的"根"和"魂"，是我国国有企业的独特优势。新形势下，国有企业干部选拔任用坚持党的领导、加强党的建设，总的要求是：坚持党组织对国有企业选人用人的领导和把关作用不能变，着力培养一支宏大的高素质企业领导人员队伍，主要体现在以下方面：

一是把党的领导融入公司治理各环节。坚持党对国有企业的领导是重大政治原则，必须一以贯之；建立现代企业制度是国有企业改革的方向，也必须一以贯之。中国特色现代国有企业制度，"特"就特在把党的领导融入公司治理各环节，把企业党组织内嵌到公司治理结构之中，明确和落实党组织在公司法人治理结构中的法定地位，做到组织落实、干部到位、职责明确、监督严格。

二是要保证党对干部人事工作的领导权和对重要干部的管理权。要保证人选政治合格、作风过硬、廉洁不出问题。要让国有企业领导人员在工作一线摸爬滚打、锻炼成长，把在实践中成长起来的良将贤才及时选拔到国有企业领导岗位上来。对国有企业领导人员，既要从严管理，又要关心爱护，树立正向激励的鲜明导向，让他们放开手脚干事、甩开膀子创业。要大力宣传优秀国有企业领导人员的先进事迹和突出贡献，营造尊重企业家价值、鼓励企业家创新、发挥企业家作用的浓厚社会氛围。

三是提出国有企业干部选拔标准。国有企业领导人员是党在经济领域的执政骨干，是治国理政复合型人才的重要来源，肩负着经营管理国有资产、实现保值增值的重要责任。国有企业领导人员必须做到对党忠诚、勇于创新、治企有方、兴企有为、清正廉洁。国有企业领导人员要坚定信念、任事担当，牢记自己的第一职责是为党工作，牢固树立政治意识、大局意识、核心意识、看齐意识，把爱党、忧党、兴党、护党落实到经营管理的各项工作中。面对日趋激烈的国内外市场竞争，国有企业领导人员要迎难而上、开拓进取，带领广大干部职工开创企业发展新局面。

四是健全以职工代表大会为基本形式的民主管理制度。习近平总书记指出，坚持全心全意依靠工人阶级的方针，是坚持党对国有企业领导的内在要求。要推进厂务公开、业务公开，落实职工群众知情权、参与权、表达权、监督权，充分调动工人阶级的积极性、主动性、创造性。企业在重大决策上要听取职工意见，涉及职工切身利益的重大问题必须经过职代会审议。要坚持和完善职工董事制度、职工监事制度，鼓励职工代表有序参与公司治理。

这些重要论述，连同党的十八大以来党中央对国有企业干部选拔任用作出的重要指示，完整系统地宣示了我们党在新时代关于国有企业干部选拔任用的重大主张，为开创国有企业改革发展和党的建设新局面提供了根本遵循和行动指南。

2017年5月，《中央企业党建工作责任制实施办法》印发，进一步明确了中央企业党委（党组）的主体责任、书记的第一责任、专职副书记的直接责任、领导班子成员的"一岗双责"，推动党建工作责任层层落实、贯通到底。近年来，先后在军工、石油石化、汽车等行业，公开遴选了19户中央企业的26名副职领导人员，补充了一批德才兼备、年富力强的优秀人才。中央企业党委（党组）研究把好推荐人选关，中央组织部、国务院国资委党委组织专家把好评审面谈关、组织考察组把好考察关，将党管干部原则落到实处。

（二）完善国有企业法人治理结构

完善国有企业法人治理结构是全面推进依法治企、推进国家治理体系和治理能力现代化的内在要求，是新一轮国有企业改革的重要任务。

2015年，中共中央国务院印发《关于深化国有企业改革的指导意见》（以下简称《意见》）。《意见》指出，到2020年，国有企业公司制改革基本完成，发展混合所有制经济取得积极进展，法人治理结构更加健全，优胜劣汰、经营自主灵活、内部管理人员能上能下、员工能进能出、收入能增能减的市场化机制更加完善。在干部选拔任用方面，主要包括：

一是健全公司法人治理结构。重点是推进董事会建设，建立健全权责对等、运转协调、有效制衡的决策执行监督机制，规范董事长、总经理行权行为，充分发挥董事会的决策作用、监事会的监督作用、经理层的经营管理作用、党组织的政治核心作用，切实解决一些企业董事会形同虚设、"一把手"说了算的问题,实现规范的公司治理。要切实落实和维护董事会依法行使重大决策、选人用人、薪酬分配等权力,保障经理层经营自主权,法无授权任何政府部门和机构不得干预。加强董事会内部的制衡约束,国有独资、全资公司的董事会和监事会均应有职工代表,董事会外部董事应占多数,落实一人一票表决制度,董事对董事会决议承担责任。改进董事会和董事评价办法,强化对董事的考核评价和管理,对重大决策失误负有直接责任的要及时调整或解聘,并依法追究责任。进一步加强外部董事队伍建设,拓宽来源渠道。

二是建立国有企业领导人员分类分层管理制度。坚持党管干部原则与董事会依法产生、董事会依法选择经营管理者、经营管理者依法行使用人权相结合,不断创新有效实现形式。上级党组织和国有资产监管机构按照管理权限加强对国有企业领导人员的管理,广开推荐渠道,依规考察提名,严格履行选用程序。根据不同企业类别和层级,实行选任制、委任制、聘任制等不同选人用人方式。推行职业经理人制度,实行内部培养和外部引进相结合,畅通现有经营管理者与职业经理人身份转换通道,董事会按市场化方式选聘和管理职业经理人,合理增加市场化选聘比例,加快建立退出机制。推行企业经理层成员任期制和契约化管理,明确责任、权利、义务,严格任期管理和目标考核。

三是深化企业内部用人制度改革。建立健全企业各类管理人员公开招聘、竞争上岗等制度,对特殊管理人员可以通过委托人才中介机构推荐等方式,拓宽选人用人视野和渠道。建立分级分类的企业员工市场化公开招聘制度,切实做到信息公开、过程公开、结果公开。构建和谐劳动关系,依法规范企业各类用工管理,建立健全以合同管理为核心、以岗位管理为基础的市场化用工制度,真正形成企业各类管理人员能上能下、员工能进能出的合理流动机制。

四是对国有企业领导人员实行与选任方式相匹配、与企业功能性质相适应、与经营业绩相挂钩的差异化薪酬分配办法。对党中央、国务院和地方党委、政府及其部门任命的国有企业领导人员,合理确定基本年薪、绩效年薪和任期激励收入。对市场化选聘的职业经理人实行市场化薪酬分配机制,可以采取多种方式探索完善中长期激励机制。健全与激励机制相对称的经济责任审计、信息披露、延期支付、追索扣回等约束机制。严格规范履职待遇、业务支出，严禁将公款用于个人支出。

五是进一步加强国有企业领导班子建设和人才队伍建设。根据企业改革发展需要，明确选人用人标准和程序，创新选人用人方式。强化党组织在企业领导人员选拔任用、培养教育、管理监督中的责任，支持董事会依法选择经营管理者、经营管理者依法行使人权，坚决防止和整治选人用人中的不正之风。加强对国有企业领导人员尤其是主要领导人员日常监督管理和综合考核评价，及时调整不胜任、不称职的领导人员，切实解决企业领导人员能上能下的问题。以强化忠诚意识、拓展世界眼光、提高战略思维、增强创新精神、锻造优秀品行为重点，加强企业家队伍建设，充分发挥企业家作用。大力实施人才强企战略，加快建立健全国有企业集聚人才的体制机制。

为改进国有企业法人治理结构，完善国有企业的现代企业制度，2017年5月，国务院办公厅印发《关于进一步完善国有企业法人治理结构的指导意见》，提出"积极探索党管干部原则与董事会选聘经营管理人员有机结合的途径和方法。坚持和完善双向进入、交叉任职的领导体制，符合条件的国有企业党组（党委）领导班子成员可以通过法定程序进入董事会、监事会、经理层，董事会、监事会、经理层成员中符合条件的党员可以依照有关规定和程序进入党组（党委）；党组（党委）书记、董事长一般由一人担任，推进中央企业党组（党委）专职副书记进入董事会。在董事会选聘经理层成员工作中，上级党组织及其组织部门、国有资产监管机构党委应当发挥确定标准、规范程序、参与考察、推荐人选等作用。积极探索董事会通过差额方式选聘经理层成员"。

（三）完善中央企业领导人员选拔任用

随着形势的发展变化，中央企业领导人员选拔任用工作面临很多新任务新挑战。一是以习近平总书记为核心的党中央对党的建设、组织工作和国有企业改革发展提出了一系列新理念新思想新战略，党的十九大和全国组织工作会议、全国国有企业党的建设工作会议提出了许多新要求，需要制度化地落实到中央企业领导人员选拔任用工作中。二是近年来中央企业领导人员选拔任用实践方面取得了一些有益经验，需要总结推广；对于巡视中发现的中央企业不同程度存在党的领导弱化、党的建设缺失、全面从严治党不力等问题，也需要综合施策，特别是在领导人员管理方面，需要强化从严从实导向。三是中央企业普遍建立中国特色现代国有企业制度，肩负着建设具有全球竞争力的世界一流企业的艰巨任务，需要培养造就、吸引凝聚、用好用活各方面优秀人才，领导人员选拔任用制度需要更好地与之相适应，更好地体现企业特点。

2018年7月，《中央企业领导人员管理规定》（以下简称《规定》）修订印发。《规定》是在《中央企业领导人员管理暂行规定》（以下简称《暂行规定》）的基础上修订而成的。《规定》共10章66条，分总则、职位设置、任职条件、选拔任用、考核评价、薪酬与激励、管理监督、培养锻炼、退出、附则，明确了中央企业领导人员管理的基本原则、基本要求和主要内容，覆盖了中央企业领导人员管理的全过程和各环节。

《规定》结合企业实际，对选拔任用中央企业领导人员工作作出了具体规定。一是强调必须发挥党组织的领导和把关作用，突出政治标准和专业能力，坚持正确选人用人导向。二是强调大力发现培养选拔适应新时代要求的优秀年轻领导人员，用好各年龄段领导人员。三是将选拔任用工作程序统一规范为提出工作方案、确定考察对象、考察或者背景调查、集体讨论决定和依法依规任职。四是针对内部推选、外部交流、公开遴选、竞聘上岗、公开招聘、委托推荐等不同选拔方式，规范了考察对象的产生方式。五是强调坚持实践标准，注重精准识人，全面考察人选素质、能力、业绩和廉洁从业等情况，防止"带病提拔"。六是提出实行任职承诺制度，新任中央企业领导人员应当就忠诚干净担当等作出承诺。

《规定》体现了以下主要特点：

一是坚持党管干部原则。充分发挥党组织在中央企业选人用人工作中的领导和把关作用，确保党对中央企业干部人事工作的领导权和对重要领导人员的管理权。例如，在选拔任用工作中，从提出工作方案到确定考察对象，从严格考察到集体讨论决定等各个环节，强调都要发挥党组织的领导和把关作用。在董事会选聘经理层成员试点工作中，强调上级党组织要在确定标准、规范程序、参与考察、推荐人选等方面发挥作用。强调上级党组织及其组织部门、纪检监察机关要加强对中央企业领导人员的日常管理、考核评价和监督执纪问责，始终把中央企业领导人员置于严格的管理监督之中。

二是发挥市场机制作用。从中央企业的市场主体属性出发，扩大选人用人视野，完善与市场竞争相适应的中央企业领导人员管理机制，激发和保护企业家精神，更好发挥企业家的作用。例如，丰富和完善市场化选人方式，明确将公开遴选作为选拔任用中央企业领导人员方式之一，明确对经理层成员的选拔任用可以采取竞聘上岗、公开招聘和委托推荐等方式，进一步扩大选人用人视野。明确提出对中央企业领导人员实行任期制（聘期制），对经理层成员可以实行聘任制，推进契约化管理。强化中央企业领导人员经营业绩考核，注重区别企业功能定位，注重行业对标，注重中央企业领导班子成员全覆盖。强化市场化退出，包括对不适宜担任现职的中央企业领导人员进行组织调整，以及因企业发展战略调整、产业转型、兼并重组等需要对中央企业领导人员进行调整，任期（聘期）届满未连任（续聘）的自然免职（解聘），形成优胜劣汰、优进拙退的机制。提出合理增加经理层中市场化选聘职业经理人比例，稳妥推进职业经理人制度建设，有序推进董事会选聘经理层成员试点工作。

三是坚持问题导向。重点解决中央企业选人用人机制创新不够、领导人员管理失之于宽松软和领导人员管党治党意识不强、担当不够、"能上不能下"等问题。《规定》完善了中央企业领导人员退出机制，明确了中央企业领导人员因到龄、任（聘）期届满、健康原因、离职学习、不适宜担任现职和自愿辞职等退出的方式和相关要求，特别是细化了因不适宜担任现职退出的具体情形，对政治上不合格、工作不在状态、能力素质不适应、履职业绩平庸或者作风形象较差的及时予以调整，促进领导人员正常更替、人岗相适，增强领导人员队伍活力。

四是坚持简便易行、有效管用。从中央企业实际出发，该规范的严格规范，该简化的尽量简化，该留有空间的留有空间，提高制度的精准性、有效性和可操作性。

在中国特色社会主义进入新时代和深化国有企业改革的关键时期，修订出台《规定》，对于坚持和加强党对中央企业的全面领导，完善适应中国特色现代国有企业制度要求和市场竞争需要的选人用人机制，提高中央企业领导人员管理工作质量，打造对党忠诚、勇于创新、治企有方、兴企有为、清正廉洁的高素质专业化中央企业领导人员队伍，进一步激励中央企业领导人员新时代新担当新作为，把中央企业建设成为党和人民可以信赖、依靠的"大国重器"，具有十分重要的意义。

第七章 专业技术人员管理制度

第七章　专业技术人员管理制度

专业技术人员是指受过专门教育和职业培训，掌握现代化大生产专业分工中某一领域的专业知识和技能，在各种经济成分的机构中专门从事各种专业性工作和科学技术工作的人员。[1] 从现行数量统计的角度来讲，专业技术人员是指在各类单位中从事专业技术工作、专业技术管理工作以及在管理岗位工作具有专业技术职务（资格）的人员。[2]

专业技术人员是我国人才队伍的骨干力量，在各个历史时期的经济发展与社会进步中都发挥着重要作用。计划经济时期，专业技术人员作为国家干部，实行的是集中统一的干部管理体制；改革开放后，逐步实行人事分类管理体制。但无论在哪种管理制度下，专业技术人员职务管理制度一直都是专业技术人员管理的核心制度。专业技术人员职务管理制度，通俗称为职称制度，是我国专业技术人员管理的一项基本制度，在团结凝聚专业技术人才、激励专业技术人才干事创业、提升专业技术人才队伍整体素质等方面都发挥了积极作用。

中华人民共和国成立 70 年以来，随着经济体制改革和干部人事制度的发展，职称制度经历了中华人民共和国成立初期到 20 世纪 60 年代中期的技术职务任命制、改革开放初期到 1983 年的技术职称评定制、1986 年以来的专业技术职务聘任制[3]、2016 年以来的全面深化职称制度改革等不同历史阶段，其功能定位、适用范围、构成要素及内在结构关系不断发生重大变化，呈现了不同历史阶段的相应特点，无论在内涵上还是作用上都发生了诸多变化，体现了当时经济社会需求的改革思路。但在国有企事业单位内部，职称制度作为专业技术人员职务管理制度的属性始终没有变。

职称制度主要包括体系结构、评审机制和评价结果的使用等三个基

---

[1] 中国人事科学研究院：《2005 年中国人才报告——构建和谐社会历史进程中的人才开发》，人民出版社 2005 年版，第 65 页。

[2] 中共中央组织部：《中国人才资源统计报告（2015）》，党建读物出版社 2017 年版，第 84 页。

[3] 尹蔚民：《全面深化职称制度改革充分发挥人才评价指挥棒作用》，《中国组织人事报》2017 年 5 月 19 日第 1 版。

本要素。其中，体系结构是专业技术职务系列框架的概括性描述，包括职称系列和层级设计等；评审机制是职称评价制度的核心，包括评审标准、方法和程序等；评价结果的使用是职称作用的体现，重点反映了评聘关系。职称制度的历次改革也是始终围绕这三个要素展开的。

第一节 技术职务任命制的建立和发展（1949—1978年）

中华人民共和国成立之初，专业技术人员的评价、使用、激励等与其他干部没有区别，"职称"就是职务的名称，是职务等级工资制的重要组成部分。根据当时专业技术人员的特点和状况，在革命根据地专业技术人员管理制度基础上，中央参考民国时期专门职业及技术人员管理制度，借鉴苏联干部管理模式和制度，制定和实行了技术职务任命制和职务等级工资制。技术职务适用范围限于机关技术人员（工程技术人员）、大学教学人员、中学教学人员、小学教学人员、科学研究人员、新闻工作人员、出版编辑人员、卫生技术人员、翻译工作人员和文艺工作人员等10个系列。

中华人民共和国成立初期，中央进行了1952年和1955年两次重大工资制度改革，调整了专业技术职务等级工资。专业技术人员管理制度经历了从最初的"大一统"模式，转向"统一领导下的分级分类"管理体制，到"强调统一管理"。1966年技术职务任命制遭受破坏而停滞，直到1978年改革开放时期才得以恢复。其间，为解决一些人学术技术水平显著提高后不能晋升职务的问题，中央还作出过根据学术、技术水平不受职务限制地晋升资格称号的动议。

一 建立"大一统"的职务任命制和职务等级工资制

中国共产党历来重视对专业技术人员的管理和使用，1941年4月在《中共中央军委关于军队中吸收和对待专门家的政策指示》中就明确规定：不能随便怀疑专家，一律以他们的专门学识为标准，给予充分负责的工作，如工厂厂长、医院院长等。[①] 中华人民共和国成立后，党中央继

[①] 张志坚、苏玉堂：《当代中国的人事管理》（下册），当代中国出版社1994年版，第23页。

续积极探索将专业技术人员作为国家干部的管理体制。

中华人民共和国成立之初,全国干部的数量与质量远远不能满足国民经济建设的需要,增加干部数量,成为当时亟须解决的政治任务和组织任务。针对这一情况,中共中央明确提出,要"人尽其才""把社会上所有的人才,只要有一技之长者,都发现出来,组织起来,分配以适当工作,使他们能各得其所,把他们的全部能力贡献给国家的建设事业"。为此,中央继续沿用了战争年代实行的"大一统"的干部管理制度。所谓"大一统",是指除军队系统干部外,其余所有干部均由中共中央及地方各级党委的组织部门统一管理。

为协助中央组织部管理政府机关的干部人事工作,1949年11月,政务院设立了人事局,具体职责是办理政务院任免的各级工作人员的任免、调查、审核、调配、统计及其他事项。同时,中央人民政府政法委员会、财经委员会、文教委员会和内务部也设有人事机构,分别主管本系统的干部人事工作。随着机关工作人员的迅速增加,为了避免干部人事管理的业务交叉和重复,统一干部人事管理工作,1950年11月,中共中央决定撤销上述机构,成立中央人事部,负责管理全国政府系统的机构、编制以及各项人事管理事宜。

1950年7月,中央组织部、中央统战部发布的《关于党内外干部审查、分配问题的决定》中规定,党的干部由组织部负责;一般党外干部由政府人事部门负责;各民主党派干部、民主人士及旧社会上层人物(如开明士绅、学者)的审查、分配,由各级党委的统战部门(无统战部门之地区由党委指定专人)提出意见与政府党组商量后交人事部门处理,或由政府党组征求统战部门意见后交人事部门处理。

中共中央于1951年2月在《关于健全各级宣传机构和加强党的宣传教育工作的指示》[1]中决定,宣传部会同各级组织部共同管理宣传和文化教育工作干部的任用和考察。中共中央在这一时期的有关文件中还决定,赋予铁道部政治部、公安部政治部、新华通讯社党组织、青年团、工会等机构管理部分干部或负责干部管理的部分工作的责权。这些决定,反

---

[1] 中共中央文献研究室:《建国以来重要文献选编》(第2册),中央文献出版社1992年版,第75—79页。

映了由各级党委组织部统一集中管理干部的体制向各级党委有关部门分管干部的体制转变的趋势。

1952年7月,政务院发出《关于颁发各级人民政府供给制工作人员津贴标准及工资制工作人员工资标准的通知》,规定"评定各个工作人员津贴和工资,在目前情况下,应依其现任职务,结合其'德''才',并适当地照顾到其'资历'。担任同一职务的人员,其津贴、工资可以不同",并附发了供给制工作人员津贴标准表和工资制工作人员工资标准表,随后颁发了各级人民政府机关技术人员(工程技术人员)、各级学校教职员工、各级科学研究人员、各级报社、通讯社、广播电台工作人员、国营出版社编辑人员、翻译工作人员、各级卫生技术人员和文艺工作人员等各类人员的暂行工资标准。工资标准中列出了机关技术人员、大学教学人员、中学教学人员、小学教学人员、科学研究人员、新闻工作人员、出版编辑人员、卫生技术人员、翻译工作人员、文艺工作人员共10个系列的职务名称。其中机关技术人员从二级助理技术员到一级工程师共分14级;大学教学人员从助教到教授共分23级;中学教学人员从小城市初中教员到大城市高中教员共分17级;小学教学人员从乡村小学教员到大城市小学教员共分16级;科学研究人员从16级研究实习员到一级研究员共分16级;新闻工作人员从22级见习记者到正副总编辑共分22级;出版编辑人员从见习编辑到正副总编辑共分22级;卫生技术人员从24级药剂员到一级主任医师共分26级;翻译工作人员从15级翻译到一级翻译共分15级;文艺工作人员从22级见习人员到一级文艺工作者共分22级[①]。

二 实行分部分级的职务任命制和职务等级工资制的改革

1953年11月,中央作出《关于加强干部管理工作的决定》,决定建立在中央及各级党委统一领导下,中央及各级党委组织部统一管理下的分部分级管理干部的体制。按照工作需要将全体干部分为九类,在中央及各级党委组织部的统一管理下,由中央及各级党委的各部分别进行管

---

① 张志坚、苏玉堂:《当代中国的人事管理》(下册),当代中国出版社1994年版,第84页。

理；其中专业技术类干部有五类，即文教工作干部、计划工业工作干部、财政贸易工作干部、交通运输工作干部、农林水利工作干部，分别由党委的宣传部、计划工业部、财政贸易工作部、交通运输部、农村工作部负责管理。

为了适应新的干部管理体制，中共中央于1955年开始集中力量抓中央各部、各级党委管理干部职务名称表的制定工作，明确各部各级干部管理机构管理干部的范围，并先后制定了关于干部的任免手续、组织部与其他分管干部的各部的分工与联系的规定、干部年终鉴定和干部档案管理工作的暂行规定等一系列配套的干部管理制度。

专业技术干部队伍人员类别复杂，与党政干部比较又有明显的特殊性。为加强对专业技术干部队伍，尤其是加强对各类高级知识分子的管理，1956年中共中央发布《关于知识分子问题的指示》，其中指出："为统一解决许多有关高级知识分子的行政性问题，决定在国务院设立专家局。各省、自治区、直辖市在必要的时候，也可以设立类似的机构。"根据这一指示精神，当年即成立国务院专家局，职责是统一检查、督促政府各部门贯彻执行国家关于专家和其他高级知识分子方面的政策、法令，并解决一些需要统一处理的有关高级知识分子的问题。国务院专家局的成立对专业技术干部队伍中高级知识分子管理工作的推动作用是很大的，在改善其工作和生活条件、倾听其呼声、维护其权益等方面发挥了很明显的作用。

1954年，政务院颁发《国家机关工作人员工资包干费标准及有关事项的规定》中指出："评定国家机关工作人员工资，包干费的级别，应依其现任职务，结合其'德''才'，并适当地照顾其'资历'为原则，防止偏'才'偏'资历'等偏向。"1955年8月，国务院颁发了《关于国家机关工作人员全部实行工资制和改行货币工资制的命令》，决定自1955年7月起，在国家机关、事业单位先行废除工资分计算办法，改行货币工资制。为此，国务院修订和颁发了国家机关工作人员（包括行政人员、技术人员、法院和检察院人员、翻译人员以及工人）的货币工资标准；同时责成国务院各主管部门修订和颁发事业单位的科研、教学、新闻、出版、卫生、文艺等各类工作人员的货币工资标准；并规定各党派、人民团体参照国家机关工作人员的工资标准执行。新修订和颁发的各类工作人员货币工资标准,在全国各地区是统一的,其中专业技术人员类别与1952年的分类大体相同,只是将新闻工作人员和出版编辑人员合成为新闻出版人员,部分职务等级数目有所变化,机关技术人员从14级调整为19级,高等学校教学人员从23级调整为21级,中学教员从17级调整为16级,新闻出版人员为21级,文艺工作人员从22级调整为25级。[1]

1956年,国务院发布《关于工资改革的决定》,规定"企业职员和技术人员的工资标准,应该根据他们所担任的职务进行统一规定"。这次工资改革对1955年的职务等级工资制进行了改进,在各类专业技术人员的工资标准表中明确了职务名称对应的工资级别。[2]

各部委也根据所管辖的专业技术职务的特点,在工资评定标准中对职称评定作出相应规定,如:高教部在《关于一九五六年全国高等学校教职工工资评定和调整的通知》中规定:"教职员工的工资级别,应根据现任职务,结合'德''才'条件和工作成绩,进行评定。评定工资时,不要硬套原来的工资级别,一般应根据每个人的学术水平、工作能力、教学或工作成绩来评定工资级别。"文化部在《关于颁发全国文化事业工作人员工资标准和调整工资的通知》中规定:"评定和提升工作人员级别,应根据工作人员的现任职务,贯彻德才兼备的干部政策,并且适当地照顾其资历。文艺工作人员和其他业务技术人员的工资级别的评定和提升,主要应根据本人当前的艺术或业务技术水平,结合其在人民群众中的地位和影响,同时应当适当地照顾其在艺术或业务工作上的历史功绩。"林业部在《关于颁发林业事业系统职工工资标准及工资改革中有关问题规定的通知》中规定:技术人员工资的评定,"一般应根据技术能力的高低,任务的大小,工作态度的好坏,工作效果如何及其在技术工作人员中的声望与对国家的贡献等条件"。

三 尝试将"职务"改革为"称号"

中华人民共和国成立之初,由于专业技术人员的职务是根据业务和行

---

[1] 张志坚、苏玉堂:《当代中国的人事管理》(下册),当代中国出版社1994年版,第91页。

[2] 张志坚、苏玉堂:《当代中国的人事管理》(下册),当代中国出版社1994年版,第100—128页。

政管理的需要而任命的，加之工资级别的调整又受调整幅度的限制，因而专业技术人员的职务晋升和工资调整不能与学术技术水平的提高对应起来，即不能随专业技术人员学术技术水平的提高而相应地提升其职务和工资。专业技术人员的职务晋升受到限制，在一定程度上影响了专业技术人员钻研技术业务的上进心和积极性，也不利于充分发挥专业技术人员的专长。

为解决这一问题，1955年9月，经周恩来总理提议，中共中央、国务院指示组成"学位、学衔、工程技术专家等级及荣誉称号等条例起草委员会"，开始相关条例的起草工作。1956年6月，起草委员会向中央报送了11个条例草案，其中《高等学校教师学衔条例》与《科学研究工作者学衔条例》中的定名分别为：教授、副教授、讲师、助教；研究员、副研究员、助理研究员。在报告起草过程中，起草委员会明确了学衔的定义为"国家根据科学研究人员、高等学校教师在工作岗位上所达到的学术水平、工作能力和工作成就所授予的学术职务称号"。从概念上看，1956年要设的学衔实质上是后来职称类别中的一部分，即高校教师与科研人员职称的别称。还有3个条例《中华人民共和国授予文学艺术工作者荣誉称号条例》《中华人民共和国授予中等以下学校教师荣誉称号条例》《社会主义劳动英雄荣誉称号条例》是属于完全荣誉性质的。这三个条例将荣誉称号分别定名为："中华人民共和国功勋作家（艺术家、演员）"，是我国文学艺术工作者的最高荣誉称号；"中华人民共和国功勋教师"，作为国家专门授予中、小学教师的最高荣誉称号；"社会主义劳动英雄"作为国家在经济建设、文化建设以及其他各方面奖励有功人员的最高荣誉称号。

1961年11月12日，时任国务院副总理、国家科委主任聂荣臻向中央提出了"关于建立学位、学衔、工程技术称号等制度的建议"。1962年1月，中央科学小组、国家科委党组通知中共中央宣传部等六部委着手起草工作，在国家科委主持下，由周培源等11人组成"学位、学衔、工程技术称号"起草工作小组。在工作过程中，起草小组也曾经提出，对专业技术人员实行职务聘任办法，但由于当时技术职务任命制和职务等级工资制的局限性，职务的晋升和学术技术水平的提升难以同步，最终确定有必要建立一种有别于职务，而又能标志学术技术水平的称号制度。根据这一思想，这个小组先后草拟了《中国科学院自然科学研究所研究技术人员定职升职暂行办法（草案）》《工业、农业、医药卫生科学技术人员称号试行条例（草案）》，同时采纳了1960年颁发的《高等学校教师职务名称及其确定与晋升办法的暂行规定》。起草小组在《工业、农业、医药卫生科学技术人员称号试行条例（草案）》中，提出了建立"技术称号"的问题，认为"技术称号"不同于学位，"对于获得技术称号者的要求，具有科学理论水平固然重要，但更重要的是具有解决实际技术问题的能力"。起草小组强调"技术称号是一种荣誉称号。改任其他职务时仍可保持已经取得的技术称号……它不同于技术职务名称"。还提出了"学术称号"的问题，明确："学术称号与职务名称不同之处，是在于学术称号带有荣誉的性质，可以终身保持。至于担任讲师、助理研究员及其以下职务者，没有必要终身保持这些名称，所以没有把这些职务名称当作一级学术称号列入条例。"

四 实行"统一管理"的职务任命制

中共中央于1960年逐步开始调整国民经济的工作，适当集中干部管理权限。1960年5月，中央决定对于其直属工业企业、设计、研究等单位的干部和技术力量，地方应尽量少调或不调，必须抽调少量干部时，由地方和中央主管部门协商，取得一致意见后再调。1961年1月，中共中央八届九次全会决定成立华北、东北、华东、中南、西南、西北六个中央局，作为中央的代表机构。1962年10月，中央组织部召开全国组织工作会议，会议制定了《关于改进干部管理制度的九点意见》，肯定了自1953年以来，中央《关于加强干部管理工作的决定》和《关于颁发中共中央管理的干部职务名称表的决定》以及以后陆续所作的一些具体管理规定，对加强干部管理起到的重要作用。同时，文件根据当时情况和中央指示，对干部管理体制提出了改进意见，其中提到"各个系统著名的科学技术、文化教育干部由中央管理，其他工程师以上的各种技术干部，由有关部门负责管理"。

为了加强对高等学校的领导，中共中央于1963年决定对高等学校的正、副校长和正、副院长实行中央统一领导，中央和各省、自治区、直辖市两级管理的体制。对于高教部直接管理的高等学校正、副校长、院长，由高教部提出任免建议，国务院批准；中央各部、地方政府管理的高等学校正、副校长和正、副院长，由中央各业务部，省、区、市人民政府提出任免建议，经中央教育部转报国务院批准；高等学校的教授、副教授名单由高教部统一审批。

为了进一步加强对专业技术干部队伍中自然科学技术干部的管理，经全国人大常委会第124次会议批准，于1964年成立了国务院科学技术干部局，负责统一管理科学技术干部。同年，中共中央批准中央组织部草拟了《关于科学技术干部管理工作条例试行草案》，第一次对科技干部管理工作作出了规范化、制度化的明确规定，成为科技干部队伍管理工作的基本准则。1966年之后，技术职务任命制停止运行。

第二节 技术职称评定制的恢复与发展（1978—1983年）

改革开放初期，在专业技术干部回归岗位和落实党的知识分子政策的强烈需求下，根据中央的精神，职称制度得以恢复和重建。但因当时无法兑现职务工资待遇，只能实行技术职称评定制，用以表明专业技术人员的学术技术水平。所谓"恢复技术职称"是指恢复1966年之前的"职务名称"，但不与工资待遇挂钩。这一时期首次提出并明确了"职称"概念，即职称是"表明专业技术人员水平能力和工作成就的称号"；没有岗位要求和数量限制，没有任期，终身享有；不与职务、待遇直接挂钩；由行业专家依照标准和程序评审确定；职务分类、评定标准和程序由国务院职称主管部门统一管理。从1978年开始恢复职称评价，到1983年正式批准的职称系列发展到了22个。

一 提出恢复职称制度

党的十一届三中全会召开前后，为调动专业技术人员积极性，适应"四化"建设需要，邓小平同志多次强调，"要把学位制度和技术职称评定制度赶快建立起来，这有助于发现人才"[①]；"大专院校也应该恢复

---

① 中共中央文献研究室编：《邓小平思想年编（1975—1997）》，中央文献出版社2011年版，第275页。

教授、讲师、助教等职称"①;"在学术上,只要有创造,有贡献,就应该评给相应的学术职称,不能论资排辈"②;"所有的企业、学校、研究单位、机关,都要有对工作的评比和考核,要有学术职称、技术职称和荣誉称号。要根据工作成绩的大小、好坏,有赏有罚,有升有降。而且,这种赏罚、升降必须同物质利益联系起来"③。在邓小平同志倡导和力主下,职称制度得以恢复和重建。1977年9月23日《中共中央关于召开全国科学大会的通知》提出,"应该恢复技术职称,建立考核制度,实行技术岗位责任制"。

二 逐步恢复各行业的职称评定

由于多年没有调整工资,当时的职称和工资级别差距较大(一般相差一至三级),而刚经过动乱的国家财力不足,经济困难,工资调整面有限,在恢复职称时,不可能同时全部解决工资上的遗留问题,难以满足职称评定与福利待遇兑现的需求。因此,这一时期开展的职称评定只是衡量技术人员和专业人员的技术工作成就、技术水平和业务能力的表征,不与工资挂钩,属于称号、荣誉和资格的范畴。高等学校教师、卫生技术人员和工程技术人员的职称评定是最早开展的。

(一)高等学校教师职称评定的恢复

1978年2月,教育部向国务院提出恢复执行1960年国务院颁发的《关于高等学校教师职务名称及其确定与提升办法的暂行规定》的请示报告,并指出"原已确定提升的各等级职务一律有效,恢复名称,不须重新办理报批手续",表明职称评定仅仅是"恢复职务名称",规定"高等学校职务名称的确定和提升,应该以思想政治条件、学识水平和业务工作能力为主要依据;同时,对学历和教龄也必须加以照顾"。到1981年年底,全国共有139462名教师确定与提升了讲师以上职称,相当于1966年以前讲师以上人数(37088人)的3.76倍。1981年12月23—29日,教育部在北京召开高等学校教师提职工作座谈会,时任教

---

① 《邓小平文选》第二卷,人民出版社1994年版,第70页。
② 《邓小平文选》第二卷,人民出版社1994年版,第224页。
③ 《邓小平文选》第二卷,人民出版社1994年版,第151页。

育部副部长高沂发表讲话，明确提出"今后应该把这项工作转为经常性的工作，并使之制度化"。会议讨论形成了《关于当前执行〈国务院关于高等学校教师职务名称及其确定与提升办法的暂行规定〉的实施意见》，作为高等学校师资队伍建设中的一项法规，于1982年2月18日印发。

（二）卫生技术人员职称评定的恢复

卫生部于1979年2月23日颁发《卫生技术人员职称及晋升条例（试行）》，其中根据业务性质将卫生技术人员分为四类：一是医疗防疫人员（含中医、西医，卫生防疫，寄生虫、地方病防治，工业卫生，妇幼保健等），技术职称为：主任医师、副主任医师、主治（主管）医师、医师（住院医师）、医士（助产士）、卫生防疫员（妇幼保健员）；二是药剂人员（含中药、西药），技术职称为：主任药师、副主任药师、主管药师、药师、药剂士、药剂员；三是护理人员，技术职称为：主任护师、副主任护师、护师、护士、护理员；四是其他技术人员（含检验、理疗、病理、口腔、同位素、放射、营养、生物制品生产等），技术职称为：主任技师、副主任技师、主管技师、技师、技士、见习员。职称评定标准是"思想政治条件是前提，在此基础上，考虑学识水平和业务工作能力，同时要考虑学历和工作经历"。根据技术职称级别的不同，从学历、资历和能力的角度提出不同层次的标准。

1981年9月，卫生部和国务院科技干部局决定在《卫生技术人员职称及晋升条例（试行）》中增加"主管护师"职称。为了落实党的中医政策，处理好历史遗留问题，加强中医药队伍的整顿和建设，调动中医药人员的积极性，1980年4月1日，卫生部在《卫生技术人员职称及晋升条例（试行）》基础上，又颁布了《中医药人员定职晋升若干问题的补充规定》和《中西医结合高级医师的培养使用和晋升的规定（试行）》。

（三）工程技术人员职称评定的恢复

全国科学大会以后，各省、市、自治区和各部委陆续恢复科学技术干部的技术职称，积极进行考核晋升工作，取得了很大成绩。但是，在确定和提升工程技术干部技术职称的工作中，由于缺乏统一规定，出现了不少问题，主要表现为：一是技术职称和技术管理职务混淆，定名也很不一致，名称有十种之多。总工程师、副总工程师、主任工程师、副主任工程师本来是技术管理职务，有的部门也用作技术职称；二是同一职称在不同部门的考核标准很不一致；三是考核和评定的组织尚未建立和健全；四是确定和提升技术职称的程序和审批权限也不统一。这种状况很不利于工程技术干部的培养、考核、选拔、调配、统计和工资福利等工作。广大工程技术干部也热切希望有一个全国统一的规定。1978年，国家科学技术委员会、国家经济委员会、国务院科学技术干部局经过调查研究，在召开工程技术干部和干部管理部门负责同志座谈会的基础上，广泛征求各省、市、自治区和有关工业部委的意见，并多次同工程技术专家、教授，以及中、青年工程技术干部反复研究修改后，制定了《工程技术干部技术职称暂行规定》。

国家科学技术委员会、国家经济委员会、国务院科学技术干部局在1979年7月给国务院的请示报告中明确提出："鉴于目前的工资级别已经不能反映实际的技术水平和贡献，因此提升技术职称不应受工资级别的限制，在今后调整工资时作为晋级的一种依据。"同年12月10日，国务院批转《工程技术干部技术职称暂行规定》，指出"工程技术干部的技术职称定名为：高级工程师、工程师、助理工程师、技术员、技师""申请授予技术职称的工程技术干部，必须填写业务简历表，提出工作报告或学术报告，经过技术（或学术）组织评定后，由主管机关授予技术职称，记入人事和业务考绩档案。对取得工程师以上技术职称的干部颁发证书"。技术干部的职称评定标准基本是按照德能勤绩的标准来制定的，以德为首要考察标准，即所有专业技术干部首先要符合拥护共产党的领导，热爱社会主义祖国，不断提高政治觉悟，努力为社会主义建设服务等思想道德标准。职称评定"以工作成就、技术水平和业务能力为主要依据，并适当考虑学历和从事技术工作的资历"。根据技术职称级别的不同，从学历、资历和能力的角度提出不同层次的标准。

（四）各行业积极开展职称评定

1978—1983年，国务院陆续批准颁发了包括高教、工程、农业、卫生、科研、统计、翻译、编辑、新闻记者、图书档案资料、经济、会计、体育教练、工艺美术、文博研究、技校教师、社科研究、播音、科技情报研究、科技管理、海关、物价等在内的22个职称系列的暂行规定，各系列均针对自己行业和系统专业技术人员的特点设置了职称评定条例，并据此积极开展职称评定工作。

1. 体系结构

各系列都分高、中、初级。其中有的系列层级设计较完整，从下至上为：员级、初级、中级、副高级和正高级，如卫生技术人员、图书档案资料专业干部等；有的系列层级中的高级没有进一步划分，仅到"副高级"，从下至上为：员级、初级、中级和高级，如工程技术干部、会计干部、统计干部、经济干部等；有的系列层级没有员级，从下至上为：初级、中级、副高级和正高级，如高校教学人员，编辑干部、外语翻译干部、新闻记者等。

2. 评审机制

各系列的职称评定条例都对本专业的评审机制进行了详细的规定，包括评审标准、评审程序和管理服务机制等方面。不同系列各级专业技术干部的技术职称评价，主要根据他们的工作成果、工作报告或学术论著进行评议考核。对不具备规定学历的或具有同等学力的专业技术人员，除评议其业务成绩外，还会对本专业必需的基础理论知识、专业技术知识和外语程度进行测验（对部分特殊专业或某些特殊原因可不测试外语），经过测验证明达到同等学力的专业技术人员，才能授予相应的技术职称。

各级职称评审组织称作"评定委员会"或"评定小组"，负责专业技术职称的评定工作。评定委员会根据工作需要，设立若干专业考核评议小组，要求主要由专业干部组成，成员必须具有比较高的学识和业务水平，作风正派，办事公道。评定每一级技术职称，都须有一定数量高一级职称的专业干部参加，还要求聘请外单位同行专家参加，或者将评定材料送给他们，请他们提出评定意见。各级评审组织的组成，由同级主管机关批准，代表同级主管机关行使评定技术职称的权力。评审组织内部实行民主集中制，充分发扬民主，少数服从多数。对专业技术干部评定后，要求写出评定结论，由主任委员签字。评审组织内部讨论的情况，要求注意保密，不得外传。已经建立了各级学术组织的单位，如人员符合上述规定条件，经主管机关批准，可以负责评定工作，不必另行建立评审组织。

3. 管理机制

不同级别的专业技术人员的管理权限有所不同，以卫生技术人员评审的管理机制为例：

（1）初级卫生技术人员晋升为中级，报县（市）卫生局（科）或相当于这一级的卫生行政主管机关审批；中级晋升为医师（或相当职务），由本单位组织作出鉴定，推荐参加统一考试合格后，由地区、省辖市卫生局审批，报省、市、自治区卫生局备案。医师晋升为主治医师（或相当职务），报地区、省辖市卫生局审批，并报省、市、自治区卫生局备案；晋升正、副主任医师（或相当职务），报省、市、自治区卫生局审批，并报省、市、自治区有关领导机关及卫生部备案。

（2）中央各部委所属的地方企事业单位卫生技术人员的晋升，由各有关部委负责办理，没有或卫生行政部门不健全的部委，由有关部委委托地方按程序审批。

（3）由卫生部和省、市、自治区双重领导以部为主的单位，确定或晋升为正副主任医师及其相当职务的，由省、市、自治区卫生局审核，报卫生部审批。

三 明确职称评定不与工资挂钩

由于停滞长达十余年，职称评审工作恢复初期，广大专业技术人员对获评相应专业技术职称极度渴望，加之当时国家财力不足，经济困难，工资调整面有限，职称和工资级别差距较大（一般相差一级至三级），恢复职称时不可能同时解决工资上的遗留问题，难以满足职称评定与福利待遇兑现的需求。评定业务技术职称是一项新的工作，为确保严格掌握考核评定条件，保证质量，1980年3月6日，针对国务院已经批准颁发的统计、编辑、外语翻译、新闻记者、经济、图书档案资料、会计等七种专业干部业务技术职称暂行规定，国家人事局印发《关于贯彻执行国务院颁发的七种业务技术职称暂行规定若干问题的说明》。其中明确提出"各《暂行规定》都指出，确定或晋升业务技术职称，应以学识水平、业务能力和工作成就为主要依据，并适当考虑学历和从事专业工作的资历。这就指明，业务技术职称是反映专业干部的学识水平、业务能力和工作成就的称号。因此，评定业务技术职称时，要严格按照规定办事，符合什么条件，就评定什么职称，不能单纯按工作年限来确定。行政职务与业务技术职称是两个不同的概念，不能混为一谈。目前许多专业干部的工资级别已不能完全反映他们的业务水平和工作能力。因此，在确定或晋升他们的业务技术职称时，不能按工资级别来确定，也不要受工资级别的限制"。因此，"专业技术职称评定制"实质上是资格称号评定，评定职称是反映专业技术人员的学识水平、业务能力和工作成就，不与工资待遇挂钩。

四 暂停整顿职称评定工作

改革开放初期，通过业务技术职称评定、晋升，对各级各类专业技术人员的学术、技术、专业水平及工作成就的考核和评价，了解到我国科学文化的实际水平和力量，为组织和培养专业技术队伍提供了有益的参考，也激励了专业技术人员的进取精神，促进了人才的成长和各项事业的发展，同时也发现了大批中青年优秀人才，为提拔一大批合乎"四化"条件的干部，加速各级领导班子"四化"建设创造了条件。至1983年年底，通过评定、晋升和套改，全国共有595万人获得了职称。其中，获得高级职称的人员为9.4万多人，占已获职称人员的1.6%；获得中级职称的人员为153万人，占已获职称人员的25.7%；获得初级职称的人员为432.5万人，占已获得职称人员的约72.7%（其中相当于助理工程师一级职称的为193万人，相当于技术员一级职称的239.5万人）。[①]

但恢复职称评审工作后，由于职称概念模糊、功能定位不清，加之缺乏整体规划、边评审边制定条例等原因，产生了很多问题，如论资排辈、降低标准、扩大评定范围和片面强调学历、论文等，使一些评上职称的人"名不符实"，而一些该评上的人却未评上。1983年，中国社会科学院同志向中央写信反映："在下面搞调查时，遇到一位县委书记，小学毕业，农民出身，农学仅仅懂得一点点常识，却得到了一个高级农艺师。"这一现象表明，当时的职称制度已与经济、科技、教育体制改革的

[①] 中央职称改革领导小组：《关于改革职称评定、实行专业技术职务聘任制度的报告》，1985年12月30日。

形势不相适应，不利于贯彻按劳分配的原则和充分调动广大专业技术人员的积极性。为此，中央书记处于1983年9月决定暂停职称评定，国家主管部门按照中央和国务院的指示，从1984年下半年起，开始研究和探讨职称改革的路子。

第三节　专业技术聘任制的建立与发展（1986—2016年）

1986年，国务院发布《关于实行专业技术职务聘任制度的规定》，决定在全国全面实行专业技术职务聘任制度。历经30年的改革完善，直至2016年《关于深化职称制度改革的意见》出台，这一制度成为历史上实施时间最长、影响最深远的职称制度，对各行业各部门的各类专业技术人员的职业发展产生了重要影响，在我国专业技术人员管理中长期发挥着风向标和指挥棒作用。

一　建立并试行专业技术职务聘任制

（一）专业技术职务聘任制的提出

中央职称评定工作领导小组于1985年年底向国务院提交《关于改革职称评定、实行专业技术职务聘任制度的报告》，明确提出改革的总体思路，即"根据《中共中央关于科技体制改革的决定》精神，为了适应经济、科技、教育体制改革的形势，需要对职称评定制度进行改革。改革的中心是实行专业技术职务聘任制度，并相应地实行以职务工资为主要内容的结构工资制度"。同时提出"专业技术职务聘任制度的基本内容是：根据实际需要设置专业技术工作岗位，规定明确的职责；在定编定员的基础上，确定高中初级专业技术职务的合理结构比例；由行政领导在经过评审委员会认定的、符合相应条件的专业技术人员中聘任或任命；有一定的任期，在任职期间领取专业技术职务工资。专业技术职务不同于一次获得而终身拥有的学位、学衔等各种学术、技术称号"。

（二）专业技术职务聘任制的主要内容

1986年年初，中央决定改革职称评定制度，逐步实行专业技术职务聘任制①。同年2月，国务院发布《关于实行专业技术职务聘任制度的规定》（以下简称《规定》），正式决定改革职称评定制度，实行专业技术职务聘任制，并相应实行以职务工资为主要内容的结构工资制度。《规定》中对专业技术职务聘任制度的内容进行了详细阐述。

1. 明确了专业技术职务的定义。专业技术职务是根据实际需要设置的工作岗位，是学术、技术、专业职务的统称，是需要具备一定程度的、系统的专门知识才能担负的职务，不同于一次获得后而终身拥有的学位、学衔、学术和各种技术称号。作为职务，有明确的职责，数量由编制确定，各级职务有一定的结构比例，有一定任期，在任期期间领取专业技术职务工资。

2. 规定了专业技术职务的任职基本条件。任职基本条件既包括政治条件又包括业务条件，体现了二者并重的原则：（1）热爱祖国，遵守宪法和法律，积极为我国"四化"建设贡献自己的力量。（2）具备履行相应职责的实际工作能力和业务知识。（3）担任高级、中级、初级专业技术职务一般应相应具备大学本科、大专、中专学历。各专业技术职务系列可以根据各自的特点，提出各级职务的不同学历要求。对虽然不具备上述规定学历，但确有真才实学、成绩显著、贡献突出、符合任职条件的专业技术人员，也可根据需要聘任相应的专业技术职务。（4）身体健康，能坚持正常工作。

3. 确定了职务结构比例和合理设置专业技术岗位。在定编定员基础上，不同类别的单位和专业技术职务在不同档次之间应各有不同的结构比例，各单位应根据专业技术工作的实际需要和国家批准的限额合理设置专业技术职务的岗位，以此作为评聘工作的基础。

4. 强调了实行评聘结合。聘任或任命单位的行政领导在经过评审委员会认定的、符合相应条件的专业技术人员中聘任或任命专业技术职务，并颁发聘书（任命书），双方签订具有法律效力的聘约，规定任期内的目标和双方应有的权利、义务等。聘任或任命单位对受聘或被任命的专业技术人员的业务水平、工作态度和成绩，应进行定期或不定期的考核。

---

① 1986年1月4—8日，全国职称改革工作会议在北京举行。中央职称改革领导小组组长宋健在会上说：中央决定从今年起改革职称评定制度，逐步实行专业技术职务聘任制。

考核成绩记入考绩档案，作为提职、调薪、奖惩和能否续聘或任命的依据。

从专业技术职务聘任制度的主要内容可以看出，无论在概念上、内容上还是在管理上，职务聘任制与职称评定制都有很大的区别。职称从单一的评价制度成为集评价、使用、待遇于一体的人事管理制度。

（三）专业技术职务聘任制的试行

1986年1月20日，中央职称改革领导小组发布《关于职称改革工作部署的通知》，提出：首先在国务院各部委和省、自治区、直辖市的高教、科研、卫生系统直属事业单位分批展开专业技术职务聘任工作。不在这些范围内的，只限于试点工作。各职务系列的主管部委应通过试点、试行实践，总结经验，对有关条例和实施意见修改完善，经中央职称改革工作领导小组审核后，再报国务院正式颁发执行。

经过一年的试点，各地区、各部门在职称改革工作中遇到一些共同性问题，1987年6月1日，中央职称改革领导小组发布《关于实行专业技术职务聘任制工作中若干问题的原则意见》，对行政领导兼任专业技术职务问题，离退休专业技术人员的任职资格评审问题，支援城镇或农村的专业技术人员职务聘任问题，乡镇及集体所有制企业中的专业技术人员职务聘任问题，在老、少、边、穷地区工作的专业技术人员任职及指标问题，经济自立的事业单位聘任专业技术职务的限额指标问题，不具备规定学历专业技术人员的任职问题，关于专业技术职务聘任工作制度化问题等八个方面给出原则性意见。

为了缓解职称改革工作中存在的矛盾，解决历史遗留问题，1988年1月7日，中央职称改革工作领导小组发布《关于认定专业技术职务任职资格的原则意见》，就决定流动到知识和人才缺乏的单位或到那里从事兼职活动的专业技术人员认定任职资格的有关问题提出原则性意见，这部分人群主要指1966年以前毕业并达到高级专业技术职务任职条件，但因专业技术职务限额没有被聘任高级专业技术职务的专业技术人员。认定专业技术职务任职资格是一项过渡性措施。

为了逐步完善专业技术职务聘任制度，1988年3月12日，结合两年来职称改革工作中出现的一些问题，中央职称改革工作领导小组又发布《关于完善专业技术职务聘任制度的原则意见》，出台完善专业技术职务聘任制度的具体实施办法，包括：专业技术职务的聘任工作要做到经常化、制度化；加强专业技术职务聘任工作的宏观控制；逐步下放专业技术职务评审、聘任权限；要建立健全科学的专业技术人员考核制度；选聘优秀拔尖中青年专业技术人员任高级专业技术职务；加强职务条例的修订及立法工作等。1988年3月26日，中央职称改革工作领导小组颁发《中央国家机关实行专业技术职务任命制度的规定》，对专业技术职务任命的原则、对象，专业技术职务名称，档次的选定，结构比例及数额，岗位职责，任职条件，考核办法以及实施程序，工资计发时间等，作了明确具体的规定。

二　形成职称制度框架体系

至1988年，中央职称改革工作领导小组陆续设置了高教、自然科学研究、社会科学研究、卫生、农业、工程、经济、会计、统计、审计、中专、技校、中学、小学、档案、文博、图书资料、翻译、律师、公证、新闻、播音、出版、体育教练、船舶、飞行、艺术、工艺美术、实验等29个职称系列，各系列均分设高、中、初级职务，基本上覆盖了各行业、各部门的各类专业技术人员，形成了我国职称制度的框架体系。

（一）专业技术职务系列

29个专业技术职务系列的框架体系见表7—1。其中所有专业技术职务系列均采用高、中、初三级的设置，但粗细不一，部分系列高级职务只到副高级，部分系列的初级职称没有员级。

表7—1　　　　　29个专业技术职务系列

序号	系列	专业技术职务名称和档次		
		高级	中级	初级
1	高等学校教师	教授　副教授	讲师	助教
2	社会科学研究人员	研究员　副研究员	助理研究员	实习研究员
3	自然科学研究人员	研究员　副研究员	助理研究员	实习研究员

续表

序号	系列	专业技术职务名称和档次			
		高级		中级	初级
4	卫生技术人员	主任医师	副主任医师	主治医师	医师	医士
		主任药师	副主任药师	主管药师	药师	药士
		主任护师	副主任护师	主管护师	护师	护士
		主任技师	副主任技师	主管技师	技师	技士
5	工程技术人员	高级工程师	工程师	助理工程师	技术员
6	农业技术人员	农业技术推广研究员	高级农艺师	农艺师	助理农艺师	农业技术员
			高级畜牧师	畜牧师	助理畜牧师	畜牧技术员
			高级兽医师	兽医师	助理兽医师	兽医技术员
7	新闻专业人员	高级记者	主任记者	记者	助理记者
		高级编辑	主任编辑	编辑	助理编辑
8	出版专业人员	编审	副编审	编辑	助理编辑
		——	——	技术编辑	助理技术编辑	技术设计员
				一级校对	二级校对	三级校对
9	图书、资料专业人员	研究馆员	副研究馆员	馆员	助理馆员	管理员
10	文博专业人员	研究馆员	副研究馆员	馆员	助理馆员	管理员
11	档案专业人员	研究馆员	副研究馆员	馆员	助理馆员	管理员
12	工艺美术专业人员	高级工艺美术师	工艺美术师	助理工艺美术师	工艺美术员
13	技工学校教师	高级讲师	讲师	助理讲师	教员
		高级实习指导教师	一级实习指导教师	二级实习指导教师	三级实习指导教师
14	体育教练员	国家级教练	高级教练	教练	助理教练
15	翻译专业人员	译审	副译审	翻译	助理翻译
16	广播电视播音	播音指导	主任播音员	一级播音员	二级播音员	三级播音员
17	海关专业人员	高级关务监督	关务监督	助理关务监督	关务员
18	会计专业人员	高级会计师	会计师	助理会计师	会计员
19	统计专业人员	高级统计师	统计师	助理统计师	统计员
20	经济专业人员	高级经济师	经济师	助理经济师	经济员
		高级国际商务师	国际商务师	助理国际商务师	经济员

续表

序号	系列	专业技术职务名称和档次			
		高级	中级	初级	
21	实验技术人员	高级实验师	实验师	助理实验师	实验员
22	中等专业学校教师	高级讲师	讲师	助理讲师	教员
23	中学教师	中学高级讲师	中学一级教师	中学二级教师	中学三级教师
24	小学、幼儿园教师	——	小学高级教师	小学一级教师	小学二级教师 / 小学三级教师
25	艺术专业人员	一级编剧 / 一级作曲 / 一级导演 / 一级演员 / 一级演奏员 / 一级指挥 / 一级美术师 / 一级舞美设计师	二级编剧 / 二级作曲 / 二级导演 / 二级演员 / 二级演奏员 / 二级指挥 / 二级美术师 / 二级舞美设计师	三级编剧 / 三级作曲 / 三级导演 / 三级演员 / 三级演奏员 / 三级指挥 / 三级美术师 / 三级舞美设计师	四级编剧 / 四级作曲 / 四级导演 / 四级演员 / 四级演奏员 / 四级指挥 / 四级美术师 / 四级舞美设计师
26	公证员	一级公证员	二级公证员	三级公证员	四级公证员 / 公证员助理
27	律师	一级律师	二级律师	三级律师	四级律师 / 律师助理
28	船舶技术人员	高级船长 / 高级轮机长 / 高级电机员 / 高级报务员	船长、大副 / 轮机长、大管轮 / 通用电机员 一等电机员 / 通用报务员 一等报务员	二副 / 二管轮 / 二等电机员 / 二等报务员	三副 / 三管轮 / —— / 限用报务员
29	民用航空飞行技术人员	一级飞行员 / 一级领航员 / 一级飞行通讯员 / 一级飞行机械员	二级飞行员 / 二级领航员 / 二级飞行通讯员 / 二级飞行机械员	三级飞行员 / 三级领航员 / 三级飞行通讯员 / 三级飞行机械员	四级飞行员 / 四级领航员 / 四级飞行通讯员 / 四级飞行机械员

(二) 专业技术职务试行条例

29个专业技术职务系列的主管部门根据本系列专业技术职务特征分别制定的"专业技术职务试行条例"，对各级各类专业技术职务对应的任职资格、相应职责、评聘方式作出具体规定，以此作为各专业技术职务的评聘依据（见表7—2）。

表7—2 　　　　　　　　　专业技术职务试行条例

序号	条例名称	时间	文号	制定部门
1	新闻专业人员职务试行条例	1986年2月25日	职改字［1986］第10号	全国新闻职称改革领导小组
2	高等学校教师职务试行条例	1986年3月3日	职改字［1986］第11号	国家教育委员会
3	自然科学研究人员职务试行条例	1986年3月10日	职改字［1986］第25号	中国科学院
4	广播电视播音专业职务试行条例	1986年3月12日	职改字［1986］第13号	广播电影电视部
5	农业技术人员技术职务试行条例	1986年3月14日	职改字［1986］第21号	农牧渔业部
6	卫生技术人员职务试行条例	1986年3月15日	职改字［1986］第20号	卫生部
7	海关专业职务试行条例	1986年3月26日	职改字［1986］第33号	海关总署
8	档案专业人员职务试行条例	1986年3月28日	职改字［1986］第39号	国家档案局
9	文物博物专业职务试行条例	1986年3月30日	职改字［1986］第40号	文化部
10	出版专业人员职务试行条例	1986年3月30日	职改字［1986］第41号	文化部
11	翻译专业职务试行条例	1986年3月31日	职改字［1986］第54号	外交部
12	艺术专业职务（艺术等级）试行条例	1986年4月1日	职改字［1986］第56号	文化部
13	统计专业职务试行条例	1986年4月1日	职改字［1986］第57号	国家统计局
14	图书、资料专业职务试行条例	1986年4月2日	职改字［1986］第43号	文化部
15	工艺美术专业职务试行条例	1986年4月2日	职改字［1986］第44号	轻工业部
16	技工学校教师职务试行条例	1986年4月2日	职改字［1986］第48号	劳动人事部

续表

序号	条例名称	时间	文号	制定部门
17	教练员专业技术职务试行条例	1986年4月2日	职改字〔1986〕第49号	国家体育委员会
18	会计专业职务试行条例	1986年4月10日	职改字〔1986〕第55号	财政部
19	中国社会科学院研究人员职务试行条例	1986年4月10日	职改字〔1986〕第73号	中国社会科学院
20	经济专业人员职务试行条例	1986年4月11日	职改字〔1986〕第74号	国家经济委员会
21	工程技术人员职务试行条例	1986年4月21日	职改字〔1986〕第78号	国家经济委员会
22	中等专业学校教师职务试行条例	1986年5月17日	职改字〔1986〕第111号	国家教育委员会
23	中学教师职务试行条例	1986年5月19日	职改字〔1986〕第112号	国家教育委员会
24	小学教师职务试行条例	1986年5月19日	职改字〔1986〕第112号	国家教育委员会
25	实验技术人员职务试行条例	1986年5月29日	职改字〔1986〕第58号	中国科学院、国家教育委员会
26	律师职务试行条例	1987年10月22日	职改字〔1987〕第42号	司法部
27	公证员职务试行条例	1988年3月1日	职改字〔1988〕第6号	司法部
28	民用航空飞行技术人员职务试行条例	1988年3月29日	职改字〔1988〕第10号	中国民用航空局
29	船舶技术人员职务试行条例	1988年3月29日	职改字〔1988〕第11号	交通部

（三）专业技术岗位设置

专业技术职务聘任制规定，在定编定员基础上，不同类别的单位和专业技术职务在不同档次之间应各有不同的结构比例，各单位应根据专业技术工作的实际需要和国家批准的限额，合理设置专业技术职务的岗位，以此作为评聘工作的基础。专业技术职务岗位共设13个等级，其中正高级岗位为1—4级，副高级岗位为5—7级；中级岗位为8—10级；初级岗位为11—13级。

1988年7月8日，党中央、国务院决定：撤销中央职称改革工作领导小组。今后全国改革职称制度、实行专业技术职务聘任制的工作，在国务院领导下，由人事部负责指导、组织和协调。同年8月8日，人事部发出《关于加强职称改革工作统一指导的通知》，明确"今后全国的职称改革工作由人事部负责指导、组织和协调,凡属有关职称改革和技术职务聘任工作的重大政策问题,必须由人事部报请党中央和国务院批准,才能部署和执行"。为了切实搞好职称制度改革,防止评乱评滥,逐步完善专业技术职务聘任制,1989年10月,中央决定在这项工作转入经常化以前进行一次认真的复查。

三 实现专业技术职务聘任工作经常化

为适应治理整顿、深化改革的需要,完善专业技术职务聘任制度,遵照1990年5月22日第100次国务院总理办公会议精神,1990年11月10日,国家人事部在1986年文件和各专业技术职务试行条例的基础上,印发《企事业单位评聘专业技术职务若干问题暂行规定》,文件规定"各省、自治区、直辖市和国务院各部门都要坚决执行统一制定的政策和评聘的标准,不得自行其是""开展经常性的专业技术职务评聘工作,必须在科学合理地设置专业技术岗位的基础上进行",同时对聘任前的岗位设置、评聘程序、聘任后的考核管理等给出政策指导。这一文件的颁发标志着职称评聘工作转入经常化。

(一)评审标准

评审标准是专业技术人员职称评聘的直接影响因素,也一直是各方关注的焦点。1986年颁布的《关于实行专业技术职务聘任制度的规定》中仅对任职基本条件作了规定,这些评价标准是指导性和通用性的,更多的评价标准细节,体现在29个职务系列的试行条例中,不同系列对高、中、初级职称评审的德、学历、资历、能力方面都规定了更加具体、更加可操作化的标准。

《企事业单位评聘专业技术职务若干问题暂行规定》进一步明确:"评聘专业技术职务必须严格坚持专业技术职务试行条例所规定的能力、业绩、资历、本专业(或相近专业)学历和相应的外语水平等基本任职条件。"《暂行规定》出台后,一些地区和部门就如何贯彻执行提出了一些具体问题,为避免由于标准掌握不一而造成职称评聘有失公允的问题,国家人事部又多次对部分关注度比较高、尺度把握差异比较大的标准应该如何掌握的相关问题进行进一步细化解答,连续印发《关于贯彻人职发〔1990〕4号文件有关问题的解答》《〈企事业单位评聘专业技术职务若干问题暂行规定〉有关具体问题的说明》《〈企事业单位评聘专业技术职务若干问题暂行规定〉有关具体问题的补充说明》等三份文件,对"转入经常性的评聘工作必须具备的几个前提条件"、评价标准的掌握、离退休人员、军转干部、技术工人评职称等问题作出进一步解释说明。自此,职称评聘工作转入经常化。

(二)评审委员会

评审委员会作为职称评审的专门机构,是负责评议、审定专业技术人员是否符合相应专业技术职务任职条件的组织。《关于实行专业技术职务聘任制度的规定》对各级评审委员会的组建程序提出一定的要求,《企事业单位评聘专业技术职务若干问题暂行规定》进一步明确要求"各地区、各部门应重新组建评审委员会",并提出一些原则性要求。根据上述文件精神,1991年4月25日,国家人事部出台《关于重新组建专业技术职务评审委员会有关事项的通知》,对评委会的组建要求、专家构成、组建程序、评审权下放条件、评委任期、评审方法、评审工作程序等均作出详尽规定。

(三)评审方法和程序

企事业单位评聘专业技术职务时,"要改进评审方法,实行考试(含答辩)、考核、评审相结合,对不同系列、不同层次各有侧重的办法,客观公正地测定申报人的任职条件和履行职责的能力、水平,具体内容和方式由各地区、各部门确定。评审结果应报相应的人事(职改)部门审批备案"。

企事业单位评聘专业技术职务的一般程序是:第一步,由单位人事、职改部门根据考核结果进行推荐,不搞个人申报。第二步,对被评聘人员的业绩、成果、学历、资历、外语等基本条件进行审查核实后向评审组织提供有关的考绩档案和考核结论、材料以及群众的评价和反映。第三步,评委会开展评审工作,首先将评审办法、评审条件、岗位数额等向广大专业技术人员公布;接着对被评审人的学术、技术水平和业绩成果(含论文、著作)等基本情况广泛听取意见;然后组织一定范围、规模的答辩会,以测定被评审人的实际水平,作为评审的重要依据。第四步,召开评审会议,要求出席会议的委员人数,高级评委会不得少于17人,中级评委会不得少于13人。评委会在听取人事职改部门意见和学科组评审意见的基础上进行评议,采用无记名投票表决,经出席会议委员2/3以上通过方能有效。未出席评审会的委员不得投票或补充投票。

本单位不具备评审条件的,可以进行委托评审,高级职务委托评审须各省、自治区、直辖市和各部委人事、职改部门出具委托函,中级职务委托评审由县(处)级以上的人事、职改部门出具委托函,单位之间或个人委托评审无效。评委会的评审工作每年举行一次。在评审评委本人或其亲属的专业技术职务时,实行回避制度。评审结果必须由人事(职改)部门批准。个别评审不准确,群众反映意见较大的,应由单位领导提出,经职改部门同意后,由评委会进行复议。

(四)评价结果的使用

专业技术职务聘任制明确实行"评聘结合",即通过职称评审获得专业技术职务,领取相应的职务工资。评聘的专业技术职务,经批准在哪个范围内评聘的,则在哪个范围内有效。专业技术人员调动工作或变更工作专业,应按拟新聘职务的管理办法和任职条件要求,重新考核、评审或确认任职资格,经过试用考察,按工作岗位需要聘任适当的职务,并按新聘职务享受相应的工资待遇。

"聘任和任命"是"聘"的两种基本形式,事业单位的专业技术职务一般实行聘任制,即各级专业技术职务由行政领导在经过评审委员会评定的符合相应任职条件的专业技术人员中聘任。三线城市、边远地区和不具备聘任条件的事业单位可以实行任命制,但应创造条件逐步实行聘任制。各级国家机关的专业技术职务实行任命制。实行任命制的部门和单位应按干部管理权限,由行政领导向被任命的专业技术人员颁发任命书。实行任命制的部门和单位的各级专业技术人员也须经过评审委员会评审,符合相应任职条件。

专业技术职务的聘任或任命都不是终身的,应有一定的任期,每一任期一般不超过5年。如工作需要,可以连聘连任。聘任或任命单位对受聘或被任命的专业技术人员的业务水平、工作态度和成绩,应进行定期或不定期的考核。考核成绩记入考绩档案,作为提职、调薪、奖惩和能否续聘或任命的依据。

四 改革专业技术职务聘任制

(一)评聘模式的改革

专业技术职务聘任制设计之初,强调"职务管理",职称与待遇挂钩，实行评聘合一。但由于多年来工资基本冻结，很多专业技术人员希望能通过职称评定同时解决评价和待遇问题的需求，无法及时得到满足。1990年4月28日，人事部提出建立"专业技术资格考试"制度，规定"凡参加全国统一组织的'资格考试'成绩合格者，由国家统一颁发《专业技术资格证书》，在全国范围内有效"。1991年我国开始在人才密集单位的副高级职称中试行评聘分开模式，在《关于职称改革评聘分开试点工作有关事项的通知》中指出，"进行评聘分开试点工作，是为了进一步强化竞争机制，深化和完善专业技术职务聘任制度，研究探索少数专业系列实行职务聘任制，建立学术技术称号制度"。这是"职称"游离于"职务"的开端，也是评聘关系混行的开端。

为适应企业转换经营机制和转换政府职能的需要，1993年1月，国务院职称改革工作领导小组办公室下发《当前职称改革工作中有关问题的通知》，对转制过程中企事业单位遇到的相关问题作出规定，明确提出"按照国家统一规定评定和全国统一组织的专业技术资格考试取得的专业技术资格，是专业技术人员水平能力的标志，不与工资等待遇挂钩，可作为企事业单位聘任专业技术职务的依据之一"。1994年10月31日，国家人事部印发《专业技术资格评定试行办法》，提出："实行专业技术资格制度，是深化职称改革的一项重大措施，必须有领导、有步骤地在国家确定实行专业技术资格的专业范围内，按照颁发的中、高级技术资格评审条件，积极稳妥地进行专业技术资格的评定。"这为企事业单位实行评聘分开进一步奠定了基础。

（二）强化国家统一管理模式

1991年6月3日，国务院决定成立国务院职称改革工作领导小组，负责研究拟定深化职称改革的方案和重大政策；研究协调增设专业技术职务系列以及有关重大问题。职称改革的日常工作仍由人事部负责管理，1993年3月，改称中央职称改革工作领导小组。

针对少数地区和部门违反国家有关规定，自行制定政策性文件，建立或变相建立职称系列，有的部门还要改变现行职称改革工作管理体制，对本系统实行垂直管理等问题，1995年1月3日，国务院办公厅下发《关于加强职称改革工作统一管理的通知》，强调"职称改革工作必须集中统一领导，加强统一管理""人事部要充分发挥负责综合管理职称改革工作的职能作用，按照党中央、国务院的要求，对职称改革工作加强协调、指导和监督检查，重大问题报党中央、国务院批准后组织实施"。1月28日，人事部下发贯彻通知，进行工作部署，实行国家统一管理的职称制度模式始终没有改变。

（三）职业资格制度的实行

职业资格制度作为目前国际上通行的一种专业技术人员管理制度，起源于欧美发达国家。我国在经济体制由有计划的商品经济向社会主义市场经济转变的过程中，开始探索与市场经济相适应的人才评价制度。1993年11月，党的十四届三中全会作出《关于建立社会主义市场经济体制若干问题的决定》，指出"要制定各种职业的资格标准和录用标准，实行学历文凭和职业资格两种证书制度"。由此，职业资格制度作为我国劳动人事制度的一项改革，列入建立社会主义市场经济体制的重要措施中。

1994年，劳动部、人事部颁发了《职业资格证书规定》。同年7月，职业资格证书制度写入《中华人民共和国劳动法》。1995年1月，人事部颁发了《职业资格证书制度暂行办法》，对专业技术人员职业资格进行了相应的规定，提出"国家按照有利于经济发展、社会公认、国际可比、事关公共利益的原则，在涉及国家、人民生命财产安全的专业技术工作领域，实行专业技术人员职业资格制度"。而后，各类职业资格证书应运而生。专业技术人员评价在继续实行专业技术职务聘任制度的同时，逐步推行专业技术人员职业资格制度。

五 进一步探索深化职称制度改革

2003年年底，中央召开了中国共产党和新中国历史上第一次全国人才工作会议，制定和下发了《关于进一步加强人才工作的决定》，其中指出："专业技术人才的评价重在社会和业内认可。以打破专业技术职务终身制为重点，研究制定深化职称制度改革的指导意见。""在政府宏观指导下，开展以岗位要求为基础、社会化的专业技术人才评价工作。"伴随着职业分类体系的逐步健全、多元主体人才评价体系的逐步完善、事业单位人事制度改革的逐步推进、基层职称制度改革的实践探索，职称制度改革的思路逐步清晰。

(一) 职称制度改革深化的基础

1. 职业分类体系日渐成熟

职业分类是实现"干什么评什么"的前提，是人力资源开发与管理的基础。我国于1999年颁布了第一部《中华人民共和国职业分类大典》（以下简称《大典》），将各类不同职业归为八个大类，其中第二大类专业技术人员是职称评审的主要对象。2015年对《大典》进行了修订，大类保持不变，第二大类除遵循职业分类一般原则和技术规范外，还着重考量了职业的专业化、社会化和国际化水平①，最终形成11个中类，120个小类，451个细类（职业）的专业技术人员职业体系表，为建立专业技术人才能力素质标准，优化职称评审条件，提升专业技术人才开发与管理水平，推进专业技术人才评价国际化打下了重要基础。

2. 事业单位人事制度改革不断推进

事业单位是我国专业技术人员的主要集中地，根据中央《深化干部人事制度改革纲要》的有关精神，2000年7月，中央组织部、人事部联合下发《关于加快推进事业单位人事制度改革的意见》，提出"对专业技术岗位，坚持按照岗位要求择优聘用，逐步实现专业技术职务的聘任与岗位聘用的统一"。"通过深化职称改革，强化并完善专业技术职务聘任制，建立政府宏观指导下的个人申请、社会化评价的机制，把专业技术职务聘任权交给用人单位。"事业单位人事制度改革拉开了序幕，职称制度改革必须与事业单位改革紧密配合，才能真正发挥其应有的作用。2006年6月，人事部下发《事业单位岗位设置管理试行办法》，8月又进一步研究制定了《〈事业单位岗位设置管理试行办法〉实施意见》，对专业技术岗位职责、职等和职级、结构比例、聘用条件都作出了明确规定，为进一步落实事业单位用人自主权，实现"社会公正评价、单位自主用人""能上能下、能进能出"的职称评聘机制奠定了坚实的制度基础。

3. 职称制度的改革思路逐步清晰

21世纪以来，从国家、部门到地方陆续出台人才规划，其中均将职称制度改革作为创新专业技术人才评价机制的重要内容。《专业技术人才队伍

---

① 专业化是指该职业的专业知识和专业技能独特性；社会化是指职业活动的社会通用型和国家对该职业的呼应程度；国际化是指职业定义和活动描述的国际可比性和等效性。

建设中长期规划（2010—2020年）》对职称制度改革的思路作出了总体性概括，即"坚持以职业分类为基础，以能力和业绩为导向，完善重在业内和社会认可的专业技术人才评价机制，形成科学、分类、动态、面向全社会各类专业技术人才的职称制度"，并指出了推进职称制度改革的重点是"调整功能定位""健全分类体系""完善评价机制""实现科学管理"。

（二）职称制度的改革探索

1. 高校和科研院所的职称制度改革探索

2001年中国科学院宣布，停止专业技术职务任职资格评审，取而代之的将是全面推行岗位聘任制。各单位根据科技目标和工作需要，全面合理地设置各类专业技术岗位和其他岗位，在单位内公开招聘，竞争上岗，概括起来即"按需设岗、公开招聘、平等竞争、择优聘用、严格考核、合同管理"。同时，撤销院一级各系列专业技术职务任职资格评审委员会，下属单位同级的评审委员会也予以撤销，并根据不同岗位要求，组建相应的聘任委员会，建立完善的聘任程序和考核标准与办法。中国科学院全面停止"职称"评审成为当年全国职称工作的重大新闻。

与此同时，部分高校也开始尝试实施真正意义上的教师职务聘任制，北京大学、浙江大学、上海大学也先后采取了这种做法。有专家认为，这是对评聘结合模式的创新发展，也是系统、完整的专业技术职务管理体系，对解决"重评审、轻聘任""干好干坏都一样""能上不能下"等问题以及落实单位用人自主权都产生了积极作用。

2. 中小学教师的职称制度改革探索

为促进教育事业的科学发展，加强中小学教师队伍建设，推进职称制度分类改革，按照党中央、国务院加强人才工作的决定和深化职称制度改革的要求，2009年年初，人力资源和社会保障部决定在东、中、西部的吉林省松原市、山东省潍坊市、陕西省宝鸡市三个地级市开展中小学教师职称制度改革试点工作。2011年8月，国务院常务会议决定在前期试点的基础上，在各省、自治区、直辖市选择2—3个有代表性的地级市，扩大试点工作。试点的指导思想和主要任务是，遵循教育发展规律和教师成长规律，建立与事业单位岗位聘用制度相衔接、符合中小学教师职业特点的职称制度，形成以能力和业绩为导向、以社会和业内认可为核心、覆盖各类中小学教师的职称评价机制。两轮改革试点共涉及30

个省、自治区、直辖市和新疆生产建设兵团的 109 个地级市,11 万余所中小学校(含幼儿园),387 万名中小学教职工。

2015 年 8 月 26 日,国务院常务会议决定将中小学教师职称制度改革在全国全面推开,8 月 28 日,人力资源和社会保障部、教育部印发《关于深化中小学教师职称制度改革的指导意见》,从健全制度体系、评价标准、评价机制、评聘结合等四个方面对改革提出了明确要求:一是将分设的中学、小学教师职称(职务)系列统一为初、中、高级;二是修订评价标准,注重师德、实绩和实践经历,改变过分强调论文、学历倾向,并对农村和边远地区教师倾斜;三是建立以同行专家评审为基础的评价机制,并公示结果、接受监督;四是坚持职称评审与岗位聘用相结合,实现人尽其才、才尽其用。中小学教师职称制度改革的全面推开,是分系列推进职称制度改革的重大突破,也是我国职称制度分类改革的一个重大突破。

3. 基层专业技术人员职称制度改革探索

基层专业技术人才是我国人才队伍的重要组成部分,是推动经济建设、社会建设、文化建设和生态文明建设的直接实践者和基本力量。从实践来看,职称制度对于激发基层专业技术人员的工作活力和创新激情至关重要,但是以往大一统的职称评价标准和评价机制完全不能满足基层专业技术人员的发展需求,甚至成为阻碍基层专业技术人员成长的重要因素。2015 年 11 月,人力资源和社会保障部、卫计委联合下发《关于进一步改革完善基层卫生专业技术人员职称评审工作的指导意见》,明确从健全评审体系、优化评审条件、完善评审标准和建立长效机制等方面完善基层卫生专业技术人员职称评聘工作,强调不再将论文、职称外语等作为申报的"硬杠杠",引导医生回归临床;强调评审指标要"接地气",结合基层工作实际,依据医疗卫生机构功能定位和分级诊疗的要求,对县级医疗卫生机构和乡镇卫生院、社区卫生服务中心的卫生专业技术人员的评审标准有所区别。实现"干什么评什么",避免职称评审和实际工作出现"两张皮"的现象。

2016 年 7 月 1 日,人力资源和社会保障部出台《关于加强基层专业技术人才队伍建设的意见》,要求"完善符合基层实际的评价标准""克服唯学历、唯论文等倾向,提高履行岗位职责的实践能力、工作业绩、工作年限等评价权重""建立以同行评价为基础的评价机制,灵活采用考试、评审、考评结合、考核认定等不同评价方式,严格规范评价程序,加强评价全过程监督,提高评价质量和公信力""对长期扎根农村基层、艰苦边远地区工作,作出重要贡献业绩的专业技术人才,可破格参加职称评审""鼓励各地、各部门结合实际情况,探索建立'定向评价、定向使用'的基层高级专业技术职称评审管理制度,完善岗位聘用、工资待遇、离开基层后资格转评确认等具体管理办法"。

这些关于高校教师、科研院所专业技术人员、中小学教师和基层专业技术人员的职称改革探索对于积累改革经验、凝聚改革共识、推动职称改革向纵深推进,具有重要的示范和带动意义。

第四节 新一轮职称制度改革(2016—2019年)

自1986年我国实施专业技术职务聘任制以来,伴随着经济政治体制的不断发展,职称制度也处于不断改革和完善的过程中,终于在2016年年底出台了具有里程碑意义的深化职称制度改革文件,职称制度迎来了新的历史阶段。

一 中央提出新一轮职称制度改革的主要任务

2016年11月1日,中央全面深化改革领导小组第29次会议审议通过了《关于深化职称制度改革的意见》(本节简称《意见》),这是专业技术职务聘任制实施30年来首次出台的改革意见,目标是最大限度地释放和激发专业技术人才创新创造创业活力,拓展专业人才职业发展空间,不断提升我国人才供给水平,提升人才队伍的整体实力和国际竞争力。《意见》提出了改革的主要任务:

(一)健全职称制度体系

完善职称制度体系,通过打破专业技术人才的"天花板",拓展其成长空间,可以让广大专业技术人才更有奔头,激发投身本职工作的热情。《意见》指出,"保持现有职称系列总体稳定,适时调整、整合,探索在新兴职业领域增设职称系列。职称系列可根据专业领域设置相应专业类别。目前未设置正高级职称的系列均设置到正高级。建立职称与职业资格的对应关系,取得职业资格即可认定其具备相应系列和层级的职称"。

这也就意味着原来只到副高级设置的"工程、经济、会计、统计、农业、船舶、飞行、工艺美术、实验技术、中专教师、技校教师"11个职业系列的专业技术人员可以参评正高级。职称制度和职业资格制度作为我国人才评价的两项基本制度，终于回归双轨并行的改革方向。

（二）完善职称评价标准

标准是人才评价的核心。此次评价标准改革从"一刀切"转向"科学设置"，强调"品德为先""以职务（岗位）要求为基础"。从现实情况看，职称评价标准中最受关注的是"唯论文"和"外语、计算机与职称挂钩"等问题。针对这些突出问题，这次职称制度改革系统地将职称评价标准归结为品德、能力和业绩三个方面，科学分类评价专业技术人才能力素质，对不同领域、不同行业、不同层次的专业技术人才，制定不同的评价标准，避免"一把尺子量到底"，实现"干什么、评什么"。《意见》把品德放在专业技术人才评价的首位，重点考察专业技术人才的职业道德，强化职业操守和社会责任；能力强调以职业属性和岗位需求为基础，注重考察专业技术人才的专业性、技术性、实践性、创造性，突出对创新能力的评价；业绩强调注重考核专业技术人才履行岗位职责的工作绩效、创新成果，并向基层一线和做出突出贡献的人才倾斜。

（三）创新职称评价机制

评价机制改革重点要解决评价方式单一、评价范围覆盖不全面、社会组织发挥作用不够、评审缺乏有效监督等问题。《意见》强调建立以同行专家评审为基础的业内评价机制，注重引入市场评价和社会评价，对基础研究、应用研究和哲学社会科学研究等不同类别人才采取不同的评价权重，对特殊人才通过特殊方式评价，进一步丰富职称评价方式，提高职称评价的针对性和科学性。对特殊人才通过特殊方式进行评价，对基层专业技术人才单独评价。进一步打破户籍、地域、身份等制约，畅通职称申报渠道。打通高技能人才与工程技术人才职业发展通道。推进职称评审社会化，建立完善个人自主申报、业内公正评价、单位择优使用、政府指导监督的社会化评审机制。严肃评审纪律，加强评审监督。

（四）合理选择评聘方式

职称评价的目的是使用，评价和使用的关系主要体现为"评聘结合"与"评聘分开"两种方式。评聘方式改革突出了"灵活多样，不搞'一刀切'""符合职业特点和单位实际情况""强调岗位管理"等特点。《意见》指出"对于全面实行岗位管理、专业技术人才学术技术水平与岗位职责密切相关的事业单位,一般应在岗位结构比例内开展职称评审""对于不实行岗位管理的单位,以及通用性强、广泛分布在各社会组织的职称系列和新兴职业,可采用评聘分开方式""坚持以用为本,深入分析职业属性、单位性质和岗位特点,合理确定评价与聘用的衔接关系,评以适用、以用促评。健全考核制度,加强聘后管理,在岗位聘用中实现人员能上能下"。

(五)改进职称管理服务方式

改进职称管理服务方式的核心是转变政府职能,重点是处理好"放管服"的关系。《意见》提出政府部门要加强宏观管理,加强公共服务,加强事中事后监管,减少审批事项,减少微观管理,减少事务性工作。发挥用人主体在职称评审中的主导作用,科学界定、合理下放职称评审权限,逐步将高级职称评审权限下放到符合条件的市地和社会组织,推动高校、医院、科研院所、大型企业和其他人才智力密集的企事业单位按照管理权限自主开展职称评审。职称评审要化繁为简,按照"于法周全、于事简便"的原则,科学合理地设置评价条件和程序,减少交叉评价和"多头"评价,让专业技术人才少跑腿、少填表、少准备资料,减轻人才"被评价"的负担。同时,要避免"一放就乱",对于不能正确行使评审权、不能确保评审质量的,将暂停自主评审工作直至收回评审权。

二 各地制定深化职称制度改革意见

根据中央深化职称制度改革的意见精神和人力资源社会保障部的部署,指导各地制定出台改革实施意见是深化职称制度改革的重点任务之一。改革意见印发不久,各地迅速行动,积极谋划,加快制定本地区实施意见。截至2018年7月底,31个省(自治区、直辖市)均印发了深化职称制度改革的实施意见或方案。湖北、湖南、安徽还出台了相关的配套文件或针对重点领域改革办法。总体来看,各地的职称改革意见具有如下特点:

(一)健全职称制度体系

一是完善专业设置。很多地方提出结合本地产业和区域发展实际,调整职称专业设置情况，增设战略性新兴产业相关专业及区域特色专业；有些提出要在规范清理各系列专业设置基础上，构建分类清晰、等级完备、定期更新发布的职称专业目录。

二是启动正高级职称评审工作。部分地方提出分系列细化制定正高级职称评审标准，在总结经验基础上稳步有序推开各系列的正高级职称评聘工作。

（二）完善职称评价标准

一是建立健全人才分类评价标准。一些地方强调突出不同学科特点，按照学科类型制定评价标准；一些地方强调按照各系列专业设置细化专业评价标准；还有一些地方强调结合本地产业发展需求调整完善职称评价办法。

二是强化职业道德建设。28个省市出台了职业道德方面的举措，如建立职称申报评审诚信档案和失信黑名单制度，纳入全国信用信息共享平台，实施学术造假"一票否决"制等。

三是完善基层专业技术职称评价标准和办法。有些地方提出将基层工作经历作为职称评聘的条件；有些地方提出在乡镇及以下事业单位工作的专业技术人员，符合条件的可不受高级职称岗位数额限制，申报相应专业技术职称；还有些地方除了"单独分组、单独评审"，还采取了"定向评审、定向使用"制度。

（三）创新职称评价机制

一是丰富职称评审方式。大部分地方都提出，采用考试、评审、考评结合、考核认定、个人述职、面试答辩、实践操作、业绩展示等多种评价方式，提高职称评价的针对性和科学性；有些地方提出探索利用大数据、云计算等信息技术手段，为多维度评价人才提供依据；有些地方提出探索建立专家推荐制度，完善以同行专家评审为基础的业内评价机制，探索在部分领域引入市场评价和社会评价。

二是完善社会化评审机制。有些地方提出拓展职称评价人员范围；有些地方提出探索推进企业职称社会化评价；有些地方提出在评审能力薄弱的地区探索实行市（地）际间联合评审；有些地方提出要着力加强职称评审专家库建设。

三是强化事中事后监管。有些地方提出推行"一随机、一巡查、一公开"制度；有些地方提出推行"双公示""双承诺""三公开""四到位"和"四不准"制度，确保职称工作规范有序开展。

（四）合理选择评聘方式

一是坚持评价与人才培养使用相结合。有些地方强调将继续教育情况列入职称评审、岗位聘任、聘期考核、执业注册的内容，作为专业技术人才考核评价和晋升的重要依据；有些地方提出按照"控制总量、盘活存量、优化结构、增减平衡"的原则，建立岗位管理"五统筹"机制。

二是开通职称评审直通车。有些地方探索实施高端领军人才高级职称评审"直通车"模式；有些地方则提出开辟特殊人才高级职称评价"直通车"；有些地方提出完善高层次人才综合信息服务体系建设；还有些地方提出开辟职称评审"绿色通道"，对海外高层次人才、急需紧缺人才，采取"打破常规、简化手续、一事一策、特事特办"等方式开展不定期的评审。

三是合理下放评审权限。有些地方发布了下放高校职称评审权通知；有些地方围绕服务经济创新发展、企业转型升级做文章，出台针对性政策，向自由贸易试验区、高新技术园区等区内重点单位下放高级职称评审权；有些地方探索社会化评审，鼓励第三方机构参与人才评价；有些地方建立以行业协会为主体的职称评价体系，实现由"政府评"到"业内评"的转变。

（五）改进职称管理服务方式

一是提升职称公共服务水平。有些地方利用大数据、云计算等技术，整合数据资源，推进"互联网+职称"建设；有些地方提出将职称申报与传统的人事档案管理脱钩，设立职称直报点。

二是推动区域发展和职称互认。有些地方提出推动建立区域职称工作协调共享机制，探索在条件成熟的领域统一评审标准、程序和方法，推进区域职称评审专家资源和专业技术人才资源信息共享，逐步扩大跨区域职称互认领域和范围，推动人才在区域间自由流动。

三 分系列开展职称制度改革

自1986年实行专业技术职务聘任制以来，一直实行29个专业技术职务系列，《意见》提出：保持现有职称系列总体稳定，适时调整、整合，探索在新兴职业领域增设职称系列。在《意见》出台之前，颁布了中小学教师这个系列的职称制度改革意见。《意见》出台后，截至2019年9月底，颁布了7个系列的改革意见——《关于深化技工院校教师职称制度改革的指导意见》《关于深化会计人员职称制度改革的指导意见》《关于深化工程技术人才职称制度改革的指导意见》《关于深化民用航空飞行技术人员职称制度改革的指导意见》《关于深化自然科学研究人员职称制度改革的指导意见》《关于深化经济专业人员职称制度改革的指导意见》《关于深化中等职业学校教师职称制度改革的指导意见》。

（一）技工院校教师职称制度改革

2017年11月，人力资源和社会保障部发布《关于深化技工院校教师职称制度改革的指导意见》。改革的主要内容包括四个方面。

一是制度体系上，完善技工院校教师职称层级，将技工院校教师职称设置到正高级，结合技工院校发展实际，取消了文化、技术理论课教师员级职称，初级只设助理级。促进技工院校教师职称与事业单位岗位设置相衔接。

二是评价标准上，坚持师德为先，注重实践教学和技能人才培养实绩，注重职业素养的养成、工匠精神的塑造和创新创业能力的培养。不将论文作为技工院校生产实习课指导教师职称评审的限制性条件，对职称外语和计算机不作统一要求。技工院校教师职称评价的国家标准要和地区标准相结合，人力资源和社会保障部制定基本标准条件，各地根据实际制定不低于国家标准的具体评价标准。

三是评价机制上，要求加强评委会建设，完善评委会组织管理办法，健全工作程序和评审规则。改进评价方式，采取实践操作等多种评价方式对技工院校教师的品德、能力、业绩进行科学评价。要合理下放技工院校教师职称评审权限，积极培育技工院校自主评审能力。

四是实现职称制度与用人制度的有效衔接，公办技工院校教师职称评审时要坚持评聘结合，非公办技工院校教师职称评审时可参照公办院校评审办法，也可采取评聘分开方式，正高级教师要在确保质量的前提下逐步达到合理比例。

（二）会计人员职称制度改革

2019年1月11日，人力资源和社会保障部与财政部联合印发《关于深化会计人员职称制度改革的指导意见》，对深化会计人员职称制度改革进行统筹部署和谋划。改革的主要内容包括完善职称层级、明确职称评价标准、下放评审权限、加强监督管理四个方面。

一是在完善会计人员职称层级方面，明确改革后的会计人员职称层级分为初级、中级、副高级、正高级。与改革前相比，改革后的会计人员职称层级增设了正高级会计师职称，为会计人员打通了进一步向上晋升和提高的渠道，拓展了会计人员职业发展空间。

二是在明确会计人员职称评价标准方面，强调会计人员职称评价标准实行国家标准、地区标准和单位标准相结合。其中，人力资源和社会保障部、财政部负责制定国家标准；各地区人力资源和社会保障部门、财政部门可根据本地区经济社会发展情况，制定地区标准；具有自主评审权的用人单位可结合本单位实际，制定单位标准。地区标准、单位标准均不得低于国家标准。同时明确了会计人员职称评价国家标准的具体条件，从而为建立全国统一的会计人员职称评价标准条件奠定了基础。

三是在下放会计人员职称评审权限方面，明确各省（自治区、直辖市）和国务院有关部门、中央企业可按规定成立高级职称评审委员会，强调逐步将副高级会计职称评审权限下放至符合条件的企事业单位、社会组织或市地。

四是在加强会计人员职称评价监督管理方面，要求自主评审单位组建的高级职称评审委员会应当按照管理权限报送省级以上人力资源和社会保障部门核准备案，评审结果应当报送人力资源和社会保障部门以及财政部门备案；对于不能正确行使评审权、不能确保评审质量的，将暂停自主评审工作直至收回评审权。

（三）工程技术人员职称制度改革

2019年2月1日，人力资源和社会保障部与工业和信息化部联合印发了《关于深化工程技术人才职称制度改革的指导意见》。改革的主要内容包括六个方面：

一是健全制度体系。增设正高级工程师，完善职称层级，扩展工程技术人才职业发展空间。实现与工程领域职业资格制度的有效衔接，实行职业资格考试的专业，不再开展相应层级的职称评审。实行评审专业动态调整，促进评审专业设置与国家战略需求和产业发展同步。打通高技能人才与工程技术人才职业发展通道，搭建两类人才成长的立交桥。

二是完善评价标准。坚持德才兼备、以德为先，重点考察工程技术人才的职业道德，对学术不端行为实行"一票否决"。分专业领域完善评价标准，以能力、业绩论英雄。科学对待学历、论文、奖项要求，将科学引文索引、论文数量和影响因子等作为评价参考，突出对业绩水平和实际贡献的评价，重大原创性研究成果可"一票决定"。

三是创新评价机制。建立以同行专家评议为基础的业内评价机制，注重社会和业内认可。对艰苦边远地区和基层一线工程技术人才，采取"定向评价、定向使用"方式。对引进的海外高层次人才，引入国际同行评价。突破关键核心技术、做出重大贡献的工程技术人才，采取"直通车"方式直接申报评审正高级职称。

四是实现与人才培养使用等制度的有效衔接。获得工程类专业学位可提前参加职称评审，在相应职业资格考试中缩短工作年限要求或免试部分考试科目；充分发挥企业等用人主体作用，促进评价标准与使用标准深度融合。

五是进一步下放职称评审权限。逐步将工程系列高级职称评审权下放到工程技术人才密集、技术水平高的大型企业、事业单位；鼓励具备条件的企、事业单位开展自主评审，评审结果实行备案管理。

六是加强工程师国际互认。按照《华盛顿协议》框架规则，以国际工程联盟、国际咨询工程师联合会等国际组织为平台，参与国际工程师标准制定，加强工程技术人才国际交流，加快工程师资格国际互认。

（四）民用航空飞行技术人员职称制度改革

2019年2月26日，人力资源和社会保障部与中国民用航空局联合印发了《关于深化民用航空飞行技术人员职称制度改革的指导意见》。改革的主要内容包括四个方面：

一是健全制度体系。主要明确民航飞行技术人员职称评审的范围、层级设置等。增设正高级职称，名称为正高级飞行员，初级只设三级飞行员、取消了四级飞行员职称。

二是完善评价标准。这是整个改革意见的核心。主要包括：贯彻落实中央反"四唯"精神，科学设置评审条件；坚持德才兼备，以德为先，坚持把品德放在评价飞行技术人员的首位；对外语和计算机条件不做统一要求；突出评价业绩水平和实际贡献；探索建立职称评审绿色通道。

三是创新评价机制。主要包括合理下放职称评审权限；建立完善以同行专家评审为基础的业内评价机制；促进职称评价与人才培养使用相结合。

四是改进服务方式。包括探索建立社会化职称评审服务机构，强化职称评审服务体系，进一步发挥民航专家管理办公室作用，推进信息化建设。

（五）自然科学研究人员职称制度改革

2019年4月23日，人力资源和社会保障部与科技部正式印发《关于深化自然科学研究人员职称制度改革的指导意见》。此次改革在完善评价标准、创新评价机制、促进与用人制度有效衔接等方面提出针对性改革举措。

一是在完善评价标准方面。坚持德才兼备、以德为先。突出评价自然科学研究人员的科学精神和职业道德，对科研不端行为实行"零容忍"。根据不同类型科研活动特点，将自然科学研究人员分为从事基础研究、从事应用研究和从事科技咨询与科技管理服务的人员三类，分类制定评价标准，实行分类评价。破除"四唯"倾向，淡化学历要求，学历不再是否决项，不具备相应学历可以通过同行专家推荐进行破格申报；淡化论文要求，推行代表作制度，改变片面将论文、著作数量与职称评审直接挂钩的做法，注重成果的质量、贡献、影响；不把奖项、荣誉性称号作为限制性条件。

二是在创新评价机制方面。建立健全同行专家评议机制，引入市场评价和社会评价，发挥多元评价主体作用。对特殊人才打破常规，采取特殊方式进行评价。打破户籍、地域、身份等制约，确保民办机构自然科学研究人员在职称评审方面享有平等待遇，保障离岗创业或兼职科研人员评审权利。建立绿色通道，对取得重大基础研究和原创性、颠覆性、关键共性技术突破的，做出重大贡献的自然科学研究人员，可直接申报评审副研究员、研究员职称。

三是进一步下放职称评审权限。逐步将自然科学研究人员高级职称评审权下放到市地或符合条件的科研单位，充分发挥科研单位在职称评审中的主导作用。加强职称评审信息化建设，减少各类申报表格和纸质证明材料，科研项目、人才支持计划等申报材料中与职称相关的内容，可作为职称评审的参考，为自然科学研究人员职称评审"减负"。

（六）经济专业人员职称制度改革

2019年6月17日，人力资源和社会保障部印发《关于深化经济专业人员职称制度改革的指导意见》。此次改革的方向是突出经济活动的职业属性和岗位要求，突出专业水平和创新实践，提升职称评价与社会主义市场经济改革的契合度，加强职称评价的科学性和针对性，提高评价结果的公信力，满足经济行业对于专业人才的新需求。改革重点和突破点主要在以下三个方面：

一是增设正高级经济师。正高级经济师一般采取同行评审方式，分类开展职称评审。改革前各地自行试点评审的经济专业人员正高级职称，要按规定通过一定程序进行确认，具体办法由各地、各有关部门和单位另行制定。

二是动态调整专业设置。根据经济社会发展和新的职业分类要求，适时调整了经济系列专业设置。全国统一考试的专业设置由国家统一公布。具体而言，对从业人员数量较大、评价需求稳定、发展良好的专业（如工商管理、金融、人力资源管理等），做好专业建设，持续稳定开展评价工作；对行业发展变化较大、评价需求不断缩减、从业人员数量过小的专业，及时调整或取消；在发展势头良好、评价需求旺盛的新兴领域，增设新的专业（如知识产权专业）；对知识结构、岗位要求相近的专业，及时整合或合并。

三是进一步明确经济系列职称制度与职业资格制度的衔接。专业技术人员取得经济专业技术资格、房地产估价师、拍卖师、资产评估师、税务师和工程咨询（投资）、土地登记代理、房地产经纪、银行业等与经济专业人员从业内容关系密切的相关领域职业资格，可对应相应层级的职称，并可作为申报高一级职称的条件。

（七）中等职业学校教师职称制度改革

2019年9月6日，人力资源和社会保障部与教育部印发《关于深化中等职业学校教师职称制度改革的指导意见》。改革的重点在以下四个方面：

一是健全制度体系。明确将职业高中教师职称统一并入中等职业学校教师职称系列。在普通中等专业学校、职业高中和成人中等专科学校均设文化课、专业课教师和实习指导教师职称类别，统一职称等级和名称，两类教师职称均设置到正高级，打通教师职业发展通道。

二是完善评价标准。强调坚持把师德放在评价的首位，充分体现中等职业学校教师职业特点，注重教育教学工作实绩，注重实践教学和技术技能人才培养实绩，注重产教融合、校企合作和工学结合的教学改革实绩，注重行业企业实践经历，切实改变过分强调论文、学历、课题项目等倾向。国家制定中等职业学校教师职称评价基本标准，各地结合实际制定不低于国家标准的具体条件。向少数特别优秀、具有特殊贡献的人才予以倾斜。

三是创新评价机制。吸收近年来各地中等职业学校教师职称评审经验，提出进一步完善以同行专家评审为基础的业内评价机制，采取教学水平评价、面试答辩、专家评议、实践操作等多种评价方式，加大学校的评价权重，充分结合学校开展的日常考核评价结果。科学界定、合理下放中等职业学校教师职称评审权限，对学校开展的自主评审，政府部门不再审批评审结果，改为事后备案管理。

四是实现职称评审与岗位聘用制度的有效衔接。要求中等职业学校教师职称评审，在核定的岗位结构比例内进行，并按照有关规定将通过职称评审的教师聘用到相应教师岗位，加强聘后管理，实现人员能上能下。岗位之间的结构比例，以及岗位内部各等级的结构比例根据新的中等职业学校教师职称等级体系，按照国家关于中等职业学校岗位设置管理的有关规定执行。

四　确立职称评审的法律地位

2019年7月1日，职称工作的第一部法律性文件——《职称评审管理暂行规定》（中华人民共和国人力资源和社会保障部令第40号）（以下简称《规定》）印发，并于9月1日正式实施。这一规定的出台是贯彻落实中央关于深化职称制度改革部署、加强职称评审管理、完善职称政策法规体系的重要举措，将过去分散的政策上升为统一规定，将一般性政策文件上升为部门规章，对从源头上规范职称评审程序，依法加强职称评审管理，切实保证职称评审质量起到重要作用。

《规定》全文共八章四十四条，分别为总则、职称评审委员会、申报审核、组织评审、评审服务、监督管理、法律责任和附则。主要包括以下内容：一是明确了职称评审的主体，即职称评审委员会。国家对职称评审委员会实行核准备案管理制度，以确保职称评审质量；二是规范了职称评审的基本程序，即主要包括申报、审核、评审、公示、确认等基本程序；三是优化了职称评审服务，通过建立职称评价服务平台，加强职称评审信息化建设，推广在线评审，探索实行职称评审电子证书，进一步提高职称评审公共服务水平；四是强化了事中事后监管。按照"放管服"改革要求，进一步减少政府部门对职称评审的微观管理，主要通过事中事后的抽查、巡查，以及对有关问题线索的倒查、复查，来确保职称评审的公平公正。更进一步，《规定》强调在充分发挥用人单位主体作用的同时，明确规定了申报人及工作单位、职称评审委员会及组建单位、评审专家、工作人员等主体违反规定应当承担的法律责任。

《规定》将职称评审管理的实施范围，由过去主要在体制内拓展到面向全体专业技术人才和各类用人单位，管理服务覆盖到评审的各个环节，做到制度全覆盖，管理全链条；在保证规定刚性、原则性的同时，充分考虑各地区、各部门实际，赋予一定的自由裁量权；实行分级管理、自主评审、放管结合，坚持放管服相结合，由直接组织评审转变为核准备案和综合管理。同时，强调优化服务，简化证明材料，加强事中事后监管。《规定》的出台确立了职称评审的法律地位，完善了职称评审的政策体系，赋予了新一轮职称评审工作法律保障。

第五节 专家管理制度

中华人民共和国成立以来，特别是改革开放以来，为适应新的社会经济发展需要，在专家工作方面进行了新的大胆探索，建立了博士后制度、国务院政府特殊津贴制度、突出贡献专家制度、表彰奖励制度等，逐步形成全社会"尊重知识，尊重人才"的氛围，专家队伍日益成为我国社会主义现代化建设的重要人才支撑。

一 博士后制度

博士后制度是我国培养高层次创新型青年人才的一项重要制度，自1985年建立以来，全国6700多个博士后科研流动工作站，累计招收博士后研究人员 20 万名，出站博士后绝大多数成为国家科研骨干、学术技术带头人，有 96 位博士后研究人员当选为两院院士，博士后制度在我国的人才制度体系中发挥着培养青年研发人员的特殊作用，也成为各地区各部门培养吸引高层次人才的重要渠道。[①]

（一）博士后制度的创立

1983—1984 年，诺贝尔奖获得者、华裔物理学家李政道两次致信邓小平同志，建议在我国建立博士后科研流动站、实行博士后制度。他认为，中国作为世界大国，必须培养一部分带头的高级科技人才。取得博士学位只是培养过程的一环，青年博士必须在学术气氛活跃的环境里再经过几年独立工作的锻炼，才能逐渐成熟。因此，应在一些高等学校和研究机构中设置一些特殊的职位，挑选一些新近获得博士学位的人员在这里从事一个阶段的博士后研究，以拓宽知识面，进一步培养独立的工作能力，使之成为具有较高水平的专业人才。李政道先生的建议引起了我国领导人和政府以及科技界、教育界的高度重视。1984 年 5 月，邓小平同志在人民大会堂会见了李政道，并仔细听取了其关于实施博士后制度的意见和方案，当即表示"这是一个新的方法，成百成千的流动站成为制度，是培养使用科技人才的制度。培养和使用相结合，在使用中培养，在培养和使用中发现更高级的人才"。

为了贯彻落实党和国家领导人对李政道所提建议的批示精神，1985 年 5 月，国家科委、教育部和中国科学院在广泛吸收专家学者和留学回国博士的建议并征求一些部门和地方意见的情况下，同财政部、国家计委、公安部、劳动人事部、商业部等有关部门进行了反复磋商，向国务院报送了《关于试办博士后科研流动站的报告》。1985 年 7 月 5 日，国务院正式批准该报告，下发试办博士后科研流动站文件，该文件构筑了我国博士后制度的基本框架，标志着博士后制度在我国的正式确立。7 月 17 日，由国家科学技术委员会牵头，成立了博士后科研流动站协调委员会（即"全国博士后管理委员会"），统一组织和协调全国博士后工作。经过

[①] 人力资源和社会保障部原副部长、全国博士后管理委员会原主任王晓初 2019 年 4 月 2 日在西安举行的"中国西部海外博士后创新示范中心"启动大会暨丝绸之路博士后学术研讨会的致辞。

审定，在全国73个科研、教学单位中建立博士后科研流动站102个，招收博士后研究人员255人。初创阶段，实行两级管理体制，中央对设站单位直接进行宏观管理；设站规模比较小，主要集中在理科和少数工科；招收规模逐年翻番，留学回国人员占相当大的比重；博士后日常经费主要以国家财政计划拨款为主。

（二）博士后制度的探索

1988年，博士后工作划转人事部负责。为了更好地支持博士后研究人员，1989年5月24日，经中国人民银行批准，国家博士后科学基金会正式成立，李政道担任名誉理事长；1989年8月26日，国家博士后科学基金会更名为中国博士后科学基金会；1990年5月30日，中国博士后科学基金会正式成立，邓小平同志题写了会名。随着博士后招收人数的增加，管理体制中一些原来不突出的矛盾和问题日益显露出来。为促进博士后工作的顺利开展，1989年开始，人事部和全国博士后管理委员会在多个省市的国家、地方设站单位进行博士后管理体制改革试点，试行三级管理模式，逐步下放管理权限。1992年出台了《博士后工作管理体制改革试点暂行办法》，对试点工作进一步规范。

为促进产学研结合，加速培养更多的优秀人才，博士后设站规模大幅提高，1994年开始在企业设立博士后科研工作站（以下简称工作站），博士后站点覆盖了大部分学科专业和国民经济的诸多行业领域，越来越多的博士后走入企业，成为博士后事业新增长点。博士后管理工作逐步规范化，博士后进站、中期考核、出站等各项配套措施逐步完善，至1998年，博士后工作稳步发展，无论是流动站和工作站的设站数量还是博士后的招收规模，都比以前有了较大幅度的增长。全国博士后管理委员会根据国家科技、教育、经济和社会发展的客观需要，先后开展了3次范围较大的设站评审，设站学科从最初的主要集中在少数理、工科逐步扩展到理、工、农、医、文、哲、法、经济、教育、历史、军事、管理等12大学科门类的78个一级学科，设立流动站总数达到近800个，形成了比较完整的博士后工作网络。[①]

[①] 全国博士后管委会办公室、中国博士后科学基金会：《博士后工作实用手册（2014）》，中国人事出版社2014年版，第5页。

（三）博士后制度的发展

随着博士后事业的不断壮大，为适应国防科技的需要，2000年开始在军队设立博士后科研工作站；为顺应加入世界贸易组织后金融开放的要求，开始在银行、证券公司设立博士后科研工作站；为缓解经济社会快速发展对高层次人才的需求，一些有条件的设站单位还自筹经费，扩大招收博士后研究人员，等等。这些措施，促进了人才、科技、经济的紧密结合，有力地推动了博士后制度服务于经济社会发展的需要。[①]

为了适应中国经济与社会体制改革，促进博士后事业的发展与我国经济社会发展整体规划和国家科技人才战略更加紧密地结合，2001年出台《博士后工作"十五"规划》，提出"适应社会主义市场经济体制的要求，围绕实施人才战略和高层次人才队伍建设，创新管理体制，改革管理模式，充分调动有关地区、部门和单位的积极性，积极扩大博士后研究人员的招收数量，着力提高质量，努力培养造就一大批经济和社会发展迫切需要的高层次人才"。同年颁发的《博士后管理工作规定》对管理部门职责、设站以及博士后招收、待遇、科研经费管理、工作评估等作出了规定，进一步加强和规范了博士后管理工作。2003年，在保留保本取息运作模式的同时，建立了国家财政年度拨款的资助制度，确定了基金资助经费逐年递增的原则，实现了基金资助模式从保本取息到财政拨款的历史性转变；资助力度由弱到强，资助额度由低到高。2004年，全国博士后管理委员会召开第十七次会议，把"培养高素质、高水平的博士后"放在博士后工作的战略地位，并确立了将博士后工作重点从扩大设站规模转到提高质量上来的工作思路。为加强博士后工作信息网络系统建设，提高博士后工作的信息化水平，2004年开发建成了"全国博士后管理信息网络系统"，2006年在全国范围内实现博士后进出站网上办公，使博士后进出站管理工作更加便捷、高效。

2006年出台《博士后工作"十一五"规划》，提出"创新完善制度，稳步扩大规模，注重提高质量，造就创新人才，加快培养造就一支适应社会主义现代化建设需要，具有自主创新能力的跨学科、复合型和战略型博士后人才队伍"。同年，人事部全国博士后管委会修订了《博士后管

[①] 徐颂陶、孙建立：《中国人事制度改革三十年》，中国人事出版社2008年版，第164页。

理工作规定》，使博士后管理工作更加规范化、制度化。2008年，人力资源和社会保障部颁布了《博士后科研流动站、工作站评估办法》，规范了博士后科研流动站、工作站评估工作。2009年，人力资源和社会保障部制定下发《关于推进博士后工作管理体制改革的意见》，决定全面推进博士后工作管理体制改革，"充分发挥地方政府在博士后工作中的重要作用，形成国家、地方（部门）和设站单位分级管理体制"。

2011年出台《博士后事业发展"十二五"规划》，提出"围绕加快转变经济发展方式的主线，全面实施科教兴国战略和人才强国战略，改革完善制度，着力提高质量，优化布局结构，鼓励多元投入，健全服务体系，造就创新人才，加快培养造就一支跨学科、复合型和战略型博士后人才队伍"。同年启动实施"香江学者计划"，与香港著名高校共同培养博士后研究人员，并举办了15期不同学科的全国博士后学术交流活动。

为深入实施人才优先发展战略，更好发挥博士后制度在培养高层次创新型青年人才、推动大众创业万众创新中的重要作用，2015年国务院办公厅下发《关于改革完善博士后制度的意见》，提出"通过改革设站和招收方式，完善管理制度，加强培养考核，促进国际交流，充分发挥博士后制度在高校和科研院所人才引进中的重要作用、设站单位在博士后研究人员培养使用中的主体作用、博士后研究人员在科研团队中的骨干作用，推动博士后制度成为吸引、培养高层次青年人才的重要渠道"。2017年人力资源和社会保障部与全国博士后管理委员会下发《关于贯彻落实〈国务院办公厅关于改革完善博士后制度的意见〉有关问题的通知》，就优化博士后工作平台建设、严格博士后人员招收管理、提升博士后工作服务水平和发挥博士后设站单位主体作用四个方面作出了具体规定。同年，《"十三五"国家科技人才发展规划》中提出"改革博士后制度，发挥高等学校、科研院所、企业在博士后研究人员招收培养中的主体作用，为博士后从事科技创新提供良好条件保障"。

二　国务院政府特殊津贴制度

国务院政府特殊津贴是中华人民共和国国务院对于高层次人才的一种生活补助。自1990年，党中央、国务院决定，给做出突出贡献的专家、学者、技术人员发放政府特殊津贴。获得者被称为享受国务院特殊津贴专家。这是党中央、国务院为加强和改进党的知识分子工作，关心和爱护广大专业技术人员而采取的一项重大举措。知识分子是建设社会主义的一支重要力量，在现代化建设和改革开放事业中作出了重大贡献，具有不可替代的作用。优先改善做出突出贡献的专家、学者、技术人员的生活待遇，对在全社会发扬尊重知识、尊重人才的良好风尚，进一步调动广大知识分子的积极性，实现社会主义现代化建设宏伟目标，起到了一定的促进作用。截至 2018 年年末，享受国务院政府特殊津贴专家达 18.2 万人。[1]

（一）政府特殊津贴制度的建立

党中央十分关心发挥知识分子在"四化"建设中的作用。1989 年 3 月初，中央政治局常务会议根据邓小平同志两次指示精神，研究决定给作出突出贡献的专家、学者、技术人员发放特殊津贴，以解决知识分子待遇偏低的问题。1989 年 3 月中旬，中央领导同志在中南海召开会议，听取人事部关于拟开展给部分高级知识分子特殊津贴工作的汇报，决定先研究解决有卓越贡献的科学家、专家和著名教授、学者待遇偏低问题，方法是每月发给 100 元生活补贴费。当时确定先选拔 1000 人左右，选拔范围为：学部委员，工改前 1—4 级的科学家、教授，国家批准的中青年突出贡献专家，以及获得国家高等级科技奖励的骨干人员。

根据上述原则，人事部起草了《关于优先提高一批杰出专家生活待遇的工作方案》。1990 年 7 月，经党中央、国务院批准，给全国 1200 多位做出杰出贡献的专家、学者、技术人员发放了政府特殊津贴。1990 年 7 月 28 日，人事部、财政部下发《关于给部分高级知识分子发放特殊津贴的通知》，建立了国务院政府特殊津贴制度，并首次批准了 1246 名特贴专家。这是党中央、国务院为加强和改进党的知识分子工作，关心和爱护广大专业技术人员而采取的一项重大举措。这对于进一步营造"尊重知识、尊重人才"的良好社会环境，加强高层次专业技术人才队伍建设

---

[1] 中华人民共和国人力资源和社会保障部：《2019 年度人力资源和社会保障事业发展统计公报》，2020 年 6 月，中华人民共和国人力资源和社会保障部（http：//www.mohrss.gov.cn/SYrlzyhshbzb/zwgk/szrs/tjgb/202006/W020200608534647988832.pdf）。

发挥了重要作用。

根据国务院领导的指示精神,1991年4月17日,人事部向国务院上报《关于一九九一年给一万名专家、学者、技术人员发放政府特殊津贴实施方案的报告》。1991年6月9日,中共中央、国务院发布《关于给做出突出贡献专家、学者、技术人员发放政府特殊津贴的通知》,对1991年度政府特殊津贴工作作出明确规定,包括选拔数量和范围、选拔程序、选拔条件、津贴数额、发放原则和经费来源等,其中选拔范围、条件、程序等内容在以后的10年基本被沿用。该通知使政府特殊津贴工作成为加强高层次人才培养管理的一项重要制度。1991年共选拔9000余名享受政府特殊津贴的专家。

1993年4月,人事部发出《关于〈对享受政府特殊津贴人员进行考核的意见〉的通知》,决定每两年对享受政府特殊津贴的专家、学者、技术人员进行考核。考核对象为在职人员,对其新成就通过各种途径进行宣传和表彰,并及时输入专家数据库;对谎报成果、违背思想政治条件、出国不归、自动离职、不求上进等情况,停发或取消政府特殊津贴。至此,国务院政府特殊津贴作为我国高层次人才选拔的重要政策逐渐步入正轨。

(二) 政府特殊津贴制度的发展

人事部于1995年3月印发《关于从1995年起实行政府特殊津贴发放改革的通知》,通知中指出,今后政府特殊津贴的发放方式实行"新人新办法,老人老办法",1990—1994年,已享受政府特殊津贴的人员,津贴的管理和发放继续按原有规定执行,每人每月发放政府特殊津贴100元;从1995年起,享有政府特殊津贴的人员,一次性发放5000元,并免去个人所得税。

中央领导在1997年12月接见全国人事厅(局)长会议代表时的讲话中指出:"那个时候为了解决知识分子待遇问题,决定对一些有突出贡献的知识分子,给予政府特殊津贴。现在情况有些变化,实际上已成为一种荣誉性质。钱是有限的,主要是一种荣誉,对广大知识分子、学者来讲也是一种激励。因此,这个制度要很好地坚持下去。"[1] 为了进一步

---

[1] 刘浏:《全国人事厅局长会议在京举行》,《人才开发》1998年第3期。

规范特殊津贴奖励体系，1999年，人事部办公厅印发《关于院士津贴和政府特殊津贴经费发放工作有关事项的通知》，规定从1999年第一季度起，政府特殊津贴和两院院士经费发放的报表统计工作事务转由人事部专家服务中心负责。2001年6月，中共中央、国务院下发了《关于对作出贡献的专家、学者、技术人员继续实行政府特殊津贴制度的通知》，决定于2001年至2010年，每年选拔3000名左右，每人一次性发放特殊津贴1万元。按照文件精神，2001年、2002年连续开展了两批特殊津贴专家选拔工作。随后，国务院要求进一步改革完善政府特殊津贴制度。

（三）政府特殊津贴制度的完善

为了贯彻落实全国人才工作会议精神，更好地发挥政府特殊津贴制度在推动我国高层次专业技术人才队伍建设中的作用，2004年中央在充分调研的基础上决定进一步改革和完善政府特殊津贴制度，延长选拔周期，拓宽选拔范围，严格管理办法，并再次提高奖励金额。中组部、中宣部、统战部、人事部、财政部联合印发了《关于改革和完善政府特殊津贴制度的意见》，决定从2004年到2010年，全国共选拔四批享受政府特殊津贴人员，每两年选拔一次，每次4000名。选拔范围首次扩展到非公有制成分的企事业单位。同时规定，对享受政府特殊津贴的人员，每人一次性发给政府特殊津贴20000元，免征个人所得税。国务院授权人事部颁发政府特殊津贴证书。

经国务院批准，人力资源和社会保障部、财政部于2008年联合下发了《关于调整政府特殊津贴标准的通知》，规定从2009年1月1日起，按月发放的人员津贴标准由每人每月100元调整为每人每月600元。2008年选拔了3997名政府特殊津贴人选，首次将400名高技能人才纳入国务院政府特殊津贴享受范围，享受政府特殊津贴总人数达到15.8万人。2009年享受政府特殊津贴专家累计评选出15.8万人。2010年年底，享受国务院政府特殊津贴专家累计评选出16.2万人，其中高技能人才786人，全年选拔3972人。2005—2010年，共选拔11000多人享受政府特殊津贴。

2010年6月，中共中央、国务院印发《国家中长期人才发展规划纲要》，强调要"完善政府特殊津贴制度，强化激励，科学管理"。2011年7月，中共中央、国务院印发了《关于继续实行政府特殊津贴制度的通知》，要求从 2011 年到 2020 年，继续开展享受政府特殊津贴人员选拔工作，享受政府特殊津贴人员每两年选拔一次，共选拔 5 批，每批不超过 5000 名。每人一次性发放 20000 元，由中央财政专项列支拨款，免征个人所得税，并颁发国务院《政府特殊津贴证书》。《通知》主要从以下几个方面对政府特殊津贴制度作了进一步完善：一是在指导思想上，突出了高端引领和以用为本；二是明确将非公经济组织、新社会组织中的专业技术人才、高技能人才纳入选拔范围；三是将《国家中长期人才发展规划纲要》明确提出的经济社会发展的重点行业、领域人才作为选拔重点；四是正式将高技能人才的选拔条件纳入进来；五是适当扩大了选拔人数；六是完善激励保障措施，提出积极改善享受政府特殊津贴人员医疗保健条件，强调在生活上对退休的享受政府特殊津贴人员给予关心和照顾；七是完善享受政府特殊津贴人员发挥作用的平台；八是建立享受政府特殊津贴人员的联系服务制度。①

享受政府特殊津贴人员选拔由人力资源和社会保障部负责，具体流程大略是②：

1. 人力资源和社会保障部根据高层次人才队伍建设的总体规划和各学科领域高层次人才的分布情况，向各省、自治区、直辖市及副省级城市和中央、国家机关有关部门下达享受政府对特殊津贴人选的控制指标数。

2. 各省、自治区、直辖市及副省级城市人民政府人力资源和社会保障厅（局）与中央、国家机关有关部门人事司（局）按照控制指标数和有关要求，组织实施享受政府特殊津贴人员的选拔的推荐工作。

3. 基层单位按照隶属关系和有关要求，逐级向上级人事部门推荐人选。

4. 各省、自治区、直辖市及副省级城市人民政府人力资源和社会保障厅（局）与中央、国家机关有关部门人事司（局）对推荐人选进行审

---

① 王晓初、孙建立：《专业技术人才队伍建设与管理》，中国劳动社会保障出版社 2012 年版，第 27 页。
② 国家部委：《国务院政府特殊津贴制度源流考》，2017 年 9 月 29 日，合肥大学（http：//rcb.hfut.edu.cn/2017/0929/c4342a78564/page.htm）。

核，并报本地区政府或本部门领导核定并进行公示后，将人选名单和有关材料报送人力资源和社会保障部。

5. 人力资源和社会保障部会同有关部门对各地区、各部门推荐的人选进行审核，并将确定的人选名单报国务院常务会审批。

三 国家有突出贡献中青年专家制度

国家有突出贡献中青年专家（简称"突贡专家"）是由国家人事部组织选拔的在科学技术研究中作出重要专业贡献的年纪比较轻的一类专家的称呼。突贡专家的选拔标准比较严格，选拔数量比较少，入选专家均是专业业绩十分突出的各个领域领军的学术（技术）带头人。进行有突出贡献的中青年科学、技术、管理专家的选拔工作，对广大中青年专业技术人员及管理人员具有明显的激励和导向作用，在社会上产生了积极的影响。

（一）突贡专家制度的建立

随着中国改革开放和社会主义现代化事业的蓬勃发展，迫切需要大批优秀的科学、技术、管理方面的骨干人才。为了落实党中央"科教兴国"战略，进一步在全社会形成"尊重知识、尊重人才"风气，创造有利于中青年科技骨干人才脱颖而出的良好环境，1983年3月24日，中共中央书记处第50次会议决定：对那些在国内外有名望的中青年科学家生活待遇方面的问题，如工资问题、级别问题、住房问题、两地分居问题、医疗问题等，中央组织部应作为特殊的情况，立即同有关部门协商加以解决。根据中央书记处的决定，1984年1月27日，中央组织部、中央宣传部、劳动人事部、财政部联合发出《优先提高有突出贡献的中青年科学、技术、管理专家生活待遇的通知》，明确优先提高有突出贡献的中青年科学、技术、管理专家的生活待遇的有关工作，由人事部负责办理。具体从下述方面优先提高其生活待遇：一是越级（不限级次）提升工资级别。提升后的月基本工资金额，一般暂不超过200元。二是夫妻两地分居者，要限期尽快将另一方调至中青年科学、技术、管理专家所在地。配偶为在职职工的，由人事、劳动部门负责调动并安排工作；配偶属农村户口的，由中青年科学、技术、管理专家所在地的公安部门准予落户。子女随迁问题，按有关规定执行。三是住房按照当地高级知识分子住房标准给予调整，由省、市、自治区或中央、国务院各部、委统筹安排，尽快解决。四是因公、因病由所在单位保证用车。无车单位可乘出租汽车，凭票报销。五是改善医疗条件。根据各地医院设施的实际情况，给予住院或门诊照顾，每年全面检查身体一次，加强保健措施。

（二）突贡专家制度的发展

为了加速科技人才的培养，促进整体性人才资源开发，人事部于1995年印发了《关于进一步做好有突出贡献的中青年科学、技术、管理专家工作的意见》，明确：有突出贡献中青年专家的选拔工作在国有企事业单位中进行。选拔对象是在科学研究、高等教育、医疗卫生、工农业生产、科技管理等领域的专业技术人员。被选拔人员的年龄严格控制在55周岁（含55岁）以下。选拔工作每两年进行一次。选拔对象一般由所在单位推荐，也可以由同行专家或学术团体推荐，经所在单位和主管部门同意后，填写《有突出贡献的中青年科学、技术、管理专家呈报表》，按隶属关系逐级向上级人事部门推荐。由省、自治区、直辖市或部委人事部门负责考察，并组织有关专家或省部级学术团体进行评议和综合平衡，经省、自治区、直辖市人民政府或部委审核后，向国家人事部报送推荐人选名单和有关材料。人事部根据各地区、各部门的科技、经济发展水平及专业技术队伍结构和历次选拔情况，会同有关部门对推荐的人选进行审核。人事部审批后将审批名单通知各地区和有关部门。选拔原则，必须按条件从严掌握，优中选优，宁缺毋滥，确保质量。同时对选拔条件、优先改善生活工作条件，以及其他有关事项作出了详细规定，使这项工作进一步规范化、制度化。

为使人事部批准的有突出贡献的中青年科学、技术、管理专家的奖励晋升工资工作与正常晋升工资工作协调进行，并考虑有关政策的连续性，1996年4月8日，人事部下发《关于有突出贡献的中青年科学、技术、管理专家奖励晋升工资有关问题的通知》，对突出贡献专家的工资晋升奖励作出规定："1994年度有突出贡献的中青年专家，凡未奖励晋升工资的，均从1995年1月起奖励晋升一档工资。奖励晋升的工资，不影响正常晋升工资。""1996年度以后批准的有突出贡献的中青年专家，在批准后的本人第一个正常晋升工资年份，在正常晋升工资的基础上，再一次性奖励晋升一档工资。"

四 百千万人才工程

百千万人才工程，是根据国家科技发展规划和经济社会发展需要制定的，旨在加强中国跨世纪优秀青年人才培养的一项重大举措。"工程"重点是：在对国民经济和社会发展影响重大的自然科学和社会科学领域，面向45周岁以下的优秀专业技术人才群体，培养造就一批不同层次的学术和技术带头人及后备人选。百千万人才工程坚持以培养（而不是选拔）为主的原则，至今已有20多年的历程。据统计，截至2018年年末，"工程"国家级人选达到5700余人，分布在国内的各行各业，他们通过不懈努力，在航空航天、装备制造、生物技术、通信信息、新能源新材料等重点领域取得了一大批具有世界先进水平的重大科研成果，为提高我国自主创新能力、推动经济科技发展作出了突出贡献，为国家培养了一大批急需的高级专业人才，在材料科学、环境保护等领域尤为突出。

（一）百千万人才工程制度的建立

改革开放后，经济社会发展急需大批中青年专业技术人才，尤其是学术和技术带头人，但因老专家逐步退休，中青年专家青黄不接，严重短缺。针对这一问题，党的十四届三中全会提出了"要造就一批进入世界科技前沿的跨世纪的学术和技术带头人"的要求。为落实中央决定精神，1994年，人事部专门召开了全国专家工作会议，就跨世纪学术和技术带头人培养工作作了全面部署，决定组织实施"百千万人才工程"。[①]

1995年4月，国务院办公厅转发了人事部、国家科学技术委员会、国家教育委员会、财政部等四部门《关于培养跨世纪学术和技术带头人的意见》。根据这个文件的精神，1995年12月，人事部、国家科委、国家教委、财政部、国家计委、中国科协、国家自然科学基金委七部门联合下发《"百千万人才工程"实施方案》，正式启动实施"百千万人才工程"。当时提出三个层次的培养目标：第一层次，到2000年，造就上百名45岁左右，能进入世界科技前沿，在世界科技界享有盛誉的学术和技术带头人；第二层次，造就上千名45岁以下具有国内先进水平，保持学

[①] 王晓初、孙建立：《专业技术人才队伍建设与管理》，中国劳动社会保障出版社2012年版，第30页。

科优势的学术和技术带头人;第三层次,培养出上万名30—45岁在各学科领域里有较高学术造诣、成绩显著、起骨干或核心作用的学术和技术带头人后备人选。"百千万"不完全是一个数量的概念,其根本目的在于形成一支结构合理、高效精干的学术和技术带头人队伍,从整体上提高我国学术技术水平和科技队伍的素质。

为了实现上述目标,方案中还提出了两个阶段的实施步骤:第一个阶段,到1997年遴选和掌握五六千名或更多30—40岁的优秀人才,作为重点培养对象;第二阶段,到2000年,在国民经济和社会发展影响重大的50个左右的一级学科和500个左右的二级学科门类中,造就一批国内一流或具有世界水平的专家、学者,使他们成长为各个学科领域跨世纪的学术和技术带头人,从而改善中国专业技术带头人队伍的结构,全面推动中国专业技术队伍建设工程。

到2000年,入选"工程"的各类人才近万名,形成了分层次、多渠道培养造就优秀年轻人才的工作体系,有力地推动了全国高层次专业技术人才队伍建设。

(二)百千万人才工程制度的发展

根据中共中央办公厅、国务院办公厅《关于加强专业技术人才队伍建设的若干意见》精神,为继续做好年青一代学术技术带头人培养工作,2002年5月,在认真总结经验的基础上,人事部、科学技术部、教育部、财政部、国家发展计划委员会、国家自然科学基金委员会和中国科学技术协会等七个部门联合下发了《"新世纪百千万人才工程"实施方案》,对2002—2010年新世纪百千万人才工程的事实作出规定,提出"工程国家级人选每两年选拔一次,每次选拔500名左右,在各地、各部门推荐的基础上,经专家评审,并报'工程'领导小组批准产生"。该"工程"的目标是,到2010年,培养造就数百名具有世界科技前沿水平的杰出科学家、工程技术专家和理论家;数千名具有国内领先水平,在各学科、各技术领域有较高学术技术造诣的带头人;数万名在各学科领域里成绩显著、起骨干作用、具有发展潜能的优秀年轻人才。"新世纪百千万人才工程"的主要特点:一是突出了工作重点,以培养国家急需紧缺的高级人才为目标,重点是在关系国民经济和社会发展关键学术技术领域涌现出来的具有较大发展潜力的优秀人才,以及适应我国加入世界贸易组织新形势要求的信息、金融、财会、外贸、法律和现代管理等急需的高级专门人才；二是扩宽了选拔领域，提出"其他企事业单位中符合条件的，也可以选拔"；三是丰富了培养措施，进一步完善机制和环境建设，强化竞争和考核机制，加强以入选人员为核心的高层次人才科研团队建设。[①]

（三）百千万人才工程制度的完善

《国家中长期人才发展规划纲要（2010—2020年）》和《专业技术人才队伍建设中长期规划（2010—2020年）》明确提出，要进一步实施并完善百千万人才工程，制订不同层次、不同类别、不同地区的人才培养计划。2012年中共中央组织部、人力资源和社会保障部等11部门共同印发了《国家高层次人才特殊支持计划》，将"百千万人才工程"纳入"国家高层次人才特殊支持计划"统筹实施。

为贯彻落实《国家中长期人才发展规划纲要》《专业技术人才队伍建设中长期规划》和《国家高层次人才特殊支持计划》精神，进一步实施并完善百千万人才工程，加强高层次创新型专业技术人才队伍建设，人力资源和社会保障部等9部门于2012年共同印发《国家百千万人才工程实施方案》，明确提出，从2012年起，用10年左右时间，选拔培养4000名左右"工程"国家级人选，重点选拔培养瞄准世界科技前沿，能引领和支撑国家重大科技、关键领域实现跨越式发展的高层次中青年领军人才。同时，中央将在10年内，从"工程"国家级人选中选拔1000名入选"万人计划"的百千万工程领军人才。此次实施方案制订的亮点主要有五个方面：一是选拔范围拓展到非公领域；二是要特殊培养、大胆使用；三是支持自主组建创新团队；四是紧缺人才可实行项目工资；五是给予领军人才优先资助。

五 专业技术人才表彰奖励制度

中华人民共和国成立之初，中共中央就提出了对科技人才的表彰奖励政策，主要是针对生产中的发明和技术改造的奖励，以精神奖励为主，附带少量物质奖励。随着国家对科学技术发展的日益重视，对科技人才

---

① 蔡秀萍：《高层次人才的"品牌加油站"——记新世纪百千万人才工程国家级人选高级研修班》，《中国人才》2007年第13期。

的奖励形式越来越多样化,从笼统的"优秀"发展到"突出贡献人才""拔尖人才"等,分类越来越细致,覆盖面越来越广泛。

(一)中华人民共和国成立初期的表彰奖励制度

1950年8月,政务院下达了首个奖励决定,即《关于奖励有关生产的发明、技术改进合理化建议的决定》,并且发布了首个保护知识产权的规定,即《保障发明权与专利权暂行条例》。1954年5月政务院正式颁布《有关生产的发明、技术改进及合理化建议的奖励暂行条例》,由此我国建立起了科技奖励制度。1963年11月,国务院对原科技奖励条例进行调整和修订,废止了1950年和1954年的条例,重新颁布《发明奖励条例》和《技术改进奖励条例》。

(二)表彰奖励制度的恢复和重建

全国科学大会于1978年3月在北京召开,参与这次大会评选的科研成果有7657项,党中央热情表彰了这些科研成果,这次颁奖活动有效地激发了科技人才的工作热情,标志着我国科技奖励制度的恢复。同年12月,国务院发布了《中华人民共和国发明奖条例》,提出奖金分配按照贡献多少派发,不能搞平均主义,这样才能有针对性地激励科技人才,真正发挥出激励的作用。1979年11月,国务院在对《中国科学院科学奖金条例》进行修订的基础上,出台了《中华人民共和国自然科学奖励条例》。修订内容包括以下几个方面:一是将原来的条例提升为国家科技奖励条例,由国家科委负责自然科学奖的评审工作[①];二是规定奖励只在自然科学内进行;三是增加奖励等级,由三个等级调整为四个等级,增加了特定奖。

1980年5月,为做好国家自然科学奖励的评审工作,国家科委出台了《自然科学奖励委员会暂行章程》,并成立了自然科学奖励委员会。1984年4月,国务院发出《关于修改中华人民共和国自然科学奖励条例的通知》,同年9月,国务院发布《中华人民共和国科学技术进步奖条例》,修改后的条例提高了自然科学奖金的奖励额度,明确了国家级科学进步奖的奖励标准和范围。《中华人民共和国科学技术进步奖励条例》中

[①] 《中国科学院编年史》2009年9月28日,中国科学院(http://www.cas.cn/zj/ys1/bn/200909/t20090928_2529245.shtml.)。

将国家科技进步奖分为三个等级,一等奖、二等奖、三等奖的获得者均可获得证书、奖状等,并分别奖励1.5万元、1万元、0.5万元。经国务院批准,对有突出贡献的项目可授予特定奖,此外,该条例还将科学技术进步奖分为国家级和省、部两级,这标志着国家科学技术进步奖正式成立①。

1987年9月,中国科学技术协会设立青年科技奖,并制定《中国科学技术协会青年科技奖条例》,其中规定获奖者年龄不超过35岁。后来中央政府将中国科学技术协会设立的"青年科技奖"更名为"中国青年科技奖",并改为由中共中央组织部、国家人事部、中国科学技术协会共同组织评审、颁奖等项工作,对原中国科学技术协会《青年科技奖条例》进行适当修订,改为《中国青年科技奖条例》。"中国青年科技奖"仍以精神奖励为主、对获奖者颁发证书和奖杯,并召开颁奖大会。中国青年科技奖设立以来,《中国青年科技奖条例》及《中国青年科技奖条例实施细则》一直是开展中国青年科技奖推荐、评审等方面工作的主要依据,也是规范中国青年科技奖各项工作的行为准则,对保障推荐、评审等各个工作环节的质量和水平及中国青年科技奖的权威性和社会影响力起到了至关重要的作用。

(三)表彰奖励制度的发展和整合

1993年颁布的《中华人民共和国科学技术进步法》确立了国家科学技术奖励的法律地位,其中的第八章是专门关于科学技术奖励的规定,由此推动了我国科学技术奖励的法制化建设。1995年12月14日,国家科委第33次委务会议通过《国家科学技术奖励评审委员会章程》,调整了国家科技奖励评审机构的设置,将"三大奖"——国家自然科学奖、技术发明奖、科技进步奖合并为一个评审委员会,并采用"两级三审"的评审制度。"两级",即国家科学技术奖励评审委员会和国家科学技术奖励学科(专业)评审委员会;"三审",即初审、复审、终审。这奠定了现行科技奖励制度的基础。

1998年召开的全国人事厅(局)长会议提出,"要努力为专业技术

---

① 国家科学技术奖励工作办公室编:《国家科学技术奖励工作指南》,北京科学技术出版社1988年版,第85—92页。

人员创造应有的工作条件，营造和谐的群体氛围，宣传专业技术人员的先进事迹，表彰和树立一批优秀专业技术人员典型"。为了给专业技术人员创造应有的工作条件，营造和谐的工作氛围，宣传专业技术人员的先进事迹，推动专业技术人员队伍建设，全国杰出专业技术人才表彰工作于1999年正式启动。当时的设计是每三年表彰一次，每次表彰50名左右。表彰对象包括：在我国科技、教育、文化、卫生等领域和工农业生产第一线为社会主义现代化建设做出突出贡献的杰出专业技术人才，重点是在关系国民经济和社会发展的关键学术技术领域涌现出来的创新型人才。表彰的主要目的是弘扬专业技术人员热爱祖国、拼搏创新、攀登奉献的崇高精神，激励广大专业技术人员为实现全面建成小康社会的宏伟目标和建设创新型国家多做贡献。

人事部于1999年组织承办第一次全国杰出专业技术人才表彰工作。经过从下而上，从上而下的反复酝酿推荐，从全国科技、教育、文化、卫生等领域和工农业生产第一线，挑选50名为社会主义现代化建设作出突出贡献的优秀人才予以表彰，并受到了时任党和国家领导人的接见。其中，授予"杰出专业技术人才奖章"10人，记一等功40人。受表彰人选有著名水稻专家袁隆平、火箭专家龙乐豪、生命科学家陈竺等。同年，国务院对科技奖励制度进行重大改革，国务院办公厅转发了科技部《科学技术奖励制度改革方案》。改革的内容有：调整奖项设置、奖励力度、评价标准和评审办法等。5月23日，国务院发布了《国家科学技术奖励条例》。12月26日，科技部发布了配套的《国家科学技术奖励条例实施细则》。我国现代国家科技奖励体系正式确立。

2002年，由中央组织部、中央宣传部、人事部、科学技术部共同组织，人事部承办的第二次全国杰出专业技术人才表彰工作顺利开展。受表彰的50人受到了时任党和国家领导人的接见，并授予"杰出专业技术人才奖章"。

（四）表彰奖励制度的完善

《2002—2005年全国人才队伍建设规划纲要》中提出要建立国家级功勋奖励制度，对曾经为国家发展作出过突出贡献的管理人员和科研人员予以国家级奖励。

2003年12月，中共中央、国务院《关于进一步加强人才工作的决定》中提出,"坚持精神奖励和物质奖励相结合的原则,建立以政府奖励为导向、用人单位和社会力量奖励为主体的人才奖励体系,充分发挥经济利益和社会荣誉双重激励作用。建立国家功勋奖励制度,对为国家和社会发展作出杰出贡献的各类人才给予崇高荣誉并实行重奖。进一步规范各类人才奖项。坚持奖励与惩戒相结合,做到奖惩分明,实现有效激励"。2003年修订《国家科学技术奖励条例》,2004年和2008年两次修改《国家科学技术奖励条例实施细则》,沿用至今。

人事部和中共中央组织部、中共中央宣传部、科学技术部于2006年12月16日共同召开了第三届全国杰出专业技术人才表彰大会,43个地区和部门的50名杰出人才受到表彰。党和国家领导同志接见了受表彰人员和全体与会代表。受表彰的杰出人才参观了航天城,登上了天安门城楼。他们的先进事迹先后在《人民日报》、中央电视台等十多家媒体进行了报道。通过宣传表彰活动,弘扬了专业技术人员热爱祖国、拼搏创新、攀登奉献的崇高精神,有效地激励了广大专业技术人员为实现全面建成小康社会的宏伟目标和建设创新型国家多作贡献。[①]

2009年9月10日,人力资源和社会保障部、中央组织部、中央宣传部、科学技术部共同召开了第四届全国杰出专业技术人才表彰大会,全国50名杰出专业技术人才和30个先进集体受到表彰。习近平总书记等中央领导同志接见了受到表彰的全国杰出专业技术人才和全体会议代表。[②]

第五届全国杰出专业技术人才表彰大会于2014年9月22日在北京举行。中央组织部、中央宣传部、人力资源和社会保障部、科学技术部联合表彰了99名全国杰出专业技术人才和96个专业技术人才先进集体。中央领导人在表彰大会上发表了重要讲话,进一步明确了我国专业技术人才队伍建设的战略地位、指导思想、总体思路和目标任务,极大鼓舞了广大专业技术人员,标志着专业技术人员管理工作迈向新的阶段。[③] 历届

[①] 徐颂陶、孙建立:《中国人事制度改革三十年》,中国人事出版社2008年版,第154页。
[②] 王晓初、孙建立:《专业技术人才队伍建设与管理》,中国劳动社会保障出版社2012年版,第34页。
[③] 《第五届全国杰出专业技术人才表彰大会在京举行刘云山会见与会代表并讲话》,2014年9月22日,新华网(http://www.xinhuanet.com/politics/2014-09/22/c_1112580047.htm)。

全国杰出专业技术人才表彰大会为来自不同地区、不同行业、不同领域的杰出专业技术人才和各地、各部门、各中央企业的专业技术人才工作者提供了交流的平台，促进了我国专业技术人才队伍的建设。[①]

[①] 王晓初、孙建立：《专业技术人才队伍建设与管理》，中国劳动社会保障出版社2012年版，第34页。

第八章 大中专毕业生分配与就业促进制度

第八章 大中专毕业生分配与就业促进制度

从中华人民共和国成立到20世纪80年代，中国的就业体制是统包统分、城乡分割，国家促进就业的重点集中在城镇。① 随着向市场经济转型，就业体制也逐渐开始改革，1980年，中央提出了"三结合"的就业方针，突破了统包统分的就业制度框架，在国家统筹规划和指导下实行劳动部门介绍就业、自愿组织起来就业和自谋职业相结合。20世纪90年代以后，我国开始实行市场化的就业政策，就业方式越来越灵活，就业渠道越来越多元化。

大中专毕业生是指按国家统一计划招生的大、中专毕业生，包括普通全日制高等学校有正式学籍的专修科毕业生、本科毕业生、毕业研究生，科研单位培养的毕业研究生，以及中等专业学校培养的毕业生。② 大中专毕业生是重要的就业群体之一，促进大中专毕业生分配与就业对国家经济社会发展具有重要的意义。

中华人民共和国成立以来，中央政府和相关部门出台了大量促进大中专毕业生分配与就业的政策。总体来看，随着就业制度的改革，我国大中专毕业生分配经历了从计划经济体制"统包统配"到市场经济体制"自主择业"的发展过程。

第一节 集中统一分配时期的大中专毕业生分配制度（1949—1958年）

中华人民共和国成立以后，大中专教育体系亟待建立。从国民政府接管过来的高等学校以及中等专业学校，虽有少量大中专毕业生，但他们是由旧中国招收的，不是按照统一计划和国家各项建设的需要培养的，学校、专业和地区分布也极不均衡。1950年6月中共七届三中全会上，

---

① 郜风涛、张小建：《中国就业制度》，中国法制出版社2009年版，第22页。
② 张志坚、苏玉堂：《当代中国的人事管理》（上册），当代中国出版社1994年版，第157页。

毛泽东主席指出:"有步骤地谨慎地进行旧有学校教育事业和旧有社会文化事业的改革工作,争取一切爱国的知识分子为人民服务。"①

为了培养经济建设所需的大量人才,20世纪50年代初开始,我国对高等学校进行了大规模调整,建立了研究生教育制度,同时也对旧有的职业教育制度进行了整顿和发展。

经过一系列教育改革和院校调整,大中专教育制度逐渐建立起来,大中专毕业生人数也逐年增加。然而,由于中华人民共和国成立初期国家进行大规模经济建设需要大量人才,大中专毕业生出现了供不应求的情况。国家平均每年急需10万名大学毕业生,但实际供给情况远远不够。② 1949—1952年,全国高校毕业生人数接近9万人,1953年为4.8万人,五年培养的高校毕业生人数只够一年的人才需求。③ 同时,有些专业如资源勘察、河港工程、有色金属冶炼、暖气通风等工程建设迫切需要人才,高等学校培养人数太少,甚至有些尚未设置科系培养这方面人才。

因此,为了缓解毕业生供求矛盾,保证毕业生集中配备到国家建设具有决定意义的部门,避免力量分散、顾此失彼,在大中专毕业生分配方面,国家采取集中统一分配的方式,政府招聘和地区调剂相结合,基本方针是遵循学用一致的原则"集中使用,重点配备"。

一 实行统筹分配为主、地区调剂相结合的分配制度

中华人民共和国成立之初,要在全国范围内迅速建立和巩固人民民主政权,恢复和发展国民经济,原有干部远远不能满足需要,急需增加大批干部。因此,为了适应国家重点建设的需要,1950年6月,中央人民政府政务院发出《为有计划地合理分配全国公私立高等学校今年暑期毕业生的工作通令》,决定采取政府招聘和地区调剂的办法,统筹分配全国高等院校当年暑假毕业生。从毕业生人数较多的华东、华南、西南三个大区调出一部分毕业生支援东北建设,再由中央和东北行政区组织招

---

① 《中国教育年鉴》编辑部:《中国教育年鉴(1949—1981)》,中国大百科全书出版社1984年版,第24页。

② 中共中央文献研究室:《周恩来经济文选》,中央文献出版社1993年版,第116页。

③ 《中国教育年鉴》编辑部:《中国教育年鉴(1949—1981)》,中国大百科全书出版社1984年版,第971页。

聘团，分赴上述三个大区进行动员和招聘工作，争取毕业生听从政府的分配，为人民服务；对愿意自谋职业者，允许自谋出路。7月，北京高等学校毕业生分配工作动员大会召开，政务院总理周恩来发表讲话，勉励毕业生服从祖国分配，自强不息地为人民努力工作。[1] 自此至1956年，北京市每年在高等学校毕业生分配前都举行报告会，分别由周恩来总理、陈毅副总理、彭真市长向全市应届高等学校作报告。

随着形势的发展，特别是为适应抗美援朝的需要，1951年，中央要求国家的各种工作都要在中央的统一领导下，有计划地进行。政务院指出，毕业生分配不应该放任自流，各自为政，而应该贯彻统筹兼顾的方针，统一分配计划，照顾各个方面的需要。《关于一九五一年暑期全国高等学校毕业学生统筹分配工作的指示》规定，对大学毕业生实行统筹分配，主要在地区进行调剂。调剂的原则是依据国家重点建设以及中央和地方各部门业务上的需要，并照顾个别毕业学生人数过少的地区，同时，强调纠正各地区、各部门存在的本位主义倾向，禁止私自拉聘的不良现象。1951年10月政务院公布的《关于改革学制的规定》中明确指出，高等学校毕业生由政府分配工作。

由于1950年、1951年毕业生的分配办法符合当时的国情和毕业生的思想状况，因此获得了各级机关、部门的支持和绝大多数毕业生的拥护。当时，不仅高校毕业生由国家统一分配，城镇复员转业军人、中专毕业生、技工学校毕业生、城镇未升学的中学毕业生和高小毕业生都由国家包下来统一分配。[2]

从1953年起，中国开始大规模经济建设并实施发展国民经济的第一个五年计划，各方面迫切需要大量建设人才，而大学毕业生远远不能满足需要。因此，1952年7月，政务院在《关于一九五二年暑期全国高等学校毕业生统筹分配工作的指示》中决定，除全国高等学校应届毕业生19206人外，还将三年级的理、工等科学生8438名提前毕业，以应急需，并实行集中统一分配的办法。

"一五"时期，中央对大学毕业生集中统一分配的方针是：集中使

---

[1] 金铁宽：《中华人民共和国教育大事记》，山东教育出版社1995年版，第40页。
[2] 袁伦渠：《中国劳动经济史》，北京经济出版社1990年版，第94页。

用、重点配备、照顾一般。分配的重点是:首先尽量满足国家基本建设的需要,把大量理、工、财经及部分农科的毕业生集中配备到新建、改建、扩建的厂矿、交通、水利事业单位,对一般厂矿和机关行政部门,除特殊情形外,不予配备;其次加强教育建设和科学研究工作,将一部分毕业生分配到高等学校当助教和研究生,到中国科学院当研究实习员,还有一部分分配到中等学校加强师资队伍。同时,根据集中使用、重点配备的方针,中央给新建和改建的156项重点建设项目分配了相当数量的大学毕业生,对解决这些重点建设单位急需的人才,起了一定的保证作用。

随着交通、邮电、教育、文化、卫生等事业的快速发展,对高等学校毕业生的需要量也大大增加。1958年,各部门、各地区提出需要毕业生的人数,为全国毕业生总数的2倍;仅地方上提出需要的工科毕业生,就超过了工科毕业生的总数。为此,当年的分配方针确定为:尽最大可能支援地方工农业及其他社会主义建设事业"大跃进"的急需,同时也照顾中央各部某些方面的急需,既考虑各部门各省、区、市过去基础的强弱,同时也考虑到各部门、各省市当前任务的轻重缓急。在当年的毕业生分配中,工科毕业生分配到地方的人数占工科毕业生总数的68.2%,理科毕业生分配到地方的人数占理科毕业生总数的61.6%;农、林、医科、文科、师范艺术、体育等科毕业生几乎全部分配给地方。

二 强调学用一致的分配原则

在对大中专毕业生的统一分配工作中,中央还强调学用一致、人尽其才的原则。

20世纪50年代初,分配工作刚刚起步,缺乏经验,曾将一小部分高等学校毕业生改行使用,理、工、农、医各科系的毕业生有的被改行从事与其所学专业无关或者关系不大的工作,造成人才浪费。据当时华北地区抽样调查,在分配的毕业生中,约有5%的毕业生分配工作学用不一致。[1]主要原因是:有的用人部门对毕业生所学专业的用途不了解,分配工作

---

[1] 张志坚、苏玉堂:《当代中国的人事管理》(上册),当代中国出版社1994年版,第185页。

岗位与专业不符;有的用人单位片面强调本单位的工作需要,让一些毕业生改了行;有的因高等学校某些专业用途太窄,不适合当时的实际需要而改了行。针对上述情况,1952年6月,中央人民政府政务院发布《关于调整高等学校毕业生工作中几个问题的指示》,强调指出,对在分配工作中,由于某些单位的本位主义,片面强调工作需要,致使有一部分毕业生的工作是学非所用、用非所学者,应进行必要的调整;其中属于理、工、农、医各科系的学生,尤应坚决地加以调整。

根据这一指示,各级人事部门和各业务部门,对于高等学校毕业生学用不一致的情形进行了检查和调整。当时负责统一分配毕业生工作的人事部,认真贯彻政务院的指示精神,提出了五条改进措施:

一是改进制订分配计划的办法。由国家按文史、政法、财经、理、工、农、医等大类别制订分配计划的办法,改为按科系、组别制订分配计划,并认真研究各部门的需要情况,使分配计划更能符合学用一致的原则。

二是吸收高等学校毕业生代表参加学校分配工作委员会的工作,并注意征求高等学校教师的意见。

三是用人部门提出的毕业生需求计划和配备计划,必须由主要负责人切实加以审查。用人部门可以直接与学校联系,使学校了解他们对毕业生的要求,减少学用不一致现象的产生。

四是用人部门在分配毕业生时,要认真细致地研究毕业生所学专业内容,并征求本部门专家和工程师的意见,以充分发挥毕业生的特长。

五是中央各部门对下属单位分配使用毕业生情况及时进行检查,及时调整用非所学者。

同时,人事部于1952年11月增设了专门负责高等学校毕业生来信来访及调整毕业生工作的机构。

省、自治区、直辖市也认真贯彻政务院的指示,组织人力对专业技术人员使用情况进行调查了解,召开会议部署对使用不合理的高等学校毕业生的调整工作。1952年,仅辽宁省就对114名用非所学、使用不当的毕业生进行了工作调整。

随后几年,国家也十分重视毕业生分配的"学用一致"。1953年8月,政务院在《关于毕业生统筹分配工作的指示》中指出:各级人事部门及各业务部门,在分配高等学校毕业生时,应注意掌握在适应国家需要的基础上贯彻"学用一致"的原则,注意对毕业生的正确使用,切实研究毕业生的学科系的用途和可能担负的工作及业务需要,慎重地分配他们适当的工作。

1956年1月14日,中共中央召开知识分子问题会议,周恩来总理在会议上作了《关于知识分子问题的报告》,指出要采取措施最充分调动和发挥现有知识分子的力量,还要大规模地培养新生力量,来扩大他们的队伍,集中最优秀的大学毕业生到科学研究方面,用极大的力量来加强中国科学院,使它成为领导全国提高科学水平,培养新生力量的火车头。要按照最急需的门类,最迅速派遣若干组专家、优秀的科学工作人员和优秀的大学毕业生到苏联和其他国家去做一年到两年实习,或者当研究生。

因此,在1956年和1957年制订大学毕业生的分配计划时,十分注重优先照顾科学研究、高等学校师资和工业部门(特别是国外设计项目)的需要,选择优秀毕业生,从质量上予以保证。1956年,国务院颁布《关于一九五六年暑期高等学校毕业生统筹分配工作的指示》,要求各用人部门和各省、自治区、直辖市人事部门针对高等学校毕业生的分配和使用建立常态化检查制度。如果发现有分配使用不合理、学非所用、任意让他们改行或降级使用等情况,各省、自治区、直辖市人民委员会有权向高等教育部门、有关用人部门或国务院提出重新调整的意见。毕业生本人如果认为分配、使用不当的,也同样可以向上述有关领导机关提出重新分配工作的意见。

为了更好地实现学用一致,还推行了毕业生见习制度。中华人民共和国成立初期,一些厂矿、企业、机关就自行规定,毕业生报到后,实行见习制度,在见习期内对其进行考察了解,根据见习期的表现情况来进行人员配置和工作安排。政务院于1953年8月颁布了《关于一九五三年暑期全国高等学校毕业生统筹分配工作的指示》,指出实行见习的单位,应该加强对毕业生在见习期的计划与领导。1957年,为了更好地加强锻炼和合理使用大中专毕业生,国家明确规定,每个毕业生在工作初期都必须有至少一年的见习期,在见习期内只发给临时工资;见习期满后,根据毕业生的各方面表现,转正评定正式工资。

三 确立以教学科研为主的毕业研究生分配方向

中华人民共和国成立以后,我国从 1950 年开始招收研究生。1950 年 10 月 1 日,政务院颁布了《关于改革学制的决定》,明确要求"大学和专门学院得设研究部,修业年限为二年以上,招收大学及专门学院毕业生或具有同等学力者……培养高等学校的师资和科学研究人才"。这项法规不仅确定了研究生教育在整个学制系统中的地位,而且对修业年限、招生对象及培养任务进行了明确的规定,标志着研究生培养制度的初步建立。

随着"以培养工业建设干部和师资为重点,发展专门学院和专科学校,整顿和加强综合大学"高等教育方针的确立,国家开始对全国高校进行调整,研究生教育也纳入调整范围之内。1952 年 5 月 9 日,教育部在《高等学校研究生部的现状及其调整的意见》中指出:"1952 年暑假高等学校研究生部主要是随着高等学校的院系调整而调整改造的问题,应一律停止招生。"因此,当年即将毕业的 682 名研究生,由教育部统一进行分配。

1953 年 11 月,高教部发出《高等学校培养研究生暂行办法(草案)》(以下简称《暂行办法》),规定培养研究生的目的是培养高等学校师资和科学研究人才。研究生学习年限 2—3 年,研究生毕业后应能讲授所学专业的一、二门课程并具有一定的科学研究能力。《暂行办法》对研究生的条件、专业、考试、培养方式、待遇、毕业分配等都作了规定。

据相关数据统计,1950—1957 年,全国研究生在校培养人数达 28664 人,实际毕业人数 8698 人。[①] 总体而言,这一时期毕业的研究生就业去向主要是高校和科研机构。一部分在本校留校任教,一部分到其他高校担任教师,另一部分到工厂、科研院所等单位从事科学研究工作。

[①]《中国教育年鉴》编辑部:《中国教育年鉴(1949—1981)》,中国大百科全书出版社 1984 年版,第 963—964 页。

四　采取以地方分配为主的中专毕业生分配制度

中华人民共和国成立后，职业教育也亟待发展。第一次全国教育工作会议明确指出："在今后若干年内，应该着重向中等技术学校发展，以培养大批中级建设干部。"① 1950年6月，周恩来总理指示："为了适应需要，可以创办中等技术学校。"② 1950年8月14日，中央人民政府教育部颁布《专科学校暂行规程》。其中明确规定：专科学校的目的和任务是：以理论与实际一致的教育方法，培养能掌握现代科学和技术的成就，全心全意为新民主主义建设服务的专门技术人才，如工业技师、农业技师、教师、医师、药剂师、财政经济干部、文艺工作人员等。专科学校的修业年限为2—3年。

各级政府陆续接管或接办了旧时的公、私立职业学校和技术补习学校，进行整顿改造、登记、备案工作，根据国家建设需要，改为中等技术学校，各地还专门设立了一批技术学校，加上从老解放区迁出和新建的中等技术学校，构成中华人民共和国中等技术教育的骨架，并被纳入新教育的学制体系。③ 1951年6月12日，教育部召开了第一次全国中等技术教育会议。这次会议的目的是明确中等技术教育的方针和任务、中等技术教育的领导关系和经费问题、普通课的科目和教学计划，以及加强私立补习学校的领导等问题。教育部副部长曾昭抡在会议上指出：中等技术学校的任务是培养具有一定科学基本知识，掌握现代生产技术，全心全意为祖国为人民服务的初、中级技术人才。由于国家急迫和大量需要初、中级技术人才，因此中等技术教育应该采取积极整顿和发展的方针，发展各类和各级中等技术学校。对中华人民共和国成立前原有的中等技术学校必须加以整顿。对私立中等技术学校，必须积极扶助、整顿改造。1952年3月，政务院发布《关于整顿和发展中等技术教育的指示》，明确中等技术学校以改归业务部门领导为原则，逐步与适当地实现专业化与单一化。经过调整，每所学校都有特定的专业方向和实施领域，

---

① 金铁宽：《中华人民共和国教育大事记》，山东教育出版社1995年版，第12页。
② 《周恩来教育文选》，教育科学出版社1984年版，第2页。
③ 俞启定、和震：《中国职业教育发展史》，高等教育出版社2012年版，第130—131页。

统称为中等专业学校。中专属于典型的行业办学（教育行政部门负责宏观管理和业务指导），学生免缴学费，并享受人民助学金，毕业后原则上由主管业务部门统一分配工作。

随着专科教育的建立和发展，1953年开始有中专学生毕业。然而，1953—1957年，对中专毕业生没有采取全国统一分配的办法，而是根据1952年3月31日政务院《关于整顿中等技术教育的指示》规定，主要由地方分配，尽量满足地方主管业务部门的需要，必要时由中央作适当调剂。例如1953年，中央人事部就从华北、西南、中南、东北地区抽调了1700多名中专毕业生，充实到各条战线。这一时期发布的相关政策文件主要有1953年7月政务院发布的《关于中等专业学校毕业生分配工作的指示》，该文件规定中央各业务部门领导的中等专业学校的毕业生，原则上由中央各业务部门负责自行分配工作；属地方人民政府管理的中等专业学校的毕业生，原则上归地方人民政府有关业务部门分配工作。此外，1954年11月高等教育部发布的《中等专业学校章程》也有相关规定。例如，第12条规定："学生毕业后，由主管业务部门统一分配工作。服务满3年后，经服务机关批准，得报考高等学校"；第13条规定："凡学业、操行均属优等的毕业生，不经服务期间，亦可由主管业务部门保送，经中央高教部批准，免试入同一性质的高等学校学习。"

第二节 计划调剂时期的大中专毕业生分配制度（1958—1985年）

1958年以后，随着高等学校的管理权力下放，大中专毕业生分配制度也发生了变化。1958年，中共中央、国务院印发《关于教育事业管理权力下放问题的规定》，规定除了少数综合性大学、某些专业学院和某些中等技术学校仍由教育部或者中央有关部门直接领导，其他的高等学校和中等技术学校都下放归各省、自治区、直辖市领导。根据这一规定，原来由中央部委领导的229所高等学校中的187所下放归地方领导，绝大多数的中等技术学校也下放归地方领导。根据这种情况，中共中央于1959年出台了《关于高等学校毕业生暂行分配办法》，将集中统一分配制度改为分成分配制度。

1962—1965年，高等学校领导体制有所改变，实行由中央统一领导改为中央和省、自治区、直辖市两级管理的体制。因此，在毕业生分配办法上，取消了分成分配办法，改为统一计划、分级安排的办法。

1966—1976年，大中专学校统一招生制度遭到了破坏，高等学校统一招生从1966年开始中断了6年；1966—1977年的12年间，研究生的招生培养工作也被完全停止。受到招生工作的影响，大中专毕业生统一分配制度也遭到了严重破坏。

1976年到20世纪80年代中期，我国大中专毕业生就业分配恢复了"统包统分"的政策，执行"统筹安排、集中使用、保证重点、照顾一般"的方针，在国家统一计划下，采取抽成调剂分级安排的方式进行毕业生分配。

一 实施分成分配制度

中共中央于1959年6月2日批转国家计委党组《关于高等学校毕业生暂行分配办法》，决定从1959年起试行分成分配的毕业生分配制度。这种分成分配办法，是根据不同类型的学校划分的。教育部和国务院其他部门直接领导的高等学校的毕业生仍由国家统一分配，对学校所在地需要的专业毕业生，可适当照顾。各省、自治区、直辖市领导的高等学校的毕业生，采取原则上由地方留成和中央提成的分配办法，其中中央提成分配的毕业生，其提成比例按专业的分布和供需情况确定。有的专业仍由中央统一分配，一般的专业中央的提成比例为30%—70%，有的专业中央不提成或少提成。分成分配办法，比完全由国家统一分配有所改进，使各部门、各地区对科技干部的来源心中有数，便于安排自己所需的人才的培养，有利于发挥各部门和地方办学的积极性，有利于促进教育事业的发展。

之后两年，中央又在分成分配办法的基础上作了一些调整。教育部直属的高等学校的毕业生，由中央统一分配；国务院各部门和地方一般高等学校的毕业生，实行分成分配；国务院各部门和地方专科学校的毕业生，由主管部门和地方自行分配。教育部所属高等学校的毕业生虽然统一分配，也给学校所在地区留成，其留成比例与地方商定。

由于中苏关系恶化，苏方撤回全部在华专家给中国社会主义建设事业造成了巨大的困难和损失。中共中央指示，1960年毕业生的分配方针，必须坚持压缩一般需要，保证重点，自力更生，攻克科技尖端。因此，当年毕业生分配的重点，首先是尽最大可能优先保证科技尖端的需要，共分配给解放军总政治部、第二机械工业部、第一机械工业部和中国科学院等四个主要担负科技尖端任务的部门1万余人，占留成后由国家统一分配的毕业生4.8万人的25%。其次，分配到重点高等学校作师资的毕业生占14.9%。然后，才分别照顾了一般高等学校师资科学研究和生产建设中的薄弱环节。[1]

1961年6月，中共中央同意国家计划委员会党组《关于一九六一年高等学校毕业生分配计划的报告》，提出绝大多数的农科毕业生和大多数的医科毕业生，应该分配到县、社、农场和垦区。由于工作失误和自然灾害的影响，农业严重减产，中共中央决定对国民经济实行"调整、巩固、充实、提高"的八字方针，适当缩小基本建设规模，调整国民经济发展的速度。为适应这种形势，国家对1961年毕业生分配，采取了"集中使用、保证重点、加强薄弱环节、行政机关原则上不分配"的方针，分配重点确定为，大力支持农业，尽可能满足国防尖端的需求。凡是与农业生产和农村建设有关的各种专业毕业生，都优先考虑农业的需要。支援农业的毕业生，分配到县以下的基层单位。当年绝大多数农科毕业生和大多数医科毕业生分配到县、社、农场和垦区；一部分毕业生在保证质量的条件下分配到国防尖端部门。

二 采取统一计划、分级安排

在全国进行国民经济调整和大量精减人员的情况下，1962年，中央指出，当年毕业生分配"由国家包下，分配工作，负责到底，妥善安排"[2]。

1962—1965年，取消了分成分配的毕业生分配办法，改为统一计划、分级安排的办法。即主要为全国培养的某些专业毕业生由中央统一安排；

---

[1] 张志坚、苏玉堂：《当代中国的人事管理》（上册），当代中国出版社1994年版，第169页。
[2] 《中国教育年鉴》编辑部：《中国教育年鉴（1949—1981）》，中国大百科全书出版社1984年版，第350页。

主要为某一行业培养的毕业生（如冶金、铁道等），由有关主管部门安排；主要为地方培养的毕业生（如农林、师范等），由地方安排。国家对三种安排情况，进行综合平衡后，统一下达分配计划。在拟订分配计划时，对办学部门和学校所在地区的需要，虽无固定的分成比例，但仍给予照顾，并作为一条分配原则，统筹考虑。这一分配办法，汲取了统一分配的长处，避免了分成分配的短处，把二者结合起来，保留了统一分配的形式，具有分成分配的实际内容。其缺陷是培养部门事先不能知道所得毕业生人数的多少，不利于主动安排教育事业，使之更好地适应自己的需要。

为了更好地完成毕业生分配工作，中央还提出了提前1年预分办法。1965年7月10日，中共中央、国务院批转了国家计委《关于一九六五年高等学校毕业生分配和一九六六年毕业生预分问题的报告》。《报告》提出："高等学校毕业生提前1年预分，是培养部门和使用部门的一致要求。""这样做的主要好处是：第一，学校可以根据用人单位的要求，安排教学、生产实习和毕业设计，有利于提高教学质量；第二，用人单位可以及早了解能够补充的专业人才的情况，便于更好地安排他们的工作，同时，对不足的专业人才，可以及早采取其他措施，寻求解决办法；第三，培养部门可以根据预分的情况，对一些相对多余的专业进行调整，改学相近的急需的专业，或增加必要的专业课程，使人才的培养尽可能适应实际需要。"1966年以后，预分办法没有继续实施。

三　将毕业生充实到基层就业

1963—1964年，根据中共中央提出的以农业为基础，以工业为主导的发展国民经济总方针和自力更生、奋发图强、艰苦奋斗、勤俭建国的方针，毕业生分配仍按照"适当集中，重点使用，充实基层，加强锻炼"的方针统一安排。首先尽量保证农田水利建设、农业科学技术部门、化学、化纤及农业机械工业的需要。在国防新技术方面，着重加强原子能工业和电子工业，适当照顾常规武器工业专业配套的需要。这两年仍出现某些专业毕业生暂时多余的情况（两年均暂时多余2万余人），除少数留校储备外，大部分由各有关部门归口储备。

根据毛泽东主席和中共中央对于第三个五年计划的方针、任务和当时形势的指示，本着立足于可能发生战争、加强国防的精神，1965年6月，中共中央转发高等教育部党委《关于分配一批高等文科毕业生到县以下基层单位工作的请示报告》，报告指出，根据中共中央关于积极培养提拔新生力量及革命事业接班人的指示精神和国家主席刘少奇的建议，从高等学校应届毕业生中挑选出1万余名思想好、学习好、有工作能力的大学毕业生，分配到县以下基层单位，由领导干部带队，有计划地进行培养和锻炼，以便使他们较快地成长为领导骨干。并决定以后每年都要有计划地分配一些大学毕业生到基层单位和农村去。1965年毕业生的分配方针是：从全局出发，集中使用，压缩一般需要，保证重点。首先保证国防工业、三线建设基础工业的需要，适当兼顾农业、轻工业以及一、二线必须补充的技术力量。对地方，着重增加工业比较集中的北京、上海、天津、辽宁等省、市的毕业生分配数，以利于增加生产，培养人才，更好地支援三线建设。

到70年代末，中央确定了新时期总任务。1978年，针对各条战线需要充实大批科学技术人才的情况，提出了"首先考虑全局需要，保证重点，集中使用"的方针。对国家重点科研项目、选拔研究生和重点高等学校师资等方面的需要，做了优先安排，对技术力量比较薄弱的边疆、少数民族地区给予了适当的照顾。①

四 实行见习期和劳动实习制度

1961年9月，中共中央印发《教育部直属高等学校暂行工作条例》，强调各专业的学生一般都要参加生产劳动，其目的是养成劳动习惯，向工农群众学习，同工农群众密切结合，克服轻视体力劳动和轻视体力劳动者的观点，并通过生产劳动，更好地贯彻理论联系实际的原则。

1963年8月，国务院发出《关于一九六三年高等学校毕业生劳动实习试点工作的通知》指出，为了进一步贯彻执行"教育为无产阶级政治服务，教育与生产劳动相结合"的方针，将毕业生见习一年的制度逐渐改为先参加劳动实习一年，然后再见习一年的制度。并决定先在

---

① 《中国教育年鉴》编辑部：《中国教育年鉴（1949—1981）》，中国大百科全书出版社1984年版，第350页。

工科、农科毕业生中试点。其他科类的毕业生也可以少量试点，外语毕业生不参加试点。毕业生在劳动实习期间，以参加体力劳动为主，并安排一定时间（约占劳动实习时期的 1/5），学习专业知识，以免荒疏学业。关于试点场所，工科毕业生安排在工矿企业；农科和林科毕业生安排在农场、林场、牧场、人民公社。为了加强对此项工作的领导和管理，当时在中央成立了全国高等学校毕业生劳动实习试点工作领导小组，在各省、自治区、直辖市也相应成立了毕业生劳动实习试点工作领导小组。

1964 年 7 月，中共中央、国务院批转国家计委、高教部、内务部党组《关于一九六四年高等学校毕业生分配问题的报告》，要求对刚毕业的学生，应当首先安排到基层参加劳动实习，有计划地组织他们参加社会主义教育和"四清"运动。8 月，中共中央、国务院发布《关于高等学校毕业生劳动实习试行条例的通知》和高等教育部全国高等学校毕业生劳动实习领导小组《关于高等学校毕业生劳动实习试点情况和今后工作意见的报告》，指出高等学校毕业生的劳动实习制度是促使青年知识分子劳动化、革命化、提高社会主义觉悟的一项重大措施。高等学校本科、专修科毕业生，毕业研究生和毕业回国留学生，在分配工作后，都应参加劳动实习；毕业生在劳动实习期满后，写出劳动实习报告；劳动实习单位对毕业生作出劳动实习鉴定。从 1963 年起，要认真连续抓三年，把这项制度建立并巩固下来。1964 年的试点面，应该扩大到占毕业生总数的 50% 左右，并应注意安排较多的毕业生到农村参加劳动实习。高等学校毕业生的劳动实习，必须以体力劳动为主，适当地组织他们就地参加"四清""五反"社会主义教育运动，并且妥善地安排他们的专业学习，不要中途抽调他们搞其他工作。在劳动实习过程中，要加强思想政治工作，注意劳逸结合和安全生产，关心他们的生活和身体健康。该条例颁发后，劳动实习从试点逐步推广到全国实行。1966 年，劳动实习制度被中断，直到 1981 年才重新恢复实施。

五　坚持"四个面向"的分配方向

1966—1976 年，政治运动成为社会生活的中心，经济活动受到影响，社会吸纳就业的能力大幅下降。这一时期，毕业生的分配方向是：面向农村、面向工矿、面向基层、面向边疆。分配重点是：三线建设、国防工业、基础工业、农业机械化、中等学校以及基层文教单位。大学毕业生（包括研究生）一般都必须先当工人、农民，接受工农的再教育。

1966年7月，中共中央、国务院发出《关于改革高等学校招生工作的通知》，提出从1966年起，高等学校招生工作下放到省、自治区、直辖市办理。高等学校招生取消考试，采取推荐与选拔相结合的办法。从这一年起，全国高等学校停止统一考试招生达6年之久。同时，国家也停止研究生的招生培养工作达12年。1969年10月，中共中央发出《关于高等院校下放问题的通知》，规定国务院各部门所属高等院校，设在北京的仍归有关部门领导，搬到外地的，可交地方革命委员会领导。通知下发后，中央各部所属高等院校大部分下放给地方领导，一部分高等院校被撤销、合并、搬迁。1970年6月，中共中央批准《北京大学、清华大学关于招生（试点）的请示报告》，文件规定高等学校招生废除考试制度，实行群众推荐、领导批准和学校复核相结合的办法，并开始招收工农兵学员。

原本1966年、1967年和1968年毕业的大学毕业生，分别推迟到1967年6月、1968年8月和1968年11月才分配。1967年6月，中共中央发出《关于大专应届毕业生分配问题的决定》，明确66届毕业生于年底前分配，67届则推迟一年分配。1968年6月，中共中央发出《关于一九六七年大专院校毕业生分配问题的通知》，要求大专院校毕业生分配要坚持面向农村、面向边疆、面向工矿、面向基层、与工农群众相结合的方针。

同时，《通知》强调大学毕业生（包括研究生）一般必须先当农民、工人，接受工农的再教育。分配当农民的，由各地区、各部门根据具体情况，分别安排到解放军、地方和中央部门举办的各种国营农场去。分配当中小学教员和从事医疗工作的毕业生，也必须一面工作，一面劳动。其中1968年的大学毕业生，有一部分分配到农村人民公社进行插队试点。上述三年的毕业生的分配办法是：凡属地方学校的由地方分配，各部门直属学校的由各部门分配，其中为全国需要而培养的毕业生和教育部直属学校的毕业生，由国家统一分配。

此外，原定1971年毕业的大学生，因数量很少，也提前在1970年分配。对1970—1976年招收的"工农兵学员"毕业生，其分配办法是根据1972年全国教育会议纪要决定的毕业生回原单位原地区工作的原则确定的。1973年、1974年均未制订全国统一分配计划，毕业生分配全部是"社来社去""厂来厂去""哪儿来哪儿去"。特殊专业（如原子能专业）由选送单位提请中央有关归口部门协助安排。分配时，按原招生培养计划返回原单位原地区；特殊需要的，由国家统一分配回原单位、原地区用非所学，而其他部门、地区又有需要的，由省、区、市和有关部门负责调整。对招生时已确定"社来社去"（"社"指人民公社）的，仍按原规定回人民公社。对毕业生自愿当农民、工人的给予支持，经过有关部门批准后到县以上人事（组织）部门报到后，由同级的知识青年上山下乡办公室、劳动部门具体安排。当农民的，纳入知识青年上山下乡统一管理。

六　进行调剂分配

（一）按需要调剂分配

为适应新时期总任务的要求，国家计划委员会召开了1978年全国毕业生分配工作会议，确定仍在原制订的培养计划的基础上国家按照需要，进行调剂分配。除"社来社去"的毕业生外，培养方向面向省、区、市学校的毕业生，一般由省、区、市分配；面向全国又面向地方学校的毕业生，按照原培养计划分配，国家根据需要进行必要的调剂。分配的方针是：首先考虑全面需要，保证重点，集中使用，把政治思想好、业务上比较优秀的毕业生，分配到国家最需要的地方去。在分配毕业生时，对国家重点科研项目、大型重点工业建设和支农建设项目、引进新技术项目选拔研究生和重点高等学校基础课师资等方面的需要，作了优先安排；对技术力量比较薄弱的边疆地区、少数民族地区，给予适当照顾。与此同时，继续坚持面向农村、面向工矿、面向基层的方针，对县以上党政机关要求分配毕业生，要从严控制。确实需要补充少量毕业生的，要经过中共省、区、市党委或国务院各部委党组批准。在具体分配时，继续坚持面向工矿、面向农村、面向基层的方针和学用一致的原则。对少数结合专业分配工作有困难的毕业生，尽可能安排与他们所学专业相近的工作，或者根据需要在工作中学习"第二专业"。对县以上党政机关要求分配毕业生，要从严控制。确实需要补充少量毕业生的，要经省

(自治区、直辖市)党委或部门党组批准,但一般不分配理工科中新技术专业和短线专业的毕业生。高等学校选留师资原则上在本部门或本省(自治区、直辖市)培养的毕业生中选拔,选留师资的人数,不超过本专业毕业生的5%。①

按照上述方针和原则,1978年毕业生16.6万余人的分配结果是:分配到中央部门23030人,占毕业生总数的13.8%,其中工科14400多人,占工科毕业生的24.8%;分配到地方143000多人,占毕业生总数的86.2%,其中工科43600多人,占工科毕业生的75.2%。同时,为了保证重点,照顾一些部门和地区提出的特殊需求,在全国共调剂了5400多人,占当年毕业生总数的3%。从专业来看,主要是工科中的通用机械、仪器仪表、自动控制、电子计算机等专业的毕业生。根据部门和地方承担重点项目的任务和原培养的毕业生人数等情况,主要抽调地方的名额,分配给科研、原料、燃料、动力、国防等部门。②

1979年,全国普通高校共有应届生16.2万余人(包括延期到1980年毕业的人数)。这一届毕业生是1976年选送入学的,多数来自工农兵,大部分是党员,政治条件好,毕业生的分配办法,仍同1978年一样,国家按照需要在原培养计划的基础上进行调剂分配。这一年毕业生供不应求的情况十分突出,各部门和各省(自治区、直辖市)除了自己培养的毕业生,还要求国家调剂分配7万多人,其中以工科中的新技术专业和通用专业毕业生供不应求的情况最明显。例如电子计算机和与之配套的计算机软件、精密机械、仪器仪表、自动控制等专业,要求调剂1万多人,而毕业生只有3000多人,远不能满足各方面的需求。在通用专业方面,如机械制造、无线电技术、工程地质与水文地质、工业电气自动化、工业与民用建筑,以及英语、法语、德语、日语和会计、统计、经济管理等专业,要求调剂分配数为毕业生人数的1—2倍。此外,也有少数专业毕业生人数超过当前的需要,不能完全做到学用一致,不得不改做与其专业相近的工作。③

---

① 国家人事局编:《人事工作文件选编Ⅱ》,中国人事出版社1990年版,第166—167页。
② 国家人事局编:《人事工作文件选编Ⅱ》,中国人事出版社1990年版,第167—168页。
③ 国家人事局编:《人事工作文件选编Ⅱ》,中国人事出版社1990年版,第174页。

这反映出高等教育对人才的培养在科类比例和专业设置上与国民经济发展的要求还有些不相适应。因此，当年毕业生的分配，仍采取适当集中、重点配备、保证特殊急需、兼顾一般需要的方针和注意专业配套与贯彻学用一致的原则，进行统筹安排。分配的重点，在农业方面，主要是加强农业科学研究和支农重点项目的需要。对国家重点建设工程和引进新技术成套设备的需要，重点补充所需的新技术专业、缺门短线和配套专业人才。对国防工业和军事部门加强战备和国防尖端研制任务急需的专业分配。科学研究和高等学校师资，根据需要优先分配少数优秀的毕业生。

1980年的大学毕业生是1977年改革招生制度后第一批高等学校的专科毕业生，全国共有7.6万余人。在可供国家调剂的毕业生人数极少的情况下，采取基本上由主管学校的部门和地方自行分配的办法。考虑到某些部门和地方的需要，以及支援西藏建设的需要等情况，仅从部门和地方学校的毕业生中抽调983人进行调剂。

（二）实行抽成调剂分级安排

为进一步合理配置人才，把人才的分配和培养紧密结合起来，促进教育事业及其他各项事业的发展，1981年2月，国务院批转了国家计委、教育部、国家人事局《关于改进一九八一年普通高等学校毕业生分配工作的报告》，对毕业生的分配确定在国家统一计划下，实行"抽成调剂、分级安排"的办法。这种分配办法一直延续到1984年。具体做法如下：

第一，教育部的直属院校，是面向全国培养人才的，毕业生由国家统一分配，并对学校所在地区需要的专业毕业生给予适当留成，留成比例一般为所需专业毕业人数的15%—20%。

第二，中央业务部门主管的院校，主要是为本系统、本行业培养人才，毕业生原则上由主管部门分配，同时实行国家抽成分配，抽成比例，一般不超过毕业生人数的10%—20%。国家抽成的毕业生，由主管部门本着兼顾直属单位和地方归口行的原则进行分配，并对学校所在地区给予一定留成，留成比例一般占所需专业毕业人数的15%—20%。

第三，省、自治区、直辖市主管的院校毕业生，原则上由地方自行分配。国家根据需要对某些专业毕业生也可适当抽调，但最多不超过这些专业毕业生人数的10%。其中面向全国或大区的专业毕业生，国家可适当多抽一些。

这一年毕业生的分配方针是：根据国民经济调整的需要统筹安排，合理分配，加强重点，照顾薄弱部门充实学校师资和厂矿企业的技术力量。以加强轻纺、能源、交通运输部门和新建部门以及专业人才比较薄弱的部门为重点。当年理工科毕业生分配到厂矿企业的约占 60% 以上，分配到科研和设计单位的约占 20%，分配到高等学校作师资的约占 10%，从而改变了过去对基层单位分配毕业生较少的情况。

1981 年 10 月，教育部、国家人事局、国家计划委员会印发《关于高等学校毕业生调配派遣办法》，强调要择优分配，要把品学兼优的毕业生，分配到国家急需，并能发挥其专长的岗位上，在学校的调配计划内，可以采取学生自愿报名，学校推荐和用人单位考核相结合的办法，试行择优分配。对特别优秀的毕业生，可让本人在调配计划范围内选择工作单位，或上报主管部门单独分配。学校要根据毕业生调配计划，按照学用一致的原则，参照用人单位的要求和毕业生的具体情况，合理确定分配名单。在确定分配名单前，要征求教师及有关方面（包括毕业生本人）的意见。对毕业生的工作志愿和实际困难，要根据国家需要和学用一致的原则，在调配计划范围内考虑照顾。分配名单要由学校系一级组织提出，学校审查通过，报地方调配部门批准。少数民族毕业生，凡能够在本民族地区结合所学专业分配工作的，原则上分配回本民族地区。对于修业期满，未取得毕业资格的结业生，由入学前所在地方计划、调配部门在本地区范围内安排适当工作，其工资待遇，应比国家规定的毕业生工资标准低一级。根据有关规定补考及格换发毕业证书的，及时转正定级，按毕业生对待。

七 毕业研究生的分配制度

在毕业研究生分配方面，1959—1963 年是根据《关于高等学校培养研究生工作的几点意见》和《高等学校培养研究生工作暂行条例（草案）》中的规定办理的。毕业研究生中，原由高等学校本科毕业生直接考试录取的，与本科毕业生一起由国家统一分配；原系在职干部的，原则上回原单位，但要优先考虑研究生所在院校补充师资的需要。1964—1966 年，国家开始单独制订全国毕业研究生统一分配计划。分配计划以教育部为主，国务院科技干部局协助，按每名毕业研究生拟订分配计划草案，经国家计委审定后，报国务院批准下达执行。分配的方针与重点，基本上与本科毕业生相同。

由于研究生招生工作从1966年到1977年被停止，1966—1968年的毕业研究生大部分没有来得及做完毕业论文或毕业设计，后列入当年大学毕业生分配计划陆续进行了分配。

随着社会主义建设事业的蓬勃发展和经济、科技、教育体制改革的深入进行，各行各业越来越重视智力开发，高等教育和科学研究事业迅速发展，急需补充师资和研究人员，对毕业研究生这种较高层次人才的需要十分迫切。1978年重新恢复研究生招生，国家采取了一系列措施保证研究生教育的迅速恢复和发展，例如放宽报考条件，实行二年、三年、四年制并行（二年制主要是为高校培养师资，采取研究生班集体培养的方式；四年制是从二年制研究生中选拔出一部分，再读两年），研究生集体培养和个别培养相结合，招收在职研究生，允许科研机构招收培养研究生等。[①]

恢复招收研究生后的首届毕业生于1980年毕业。他们中的大多数是过去成绩比较优秀的大专毕业生但多数年龄偏大，一般都在35岁上下，已婚的占80%以上，许多人已有子女。因此，国家对他们进行分配时，注意了这些特点，在服从国家需要和贯彻学用一致的前提下，尽可能考虑本人志愿，并适当照顾他们的实际困难，重点分配到高等学校和承担国家重点任务的科研单位，同时兼顾其他方面的特殊需要，还适当照顾培养部门和毕业生的来源地区及学校所在地区的需要。

1981年，国务院批转国家计委等有关部门《关于一九八一年度研究生和大专毕业生分配问题报告的通知》指出，毕业研究生的分配原则是：地方培养的研究生，一般留给地方自行分配，在地区之间进行调剂。中央业务部门培养的研究生，主要考虑本系统的需要，兼顾其他部门和地方的需要。教育部直属院校培养的研究生，面向全国分配。在制订分配计划时，先由研究生培养单位上报毕业研究生的专业、人数以及每名毕

[①] 谢安邦、朱宇波：《我国学位与研究生教育发展30年：回顾与展望》，《教育研究》2008年第11期。

业研究生所学的专业、研究方向、表现情况、配偶情况、学校分配建议等，然后由中央主管毕业生分配计划部门汇总平衡，按每名毕业研究生拟订出全国的分配计划草案，报经国务院批准下达执行。

根据《国务院学位委员会关于审定学位授予单位的原则和办法》，国务院学位委员会分别于1981年和1983年进行了两次学位授权审核工作，共批准硕士学位授予单位425个，博士学位授予单位196个，研究生培养能力快速增强。1981年，招收研究生9363人，随后几年快速增长，到1985年，研究生招生数达46871人，是1980年招生数的12倍多。

从随后几年毕业研究生的就业分配情况来看，1982年全国有毕业研究生6200余人，当年各方面要求分配数约2万人，供需矛盾很大。因此分配重点仍是加强高等学校师资和承担重点科研任务的单位，兼顾设计、生产和其他方面的需要。重点安排能源、轻纺、交通、建材、财贸、政法等系统，并注意把他们分配到能发挥专长的条件比较合适的生产单位中去，使生产单位能够逐年增加水平较高的科技人员。1983年全国毕业研究生仅有3000余人，供需矛盾仍然很大，只能着重考虑高等学校与国民经济战略重点密切相关的科研攻关，设计、生产等单位的需要，适当照顾其他方面的急需。1984年有毕业研究生11000多人，其中，约有70%充实高等学校的师资队伍，其次是满足科研方面、中央党政机关和一些经济工作领导部门和管理单位的需要。

八　中专毕业生的分配制度

（一）实行余缺调剂的分配办法

国务院1964年10月批转《高等教育部关于中等专业学校招生和毕业生分配统筹规划的报告》规定："实行毕业生余缺调剂的办法。"根据上述规定，原内务部对1965年和1966年的中专毕业生进行了全国统一调剂，并于1965年制定了《中等专业学校毕业生分配、派遣试行办法》，经国务院批转全国执行。

《办法》规定，每年从各部门和地方所属各科中专学校毕业生中，抽调不超过15%的名额（代培的毕业生由委托部门分配，不在此数），由国家统一掌握，调剂余缺，用以解决各部门和地方的临时需要。建议各部门对于使用不合理的中专毕业生，在可能情况下，首先自行调整和妥善安排，确有困难的，由内务部协助各部门调剂解决。这一时期中专毕业生的分配方针与重点是：集中力量优先安排重点建设，重点加强基础工业和国防工业；积极支援农业和轻工业，并适当照顾一般部门的需要；对调出任务较多的部门和地区所需要的中专毕业生，尽量予以照顾，做到有出有入；对培养毕业生较少的或未办学校而急需少量毕业生的部门和地区，尽量予以满足，对基础较差的部门和地区多照顾。由于对中专毕业生在全国范围内进行调剂，必然在地区上互有调动，为了避免远距离调动，要求各地区、各部门尽可能就地就近抽调和分配。《办法》同时指出，中专毕业生既可以分配当干部，也可以结合专业分配当技术工人。同时为了加强集体所有制单位的技术力量，还可以逐步分配一部分毕业生到农村人民公社和城市集体所有制单位工作。

从1967年起，上述《办法》被停止执行。

（二）面向基层的分配方向

60年代中后期到70年代中期，中专毕业生主要实行以面向基层为主的分配方向。1968年6月，中共中央、国务院发出《关于一九六七年中等专业学校、技工学校、半工半读学校毕业生分配的通知》，规定上述学生都必须在1968年7月毕业，并开始分配工作，按各办学部门原来规定的办法进行分配和安排，待遇也按原规定执行。原定分配到全民所有制单位的，也可以分配到集体所有制单位。原定由农村招生，毕业后回社队的（包括"社来社去"的），仍应回社队参加农业劳动，评工记分。原定从城市招生，毕业后到农村劳动的，由省、市、自治区按下乡上山知识青年安置办法，进行妥善安置。同年，《关于一九六八年大专院校、中等专业学校、技工学校、半工（农）半读学校毕业生分配的通知》进一步强调大专院校毕业生要坚定地走同工农兵相结合的道路，并指出不一定要分配到自己所学的专业部门去。

《关于一九六九年、一九七〇年中等专业学校、技工学校、半工半读学校毕业生分配的通知》指出，毕业生应当到农村去、到边疆去、到工矿去、到基层去，当农民、当工人。

1973年10月，国务院批转国家计委、国务院科教组《关于中等专业学校、技工学校办学几个问题的通知》，其中第8条规定：中等专业学校的毕业生，一般返回原单位、原地区工作。原来非国家职工的学校毕业生，应根据当年劳动指标的需要和可能分配工作，可以分配到全民所有制的企事业单位，可以分配到集体所有制的企事业单位，也可以上山下乡参加农村社会主义建设。

（三）恢复统一调剂工作

20世纪80年代开始，恢复了中专毕业生分配的统一调剂工作。国家在分配中专毕业生时，一般抽调少量毕业生进行调剂。但对边疆地区的毕业生不抽调，志愿去边疆、少数民族地区和农村工作的毕业生，不受调剂计划的限制，各有关省、自治区可以自行联系解决。1980年5月，国务院批转民政部、教育部《关于对中等专业学校毕业生进行统一调剂的报告》指出："中专毕业生原则上由各部门和各省（自治区、直辖市）自行分配，必要时国家根据需要作少量调剂。各部门和省（自治区、直辖市）的中专毕业生，如有余缺需要进行调剂时，可由部门和地方本着互通有无的原则，通过互相协商解决，互相协商有困难的，可报民政部协助解决。为了保证国家重点建设及其他特殊需要，国家可从中央部门所属学校的有关专业毕业生中，抽调不超过5%的名额进行调剂。根据就地就近解决问题的原则，在必要时，可经过与有关省（自治区、直辖市）协商，从地方所属中专学校有关专业毕业生中抽调少量的名额进行调剂。国家调剂计划由民政部商有关方面制定。省、市、自治区人事部门根据国家调剂计划，负责中专学校毕业生的调配、派遣工作。"

1981年5月，国家人事局发出了《关于下达1981年度全国中等专业学校毕业生统一调剂计划的通知》。通知指出，执行调剂计划时，尽量照顾各地区和各部门对轻纺类各专业毕业生的需要；对某些部门和地区急需的短线专业，予以适当照顾；严格控制将中专毕业生从其他地区调入京、津、沪三市；对边疆地区和部门的毕业生尽量不抽调。对中专毕业生的使用，仍按1965年6月12日国务院批转内务部制定的《中等专业学校毕业生分配、调遣试行办法的规定》执行，即在国家需要的基础上贯彻"学用一致、专材专用"的原则，根据工作需要，既可以分配当干部，也可以结合专业分配当技术工人。可以分配到全民所有制单位，也可以分配到集体所有制单位。分配到集体所有制单位的毕业生，保留国家职工的身份，可以调入，也可以调出。

（四）试行培养不包分配的专业人才

此外，相关部门还开始试行从农村招收学生进行培养，不包分配。1983年5月，中共中央、国务院《关于加强和改革农村学校教育若干问题的通知》提出："今年可在少数学校或专业试行招收一部分农村学生，不包分配，毕业后仍回农村从事生产劳动及各项工作。"根据这一精神，同年，农牧渔业部和教育部联合作出规定："农业中专"在为国家行政管理部门和企事业单位培养中等农业专业人才的同时，努力打开人才通往农村的路子，直接为农村专业户、重点户、地区性经济联合体和乡镇企业培养不包分配的各种专业人才。

第三节　向市场化过渡时期的大中专毕业生就业促进制度（1985—2000年）

随着改革开放的深化和对就业制度改革的不断探索，我国大中专毕业生就业制度也开始改革，其改革基本方向是在国家就业方针、原则的指导下，采取学生选报志愿、学校推荐、用人单位择优录用的双向选择的就业方式，逐步向少数毕业生国家安排就业、绝大多数自主择业的模式过渡。改革的第一阶段是由统招统分向双向选择过渡，第二阶段是由双向选择向自主择业过渡。

1983年，大中专毕业生就业制度改革已经开始在部分院校试行。1985年5月，中央政府颁布《关于改革教育体制的决定》，正式提出了改革大学招生的计划制度和毕业生分配制度的要求。该文件规定高校毕业生的毕业分配实行在国家计划指导下，由本人选报志愿、学校推荐、用人单位择优录用的制度，最终形成以"供需见面"为主要形式、以"双向选择"为指导目标的就业政策。随着大中专毕业生分配工作的进一步改革，从1986年起，毕业生分配计划的编制工作从原来由国家计委主管，改由国家教委主管。这一制度改变了自上而下的计划编制方式，有利于加强学校、毕业生、用人单位之间的联系、了解与协作，得到了当时学校和用人单位之间的欢迎与支持，同时奠定了高校就业制度改革的基础。

一 通过"供需见面"落实分配

从 1985 年起,我国大学毕业生的毕业分配办法发生了改变。1985 年 7 月,国务院批转国家计委、国家教委《关于一九八五年全国高等学校毕业生分配问题的报告》,提出改进毕业生分配办法,采取由学校与用人单位"供需见面"的办法落实分配方案。

《报告》提出扩大办学部门、地方和学校分配毕业生的自主权,缩小国家计划分配的范围,实行多渠道分配的办法。对于地方院校的毕业生,国家不再抽成调剂,全部由地方制订计划分配,主要用于地方;对于国务院各部门所属院校的毕业生,仍实行中央抽成调剂,国家根据需要,对部分专业毕业生抽调 20%,主要用于加强能源、交通、军工和轻纺、建材、农林等部门;对于教育部直属院校毕业生,仍由国家分配,即先由国家计委和教育部根据国民经济和社会发展需要,向学校提出对毕业生分配使用的方针、原则、重点和供需情况,然后提出部分毕业生的分配计划草案,征求有关部门意见,通过"供需见面"后进行调整落实,学校按照有关规定与用人单位直接联系,提出分配建议计划,经有关部门同意后,报送国家计委和教育部。[①]《报告》还建议毕业生实行定期服务制度,毕业生分配到单位,连续服务 5 年后,则允许合理流动;去青海、西藏两省区工作的毕业生,服务满 8 年后,可由其家庭及配偶所在人事部门安排工作;对不服从国家分配的毕业生,实行赔偿制度和缴纳培养费制度。

根据上述规定,1985 年,在全国 27.5 万名大学毕业生中,教育部部属的 4 万名毕业生,除了考研究生和保证国家几个重点建设部门用人,绝大部分采取"供需见面"的办法,在国家计划指导下,用人单位和大学直接联系,学生和用人单位互相选择,最后合理确定分配方案。[②]

[①] 曹志:《中华人民共和国人事制度概要》,北京大学出版社 1986 年版,第 43 页。
[②] 曹志:《中华人民共和国人事制度概要》,北京大学出版社 1986 年版,第 44 页。

二　面向基层，充实生产第一线

这一时期的毕业生分配工作还进一步体现出"面向基层、充实生产第一线"的分配特点。1987年7月，国家教育委员会、劳动人事部印发《高等学校毕业生见习暂行办法》，规定高等学校本、专科毕业生分配工作后，原则上都要安排到基层见习，见习期为一年，对入学前已从事一年以上有关本专业实际工作的，经所在单位批准可免去见习期。有些行业的人才，需要更长时间的实际锻炼，可以在见习期满后自行安排。毕业生在见习期间，不得报考研究生（包括出国留学或进修）。原则上也不得抽调毕业生从事与见习无关的其他工作。见习期满，应及时办理转正手续，按期为其评定专业技术职务的任职资格，聘任相应工作职务，确定工作岗位。对达不到见习要求的，经所在单位讨论报主管部门批准，延长见习期半年到一年，并将延长的期限和理由通知本人。延长期结束时，仍达不到要求的，不再延长见习期，另行安排工作，工资待遇按毕业生转正工资标准低定一级。对表现特别不好的，经单位领导批准，报主管部门审核同意后，可以辞退。

仅1987年，福建、河南、内蒙古、江西、湖北、安徽等省区分配到县以下基层单位的毕业生，占当年接收毕业生总数的70%以上。江苏省1988年直接分配去乡镇企业的大、中专毕业生达627人，是前三年总和的2倍多。

三　以社会需求调节毕业生供需关系

20世纪80年代以后出台的毕业生分配政策更强调以社会需求调节毕业生的供需关系。1988年，我国开始试行新的高校毕业生分配办法，即让学校在本地区或全国范围内联系接收单位，自下而上提出分配建议计划，然后由国家教委统一汇总平衡并上报国务院，经国务院批准后下达。

1989年，国务院批转了国家教委提出的《高等学校毕业生分配制度改革方案》，决定"逐步将大学生计划分配就业制度改为社会选择就业制度"，提出高等学校毕业生分配制度改革的目标是：在国家就业方针政策指导下，逐步实行毕业生自主择业，用人单位择优录用的"双向选择"制度。

在压缩、控制社会总需求的情况下，社会对毕业生的需求也大幅度下降，出现了供过于求的局面。对此，中共中央和地方各级党政领导十分重视。1989年6月，国务院办公厅转发国家教委《关于当前高等学校毕业生分配几个问题的请示》，要求各用人部门顾全大局，正确对待青年学生，把安排接收毕业生作为一项任务来完成。这一年毕业生的分配仍贯彻"统筹安排，合理使用，加强重点，面向基层"的方针，分配给地方的毕业生比往年有所增加，大部分直接分配到基层企事业单位，各级人事部门还采取了相应措施进行毕业生安置。例如，江苏省采取疏散分流、适当搭配、合理储备、调剂余缺、任务包干等做法，使一些长线专业和女毕业生的工作得到妥善安置；甘肃省从科技兴省和为今后经济起飞积蓄力量的战略眼光出发，利用沿海、内地省市接收大学生势头减弱的时期，敞开大门争取多接收毕业生，面向全国接收了4520名高校毕业生、5782名中专毕业生。

其后几年的毕业生分配都优先考虑了国家重点建设部门和边远地区的需要，基本上做到了统筹安排、合理使用，较好地贯彻了择优分配的原则，学校的优秀毕业生得到了合理安排。但是，1990年仍有一些问题没有得到根本解决。国务院办公厅转发国家教委《关于一九九一年高等学校毕业生和毕业研究生分配问题报告的通知》指出，在国家经济治理整顿期间，社会需求量明显下降；分配渠道不够畅通，制约分配的因素仍很多；高等学校内部的专业结构还需进一步调整；毕业生期望值虽有所下降，但和现实需要仍有一定差距；另外，计划工作的管理不够完善，地处艰苦地区的国家重点建设单位的需要没有得到充分保证，仍然存在不正之风干扰分配工作等问题。

1990年12月，国务院办公厅转发国家教委《关于一九九一年高等学校毕业生和毕业研究生分配问题报告的通知》，对已纳入国家统一招生计划的高等学校本、专科学生，凡是取得毕业资格，服从国家需要，国家都给予安排工作。属国家分配的毕业生，实行按计划为主的办法分配工作；计划内招收的自费、电大、函授等普通专科班毕业生的就业，按照国家教委等二委三部《关于发布普通高等学校招收自费生暂行规定的通知》中有关规定办理。毕业生的分配在国家统一政策管理下，实行分级负责、相互调剂的办法。全国毕业生分配由国家教委归口管理；国家教委直属学校毕业生,由国家教委负责面向全国分配;国务院有关部委所属学校毕业生,由有关部委负责面向本系统、本行业分配;各省、自治区、直辖市所属学校的毕业生,由省、自治区、直辖市负责面向本地区分配;部门间、地区间、部门与地区间可根据需要进行调剂。

四 普及推广自主择业

随着社会主义市场经济体制的确立和劳动人事制度的改革,高校毕业生就业制度也作出了相应调整。1993年,自主择业的毕业生就业制度开始在高校普遍推广。

1993年2月13日,中共中央、国务院颁布《中国教育改革和发展纲要》,明确规定了毕业生就业政策的改革目标,即"改革高校毕业生'统包统分'和'包当干部'的就业制度,实行少数毕业生由国家安排就业,多数由学生'自主择业'的就业制度。除少数享受国家奖学金、专项奖学金、单位奖学金的学生,实行在一定范围内就业外,大部分学生在国家方针、政策指导下通过毕业生就业市场'自主择业'"。这是"自主择业"就业模式的政策依据。

根据党的十四届三中全会精神,为落实《中国教育改革和发展纲要》关于加快教育改革的要求,国家教委批准一部分高等学校在1994年招生开始进行有关招生、收费和毕业生就业制度改革的试点,并取得基本成功。国务院在《关于〈中国教育改革和发展纲要〉的实施意见》中指出:"高等学校和中等专业学校、技工学校的毕业生,近期内除委托、定向培养生和自费生外,实行在国家宏观指导下,学校与用人单位供需见面和一定范围内双向选择的制度。"在人才市场比较完善、全面实行缴费上学制度之后,除享受国家和单位专项或定向奖学金的学生按合同就业外,其余学生在国家政策指导下进入人才市场自主择业。

1994年4月7日,国家教委印发《关于进一步改革普通高等学校招生和毕业生就业制度的意见》提出,从招生开始,通过建立收费制度,改变学生上大学由国家包下来、毕业时国家包安排职业的做法。同时,建立相应的奖学金、贷学金制度,鼓励学生努力学习,引导学生毕业后参与劳动力市场的竞争,国家不再以行政分配而是以方针政策指导、奖学金制度和社会就业需求信息来引导毕业生自主择业。逐步建立"学生上学自己缴纳部分培养费用、毕业后多数人'自主择业'的机制"。

1995年3月，国家教委出台《关于1995年深入进行普通高等学校招生和毕业生就业制度改革的意见》要求，中央部门所属普通高校"并轨"后所招学生毕业时，原则上在本系统、本行业范围内自主择业，在条件成熟后逐步过渡到大多数毕业生自主择业。《意见》指出，1997年招生时，全国大多数高等学校都应按改革后的新体制运作；到2000年时，基本实现招生和毕业生就业制度的新旧体制转轨。同时，需要吸收毕业生到急需人才岗位去的中央各业务部门，要跟国家教委配合，在高等学校的相关专业设立引导毕业生就业的国家定向奖学金。11月，国家教委发布《关于做好1996年全国普通高等学校毕业生就业工作的意见》规定，已实行招生"并轨"改革的高校，"并轨"后招收的学生毕业时，主管部门可根据自己的实际情况，要求毕业生在国家就业方针、政策指导下，在一定范围内自主择业；已落实工作单位的，国家负责派遣，未落实工作单位的，转回其家庭所在地，由当地毕业生就业指导机构推荐其就业。其他未实行招生"并轨"改革的高校，学生毕业时原则上仍由国家负责，在一定范围内安排就业，通过"供需见面"和一定范围内"双向选择"的办法，落实毕业生就业方案；师范类毕业生原则上在教育系统内就业；委托和定向培养的学生应按合同就业；自费生"自主择业"。

1996年1月，人事部印发《国家不包分配大专以上毕业生择业暂行办法》规定，毕业生通过人才市场在多种所有制范围内自主择业，可以从事专业技术工作、管理工作，也可以在其他岗位上工作。机关、全民所有制事业单位录用（聘用）毕业生，必须在政府人事部门当年下达的增人、增干计划内，有国家人事部或省级人事部门批准的招干、招人指标，方可按有关规定办理录（聘）用手续。到国企和非全民所有制单位工作的毕业生，应与用人单位签订聘用合同，聘用合同由用人单位所在地政府人事部门签证。

毕业生择业的具体程序如下：（1）毕业生持毕业证书、学位证书或所在学校开具的证明，到学校所在地政府人事部门领取《国家不包分配大专以上毕业生择业推荐表》；（2）毕业生持《推荐表》在规定的择业区域内自主择业；（3）用人单位在《推荐表》上签署同意见后，由用人单位所在地政府人事部门为毕业生开具人事部统一制发的《国家不包分配大专以上毕业生工作介绍信》；（4）毕业生持《工作介绍信》到用人单位报到，并办理落户等有关手续。毕业生参加公务员考试等，按公务员考试录用程序和要求办理。此外还规定，全民所有制单位接收的毕业生档案，原则上由所在单位管理。非全民所有制单位接收的毕业生档案，由政府人事部门所属人才流动服务机构管理。毕业生毕业时没有找到用人单位的，由学校将毕业生档案转至毕业生入学前户口所在地政府人事部门所属人才流动服务机构管理。

国家教委颁布的《国家教委关于做好1997年全国普通高等学校毕业生就业工作的通知》进一步指出，"国家教委所属院校毕业生根据国家需要面向全国就业，中央部委所属院校毕业生可以根据本行业和本系统的实际需要，规定在本行业或本系统范围内自主择业，各省、自治区、直辖市所属院校毕业生，是否限于在本省（自治区、直辖市）范围内自主择业，可由各省（自治区、直辖市）自行决定。规定时间内落实工作单位的毕业生，国家负责派遣；未落实工作单位的毕业生，学校将其档案和户粮关系转回家庭所在地，由当地毕业生就业指导机构帮助推荐就业"。1997年3月24日，国家教委颁发了《普通高等学校毕业生就业工作暂行规定》，对高校毕业生的就业工作进行了详细规定。实行国家宏观调控作用和以学校为基础的毕业生就业市场的调节作用结合、学校和各级政府推荐、学生和用人单位双向选择的毕业生就业制度。1997年以后，缴费上大学的大学生毕业后国家不再统一分配。少数由国家安排在一定范围内定向就业，大多数毕业生在国家方针政策指导下，通过人才市场，采取自主择业的就业办法。国家采取措施鼓励、引导学生到边远地区、艰苦行业和其他国家急需人才的地方去工作，继续进行毕业生就业制度配套的综合改革，如人事制度、户籍制度。

1998年的大学生毕业分配同样是依据《普通高等学校毕业生就业工作暂行规定》进行的，具体工作的开展根据1997年5月17日颁布的《国务院关于做好1998年普通高等学校毕业生就业工作的通知》和12月15日颁布的《国家教育委员会关于做好1998年普通高等学校毕业生就业工作的通知》。1998年的大学毕业生通过供需见面和双向选择在一定范围内落实就业单位，在规定时间内，经学校推荐落实工作单位的毕业生，国家负责派遣；未落实工作单位的毕业生，学校可将其档案和户粮关系转回家庭所在地，由当地毕业生就业指导机构帮助推荐就业。

此后的几个文件进一步明确了双向选择的毕业生就业制度。例如，1999年1月17日教育部颁布的《关于做好1999年普通高等学校毕业生就业工作的通知》和1999年5月31日国务院办公厅颁布的《国务院办公厅转发教育等部门关于进一步做好1999年普通高等学校毕业生就业工作的意见的通知》等文件中指出，"充分发挥国家的宏观调控作用和以学校为基础的毕业生就业市场的调节作用，建立学校和各级政府推荐、学生和用人单位双向选择的毕业生就业制度"。

五 毕业研究生的分配制度

从1982年开始，我国自主招收培养博士生，培养层次从以硕士为主体转变为硕士、博士并行培养。培养层次的多元化，扩大了研究生的招生规模，毕业研究生数量也逐年增加。

为了贯彻1985年《中共中央关于教育体制改革的决定》，各部委陆续出台了改革部属高等学校研究生分配制度的措施。例如，商务部规定，商务部部属高校在研究生分配方面，第一，在国家抽成和扣除预计录取研究生数后，按专业留给学校不超过5%的毕业生，由学校与用人单位直接挂钩，提出分配建议，以弥补计划之不足，促进学校同社会的联系。第二，规定毕业生留校比例一般控制在5%左右，主要以研究生补充师资队伍。第三，对学校所在地的留成。在扣除预计录取的研究生后，一般留地方所需专业毕业生人数的15%—20%。原订有协议的，原则上应按协议执行，情况发生变化的，其分成比例应从实际出发，由双方协商合理解决。①

1986年12月，国家教委印发《毕业研究生分配工作暂行办法》，对毕业研究生分配原则进行了如下规定：根据国家计划招生，取得毕业资格者，由国家分配工作。毕业研究生的分配，要在社会主义现代化建设需要的前提下，贯彻学用一致的原则。各用人单位要珍惜人才，做到分配合理，使用得当，发挥其所长。毕业研究生的分配，要继续充实高等

---

① 参见1986年商业部关于印发《关于改革商业部部属高等学校招生计划和毕业生分配制度的意见》的通知。

学校的师资和科研机构的研究人员。要照顾考生来源地区、特别是边远省区的需要。对来自边远地区的毕业研究生，如原地区需要，又能发挥专业特长的，应尽可能分配回去。为鼓励毕业研究生到边远省区服务，经调出和调入主管部门双方协商同意，可实行考核聘用。服务有期，待遇从优等政策。原属国家职工的毕业研究生，分配时要在学用一致的原则下，适当考虑原单位的需要。毕业研究生分配计划的制订，实行在国家分配方针、原则指导下，根据社会需求信息，结合毕业生实际，由培养单位与用人单位通过供需见面，提出分配建议计划，送国家教委调剂汇总后，制订全国毕业研究生分配计划。国家教委负责提供全国毕业研究生资源情况，有关用人部门和省、自治区、直辖市负责提供需要计划，供制订分配计划时使用。国家教委所属院校的毕业生，由国家教委制订分配计划；中央其他部委所属院校、科研单位的毕业研究生，由主管部门提出分配建议计划，并按国家教委提出的比例进行横向交流；省、自治区、直辖市所属院校、科研单位的毕业研究生，由省、自治区、直辖市提出分配建议计划。

从毕业研究生的人数和具体分配情况来看，1985 年和 1986 年每年有毕业研究生 1 万余名，1987 年有 2.5 万人。分配方向与前几年基本相同。1985 年，中央为促进交流，鼓励各部门各培养单位多调出毕业研究生，还提出了"有出有进，多出多进，少出少进"的调剂原则。1987 年对重点企业技术改造所需的人员，也调给一些毕业研究生，对来源于边远省区和技术力量薄弱的地区的研究生，其所学专业是边远省区所需要的，尽量分配回边远省、区。1988 年和 1989 年，每年有毕业研究生 3.5 万—4 万人，供需情况从总体看趋于平衡，但由于毕业研究生不愿去比较偏远和艰苦地区工作，有的要求工作和生活条件较高，使有些用人单位不愿要研究生，加上研究生的专业、培养方向存在着脱离社会需要的弊端，因此，造成有的毕业研究生难以分配的局面。这两年实行国家负责，按计划分配，继续贯彻面向教学，科研和技术应用的分配方向。

20 世纪 90 年代初，我国进入全面改革开放时期，学位与研究生教育也随之启动了新一轮的审核改革。从 1992 年到 1999 年，我国研究生教育规模持续扩大。根据 1996 年 1 月人事部印发的《国家不包分配大专以上毕业生择业暂行办法》，这一时期，主要由研究生自己联系就业单位，各省、市和高校也举办了区域性的毕业生市场，但由于受到时间、空间的限制，生源和需求信息有限，签约率较小。

六 中专毕业生的分配制度

《中共中央关于教育体制改革的决定》指出，调整中等教育结构、大力发展职业技术教育将作为我国教育体制改革的重点之一，要采取切实有效的措施发展职业技术教育。这一文件成为指导新时期我国职业技术教育发展的纲领性文件。[①] 随着该文件的出台，我国职业教育进入快速发展阶段，毕业生人数逐年增加。

1985年，国家教委发布《关于改进全国中等专业学校毕业生统一调剂工作的意见》中提出：从1985年起，对中专毕业生原则上不再由国家进行全国统一调剂，可由部门和地方本着互通有无的原则，通过协商调剂余缺。对于急需中等专业人才的单位，可以采取委托代培等方式解决。1986年3月，国家教委作出进一步规定："从今年起，在农业中专试行哪里来哪里去的办法，从国家下达的统一招生计划指标中，确定一定比例，招收不包分配的农村青年班"，进一步扩大了不包分配的范围。

为了促进和深化这项改革，1988年4月农牧渔业部、国家教委等8个部门发出《关于农业中等专业学校招收农村青年不包分配班的若干规定》指出：不包分配不等于政府有关部门不管毕业生的从业和发挥作用，毕业生的去向，主要是回到农村直接从事生产经营或技术服务工作，确因工作需要，可在增加干部、工人的指标内，安排到全民所有制企事业单位工作。

1994年国务院在《关于〈中国教育改革和发展纲要〉的实施意见》中再一次指出："高等学校和中等专业学校、技工学校的毕业生，近期内除委托、定向培养生和自费生外，实行在国家宏观指导下，学校与用人单位供需见面和一定范围内双向选择的制度。"在人才市场比较完善，全面实行缴费上学制度之后，除享受国家和单位专项或定向奖学金的学生按合同就业外，其余学生在国家政策指导下进入人才市场自主择业。

[①] 俞启定、和震：《中国职业教育发展史》，高等教育出版社2012年版，第170页。

第四节 自主择业时期的大中专毕业生就业促进制度（2000—2019年）

1998年12月，国务院批转教育部《面向二十一世纪教育振兴行动计划》，提出在2000年前后建立起一个比较完善的毕业生就业制度，即建立起比较完善的由学校和有关部门推荐、学生和用人单位在国家政策指导下通过人才劳务市场双向选择、自主择业的毕业生就业制度。

由"统包统分"向"双向选择，自主择业"的转变，不仅减轻了政府职能的负担，也给予了用人单位和高校毕业生充分的自主权，激励大学生提高竞争意识和自主意识，实现了人力资源的优化配置。

一 实施双向选择的就业制度

2000年，全国高校全面停止了毕业生包分配制度（西藏从2007年起本科及以上毕业生不再计划分配）。2000年1月18日，《教育部关于做好2000年全国普通高等学校毕业生就业工作的通知》指出，2000年高校毕业生就业工作继续贯彻执行国务院办公厅转发教育部等部门《关于进一步做好1999年普通高等学校毕业生就业工作意见的通知》和教育部《关于做好1999年普通高等学校毕业生就业工作的通知》的精神和有关政策，"下大力气更加着力于研究如何进一步深化高校毕业生就业制度改革，力争在一两年内建立起比较完善的毕业生就业制度和就业指导服务体系，完善'国家宏观调控、各级政府和学校推荐、学生和用人单位双向选择'的就业模式，尽快建立'不包分配、竞争上岗、择优录用'的机制"。

2001年1月15日，教育部发布《教育部关于做好2001年全国普通高校毕业生就业工作的通知》指出，我国高校管理体制改革取得了历史性突破，基本形成了中央和地方两级管理，以地方管理为主的新格局。该文件进一步提出，要建立集教育、管理、指导和服务等功能于一体的毕业生就业指导和服务体系。

为进一步深化高校毕业生就业改革制度，2002年3月，国务院办公厅转发了教育部、公安部、人事部、劳动和社会保障部《关于进一步深化普通高等学校毕业生就业制度改革有关问题的意见》，提出进一步完善高校毕业生就业工作管理体制、加快调整人才培养结构、拓宽高校毕业生到基层就业的渠道等措施，合理使用高校毕业生人才资源。2002年9月12日《教育部、公安部、人事部、劳动保障部关于切实做好普通高等学校毕业生就业工作的通知》指出，建立"市场导向、政府调控、学校推荐、学生与用人单位双向选择"的就业机制。努力实现高校毕业生的充分就业，引导高校毕业生到基层、到中小企业就业，鼓励和支持高校毕业生到农村基层支教、支农、支医、扶贫，鼓励高校毕业生到西部地区工作，切实解决非公有制单位聘用高校毕业生的有关问题，制定鼓励人才合理流动的政策，完善就业高校毕业生就业的有关政策，整顿和规范高校毕业生就业市场秩序，鼓励和支持高校毕业生自主创业，工商和税收部门要简化审批手续，积极给予支持，加强对高校毕业生的思想教育和就业指导。

2003年是高校扩招本科毕业的第一年，再加上受到"非典"疫情的影响，就业形势严峻。2003年3月，共青团中央、教育部、全国学联颁布《共青团中央、教育部、全国学联关于进一步做好促进高校毕业生就业工作的意见》。2003年5月，国务院办公厅印发《关于做好2003年普通高等学校毕业生就业工作的通知》，指出要坚持"市场导向、政府调控、学校推荐、学生与用人单位双向选择"的改革方向，提出了促进高校毕业生就业的具体措施：

一是鼓励高校毕业生到基层和艰苦地区工作。在艰苦地区工作2年或2年以上者，报考研究生的，应优先予以推荐、录取；报考党政机关和应聘国有企事业单位的，在同等条件下，应优先录用。

二是党政机关录用公务员和国有企事业单位新增专业技术人员和管理人员，应主要面向高校毕业生，公开招考或招聘，择优录用。

三是鼓励各类企事业单位特别是中小企业和民营企事业单位聘用高校毕业生，政府有关部门要为其提供便利条件和相应服务。对企业跨地区聘用的高校毕业生，省会及省会以下城市要认真落实有关政策，取消落户限制。

四是鼓励高校毕业生自主创业和灵活就业。凡高校毕业生从事个体经营的，除国家限制的行业外，自工商部门批准其经营之日起1年内免交登记类和管理类的各项行政事业性收费。有条件的地区由地方政府确定，在现有渠道中为高校毕业生提供创业小额贷款和担保。

五是为高校毕业生办理户口和人事档案手续提供便利。对毕业离校时未落实工作单位的高校毕业生，本人要求户口和人事档案保留在学校的，按规定保留两年。在此期间，档案管理机构对保管其档案免收服务费用；本人要求将户口转回入学前户籍所在地的，公安机关应当按照户籍管理规定为其办理落户手续，人事、教育部门所属人才交流服务机构负责办理相关手续，人事部门所属人才交流服务机构免费提供人事代理服务。本人落实工作单位后，公安机关按有关规定办理户口迁移手续。

六是任何地区或单位不得以来自非典型肺炎疫情流行地区为借口拒绝接收高校毕业生。高校可视当地疫情适当延长就业签约时间。用人单位已经签订就业合同的，必须认真履约并允许适当推迟报到时间。

七是做好高校毕业生就业指导和服务工作。高校就业指导服务机构要主动为毕业生联系用人单位，并加强与各级人才交流服务机构、公共职业介绍机构的联系，创造条件帮助高校毕业生了解基层和用人单位的情况，有计划地组织高校毕业生参加各种形式的求职招聘活动。各级人事和劳动保障等部门所属的人才交流服务机构和公共职业介绍机构要主动为高校毕业生提供就业岗位信息服务，免费提供职业指导、职业介绍等服务。要在充分利用现有资源基础上，建立健全高校毕业生就业服务信息网络，为用人单位和高校毕业生提供网上沟通的平台，并加强对用人信息发布的管理。

八是毕业半年以上未能就业并要求就业的高校毕业生，可持学校证明到入学前户籍所在城市或县劳动保障部门办理失业登记。劳动保障部门所属的公共职业介绍机构和街道劳动保障机构应免费为其提供就业服务。对已进行失业登记的高校毕业生，有条件的城市、社区可组织其参加临时性的社会工作、社会公益活动，或到用人单位见习，给予一定报酬。对于因患病等原因短期无法工作并确无生活来源者，由民政部门参照当地城市低保标准，给予临时救助。此项费用由地方财政列支。

九是要加大对高等教育事业发展规模、专业设置和就业状况的统筹力度。对就业率低的高校长线专业，要暂停招生或减少招生；高校要根据社会需要允许学生调整专业，并适当延长学习期限，可采取毕业后到职业技术学院、技师学院和高级技工学校参加3—6个月的职业技能培训，并参加职业技能鉴定的办法，促进高校毕业生就业；毕业后长期找不到工作的，可根据本人意愿，报名参加社会急需专业的职业培训。上述培训和职业技能鉴定费用由地方政府统筹解决。

十是加强对高校毕业生的思想政治工作。各级政府和高等学校要采取有效形式对高校毕业生进行就业形势教育，开展树立正确择业观和创业观教育，并贯穿于学校教育的全过程。要大力宣传优秀毕业生艰苦奋斗、自主创业、扎根基层的成才之路和成功经验，激发高校毕业生到基层干事业的热情，引导高校毕业生确定切合实际的就业期望值，在全社会营造有利于高校毕业生就业特别是到基层和艰苦地区就业的良好社会氛围。

十一是进一步加强对高校毕业生就业工作的领导。把高校毕业生就业工作纳入整个社会就业工作体系，抓紧抓好。

为了贯彻落实《国务院办公厅关于做好2003年普通高等学校毕业生就业工作的通知》，2003年6月，劳动和社会保障部发布的《关于贯彻落实国务院办公厅关于做好2003年普通高等学校毕业生就业工作的通知若干问题的意见》提出，将高校毕业生就业工作纳入当地就业工作整体规划，在宏观调控和增加就业岗位等方面进行统筹安排；积极组织实施"高职毕业生职业资格培训工程"和多种形式的创业培训，为毕业生自主就业创造条件；发挥公共职业介绍机构的作用，加强职业指导和就业信息服务，为高校毕业生择业提供更多帮助；加强失业登记和组织管理，对未就业和生活困难的高校毕业生，在失业、求职期间给予生活和就业方面的帮助；加强劳动力市场的管理，为高校毕业生就业创造良好的环境。

随后的高校毕业生就业政策是在坚持市场导向的前提下，通过政府进行宏观调控，实行政策激励和思想舆论引导相结合，尊重毕业生的意愿和组织选派相结合的就业机制。

二 建立高校毕业生就业见习制度

为了帮助尚未就业的高校毕业生提升就业能力，促进供需见面，尽快实现就业，2006年2月，人事部、教育部、财政部联合印发《关于建立高校毕业生就业见习制度的通知》，确定从 2006 年开始，陆续推出一系列优惠政策，逐步建立和完善高校毕业生就业见习制度。具体要求如下：

一是要求各地在认真考察用人单位的工作岗位、工作环境的基础上，将条件合格并有积极性的企事业单位，确定为见习单位。广泛收集见习单位的见习岗位信息，并定期予以发布。对于有一定规模、各方面条件较好且能持续提供较多见习岗位的见习单位，可以将其确定为高校毕业生就业见习基地，并予以挂牌。见习基地挂牌期限一般确定为三年。三年期满，经考核合格的可继续挂牌。要加强对见习基地的检查与指导，以保证其能发挥应有的示范效应。

二是有计划地组织未就业高校毕业生参加就业见习。加大宣传力度，通过报刊、广播、电视、网络等媒体，广泛宣传高校毕业生就业见习制度。在政府网站上开辟就业见习专栏，为高校毕业生了解见习制度、选择见习岗位提供便利。鼓励并有计划地组织当地未就业高校毕业生参加就业见习，帮助未就业高校毕业生通过就业见习扩展就业机会。

三是做好见习期间的各项管理工作。各级人事、劳动保障、教育、财政、国有资产监管、国防科学技术工业管理等部门要加强对见习单位和高校毕业生的指导，加强宏观管理和检查，保证见习活动的顺利进行。见习期限一般为 6 个月，最长不超过 1 年。在见习期间被见习单位正式录（聘）用的，在该单位的见习期可以作为工龄计算。要指导见习单位制定见习活动的有关规定，规范见习单位和高校毕业生见习期间的有关事项，为见习生办理人身意外伤害保险，保障双方的合法权益。要定期了解见习单位的有关情况，加强与见习高校毕业生的沟通，协调解决见习工作中遇到的困难和问题。见习活动结束后，要指导见习单位对高校毕业生进行考核鉴定，出具见习证明，作为用人单位招聘和选用见习高校毕业生的依据之一。要逐步建立起见习单位落实见习工作情况的督察表彰通报制度。

四是切实解决未就业高校毕业生见习的基本生活补助。高校毕业生见习期间由见习单位和地方财政部门根据当地实际情况，对见习高校毕业生提供基本生活补助。

五是不断改进和完善毕业生见习期间的各项服务工作。政府人事部门所属人才中介服务机构要为见习高校毕业生免费提供人事代理等服务。各级公共就业服务机构要加强对参加见习高校毕业生的失业登记管理和就业服务工作。各级人事、劳动保障、教育部门要会同有关部门及时了解见习高校毕业生的求职需求和用人单位的用人需求，适时组织公益性的规模适度的供需见面会、双向选择活动，帮助见习高校毕业生顺利实现就业。见习期满仍没有落实就业单位的高校毕业生，由政府所属人才中介服务机构、公共职业介绍机构和高校毕业生就业服务机构继续进行就业指导和推荐就业。

六是充分发挥就业见习的作用，积极引进所需的毕业生。要求各地在做好回到原籍的未就业高校毕业生就业见习工作的前提下，根据本地区人才引进工作的需要，吸纳非本地生源毕业生参加就业见习，改善本地人才队伍结构，满足本地区经济社会发展对人才的需求。非本地生源毕业生参加见习享受的优惠政策，由各地根据实际情况自行制定。

同年10月，人事部办公厅印发《关于实施"千家高校毕业生就业见习示范基地建设计划"的通知》，通知指出，人事部将从2006年开始，实施"千家高校毕业生就业见习示范基地建设计划"，力争用3年左右的时间，在全国建立1000家高校毕业生就业见习示范基地，推动高校毕业生就业见习制度全面实施。

三　把促进高校毕业生就业放到重要位置

随着高校毕业生规模的不断扩大，促进高校毕业生就业的重要性越来越突出。2007年，中央政府进一步强调各级政府要把高校毕业生就业工作作为就业工作的重要内容，纳入就业工作联席会议制度，健全省、市、县三级毕业生就业工作领导机构和协调机制，加强就业工作体系建设，充分发挥统筹协调作用。

2008年5月12日，四川汶川发生里氏8.0级大地震，5月22日，教育部高校学生司发布了《关于切实做好地震灾区高校毕业生就业工作的紧急通知》，2008年8月7日，《人力资源和社会保障部关于开展2008年高校服务月专项活动的通知》强调"充分认识新形势下做好高校毕业生就业工作的重要性，实施更加积极的促进高校毕业生就业政策，将现行的高校毕业生就业政策按照法律规定作相应的延续、扩展、调整和完善"。

随后几年中央政府及相关部门密集出台了一系列促进高校毕业生就业的政策措施。例如，《国务院办公厅关于加强普通高等学校毕业生就业工作的通知》《教育部办公厅关于大力开展高校毕业生就业政策宣传工作的通知》《科学技术部、教育部、财政部等关于鼓励科研项目单位吸收和稳定高校毕业生就业的若干意见》《教育部、商务部关于加强服务外包人才培养促进高校毕业生就业工作的若干意见》《人力资源和社会保障等部门关于印发三年百万高校毕业生就业见习计划的通知》《工业和信息化部关于做好高校毕业生就业工作的通知》《人力资源和社会保障部办公厅、教育部办公厅关于做好高校毕业生就业见习有关工作的通知》《人力资源社会保障等部门关于进一步做好高等学校残疾人毕业生就业工作的通知》《教育部办公厅关于做好高校困难毕业生就业帮扶工作的通知》《国家市场监督管理总局关于实施三年百万高校就业生就业见习计划做好毕业生就业创业工作的通知》《人力资源和社会保障部、教育部、财政部关于开展高校毕业生就业推行行动的通知》《教育部办公厅关于开展2009年高校毕业生就业工作总结宣传的通知》《教育部办公厅关于举办2009年全国高校毕业生就业指导中心联合招聘月的通知》等文件。

上述文件提出的具体措施包括：鼓励和引导毕业生到城乡基层就业，实行基层社会管理和公共服务岗位就业补贴政策、学费和助学贷款代偿政策；鼓励毕业生到中小企业、非公有制企业就业，清理影响就业的制度性障碍和限制选聘招录优惠政策，取消落户限制；继续实施和完善面向基层就业的专门项目，扩大项目范围，落实就业扶持政策；鼓励骨干企业和科研项目单位积极吸纳和稳定高校毕业生就业；鼓励和支持高校毕业生自主创业，实行税费减免和小额贷款和创业服务；鼓励高校积极开展创业教育和实践活动；鼓励高校毕业生从事灵活就业，对困难毕业生实行就业援助，符合就业困难人员条件的可享受社保补贴政策。

2010年，中央政府提出把高校毕业生就业摆在当前就业工作的首位，要求各高等学校党委书记、校长作为本校毕业生就业工作的第一责任人，进一步完善促进毕业生就业的政策，努力形成长效机制。

四 加强高校毕业生就业服务

为了进一步促进高校毕业生就业，中央和各部门出台了一系列文件，优化完善高校毕业生就业服务。

人力资源和社会保障部每年都印发相关文件，促进离校未就业毕业生就业。例如，2015 年《关于加强离校未就业高校毕业生实名制就业服务工作的通知》，要求地方扎实做好未就业毕业生实名登记，提供精准就业服务。2017 年《关于持续开展离校未就业高校毕业生技能就业行动的通知》，提出精准对接产业需求和离校未就业高校毕业生就业需求，在全国范围内组织各类职业培训机构开展就业技能培训、新型学徒制培训、岗位技能提升培训、创新创业培训和技能脱贫培训等，培训后就业创业率力争达到 90% 以上。

此外，人力资源和社会保障部还开展"高校毕业生就业指导百城行"活动，对毕业生进行有针对性的职业指导；启动实施青年就业起航计划，聚焦长期失业、就业困难毕业生等青年，加大政策服务倾斜力度；提供一站式服务、"最多跑一次"等便利；优化高校毕业生创业指导服务；加强就业服务专项活动，丰富就业服务周、服务月、民营企业招聘周、大中城市联合招聘等内容；将"三区三州"高校毕业生、建档立卡贫困家庭毕业生、就业困难离校未就业高校毕业生作为重点关注对象，提供精准就业服务。此外，人力资源和社会保障部和教育部在 7 月毕业生离校时同步启动未就业毕业生信息交换、报到接收、服务接续工作，完善信息核查、登记反馈、跟踪服务制度。

五 引导高校毕业生到基层就业的制度

鼓励大中专毕业生转变择业观念，到基层就业[①]，是毕业生就业制度改革的重点之一。这一时期，鼓励高校毕业生参加的"基层服务项目"有：中央组织部牵头组织的"选聘高校毕业生到村任职工作"、教育部牵

---

① 按照教育部发布的 2014 年《高校毕业生就业政策百问》，"基层"既包括广大农村，也包括城市街道社区；既涵盖县级以下党政机关、企事业单位，也包括社会团体、非公有制组织和中小企业；既包含单位就业，也包括自主创业、自谋职业。

头组织的"农村义务教育阶段学校教师特设岗位计划"、人力资源和社会保障部牵头组织的高校毕业生"三支一扶"计划、农业部牵头组织的"基层农技推广特设岗位计划"、共青团中央牵头组织的"大学生志愿服务西部计划"。

从就业方式和渠道来看，鼓励高校毕业生到基层就业的政策主要包括：鼓励高校毕业生到西部地区和艰苦边远地区就业的政策、鼓励高校毕业生到基层自主创业和灵活就业的政策、鼓励中小企业和非公有制单位聘用高校毕业生的政策、高校毕业生就业见习制度、高校毕业生基层服务项目、鼓励高校毕业生进村进社区工作的政策等（后来还包括鼓励高校毕业生应征入伍政策）。

（一）探索实行鼓励高校毕业生到基层就业的政策

1998年，《国务院关于做好1998年普通高等学校毕业生就业工作的通知》提出高校毕业生到基层工作的初步设想。指出"要有计划地吸收一部分品学兼优的高校毕业生充实到基层机关和重要岗位。有条件的地方，也可以试行预备公务员制度，录用应届高校毕业生先安排到基层支教、支农、扶贫或到企业锻炼"。随着高校扩招，引导高校毕业生下基层成为促进高校毕业生就业的重要政策选择。1999年国办转发教育部、中央组织部、人事部、中央机构编制委员会办公室、财政部《关于进一步做好1999年普通高等学校毕业生就业工作意见的通知》，对鼓励高校毕业生到基层工作做出总体安排。根据该文件及中央组织部、人事部、中编办、财政部《关于选拔高校毕业生到农村基层工作有关问题的通知》，全国组织开展了选拔高校毕业生到农村基层支教、支农、支医、扶贫或到企业锻炼的工作。

2003年，共青团中央、教育部、财政部、人事部四部门联合下发《关于实施大学生志愿服务西部计划的通知》，"大学生志愿服务西部计划"启动，这标志着我国基于基层服务项目鼓励高校毕业生到基层工作的正式开始。2005年，中办、国办印发《关于引导和鼓励高校毕业生面向基层就业的意见》，对鼓励高校毕业生到基层工作的进行全面部署，"三支一扶"计划和大学生村官的制度雏形在此基本确定。

这一时期，我国鼓励高校毕业生到基层就业的政策得到了初步发展，主要呈现以下特征：一是政策规模不大。高校毕业生就业政策是随着就业制度改革而进行的,这一阶段国家就业制度改革重点关注的是下岗失业人员再就业的问题。因此,这一阶段鼓励高校毕业生到基层就业的政策供应不多,政策措施相对较少。二是出台了鼓励高校毕业生到基层服务的专项政策。例如,2001年出台了选派"博士服务团"到西部地区锻炼服务的文件;2003年,共青团中央、教育部、财政部、人事部联合发布了《关于实施大学生志愿服务西部计划的通知》文件,开始组织实施"大学生志愿服务西部计划"。三是鼓励措施的方式较为有限。这一时期,鼓励高校毕业生到基层就业的具体优惠政策措施主要在落户、户口人事代理、工资、职称、人事录用等方面。例如,根据《国务院办公厅转发教育部等部门关于进一步深化普通高等学校毕业生就业制度改革有关问题意见的通知》《国务院办公厅关于做好2003年普通高等学校毕业生就业工作的通知》等文件规定,在落户政策方面,对原籍在中、东部地区的毕业生到西部地区工作的,实行来去自由的政策,根据本人意愿,户口可迁到工作地区,也可迁回原籍;对企业跨地区聘用的高校毕业生,要取消落户限制。在户口人事代理方面,对原籍在中、东部地区的毕业生到西部地区工作的,由人才交流机构提供免费人事代理服务。在工资和职称方面,规定到西部贫困边远地区工作的高校毕业生,可提前定级,并根据实际情况适当高定工资标准;志愿服务者服务期间计算工龄。在人事录用方面,规定在艰苦地区工作2年或2年以上者,报考研究生的,应优先予以推荐、录取;报考党政机关和应聘国有企事业单位的,在同等条件下,应优先录用。此外,在社会保险方面,对于到基层就业的高校毕业生,还要求用人单位按照国家有关规定与所聘高校毕业生签订劳动合同,为其办理社会保险手续,缴纳社会保险费,保障其合法权益。

(二)全面推进鼓励高校毕业生到基层就业的政策

为贯彻落实中共中央办公厅、国务院办公厅《关于引导和鼓励高校毕业生面向基层就业的意见》精神,根据《关于组织开展高校毕业生到农村基层从事支教、支农、支医和扶贫工作的通知》要求,中央组织部、人事部、教育部、财政部、农业部、卫生部、国务院扶贫办、共青团中央共同制定了《2006年高校毕业生"三支一扶"计划实施方案》,组织开展高校毕业生到农村基层从事支教、支农、支医和扶贫工作。决定2006年全国共招募2万名高校毕业生,主要安排到乡镇从事支教、支农、支医和扶贫工作，服务期限一般为2—3年。

2006年5月，教育部、财政部、人事部、中央编办印发《关于实施农村义务教育阶段学校教师特设岗位计划的通知》，通过公开招募高校毕业生到西部"两基"攻坚县县以下农村义务教育阶段学校任教，引导和鼓励高校毕业生从事农村教育工作，逐步解决农村师资总量不足和结构不合理等问题，提高农村教师队伍的整体素质。从2006年起，用5年的时间实施。特设岗位教师聘期3年。

2008年4月，中共中央组织部、教育部、财政部、人力资源和社会保障部印发《关于印发〈关于选聘高校毕业生到村任职工作的意见（试行）〉的通知》提出，选聘高校毕业生到村任职工作从2008年开始，连续选聘5年。选聘数量为10万名，每年选聘2万名。各省（区、市）和新疆生产建设兵团的选聘名额，由各地结合实际提出选聘计划，报中央组织部统筹研究后具体下达。选聘对象为30岁以下应届和往届毕业的全日制普通高校专科以上学历的毕业生，重点是应届毕业和毕业1—2年的本科生、研究生，原则上为中共党员（含预备党员），非中共党员的优秀团干部、优秀学生干部也可以选聘。选聘工作要坚持公开、平等、竞争、择优和德才兼备的原则，一般通过个人报名、资格审查、组织考察、体检、公示、决定聘用、培训上岗等程序进行。

这一时期鼓励高校毕业生到基层工作的服务保障机制建设全面推进，其主要特点如下：

一是鼓励高校毕业生到基层工作的服务保障行为不断规范。随着鼓励高校毕业生到基层工作的持续进行，管理越来越全面具体，鼓励高校毕业生到基层工作服务保障的制度化和规范化程度也逐步提高。

二是鼓励高校毕业生到基层工作的服务保障措施更为丰富，力度明显强化。例如，《关于组织开展高校毕业生到农村基层从事支教、支农、支医和扶贫工作的通知》要求："原服务单位有职位空缺需补充人员时，应优先考虑接收服务期满考核合格的'三支一扶'大学生。县、乡各类事业单位，有职位空缺需补充人员时，也应拿出一定职位专门吸纳这部分毕业生。服务期满自主创业的，可享受行政事业性收费减免、小额贷款担保和贴息等有关政策。"服务期满"报考党政机关公务员的，可以通过适当增加分数以及其他优惠政策，优先录用。到西部地区和艰苦边远地区服务2年以上,服务期满后3年内报考硕士研究生的,初试总分加10分,同等条件下优先录取"。

三是到基层工作不同项目之间的服务保障存在一定差异。四个项目分别由不同部门牵头管理,尽管呈现齐头并进的发展态势,但人员生活补贴和职业发展等方面的服务保障方式和力度存在一定差异。例如,大学生村官的补贴主要参照公务员、"三支一扶"主要参照事业单位专业技术人员。再如,"特岗计划"人员服务期满后的职业保障比较有力,再就业压力不大,而其他项目的职业转换压力则相对较大。

(三) 规范发展鼓励高校毕业生到基层就业的政策

2009年1月,中央出台一号文件《中共中央国务院关于2009年促进农业稳定发展农民持续增收的若干意见》中,正式提出了"一村一名大学生"计划,要求不断完善大学生到农村任职的长效机制和政策措施。

2009年4月,《中央组织部、人力资源和社会保障部、教育部、财政部、共青团中央关于统筹实施引导高校毕业生到农村基层服务项目工作的通知》规定,进一步加强高校毕业生就业工作,继续实施和完善中央有关机构引导高校毕业生到农村基层服务项目。各专门项目主要包括:中央组织部牵头组织的"选聘高校毕业生到村任职工作"、教育部牵头组织的"农村义务教育阶段学校教师特设岗位计划"、人力资源和社会保障部组织的高校毕业生"三支一扶"计划、共青团中央组织的"大学生志愿服务西部计划"等项目。中央组织部、人力资源和社会保障部、教育部、财政部、共青团中央,在就业工作部际联席会框架下建立引导和鼓励高校毕业生面向基层就业部际协调机制。办事机构设在人力资源和社会保障部,负责在研究确定计划、组织报名选聘、安排工作岗位、出台优惠政策等方面进行沟通协调。

2010年7月,人力资源和社会保障部国家公务员局印发《关于开展从大学生村官等服务基层项目人员中考试录用公务员工作的通知》,提出要制订专门计划定向考录大学生"村官"等服务基层项目人员。各省区市每年应拿出公务员考录计划的10%—15%,面向大学生"村官"等服务基层项目人员定向考录。大学生"村官"等服务基层项目人员较少的地方可适当降低比例,但考录数量不少于当年服务期满人员数的10%。今后,大学生"村官"等服务基层项目人员报考公务员,既可报考定向考录的职位，也可报考其他职位，不再实行加分等优惠政策。

2012年7月，中共中央组织部、中央机构编制委员会办公室、教育部、财政部、人力资源和社会保障部、国家公务员局联合印发《关于进一步加强大学生村官工作的意见》，提出到2015年，全国有一半左右的行政村配备大学生村官。经过3—5年努力，平均每个乡镇有2名左右大学生村官担任村"两委"正职尤其是村党组织书记；每个乡镇至少有1名党政领导班子成员有大学生村官工作经历，每个县（市、区）至少有3—5名部门领导班子成员有大学生村官工作经历。拓宽大学生村官发展渠道，鼓励和支持自主创业或继续学习深造，积极向国有企事业单位、非公有制经济组织、社会组织等各行各业输送优秀人才，形成大学生村官有序流动、多样发展的职业发展机制。在选聘方面，提出要严格选聘标准，坚持中共党员、优秀学生干部和回原籍优先的原则，注重从重点院校以及基层急需专业的毕业生中选聘大学生村官。创新选聘方法，探索采取学校推荐、双向选择、驻村见习以及面向重点院校定向选聘等方式，增强选聘工作的针对性、实效性，提高选聘质量。探索与公务员录用、事业单位工作人员招聘相衔接的选聘考试方式，吸引更多优秀高校毕业生到农村特别是中西部地区和贫困、边远地区任职。

2013年党的十八届三中全会通过的《中共中央关于全面深化改革若干重大问题的决定》，提出要健全鼓励高校毕业生到基层工作的服务保障机制。

2017年1月，中央办公厅、国务院办公厅印发《关于进一步引导和鼓励高校毕业生到基层工作的意见》。意见强调，以服务基层发展为目标，以更好发挥高校毕业生作用为核心，进一步创新体制机制，完善政策措施，健全服务体系，加快构建引导和鼓励高校毕业生到基层工作长效机制，确保下得去、留得住、干得好、流得动。意见要求，多渠道开发基层岗位，为高校毕业生到基层工作搭建平台。结合政府购买基层公共管理和社会服务开发就业岗位；引导高校毕业生投身扶贫开发和农业现代化建设；引导高校毕业生到中西部地区、东北地区和艰苦边远地区工作；鼓励高校毕业生到基层机关事业单位工作；鼓励大学生参军入伍；鼓励高校毕业生到中小微企业就业；支持高校毕业生到基层创新创业。意见提出，健全保障措施，为高校毕业生在基层成长成才创造良好条件。建立健全面向基层高校毕业生的多层次、多元化培训和实训体系；认真落实县以下机关公务员职务与职级并行制度；建立事业单位管理岗位职员等级晋升制度；完善基层职称评审制度；逐步提高基层工作人员工资待遇；加强其他待遇保障。意见强调，畅通流动渠道，为在基层工作的高校毕业生职业发展提供支持。在干部人才选拔任用机制上，进一步强化基层工作经历的政策导向，向在基层工作的优秀高校毕业生倾斜。

2017年5月，人力资源和社会保障部与财政部联合印发《关于做好2017年高校毕业生"三支一扶"计划实施工作的通知》，正式启动第三轮"三支一扶"计划，提出2017年将继续选拔招募2.5万名高校毕业生到基层从事"三支一扶"工作。

2017年11月，人力资源和社会保障部、中央组织部、教育部、财政部、团中央联合印发通知，共同启动实施《高校毕业生基层成长计划》。高校毕业生基层成长计划主要面向以各种形式在基层服务工作的高校毕业生，力争用10年左右的时间，通过强化教育培训、实践锻炼、职业发展、管理服务等全链条的扶持措施，建设一支结构合理、素质优良、作风过硬的基层青年人才队伍。通过建立分层次、多渠道的基层优秀青年后备人才选拔体系，有计划、有重点地遴选一批具有坚定政治信念、现代管理理念和管理能力的基层管理人才，一批具有钻研精神、专业知识水准和实践经验的基层专业技术人才，一批具有创新精神、市场意识和经营管理能力的基层创新创业人才。针对高校毕业生基层成长的特点和需求，《计划》包括六项具体计划，即实施能力素质培育计划、岗位锻炼成才计划、职业发展支持计划、成长环境营造计划、服务体系建设计划和后备人才选拔计划，针对高校毕业生在基层工作的不同环节制定了相应的政策措施。

2018年4月，人力资源和社会保障部召开全国"三支一扶"工作领导小组会议，会上和相关部委交流了高校毕业生"三支一扶"计划、大学生村官、教师特岗计划、农技特岗计划和西部计划等基层服务项目工作情况。6月，人力资源和社会保障部、财政部联合印发通知，对2018年"三支一扶"人员能力提升专项计划进行部署，中央财政支持各地举办55个培训班，培训5200名"三支一扶"人员。

这一时期的政策着力点主要是健全强化鼓励高校毕业生到基层工作的服务保障机制。总体来看，这一时期的政策具有如下特点：

一是鼓励高校毕业生到基层工作的服务保障统筹管理明显强化。根据《关于统筹实施引导高校毕业生到农村基层服务项目工作的通知》的精神，各级政府成立了基层服务项目协同机构并逐步建立健全协同机制；各个项目"统一征集岗位、统一发布公告、统一组织考试、统一服务管理"的程度明显提高。

二是鼓励高校毕业生到基层工作的服务保障措施进一步丰富具体、服务保障力度持续增强。首先，强化职业发展能力培训、未来职业选择与职业发展指导、职业转换公共服务。其次，拓展服务期满后的职业转换渠道，《关于进一步加强大学生村官工作的意见》指出："服务期满、考核称职以上的大学生村官，经县（市、区）组织人事部门推荐，可转聘为街道社区工作人员、非公有制企业党建工作指导员或其他社会管理和公共服务岗位工作人员。"再次，强化服务期满后职业转换的出路保障力度，重点是进一步提高并明确规定从基层项目中定向招录公务员和优先招聘事业单位工作人员的比例，对此多个文件都有具体规定。最后，补贴标准有一定程度的提高。

三是鼓励高校毕业生到基层工作的服务保障措施与相关制度的整合融通受到极大重视。其重点是注重与基本人事管理制度和其他相关制度调适融通。一方面，重视与基本管理制度的镶嵌，例如，公务员定向招录和事业单位优先招聘比例成为争论焦点与研究热点；另一方面，重视与相关制度整合，例如，2012年出台的《进一步加强大学生村官工作的意见》，在关注大学生村官流动与公务员定向招录、事业单位公开招聘的制度衔接之外，做出了大学生村官工作与选调生工作衔接的制度安排。

六 鼓励高校毕业生自主创业

早在1999年年底，教育部关于贯彻落实中共中央国务院《关于加强技术创新，发展高科技，实现产业化的决定的若干意见》就规定：大学生、研究生（包括硕士、博士生）可以休学保留学籍创办高新技术企业。其后，国家出台了多项高校毕业生自主创业的政策，例如2002年教育部、公安部、人事部、劳动保障部《关于进一步深化普通高等学校毕业生就业制度改革有关问题的意见》，2004 年财政部、国家发改委《关于切实落实大学生从事个体经营有关收费优惠政策的通知》。政策规定大学生创业没有资金的，允许其以其技术成果和其他智力资本折股参与企业；高校毕业生自主创业的，工商和税收部门要简化审批手续；到非公有制单位就业的高校毕业生，要放宽建立集体户口的审批条件，及时便捷地办理落户手续；对于从事个体经营的高校毕业生，除国家限制的行业外，自工商部门批准其经营之日起 1 年内免交登记类和管理类的各项行政事业性收费，有条件的地区为高校毕业生提供创业小额贷款和担保。此外，劳动与社会保障部门还组织开展多种形式的高校毕业生创业培训，以国际劳工组织创业培训课程为基础，组织专家专门设计针对大学生特点的创业培训远程课程，集中开发创业项目库，收集创业信息。

党的十七大提出了"实施扩大就业的发展战略，促进以创业带动就业"的总体部署，2008 年 9 月，国务院办公厅转发人力资源和社会保障部等部门《关于促进以创业带动就业工作的指导意见》，指出重点指导和促进高校毕业生等群体创业。

为贯彻落实党中央、国务院"促进以创业带动就业"的战略部署，鼓励、引导和支持大学生自主创业，2010 年由人力资源和社会保障部牵头开始组织实施"大学生创业引领计划"。计划 2010—2012 年，三年引领 45 万名大学生实现创业。其中，2010 年不少于 10 万人，2011 年不少于 15 万人，2012 年不少于 20 万人。有创业愿望并具备一定条件的大学生都得到创业培训，准备创业的大学生都得到创业指导服务。市场导向的大学生创业机制初步建立。主要任务包括：开展大学生创业培训（实训），对大学生创业给予政策扶持，为大学生创业提供指导服务，为大学生创业提供孵化服务。

2013 年，《中共中央关于全面深化改革若干重大问题的决定》明确提出"实行激励高校毕业生自主创业政策"。

为了贯彻落实党中央、国务院关于全面深化改革战略部署和促进高校毕业生就业创业工作要求，引导和支持更多的大学生创业，2014 年 6 月，人力资源和社会保障部、国家发改委、教育部、科技部、工业和信息化部、财政部、人民银行、工商总局、共青团中央等九部委决定 2014—2017 年实施新一轮"大学生创业引领计划"，发布了《九部门关于实施大学生创业引领计划的通知》，计划引领80万大学生创业。具体措施有：

一是普及创业教育。各级教育部门要加强对高校创业教育工作的指导和管理，推动高校普及创业教育，实现创业教育科学化、制度化、规范化。各高校要将创业教育融入人才培养体系，贯穿人才培养全过程，面向全体学生广泛、系统开展；积极开发开设创新创业类课程，并纳入学分管理；不断丰富创业教育形式，开展灵活多样的创业实践活动；切实加强师资队伍建设，为普及创业教育提供有力支持。

二是加强创业培训。各级人力资源和社会保障部门要加强与教育部门和高校的衔接，以有创业愿望的大学生为重点，编制专项培训计划，优先安排培训资源，切实抓好组织实施，使每一个有创业愿望和培训需求的大学生都有机会获得创业培训。要鼓励支持有条件的高校、教育培训机构、创业服务企业、行业协会、群团组织等开发适合大学生的创业培训项目，经过评审认定后，纳入创业培训计划，提高创业培训的针对性和有效性。要切实加强创业培训师资队伍建设，创新培训方式，积极推行创业模块培训、创业案例教学和创业实务训练，抓好质量监督，不断提升大学生创业能力。要会同相关部门进一步完善和落实创业培训补贴政策，健全并加强培训补贴资金管理，对符合条件的参训大学生按规定给予培训补贴。

三是提供工商登记和银行开户便利。各级工商部门要按照工商登记制度改革总体部署完善管理制度，落实注册资本认缴登记制，依照有关法律法规规定拓宽企业出资方式，放宽住所（经营场所）登记条件，推行电子营业执照和全程电子化登记管理。要进一步完善工商登记"绿色通道"，简化登记手续，优化业务流程，为创业大学生办理营业执照提供便利。要落实减免行政事业性收费政策，对符合条件的创业大学生，按规定减免登记类和证照类等有关行政事业性收费。人民银行各分支机构要积极会同有关部门指导银行业金融机构进一步改进金融服务，为创业大学生办理企业开户手续提供便利和优惠。

四是提供多渠道资金支持。各地要认真落实小额担保贷款政策，在符合规定的前提下，加大对创业大学生的支持力度，简化反担保手续，强化担保基金的独立担保功能，适当延长担保基金的担保责任期限，落实银行贷款和财政贴息，重点支持吸纳大学生较多的初创企业。要充分发挥中小企业发展专项资金的作用，更多支持大学生创业实体。要鼓励企业、行业协会、群团组织、天使投资人等以多种方式向创业大学生提供资金支持，设立重点支持创业大学生的天使投资和创业投资基金。对支持创业早期企业的投资，符合规定条件的，按规定给予所得税优惠或其他政策鼓励。有条件的地区要对现有各类高校毕业生就业创业基金进行整合，完善管理体制和运营机制，向大学生创业实体提供支持。

五是提供创业经营场所支持。各地要充分利用大学科技园、科技企业孵化器、高新技术开发区、经济技术开发区、工业园、农业产业园、城市配套商业设施、闲置厂房等现有资源，建设大学生创业园、留学人员创业园和创业孵化基地，为创业大学生提供创业经营场所。对建设大学生创业园、留学人员创业园和创业孵化基地的地方和高校，有关部门要积极给予对口支持和业务指导。要将创业实训、创业孵化、创业辅导相结合，创新孵化方式，完善孵化功能，提高创业孵化成功率。要制定并完善创业经营场所租金补贴办法，对符合条件的创业大学生按规定给予经营场所租金补贴。

六是加强创业公共服务。各级人力资源和社会保障部门要会同协调有关方面针对创业大学生普遍遇到的问题开展创业公共服务，建立健全创业公共服务政府采购机制并加强绩效管理，构建覆盖院校、园区、社会的创业公共服务体系。建立健全青年创业辅导制度，从拥有丰富行业经验和行业资源的企业家、职业经理人、天使投资人当中选拔一批青年创业导师，为创业大学生提供创业辅导。要采取多种方式搭建青年创业者交流平台，经常举办交流活动，为创业大学生及时了解政策和行业信息、学习积累行业经验、寻找合作伙伴和创业投资人创造条件。要积极引导大学生参加创业竞赛活动，有条件的地区可定期举办青年创业大赛，使之成为凝聚青年创业者、展示创业方案和创业项目的舞台，同时为创业投资机构、天使投资人等选择投资对象提供机会。要拓宽人事和劳动保障事务代理服务范围，将创业大学生作为重要服务对象，提供档案保管、人事代理、职称评定、社保代理等服务。要加强服务创新，积极探索将促进就业创业政策措施向网络创业就业领域延伸拓展的有效方式，为在电子商务网络平台上注册"网店"的创业大学生提供政策支持和服务。要充分发挥留学人员回国服务工作体系的作用,对留学回国创业人员开展针对性服务,帮助他们了解国内信息、熟悉创业环境、交流创业经验、获得政策扶持。

2014年9月,李克强总理在夏季达沃斯论坛上的讲话提出,要在960万平方千米土地上掀起"大众创业""草根创业"的新浪潮,形成"万众创新""人人创新"的新态势。

2015年2月,人力资源和社会保障部印发《关于做好2015年全国高校毕业生就业创业工作的通知》,要求把促进高校毕业生就业作为重中之重,抓好政策落实,精心实施离校未就业高校毕业生就业促进计划、深入实施大学生创业引领计划、加强公共就业人才服务,创新高校毕业生就业宣传工作,促进高校毕业生就业创业。

2015年4月,国务院印发《关于进一步做好新形势下就业创业工作的意见》,部署进一步促进就业鼓励创业,以稳就业、惠民生、助发展。该文件提出了四个方面的政策措施,一是深入实施就业优先战略;二是积极推进创业带动就业;三是统筹推进高校毕业生等重点群体就业;四是加强就业创业服务和职业培训。

为了积极促进大学生创业,2015年6月,国务院印发《关于大力推进大众创业万众创新若干政策措施的意见》,文件提出深入实施大学生创业引领计划,整合发展高校毕业生就业创业基金;引导和鼓励高校统筹资源,抓紧落实大学生创业指导服务机构、人员、场地、经费等。引导和鼓励成功创业者、知名企业家、天使和创业投资人、专家学者等担任兼职创业导师,提供包括创业方案、创业渠道等创业辅导;建立健全弹性学制管理办法,支持大学生保留学籍休学创业。

为贯彻落实《国务院关于进一步做好新形势下就业创业工作的意见》,2016年2月,人力资源和社会保障部下发了《关于做好全国高校毕业生就业创业工作的通知》,要求各地结合实际进一步细化完善鼓励高校毕业生到基层就业、小微企业吸纳就业、自主创业等政策措施,加强对灵活就业和新就业形态的支持,落实好税费减免、创业担保贷款及贴息、社保补贴、培训补贴、求职创业补贴等政策,促进毕业生多渠道就业和创业。通知指出,各地人力资源和社会保障部门要完善精准帮扶措施,实施离校未就业高校毕业生就业促进计划,力争使每一名有就业意愿的未就业毕业生都能在年内实现就业或参加到就业准备活动中。各城市人力资源和社会保障部门要主动与所在地高校对接，掌握毕业生基本情况，联合开展就业服务活动。对登记的未就业毕业生，针对其特点和需求制订个性化求职就业方案，提供职业指导、岗位信息、技能培训、就业见习等服务。通知还要求各地要聚焦毕业生需求提高服务针对性、实效性。主动将公共就业服务工作延伸到高校，组织大学生参观人力资源市场、创业孵化基地，开展民营企业招聘周、高校毕业生就业服务月、服务周、部分大中城市联合招聘等专项活动。运用移动互联新技术搭建灵活多样的就业信息服务平台，推进地方公共就业人才服务网与高校校园网、中国公共招聘网链接，打造互联互通、优质高效的"互联网+就业服务"模式。通知提出，各地要调动各方力量，深入实施大学生创业引领计划。把大学生创业引领计划实施纳入本地区"双创"工作总体安排，抓好各项政策措施的贯彻落实。编制实施专项培训计划，进一步丰富适合大学生的创业培训项目，提高培训的针对性和有效性。进一步加强创业服务工作，运用政府购买服务机制，统筹发挥公共就业人才服务机构和创业服务市场主体作用，办好用好各类创业服务载体，对创业大学生实施精准帮扶。

2016年11月，人力资源和社会保障部、教育部下发了《关于实施高校毕业生就业创业促进计划的通知》，决定从2016年起开始实施"高校毕业生就业创业促进计划"，指导思想是：坚持使市场在资源配置中起决定性作用和更好发挥政府作用相结合，坚持促进就业和鼓励创业相结合，坚持政策引导和服务创新相结合，针对高校毕业生就业创业特点，发挥政府、高校、社会等各方面作用，加强政策统筹，整合利用资源，畅通就业渠道，改善就业环境，建立健全促进高校毕业生就业创业的长效机制。目标任务：把有就业创业意愿的高校毕业生全部纳入就业创业促进计划，运用各项政策措施和服务手段综合施策，精准发力，使高校毕业生就业创业能力全面提升，创新创业活力进一步增强，有就业创业需求的都能得到有针对性的指导服务和政策支持，市场供需匹配效率进一步提高，高校毕业生就业权益得到有效保障，努力实现高校毕业生就业保持较高水平。主要措施包括：实施能力提升、创业引领、校园精准服务、就业帮扶、权益保护五大行动，加强部门协同、信息共享、工作对接，促进高校毕业生就业创业。

2017年3月和5月，人力资源和社会保障部与国务院分别召开了促进高校毕业生就业的电视电话会议，动员部署各地引导和鼓励高校毕业生到基层工作，促进高校毕业生就业创业。

2018年，全国高校毕业生人数达到820万人，为做好毕业生就业工作，人力资源和社会保障部印发了《关于做好2018年全国高校毕业生就业创业工作的通知》，提出要着力抓好就业创业政策落实，把政策落实作为本年高校毕业生就业创业工作的主线。各地要抓住打造"双创"升级版的有利契机，集中优质资源支持高校毕业生创业创新。强化能力素质培养，将创业培训向校园延伸，依托各类培训机构、企业培训中心等平台，创新开发一批质量高、特色鲜明、针对性强的培训实训课程，更好满足毕业生创业不同阶段、不同领域、不同业态的需求。加大政策资金支持，落实好创业担保贷款、一次性创业补贴、场租补贴等扶持政策，支持有条件的地方设立高校毕业生就业创业基金，积极引入各类社会资本，多渠道助力毕业生创业创新。优化创业指导服务，推动公共就业创业服务机构、创业孵化基地向毕业生开放，充实完善涵盖不同行业领域、资源经验丰富的专家指导团队，为毕业生创业提供咨询辅导、项目孵化、场地支持、成果转化等全要素服务，帮助解决工商税务登记、知识产权、财务管理等实际问题。搭建交流对接平台，组织"中国创翼"创业创新大赛、创业项目展示推介、选树创业典型等活动，结合实际打造更多富有地方特色的创业品牌活动，为创业毕业生提供项目与资金、技术、市场对接渠道。

2019年4月，人力资源和社会保障部、共青团中央发布相关文件，开始实施"青年就业启航计划"，促进16—35岁有劳动能力、失业一年以上的青年就业创业。《通知》从五个方面明确了具体帮扶举措。一是摸清基本情况。对失业青年定向摸排登记，建立实名信息数据库。二是开展实践指导。对有求职意愿的青年开展职业素质测评，帮助合理确定职业定位。三是提升就业能力。将有培训意愿的失业青年组织到职业技能提升行动中，有针对性地提供培训项目。四是扶持自主创业。为符合条件的失业青年提供创业担保贷款、场租补贴等支持。五是实施托底帮扶。将建档立卡贫困家庭、城乡低保家庭、零就业家庭和残疾失业青年作为重点援助对象，提供专门的职业指导。

第九章 教育培训制度

第九章　教育培训制度

　　干部教育培训制度，指的是干部教育培训工作中应共同遵循的路线、方针、政策和规定等行为规范和工作准则。干部教育培训工作，指的是中国共产党和人民政府以全面提高干部的政治、思想、文化、业务素质为目标而进行的有计划的、经常性的教育和培养培训工作。干部教育培训是人事工作的重要组成部分，也是党的建设和组织工作的重要组成部分。毛泽东主席曾经指出，"政治路线确定之后，干部就是决定的因素。因此，有计划地培养大批的新干部，就是我们的战斗任务"。[1] 中国共产党历来重视干部的教育培训工作，并形成了一些行之有效的制度安排。延安时期形成了在职干部教育培训制度和工作体系，开启"轮流训练"[2]（即后来的轮训），建立干部院校等干部教育培训的主渠道，确立了理论联系实际的学风，为中华人民共和国干部教育培训工作的发展奠定了基础，更为中国共产党从延安的局部执政向中华人民共和国成立后的全国执政储备、培养了大批干部。

　　中华人民共和国成立以后，干部教育培训服务服从于党和国家的中心任务，开展了大规模的干部学习、教育和训练，初步形成中华人民共和国干部教育培训的制度框架，为新生政权的巩固、国民经济的恢复和社会主义建设的开展培养了大批干部，为落实党的路线、方针和政策提供了干部保障。党的十一届三中全会以后，邓小平同志在《解放思想，实事求是，团结一致向前看》中发出"全党必须再重新进行一次学习"[3]的号召。1982年修订的《中国共产党章程》提出，"努力实现干部队伍的革命化、年轻化、知识化、专业化"，即改革开放以来"四化"干部的培养方针，干部教育培训工作逐步走上正规化的道路，制度建设步入正轨。党的十三届四中全会以后，尤其是建立社会主义市场经济体制以后，

---

[1]《毛泽东选集》第二卷，人民出版社1991年版，第526页。

[2] 中国延安干部学院：《延安时期资料选编（干部教育卷）》（试用本），中国延安干部学院印务中心2012年版，第399页。

[3]《邓小平文选》第二卷，人民出版社1994年版，第153页。

干部教育培训工作领域中涌现出一系列制度创新,有中国特色的干部教育培训制度体系初步建立。

进入21世纪,干部教育培训工作的立法和制度建设不断深入,《2010—2020年干部教育培训改革纲要》明确了干部教育培训"建设高素质干部队伍的先导性、基础性、战略性工程"的战略地位,中国特色干部教育培训体系在改革中创新发展。党的十八大以来,干部教育培训立法和制度建设进一步完善,理论教育和党性教育进一步强化,尤其在推进习近平新时代中国特色社会主义思想入脑入心方面,干部教育培训方面的制度性保障不断加强,为推进高素质执政骨干队伍和高素质专业化干部队伍建设织就严密的制度体系。

第一节 干部教育培训制度的初建(1949—1978年)

中华人民共和国成立之前,中国共产党就开始为准备夺取全国政权所需要的干部而有计划地培养、训练和提拔干部。1948年10月,中共中央政治局制定了《中央关于准备夺取全国政权所需要的全部干部的决议》。中华人民共和国成立之初,起临时宪法作用的《中国人民政治协商会议共同纲领》明确提出:"加强劳动者的业余教育和在职干部的教育,给青年知识分子和旧知识分子以革命的政治教育,以应革命工作和国家建设工作的广泛需要。"国民经济的第一个五年计划也明确提出,"国家将有计划地调整、扩大和开办各类高等和中等的专业学校,并充分地利用企业和机关的有利条件,训练培养各项建设人才,提高在职干部的理论、政策、业务文化、技术的水平"。干部教育工作围绕党和国家的工作大局,出台重要的政策、文件,确立不同的培训内容,探索实用的培训方式方法,形成一些扎根于中国社会主义革命和建设的制度安排,培养了大批"又红又专"的干部。

一 明确干部的在职学习和自修制度

(一)建立干部在职学习制度

延安时期,干部教育培训确立了每日两小时的学习制度,中华人民共和国成立后,这一制度在现实中遇到困难。1950年10月,中央发布

《关于在职干部学习问题的通知》，对干部在职学习作出如下规定：停止强迫学习两小时的办法，将两小时学习作为一种自愿的选择；能办理机关学校的，应筹办机关学校，学生自愿报名，分级编班，学习文化业务与政治；能自习政治的将以自习为主，有条件的大机关应设学习指导员，负责对自学者进行个别指导，较小的机关可设宣传员，帮助解决学习疑难，组织时事报告；各种学习方法应少开无领导的小组会，多开解答疑难的座谈会。

此后，在职学习作为一种制度安排在不同类型的单位、不同层级的干部、不同的学习内容中得以贯彻，包括干部文化教育、政治理论学习以及业务训练。

(二) 实行高级干部在职自修

为了提高党的高级干部的马列主义理论水平，以适应国家建设的需要，1955年7月，中央发布《关于党的高级干部自修马克思、列宁主义办法的规定》，计划在五年内将参加理论学习的高级干部一半分批进入中央高级党校学习，一半实行在职自修。这一规定对在职自修的方式方法、课程安排、考试等作出统一安排，并指出，组织高级干部在职自修将会成为一项经常性的工作。其主要内容如下：

第一，中央机关的高级干部，由中共中央直属机关党委，中央国家机关党委及其所属党的组织，分别负责组织他们分批学习。中央国家机关各部、委所属分散单位的高级干部，应集中到各部、委进行学习，个别单位不便集中者，可请当地党委代为组织学习。各省（市）高级干部由各省（市）委负责组织分批学习。如不愿参加两个月的集中学习而愿独立自修者，须经各该管单位批准，允许个人拟订计划独立自修，但必须参加考试。

第二，高级干部在职自修五门课程原则上一年学完一门，依次是：1955年度学辩证唯物论和历史唯物论，每批学70天（包括星期日，下同）；1956年度学政治经济学和经济问题，每批学70天；1957年度学苏共党史，每批学50天；1958年度学中共党史，每批学50天；1959年度学党的建设，每批学40天。学习方法是有计划地自修，中央高级党校可负责制订每门课程的自修计划、学习要点、提纲，供给学习资料。

第三，每年学习结束时必须参加考试。考试由中共中央直属机关党委、中央国家机关党委及各省（市）委组织考试委员会支持。考试题及标准答案由中央高级党校拟定，考试记分采取四分制，表明学习成绩的优、良、中、劣。一门课程及格者，由中央高级党校发给修业证书，取得五门课程修业证书者，换发中央高级党校毕业证书（加注自修字样）。

第四，组织高级干部在职自修是一项经常性的工作，由中央组织部、中央宣传部分工管理。中央组织部负责轮训计划及行政、组织工作；中央宣传部负责教学指导、督促、检查、交流经验。中共中央直属机关党委、中央国家机关党委及各省（市）委应指定必要的专职干部负责经常的行政、组织及教学工作。

高级干部在职自修必需的经费，由各级党委组织部审核从干部训练费中开支。本人供给经费由原机关供给。军队系统的高级干部在职学习马克思、列宁主义理论的办法由总政治部拟定报中央。

1956年8月，中央发布《关于党的高级干部自修马克思、列宁主义办法的规定中若干问题的修正和补充的通知》，在课程和时间方面给各地党委更多的灵活性；学习内容和方法也要更加灵活，视每个干部的实际程度而定；离职自修可以不考试，但应组织复习、座谈学习；为了加强领导，由专人或专门机构负责离职自修。

二 建立干部轮训制度

（一）干部教育培训管理体制

中华人民共和国成立之初，我国确立了在中共中央及各级党委的统一领导下，中央及各级党委的组织部集中管理，中央和各级党委"下管三级"干部的集中统一的干部管理体制。[①] 1953年11月，中共中央作出《关于加强干部管理工作的决定》，我国开始实行干部分部分级管理制度，全体干部划分为九类，在中央及各级党委的组织部的统一管理下，由中央及各级党委的各部分别进行管理。组织部还要在中央及各级党委的领导下，负责拟订统一审查、调配干部的计划和党校培养、训练干部的计划，检查各部门培养、训练干部计划的执行情况，并负责建立统一的干

---

① 张志坚、苏玉堂：《当代中国的人事管理》（上册），当代中国出版社1994年版，第4页。

部档案制度与统计制度。

我国干部教育培训在不同领域分设不同的管理部门。1954年,《中央关于轮训全党高、中级干部和调整党校的计划》（以下简称"1954年《计划》"）规定，中级党校由中央直接领导，委托中央组织部、中央宣传部、所在地党委分工管理日常工作；高级党校即马列学院直属中共中央。1956年，中央批转中央组织部《关于全国省市以上各专业部门在职干部轮训工作向中央的报告》（以下简称"1956年《报告》"）明确，专业干校由各级专业部门主管。

（二）轮训全党高、中级干部

中华人民共和国成立之初，中央制定了干部在职学习的有关规定。干部轮训制度则伴随着1953年之后的理论教育和业务教育而逐渐开展。1954年《计划》提出，为了完成社会主义工业化建设和社会主义改造的伟大任务，必须加强党的领导作用，提高干部的理论水平，必须确定党的各级干部的轮训制度，有计划、有步骤地把全党各方面的高、中级干部调入党校轮训，提高全党干部的马列主义水平，以适应今后的工作需要。

1954年《计划》对全党高、中级干部的轮训作出明确规定：马列学院轮训地委正副书记、专员和相当于这一级以上的高级干部，修业期限为一年；中级党校轮训地委委员、县委正副书记、县长以及相当于这一级的干部，修业期限为一年。文件还明确，高、中级干部须达到初中水平后才能接受轮训。

（三）轮训党的初级领导骨干

1956年,《中央关于加强初级党校工作的指示》（以下简称"1956年《指示》"）规定，各省、市委党校此后一律改称初级党校，任务主要是轮训党的初级领导骨干，对象是具有初中文化程度（主要是语文程度）的党员干部，包括党委系统的县委委员、部长、副部长，区委书记、副书记、委员；政府系统的副县长、区长、副区长；群众团体的县团委书记、副书记，工会主席、副主席，妇联主任、副主任；各系统所属各部门相当于上述各项职务的干部。

（四）轮训各专业部门在职干部

1956年《报告》对全国省、市以上各专业部门的在职干部轮训工作提出指导意见，明确要根据各专业部门工作发展的需要和干部的现有状况对各专业部门的干部，特别是领导骨干进行训练。专业干校负责专业部门在职干部的轮训工作。其中，中央一级专业干校主要轮训各该部门的中、初级领导骨干，即县人民委员会的正副科、局长，县群众团体的正副书记（主任）和相当于以上职务的干部，对这些干部要施以政治理论、业务理论的基础知识和业务实际知识的教育。省、市一级专业干校主要轮训县人民委员会的股长、科员和区群众团体的正副书记（主任）和相当于以上职务的干部，施以总路线和有关业务的方针、政策、业务实际知识的教育，以提高他们的政策思想水平和业务能力。

（五）制定干部训练规划

中华人民共和国成立初期，随着各地、各部门开始制定本地方或本部门的干部训练工作规划，中央组织部和中央宣传部开始对干部训练工作规划中的问题作出规定，先后发布两个文件，1956年4月的《关于制订干部训练工作规划中几个问题的通知》和1956年6月的《关于制订干部训练工作规划中若干问题的补充通知》。这两个文件中，中央对如下问题作出规定：县委委员和相当于县委委员这一级的党员干部列入哪一级党校的训练对象；专业干部学校与党校训练的分工；干部理论学习与文化学习的安排；制定干部训练工作七年规划如何适当照顾干部的发展；干部的理论、文化、业务技术学习的统一安排和互相衔接；地市委党校或党训班的规划。

三　开展文化教育

中华人民共和国成立初期的干部绝大多数是工农出身，文化教育水平较低，有一半以上没有达到初中文化程度。因此，党中央提出要加强干部尤其是工农干部的文化教育。1949年12月，中共中央召开第一次全国教育工作会议，确立教育必须为国家建设服务，向工农大众开门的总方针。此后，国家和有关部门出台专门文件，以推动干部的文化教育。

（一）举办工农干部文化补习学校

1950年12月，政务院总理周恩来署名发布《关于举办工农速成中学和工农干部文化补习学校的指示》，决定在全国有计划有步骤地举办工农速成中学和工农干部文化补习学校，使工农干部的文化水平能提高到中学水平。这一指示对两种学校的修业年限、课程内容、学生来源、教职员配备等作出原则性规定，提出由教育部及各大行政区教育部统筹举办工农速成中学，由各级政府机关举办工农干部文化补习学校。工农速成中学修业年限暂定 3 年，课程相当于普通中学的基本课程；工农干部文化补习学校修业年限暂定为 2 年，课程相当于完全小学的基本课程，内容契合国家建设的需要和工农干部的特点。

1951 年 2 月，教育部发布《工农干部文化补习学校暂行实施办法》，规定：县以上各级人民政府、机关、工厂、人民团体，均得根据本实施办法，举办工农文化补习学校或补习班；高等学校、中等学校、干部学校，均得附设工农文化补习学校或补习班。

（二）通过业余学习加强干部文化教育

虽然开展了干部文化教育工作，但是大量工农干部文化水平依然很低，阻碍了他们的政治水平和业务能力的提高，无法适应国家建设的需要。因此，1953 年 12 月，中共中央发出《关于加强干部文化教育工作的指示》，规定：开展干部文化教育的目的是使文化水平较低的干部逐步提高到高小以至初中毕业的水平，以完成各项工作任务，同时使一部分工农干部能升学深造。干部在文化教育中的成绩作为干部鉴定、考绩标准之一。教学方针必须采取速成和联系实际的方针，以业余学习为主。县以上各级机关要有步骤地开办干部业余文化补习学校或文化补习班。学制为高小班大约 2 年（扫盲阶段在外），初中班大约 3 年，有条件的地方和单位可重点试办高中班和夜大学等。根据学员现有文化程度分别编班，并对课程、教学时间、教员、教材建设、少数民族的干部文化学习、干部文化教育事业的编制和经费，以及干部文化教育的领导等作出规定。

对于高、中级干部的文化学习，1954 年《计划》也作出部署：高、中级干部的文化学习，责成省市委认真负责解决，由各省、市委举办干部文化学校，招收他们入校学习；中级党校原附设有文化班的，继续办理；未设文化班的，不再设立。

四　加强理论教育

加强政治理论学习是干部提高自身能力的重要途径，是党的建设和组织建设的重要组成部分。中华人民共和国成立之后，中央在政治理论学习领域的文件出台得最多，政治理论学习制度与这一时期干部教育培训对象主体（党政领导干部，尤其是高、中级领导干部），干部教育培训主阵地（党校系统）建设，以及干部轮训制度的内容密切相关。

（一）建立统一的理论学习制度

中华人民共和国成立之初，我国并没有建立全国统一的关于理论教育的制度。针对党内理论教育状况"完全不能令人满意"等问题，1951年2月，党中央出台《关于加强理论教育的决定（草案）》（以下简称"1951年《决定》"），这是中华人民共和国成立之后理论教育工作制度化的第一个重要文件。文件开宗明义地指出，加强全党的马克思主义和毛泽东思想是提高干部、改进工作的根本大法。文件剖析了党内理论教育状况存在的问题，提出"党在学习问题上的任务，就是彻底纠正任何忽视理论的经验主义的危险倾向，就是领导全体党员在统一的制度下无例外地和不间断地进行马克思列宁主义—毛泽东思想的有系统的学习，以便逐步地造成全党的理论高涨"。

1951年《决定》根据党员理解能力的发展程度，对理论学习划分了三级；提出为了保证理论学习有序进行，必须实施学年制和考试制；指出解决理论教员问题是展开理论学习的关键；对党的高级干部和党的领导机关在理论学习中担负的责任作出规定，明确"提高党的理论水平的主要责任是在党的高级干部身上，发展全党理论学习的主要责任也是在党的高级干部身上"。

为了适应进入经济建设时期的需要，提高全党利用苏联经验建设中国社会的能力，1953年4月，中央发布《关于1953—1954年干部理论教育的指示》（以下简称"1953年《指示》"），要求全党干部理论学习的高级组和中级组在1953年7月到1954年12月学习联共（布）党史第九章到第十二章和列宁、斯大林论社会主义经济建设的一部分著作，系统了解苏联实现国家工业化、农业合作化和完成社会主义建设的基本规律，并根据我国具体条件正确运用苏联经验。1953年《指示》对高级组、中级组学习的具体内容、理论学习时间、初级组的学习计划、理论教员、考试等问题作出规定；明确初级组的学习计划由各省（市）按照需要和可能自行规定，由各中央局批准。同年10月，中央发布《关于1953—1954年干部理论教育的补充通知》（以下简称"1953年《补充通知》"），对理论学习的内容等作出补充规定。

（二）明确理论学习内容和方法

1951年《决定》根据党员文化水平的差异，将理论学习分为三个不同的级别：

第一，新党员和小学文化程度的党员要进行政治常识的学习。政治常识，即关于中华人民共和国的常识和中国共产党的常识，其教材应着重从劳动人民的实际生活出发，浅显地解释党和人民政府的基本政策及共产主义的基本原理，帮助学习者获得基本的政治观点和政治立场，学习时间为一年，可以在支部的学习小组、新党员训练班中进行，也可以在机关业余学校或城市夜校中进行。

第二，学过政治常识和具有中学文化程度的党员要进行理论常识的学习。理论常识，即关于社会发展史的常识（包括历史唯物主义和政治经济学），中国共产党历史和毛泽东生平的事迹，关于马克思、恩格斯、列宁、斯大林的生平常识；教材应着重利用历史的叙述来讲授马克思列宁主义、毛泽东思想的主要内容，帮助学习者从科学的和历史的观点来认识现实，并为学习马克思、恩格斯、列宁、斯大林和毛泽东的理论著作作准备。学习时间三年，可以在支部的学习小组、党校或城市夜校中进行，也可以用自修的方法学习。

第三，学过理论常识和具有大学文化程度的党员进行马、恩、列、斯和毛泽东的理论著作的学习，应以有领导的自习为主要方法，以高级党校的讲授为重要的辅助方法。

1953年《指示》明确了高级组、中级组应逐章研读的列宁、斯大林等人的著作范围，并指出必要时可做适当增减，各部门可根据业务需要选读其他有关文件；应适当参考关于中国经济的文献；除理论学习外，全党干部都必须学习党的政策。理论学习时间（包括阅读、上课和小组讨论）规定为每周四小时至六小时，高级组以自学为主，中级组原则上以上课为主。

1953年《补充通知》明确了应参考的有关中国经济的三个文献："二中全会决议"，毛泽东在三中全会上所作的"为争取国家财政经济状况的基本好转而斗争"的报告，"周恩来同志在1953年夏季全国财经工作会议上所作的结论"。干部的理论、政策学习原则上应在业余时间进行。文件还对技术人员、艺术工作干部、教师、医生、少数民族区的干部等群体的理论学习作出明确规定。

(三) 规定理论学习的考试

1951年《决定》明确,由考试决定每年学习成绩是否合格。其中,政治常识和理论常识的考试由党的各级组织来决定,对马、恩、列、斯、毛原著的学习由党的中央局来考试,形式包括发表关于理论的讲演或论文;始终将考试成绩作为干部使用,包括鉴定的重要参考。

1953年《指示》指出,考试可采取测验、答问、写论文等形式。在学习"联共(布)党史"第九章到第十二章的过程中,考试可在每章学习结束后举行一次。在全部学习过程中,每个高级学习组至少应写一篇可以在报刊上发表的论文。

(四) 加强理论教师的培养

1951年《决定》对理论教师的培养作出明确规定:全国县级以上领导机关,必须迅速指定一批优秀党员担任本级党组织所需的兼职和专职理论教员,报上一级党组织批准。如果教员不足,或教员水平太低,应立即加以训练或令其进行必要的补习。各个党组织的负责人,必须尽可能地担任理论教员。理论教员以兼职为主,在有100人以上参加学习的单位,应尽可能增设专职的理论教员。对理论教员必须认真培养。中央、中央局、中央分局和省委举办的党校都应担负培养理论教员的任务。每个省委应利用每年的学习假期举办理论教员的三个月训练班,或常年的轮训班,把该省所有的理论教员都调来训练一次。每个省会以上的城市的市委都应举办常年的夜党校。省委和省委以上的宣传工作机关(包括宣传部、党报和党校)的高级负责人员,都应当实行"带徒弟"的办法,即召集一批优秀的青年知识分子在自己身边,指导他们进行马克思列宁主义——毛泽东思想的自修,以便比较快地把他们培养成为理论教员或其他理论工作的助手。

1953年《指示》规定,中央、各中央局、各省(市)委必须首先举办指导中、初级组学习的专职和兼职的理论教员短期训练班,中央一级由中央宣传部、中直党委和政府党委共同制定,中央局和各省(市)由各中央局制定。

五 开展业务训练

中华人民共和国成立后，工业建设的业务门类逐渐建立健全，政府对经济、社会生活的计划管理体制和部门也逐渐建立健全，中央对各专业部门的干部训练制度随之逐渐形成。

（一）加强技术工人和技术专家的培养

在过渡时期总路线提出后，解决工业建设及其他方面迫切需要的干部问题，成为组织人事工作的主要任务之一。1953年11月，中共中央作出《关于统一调配干部，团结、改造原有技术人员及大量培养训练干部的决定》（以下简称"1953年《决定》"），提出必须为新建、改建和扩建的厂矿配备足够数量和一定质量的干部；要认真贯彻党对待技术人员的政策，进一步做好团结、改造原有技术人员的工作，加强对他们的政治、思想教育工作，引导他们虚心向苏联学习，积极发挥其技术专长；组织工人和革命青年知识分子向苏联专家学习，向原有技术人员学习，以培养大批新的技术干部。

1953年《决定》还提出，通过如下途径大量培养、训练新的技术工人和新的技术专家：一是有计划地扩充和加强全国现有的工业、运输、地质、建筑等方面的高等学校、设有工科的高等学校及中等技术学校；二是举办更多的中等技术学校，大量招收革命青年知识分子和先进工人，并抽调一批在职干部入学，加以系统培养和训练；三是现有一切生产部门和厂矿企业，必须采取各种方法，如举办技术讲座（请苏联专家或原有的技术人员讲课），组织技术研究会（总结和交流技术经验），开办技工学校、技工夜校、短期的技术训练班，签订师徒合同（带徒弟）等，把大批普通工人迅速培养训练成为技术工人；四是选派留学生和实习生去苏联和东欧人民民主国家学习，以更多地培养、训练出国家建设的高级领导骨干和新的技术专家。

（二）依靠普通教育系统培养干部

中华人民共和国成立后，国家创办了中国人民大学、中央民族学院等院校，1951—1954年，全国高校招收2.2万余名机关、企业干部和优秀工人入学深造。① 1953年，第一个五年计划明确提出，国家将有计划地调整、扩大和开办各类高等和中等的专业学校，并充分地利用企业和机关的有利条件，训练培养各项建设人才。

为了适应工业建设发展的需要，1956年2月，中央发出《关于分批抽调工业交通系统的领导骨干进高等工业学校学习的通知》，决定像办高级党校一样在全国几个基础较好的工业大学开办领导干部特别班，分批抽调2000名现任正副厂长、大型企业的正副处长以及少数优秀的科长一级干部学习。文件对抽调干部的名额、干部入学条件、学习时间、入学干部在学习期间享受的薪给待遇等作出明确规定；规定了干部学习的具体安排（如专业设置、课程内容、教材编订、直接担负培养训练任务的学校的分配）；培养过程中的具体领导由高等教育部负责，国务院工业、交通有关各部协助，中央工业交通工作部负责检查、督察；除抽调部分领导干部专门学习外，其他各级领导干部与一般干部的培养训练，由各工业部门、交通运输部门采取离职轮训、进业余学校补习及其他可行的办法进行。

（三）加强在职干部业务训练

1952年前，新招用的知识分子和留用人员，以及部分在职干部的训练基本采取短期的政治训练方式。1953年之后，随着国家经济恢复和各项建设工作的发展，中央加强了对干部的业务训练。1956年《报告》对全国省、市以上各专业部门在职干部的轮训工作作出具体指示。这一指示明确，专业部门的干部主要采取轮训方式，并配合各种业余学习的办法。

六 加强教育培训机构建设

（一）调整党校教育体系

中华人民共和国成立后，随着干部教育工作的开展，党校教育体系建设在干部轮训中逐渐起步。1954年《计划》，1955年的中级党校工作座谈会，以及1956年《指示》，是我国党校教育体系建设的重要文件和

---

① 张志坚、苏玉堂：《当代中国的人事管理》（上册），当代中国出版社1994年版，第336页。

工作会议。此外，理论学习的重要文件也推动了我国党校教育体系的建设。

1. 马列学院

1954年《计划》对马列学院的建设作出明确规定：马列学院是中共中央直属机构，主要任务是轮训地委正副书记、专员和相当于这一级以上的高级干部；修业期限为一年。马列学院的课程包括中共党史、苏共党史、政治经济学和经济问题、辩证唯物论和历史唯物论，以及党的建设，后三门课作为学习重点；此外应举行党的政策和时事报告，适当举行学术讲演。学习方法以讲授为主，自修时间不少于总时数的2/5。一部分省委书记以上政治理论水平较高的干部可根据需要另行编班，课程内容和分量酌予增减，学习方法以自学为主，辅以讲授和课堂讨论。马列学院附设理论干部班，培养理论教员和理论工作干部，此外可根据需要设短期训练班。

2. 中级党校

根据1954年《计划》，中级党校的任务是轮训地委委员、县委正副书记、县长以及相当于这一级的干部。1955年，中央组织部和中央宣传部召开了中级党校工作座谈会，主要内容如下：确立了"学习理论，提高认识，联系实际，改造思想"的教学方针；明确中级党校开办辩证唯物主义和历史唯物主义、政治经济学和经济问题、苏共党史、中共党史、党的建设五门课程，各门课程的教学时间为，课堂讲授时间25%，自修时间50%—55%，其他时间为辅导课、解答问题、小组或课堂讨论、测验考试等；明确教员培养主要依靠中级党校本身在教学过程中培养，中央高级党校负责一部分教员轮训；明确组织机构和编制问题；强调加强各级党校间的联系，要求高级党校对中级党校、中级党校对初级党校应积极主动负起指导和帮助的责任。

3. 初级党校

1956年《指示》规定，此后的各省市委党校一律改称初级党校，任务主要是轮训党的初级领导骨干。担任全面领导工作的初级干部，以"学习理论，联系实际，提高认识，轮训增强党性"为教学方针，以讲授为主，辅以必要的自学和讨论；加强党组织工作，保证教学方针的执行和教学计划的完成。各级党委要加强对党校工作的领导，以克服某些党组织忽视党的理论教育工作的倾向。逐步建立健全辩证唯物主义与历史唯物主义、政治经济学、党史与党建、政治常识等教学研究室，加强教研室干部的培养教育，加强备课工作。

1956年《指示》还明确，对于初级党校，要根据毕业考试是否及格发给毕业证书或修业证书，成绩作为了解与使用干部的重要条件之一。

（二）明确专业干校的办学制度

1956年《报告》对中央一级，省、市一级专业干校的轮训对象及条件、目标任务、训练时间、训练机构的建设、教学方针、课程、教材、教学方法、教学干部的培养、专业干校的机构编制和领导体系等问题作出明确规定。主要内容如下：一是训练的主要内容包括业务基础知识的教育和中央规定的五门理论课程的教育，专业部门的干部主要采取轮训方式，并配合各种业余学习的办法；二是明确了中央一级干校和中、初级党校的分工；三是中央一级干校每期一般以一年为宜，省、市一级专业干校一般以一年轮训两三期为宜，中央一级干校毕业应举办结业考试，考试成绩登记存档，作为了解和使用干部的重要条件之一，各级干校应建立严格的入学审查、考试制度，不得降低条件；四是各级训练对象应政治历史清楚、身体健康能坚持学习，中央一级干校的训练对象还应具有初中以上文化程度（主要是语文程度）。

1956年《报告》要求，各专业部门的训练机构必须进行整顿、调整。各级专业干校应采取政治与业务相结合、理论与实际相联系的教学方针；课程设置应精简集中，中央一级干校的业务理论课与业务实际课大体可占整个课程的60%左右，政治理论课可占40%左右；省、市一级干校的业务理论课与业务实际课可占整个课程70%左右，政治理论课占30%左右；政治课应以讲授党在过渡时期的总路线为主。

1956年《报告》指出，与中级党校调训对象相同者，一般应在中央规定的五门课（即中共党史、苏共党史、政治经济学和经济问题、辩证唯物论和历史唯物论、党的建设）中至少选学两门，其余几门在业余学习中完成；与初级党校训练对象相同者，应学完初级党校的三种课程（即理论常识、政治常识和党的基本知识）；应先编出统一的各科教学大纲，再根据大纲编写各科教材；中央干校和省、市干校的业务课由业务部门审查，政治理论课分别由中央和省、市委宣传部审查；教学方法以讲授为主,适当结合讨论、自修和实习;应纠正过分强调自学,忽视认真讲授的现象。

1956年《报告》提出,必须大力解决各专业学校,特别是省、市干校领导骨干缺乏和教学干部量少质弱的问题。对教学干部的培养,除了在现有岗位上采取边教边学和在实际斗争中加以培养提高,今后各部门的中央一级干校,凡没有师资班的,必须迅速建立起来,为省、市干校训练业务教员;中央和省、市各专业部门必须迅速制订培养业务教员和政治理论教员的具体计划,有计划推进。中央各部门,各省、市对各专业干校的教学干部,在参加有关会议、阅读有关文件、供给参考资料,以及物质待遇等方面,应加以适当解决。

(三)推进业余学校建设

1953年《指示》提出,各省、市以上党委,应有计划地举办业余政治学校(或业余党校)。当时有的地区办起了马克思主义夜校,中国人民大学等高等院校举办了函授。[①]

20世纪50年代中期,中共中央提出向科学文化进军的口号,要求建设宏大的工人阶级知识分子队伍,共产党员凡有条件的都要努力学技术、学业务、学理论,从而调动起干部学习文化、业务的积极性。各种业余学校,包括高等学校的夜大学、函授大学、机关企业的业余大学和原有的工农干部补习学校、机关业务文化学校等,为干部的文化、业务学习提供了场所。1960年,北京、天津、上海、沈阳等地开始开办电视大学,为干部学习专业知识提供新的渠道。[②]

1957年后,中央在干部教育和训练上,还十分强调干部参加体力劳动和下放基层锻炼这种方式。受当时"左"倾错误思想的影响,这些做法有消极的一面,但在增强干部的群众观点、劳动观点,密切干部和群众的作用,发扬中国共产党的三大传统作风上,起了积极作用。[③]

[①] 曹志:《中华人民共和国人事制度概要》,北京大学出版社1985年版,第94页。
[②] 张志坚、苏玉堂:《当代中国的人事管理》(上册),当代中国出版社1994年版,第340页。
[③] 张志坚、苏玉堂:《当代中国的人事管理》(上册),当代中国出版社1994年版,第340页。

20世纪60年代以后,各机关的业务文化学校逐渐停办,文化教员编制被撤销,工农速成中学和工农干部文化补习学校也陆续停办,由教育部门和工会举办的业余学校承担干部学文化的任务。1961年和1964年,中央一级的专业干部学校和干训班停办,干部专业培训工作受到很大损失。[①] 1966年之后,干部教育工作遭到严重破坏,各级党校和干部学校被迫停办,干部在职理论教育被"天天读"所替代,干部教育陷入停滞,广大干部理论、科学文化知识和业务水平的学习受到破坏,干部队伍的知识化、专业化进程遭到阻碍,干部教育培训工作遭遇巨大的损失。

中华人民共和国成立初期,是我国干部教育培训制度的奠基期。这一时期,干部教育培训工作紧紧围绕中心、服务大局,为新政权的巩固和国家工业化建设培养了大批领导干部和专门人才。从宏观上看,干部教育管理形成由中共中央领导,中央宣传部和中央组织部共同负责,教育部以及其他行业部委,地方党委和政府分级负责的管理体制。全国的党校系统在干部轮训中逐渐建立健全,专业部门的业务干部轮训和培训工作体系初步形成;开始利用普通教育资源,以及向苏联等国家派遣留学生等方式为党和国家培养干部;重视技术干部的培养。

干部的文化教育、理论教育和业务教育制度初步形成。对延安时期干部在职教育做了改进,废除两小时学习制,注重根据干部的文化程度以及干部层级进行文化教育、理论教育和业务教育。在干部教育培训的指导方针上,既重视对苏联经验的学习,也强调要通过学习苏联经验解决中国的问题;既重视对马列主义原理的学习,也重视对毛泽东著作的学习;不管是理论教育、业务教育,还是文化教育,都强调理论联系实际的方针和基本原则。

在培训供给体系的建设中,课程、培训时间、培训方式方法、师资建设、教材、经费来源、组织领导等方面的建设开始起步,党校系统和干校系统成为干部轮训的主阵地,普通教育体系也承担了部分干部培训的任务。但同时,这一时期的干部教育培训制度还比较粗放,体现了鲜明的计划经济管理的特征,各级各地的管理体系尚未厘清;党校培训系

---

① 张志坚、苏玉堂:《当代中国的人事管理》(上册),当代中国出版社1994年版,第340—341页。

统和专业干部培训出现重复、交叉和效率低下等问题;理论教育、党校教育、干校教育等都存在师资匮乏、教材缺乏的现实问题;干部的文化教育中走过弯路,理论教育制度也需要不断完善。

第二节 干部教育培训的正规化（1978—1989 年）

党的十一届三中全会后,随着全党的工作重点转移到社会主义现代化建设上来,把马克思主义普遍原理同实现四个现代化具体实践相结合的重新学习成为全党的紧迫任务。伴随着领导干部制度的改革和现代化事业的推进,在干部队伍要"革命化、年轻化、知识化、专业化"的建设目标下,干部教育工作开始走上正轨。党中央出台了一系列重要文件,推进各类干部的文化知识、政治理论和专业知识的教育培训,开启全国性干部教育培训规划和实践,推进干部教育培训保障体系建设,加强管理,逐步形成新时期我国干部教育培训的工作体系和制度安排,为四个现代化事业的起步和发展培养了大批领导干部和业务骨干。

一 确立干部教育培训方针和领导体制

（一）确立干部教育培训方针

党的十一届三中全会上,中央提出了把全党的工作重心转移到实现四个现代化上的指导方针。在会议上,邓小平作出《解放思想,实事求是,团结一致向前看》的重要讲话,指出解放思想是当前的一个重大政治问题,要研究新情况、解决新问题,尤其注意研究解决管理方法、管理制度、经济政策三方面的问题。邓小平指出,实现四个现代化是一场深刻的伟大的革命,全党同志一定要善于学习,善于重新学习,要努力把马克思主义的普遍原则同我国实现四个现代化的具体实践结合起来。大多数干部要着重抓紧三个方面的学习:经济学,科学技术和管理。党的高级领导干部要带头钻研现代化经济建设。

根据中央的指导方针,1980 年 2 月,中央宣传部、中央组织部联合发出《关于加强干部教育工作的意见》（以下简称"1980 年《意见》"）,对干部教育培训工作作出全面部署,明确提出新时期干部教育的方针:"以马列主义、毛泽东思想为指导,以解决我国四化建设的问题为中心,学习有关的理论和实践知识,培养一支懂得马克思主义基本知识和党在新时期的路线、方针、政策,坚持社会主义道路,具有专业知识,富于艰苦创业精神的干部队伍,并从中造就一大批各业专家。"

1980年《意见》提出"干什么学什么,缺什么补什么"的原则,要求干部教育工作,一要重视学习马列主义、毛泽东思想,二要重视学习本职业务和文化知识,这是对中华人民共和国成立以来培养"又红又专"干部精神的继承和发展。自此,干部教育培训的方针得到明确,并在之后干部教育培训的各类重要文件中进一步完善。

(二) 明确干部教育培训的领导体制

改革开放后,干部教育培训的领导体制重新得到明确。1982年,中共中央、国务院发布《关于中央党政机关干部教育工作的决定》(以下简称"1982年《决定》"),明确由中央组织部、中央宣传部、劳动人事部、教育部组成中央党政机关干部教育工作小组,由中央组织部牵头并办理日常工作,小组负责检查和指导全国干部教育工作。

1983年,中央组织部印发《全国干部培训规划要点》(以下简称"1983年《规划》"),对干部教育的领导管理体制作出进一步明确:中央和省、自治区、直辖市要建立干部教育工作小组(以下简称"工作小组"),统一领导和管理干部教育工作,包括研究和拟定干部教育工作的方针、政策、制度;统筹和制定干部教育规划和重大措施;协调各部门对干部教育工作的管理;督促、检查干部教育工作和组织交流经验等。工作小组由主管这项工作的书记担任组长,由组织部、宣传部主管干部教育工作的部长或副部长担任副组长,由教育、人事、经委、计委、科委、财政、党校等部门有关负责同志担任组员。工作小组下设办公室,办公室设在党委组织部。

工作小组组成单位的分工:组织部负责综合制定干部培训工作的规划和计划,办理工作小组的日常工作;宣传部负责干部教育内容的研究和指导,组织编写政治理论教材;教育部门负责管理高等院校、中等专业学校、电大、业大等举办的干部专修科、干部培训班的有关工作和自学考试;劳动人事部门负责管理干部院校建设的有关工作及科技干部培训提高规划工作;经委、计委、科委、财政部门,从本部门工作方面负责解决干部教育工作中的问题。

中央国家机关各部委除直接组织培训部分干部外,应把主要精力用于制定和落实本系统干部专业培训规划,确定本系统干部专业培训标准(包括大专和中专的专业标准),制订相应的教学计划、教学大纲;组织编写本系统的各类专业教材等。省(自治区、直辖市)要统筹、协调、规划本地区干部教育,组织实施本地区干部教育规划。

干部教育培训领导体制的明确为干部教育培训工作的开展起到重要推动作用。

(三) 制定第一个全国干部教育培训规划

1983《规划》是中华人民共和国成立以来第一个全国性的干部培训规划,也开启了改革开放以后通过干部培训规划统筹推进干部培训工作的方式。和中华人民共和国成立初期对干部教育工作的部署和推进相比,1983年《规划》体现了改革开放以来干部教育培训工作的重要转型:一是培训内容从过去以马列主义理论和党的方针、政策为主,转向以马列主义、党的方针政策,文化科学知识、业务知识为内容的综合培训,规划对实现各类学习内容都提出了量化指标;二是培训对象从过去以在职党政领导干部为主,发展为以在职领导干部、后备干部为重点的各级各类干部的整体培训;三是培训机构建设的主要措施,从过去主要依靠党校和干部学校,发展为多种形式的、集中与分散相结合的多种渠道,强调实现党校教育正规化,加强干部院校的建设,扩大高等学校和中等专业学校招收干部学员的名额,大力推广分散办学、集中指导、统一考核相结合的社会化办学经验;四是对干部教育管理体制作出规定,提出要加强领导。

从20世纪80年代开始,重要专门领域的干部培训规划工作也开始以制度化的形态出现。这包括中央组织部、城乡建设环境保护部对"七五"期间全国市长的培训规划,国家经济委员会、中央组织部对"七五"期间全国大中型企业领导干部岗位职务培训的规划等。各类培训规划的确立和实施提高了党和政府对各级各类干部培训工作的计划性和工作效率,极大地提高了干部的"四化"水平和推动社会主义现代化建设的能力。

二 明确培训内容

根据干部教育培训方针,改革开放以后的干部教育培训主要集中在如下几个方面：政治理论，专业知识以及文化知识。

(一) 理论教育正规化

改革开放以后，干部理论教育的培训制度有了新进展，1983年《规划》对政治理论学习作出初步规定。1984年6月，中央宣传部印发《关于干部马列主义理论教育正规化的规定》（以下简称"1984年《规定》"），这个文件是改革开放以来我国干部政治理论学习工作的根本遵循和具体部署。

1984年《规定》指出，党中央历来强调全体干部都要学习马列主义基本理论，学习党的路线、方针和政策。根据各条战线干部的工作性质和文化程度的不同，基本理论的学习划分为三级，重点抓好县级以上领导干部及其后备干部的学习：

第一，甲级，具有高中以上文化程度的县级以上领导干部及后备干部，县级以上机关、单位从事政治工作的干部和从事意识形态工作的专业人员，应系统学习马克思主义哲学、政治经济学、科学社会主义和中国革命与建设的基本问题。各门课程的学业程度应达到大学文科公共政治课的水平。

第二，乙级，具有高中以上文化程度的专业技术干部、业务管理和行政管理干部，应学习马克思主义概论、中国革命与建设的基本问题两门课程；课程的学业程度应达到大学理工科公共政治课的水平。

第三，丙级，具有初中文化程度的干部，学习高中或中专的政治理论课程（辩证唯物主义常识和政治经济学常识）；其中有些工作多年的干部，一般具有较多工作经验和一定政治思想水平，可自愿报名直接参加甲级或乙级的学习。

少数民族地区的干部还要学习马克思主义民族理论和党的民族政策，学习课程要同学习马克思主义原著结合起来，贯彻理论联系实际的方针，运用马克思主义基本原理和立场、观点、方法，提高分析、解决实际问题的能力。尚未达到初中毕业水平的干部，要先补学初中文化课程。对男55岁、女50岁以上的干部的马列主义理论学习，不作硬性规定，但鼓励他们积极学习。已取得大专学历，或在地级以上党校、干校中系统学过并有结业证明者，原则上可不参加马列主义基本理论的学习，但鼓励他们积极自学马列主义经典著作和其他马列主义著作，学习时间按每三年离职学习半年的规定统筹安排。

全体干部除系统学习马列主义理论课程外,还必须坚持经常的政治学习,以保证及时领会和掌握中央精神,正确执行党的各项方针、政策。宣传部门要协助党委制定干部理论教育规划,指导教学工作,加强教师队伍建设。着重抓好县级以上党政干部的学习。

根据中央的要求,中央党校和全国各级党校开设的各种班次,都把学习马克思主义哲学、政治经济学、科学社会主义和党建理论作为主课,各级各类专业干校和全国高等教育自学考试开设了党政干部基础课,这几门政治理论课程在教学计划中均占有较大比重,通过党校系统的课程建设,确保了党的理论教育的正规化。

这一时期理论教育的问题在于,干部参加马克思主义理论学习的规模比较大,但是绝大多数是普通干部的学历教育课程,高、中级领导干部的政治理论培训相对不足,学习理论同建设有中国特色社会主义的实际联系不够紧。[①]

(二) 提高干部专业知识

1983年《规划》指出,各行各业的干部都必须努力学习专业知识,包括本职工作的理论知识和技能,与工作密切相关的现代管理知识等;各级领导干部还要学习科学的领导方法和工作方法,提高组织管理能力。已经有大专以上专业水平的干部,主要是根据本职业务工作的需要,在工作中提高,并利用每三年中离职学习半年的时间自修或到高等院校、研究单位短期进修,不断更新知识、提高素养。

1983年《规划》要求,到1990年,省部级和地局级领导班子成员,一般应具有大专以上文化水平;县级领导班子成员,应有2/3以上具备大专文化水平,县级主要领导干部及其后备干部,都要具有大专以上文化水平。已具有高中或中专水平的干部,年龄在50岁以下的,要有1/3左右通过多种途径学完大专课程,具有大专水平。

根据中央的有关部署和安排,20世纪80年代以来,从中央到地方对各类重点干部群体的业务培训很好地开展起来。从制度建设上看,对科

---

① 张志坚、苏玉堂:《当代中国的人事管理》(上册),当代中国出版社1994年版,第345—346页。

技干部、农业干部、企业干部、市长、乡镇干部、县委书记、县长、贫困地区干部等出台了专门文件，部署培训工作的开展和实施，这些典型文件包括：《中央办公厅、国务院办公厅关于转发〈科学技术干部管理工作试行条例〉的通知》《中共中央组织部、农牧渔业部关于对县以上农业领导干部进行现代农业经济管理知识培训的通知》《中共中央组织部、国家经济委员会关于对大中型企业领导干部进行现代管理知识培训的通知》《中共中央组织部、城乡建设环境保护部关于印发〈"七五"期间全国市长培训规划〉的通知》《民政部、中共中央组织部关于认真做好乡镇干部培训工作的通知》《中共中央组织部印发关于县委书记、县长岗位职务培训试点工作三个材料的通知》《国务院贫困地区经济开发领导小组、农牧渔业部、中共中央组织部关于全国重点贫困县县级领导干部培训问题的通知》等。

这些分类开展的专业知识培训，反映了改革开放之初，在干部教育培训领导体制明确后，我国政府对各部门干部形成分类培训的初步规定，分别明确各类干部的培训目标、培训要求、方式方法、考试考核、师资教材等内容，是各类干部开展培训的制度保障。

（三）开展文化知识补课

根据干部队伍"四化"的建设方针，中央明确提出对干部实行"文化补课"，以提高干部的知识化水平。1982年《决定》对中央党政机关干部的文化补课提出了具体要求，即经过五年左右的努力，使中央党政机关的干部都具有高中或中专毕业以上的文化、业务水平；大专以上程度的干部比例逐年有相当的增长；部委、司局两级领导班子中，大专以上程度的干部占有较大的比重。

1983年《规划》提出，只有高小文化程度的干部，主要学习包括语文、历史、地理、数学等初中文化知识；已具有初中文化程度的干部，可学习中专课程，也可以学习高中文化课程。干部学习文化，必须从实际出发，结合干部的业务需要和特点，不要照搬国民教育的教材和教学方法。到1990年，预计将有三四百万干部通过多种途径学完大专课程，取得大专学历，同时全国将有三四百万大学毕业生补充到干部队伍中。那时，我国的干部队伍中，具有大专以上水平的干部将达到干部总数的一半左右，其余干部都具有中专或高中水平。

我国通过党校、干部院校以及社会化办学等多种途径,推进干部的"文化补课"。改革开放以来到党的十三届四中全会,是我国干部队伍文化水平得到明显提升的历史时期,有力地推动了干部队伍的"知识化"。

三 推进培训保障体系建设

(一) 实现党校教育正规化

改革开放到 20 世纪 80 年代末,是我国党校教育正规化的重要历史时期。这一时期,中央出台多个重要文件,对全国党校工作和中央党校工作作出部署,党校教育正规化的指导思路逐渐清晰。1977 年 10 月,中共中央作出《关于办好各级党校的决定》,明确各级党校抽调干部系统学习是不可缺少的重要方法。从文件发出到党的十二大,是党校教育的恢复阶段。

1983 年 5 月,中共中央印发《关于实现党校教育正规化的决定》(以下简称"1983 年《决定》"),指出党校教育正规化主要是指办学方式、课程设置的正规化。各级党校要逐步做到有统一的班次、学制、课程内容、教材和考试考核制度:一是班次包括培训班、理论班、进修班,以及短期读书班和专修班,各级党校的培训班和理论班要有考试、考核制度和学历制度,进修班单科学习考试合格者发给单科合格证书;二是各级党校一般开设三类课程:马克思列宁主义、毛泽东思想基础理论,领导干部必备的业务知识和现代科学文化基础知识,教学上要继续坚持理论联系实际的方针,着重培养学员用马列主义立场、观点和方法分析解决实际问题的能力;三是提出县、地、省各级党政主要领导干部要通过相应层级党校培训才有资格担任领导职务的制度设想;四是大力加强和充实党校教师队伍,多种形式解决党校师资薄弱问题,各级党校教研人员要运用马列主义、毛泽东思想基本原理,研究新情况、解决新问题,建立党校系统职称制度;五是各级党校要根据培训、轮训党政领导干部和理论骨干的任务确定党校规模和编制、经费;六是提出党委要切实加强对党校的领导,上级党校和下级党校可建立必要的业务指导关系,共同建设有中国特色的党校教育体系;七是党校学员和工作人员要在政治上自觉和党中央保持一致。

1987 年 11 月,中共中央办公厅转发中央党校《关于改革中央党校工作的报告》(以下简称"1987年《报告》"),对中央党校的招生对象、班次与学制、课程设置、教学方法、理论研究以及多种培训方式作出规定。

第一,明确中央党校主要任务是培训省地两级党政主要领导干部,同时仍承担培训党校师资和理论宣传骨干的任务。

第二,明确班次与学制,包括轮训省地两级党政主要领导干部的进修班,培训省、地两级部分年轻领导干部的培训班,招收省部级主要负责人的研究班,新疆民族干部班和西藏民族干部班,硕士、博士研究生和研究生班,党校师资理论进修班等;各种班次都要围绕建设有中国特色社会主义的主题,选学马克思主义有关经典著作和党的重要文献,认真学习邓小平同志的有关重要著作。

第三,明确理论联系实际的教学方针,改革偏重课堂讲授的教学方法,以学员自学和研究问题为主,课堂讲授、辅导为辅,运用启发式、讨论式教学方法,倡导独立思考;加强对现实问题的理论研究,调整科研体制,面向世界开展理论研究;提出多种培训方式,以期在五年内将省部级主要领导干部轮训一遍,促进干部理论教育工作有重大进展。

针对多年来高中级干部在职理论学习"有名无实、几近荒废"的现状,1987年《报告》建议制订高中级干部的在职学习计划,加强制度建设。

(二)逐渐实现干部院校教育正规化

中华人民共和国成立以来,我国设立了大量干部院校,但在较长时期内,绝大多数干部院校并不具备正规化办学条件。为适应改革开放以来干部教育经常化、正规化、制度化的要求,一些地方和部门提出要办理在职管理干部院校。1983年5月,国务院批转教育部等五部委上报的《关于成立管理干部学院问题的请示》,明确管理干部学院的性质、要求、规格和审批程序等。根据这一文件,管理干部学院是指:"培训具有高中毕业以上文化程度的、学制在二年以上的、按大专院校课程进行教学的在职管理干部的院校。"

1983年《规划》指出,当前干部院校建设的首要任务是对现有干部院校有计划、有重点、有步骤地调整、整顿、充实和提高,逐步实现干部院校教育正规化。干部院校正规化的标准是指有相应规模的校舍及教学设备,有严格的入学标准及考试考核制度,有专兼职结合的较高水平的教师队伍，有较成熟的规范化教材，以及健全的领导班子。在教学内容上，干部院校除设置马克思主义理论课程外，文化、专业课程一般占总学时的70%—80%。

此后几年，国家继续出台关于经济管理干部学院建设的文件，主要包括1985年国务院批转国家经济委员会《关于加强工交、财贸系统经济管理干部学院建设若干问题意见的通知》，1986年国家经济委员会《关于加强经济管理干部学院建设提高教学质量的通知》，后者附有《经济管理干部学院师资队伍建设规划要点（1986年—1990年）》。上述文件的颁布和执行，大大推进了干部管理学院的规范化和专业化建设。

（三）普通教育体系承担干部教育培训任务

1. 委托高校或中等专业学校培训在职干部

为适应现代化建设对干部的需求，1980年《意见》明确提出，可以委托所属高等学校或中等专业学校附设干部班，以执行干部培训任务。1980年8月，教育部、国家计委、财政部联合发出《关于高等学校、中等专业学校举办干部专修科和干部培训班暂行办法的通知》，对干部专修科和干部培训班的学制、招生、考核、收费等问题作出明确规定。

1984年，教育部、国家计委、财政部颁发《高等学校举办干部专修科、中等专业学校举办干部、职工中专班的试行办法》的通知，对上一个文件中在实践中出现的问题进行重新明确和规定，提出要有计划按比例地安排招生计划，并对招生计划管理、学制及学历、学员培养和办学条件等作出规定。

1986年，中央组织部、中央宣传部、国家教委印发《关于加强干部中等专业教育的意见》的通知，针对干部专业化问题作出新的指示，要求年龄在45岁以下，只有初中文化水平的干部，必须接受中专（高中）教育，学习本职工作需要的专业知识；不足初中文化程度者，首先要学习好初中文化再参加中专培训。文件还对干部中等专业教育的政策、制度、管理等方面作出规定。

2. 鼓励干部参加高等教育自学考试

1980年《意见》之后，国务院批转教育部《关于大力发展高等学校函授教育和夜大学的意见》，明确高等教育应贯彻"两条腿走路"的方针，采取多种形式办学。1982年12月，中央组织部、中央宣传部联合发出《关于高等教育自学考试开考党政干部基础科的通知》，对鼓励干部参加高等教育自学考试作出相关规定。

为贯彻党的十三大精神，探索建立公务员考试制度，1988年4月，国家教委高等教育自学考试办公室、劳动人事部人事教育局发布《关于高等教育自学考试开考行政管理专业有关问题的通知》，对各级各类行政干部开考行政管理专业有关问题作出明确规定。

1988年3月，国务院发布《高等教育自学考试暂行条例》，对自学者进行以学历考试为主的高等教育国家考试进行明确和规定，这是鼓励"自学成才"、完善高等教育体系的重要举措，也是推进干部队伍知识化的重要制度安排之一。

（四）构建社会化干部教育培训体系

改革开放之初，鉴于干部培训任务重、规模大，干部教育机构师资、设备有限，从1982年《决定》以来的各具体制度安排中都体现了"分散和集中相结合的社会化方法"这一指导思想。

以1982年《决定》为例，文件明确提出：干部教育纳入国民教育计划，教育行政部门和各业务部门要把干部教育工作列入事业计划和管理系统。文件对各类教育培训机构根据干部不同的文化程度分班、施教提出要求，对学制、课程设置、教材编写、师资问题等进行了明确：一是中央党政机关各部委开办干部走读训练班，这是对初中以上文化程度的干部进行业务和理论培训的主要形式，培训班分为中专班和大专班；二是现有党校、干校要开办学制一、二年的干部培训班和学制半年的干部进修班，中央党校的干部训练班招收大专以上文化程度、五年以上工作经验的优秀青年干部，进行"比较全面的政治、业务培训"，干部进修班招收高中以上文化程度的司局以上领导干部和后备干部或某一类型的专业领导干部，各部委干校主要针对本系统干部进行专业培训；三是教育部和各部委所属高等院校和中等专业学校开办二、三年学制的干部专修科或学制较短的干部培训班，招收较年轻的干部；四是各部委单独或联合举办脱产或业余文化补习学校，对初中以下文化程度干部的文化补课。

这一文件还指出，大专以上学历干部要加强在职学习，并利用离职学习制度进行自修或进修；加强对在职学习的领导，鼓励干部自学和参加各种社会性学习教育；提出建设干部教育培训管理学院的设想。

构建社会化干部教育培训体系是改革开放以来干部教育培训保障体系建设的突出特点。1983年《规划》、1984年《规定》也对干部教育培训的社会化办学方式进行了明确。例如，1984年《规定》提出，马列主义理论教育的培训方式包括各级党校、各级各类干校、高等院校和中等专业学校以及社会化办学方式。党校教育、干部院校、普通教育体系，以及其他开放形式的业务教育，构成这一时期社会化培训保障体系的主要内容。

四 加强教材和师资队伍建设

改革开放之初，各类干部学习教材非常缺乏，教师数量和质量与干部教育培训工作的要求不相适应。1980年《意见》明确，要抓紧解决选编教材和培养理论教员这两个重要问题。

（一）编写教材

1980年《意见》规定，由中央宣传部和国家出版局准备组织编写适合中级和一般干部的马列主义基本理论教材，各部委分别编写本行业的专业教材。

1983年《规划》明确，由中央宣传部负责干部教育内容的研究和指导，组织编写政治理论教材；各部委确定本系统干部专业培训标准（包括大专和中专的专业标准），制订相应的教学计划、教学大纲，组织编写本系统各类专业教材。

1984年《规定》明确，中央宣传部负责编写甲、乙两级干部学习使用的各门理论课的教学大纲和教材，选编出必读书目。各地各部门可自行编写或选定若干辅导材料。

（二）加强和补充师资队伍

1. 加强师资补充和培养

1980年《意见》明确，要适当增加党校和专业干校的教学人员比例，补充部分政治教师和专业教师；对水平较低的教师要有计划地组织进修；中央、省、市一级的党校、干校要设师资班，培养政治和专业教师。

1983年《决定》提出，大力加强和充实各级党校教师队伍，争取三五年内达到教师队伍两班制，一部分搞教学，一部分搞科研或调查、进修。1984年《规定》明确，尽快恢复省、地两级干部理论教育讲师团，有计划调配一批大学毕业生和研究生，充实师资队伍。

1985年，中央批转《全国党校工作座谈会纪要》和《关于中央党校培训对象问题的请示报告》，指出，加强各级党校师资队伍建设是党校正规化建设中最根本的要求，要切实扩大师资来源，增加教师数量，提高教师的政治素质和业务水平。党校教师应具有较高的马列主义理论修养和学术水平，有坚强的党性，丰富的实践经验和一定的领导工作经验。中央党校和省级党校要认真办好理论班，向各级党校输送品学兼优的理论教员。党校同志去地方任职锻炼是提高党校教师队伍素质的重要途径；此外，有条件的党校要选派一些大学本科或研究生毕业、熟练掌握外语、年轻优秀、有培养前途的教师出国考察和进修，下决心在中青年教师骨干中培养学术带头人。

2. 专职教师实行专业技术职务聘任制度

伴随着干部分类管理改革的推行，事业单位从20世纪80年代开始在专业技术职务领域实行聘任制，党校教师开始实行聘任制。1980年《意见》提出，党校和干校的教师可参照相当的高等院校、中等专业院校或研究机构评定职称，其政治待遇和生活待遇不能低于同级教师。1983年《决定》提出，建立全国党校系统的职称制度。

1984年《规定》对干部理论教育讲师团的建设作出明确规定，提出各地要尽快恢复省、地两级干部理论教育讲师团。讲师团担任在职干部理论学习和政治学习的讲授、辅导，编写学习材料，撰写理论文章，培训基层理论骨干等。讲师团教员以专职为主，按照党校教师职称评定条例评定。

1987年5月，中央职称改革工作领导小组转发《关于在全国地（市）、县委党校实行专业技术职务聘任制度的实施意见》，指出，地（市）委党校和省级厅、局所属党校原则上参照国家教委职称改革工作领导小组关于成人高等学校教师职称改革工作的有关规定执行，县委党校参照成人中等专业学校的有关规定执行，中央国家机关各部委所属党校原则上参照成人高等学校教育职称改革工作的有关规定执行。

五　严格考试考核和经费管理

（一）严格考试考核

不同类型的干部教育培训都对干部参加教育培训后的考试考核作出了明确规定。这些规定分散在全国性或专项的教育培训规划，以及关于干部的政治教育、专业知识和文化知识的具体文件规定中，其指导思想是，严格各种形式的教育培训的考试考核工作，根据不同形式的教育类型参加相应的考试考核，实行考试、考核和学历制度。

例如，1984年《规定》对马列主义理论教育的考试考核作出明确规定。一是每个干部在学完规定的马列主义理论课程后，都要通过严格的考试，评定学习成绩，作为录用、选拔、使用干部和干部晋级的重要依据；二是凡在省级以上党校和经批准属于大专院校建制的其他各类学校学习的干部，经考试合格后，由所在院校发给所学科目的大专结业证书；三是通过在职学习和社会办学方式学习的干部，一般应参加各地高等教育自学考试指导委员会主办的自学考试，以取得所学科目的大专结业证书；四是凡在地级党校、干校和中等专业学校进修班、培训班学过马列主义理论课程的干部，如欲继续学习以取得该科目的大专结业证书，除进入正规院校进修外，主要通过自学、参加高等教育自学考试取得；五是对一小部分通过"小集中"等方式学习结业的干部，不要求参加自学考试以取得学历，只要经地级以上干部教育领导小组（或委员会）负责组织的考试机构统一考试合格，应承认他们所学科目的成绩，以后可免学这门课程；六是各类专业干部，不论通过何种方式培训，如要获得大专或中专学历，除学习专业外，都必须学习上述规定的各门政治理论课程，并经考试合格后方能获得相应学历，否则不得承认其大专或中专学历。

这一时期是我国成人教育工作和干部教育工作结合最紧密的时期，根据中央的要求和社会需求，各地涌现出丰富的学习和考试形式，学历证书、学位证书、合格证书等成为干部教育培训考核评价的各类学习成绩证明。

（二）考试考核和干部任用结合

干部培训的考试考核和任用结合的有关制度安排在改革开放以后的文件中逐渐明确。1982年《决定》指出，学历、学习成绩同工作经历、工作成绩一样，作为使用和提拔干部的重要依据；要建立干部学习的考核、考试制度；学习成绩计入档案，学习优异者优先晋职。1983年《决定》提出，县、地、省各级党政主要领导干部要通过相应层级党校培训，才有资格担任领导职务。

(三) 明确经费管理

财政部于1983年4月颁布《关于中央级党政机关干部教育经费开支的暂行规定》，对中央级党政机关干部教育经费开支问题作出规定，包括经费来源和开支渠道、经费开支范围、经费开支准备等。

第一，中央党政机关各部委开办的干部走读培训班（含中专班和大专班）、各部委所属干校开办的干部培训班和干部进修班、各部委单独或联合举办脱产或业余的文化补习学校、中央党校各部委分部，凡是培训本部委机关干部的经费，在"职工教育经费"内开支；凡是培训本系统干部的，在"干部训练费"内开支。几个部委联合举办的，由联合举办单位协商分担，分别按上述原则，在"职工教育经费"或"干部训练费"内开支；"职工教育经费"按职工工资总额的1.5%计提。

第二，委托高等学校、中等专业学校举办的干部专修科、干部培训班，根据有关规定，由派遣单位缴纳进修培训费，在"职工教育经费"内开支。

第三，中央党校开办的干部训练班、干部进修班，所需经费由中央党校事业费开支。

第四，高等学校在国家计划内招收少数青年干部为本科生的，所需费用在各部门的教育事业费高等学校经费内开支。其在校学习期间的生活待遇，按高等学校的现行规定执行。

改革开放以来到1989年，我国重新确立了干部教育培训工作的指导思想，明确提出干部队伍建设的"四化"目标以及干部教育培训工作的主要内容。干部教育培训制度建设围绕"四化"目标和主要内容而展开，在政治理论、专业知识和文化知识领域开展了一系列制度建设。这包括明确了干部教育培训工作的体制，建立了马列主义思想教育制度，重新确立了干部在职教育制度，开启了全国性的干部教育培训规划工作，出台了针对不同业务领域的干部培训规划或规定。在培训保障体系建设方面，推进党校教育正规化，加强干校和普通院校的干部教育培训建设，以开放式的社会化方式开展各类干部教育培训工作；对教材、师资队伍建设和考试考核也作出重要的规定。我国干部教育培训工作的制度化建设重新起步，并在推进干部的革命化、年轻化、知识化、专业化方面做出重要贡献。

第三节　中国特色干部教育培训体系初步形成（1989—2002年）

党的十三届四中全会到党的十六大，是党带领全国人民探索中国特色社会主义市场经济的重要历史时期。经济体制改革引领中国社会发生深刻的转型，对干部队伍的能力素质提出新的要求，与此同时，干部队伍处于整体性新老交替时期，对党的事业接班人的培养成为这一时期干部教育培训工作的重要立足点。在1992年视察南方的重要讲话中，邓小平同志再次强调："中国的事情能不能办好，社会主义和改革开放能不能坚持，经济能不能快一点发展起来，国家能不能长治久安，从一定意义上说，关键在人。""中国要出问题，还是出在共产党内部。对这个问题要清醒，要注意培养人，要按照'革命化、年轻化、知识化、专业化'的标准，选拔德才兼备的人进班子。我们说党的基本路线要管一百年，要长治久安，就要靠这一条。真正关系到大局的是这个事。"[①] 江泽民总书记指出："要保证我国改革和建设事业顺利发展，保证跨世纪宏伟目标的顺利实现，保证党和国家的长治久安，严重的问题在于教育干部。"[②] 围绕不断提高党的领导水平和执政能力，提高拒腐防变和抵御风险能力这两大历史性课题，党把全面提高领导干部的素质摆到更突出的位置，干部教育培训工作的制度化建设进入新的发展阶段，初步形成有中国特色的干部教育培训体系。

一　加强干部教育培训管理

（一）实施全国干部教育培训五年规划

围绕党和国家的中心工作和任务，我国干部教育培训工作的宏观管理不断增强，制度化建设稳步推进，其中的一个重要体现就是实施全国干部教育培训的五年规划。从党的十三届四中全会到党的十六大，共有

[①] 《邓小平文选》第三卷，人民出版社1993年版，第380页。
[②] 江泽民：《努力建设高素质的干部队伍——在纪念中国共产党成立七十五周年座谈会上的讲话》，1996年6月21日。

三个全国性干部培训规划发布实施，分别是《1991—1995年全国干部培训规划要点》（以下简称"1991年《规划》"）、《1996年—2000年全国干部教育培训规划》（以下简称"1996年《规划》"），以及《2001年—2005年全国干部教育培训规划》（以下简称"2001年《规划》"），第一个五年规划由中央组织部印发，之后的两个五年规划由中央印发。这一时期的干部教育培训五年规划与国民经济和社会发展的五年计划实现同步。规划的出台，既是我国干部教育培训制度化的重要体现，也进一步推进了干部教育培训工作的制度化建设。

第一，我国干部教育培训的宏观管理体制在干部教育培训五年规划中逐渐建立健全。从1991年《规划》到2001年《规划》，提出建立有中国特色的干部教育体系的基本框架，建立干部教育联席会议制度，明确我国的干部教育培训是在党中央、国务院领导下，由中央组织部主管，中央和国家机关有关部委分工负责，中央、地方分级管理。

第二，规划明确了干部教育培训围绕中心、服务大局的工作部署。规划明确提出未来五年干部教育培训工作的目标任务、措施保障，对全国，尤其是重点群体的干部教育培训作出总体部署，是各部门各地区开展相关工作的依据。

1991年《规划》明确提出了干部教育培训的指导思想、培训内容、培训目标，对各类培训机构、教材建设、党校和干部院校建设，干部培训经费、干部培训制度等提出明确要求。

1996年《规划》明确了干部教育培训的指导思想和基本原则、基本任务，对重点群体的培训作出规定，提出要发挥党校、行政学院、干部院校等培训基地的作用，加强对教材编审工作的指导和协调，建立一支专兼职相结合的高质量师资队伍，切实保证干部培训经费，逐步推进干部培训的制度化、法制化建设，明确提出要建立有中国特色的干部教育体系。

2001年《规划》强调要把干部教育培训放在更加重要的战略地位，以"三个代表"重要思想为指针，明确干部教育培训的指导思想、工作目标、工作原则和主要任务，对重点群体的培训作出明确规定，提出以改革创新为动力，进一步提高教育培训质量，落实干部教育培训的保障措施（包括基地、教材、师资、信息化和教学手段、经费、激励与约束等），切实加强领导等。

第三，通过三项五年规划，中央明确和推动了干部教育培训制度的建设。正是在落实干部教育培训规划的过程中，我国的干部教育培训制度不断建立健全。

1991年《规划》明确提出建立健全干部培训制度，包括建立和完善党政领导干部定期脱产进修制度、企业领导干部的资格培训制度、青年干部轮训制度、干部在职学习制度等，提出干部培训作为干部考核的重要内容和使用干部的必要条件之一。

1996年《规划》初次明确干部教育培训工作应遵循的原则，包括理论联系实际，分级分类培训，突出培训重点，保证培训质量；明确要逐步推进干部培训的制度化、法制化建设，包括继续坚持领导干部定期脱产进修制度、干部在职学习制度，鼓励干部业余自学；提出完善培训与使用相结合的制度，对干部学习情况进行考试考核，考试考核结果作为使用领导干部的重要依据之一；明确地方党政领导干部为对象的各类培训班和研究班继续实行计划申报制度等；提出要建立适应新形势需要的干部教育培训运行机制，将计划调训和尊重用人单位自主原则统一。

2001年《规划》明确要坚持和完善干部教育培训管理体制；进一步健全干部培训制度，进一步强化激励和约束机制，包括推进干部教育培训信息化和教学手段现代化建设，建立干部教育培训质量评估制度，加强经费管理等。

（二）推进干部分类管理和分类培训改革

20世纪90年代，我国的人事制度改革取得新进展。1992年10月，党的十四大提出，"加快人事劳动制度改革，逐步建立健全符合机关、企业和事业单位不同特点的科学的分类管理体制和有效的激励机制"。1993年8月，《国家公务员暂行条例》颁发，标志着公务员制度的正式确立。

1. 确立分类培训的工作原则

1996年《规划》正式把"分类"培训作为干部教育培训工作应遵循的原则，并在干部教育培训的具体要求中鲜明体现"分类"的原则，培训对象按照县以上党政领导干部、年轻干部、国家公务员、企业管理人员、科技人员等进行分类。

20世纪90年代以来，各部门出台文件，对本部门的干部培训工作专门发文,推进分类培训。这既包括五年规划,也包括对岗位培训、任职培训或短期轮训的专门规定,涵盖了党政干部(包括党政领导干部,市长,纪检干部,公务员,政法干部,县、乡镇干部,农业干部,贫困地区干部)、企业干部、科技干部等各类干部群体,这些规定是各部门开展分类培训的具体依据,我国干部教育分类培训原则在各部门的推动下落地。

2. 明确各类干部培训改革的方向

2000年,中共中央办公厅印发《深化干部人事制度改革纲要》(以下简称"2000年《纲要》")指出,将建设有中国特色社会主义事业不断推向前进,关键在于党要按照"三个代表"的要求,努力建设一支包括党政干部、企业经营管理干部、科学技术干部和其他战线干部在内的高素质的干部队伍,并对三类干部队伍的培训提出明确要求:

第一,改进和完善干部培训制度。完善干部脱产学习、在职自学和中心组学习制度。建立领导干部理论学习考试考核制度。坚持办好各级领导干部进修班、培训班和专题研究班,推进党校、行政学院的教学改革,提高办班质量。有计划地选拔有发展潜力的中青年干部出国培训和到高等院校进修,培训后备人才。在重点抓好任职前培训和脱产培训的基础上,开展多种形式的培训。建立培训考核档案。增强培训的针对性、适用性,着力提高机关工作人员的素质和能力。

第二,健全国有企业领导人员培训培养制度。制定国有企业领导人员教育培训规划。改进培训内容和方法,提高培训质量。加强对企业领导人员培训工作的管理,明确培训管理部门的职责任务,避免多头培训。加强培训基地的建设,形成科学的培训网络。

第三,建设高素质的专业技术人才队伍。适应知识经济、新科技革命发展趋势和我国现代化建设的需要,大力培养各类专业技术人才,提高整体素质,优化队伍结构。以培养优秀拔尖人才、高新技术人才、年轻创新型人才为重点,加大人才培养投入,推动人才培养投入主体多元化和市场化。全面推行以提高业务素质和创新能力为主要目的的专业技术人才继续教育制度。

(三) 严格干部培训管理

针对干部教育工作中出现办班质量不高,借办班之名搞不正之风,收费不合理，以营利为目的，乱发学历或资格证书等问题，1995年3月，中央组织部、国家经济贸易委员会、国家教育委员会、财政部和人事部印发《关于加强干部培训管理的若干规定》，主要内容如下：

第一，对举办干部培训班的管理。坚持政事分开，党委和政府机关一般不直接举办培训班，干部培训主管部门主要负责制定规划和提出培训任务，检查、督促、指导培训规划和培训任务的落实，办班的具体教学组织一般由经过批准的培训机构承担。建立举办干部培训班的申报审批制度，凡举办干部培训班，应按干部管理权限，由办班机构向干部培训主管部门申报，经批准列入计划后，方可举办。审批内容包括培训对象、教学计划、办班地点、经费来源、收费数额等。对组织调训、公务员培训、国企领导人培训、以干部为主要对象的学历班、以干部为主要对象的赴国（境）外培训班，以及社会团体面向社会举办的培训班的归口管理分别作出明确规定。明确培训主管部门要制定培训评估、审查措施和办法，加强对办班质量的督查。

第二，收费管理。明确组织调训要有正常经费来源，非指令性班次必须坚持自愿参加原则，确需收费的要按照当地省级财政、物价部门规定执行，强调办班要坚持节俭原则，杜绝不正之风，外请教员酬金和培训收费要按省级财政、物价部门执行，学历教育收费要按财政部、国家计委、国家教委的规定执行，收费标准要公开，收费单位自觉接受财政、物价和审计部门监督、审查等。

第三，对颁发证书的管理。建立干部院校和培训机构的资格审查制度；干部任职资格培训应逐步实行培训与发证分开的原则；严格干部院校和培训机构学历证书、资格证书发放的复验与检查；严格干部院校和各类办学机构兼职教师的资格审查等。

二　加强重点群体教育培训

面临整体性新老交替的干部队伍现状，党政领导干部和年轻干部培养成为20世纪90年代最重要的工作之一。中央出台多个文件，以推进这项工作。同时，根据我国干部人事制度改革的进展，以及分类培训原则，国家建立起针对不同类别干部的教育培训制度。

（一）加强党政领导干部教育培训

20世纪90年代，党政领导干部培训的制度化建设得到加强，确立了领导干部学习制度、党委（党组）理论中心组学习制度、理论学习考核制度，党政领导干部始终作为五年培训规划的首要培训对象。省部级、地厅级、县处级领导干部的培训地点、人次、时间、内容、方式分别形成明确规定，旨在通过加强领导干部队伍建设，带动全党和整个干部队伍的建设。

（二）抓紧培养教育青年干部

重视青年干部教育培训是这一历史时期的重要特点。1991年9月，中央作出《关于抓紧培养教育青年干部的决定》，分析了干部队伍新老交替的严峻形势，指出要重视国外敌对势力渗透以及国内资产阶级自由化思潮泛滥对青年干部成长的不利影响，抓紧培养合格的社会主义事业接班人，确保党和国家的领导权掌握在真正忠于马克思主义的人手中。

1992年9月，中央政治局会议通过《中共中央关于加强党的建设，提高党在改革和建设中的战斗力的意见》，指出要帮助青年干部坚定地走有中国特色的社会主义道路，使党的基本路线在头脑中扎根，坚持全心全意为人民服务的宗旨，树立马克思主义的世界观；组织青年干部努力学习发展社会主义商品经济的本领，提高解决实际问题的能力。1995年1月，中央发出《关于抓紧培养选拔优秀年轻干部的通知》，提出通过加大培训力度、加强实践锻炼、严格教育管理等途径，全面提高年轻干部的素质；要依托各级党校和干校，在3—5年内，对45岁以下的县以上党政领导干部进行轮训。

除针对青年干部培养选拔的专门文件之外，1996年《规划》和2001年《规划》也对青年干部的培养教育作出专门部署，前一个规划明确指出要"大力抓好年轻干部的培训"，提出5年内，中央和省级党校共培养约20000名马列主义、毛泽东思想的理论基础比较扎实、坚持邓小平建设有中国特色社会主义理论和党的基本路线自觉性较高、能力较强的中青年领导骨干。2001年《规划》坚持学员选调与后备干部培养相结合的原则，同时还明确培养年轻干部的多种渠道，包括选派到基层和艰苦地方锻炼，到高等院校进修，到经济发达地区考察学习，以及到国（境）外培训等多种方式。

(三) 开展国家公务员培训

进入20世纪90年代，人事部陆续印发了《1992—1995年国家行政机关人事干部培训工作纲要》《"九五"公务员培训工作纲要》，全面开展公务员培训。1996年6月，人事部印发《国家公务员培训暂行规定》（以下简称"1996年《规定》"），标志着我国公务员培训制度的建立。

1996年《规定》指出，国家公务员培训旨在提高公务员的政治和业务素质，适应国家行政机关高效能管理的需要，国家行政机关根据经济、社会发展和行政管理的需要，按照职位要求，有计划地对公务员进行培训。公务员培训以邓小平建设有中国特色社会主义理论为指导，贯彻理论联系实际、学用一致、按需施教、讲求实效的原则，为全面贯彻党的基本路线服务；参加培训是公务员的权利与义务，培训期间的学习成绩和鉴定作为任职、定级和晋升职务的重要依据之一。公务员培训分为初任培训、任职培训、专门业务培训和更新知识培训；设置以行政学院为主体的国家公务员培训施教机构，并对施教机构是否具备国家公务员培训条件实行资格认可制度。各级政府人事部门是国家公务员培训的综合管理机构；各级政府工作部门的人事机构，负责本部门国家公务员培训管理工作。

(四) 推进企业管理人员培训

20世纪90年代，伴随我国国有企业改革的展开，企业管理人员培训制度不断推进。

1. 开展专项培训规划

1991年11月，中央组织部和国务院生产办公室印发《1991—1995年全国企业干部培训规划要点》（以下简称"1991年《要点》"），明确以岗位培训为重点，以企业领导干部及其后备人员为主要对象，对企业各级各类干部进行整体、配套培训，使干部的政治、业务素质和管理能力有明显的提高，努力造就一支能经得起执政、改革开放和商品经济、反对和平演变考验的宏大的企业干部队伍，有效地为深化企业改革、强化企业管理、提高经济效益服务。

1991年《要点》指出，重点抓好国营大中型企业领导干部和后备人员的岗位任职资格培训和国家考试，继续全面开展企业其他各类干部岗位培训，广泛、持久地开展各种适应性短期培训，根据企业实际需要开展学历教育,继续开展对外合作培训,抓好企业技术干部的继续教育,重视和加强对企业青年干部的培养,加强培训基地、教师队伍和教材建设;建立培训与考核、使用相结合的制度,把培训作为考核和任用干部的重要内容和必备条件之一,逐步形成先培训后任职的持证上岗制度。建立培训工作目标责任制、企业干部学习登记制度、培训质量检查评估制度,加强管理,妥善解决多头下达培训任务和重复调训等问题。

1996年6月,中央组织部和国家经济贸易委员会印发《"九五"期间全国企业管理人员培训纲要》(以下简称"1996年《纲要》"),明确了企业管理人员培训的指导思想和基本原则,提出了培训任务和要求(岗位适应性短期培训、工商管理培训、专业管理人员职业资格培训等),并对政策及措施、培训基地、师资和教材建设等提出明确要求。

2. 推进岗位任职资格培训

相对于20世纪80年代,这一时期继续推进国企领导干部的岗位任职资格培训。1992年4月,国务院批转全国企业管理干部培训工作领导小组《关于对国营企业领导干部进行岗位任职资格培训意见的通知》,对全国预算内国营企业领导干部岗位任职资格培训作出规定。意见指出,培训的主要对象是全国22万多个预算内国营企业的厂长(经理)、党委书记(含纪委书记)、工会主席、总工程师、总经济师和总会计师。培训按上述六个领导岗位分别设置若干门课程和专题讲座,培训内容紧紧围绕建设有中国特色社会主义的主题,认真学习马克思主义基本理论和有关经济工作的方针政策、现代化企业管理知识、国际经济技术合作、经济法规、计算机应用等知识;教学形式和方法要适合成人教育特点,灵活多样,讲求实效,学以致用,开展案例教学和专题研讨;严格教学要求,保证教学质量;采取多种方法培养有高等学历的企业管理人才;建立有中国特色的社会主义企业领导干部教育制度。同年12月,中央组织部等三部门印发《关于选送国有大中型企业优秀中青年干部参加岗位任职资格培训的意见》,指出要增强选拔培训中青年干部的紧迫感,抓紧做好中青年干部的选拔工作,积极开展大中型企业中青年干部的培训工作。

3. 推动工商管理培训

1991年《要点》将开展学历教育作为企业干部培训的主要任务之一,

提出从企业先进模范人物中选送青年干部到高等院校攻读硕士学位或双学位，实行定向培养，为企业培养和储备一批跨世纪的高中级管理人才。

1996年《纲要》将工商管理培训作为岗位适应性短期培训最重要的培训任务，提出"九五"期间对企业管理人员普遍进行一次工商管理培训的目标，指出工商管理培训实行统一政策，分级管理，分级实施。国家经贸委重点抓好国务院重点联系的1000户国有大中型企业领导人员的培训。国有企业，特别是大中型企业领导人员及其后备人员"九五"期间都应参加不少于3个月的工商管理培训。在部分企业进行工商管理职业资格证书制度试点，开展工商管理职业资格培训，资格证书作为企业、有关机构聘用或任用管理人员的职业资格证明，是聘用或任用管理人员的必要条件。

1998年1月，中央组织部和国家经济贸易委员会印发《关于进一步加强领导，积极推动工商管理培训的通知》，提出进一步抓紧抓好调训工作，注重提高培训质量，切实杜绝培训中的不正之风等要求。

（五）抓好专业技术人员继续教育

1. 持续开展专项培训规划

1991年12月，人事部印发《全国专业技术人员继续教育"八五"规划纲要》，提出"八五"期间继续教育的指导思想、目标和主要任务。1996年12月，人事部印发《全国专业技术人员继续教育"九五"规划纲要》，对"九五"期间专业技术人员继续教育作出总体部署，包括指导思想、基本原则、总体目标等。

2. 开展专业技术人员继续教育立法

这一时期，专业技术人员继续教育立法取得进展。1995年11月，人事部印发《全国专业技术人员继续教育暂行规定》，主要内容如下：

第一，明确继续教育要以邓小平建设有中国特色社会主义理论为指导，面向现代化、面向世界、面向未来，联系科学技术和生产发展的实际需要，主动、有效地为经济建设中心任务和实施"科教兴国"战略服务；继续教育的任务是使专业技术人员的知识和技能不断得到增新、补充、拓展和提高，完善知识结构，提高创造能力和专业技术水平；继续教育的对象是事业、企业单位从事专业技术工作的在职专业技术人员；继续教育的内容根据社会主义市场经济和现代科技发展需要确定，主要是使专业技术人员了解、掌握有关专业技术方面的新理论、新技术、新方法、新信息。

第二，坚持理论联系实际、按需施教、讲求实效的原则，根据学习对象、学习条件、学习内容等具体情况的不同，采用培训班、进修班、研修班、学术讲座、学术会议、业务考察和有计划、有组织、有考核的自学等多种方式。高、中级专业技术人员每年脱产接受继续教育的时间累计不少于 40 学时，初级专业技术人员累计不少于 32 学时。

第三，继续教育的实施主要依靠基层事业、企业单位；继续教育的专门培训机构、高等学校、科研院所是实施继续教育的重要基地；按照专兼职结合，以兼职为主的原则建设师资队伍；经费按国家有关规定执行。

第四，继续教育实行统一规划、分级管理。国家对重点产业、重点领域和老少边穷地区采取扶持政策；人事部负责全国继续教育的宏观管理，制定规划、法规，组织示范活动，进行协调和政策指导。

第五，按照教育、考核、使用相结合的原则，建立继续教育各项制度。对继续教育对象实行登记制度，对继续教育工作实行统计制度，对继续教育效果实行评估制度，对继续教育运行实行奖励制度等。

三 推进教育培训内容建设

（一）加强全党马克思主义中国化的理论学习

1990 年 10 月，中央宣传部、中央组织部印发《关于组织各级干部深入学习社会主义理论的意见》，这是党用科学社会主义理论武装干部和群众头脑，坚定社会主义信念，坚持社会主义方向，推动我国社会主义现代化建设和改革开放事业不断前进的重要举措。

1991 年《规划》明确，干部培训要把马克思主义理论教育放在突出位置。所有干部，特别是高中级领导干部，要认真学习马列主义、毛泽东思想的基本理论和邓小平等老一辈无产阶级革命家的著作，学习建设有中国特色社会主义的理论、路线、方针和政策，掌握其精神实质，正确认识和把握国情，学会运用马克思主义的立场、观点和方法来观察、认识和处理现实问题，增强抵御各种错误思潮的侵蚀和反对和平演变的能力，提高解决建设和改革中各种实际问题的本领。要切实提高各级尤其是高中级领导干部的政治理论水平和组织领导能力，使他们真正成为马克思主义的政治家，承担起建设有中国特色社会主义的领导重任。

党的十四大提出用邓小平同志建设有中国特色社会主义的理论武装全党的重要决定，此后，中央发出一系列文件，包括：1993年《中共中央关于学习〈邓小平文选〉第三卷的决定》，1994年《中共中央宣传部、中共中央组织部关于学习〈邓小平文选〉第一、二卷的通知》《关于在党员中开展建设有中国特色社会主义理论和党章学习活动的意见》，1995年《中共中央关于印发〈邓小平同志建设有中国特色社会主义理论学习纲要〉的通知》，要求各级党委要切实加强对学习的领导，抓好党委中心组的学习，有计划地对县（团）级以上党员干部进行轮训，通过党员领导干部，特别是县以上党员领导干部的学习带动全党的理论学习，提高全党的马克思主义水平。

1996年《规划》提出，以马列主义、毛泽东思想和邓小平建设有中国特色社会主义理论为指导，全面贯彻党的基本路线，推进社会主义现代化建设服务，努力探索和建立有中国特色的干部教育体系；全面提高各级各类干部政治素质、业务素质、思想道德修养和工作能力。深化党校教学改革，坚持以马克思主义基本理论为主课，逐步形成以建设有中国特色社会主义理论为中心内容的教学体系。

党的十五大将邓小平理论确立为党的指导思想，并向全党发出兴起学习邓小平理论新高潮的号召。1997年，中央办公厅发出《关于学习〈邓小平经济理论学习纲要〉的通知》；1998年，中央组织部、中央宣传部发出《关于组织广大党员、干部学习〈邓小平党的建设理论学习纲要〉的通知》，这些重要文件的发布，有力地保障了全党邓小平理论的学习，增强了党的凝聚力和战斗力，为实现党的十五大确定的宏伟目标提供坚强的政治保证和组织保证。

2000年6月，中央下发《关于面向二十一世纪加强和改进党校工作的决定》（以下简称"2000年《决定》"），确定党校教学改革的方向和布局是紧紧围绕学习邓小平理论这个中心，建设好既坚持马克思主义又充分适应世界大转折和中国新发展要求的，主要包含"理论基础""世界眼光""战略思维"和"党性修养"等方面内容的教育课程。首要的是抓好"理论基础"，即"马列主义基本问题""毛泽东思想基本问题"和

"邓小平理论基本问题"的教学。

2001年《规划》提出，要进一步推进和完善有中国特色的干部教育培训体系，初步形成以理论基础、世界眼光、战略思维、党性锻炼、业务能力为框架的教育培训内容，继续把推进马列主义、毛泽东思想特别是邓小平理论的学习，提高干部的思想政治素质作为干部教育培训的首要任务；要重点学习《邓小平文选》第二、三卷，以及十一届三中全会以来党和国家的重要文献、江泽民同志的重要论述，同时精读马列和毛泽东同志的部分重要著作，特别要学习马克思主义哲学，努力掌握贯穿其中的马克思主义立场、观点、方法和研究新情况、解决新问题的科学态度和创新精神；经过努力，使广大干部掌握马列主义、毛泽东思想的基本原理，把握邓小平理论的科学体系，保持思想上的先进性，学会以科学理论为指导，解决改革开放和社会主义现代化建设中现实问题的本领。

（二）开展党性党风教育

党性教育和党的理论教育紧密相连。1991年6月，中央宣传部、中央组织部印发《关于组织党的各级干部学习中共党史和马克思主义党的建设理论的通知》，提出要组织党的各级干部、特别是县处级以上干部认真学习中国共产党的历史和无产阶级政党建设的理论，进一步增强党性、提高党的战斗力。

这一时期的三个规划提出了党性教育的规定，党校建设文件对党性教育作出明确安排；此外，中央还在县级以上党政领导班子和领导干部中开展了党性党风教育。

1. 党性教育纳入全国干部教育培训规划

相比1983年《规划》对政治理论、专业知识、文化知识三个方面干部培训内容的规定，进入90年代后，全国性的规划中增加了党性教育的相关内容。

1991年《规划》在指导思想中明确提出，"提高干部改造世界观、增强党性的自觉性"，指出要通过培训，造就一支"经得起执政、改革开放和发展商品经济、反对和平演变考验的德才兼备的干部队伍，确保党和国家的各级领导权始终掌握在忠于马克思主义的人手里"。在培训内容方面，坚持理论联系实际的原则体现了加强党性教育的要求：一是联系社会主义现代化建设和改革开放的实际，正确区分两种改革开放观，全面理解和执行党的基本路线；二是联系干部的要求、工作实际，发扬延安整风的光荣传统，"开展批评与自我批评，牢固树立群众观点和全心全意为人民服务的思想，切实增强党性锻炼，以党性原则规范自己的行动"；三是联系反和平演变斗争的实际，划清马克思主义与反马克思主义、社会主义与资本主义、科学社会主义与民主社会主义的界限，进一步坚定社会主义信念，自觉维护党的执政地位。

1996年《规划》在指导思想中明确提出，"用党的优良传统和作风教育干部"。在基本任务中对提高各级各类干部的政治素质提出要求：高级领导干部特别是省部级以上党政主要领导干部，"首先要努力成为忠诚马克思主义、坚持走中国特色社会主义道路、会治党治国的政治家"；各级领导干部都要讲学习、讲政治、讲正气，具有坚定正确的政治方向、政治立场、政治观点，自觉遵守政治纪律，提高政治鉴别力和政治敏锐性；党员干部还要学好党章和党的建设理论，加强党性锻炼；要组织广大干部学习世界历史、中国历史特别是近现代史和中共党史，加强爱国主义、集体主义、社会主义教育；坚持进行党的群众观点、群众路线和廉洁奉公、艰苦奋斗等优良传统的教育。

2001年《规划》提出的工作目标为，"理论基础、世界眼光、战略思维、党性锻炼、业务能力为框架的教育培训内容初步形成"，并对"坚持开展党性党风党纪教育和思想道德教育"提出要求，包括：一是巩固和扩大县以上党政领导班子和领导干部"三讲"教育成果，不断增强领导干部党的意识，提高党性修养；二是加强反腐倡廉教育，剖析典型案例，经常进行全心全意为人民服务的宗旨和党的优良传统作风教育、社会主义道德和中华民族优良传统的教育等，使广大干部具备良好的思想品德和凝聚群众的人格力量，真正起到表率作用，促进社会主义精神文明建设。

2. 明确各级党校工作党性教育的制度安排

1991年《规划》明确提出，党校要"成为干部增强党性锻炼的熔炉"。1994年5月，中共中央下发《关于新形势下加强党校工作的意见》（以下简称"1994年《意见》"），文件指出，有些领导干部，特别是有些年轻干部在严格的党内政治生活锻炼和党性修养上还存在不同程度的差距与不足，各级党校要努力办成轮训和培训党员领导干部，培养党的理论队伍，学习、研究、坚持和发展马克思列宁主义、毛泽东思想的重要阵地，成为干部增强党性锻炼的熔炉。以建设有中国特色社会主义的理论为指导，深化党校教育改革；教学要密切联系学员的思想实际，使学习和掌握理论同改造世界观、增强党性锻炼结合起来；要通过教学使学员做到，有坚定的社会主义理想和信念，坚持全心全意为人民服务的宗旨，保持清正廉洁，拒腐防变，有较强的全局观和组织性、纪律性，维护党的团结统一，坚持理论联系实际、密切联系群众和自我批评三大作风。

1995年9月，中央下发《中国共产党党校工作暂行条例》（以下简称"1995年《暂行条例》"），提出党校"三个阵地、一个熔炉"的定位，即党校是"轮训和培训党员领导干部，培养党的理论队伍，学习、研究马克思列宁主义、毛泽东思想、邓小平同志建设有中国特色社会主义理论的重要阵地""干部增强党性锻炼的熔炉"；规定"党性教育是党校的必修课。党性教育内容要有针对性，要把学习马克思主义基本理论同增强党性锻炼结合起来，把改造主观世界和改造客观世界结合起来"。

2000年《决定》对党性教育作出进一步规定：一是抓好"党性修养"，即在教学全过程贯穿增强党性的要求，同时专门进行党史、党建教学，开展党性党风党纪教育；二是县级党校主要是加强对乡、村基层干部的理想信念教育、党性党风党纪教育、群众路线教育和政策法制教育；三是学员在党校学习期间理论素质的提高和党性修养状况，应当成为干部使用的重要依据之一；四是加强和规范党校学历制度建设，党校学历是一种包含马克思主义理论水平、文化和业务知识、党性要求、领导素质和实践能力等多种因素的综合反映。

3. 开展以"讲学习、讲政治、讲正气"为主要内容的党性党风教育

1998年11月，中央下发《关于在县级以上党政领导班子、领导干部中深入开展以"讲学习、讲政治、讲正气"为主要内容的党性党风教育的意见》，对"三讲"集中教育作出全面部署，旨在用整风的精神，认真解决党性党风方面存在的问题。"三讲"教育总的要求是，推动县级以上党政领导班子和领导干部深入学习邓小平理论和党的十五大精神，提高政治素质，加强党性修养，端正思想作风，增强在改造客观世界的同时

改造主观世界的自觉性。"三讲"是一次面向领导干部的深刻的马克思主义教育运动,形成了加强党的建设的重要经验,对未来的组织工作和提高党的领导力形成很好的示范效应,为干部教育工作的深入开展积累了宝贵经验。

(三)围绕社会主义经济建设开展业务培训

党的十四届三中全会作出建设社会主义市场经济体制的决定。围绕社会主义市场经济建设这一党和国家的工作中心,中央出台了一系列重要政策,以加强对社会主义市场经济理论、知识和相关业务的学习。1994—1996年,中共中央办公厅、中央组织部等部门连续下发《关于组织广大干部学习社会主义市场经济理论和基本知识的通知》《关于组织广大干部学习现代科学技术知识的通知》《关于组织广大干部学习利用外资基础知识的通知》《关于组织广大干部学习社会主义法律知识的通知》等,明确各项学习任务的主要内容与基本要求、学习方法和措施,以及组织领导等工作,要求各级党校、干部院校和培训中心举办相应班次,增加相关培训内容,并对新闻宣传部门加强有关宣传工作作出指示。这是全国各级各类干部广泛、深入地开展业务培训的重要政策依据。

此外,各部门各地区的干部培训规划也都把围绕社会主义经济建设开展业务培训作为重要内容,极大地提高了我国各级各类干部领导社会主义市场经济建设的能力。1995年,中央组织部、中国科学技术协会印发《1995年至2000年农村党员、基层干部实用技术和市场经济知识培训规划要点》,旨在逐步建设一支能适应社会主义市场经济发展要求和依靠科技带领群众走共同富裕道路的农村党员、基层干部队伍。

四 推进教育培训制度创新

相对前一个历史时期,这一时期的党政领导干部,尤其是高级领导干部理论学习的制度化建设大大强化,突出表现在省部级在职领导干部学习制度、组织调训制度、党委(党组)中心组理论学习制度、县以上领导干部理论学习考核制度、干部教育培训质量评估等制度的确立,规定党政领导干部选拔任用要和培训相结合,境外培训作为教育培训的一种重要方式开始确立。

(一) 建立健全省部级在职领导干部学习制度

1989年，中央发布《关于建立健全省部级在职领导干部学习制度的通知》，主要包括如下重要内容：

一是省、自治区、直辖市党委、政府和中央、国家机关各部委的领导干部，每届任期内须到中央党校进修一次，主要学习马克思主义基本理论、党的基本路线和党内政治生活基本准则，运用马克思主义世界观和方法论，联系实际，研究弄清一些重大问题，充实理论基础，提高理论水平。

二是省、自治区、直辖市党委、政府和中央、国家机关各部委领导干部，每年至少用半个月时间，选读一些马克思主义理论著作和其他有关书籍，结合实际，集中精力思考一些问题，总结经验。基本的学习内容和学习篇目由中央宣传部研究拟订。学习结束，应写出理论与实际相结合的学习心得，向所在地党组织汇报。

三是根据需要委托中央有关部门举办省部级领导干部参加的专题研究班，采取理论联系实际的方法，研究讨论一个或几个重大问题，每期时间不超过一个月。

四是选拔进省、自治区、直辖市党委、政府和中央、国家机关各部委领导班子成员，应考虑其马克思主义基础理论的水平。拟推荐人员应选送中央党校进行为期一年的马克思主义基本理论和党内政治生活基本准则的培训。注意选拔非党干部、妇女干部和少数民族干部参加培训。

五是不担任省部领导职务的中央委员、候补中央委员，可根据具体情况作出学习安排。

六是省部级领导干部和后备人选的培训规划由中央组织部负责制定，中央党校组织实施，各地党委要严格执行培训制度，中央组织部加强督促检查。

七是中央党校要根据省部级领导干部和后备干部的需要和培训规划要求，合理确定学习内容，编好学习教材，改进教学方法，引导学员运用马克思主义的基本观点，分析研究建设与改革中的实际问题，使学习理论、总结经验同提高分析和解决问题的能力很好结合，保证学习收到实效。

(二) 明确组织调训制度

为统筹安排各级领导干部的培训工作，更好地发挥中央、国家机关各部委和各地在干部培训工作中的积极性，1991年5月，中央组织部印发《关于中央、国家机关各部委抽调地方领导干部参加培训有关事项的通知》，对组织调训地方领导干部作出规定，各省、自治区、直辖市和中央、国家机关各部委制定干部培训规划，抽调干部参加培训，原则上按目前管理体制和干部管理权限，在党委（党组）统一领导下，由干部教育主管部门负责落实。文件对中央、国家机关各部委抽调地方领导干部参加培训的各种具体情况作出明确规定。此后，组织调训制度成为一项重要的干部教育培训制度。

(三) 建立党委（党组）中心组学习制度

20世纪90年代，在对邓小平理论的学习、实践中，出现了省部级领导干部党委（党组）中心组学习这一形式。这一实践从省部级领导干部学习的局部实践推开，成为各级党委（党组）的学习形式，并在1996年《规划》中被首次明确，"平时坚持党委（党组）中心组学习制度，抓好领导干部在职学习"。1998年，《中共中央关于在全党深入学习邓小平理论的通知》提出，健全党委（党组）中心组理论学习制度，中心组的学习要同贯彻落实中央的重大决策，解决本地区、本部门改革和建设中的重要问题，加强领导班子建设紧密结合，每次重点学习研究一两个问题。要重视集中学习前的调查研究，加强学习的针对性，注重实际效果。主要领导同志要带头学，亲自抓。

2000年，中央组织部、中央宣传部印发《关于加强和改进党委（党组）中心组学习的意见》，进一步完善了党委（党组）中心组学习制度。党委（党组）中心组学习制度是领导班子和领导干部在职学习的重要组织形式，旨在通过集体学习研讨推动各级领导班子和领导干部掌握和运用马克思主义立场、观点和方法的能力。这是一个带有中国特色的、有创新意义的制度安排，也成为中国共产党的政治优势。

(四) 建立县级以上领导干部理论学习考核制度

这一时期，领导干部的理论学习制度进一步加强，中央对理论学习考核制度出台了专门意见。

2000年10月，中央组织部、中央宣传部印发《关于建立县级以上党政领导干部理论学习考核制度的若干意见》（以下简称"2000年《意见》"），这是在深入学习邓小平理论过程中形成的一项新的制度安排，旨在增强领导干部学习的自觉性，保证学习质量和效果，加强领导班子思想政治建设。

2000年《意见》明确了领导干部理论学习考核制度的指导思想，指出领导干部理论学习考核要坚持注重实效、考用结合、便于操作的原则；考核的主要内容包括学习态度、基本理论和基本知识、运用理论指导改造主客观世界的情况。文件对脱产理论学习、党委（党组）中心组学习、在职自学等不同情况的考核分别作出规定；决定建立县级以上党政领导干部政治理论水平任职资格考试制度，并决定建立健全领导干部理论学习的约束和激励机制，是干部理论教育制度建设的重要举措。

（五）党政领导干部选拔任用要和培训相结合

1995年2月，中央印发《党政领导干部选拔任用工作暂行条例》，明确将"必须经过党校、行政院校或者其他培训机构三个月以上的培训"作为提拔担任党政领导职务的资格条件之一，从而形成我国干部培训和选拔任用相结合的制度。2001年《规划》将"培训与使用结合"作为干部教育培训的工作原则之一。

2002年7月，中央印发《党政领导干部选拔任用工作条例》，指出对提拔担任党政领导职务的干部，应当经过党校、行政学院或者组织（人事）部门认可的其他培训机构五年内累计三个月以上的培训，确因特殊情况在提任前未达到培训要求的，应当在提任后一年内完成培训，从而对干部培训和任用之间的关系作出进一步明确规定，既强调了干部培训在党政领导干部选拔任用中的重要作用，又使得制度的执行更灵活，更容易落地。

（六）建立干部教育培训质量评估制度

中央一直高度重视干部教育培训的质量问题。党的十四届三中全会以来，随着社会主义市场经济体制的确立，对市场规律的尊重和探索也反映在干部教育培训工作的管理中，干部教育培训质量评估制度的明确和确立就是表现之一。

1991年《规划》提出要切实保证培训质量，要制定培训质量评估标准，真的做到学以致用。1996年《规划》把"保证培训质量"作为干部教育培训工作应遵循的原则之一，提出在培训计划制订、培训内容优化、培训教材、师资、教学方法、教学管理、培训评估、考核制度等环节要注意培训质量的提高；并在科技人员培训中明确提出要加强效益评估。2000年《决定》提出，要制定科学的办学质量评估指标和评估体系，定期开展党校办学质量和综合条件的评估工作。2001年《规划》提出，以改革创新为动力，进一步提高教育培训质量，"建立干部教育培训质量评估制度"是落实干部教育培训的重要保障措施之一，具体包括：制定干部教育培训质量评估标准，建立质量评估制度；加强对干部教育培训基地的监督和办学质量的检查，逐步形成对学校办学行为和教学质量的监督机制及评价体系，干部教育培训质量评估制度的建设逐步起步。

（七）加强境外培训管理

伴随着社会主义市场经济体制的确立，国家加强了对干部教育培训的涉外管理。一方面，坚定不移地继续加快向西方发达国家和地区的学习借鉴，通过境外培训提高中高级领导干部社会主义市场经济建设的能力；另一方面，加强清理涉外培训中的不规范行为（比如，公费变相出国旅游等）。1995年9月，人事部印发《国家公务员出国培训暂行规定》，对公务员出国培训工作作出规定，包括总则、培训对象与选派、培训内容与方式、培训管理、培训经费等内容。

1996年《规划》明确由中央组织部、国家外国专家局直接组织培训相关事宜，表明干部境外培训工作正式起步，境外培训作为一项制度化安排在全国各地各部门的干部教育培训工作中得到坚持，在我国向西方学习、建设本国社会主义市场经济的过程中起到重要作用。

五 推进培训保障体系建设

（一）加强培训基地建设

作为干部教育培训重要的保障要素之一，干部教育培训基地的建设有了重要进展。

1. 推进党校制度化建设

20世纪90年代，党校从正规化建设进入制度化、规范化建设时期。

1990年5月，中央下发《关于加强党校工作的通知》（以下简称"1990年《通知》"），提出新形势下党校的基本任务；干部进党校学习要制度化、规范化；坚持理论联系实际，提高教学质量和科研水平；切实搞好党校教师队伍建设；加强对党校的领导等。1994年《意见》提出以建设有中国特色社会主义的理论为指导，深化党校教育改革：党校改革的重点是教学和科研改革，根本问题是根据新情况进一步贯彻理论联系实际的方针；加强师资队伍建设，大力培养中青年教师；党委要切实加强对党校工作的领导等。

20世纪90年代，党校工作的制度建设取得进展，这表现在1995年《暂行条例》的颁布，主要内容包括：

第一，明确党校教育的方针以建设有中国特色社会主义理论和党的基本路线为指导，以研究社会主义现代化建设的实际问题为中心，坚持理论联系实际，培养忠诚于马克思主义、德才兼备的党员领导干部和理论人才；党校基本任务是轮训各级党员领导干部，培训中青年党员领导干部，培训意识形态部门的领导干部和理论骨干，协同组织人事部门，对学员在校期间进行考核考察，围绕国际国内新情况新问题开展科学研究，宣传马列主义、毛泽东思想，宣传建设有中国特色社会主义理论和党的路线方针政策；通过轮训和培训，提高学员素质。

第二，明确党校的设置和领导体制，包括各级党委对党校的领导内容，上级党委党校对下级党校的业务指导内容。明确了班次、学制和学历，党校主体班次是进修班、培训班和理论班；党校主体班次的学历是任用干部的一项必备条件。

第三，明确教学是党校的中心工作，要以马克思主义基本理论为主课，同时开设与社会主义现代化建设相关的其他课程；作出党性教育是必修课，同级党委主要负责人要到党校讲课等安排。明确科研是教学的基础，要面向社会，加强与社会学术单位、实际工作部门和国外学术界的联系、协作，建立全方位开放的科研体制。

第四，对党的组织和思想政治工作作出规定，党校主体班次设组织员或班主任，配合党支部负责学员的思想政治工作和考察管理工作。

第五，党校队伍建设的重点是提高教师队伍的素质，对党校教师的理论、能力和师德等作出明确要求。提出师资队伍建设的目标，加强兼职教师队伍建设；对教研人员的专业技术职务评定，党校人事和工作实行分类管理等作出规定。

2000年《决定》提出加大各级领导干部特别是跨世纪中青年领导干部的培训轮训力度，适度扩大党校办学规模；以全面培养领导干部政治家素质为目标，建立和完善党校教学新布局，深化教学改革，提高教学质量；加强重大现实和战略问题的调查研究，充分发挥党校的马克思主义理论阵地作用；从造就马克思主义理论家教育家的高度，努力建设一支政治强、业务精、作风正的高素质党校教师和干部队伍；努力改善党校办学条件，积极推进教学手段和基础设施的现代化建设；明确党校教育的重要地位，进一步发展和完善党校教育体系；切实加强和改善各级党委对党校工作的领导等。

2. 成立国家行政学院

20世纪90年代以来，伴随着干部分类管理制度的改革，我国开始实行公务员制度，国家行政学院、地方行政学院及其他培训机构按有关规定承担国家公务员的培训任务。1994年9月，国家行政学院正式建立。1996年，国务院印发《国家行政学院办学工作的若干意见》（以下简称"1996年《意见》"），对国家行政学院的机构定位、办学方针、培训任务和培训对象、基本目标、教学、学制、班次、学位教育、学员管理和思想政治工作、教师队伍建设、教材、科研、业务交流和国际合作、经费管理等作出明确规定。

2001年5月，国务院办公厅印发《国家行政学院职能配置、内设机构和人员编制规定》，调整了国家行政学院干部教育培训的对象、班次等。和1996年《意见》相比，本次调整增加如下重要职能：指导地方行政学院公务员培训，培训部分国有重要骨干企业领导人员，受香港、澳门特别行政区政府委托为其培训高级公务员，加强对政府系统优秀中青年司级（厅、地、市级）和处级（县、市级）国家公务员的培训，设立办公厅（研究室）、教务部等14个职能部门。

（二）加强教材建设

进入20世纪90年代，全国性的干部教育培训教材建设取得重要进展。1991年《规划》指出，"加强教材建设"，政治理论课教材要适应不同层次、不同程度干部学习的需要；各类业务培训教材要根据不同业务需求进行编写；要有计划地为干部提供学习阅读书目，各地可组织有地方特色的补充教材。1996年《规划》明确提出，"加强对教材编审工作的指导和协调""逐步建立适应干部需要、具有时代特色、内容规范实用的干部培训教材体系。成立全国干部培训教材编审指导委员会,统筹规划教材的编审和评选、推荐优秀教材等工作",要重点组织选学马列和毛泽东主席的著作,特别是学好《邓小平文选》,以《邓小平同志建设有中国特色社会主义理论学习纲要》为重要辅助材料,以《什么是社会主义市场经济》《现代科学技术基础知识》为通用性学习读本,抓紧编选哲学、法律、历史、文学等方面的教材、阅读书目或学习参考材料,编写国家公务员、企业管理人员、青年干部等培训需要的教学大纲和系列教材。

1998年11月,中央组织部牵头成立全国干部培训教材编审协调小组,后来在此基础上成立全国干部培训教材编审指导委员会,统一指导和协调培训教材的规划。2001年《规划》进一步指出,要在全国干部培训教材编审指导委员会的统一指导和协调下,本着"少而精""管用"的原则加以规划,组织编写适应不同层次干部需要的培训教材,切实把好编审关;要逐步建立起科学合理的全国干部培训教材体系,为干部脱产培训和在职学习提供高质量的精品。

(三) 建设高质量师资队伍

师资队伍的培养依然是干部教育培训机构,尤其是干部教育培训主渠道建设的重要工作之一。

1. 严格师资的任职要求

1990年《通知》提出,要切实搞好党校教师队伍建设。党校教师应当"具有坚实的马克思主义理论基础、坚定的共产主义信念、坚强的无产阶级党性,能够努力探索和研究社会主义现代化建设和改革开放中的新问题"。1991年《规划》对师资提出"政治立场坚定,业务素质优良"的总体要求,并明确指出,"坚持资产阶级自由化立场和观点的人,不能担任教学工作"。1995年《暂行条例》明确,党校教师必须做到,有坚实的马克思主义理论基础、坚定的共产主义信念、坚强的无产阶级觉悟;有探索、研究建设中国特色社会主义新问题的能力;胜任教学、科研工作,能深入实际,调查研究,总结实践经验;虚心向群众学习、向学员学习,学风严谨,言传身教,教书育人,为人师表。

1996年《意见》指出,国家行政学院的师资队伍建设坚持专兼结合、以兼为主和德才兼备方针，熟悉政府工作，具有相当教学科研能力，适应高、中级国家公务员培训需要。专职教师要有坚定正确的政治方向、严谨求实的治学态度、勇于探索的开拓精神和高度的责任感与使命感，坚持理论与实际的统一，密切联系学员，谦虚谨慎，为人师表。兼职教师主要从具有较深理论功底和丰富实践经验的省部级、司局级国家公务员以及高等院校、科研单位的专家学者中选聘。

2000年《决定》指出，党校教师必须做到：忠诚于马列主义、毛泽东思想、邓小平理论，自觉地同以江泽民同志为核心的党中央在思想上政治上保持高度一致；具有扎实的马克思主义理论功底和对时代发展的政治敏感，能够深入实际，调查研究，以科学态度探索建设有中国特色社会主义新问题；热爱党校教育事业，学风严谨，勤奋工作，有高度的敬业精神。

2. 加强教师培养

1990年《通知》对加强党校教师培养提出如下意见，一是要有计划、有目的地安排他们到基层或县以上领导机关工作锻炼，二是参加调查研究和培训进修，三是选调一些既有较高理论水平又有实践经验、政治上较强的干部充实党校教师队伍，四是探索做实际工作的干部和党校教师交流。

1991年《规划》明确，按照稳定、充实、调整、提高的原则，加强干部教育师资队伍建设。省级以上党校和干部院校要定期为下级党校和干部院校举办师资训练班，特别要加强对青年教师的培养，采取送出去进修、下基层锻炼、到领导机关代职等多种方式，提高他们的政治、业务水平和理论联系实际的能力。可聘请"有一定政策和理论水平、实践经验丰富的在职领导干部"担任兼职教师。

1994年《意见》提出大力培养中青年教师，要使党校教师队伍"知识结构不够合理、实践经验较少和青黄不接、不够稳定等问题"逐步得到解决，培养一批学术水平较高、学术成果突出，在全国教育和理论战线上有相当影响、能够承担重要研究任务，并在课堂上受到普遍欢迎的中青年教师，有些人"应成为某一学术领域的专家和社会科学方面站在全国学术前沿的学者"；要为年轻教师的成长提供必要条件，使他们摆脱事务性工作，专心致力于教学科研，继续发挥老教师的传、帮、带；每年安排一些教师到实际业务部门工作，或到一定领导岗位挂职锻炼，选送教师到中央和省级党校或高校进修，适当安排党校教师到国外、境外进行考察进修和学术交流；加强和改进管理，建立充满活力的竞争和激励机制。

1996年《规划》提出，大力培养中青年教师，没有基层工作经验的年轻教师要分期分批下派锻炼一年以上；选派有培养前途的教师进修深造或到国外进行考察和学术交流；现有教师要建立培训进修制度和激励制度。

3. 完善教师职务聘任制

这一时期的三个规划和党校建设的文件都对完善教师职务聘任制作出规定。1991年《规划》提出，要继续搞好教学人员的专业技术职务评聘工作，使之经常化、制度化。1994年《意见》提出，党校专业教研人员继续实行专业技术职务制度和相应工资制度。1996年《规划》提出，教学科研人员专业技术职务评聘工作要继续制度化。

2000年，中央提出要在事业单位全面推行聘用制度，以破除事实上的干部身份终身制。根据这一决定，2001年《规划》提出，要根据事业单位推行聘用制的改革进程，建立优化教师队伍的有效机制。其中，完善教师职务聘任制成为一个重要举措。

党的十三届四中全会到党的十六大，是提出并初步形成中国特色干部教育培训体系的重要时期。相比前一个历史时期，这一时期以邓小平建设有中国特色社会主义理论以及江泽民总书记"三个代表"重要思想作为指导思想，大力加强各类干部尤其是领导干部的政治理论学习，强化邓小平建设有中国特色社会主义理论的学习，开展党风党性教育活动，建立省部级在职领导干部学习制度，领导干部调训制度，党委（党组）中心组学习制度，领导干部政治理论学习考核制度，明确培训在党政领导干部选拔任用中的地位。

这一时期，首次明确干部教育培训的工作原则，不但将中华人民共和国成立以来一直坚持的理论联系实际确定为首要原则，而且提出分级分类培训、突出培训重点，保证培训质量，培训与使用结合，坚持改革创新等原则。这一时期，继续加强党政领导干部培训，加强青年干部培训，对各类干部大力开展围绕社会主义市场经济建设的业务培训，公务员培训、继续教育的制度逐渐健全,开始启用境外培训提高干部开展社会主义建设的能力。在干部教育培训的基地建设方面,形成包括党校、行政院校和各类干部院校、干部培训中心为主体的干部培训机构格局,不断改进和加强党校培训。对市场冲击下的干部教育培训机构的规范发展提出意见,干部教育培训的质量评估逐渐上升为一项重要的制度。

在初步建立起中国特色干部教育培训体系的同时,我国的干部教育培训在制度建设方面还存在诸多问题,立法和制度化建设滞后,宏观管理体制有待加强和完善,主渠道办学机制不够灵活、效率不高,培训的针对性、有效性有待提升,培训质量亟待改善。改革创新成为下一个历史时期我国干部教育培训工作的主题。

第四节 中国特色干部教育培训体系的创新发展(2002—2012年)

党的十六大以来,围绕全面建设小康社会的奋斗目标,我国把干部教育培训作为建设高素质干部队伍的先导性、战略性、基础性工作,大规模培训干部,大幅度提高干部素质。围绕党和国家的中心工作,我国在培训的实效上下功夫,在教育培训的运行、管理、制度建设等方面都有创新和发展,形成干部教育培训工作的党内法规,干部教育培训的改革创新持续推进,制度建设进入新的发展阶段。

一 立法和制度建设取得突破性进展

(一)干部教育培训立法取得突破性进展

1. 颁布《干部教育培训工作条例(试行)》

2006年,中央将干部教育培训工作积累的卓有成效的经验和做法上升为党内立法,颁布《干部教育培训工作条例(试行)》(以下简称"2006年《条例》"),标志着干部教育培训事业进入一个新的发展阶段。

2006年《条例》明确了我国干部教育培训工作的指导思想、遵循原则、适用范围、管理体制、教育培训对象、内容与方式、教育培训机构、师资、教材、经费、考核与评估、监督与纪律等内容,构成了完整的干部教育培训制度体系。

2. 颁布《中国共产党党校工作条例》

2008年10月，中央颁布《中国共产党党校工作条例》（以下简称"2008年《工作条例》"），以党内法规形式对党校工作进行进一步完善，涵盖了党校的设置和领导体制、班次和学历、教学工作、科研工作、学员管理、队伍建设、机关党的工作、行政管理和后勤服务等问题。

3. 颁布《行政学院工作条例》

2009年12月，国务院颁布《行政学院工作条例》（以下简称"2009年《条例》"），包括总则、行政学院的设置和领导体制、教学培训、科学研究、决策咨询、开放办学、学员管理、队伍建设、办学保障等方面的规定，进一步推进行政学院工作的科学化、规范化和制度化。

4. 公务员培训制度基本完备

2005年4月，全国人大常委会通过《公务员法》，对公务员培训进行了规定，标志着有中国特色的公务员培训制度正式以法律形式确立下来。2008年6月，中央组织部、人力资源和社会保障部颁布《公务员培训规定（试行）》，包括总则、培训对象、培训分类、培训方式、培训保障、培训登记、监督与纪律等，标志着中国特色公务员培训制度基本完备。

（二）干部教育培训领导体制基本定型

我国的干部教育培训体制在这一时期基本定型：在党中央领导下，由中央组织部主管，中央和国家机关有关工作部门分工负责，中央和地方分级管理。

（三）干部教育培训基本制度进一步明确

党的十六大到十八大是干部教育培训制度化的重要时期，除前文所述重要的立法进展外，中央发布《2006—2010年全国干部教育培训规划》（以下简称"2006年《规划》"），中央组织部印发《关于2008—2012年大规模培训干部工作的实施意见》（以下简称"2008年《实施意见》"），中央办公厅印发《2010—2020年干部教育培训改革纲要》（以下简称"2010年《改革纲要》"），通过这些重要的规划和政策，干部教育培训的制度化建设不断提速。

2006年《条例》明确了一些干部教育培训基本制度，2008年《实施意见》和2010年《改革纲要》又继续完善和强调了一些基本制度。这些基本制度中，有一些是之前就存在的，比如组织调训、在职自学、境外培训、教育培训机构准入、质量评估、干部教育培训考核评价制度等,这些制度有了进一步的发展,还有一些是随着干部教育培训工作的实践出现的新的制度安排,比如自主选学、项目管理、跟班管理,以及提高教学和管理的信息化水平,重视干部教育培训管理者的队伍建设,提出领导干部上讲台,专职教师实行职务聘任和竞争上岗等。

(四)规定干部教育培训的监督与纪律

随着党的组织建设制度化的不断加强,干部教育培训的监督和纪律也成为干部教育培训立法和制度建设的重要内容之一。2003年12月,中央印发《中国共产党党内监督条例(试行)》《中国共产党纪律处分条例》。2005年4月,全国人大常委会通过《公务员法》。2006年的《条例》以上述党和国家立法作为重要上位法,对干部教育培训工作的监督与纪律进行了明确,对干部教育培训工作的监督主体、权限和范围,重点是干部教育培训机构、干部所在单位和干部本人贯彻执行2006年《条例》的纪律约束作出规定,明确了干部参加教育培训违纪给予相应处理处分,对干部教育培训机构和干部所在单位的违法违规行为提出明确的处理意见。

干部教育培训工作中加强监督和纪律建设是党的建设和组织建设发展到一定阶段的产物,体现了坚持党要管党、从严治党的党建特点和趋势。

2008年8月,中央组织部印发《关于在干部教育培训中进一步加强学风建设的若干意见》,提出要正视干部教育培训中的不正之风,并加以解决,这包括要坚持理论联系实际,严肃培训纪律,厉行勤俭节约等,对教育培训机构及老师、干部在教育培训期间的行为进行约束。这是加强干部教育培训监督和纪律建设的重要文件之一,为干部教育培训事业的健康有序发展提供了保障。

二 深化政治理论学习

从党的十六大到党的十八大,作为马克思主义中国化的"三个代表"重要思想成为干部教育培训的指导思想。干部教育培训以政治理论学习为引领,全面贯彻落实科学发展观和"三个代表"重要思想,党的理论学习进一步深化,中央政治局建立集体学习制度,并在建设学习型政党中发挥重要表率作用。与此同时,这也是党性教育逐渐从政治理论教育中独立出来的历史时期,集中体现在历次规划中对党性教育的有关界定。

(一)深化政治理论学习

1. 形成中央政治局集体学习制度

党的十六大之后,2002年12月26日,中央政治局举行第一次集体学习,胡锦涛总书记强调,要将集体学习作为一项制度长期坚持。党的十六大到十八大期间,中央政治局共开展了77次集体学习,这些学习紧紧围绕中央工作部署和治国理政重大理论和实际问题展开,具有很强的针对性和战略性,为建设学习型政党、建设学习型社会起到重要推动和示范作用[①]。

2. 学习贯彻"三个代表"重要思想

2003年6月,中央发出《关于在全党兴起学习贯彻"三个代表"重要思想新高潮的通知》指出,"三个代表"重要思想同马克思列宁主义、毛泽东思想和邓小平理论一脉相承,是马克思主义中国化的最新成果,要把"三个代表"重要思想作为我国统领全局、贯穿各项工作的根本指针,把贯彻落实好"三个代表"重要思想作为首要的政治任务抓好。学习贯彻"三个代表"重要思想,领导机关和领导干部是关键。

3. 深入学习实践科学发展观

党的十六大后,以胡锦涛同志为总书记的党中央,在总结中国发展实践,借鉴国外发展经验中提出科学发展观这一重大战略思想,党的十七大把科学发展观写入党章。

2006年《规划》提出,以科学发展观为统领,以马克思主义中国化的最新成果为中心内容,进一步加大理论武装的力度,重点进行《江泽民文选》和党的十六大以来以胡锦涛同志为总书记的党中央提出的以人为本、实现科学发展、构建社会主义和谐社会、建设社会主义新农村、建设创新型国家、树立社会主义荣辱观、推动建设和谐世界、加强党的先进性建设等重大战略思想的教育培训。

2008年9月,中央下发《关于在全党开展深入学习实践科学发展观

[①] 高世琦:《中国共产党干部教育世纪历程》,党建读物出版社2013年版,第357—358页。

活动的意见》，决定从 2008 年 9 月开始，用一年半时间，在全党分批开展深入学习实践科学发展观活动。活动以县级以上领导班子和党员领导干部为重点，全体党员参加，旨在达到提高思想认识、解决突出问题、创新体制机制、促进科学发展等目标。学习实践活动是用中国特色社会主义理论体系武装全党、推进马克思主义中国化的卓有成效的实践。

4. 推进学习型政党建设

党的十六大把形成全民学习、终身学习的学习型社会，作为全面建设小康社会的重要目标之一。党的十六届四中全会第一次在党的文件中提出"努力建设学习型政党"，强调"重点抓好领导干部的理论和业务学习，带动全党的学习，努力建设学习型政党。围绕增强执政意识、提高执政能力，创新培训方法，提高培训质量，大规模培训干部"。

党的十七届四中全会通过《关于加强和改进新形势下党的建设若干重大问题的决定》，强调要"建设马克思主义学习型政党，提高全党思想政治水平"。

2010 年 2 月，中共中央办公厅发出《关于推进学习型党组织建设的意见》（以下简称"2010 年《意见》"），把建设学习型党组织作为建设学习型政党的一项基础工程，对各级党组织建设成学习型党组织作出全面部署，立足实际，务求实效，不断探索学习型党组织建设的方法和途径，包括：建立健全党组织集体学习制度，建立健全培训制度，建立健全调查研究制度，建设基层党员轮训制度，建立健全党员个人自学制度，建立健全主题教育制度，建立健全学习考核制度，建立健全学习成果转化制度等。

（二）加强党性教育

1. 不断深化党性教育认识

党的十六大以来，中央进一步加强了党员的教育工作和党性教育工作，将党性教育工作作为党员经常性教育的重要内容，"党性修养进一步增强"作为 2006 年《规划》的总体目标之一。同时，对后备干部培养突出"理论武装、实践锻炼、党性修养等环节"，包括到党校、行政学院、干部学院参加中长期脱产进修、到革命传统教育基地和国情教育基地进行党性锻炼等。

2006 年《条例》将政治理论作为培训重点，旨在通过学习马列主义、毛泽东思想、邓小平理论、"三个代表"重要思想等，树立和落实科学发展观、正确政绩观的教育，通过加强党的历史、党的优良传统作风、党的纪律的教育，国情和形势的教育，引导干部坚定共产主义理想和中国特色社会主义信念，坚持马克思主义的世界观、人生观、价值观和正确的权力观、地位观、利益观，引导干部夯实理论基础、开阔世界眼光、培养战略思维、增强党性修养。党性修养的增强是政治理论培训的成果之一。

2008年《实施意见》对"党性修养"作出与时俱进的界定，明确提出"坚持用党的优良传统和作风教育干部，引导干部讲党性、重品行、做表率，增强忧患意识，切实做到为民、务实、清廉"。在"后备干部培训工程"中，提出"突出理论武装、实践锻炼、党性修养，帮助后备干部树立高尚的人生追求，提高科学发展、为民谋利、艰苦奋斗、廉洁自律的意识和本领"。此外，还明确"党性锻炼"作为领导干部教育培训情况考核的重要指标之一。

2010年《改革纲要》提出了干部教育培训工作中"党性教育比较薄弱"的问题，对党性教育体系作出重要布局，在如下四个领域的改革中具体阐述加强党性教育的具体安排。

一是办学体制改革：构建更加开放的干部教育培训格局，提出"发挥资源优势，开辟各类实践教研基地，为加强干部能力培养和党性锻炼提供直观、生动的课堂"。

二是运行机制改革：建立组织调训为主、自主选学为辅的干部参训机制，"对政治理论、党性教育、党和国家重大战略部署等需要组织调训的，坚持实行组织调训"；建立健全干部学习培训考核评价机制，"全面考核干部的学习态度和表现、掌握运用理论和知识、党性修养和作风养成等情况"。

三是内容方式改革：完善培训内容体系，不断完善理论教育、知识教育、党性教育体系。致力于提高干部的道德品行和精神境界，大力加强党性党风党纪教育和社会主义核心价值体系教育，重点开展忠于党和人民、尽职尽责工作、培养高尚道德情操、拒腐防变的教育。

四是宏观管理改革：加强和改进学风建设，明确对学员提出"要加强党性锻炼，端正学习态度，严守校纪校规"。

2. 保持共产党员先进性教育活动

党的十六届四中全会提出，以提高党的执政能力为重点，全面推进党的建设新的伟大工程，坚持党要管党、从严治党方针，紧密联系治国理政的实践，全面加强和改进党的思想、组织、作风和制度建设，在全党开展以实践"三个代表"重要思想为主要内容的保持共产党员先进性教育活动。

2004年11月，中央印发《关于在全党开展以实践"三个代表"重要思想为主要内容的保持共产党员先进性教育活动的意见》，决定从2005年1月开始，用一年半左右的时间，在全党开展以实践"三个代表"重要思想为主要内容的保持共产党员先进性教育活动，达到提高党员素质、加强基层组织、服务人民群众、促进各项工作的目标。

三 统筹重点群体教育培训

（一）通过人才工程推进干部教育培训

党管干部是我国干部人事工作不可动摇的根本原则。随着党的建设工作的与时俱进，2002年的全国组织工作会议提出党管人才原则，强调要把党的干部工作和人才工作统筹规划、协调运行。

2003年12月，中共中央、国务院印发《关于进一步加强人才工作的决定》，明确提出要实施人才强国战略，全面贯彻干部队伍"四化"方针和德才兼备原则，着力建设党政人才、企业经营管理人才、专业技术人才队伍，为改革开放和现代化建设提供坚强的人才保障。

2010年6月，中共中央、国务院印发《国家中长期人才发展规划纲要（2010—2020）》，提出以高层次人才、高技能人才为重点统筹推进各类人才队伍建设：

第一，通过大规模培训和加强干部自学并举的方式推进党政人才队伍建设，实施党政人才素质能力提升工程，构建理论教育、知识教育、党性教育和实践锻炼"四位一体"的干部培养教育体系，实施后备干部队伍建设"百千万工程"等。

第二，企业经营管理人才队伍，以战略企业家和职业经理人为重点，加快推进企业经营管理人才职业化、市场化、专业化和国际化，培养造就一大批具有全球战略眼光、市场开拓精神、管理创新能力和社会责任感的优秀企业家和一支高水平的企业经营管理人才队伍，依托知名跨国公司、国内外高水平大学和其他培训机构，加强企业经营管理人才培训，提高战略管理和跨文化经营管理能力。实施企业经营管理人才素质提升工程和国家中小企业银河培训工程。

第三，专业技术人才队伍，以提高专业水平和创新能力为核心，以高层次人才和紧缺人才为重点，打造一支宏大的高素质专业技术人才队伍。构建分层分类的专业技术人才继续教育体系，加快实施专业技术人才知识更新工程，进一步实施并完善新世纪百千万人才工程，组织实施青年英才开发计划、高素质教育人才培养工程、文化名家工程、全民健康卫生人才保障工程等。

(二) 加强党政领导干部组织调训

党的十六大以来，由中央负责的领导干部调训数量明显提高。2006年《规划》显示，每年有组织有计划地培训省部级干部500人左右、厅局级干部8800人左右、县处级干部10万人左右，突出抓好党政正职领导干部的教育培训。这一时期新成立的中国浦东干部学院、中国井冈山干部学院、中国延安干部学院承担了部分干部培训任务。

2008年《实施意见》提出实施"一把手"培训工程。重点抓好县处级以上党政领导干部、国有重要骨干企业和金融机构主要领导人员、高等学校主要负责人的培训，把新任"一把手"的培训放在优先位置。中央每年举办一期省部级党政主要领导干部专题研讨班。中央组织部会同有关部门，每年举办一期中央管理的国有重要骨干企业和金融机构主要领导人员专题研究班、一期中央管理的高等学校主要负责人专题研究班，每年安排130名左右市（地）党政主要领导干部、1100名左右县（市）党政主要领导干部参加脱产培训，5年内将市（地）、县（市）党政主要领导干部培训一遍。

(三) 加强和改进企业经营管理人员教育培训

针对企业经营管理人员教育培训工作存在的亟待解决的问题，2004年9月，中央组织部印发《关于加强和改进企业经营管理人员教育培训工作的意见》，明确企业经营管理人员教育培训工作的指导思想、目标和原则，管理体制，教育培训基地建设，教育培训工作者队伍建设，经费管理等，为开展企业经营管理人员教育培训工作提供了政策遵循。

（四）加强专业技术人员继续教育

这一时期，我国在继续教育方面出台多项政策文件，包括《2003—2005年全国专业技术人员继续教育规划纲要》《关于印发〈专业技术人才知识更新工程（"653工程"）实施方案〉的通知》《关于加强专业技术人员继续教育工作的意见》《专业技术人才队伍建设中长期规划（2010—2020年）》《关于印发专业技术人才知识更新工程实施方案的通知》等。这些文件的颁发和实施，进一步加强了专业技术人员继续教育的制度化，推动了我国继续教育事业的发展。

（五）加强基层干部教育培训

1. 加强市县党政正职队伍建设

中央出台专门文件，对县级党政领导干部的培训作出规定和要求，进一步加强了县级正职队伍建设。

2006年，中央组织部印发《关于进一步加强县（市、区、旗）党政正职队伍建设的意见》，强调要从全局和战略高度认识和加强县（包括市、区、旗，以下统称县）党政正职队伍建设，以建立和完善科学的管理体制和工作机制为保证，进一步加大培养、选拔、管理和监督力度，建设一支善于治县理政的高素质县党政正职队伍。《意见》提出，要坚持把思想教育放在首位，重点加强民主集中制教育；加强能力培养，提高驾驭本地区经济社会发展全局的能力、处置突发事件的能力、做好群众工作的能力和解决自身问题的能力；要创新培训方式、拓宽培训渠道；加强后备干部队伍培养，按照县党政正职的成长规律，制订培养计划，有计划地选派到上级机关、经济发达地区或条件艰苦、情况复杂、矛盾较多的地区和乡镇、街道锻炼。

2009年，中央印发《关于加强县委书记队伍建设的若干规定》，将搞好县委书记的教育培训作为加强县委书记队伍建设的重要环节，提出建立新任县委书记任职培训制度，抓好县委书记的专题培训和日常教育培训。新任县委书记的任职培训由中央组织部统筹组织实施，在中央党校等国家级干部教育培训机构进行，以岗位职责和纪律要求为培训重点，增强责任感和使命感，提高履职能力；专题教育培训由中央组织部围绕中央重大工作部署，适时进行集中教育培训；日常教育培训由省（自治区、直辖市）党委组织部门组织实施。

2011年，中共中央办公厅印发《关于加强市（地、州、盟）党政正职管理若干规定》，将强化教育培训作为加强市（包括地、州、盟，以下统称"市"）党政正职管理的重要环节，着力提高市党政正职推动科学发展、促进社会和谐的能力；加强党性锻炼和党性修养，强化理论武装，突出理想信念、宗旨意识、求真务实、艰苦奋斗、廉洁从政教育；提高教育培训的针对性和实效性，根据经济社会发展新情况新问题，适时开展专题培训；拓宽培训渠道，创新培训方式，定期组织市党政正职开展务虚研讨，有计划地组织跨地域学习考察和经验交流，建立由中央组织部负责实施的新任市党政正职任职培训制度。

2. 加强和改进基层干部教育培训工作

中央对加强和改进基层干部教育培训工作作出专门部署，凸显党在坚持"全员培训"原则下，对基层干部教育培训问题的重视。

针对基层干部教育培训工作还存在许多不适应的地方和薄弱环节，2011年，中共中央办公厅转发《中央组织部关于加强和改进基层干部教育培训工作的意见》，对基层干部教育培训工作作出专门、全方位部署，提出要充分认识加强和改进基层干部教育培训工作的重要性紧迫性，明确了基层干部教育培训工作的指导思想、基本原则和主要任务，增强基层干部教育培训的针对性实效性，推动优质教育培训资源向基层延伸倾斜，加强对基层干部教育培训工作的组织领导。

四　创新培训制度

（一）确立按需施教原则

干部教育培训的重要创新之一是确立"按需施教"的原则。1996年《规划》在建立有中国特色的干部教育体系的基本框架中提出，建立以需求为导向，实行组织按计划调训与干部自主参训相结合的充满活力的干部教育培训运行机制。2006年《条例》将"以人为本，按需施教"上升为干部教育培训工作应当遵循的原则。"按需施教"是以人为本的具体化，强调干部教育培训工作既要符合党和国家工作的大局、符合干部岗位职责的要求，又要符合干部个性化、差异化的培训需求，即按照党和国家的要求，把握干部的成长规律和教育培训需求，分级分类进行干部教育培训，激发干部学习的内在动力和潜能，不断增强干部教育培训的针对性和实效性。

(二) 加强和改进党委 (党组) 中心组学习

为全面贯彻党的十七大精神，落实中央关于进一步加强和改进领导干部理论学习和党委（党组）中心组学习的要求，推进各级领导班子思想政治建设，2008年，中共中央办公厅印发《中共中央关于进一步加强和改进党委（党组）中心组学习的意见》，对党委（党组）中心组学习制度作出进一步完善，指出要充分认识加强和改进党委中心组学习的重要性，大力弘扬理论联系实际的马克思主义学风，不断完善党委中心组学习的制度和管理，切实加强对党委中心组学习的组织领导。

(三) 开展自主选学

党的十六大到党的十八大期间，干部培训在方式、方法方面有创新发展，自主选学就是其中之一。2006年《条例》首次提出"推行干部自主选学"这一培训方式，明确"在干部教育培训管理部门的指导下，干部可以自主选择参加教育培训的机构、内容和时间。干部教育培训管理部门或者干部教育培训机构应当定期公布供干部自主选学的教育培训项目，明确要求，加强管理"。

2008年《实施意见》提出，坚持和完善组织调训制度，大力推行干部自主选学，把党和国家对干部的学习要求与干部的需求结合起来，建立自主选学与组织调训相结合的干部参训机制。明确政策法规、业务知识、文化素养和技能训练类培训，要逐步加大干部自主选择培训机构、培训内容、培训时间的力度，政治理论培训也可给干部提供一定的选择空间。

2010年《改革纲要》对自主选学为辅的参训机制进一步完善，提出把组织要求和干部个人需求结合起来，推行干部自主选学，鼓励干部自愿参训，逐步扩大干部选择培训机构、培训内容、培训师资、培训时间的自主权。充分利用干部教育培训网络平台，抓好"供、选、教、管"等关键环节和配套制度建设，提高干部自主选学质量。

根据要求和部署，2008—2010年，中央组织部会同有关地区、部门和高校开展了干部选学试点工作。

(四) 积极开展网络培训

党的十六大到党的十八大，网络培训作为重要的培训方式在干部教育培训中广泛开展，成为改进干部教育培训，包括基层干部培训、行政机关公务员培训的重要途径。

2006年《规划》提出，积极开展网络培训，2006年《条例》将推广"网络培训"放在"远程教育、电化教育"之前。2008年《实施意见》在深化干部教育培训机构教学改革中明确提出，大力推广网络培训、远程教育和在线学习，提高培训的覆盖面和资源利用率。

2010年《改革纲要》明确，到2020年，要形成"网络培训广泛运用"的办学体制，明确要加快建设干部培训网络平台，加强网络培训基础设施建设，规范干部网络培训管理；整合现有网络培训资源，建立开放、兼容、共享的全国干部教育培训网络，到2012年基本建成功能完备、资源共享、规范高效的干部网络培训体系。

（五）建立干部教育培训机构准入制度

干部教育培训机构准入制度，是指"干部教育培训管理部门制定和公布社会培训机构进入干部教育培训市场的标准，并评估认定教育培训机构资质的制度"[1]。这一制度可追溯至20世纪90年代培训管理的有关文件。进入21世纪，2006年《条例》提出，建立干部教育机构准入制度，培训机构承担干部教育培训任务，必须获得干部教育培训管理部门的资质认可。干部教育培训管理部门应制定和公布相应的准入标准。相对于20世纪90年代对承担任职资格培训的干部院校和培训机构进行资格审查的制度，干部教育培训机构准入制度有了新的发展：将准入制度限于社会培训机构，也就是市场化的培训行为；将培训项目的范围放宽，不再局限于任职资格培训。

2008年《实施意见》提出，"建立开放竞争、优化统筹的办学体制"，对建立干部教育培训机构准入制度作出进一步明确：科学制定准入标准，把高等学校、科研院所、社会培训机构等优质培训资源纳入干部教育培训体系，形成分工明确、布局合理、优势互补、相互促进的大教育、大培训的干部教育培训格局；中央组织部会同有关部门，选定一批全国重点高校作为干部教育培训基地；各地区各部门可选择一批高等学

---

[1] 中共中央组织部干部教育局：《〈干部教育培训工作条例（试行）〉学习辅导》，党建读物出版社2006年版，第100页。

校作为干部教育培训基地；适度利用境外优质培训资源开展合作培训。中央对干部教育培训市场的规范和培育不断完善。

（六）实行干部教育培训项目管理制度

干部教育培训项目管理，是指"把项目管理方法运用于干部教育培训工作中，促进干部教育培训管理工作科学化水平和干部教育培训绩效提高的一项新举措"[1]。其主要含义是，干部教育培训管理部门把干部教育培训的某些任务作为独立的项目剥离出来，以直接委托或招投标等方式交由教育培训机构承办，通过监控项目实施和组织验收评估实现对项目的管理，从而达到提高培训质量、降低培训成本的目的。[2]

2006年《条例》明确提出，"实行干部教育培训项目管理制度"，干部教育培训管理部门可采取直接委托、招标投标等方式，确定承担培训项目的教育培训机构，加强项目实施的管理，提高培训绩效。

2008年《实施意见》进一步提出，"建立干部教育培训项目管理制度"，干部教育培训管理部门根据培训需要，定期确定培训项目，向各类干部教育培训机构开放，择优选定承办机构。干部所在单位根据实际需要，可以自主选择培训机构，自主安排干部培训。改进培训经费使用和管理方式，逐步实行"经费跟着项目走""经费跟着干部走"，这是对干部教育培训项目管理制度的最新发展，是党的十六大以来干部教育培训制度的重要创新。

（七）建立干部教育培训机构评估制度

2006年《条例》将"全员培训，保证质量"作为干部教育培训工作应遵循的重要原则，要求实现干部教育培训的规模和质量、效益的统一，建立干部教育培训机构评估制度就是其中的一项重要举措。

干部教育培训机构评估制度聚焦于干部教育培训对象（干部教育培训机构）、相关培训内容（包括办学方针、培训质量、师资队伍、组织管理、基础设施、经费保障等）、干部教育培训主体（干部教育培训主管部

---

[1] 中共中央组织部干部教育局：《〈干部教育培训工作条例（试行）〉学习辅导》，党建读物出版社2006年版，第102—103页。

[2] 中共中央组织部干部教育局：《〈干部教育培训工作条例（试行）〉学习辅导》，党建读物出版社2006年版，第103页。

门负责评估，也可委托中介机构进行评估），以及评估结果的运用（干部教育培训管理部门运用评估结果，对干部教育培训机构的建设和发展提出指导性意见，干部教育培训机构根据评估结果改进工作）等内容，是对各地各部门评估工作经验的总结。

（八）加强教学组织管理

教学组织管理是党校等干部教育培训机构内部运作管理制度，包括培训机构集体备课、教学督导、评价反馈，跟班管理、培训管理者培训等，是教育培训机构不断提高教学规范化、制度化、科学化的重要内容。

中央历来重视党校的教学工作。改革开放以来，教学改革成为党校正规化的首要内容。

20世纪90年代，党校的教学改革主要包括教学内容和课程体系建设。进入21世纪，中央对党校教学工作的规定不仅包括上述内容，还包括教学组织管理、学科建设、教材建设等，这集中表现在2008年《工作条例》。2008年《工作条例》要求，建立健全规章制度，形成职责明确、分工协作的教学实施和运行机制，建立和完善学习考核体系和教学效果评估体系。2010年《改革纲要》提出，干部教育培训机构要组织学员对培训项目、课程设置、师资水平、教学管理等进行评价，通过评价不断改进工作，提高教学水平；2012年在全国普遍推行教学质量评估制度。

跟班管理制度是各级组织人事部门或干部教育培训的主办单位选派专人跟班参与重点班次教学培训全过程的一项制度。跟班管理的实践形成于20世纪90年代，党的十六大以后在有关政策中得到明确。2008年8月，中央组织部印发《关于在干部教育培训中进一步加强学风建设的若干意见》，在严肃培训纪律中明确，组织部门和干部教育培训机构要认真落实干部教育培训考核和激励的有关规定，将学员在校学习期间的表现、考核成绩、党性锻炼情况记入其个人档案，作为干部考核的内容和任职、晋升的重要依据之一。对重点培训班次，组织部门要专门派人跟班。这是对学员跟班管理的明确规定，也是党的组织工作制度建设越织越密的重要体现。

培训管理者包括组织人事部门中从事干部教育培训的工作人员和各级各类干部教育培训机构中从事教学和培训组织管理的工作人员。党的十六大以后，我国对培训管理者的培训进行了规定。2006年《条例》首次提出要加强干部教育培训管理者队伍建设,"注重培训,促进交流,优化结构,提高素质";2006年《规划》和2008年《实施意见》进一步提出,抓好干部教育培训管理者的教育培训和实践锻炼,不断提高他们的思想政治素质和业务水平,努力建设一支高素质的干部教育培训管理者队伍。培训管理者培训工作逐渐加强。

五 加强保障体系建设

(一) 加强教材建设

这一时期的教材建设稳步推进。2006年《条例》提出,逐步建立开放的、形式多样的、具有时代特色的教材体系,全国干部培训教材编审指导委员会负责组织制定干部培训教材建设规划和教材大纲,审定全国干部培训教材;有关地方、部门和机构按照教材大纲的要求,可以编写符合需要、各具特色的干部培训教材,并可选用国内外优秀出版物。

2010年《改革纲要》提出,干部教育培训管理部门要会同干部教育培训机构,加强干部教育培训学科、课程和教材体系建设,打造品牌培训项目,实施精品课程和精品教材工程,大力开发案例教材。中央宣传部、中央组织部每年定期向党员干部推荐学习书目。干部教育培训的教材建设不断完善。

(二) 完善师资队伍建设

师资队伍建设既和干部教育培训事业同步,也和我国人事制度的改革同步。党的十六大以来,培训师资队伍建设的规定进一步完善。

1. 建立专职教师知识更新机制和考核评价体系

2006年《条例》明确提出,"实行专职教师职务聘任和竞争上岗制度,通过考核、奖惩和教育培训,加强专职教师队伍建设""建立专职教师知识更新机制,保证专职教师每年参加教育培训的时间累计不少于1个月",这一制度安排充分体现了党中央对干部教育培训教师的关怀和培养,也是对实践中各地做法的总结。

鉴于干部教育培训机构教师教学科研活动具有自身的特点和规律,2006年《条例》还明确提出,"逐步建立符合干部教育培训特点的师资队伍考核评价体系",指明了干部教育培训机构师资管理的发展方向。

2008年《意见》对专职教师知识更新作出部署:继续实行骨干教师

培训计划，保证专职教师每年参加脱产培训的时间累计不少于1个月；建立业务进修、实地调研、挂职锻炼相结合的知识更新机制，提高教师培训设计、组织和管理能力，培养适应干部教育培训需要的专业培训设计师；中央组织部每年安排600名左右省（区、市）党校、行政学院和部门、行业培训机构的教师到国家级干部教育培训机构、国内著名高校、国外著名培训机构学习培训。

2008年《工作条例》对党校专职师资队伍建设作出重要规定：一是上级党委党校对下级党委党校师资培训等进行调研，提出改进意见和建议，中央党校和省、自治区、直辖市委党校可举办主要以党校教师为对象的师资培训班；二是党校队伍建设的重点是教师队伍建设。通过制定和实施人才强校战略，造就一批政治强、业务精、作风正的高素质教学科研人才；三是着力完善学习进修、实践锻炼、激励竞争、考核评价等培养机制，营造在理论研究和教学方式方法上积极探索、大胆创新的宽松环境；四是按照国家有关规定，结合岗位设置和聘用要求，不断完善专业技术职务评审制度和程序，切实保证评审质量。

2. 建立领导干部上讲台制度

2006年《规划》提出，"党政主要领导干部要坚持到党校、行政学院和干部学院授课"。2010年《改革纲要》首次提出"建立领导干部上讲台制度"，即"党政领导干部特别是主要领导干部要坚持到干部教育培训机构授课"。这一制度的提出推动了各级党委对干部教育培训机构的关心和领导，使干部教育培训对象更紧密地围绕党和国家工作的大局和形势开展学习，提高了组织调训的质量和效益。

（三）加强教育培训机构建设

党的十六大到党的十八大，是我国干部教育培训机构的制度化建设取得新进展的重要历史阶段。

1. 进一步加强党校建设

2002年12月18日，胡锦涛总书记同中央党校校委座谈，概括了党校工作九条经验，指出要充分认识党校的重要作用；充分发挥党校"三个阵地、一个熔炉"的重要作用；充分发挥党校作为党政领导干部培训轮训主渠道作用，着力抓好理论学习和武装这个首要任务；正确认识教学和科研的关系，坚持教学相长；坚持解放思想、实事求是、与时俱进，坚持科学探索无禁区、党校讲坛有纪律，同党中央保持思想上、政治上的高度一致，绝不允许传播违反中央精神的错误观点；把教师队伍建设作为党校一项很重要的基础性工作来抓，坚持从严治党，严格党校内部各项规章制度；切实加强对党校工作的领导；等等。

2008年《工作条例》作为党校建设的重要立法，包括如下重要内容：

第一，党校"三个阵地"的内涵与时俱进，强调了党校的"宣传"定位，增加了马克思主义中国化的最新理论成果，即各级党委要把党校办成"培训轮训党员领导干部，培养党的理论队伍，学习、研究和宣传马克思列宁主义、毛泽东思想、邓小平理论、'三个代表'重要思想以及科学发展观等重大战略思想的重要阵地"。

第二，党校工作突出"严"字，坚持从严治校、从严施教、从严管理，切实加强校风和学风建设；加强学员的教育和管理，提高学员素质，"始终同党中央保持一致"；严格学员管理，思想政治教育要贯穿于学员管理全过程，形成各级党委组织部门、学员派出单位和党校之间的协调配合；加强党校教师队伍建设，党校教师要遵守党的政治纪律，始终同党中央保持一致，对兼职教师的要求和管理更具体。

第三，党校的基本任务首先是培训轮训各级党员领导干部及后备干部，培养理论干部；其次是承接党委和政府举办的专题研讨班，突出科研工作要推进理论创新，开展马克思主义中国化最新成果的理论宣传。主要班次从原有的"进修班、培训班和理论班"发展为"进修班、培训班、专题研讨班和师资培训班"，中央党校的轮训对象增加县（市）委书记，省、自治区、直辖市委党校轮训对象增加乡（镇）党委书记。

第四，修订党校主体班次学历作为干部任用必备条件的规定，改为党校对学员轮训培训的考核情况（包括学习、党性修养、遵守校规校纪情况）作为干部任职、晋升的重要依据之一，因故未按规定参加党校培训轮训或者未达到培训轮训要求的，应当及时补训。

第五，加强教学，优化教学布局，明确理论基础、世界眼光、战略思维和党性修养的教学布局；按照分类别、分层次的原则设置教学班次、教学内容和课程；党性教育要贯穿党校教学全过程；创新教学方式，大力推行研究式教学；切实加强教学的组织管理；完善学科建设、教材建设、信息化建设；明确建立以科研项目为枢纽的科研管理体制。

2. 推进国家行政学院建设

2009年《条例》的公布，进一步推进了国家行政学院的科学化、规范化、制度化建设，主要内容如下：

第一，明确行政学院是培训公务员、培养公共管理人员和政策研究人员，开展社会科学研究和决策咨询的机构。

第二，明确行政学院的设置和领导体制。规定上级人民政府设立的行政学院对下级人民政府设立的行政学院进行业务指导。

第三，明确教学培训是行政学院的中心工作；科学研究应当紧密围绕党委、政府工作和教学培训的需要；应当围绕党委和政府工作部署，跟踪国际国内形势变化，开展决策咨询研究工作；坚持开放办学。

第四，严格学员管理，行政学院应当健全班委会制度、学籍制度、学员档案管理制度、学习制度和考勤制度，健全科学、规范的学员管理办法，严格院规院纪，提高科学管理水平。

第五，加强教学培训、科学研究、决策咨询、行政管理和后勤服务队伍建设，建立一支素质优良、规模适当、结构合理的工作人员队伍；规范人事管理。

3. 创办国家级干部学院

为加强新世纪干部教育培训工作，落实大规模培训干部、大幅度提高干部素质的战略任务，党中央、国务院创办了三所国家级干部学院——中国浦东干部学院、中国井冈山干部学院、中国延安干部学院。三所干部学院是中央直属单位，由中央组织部直接管理，学院所在省（市）党委协助管理，实行院务委员会领导体制。在办学特色上，三所学院与中央党校和国家行政学院各有侧重、互相补充。

中国浦东干部学院培训对象包括中高级党政干部、企事业单位中高层管理人员、大使和高级外交人员、高级专业技术干部及军队干部等各类领导人才；同时，承接国内外有关政府、政党、企业和社会团体委托的培训项目。

中国井冈山干部学院面向党政领导干部、企业经营管理者、专业技术人员和军队干部进行中共党史、党建理论、革命传统教育和基本国情教育。

中国延安干部学院主要负责对党政干部、企业经营管理者、专业技术人员和军队干部进行党性、党史和党风教育，利用延安独特的革命历史资源，开发内涵式党性教育，形成学院核心竞争力。

此外，中国大连高级经理学院于2006年成立。学院承担国有骨干企业和金融机构的领导人员、后备领导人员和战略后备人员，及全国企业培训基地的领导人员和骨干教师的教育培训任务。学院为国务院国有资产监督管理委员会所属事业单位。

4. 高校成为干部培训的重要阵地

2008年7月，习近平在全国干部教育培训工作会议上指出，要把高校作为干部培训的重要阵地，充分发挥它们在学科建设、专业课程、基础研究和教学设施等方面的优势，与党校、行政学院、干部学院形成分工明确、布局合理、优势互补、相互促进的大教育大培训的干部教育培训格局。2009年10月，中央组织部、教育部下发《关于建立和规范高校干部培训基地的意见》，设立了北京大学等首批13所全国干部教育培训高校基地。在高校建立干部教育培训基地，是加强干部教育培训工作的一项重大创新。

党的十六大到党的十八大，是干部教育培训制度创新发展的重要时期。以2006年《条例》为代表，干部教育培训的立法建设取得突破性进展，公务员培训制度基本成熟。政治理论学习制度不断深化，中央政治局集体学习制度形成，学习型政党建设持续推进，党性教育制度逐渐演变，并在创新中发展。中央通过人才工程推进干部教育培训，党政领导干部、企业经营管理人员、专业技术人员、基层干部等重点群体的培训制度建设加强。确立按需施教原则，推动自主选学，积极开展网络培训，干部教育培训制度有了新发展，这包括建立干部教育培训机构准入制度，试行干部教育培训项目管理制度，建立干部教育培训机构评估制度。教材和师资队伍建设持续推进。干部教育培训机构的建设也取得重要进展，党校建设和国家行政学院建设得到加强，设立国家级干部学院，高校成为干部教育培训重要阵地。干部教育培训制度在创新中发展。

第五节　干部教育培训制度的发展与完善（2012—2019年）

党的十八大以来，是习近平新时代中国特色社会主义思想形成的历史时期，也是全面提升党的领导力和执政能力，全面从严治党进一步深化的历史时期。党的十八大报告指出，"深化干部人事制度改革，建设高素质执政骨干队伍。坚持和发展中国特色社会主义，关键在于建设一支政治坚定、能力过硬、作风优良、奋发有为的执政骨干队伍""加强和改进干部教育培训，提高干部素质和能力"。党的十九大报告提出，"要建设高素质专业化干部队伍""注重培养专业能力、专业精神，增强干部队伍适应新时代中国特色社会主义发展要求的能力"。干部教育培训工作紧紧围绕中央对干部教育培训工作的要求，紧紧围绕习近平新时代中国特色社会主义理论的宣传和学习，加强理论武装，强化党性教育，推动高素质专业化干部队伍的建设，立法和制度进一步发展和完善。

一　加强干部教育培训工作的法制化建设

（一）颁布《干部教育培训工作条例》

党的十八大以来，干部教育培训方面的法制化建设主要体现在2015年《干部教育培训工作条例》（以下简称"2015年《条例》"）的颁布。相较于2006年《条例》，2015年《条例》包括如下重要内容：

第一，明确干部教育培训在建设高素质干部队伍方面的"先导性、基础性、战略性"地位。将"以德为先、注重能力""依法治教，从严管理"作为干部教育培训工作遵循的原则。

第二，教育培训对象的重点是县处级以上党政领导干部和优秀中青年干部；干部参训增加"贯彻落实党和国家重大决策部署的集中轮训""党的基本理论和党性教育的专题培训"等类型，对干部参加教育培训时间量的规定增补学时指标；对干部履行教育培训义务及违规违纪处理作出规定，规范干部个人参加社会化培训的规定。

第三，干部教育培训以理想信念、党性修养、政治理论、政策法规、道德品行教育培训为重点，突出理想信念、党性修养，并对科学人文素养教育提出要求。干部教育培训以脱产培训、党委（党组）中心组学习、网络培训、在职自学等方式进行，并对党委（党组）中心组学习作出规定；严格规范和改进境外培训工作；完善网络培训制度。

第四，党校、行政学院、干部学院和社会主义学院应当坚持功能定位，突出办学特色，部门和行业系统干部教育培训机构应提升专业化办学水平，发挥现场教学基地的作用；对干部教育培训机构办学的具体要求作出规定，包括以教学为中心，深化教学改革，完善培训内容，科学设置培训班次和学制，优化学科结构，改进课程设计等；进一步完善干部教育培训机构准入制度，规定干部教育培训市场要能进能出。

第五，师资队伍建设的首要目标是政治合格，对教师队伍的教风和纪律提出要求；兼职教师选聘的首要要求是政治素质过硬；提出建立健全领导干部上讲台制度；完善干部教育培训课程开发和更新机制，加强精品课建设，推动优质培训资源向基层延伸倾斜；干部教育培训考核的内容增加党性修养和作风养成情况；健全干部教育培训评估制度，加强对干部教育培训机构、项目及课程的评估。

2015年《条例》以党内法规形式明确了干部教育培训在建设高素质干部队伍的先导性、基础性、战略性作用，更加突出了理想信念和党性教育，更加重视干部教育培训质量和效益，更加注重干部教育培训机构、师资、课程教材等基础建设，尤其将专兼职师资队伍（尤其是专职教师）的政治建设放在首位，全面落实从严治党的要求，把"严"字贯穿于干部教育培训的全过程，加强了对学员、教师、培训机构以及主管部门的管理，强化了依法治教、从严管理的导向。作为干部教育培训立法的最新成果，2015年《条例》是我国干部教育培训工作的根本遵循。

（二）推进全国干部教育培训规划

党的十八大以来，中央发布了两项全国性的干部教育培训五年规划：《2013—2017年全国干部教育培训规划》（以下简称"2013年《规划》"），《2018—2022年全国干部教育培训规划》（以下简称"2018年《规划》"）。这两个五年规划及时吸收了党的建设、组织建设和人事制度改革的最新成果，围绕党和国家建设的新形势、新任务，明确重点培训内容、培训对象及措施，提出建强培训保障体系、健全培训制度体系等要求，在规划的落地性方面做了大量改进和探索，是新时期开展干部教育工作的基本依据。

（三）印发《专业技术人员继续教育规定》

2015年，人力资源和社会保障部印发《专业技术人员继续教育规定》，包括适用范围、管理体制、内容和方式、权利与义务、公共服务等内容，体现了继续教育立法的新进展。和1995年的《全国专业技术人员继续教育暂行规定》相比，本次立法有如下主要变化：

第一，适用范围增大，不仅包括事业、企业单位专业技术人员，还包括国家机关、社会团体等组织的专业技术人员。

第二，明确实行"统筹规划、分级负责、分类指导"的管理体制，人力资源和社会保障部负责对全国专业技术人员继续教育工作进行综合管理和统筹协调，制定继续教育政策，编制继续教育规划并组织实施；县级以上地方人力资源和社会保障部门负责对本地区专业技术人员继续教育工作进行综合管理和组织实施；行业主管部门在各自职责范围内依法做好本行业继续教育的规划、管理和实施工作。

第三，调整继续教育的内容和方式。继续教育内容包括公需科目和专业科目。增加继续教育的时间，专业技术人员接受继续教育的时间每年累计应不少于90学时，其中，公需科目一般不超过总学时的1/3；增加继续教育的方式，比如远程教育等，并将继续教育方式和学时的具体认定权限交由省、自治区、直辖市人力资源和社会保障行政部门。

第四，明确继续教育各相关主体的权利、义务和责任，尤其是不同类型组织中专业技术人员的权益保障，以及各类用人单位的责任和义务。

第五，对继续教育组织管理，尤其是教育培训机构承担继续教育的资质和专业化建设（包括教学、师资队伍、远程教育等内容）作出规定。

第六，明确继续教育的公共服务内容，对各级人力资源和社会保障部门与行业主管部门的公共管理，尤其是相关的制度建设（比如平台建设、统计制度、评估等）作出规定。

二　深化干部教育培训管理改革

党的十八大以来，中央在国家治理各领域各方面各环节全面加强党的领导，在干部教育培训领域，这首先体现在对干部教育培训管理机构、体系的改革、调整和优化，其次体现在对干部教育培训机构的管理和规范，还体现在优化分级分类培训，以及进一步加强干部教育培训对象的管理。

第一，改革干部教育培训宏观管理机构。根据2018年的《深化党和国家机构改革方案》，为更好落实党管干部原则，加强党对公务员队伍的集中统一领导，更好统筹干部管理，建立健全统一规范高效的公务员管理体制，中央将国家公务员局并入中央组织部。中央组织部对外保留国家公务员局牌子。调整后，中央组织部在公务员管理方面的主要职责是，统一管理公务员录用调配、考核奖惩、培训和工资福利等事务。

第二，深化对干部教育培训机构的管理和规范。党的十八大以来，全面从严治党在干部教育培训工作中得到全面贯彻和落实，深化干部教育培训机构管理主要体现为如下方面，一是坚持党校姓党根本原则，全面加强和改善党校工作；二是推进党政机关和国有企事业单位培训疗养机构改革；三是规范干部党性教育基地管理。

第三，优化分级分类培训。新时期，根据党和国家机构调整，以及干部人事制度改革的最新要求，进一步优化分级分类培训体系，2018年《规划》将培训对象主要分为如下几类：党政领导班子成员、机关公务员、企业领导人员、事业单位领导人员、专业技术人员、年轻干部、基层干部等，对每类培训对象的培训目标和主要措施分别作出规定。

第四，加强对干部教育培训学员的管理。党的十八大以来，中央组织部印发《关于在干部教育培训中进一步加强学员管理的规定》《关于在干部教育培训中加强理想信念和道德品行教育的通知》等文件，对干部教育培训管理部门、培训机构，尤其是学员行为作出明确规定，要求建立健全理想信念和道德品行教育的长效机制。

三　强化理论教育和党性教育

（一）强化理论教育

党的十八大以来，干部教育培训的首要特点就是旗帜鲜明讲政治，其突出表现就是将习近平治国理政思想和习近平新时代中国特色社会主义思想的学习作为干部教育培训的首要任务和中心内容，并通过对干部教育培训主体机构的办学，尤其是教学安排，为理论学习的落地提供有力保障。

2013年《规划》将十八大最新成果纳入干部教育培训的指导思想，增加深入贯彻落实党的十八大精神，加强党的纯洁性建设，以及夺取中国特色社会主义新胜利、实现中华民族伟大复兴的中国梦等重要内容；将深入开展马克思主义基本原理学习培训、突出抓好中国特色社会主义理论体系学习培训作为首要的重点培训内容，突出党的十八大以来习近平总书记系列重要讲话精神的学习。

2015年12月，中共中央发布《关于加强和改进新形势下党校工作的意见》（以下简称"2015年《意见》"）指出，坚持正确政治方向是党校办学第一位的要求，是党校姓党最重要的标志。一切教学、科研和办学活动都要坚持党性原则、遵循党的政治路线，做到党的重大理论成果、重大战略部署及时进课堂，党中央作出的决策迅速贯彻、关注的问题深入研究、交付的任务认真完成。把党的理论教育和党性教育作为党校教学首要任务，突出党的理论教育和党性教育的主课地位，强化党的理论教育、党性教育、党章党规党纪教育，创新优化党的理论教育和党性教育方式，加强优势学科和重点学科建设。

2018年《规划》明确如下主要目标：以习近平新时代中国特色社会主义思想为中心内容的理论教育更加深入，使之系统权威进教材、生动有效进课堂、刻骨铭心进头脑，广大干部马克思主义水平和政治理论素养不断提高，"四个意识"不断增强，"四个自信"进一步坚定，"四个服从"成为普遍自觉，思想行动高度统一，使党性教育更加扎实，专业化能力培训更加精准，知识培训更加有效，干部教育培训体系改革更加深化。

对习近平新时代中国特色社会主义思想的学习成为当前和未来我国干部教育培训工作的首要工作。

（二）强化党性教育

中央一直高度重视党性教育，十八大以来更是将党的理想信念和党性修养教育提升到一个新的高度，成为干部教育培训最重要的内容之一。2013年《规划》、2015年《条例》、2015年《意见》以及2018年《规划》等重要政策和法规都将党性教育作为重要内容，并以量化形式反映在党校课程建设中，党性教育作为重点培训内容在主渠道培训体系的建设中得到保障。

2013年《规划》明确，中央组织部每年安排500名左右县委书记到中国井冈山干部学院、中国延安干部学院进行党性教育；各地区各部门要有计划地安排中青年干部到党校、干部学院和党性教育基地接受系统的理论培训和严格的党性锻炼。

2015年《条例》明确了党性教育的主要内容和目标：重点开展党章、党的宗旨、党规党纪、党的优良传统、党风廉政建设等教育培训，引导党员干部增强党的意识、宗旨意识、执政意识、大局意识、责任意识、规矩意识，做到对党忠诚、个人干净、敢于担当。

2015年《意见》对党性教育的建设提出具体要求，理论教育和党性教育在中央党校、省（自治区、直辖市）委党校、市（地）委党校教学安排中不低于总课时的70%；所有主体班次都应当在教学安排中充分体现党的理论教育和党性教育的主课地位；各级党校每个主体班次都要设置专门的党性教育单元，针对不同班次的学制长短，安排充分的教学内容和时间，确保党性教育课不低于总课时的20%；并在强化党章党规党纪教育、创新优化党的理论教育和党性教育方式、加强优势学科和重点学科建设等方面对党性教育作出规定，确保党性教育的落地。

2018年《规划》对开展党性教育作出全面部署，包括如下方面：

一是将党性教育更加扎实作为干部教育培训的主要目标之一。

二是通过重要的工作指标确保党性教育的落地，包括各级各类干部参加培训时间量的规定，干部教育培训主渠道机构教学安排的量化规定（包括理论教育和党性教育比重）等。

三是规定党性教育是完善培训内容体系的重要内容之一，包括加强理想信念教育、党章学习培训、党规党纪特别是政治纪律和政治规矩教育、党的宗旨和作风教育、党内政治文化教育、党史国史、党的优良传统和世情国情党情教育，开展政德教育，深入开展社会主义核心价值观教育等。

四是对开展党性教育作出部署：每年安排200名左右新任县委书记到中国井冈山干部学院、中国延安干部学院进行党性教育。各级组织人事部门根据优秀年轻干部培养目标，坚持分类培训，有计划地安排年轻干部到党校（行政学院）、干部学院和党性教育基地接受系统理论教育和严格党性教育；实施年轻干部理想信念宗旨教育计划等。

五是在建强培训保障体系中规定，坚持从严从实，加强现场教学基地建设，出台党性教育基地规范化建设意见，制定理论教学和党性教育大纲。

六是在健全培训制度体系中规定，对5年内没有参加党校（行政学院）、干部学院系统理论教育和严格党性教育的领导干部，及时进行补训；2020年前制定理论教育和党性教育成效考核办法。

（三）深入推进党员领导干部教育实践活动

新时期，中央对党员的教育管理进一步加强，推进党员教育管理立法，出台党员教育培训五年规划，在全党深入开展党的群众路线教育实践活动、"两学一做"学习教育、"不忘初心、牢记使命"主题教育，还在县处级以上领导干部中开展"三严三实"专题教育，这些重要的教育活动是新形势下党要管党、从严治党的重大决策，是加强学习型服务型创新型马克思主义执政党建设的重大部署，是推进中国特色社会主义伟大事业的重大举措。

四　建强培训保障体系

（一）深入推进培训机构改革

1. 加强和改进党校工作

党的十八大以来，中央提出党校建设的新意见、新规定。2015 年《意见》对加强和改进党校工作的重要意义、坚持党校姓党根本原则、把党的理论教育和党性教育作为党校教学的首要任务、提升党校科研水平和影响力、加强党校师资队伍和干部队伍建设、充分发挥党校系统整体优势、加强和改善党委对党校工作的领导等作出深入阐释和部署，主要内容如下：

一是加强和改进党校工作是协调推进"四个全面"战略布局的迫切需要，是落实全面从严治党的内在要求，也是促进党校事业健康发展的紧迫课题。二是坚持党校姓党根本原则，坚定政治方向，坚持实事求是、质量立校、从严治校。三是把党的理论教育和党性教育作为党校教学的首要任务，突出党的理论教育和党性教育的主课地位，强化党的理论教育、党性教育、党章党规党纪教育，创新优化党的理论教育和党性教育方式，加强优势学科和重点学科建设。四是提升党校科研水平和影响力，发挥科研工作的支撑作用，积极推进新型智库建设。五是加强党校师资队伍和干部队伍建设，严格政治要求，优化教师队伍结构，切实提高师资水平，创新师资管理，抓好组织员或班主任队伍建设。六是充分发挥党校系统整体优势，加强上级党校对下级党校的指导，因地制宜推进县（市）委党校办学体制改革。七是加强和改善党委对党校工作的领导，坚持党委办党校，选优配强党校领导班子，建立和实行领导干部到党校讲课制度，重视地方党校基础设施建设和办学经费保障。

2015年年底的全国党校工作会议，习近平总书记出席并作重要讲话，强调指出党校事业是党的事业的重要组成部分，党校是我们党教育培训党员领导干部的主渠道。新形势下，党校工作只能加强，不能削弱。党校姓党，是党校工作的根本原则，也是做好党校工作的根本遵循。党校姓党，就是要坚持一切教学活动、一切科研活动、一切办学活动都坚持党性原则、遵循党的政治路线，坚持以党的旗帜为旗帜、以党的意志为意志、以党的使命为使命，严守党的政治纪律和政治规矩，坚持在党爱党、在党言党、在党忧党、在党为党，在思想上政治上行动上自觉同党中央保持高度一致。党校姓党，决定了党校工作的重心必须是抓党的理论教育和党性教育。领导干部到党校学习，主要任务是学习党的理论、接受党性教育。党校姓党，决定了党校科研要紧紧围绕党的中心工作展开，在党的思想理论研究方面有所作为，为坚持和巩固党对意识形态工作的领导、巩固马克思主义在意识形态领域的指导地位做出积极贡献。①

2015年《意见》和2015年习近平总书记在全国党校工作会议上的重要讲话，反映了党对党校工作规律、干部教育培训工作规律认识的深化，是新时期我国党校系统工作的根本遵循，对党校系统的改革发展起到重要推动作用。

2018年，为全面加强党对干部培训工作的集中统一领导，统筹谋划干部培训工作，统筹部署重大理论研究，统筹指导全国各级党校（行政学院）工作，中央整合中央党校和国家行政学院的职责，组建新的中央党校（国家行政学院），实行一个机构两块牌子，作为党中央直属事业单位，承担全国高中级领导干部和中青年后备干部培训及其他相关职能。各地的党校和行政学院也相应进行了整合。

2. 改革和规范干部教育培训机构

第一，推进党政机关和国有企事业单位培训疗养机构改革。2016年，中共中央办公厅、国务院办公厅印发《关于党政机关和国有企事业单位培训疗养机构改革的指导意见》，要求按照政企分开、事企分开、管办分

---

① 习近平：《在全国党校工作会议上的讲话（2015年12月11日）》，《求是》2016年第9期。

开、主辅分开的原则，彻底改革培训疗养机构经营管理体制，加快转变培训疗养服务供给方式，促进公共资源向社会开放，建立健全公开透明、规范高效的社会化购买服务机制。这一文件启动了党政机关和国有企事业单位培训疗养机构的改革。

第二，规范干部党性教育基地管理。党性教育基地是坚持党的领导的重要阵地，是干部教育培训的重要供给机构。党的十八大以来，党性教育基地获得较大发展。2013 年《规划》首次明确，各地区各部门要有计划地安排中青年干部到党校、干部学院和党性教育基地接受系统的理论培训和严格的党性锻炼。2018 年《规划》提出，坚持从严从实，加强现场教学基地建设，出台党性教育基地规范化建设意见。

为规范干部教育培训基地建设，2018 年，中央组织部、财政部印发《关于规范干部党性教育基地管理工作的意见》，以解决当前干部教育培训党性教育基地建设中的一些突出问题。根据该意见，全国党性教育基地统一实行目录管理，自首批党性教育基地目录发布之日起，各地各部门各单位组织干部到党性教育基地开展培训，必须在目录内选择培训机构；未经干部教育培训主管部门认可的其他任何机构和个人，不得以党性教育名义组织承办干部培训；委托目录之外的机构举办的干部党性教育培训，产生的一切费用不得在干部教育培训经费内报销。2019 年，中央组织部办公厅下发《中共中央组织部办公厅关于印发干部党性教育基地备案目录的通知》，对党性教育基地实行备案管理，进一步加强了党性教育的规范管理。

（二）强化师资队伍建设

2015 年《条例》指出，建立专职教师知识更新机制和实践锻炼制度，保证专职教师每年参加教育培训的时间累计不少于 1 个月。

2015 年《意见》对专职教师的知识更新和实践锻炼作出部署：建立健全科学有效的人才激励机制，实施党校系统"名师工程"，以学科学术带头人为主体，着力培养政治强、业务精、作风好的知名教师；通过加强经典著作学习、加强教学科研实践、发挥优秀教师传帮带作用等多种途径，加强拔尖人才、学术领军人才培养，加快中青年教师培养；加大党校教师到党政机关或基层挂职锻炼力度，实行蹲点调研制度，组织党校教研人员到基层一线深入了解实际，加深对国情党情的认识，增强分析和解决问题的能力。

2018年《规划》进一步明确，要建立健全专职教师知识更新机制和实践锻炼制度，每年有计划安排专职教师参加学习培训、调查研究和挂职锻炼；加大对基层师资队伍建设支持力度，国家级干部教育培训机构和省级党校（行政学院）每年安排一定数量的师资送教下基层，每年组织150名省市两级干部教育培训机构骨干教师到国家级干部教育培训机构访学进修。

2018年《规划》还明确提出，"着力提高教师用学术讲政治的水平"，这是新时期对教师队伍建设的重要新要求。

（三）加强课程和教材建设

强调课程和教材建设也是党的十八大以来干部教育培训工作的重要举措。2013年《规划》提出，逐步制定干部分类培训大纲；建立以需求为导向的培训内容更新机制；大力加强精品课程和教材建设，积极开发体现马克思主义中国化最新成果的课程教材，定期开展精品课程和优秀教材推荐评选工作等。2015年《条例》进一步提出：建立完善干部教育培训课程开发和更新机制，构建富有时代特征和实践特色、务实管用的干部教育培训课程体系；加强精品课程建设，重点开发体现马克思主义中国化最新成果、反映各领域理论和实践创新的精品课程；建立国家级和省级干部教育培训精品课程库，实现优质课程资源共享。提出适应不同类别干部教育培训的需要，着眼于提高干部综合素质和能力，逐步建立开放的、形式多样的、具有时代特色的干部教育培训教材体系等。

2015年《意见》指出，要创新优化党的理论教育和党性教育方式，制定全国党校理论教育教学大纲和党性教育教学大纲，加强基础课程、公共课程统编教材建设。课程建设是党校办学质量评估的重要内容。2018年《规划》进一步指出，干部教育培训的主要目标，是使习近平新时代中国特色社会主义思想为中心内容的理论教育更深入，使之生动有效进课堂、刻骨铭心进头脑，系统权威进教材。为了实现这一目标，规划对各级党校（行政学院）的教学安排和课时作出量化规定，要求制定理论教学和党性教育大纲；5年内评审推介500门左右全国干部教育培训好课程、50种左右全国干部教育培训好教材，并对在线学习精品课程库，课程质量评估作出规定。

（四）创新培训方式方法

培训方式方法是新时期干部教育培训保障体系建设的重要内容。2015年《条例》对干部教育培训的方式方法作出规定，包括脱产培训、党委（党组）中心组学习、网络培训、在职自学等；要求严格规范和改进境外培训工作，综合运用讲授式、研讨式、案例式、模拟式、体验式等教学方法，实现教学相长、学学相长。2018年《规划》进一步指出，根据培训内容要求和干部特点，改进方式方法，开展研讨式、案例式、模拟式、体验式等方法运用的示范培训；推动国家级和省级干部教育培训机构案例库建设；探索运用访谈教学、论坛教学、行动学习、翻转课堂等方法；鼓励和支持干部运用网络培训、专题讲座等形式开展各方面基础性知识学习。

（五）干部教育培训与互联网融合发展

党的十八大以来，网络培训成为干部教育培训的重要形式。2013年《规划》明确提出，积极利用在线学习平台、党员干部现代远程教育网络、广播电视等信息化手段开展教育培训，提高培训效率和效益，努力实现全覆盖；提出2015年前建立全国统一的干部教育培训工作信息管理系统，2017年前实现全国县处级及以上干部在线学习。2013年《规划》首次提出了党政干部网络培训量化指标，保证网络培训达到一定覆盖率和人均年学时数，规定干部选学、网络培训学时计入脱产培训学时，计入脱产培训总学时的网络培训时间不超过总学时的40%。

2015年《条例》规定，将网络培训作为一种重要的培训方式，充分运用现代信息技术，完善网络培训制度，建立兼容、开放、共享、规范的干部网络培训体系。提高干部教育培训教学和管理信息化水平，用好大数据、"互联网+"等技术手段。

2018年《规划》提出，促进干部教育培训和互联网融合发展。2020年前形成较为完备的干部网络培训标准体系，2022年前实现各类各级干部网络培训平台资源共建共享、数据互联互通。积极探索适应信息化发展趋势的网络培训有效方式，推行线上线下相结合的培训模式。加强中国干部网络学院及其分院建设，建设在线学习精品课程库，迭代开发移动学习平台。严把网络培训的政治关、质量关、纪律关。加快干部教育培训机构"智慧校园"建设。完善干部教育培训信息管理系统，建立全国统一、分级管理的干部教育培训电子档案信息系统。

此外，2018年《规划》还提出搭建理论学习网络平台。2019年1月1日，由中央宣传部主管、以习近平新时代中国特色社会主义思想和党的十九大精神为主要内容，立足全体党员、面向全社会的学习平台"学习强国"上线，我国干部教育培训的"互联网＋"特征日益深化。

（六）加强干部教育培训理论研究

加强干部教育培训理论研究是新时期干部教育培训保障体系建设的重要创新。2013年《规划》首次提出，加强干部教育培训理论研究，不断深化对干部成长规律和干部教育培训规律的认识，建立理论研究交流平台，推动干部教育学学科建设。之后，"加强干部教育培训理论研究"的规定被纳入2015年《条例》。2018年《规划》将理论研究作为建强培训保障体系的重要组成部分，进一步提出"推动设立干部教育学二级学科""办好干部教育培训专业期刊，搭建研究交流平台，促进成果转化应用"等具体要求。

五　完善培训制度建设

（一）完善需求调研制度

需求调研制度是新时期培训制度建设的重要内容。中央把培训需求调研制度建设提升到新高度，2018年《规划》明确提出，"完善需求调研制度"，把需求调研贯穿训前、训中、训后全过程，具体内容包括：建立健全干部教育培训与干部选拔、管理、监督部门之间的信息沟通机制；健全完善干部教育培训主管部门与培训机构、干部所在单位之间的协调会商机制，精准把握培训需求，共同制订实施干部培训培养计划。按需施教这一干部教育培训工作的基本原则落地为具体的需求调研制度，成为干部教育培训过程各相关责任主体都要遵循的基本制度。

（二）健全组织调训制度

党的十八大以来，组织调训制度进一步完善，2015年《条例》规定，脱产培训以组织调训为主，干部教育培训管理部门负责制订干部调训计划，选调干部参加脱产培训，对重要岗位的干部可以实行点名调训，干部所在单位按照计划完成调训任务，干部必须服从组织调训。2018年《规划》明确提出，"健全组织调训制度"，完善调训计划申报制度，加强统筹协调，严格审核把关，避免和防止多头调训、重复培训、长期不训等问题；严肃调训纪律，建立健全调训情况通报制度，完善点名调训和补训制度，对5年内没有参加党校（行政学院）、干部学院系统理论教育和严格党性教育的领导干部，及时进行补训；探索"错峰"调训和分段式培训，缓解工学矛盾。

（三）健全完善领导干部上讲台制度

党的十八大以来，领导干部上讲台制度进一步健全完善。继2010年《改革纲要》首次提出"建立领导干部上讲台制度"后，2013年《规划》提出，2015年前建立健全领导干部上讲台制度，各级党政领导班子成员每年都要到党校、行政学院、干部学院授课。

2015年《意见》提出，建立和实行领导干部到党校讲课制度：坚持中央领导同志带头到中央党校讲课的做法；省、市、县党委领导班子成员每人每年至少到同级党校讲一次课，县级以上党委和政府工作部门主要负责人，根据需要不定期到同级党校讲课；每年领导干部讲课总课时，占各级党校主体班次总课时的比例不低于20%；领导干部到党校讲课，要以问题为导向，紧密结合干部思想实际和工作实际，采取形势报告、专题讲座、讲党课等形式，为学员阐明形势、解析政策、交流经验、答疑释惑，增强讲授的思想性和指导性。

2018年《规划》对领导干部上讲台给出量化指标和制度建设目标，即省级以上党校（行政学院）、干部学院、社会主义学院主体班次中，领导干部讲课课时不低于总课时的20%；出台领导干部上讲台实施意见，支持各级领导干部上讲台。

（四）健全教学组织管理制度

为了高质量完成新时期教育培训目标和任务，教育培训教学管理的制度建设不断增强。干部教育培训机构紧紧围绕习近平新时代中国特色社会主义思想开展教学工作，党校工作的教学改革和教学管理制度建设也紧紧围绕这一原则和目的进行。2013年《规划》提出严格教学管理，主要体现为对教师教风的规定；提出探索建立项目管理制度，完善竞争择优机制，对知识能力类培训逐步推行项目招投标。2015年《条例》对教师队伍教风和纪律作出进一步规定，并提出实行干部教育培训项目管理制度、加强干部教育培训管理者队伍建设、建立健全跟班管理制度等。

2015年《意见》要求创新优化党的理论教育和党性教育方式，实行严格的教案审核、集体备课、课前试讲等制度，对课堂教学进行科学评估并建立激励机制，在干部队伍建设方面提出要抓好组织员或班主任队伍建设。2018年《规划》提出，"健全教学组织管理制度"，加强干部教育培训全流程精细化管理；推行培训项目负责制；建立健全培训机构集体备课、教学督导、评价反馈等制度；建立健全跟班管理制度；注重发挥学员党支部和班委会作用，强化学员自我管理；加强培训管理队伍建设，注重对跟班联络员、组织员（班主任）的教育管理，建立健全培训管理者培训制度。

（五）完善干部教育培训机构准入制度

党的十八大以来，干部教育培训机构准入制度进一步完善。2015年《条例》提出，"实行干部教育培训机构准入制度"，明确准入对象主要是指高等学校、科研院所、社会培训机构等，这些机构承担干部教育培训任务需要实行准入，获得干部教育培训管理部门的资质认可；党校、行政学院、干部学院等是干部教育培训的主渠道主阵地，部门行业培训机构是干部教育培训体系的重要组成部分，社会主义学院是培训党外代表人士的主阵地，这些干部教育培训机构不需要履行准入认可程序；[①] 干部教育培训管理部门应制定和公布相应的准入标准；不得组织干部到没有资质的教育培训机构培训。

（六）建立干部教育培训考核评价制度

党的十八大以来，在"党要管党、从严治党"的方针下，对干部教育培训的考核评价和质量评估进一步完善。2013年《规划》明确，"完善干部培训情况考核、登记、跟踪管理等制度，2015年前形成规范有效的干部学习培训考核评价机制"。2015年《条例》进一步提出，"建立干部教育培训考核和激励机制。干部接受教育培训情况应当作为干部考核的内容和任职、晋升的重要依据"，干部教育培训的考核内容包括干部的学习态度和表现，理论、知识掌握程度，党性修养和作风养成情况，以及解决实际问题的能力等；并根据脱产培训、网络培训和境外培训等不

[①] 中共中央组织部干部教育局：《〈干部教育培训工作条例〉学习辅导》，党建读物出版社2015年版，第127页。

同培训方式明确不同的考核实施主体。

2018年《规划》对建立健全习近平新时代中国特色社会主义思想学习长效机制作出规定，要求完善理论学习考核激励机制，强化述学、评学、考学措施，把学习贯彻习近平新时代中国特色社会主义思想情况作为考核领导班子和衡量领导干部思想政治素质的重要内容，明确提出建立健全干部教育培训考核评价制度，主要包括：全面考核评价干部的学习态度和表现、理论知识掌握程度、党性修养和作风养成情况以及解决实际问题的能力等。同时，还提出要在2020年前制定理论教育和党性教育成效考核办法，运用互联网等手段，开展党的理论、党章党规党纪、履行岗位职责基本知识测试，探索对干部在职自学情况进行考核等。

(七) 健全干部教育培训质量评估制度

党的十八大以来，干部教育培训质量评估制度不断完善。2013年《规划》提出"坚持质量第一、注重实效"的基本原则，要求全面开展培训质量评估，从培训设计、实施、管理以及培训效果等方面入手，对每个培训项目进行考核测评，把评估结果作为评价党校、行政学院、干部学院和社会主义学院办学质量的重要依据，作为确定高等学校、社会培训机构、境外培训机构承担培训任务的重要标准，作为干部教育培训机构推动教学改革、提高教学质量的重要指引。结合不同培训项目特点，合理设置评估标准，把培训需求适配度、课程设计科学性、师资选配合理性、教学内容满意度、教学方法有效性、教学组织有序性、学风校风良好度以及培训对干部能力素养提高的帮助程度等作为质量评估的主要内容，努力探索科学的项目质量评估办法。

2015年《条例》提出建立健全干部教育培训评估制度，加强对干部教育培训机构、项目及课程的评估。与之前的规定相比，2015年《条例》进一步明确了评估的内容和指标，干部教育培训机构评估的内容包括办学方针、培训质量、师资队伍、组织管理、学风建设、基础设施、经费管理等。项目评估的内容包括培训设计、培训实施、培训管理、培训效果等。课程评估的内容包括教学态度、教学内容、教学方法、教学效果等。2015年《条例》明确了各种评估的主体和评估结果的运用，使评估制度具有较高的可操作性和落地性。

党的十八大以来，是将全面从严治党要求贯彻落实到干部教育培训各个环节的重要时期,干部教育培训立法和培训管理进一步加强,干部教育培训主渠道机构进一步巩固。这一时期,是全面深入开展习近平新时代中国特色社会主义思想教育培训的重要时期,强化理论培训和党性培训是完善培训内容体系的首要内容,分类分级培训体系得到持续优化,方式方法不断创新,培训对象更加科学、精准。这一时期,是新时代中国特色社会主义干部教育培训体系不断完善的重要时期,培训保障体系建设从机构建设、师资队伍建设,深入教学管理环节,教育培训和互联网融合发展的特征更明显,开始关注干部教育培训的理论研究;培训制度体系建设则呈现出对之前制度的整体性推进。